MANUAL DE PARTILHA DE BENS

RAFAEL CALMON

MANUAL DE PARTILHA DE BENS

6ª edição
2025

AMPLIADO, ATUALIZADO e SIMPLIFICADO

- O autor deste livro e a editora empenharam seus melhores esforços para assegurar que as informações e os procedimentos apresentados no texto estejam em acordo com os padrões aceitos à época da publicação, *e todos os dados foram atualizados pelo autor até a data de fechamento do livro*. Entretanto, tendo em conta a evolução das ciências, as atualizações legislativas, as mudanças regulamentares governamentais e o constante fluxo de novas informações sobre os temas que constam do livro, recomendamos enfaticamente que os leitores consultem sempre outras fontes fidedignas, de modo a se certificarem de que as informações contidas no texto estão corretas e de que não houve alterações nas recomendações ou na legislação regulamentadora.

- Data do fechamento do livro: 17/12/2024

- O autor e a editora se empenharam para citar adequadamente e dar o devido crédito a todos os detentores de direitos autorais de qualquer material utilizado neste livro, dispondo-se a possíveis acertos posteriores caso, inadvertida e involuntariamente, a identificação de algum deles tenha sido omitida.

- Direitos exclusivos para a língua portuguesa
  Copyright ©2025 by
  Saraiva Jur, um selo da SRV Editora Ltda.
  Uma editora integrante do GEN | Grupo Editorial Nacional
  Travessa do Ouvidor, 11
  Rio de Janeiro – RJ – 20040-040

- **Atendimento ao cliente: https://www.editoradodireito.com.br/contato**

- Reservados todos os direitos. É proibida a duplicação ou reprodução deste volume, no todo ou em parte, em quaisquer formas ou por quaisquer meios (eletrônico, mecânico, gravação, fotocópia, distribuição pela Internet ou outros), sem permissão, por escrito, da **SRV Editora Ltda.**

- Capa: Tiago Fabiano Dela Rosa
  Diagramação: Guilherme Salvador

- **DADOS INTERNACIONAIS DE CATALOGAÇÃO NA PUBLICAÇÃO (CIP)
  VAGNER RODOLFO DA SILVA – CRB-8/9410**

C164m   Calmon, Rafael
Manual de partilha de bens / Rafael Calmon. – 6. ed. – São Paulo: Saraiva Jur, 2025.

464 p.
ISBN: 978-85-5362-515-4 (Impresso)

1. Direito. 2. Direito de família. 3. Partilha de bens. I. Título.

	CDD 342.16
2024-4404	CDU 347.61

Índices para catálogo sistemático:
1. Direito de família   342.16
2. Direito de família   347.61

À Olívia, por ser meu maior amor.

À Pati, por fazer meu mundo melhor a cada dia, simplesmente por fazer parte dele.

Ao Maui e à Bia, por completarem nosso time.

À Marilza, em memória e saudade.

Ao Valentim (em memória).

*"Ninguém ignora tudo. Ninguém sabe tudo.
Todos nós sabemos alguma coisa.*

*Todos nós ignoramos alguma coisa.
Por isso aprendemos sempre."*

Paulo Freire

Gratidão

Rendo graças a Deus, todos os dias da minha vida, por tudo.

Lista de Abreviaturas

Ag. – Agravo
AgRg – Agravo Regimental
AI – Agravo de Instrumento
ARCC – Anteprojeto de Reforma do Código Civil
AREsp – Agravo em Recurso Especial
art. – artigo
CC – Código Civil de 2002
CC/16 – Código Civil de 1916
CPC – Código de Processo Civil (Lei n. 13.105/2015)
CPC/73 – Código de Processo Civil revogado (Lei n. 5.869/73)
CR/88 – Constituição da República de 1988
Coord. – Coordenador
DJ – *Diário da Justiça*
DJU – *Diário da Justiça da União*
DJe – *Diário da Justiça eletrônico*
ed. – edição
ENFAM – Escola Nacional de Formação e Aperfeiçoamento de Magistrados
EREsp – Embargos de Declaração no Recurso Especial
FPPC – Fórum Permanente de Processualistas Civis
inc. – inciso
j. – julgado
JDC/CJF – Jornada de Direito Civil organizada pelo Conselho da Justiça Federal
JDCom/CJF – Jornada de Direito Comercial organizada pelo Conselho da Justiça Federal
JDNR/CJF – Jornada de Direito Notarial e Registral organizada pelo Conselho da Justiça Federal
JDPC/CJF – Jornada de Direito Processual Civil organizada pelo Conselho da Justiça Federal
JPSEL/CJF – Jornada de Prevenção e Solução Extrajudicial de Litígios, promovida pelo Conselho da Justiça Federal
LRP – Lei dos Registros Públicos
Min. – Ministro

n. – número
Org. – Organizador
p. – página
PLS – Projeto de Lei do Senado
RE – Recurso Extraordinário
rel. – relator
REsp – Recurso Especial
RHC – Recurso Ordinário em *Habeas Corpus*
RMS – Recurso Ordinário em Mandado de Segurança
STF – Supremo Tribunal Federal
STJ – Superior Tribunal de Justiça
t. – tomo
trad. – tradução
v. – volume

Sumário

LISTA DE ABREVIATURAS XI
APRESENTAÇÃO XIX
PREFÁCIO XXIII
INTRODUÇÃO XXV

PARTE I
ASPECTOS MATERIAIS

1 O NOVO DIREITO DAS FAMÍLIAS 3

2 A RELAÇÃO ESPIRAL ENTRE O DIREITO DAS FAMÍLIAS E A CULTURA 6
    2.1 O que é família para o direito? 6

3 OS EFEITOS PATRIMONIAIS DO CASAMENTO E DA UNIÃO ESTÁVEL: ENTRE O DIREITO POSTO E O DIREITO PROPOSTO 10
    3.1 O direito posto 10
    3.2 O direito proposto 12

4 O REGIME DE BENS 14
    4.1 O estatuto normativo-patrimonial das famílias 14
    4.2 Os princípios informativos dos regimes de bens 17
    4.3 O regime primário de bens 18
        4.3.1 A liberdade assegurada pelos arts. 1.642 a 1.646 do Código Civil 21
        4.3.2 As restrições impostas pelos arts. 1.647 a 1.652 do Código Civil e pela legislação extravagante 24
            4.3.2.1 O art. 1.647 do Código Civil 27
        4.3.3 A aplicabilidade das regras do regime primário de bens à união estável 39
        4.3.4 A questionável constitucionalidade das disposições do art. 1.641, II, do Código Civil 42

5 OS PACTOS PATRIMONIAIS DAS FAMÍLIAS (PRÉ-NUPS E PÓS-NUPS) ... 46
Considerações iniciais ... 46
5.1 O pacto antenupcial (pacto conjugal) ... 50
5.2 O pacto convivencial (contrato de união estável) ... 52
5.3 O contrato de namoro ... 56
5.4 A ressignificação dos pactos patrimoniais das famílias ... 58
    5.4.1 Estipulações de direito material ... 58
    5.4.2 Estipulações de direito processual ... 62
    5.4.3 Uma sugestão de *lege ferenda*: a "transmutação" (*transmutation*) ... 64
5.5 A interpretação, a revisão e a anulação dos pré e pós-nups ... 64

6 AS NORMAS JURÍDICAS DOS REGIMES DE BENS E SEUS ATRIBUTOS ... 69
Considerações iniciais ... 69
6.1 Os atributos das normas jurídicas ... 71
    6.1.1 Os atributos das normas jurídicas dos regimes de bens ... 72
        6.1.1.1 A vigência ... 72
        6.1.1.2 A eficácia ... 74
6.2 As normas dispositivas e imperativas dos regimes de bens ... 75

7 A MANCOMUNHÃO ... 78
Considerações iniciais ... 78
7.1 A relação e a situação jurídica ... 78
    7.1.1 A situação jurídica ... 78
7.2 As universalidades jurídicas ... 82
    7.2.1 O patrimônio jurídico ... 87
7.3 A comunhão jurídica ... 91
    7.3.1 A comunhão jurídica ordinária ... 92
    7.3.2 O condomínio ... 93
7.4 A mancomunhão (comunhão jurídica específica dos regimes comunitários) ... 99
    7.4.1 A titularidade dos bens na mancomunhão ... 103
    7.4.2 A meação ... 105

8 A SEPARAÇÃO DE FATO ... 112
Considerações iniciais ... 112
8.1 As características e requisitos da separação de fato ... 116
8.2 A prova da separação de fato ... 118
8.3 Os efeitos projetados pela separação de fato sobre o patrimônio comum ... 121
8.4 Reflexão crítica ao entendimento de que a separação de fato dissolve o regime de bens ... 123

9 OS REGIMES COMUNITÁRIOS DE BENS 130

Considerações iniciais 130

9.1 O que são "bens"? 132
    9.1.1 Os bens jurídicos e as coisas 132
        9.1.1.1 A tipologia dos bens jurídicos 134
            9.1.1.1.1 Bens corpóreos e incorpóreos 134
            9.1.1.1.2 Bens móveis e imóveis 135
            9.1.1.1.3 Bens fungíveis e infungíveis 139
            9.1.1.1.4 Bens consumíveis e inconsumíveis 140
            9.1.1.1.5 Bens divisíveis e indivisíveis 141
            9.1.1.1.6 Bens singulares e coletivos 141
            9.1.1.1.7 Bens principais e acessórios 144

9.2 Os bens comunicáveis 148

9.3 O regime de comunhão universal 151
    9.3.1 O patrimônio incomunicável 152
    9.3.2 As vedações e as regras sobre administração dos bens 157

9.4 O regime de comunhão parcial 158
    9.4.1 O patrimônio comunicável 158
        9.4.1.1 A comunicabilidade prescrita pelo art. 1.660, I, do Código Civil 160
        9.4.1.2 A comunicabilidade prescrita pelo art. 1.660, II, do Código Civil ... 161
        9.4.1.3 A comunicabilidade prescrita pelo art. 1.660, III, do Código Civil.... 162
        9.4.1.4 A comunicabilidade prescrita pelo art. 1.660, IV, do Código Civil ... 162
        9.4.1.5 A comunicabilidade prescrita pelo art. 1.660, V, do Código Civil ... 164
        9.4.1.6 A comunicabilidade prescrita pelo art. 1.660, VI, do Anteprojeto de Reforma do Código Civil 167
        9.4.1.7 A comunicabilidade prescrita pelo art. 1.660, VII, do Anteprojeto de Reforma do Código Civil 169
        9.4.1.8 A comunicabilidade prescrita pelo art. 1.660, VIII, do Anteprojeto de Reforma do Código Civil 170
        9.4.1.9 A comunicabilidade prescrita pelo art. 1.660, IX, do Anteprojeto de Reforma do Código Civil 172
    9.4.2 O patrimônio incomunicável 172
    9.4.3 As regras sobre administração dos bens 181
    9.4.4 As regras sobre responsabilização e contenção a fraudes 182

9.5 Situações especiais de comunicabilidade 184
    9.5.1 O salário, as indenizações trabalhistas e os honorários advocatícios 185
        9.5.1.1 Tabela de atualização monetária e juros moratórios sobre honorários sucumbenciais 190
    9.5.2 Os direitos autorais 192

9.5.3	A verba previdenciária: a previdência pública (INSS) e a previdência complementar privada ("fechada" e "aberta")	193
	9.5.3.1 Tabela comunicabilidade de verbas previdenciárias	202
9.5.4	A indenização decorrente do contrato de seguro de pessoa	202
9.5.5	A valorização de bens particulares	203
9.5.6	A quantia oriunda do FGTS	204
9.5.7	O dinheiro em espécie e os direitos obrigacionais: créditos, débitos e despesas com a manutenção da coisa comum..	206
9.5.8	Os bens financiados	207
	9.5.8.1 As especificidades dos programas Minha Casa, Minha Vida, Casa Verde e Amarela e do Sistema Nacional de Habitação de Interesse Social	216
9.5.9	Os direitos de posse, uso ou moradia sobre imóveis públicos	217
9.5.10	As acessões implantadas em solo alheio...	217
9.5.11	O direito de laje	223
9.5.12	Os direitos possessórios..	225
9.5.13	A utilização de automóveis e do imóvel que serve de morada à família.......	227
9.5.14	As cotas e ações de sociedades empresárias e as cotas de sociedades simples..	231
	9.5.14.1 Noções gerais sobre sociedades empresárias................................	232
	9.5.14.2 A comunicabilidade das cotas de sociedades empresárias limitadas e de sua valorização	237
	9.5.14.2.1 A sociedade empresária limitada constituída entre os consortes: "consortes e sócios"	237
	9.5.14.2.2 A sociedade empresária limitada constituída entre um só dos consortes e terceiros: "consortes de sócios"	239
	9.5.14.2.2.1 Antes do casamento ou da união estável	240
	9.5.14.2.2.2 Durante o casamento ou a união estável ...	241
	9.5.14.2.2.2.1 Com bens particulares	243
	9.5.14.2.2.2.2 Com bens comuns: a "subsociedade" ou "sociedade interna"................................	245
	9.5.14.2.2.3 Tabela comunicabilidade de bens e sociedade empresária limitada..........................	256
	9.5.14.3 As cotas de sociedades simples...	257
	9.5.14.4 As ações de sociedades empresárias	259
9.5.15	Os bens digitais	261
9.5.16	Os animais de rebanho e sua evolução	265
9.5.17	Os animais de estimação	266
	9.5.17.1 *Pet* não se partilha; se compartilha!...	268

10 A INDIVISÃO PÓS-COMUNITÁRIA ... 276
10.1 Da indivisibilidade à indivisão ... 278
10.2 Uma possível solução para o problema: a partilha jurídica ... 280
    10.2.1 Partilha jurídica x partilha fática ... 283
10.3 As consequências do estabelecimento da partilha jurídica ... 285

11 A IMPRESCRITIBILIDADE DO DIREITO DE PARTILHAR OS BENS COMUNS ... 291
11.1 A potestatividade do direito de partilhar os bens comuns ... 296
11.2 A inexistência de prazo para o exercício do direito de partilhar bens comuns ... 297

12 A SOBREPARTILHA ... 301

PARTE II
ASPECTOS PROCESSUAIS

1 A CULTURA INFLUENCIANDO OS MEIOS DE SOLUÇÃO DE DISPUTAS ... 311

2 O PROCESSO CIVIL EFETIVO E EFICIENTE ... 315
Considerações iniciais ... 315
2.1 A técnica jurídica a serviço das ações de família ... 317
2.2 A boa-fé como meio de contenção ao uso predatório das ações de família ... 319

3 A PARTILHA DE BENS SOB O SISTEMA TRADICIONAL ... 323
3.1 A efetivação das sentenças no plano jurídico ... 323
3.2 A efetivação das sentenças no plano fático (a partilha fática) ... 326
    3.2.1 As ações para a promoção da partilha sob o modelo tradicional ... 328
        3.2.1.1 A ação de partilha ... 328
        3.2.1.2 O arrolamento sumário ... 331
        3.2.1.3 As ações de extinção ou de dissolução de condomínio ... 332
            3.2.1.3.1 A ação de divisão da coisa comum *(actio communi dividundo)* ... 333
            3.2.1.3.2 A ação para alienação da coisa comum ... 338
3.3 Reflexão crítica ao sistema tradicional ... 345

4 AS AÇÕES DE FAMÍLIA ... 348
Considerações iniciais ... 348
4.1 As inovações na fase de conciliação/mediação ... 350
4.2 As inovações na fase contenciosa ... 352

5 OS CONTRIBUTOS À EFETIVIDADE DAS AÇÕES DE FAMÍLIA 357

Considerações iniciais 357

5.1 Os contributos em espécie 361

5.1.1 Os pedidos implícitos (CPC, art. 322, § 2º) 361

5.1.1.1 Os pedidos implícitos nas ações de divórcio, separação e de reconhecimento de união estável 364

5.1.1.2 As consequências jurídicas do acolhimento dos pedidos implícitos 367

5.1.2 O julgamento antecipado parcial do mérito (CPC, art. 356) 368

5.1.2.1 As consequências jurídicas do julgamento antecipado parcial do mérito 370

5.1.3 A adaptabilidade do procedimento (CPC, ART. 139, VI) 371

5.1.3.1 As consequências jurídicas do emprego da adaptabilidade do procedimento 375

5.1.4 A jurisdição voluntária (CPC, arts. 719 e s.) 376

5.1.4.1 As consequências jurídicas da utilização da jurisdição voluntária .. 383

6 A EFETIVAÇÃO DAS SENTENÇAS SOB O MODELO PROPOSTO 386

6.1 O método sugerido 387
6.2 A aplicação do método sugerido para partilha dos bens indivisíveis e divisíveis 389
6.3 A aplicação prática do método sugerido 391
6.4 A aplicação prática do método sugerido: o passo a passo 394
6.5 Pontos favoráveis à adoção do método sugerido 398

CONSIDERAÇÕES CONCLUSIVAS 403

QUADRO COMPARATIVO CC X ARCC 407

REFERÊNCIAS 425

Apresentação

O livro que ora se apresenta tem como base a dissertação de mestrado de Rafael Calmon, defendida brilhantemente em banca que participei na Universidade Federal do Espírito Santo (UFES), juntamente aos professores Manoel Alves Rabelo (orientador) e Rui Portanova (membro externo). O trabalho alcançou a nota máxima, sendo consignado – por decisão unânime – qualidade ímpar e, por tal passo, recebeu a recomendação da banca para publicação. Vale realçar que o texto, a partir de sólido projeto apresentado pelo autor (desde o processo de seleção), foi desenvolvido no seio do programa de pós-graduação da UFES (Universidade Federal do Espírito Santo), o que faço questão de registrar, pois este programa tem brindado a comunidade jurídica com trabalhos de grande qualidade, notadamente estudos que possuem como bússola a relação do Direito Material com o Direito Processual (uma de suas linhas de pesquisa).

A excelente sistematização da obra permite compreender a área percorrida pelo autor e a sua relevância para o mundo jurídico. Senão, vejamos: a análise do sumário deixa evidente o diálogo pretendido pelo autor, pois o livro é dividido de forma comunicativa em capítulos que avançam do Direito Material (Parte I) ao Direito Processual (Parte II), seguindo a lógica das leis extravagantes (estatutos). Note-se que a divisão em duas partes não cria uma cisma no texto; muito pelo contrário, traz fundação firme que permite a discussão processual acerca da partilha de bens nas relações familiares (casamento e união estável). O capítulo inicial trata das uniões familiares e seus efeitos patrimoniais, com avanço na análise de institutos de base para a compreensão de tal dueto. Em avanço, o autor aborda outros temas que, embora de igual importância, não são vulgares no exame da doutrina, como ocorre, por exemplo, na conexão entre os princípios informativos do regime de bens e os atributos das normas jurídicas. Há ainda o enfrentamento da espinhosa temática que envolve os regimes comunitários de bens, exame este feito a partir da aferição particular de cada uma das espécies dos regimes, com fechamento em que o autor apresenta sólida opinião acerca do entendimento de que a separação de fato não dissolve o regime de bens. No desfecho da primeira parte, o autor – valendo-se dos pilares trazidos para o debate – traça linhas sobre a indivisibilidade e a indivisão jurídicas, fenômenos que embora com pontos comuns não se confundem. Há, portanto, exame de temas horizontais e também de assuntos mais delicados e agudos, empreitada esta que é feita sem que a obra perca fôlego, seduzindo o leitor a continuar na labuta de percorrer todo o texto. A segunda parte, dedicada ao direito processual, deixa evidente a visão do jurista acerca da necessidade de uma nova concepção para a análise das relações jurídicas processuais. Basta notar que com o título "do processo civil efetivo e eficiente", o autor examina, no campo processual, as figuras ligadas umbilicalmente como o direito material examinado anteriormente, como é o caso da ação de partilha, do arrolamento sumário, das ações para divisão e alienação da coisa comum. A partir de tal trilha, o autor – de forma clara – mostra a impossibilidade de projeção de clássicas posições em relação às peculiaridades do Direito de Família, marcado não só por singularidades em seu desenho, mas por dinâmica muito própria. Tal fato faz, inclusive, com que sejam firmadas reflexões críticas ao sistema tradicional e até as inovações que foram trazidas pelo CPC/2015, insuficientes – na visão do autor – para o desiderato a que se propõe o trabalho.

Após apresentar todo o panorama narrado, a obra chega ao seu ápice. Com efeito, o autor apresenta um novo modelo e defende ser necessária a adoção de inovador método para se promover a partilha de bens. Neste momento, Rafael Calmon apresenta modulação já possível de ser aplicada na arquitetura do sistema atual, por meio de nova interpretação e estruturação das figuras jurídicas que envolvem a questão, trazendo, ainda, sugestões *lege ferenda*. A compreensão de suas ideias, apesar de aparentemente inéditas na doutrina, é facilmente absorvida pela boa sequência do trabalho que, como antes já anunciado, possui uma estrutura de cadência crescente, preenchendo os pontos obrigatórios e mais nervosos da discussão.

Pude perceber a generosidade do autor, filtrando discussões da doutrina, a fim de que estas não atrapalhassem a cadência da obra, ferindo, ainda que involuntariamente, o efeito pragmático das suas contribuições. Tanto assim que o autor faz ressalva acerca da sua posição pessoal com respeito a extinção da separação judicial após a Emenda Constitucional 66/2010, mas modula seu trabalho numa concepção em que as suas conclusões sejam possíveis de serem plasmadas a partir também da ideia de que a separação judicial não foi alijada do sistema legal[1]. Não resta embargo que tal cuidado reflete ato de generosidade do autor, pois abre mão do debate da discussão acadêmica sobre o assunto (que possui defensores ferrenhos de ambos os lados) para focar seus esforços no ponto que elegeu como o crucial do seu trabalho: *a remodulação do sistema de partilha judicial vinculado às uniões familiares*.

A resenha, acima apresentada, dá uma noção geral do belo trabalho do autor que, sem dúvida, será recebido como obra obrigatória sobre o tema, seja pela correta (e indispensável) junção entre Direito Material e Processo, seja pela arejada visão dos institutos por ele trazida. Ao longo de todo texto, percebe-se a busca de concepção de *processo mais eficiente e adequado*, situação que sempre deve ser perseguida, em especial quando falamos de embates que envolvem conflitos como os atinentes ao Direito de Família.

A comunidade jurídica recebe, portanto, um trabalho seguro, inovador e de impacto prático, fruto da pesquisa de um dos jovens talentos que despontam no cenário nacional e que, por sorte, tive a oportunidade de acompanhar o crescimento ao longo do tempo. Assim, é correto afirmar que não estamos diante apenas da versão comercial de trabalho acadêmico, ou seja, de uma simples adaptação de dissertação de mestrado. Na verdade, o presente trabalho decorre do amadurecimento de ideias, de pesquisa séria e da experiência profissional de jurista (magistrado) que se encantou com o Direito de Família e que vem se dedicando – há anos – ao estudo científico de tal ramo, com o objetivo de alcançar soluções mais eficientes, dentro da concepção de um *processo mais eficiente e adequado*.

---

[1] Este texto foi escrito antes de o STF julgar o RE 1.1674.78/RJ (*DJe* de 9-11-23 – Tema 1.053) eliminando o instituto da separação legal (judicial ou extrajudicial) do ordenamento jurídico brasileiro como instituto autônomo.

Em arremate, não posso deixar de salientar a grande honra que foi para mim apresentar a obra, pois não é sempre que se tem a oportunidade de resenhar livro que está vaticinado a se tornar um clássico jurídico e que, por certo, abre o rol de publicações de um novo jurista que nos brindará com outros trabalhos de igual relevo.

Vitória-ES, verão de 2015-2016.

Rodrigo Mazzei
Pós-doutorado (UFES), Doutor (FADISP) e Mestre (PUCSP).
Professor (graduação e mestrado) da UFES/Membro do IBDFam.

Prefácio

Este é um prefácio que honra quem prefacia.

O autor deste livro é, antes de mais nada, um estudioso. E também é inquieto e criativo. Ademais, Rafael é juiz de direito.

A junção dos atributos pessoais com a profissão só poderia resultar numa dissertação de mestrado com nota máxima e num livro primoroso em reflexão, novidades e sugestões.

A primeira novidade é o foco: partilha de bens nos casos de divórcio ou união estável. Ao depois, por ser o autor um juiz, o livro não tem dificuldade em fazer uma abordagem transdisciplinar. Logo, o leitor terá a seu dispor tanto questões de ordem substancial como processual.

A abordagem será profunda, por força do conhecimento estudado; mas a leitura será fácil, por conta da instigante análise crítica das consequências da separação de fato e da forma atualmente utilizada para dividir o patrimônio dos ex-casais. A inquietude do autor o levou a caminho relevante e pouco trilhado pela doutrina. Falo da mancomunhão advinda dos regimes comunitários de bens e seu cotejo com institutos similares, como o condomínio e a comunhão ordinária.

Solidário, Rafael divide seu conhecimento e nos oferece propostas de efetividade e celeridade no procedimento de partilha. Primeiro, faz indicações em face do que já nos oferece o Direito. Depois, apresenta propostas legislativas mais avançadas do que o novo Código de Processo Civil.

Enfim, você tem nas mãos um livro que é um fruto maduro e pronto para ser saboreado.

Bom proveito!

Rui Portanova
Doutor em Letras pela PUC/RS e em Direito pela IDO/PR
Desembargador no TJRS

Introdução

Olá, obrigado por adquirir este livro!

Em um mercado competitivo como é o editorial jurídico brasileiro, sinto-me muito feliz e honrado em saber que você tenha se interessado em investir algumas horas de sua vida dialogando comigo por meio desta via. Sério! Ainda mais quando a vida me mostra diariamente que o tempo é um dos maiores ativos que todos nós temos atualmente. Afinal, não importa o que se faça, ele sempre será escasso e finito, certo? Se você resolveu ocupar parte dele lendo esse punhado de ideias e opiniões, valorizo você por isso, sobretudo por estar atento ao fato de que a informação vem em excesso e de forma absolutamente acessível hoje em dia. A internet reconfigurou a mídia para sempre, tornando possível que qualquer pessoa tenha acesso digital a um enorme conteúdo, versando sobre os mais variados temas, quando melhor lhe convier e gratuitamente.

Por isso, não pretendo tomar muito o seu tempo. Pelo contrário. Embora a meta aqui seja apresentar o panorama mais completo possível sobre a partilha de bens, prometo ser breve e direto para não tornar a leitura cansativa e para que o foco possa ser mantido sobre aquilo que realmente importa em torno dessa temática. Mas não criarei falsas expectativas. Se por um lado a completude é algo a ser buscado não se pode ignorar que a zona de interseção entre o direito das famílias e o processo civil é superdinâmica. Nem querendo seria possível apresentar um manual completo e absoluto, que esgotasse todos os assuntos ligados a essa temática. Como resultado, o livro que se encontra em suas mãos não é um produto finalizado, mas uma obra em permanente construção. Continuará sendo escrito por mim e por vocês, à medida que os estudos sobre as duas ciências sob enfoque avançarem.

E, agora, neste ano de 2025, estamos prestes a sofrer um avanço expressivo a respeito, com a possível entrada em vigor de uma grande reforma sofrida pelo Código Civil, a qual, aliás, me fez reescrever praticamente toda a Parte I deste livro, como você terá oportunidade de perceber tão logo mantenha contato com o texto, no qual será possível notar a utilização de expressões como "legislador reformador", "Anteprojeto de Reforma do Código Civil" ou sua sigla "ARCC".

Mas gostaria de deixar claro por aqui que não pretendo fazer doutrina. A bem da verdade, acredito que esse modelo nem se sustente mais nos dias de hoje. Os tempos são outros e não estou exatamente certo se as pessoas buscam ser doutrinadas por algo ou por alguém. O pensamento é livre e a reflexão crítica absolutamente necessária. Logo, a tônica aqui é outra. Minha intenção é manter um canal de comunicação aberto entre mim e você, para a troca permanente de ideias e informações. Aliás, as múltiplas páginas e assuntos acrescentados a esta edição originaram-se em grande parte à interação mantida com leitores de todo o Brasil por meio de redes sociais e trocas de e-mails. Daí, não seria nenhum exagero dizer que esta edição foi escrita não só por duas ou quatro, mas por "muitas mãos", em um verdadeiro modelo compartilhado e interativo de se lançar reflexões e mensagens por escrito.

Isso tudo só me leva a insistir no propósito afirmado na 1ª edição: de que de nada ou muito pouco adianta estudar ou escrever a respeito de qualquer área do saber sem se voltar os olhos para a aplicação daquilo que foi apreendido no campo prático, avaliando-se os reflexos projetados no seio da vida em sociedade.

Quando o objeto de estudo envolve os Direitos das Famílias e, mais especificamente, os direitos que cada cônjuge ou convivente possui sobre o acervo de bens constituído ao longo de suas respectivas uniões, essa tarefa assume ainda mais importância, devido aos impactos projetados sobre relevante aspecto familiar: o planejamento patrimonial.

Na literatura jurídica brasileira, porém, existe uma situação peculiar: o tratamento do direito material de família costuma ser feito com a completude e o cientificismo esperados por qualquer consumidor de obras jurídicas, contando com vastíssimo material, elaborado pelos maiores expoentes do direito civil. O estudo do direito processual civil voltado especificamente às lides familiares, porém, não conta com o mesmo suporte, como se pode perceber por simples passar de olhos sobre as estantes das livrarias físicas e virtuais. Ressalvadas algumas poucas abordagens, comumente inseridas no seio de grandes cursos ou manuais de Direito Material de Família, o que se observa é uma significativa escassez literária a respeito.

Não se sabe ao certo os motivos que levaram a isso. O que se tem absoluta certeza é que os reflexos projetados por essa disparidade de tratamento podem ser sentidos no cotidiano forense, notadamente nos procedimentos e nas decisões judiciais, devido à alta dispersão de entendimentos acerca de um mesmo tema. A título de exemplo, observe a dessemelhança de tratamento processual da divisão do patrimônio comum conferida pelos tribunais de segundo grau, sobretudo quando desenvolvida sob a sombra do dissenso.

Em um país assoberbado por uma verdadeira avalanche legislativa como o Brasil, talvez não seja ideal que o estudante e o profissional do Direito concentrem suas preocupações exclusivamente no direito material, assim como não pareceria adequado que as inquietações se voltassem exclusivamente ao direito processual. Esse isolamento renderia melhores frutos se fosse feito pela academia; no cotidiano forense, talvez fosse recomendável que as disciplinas jurídicas e as demais áreas do conhecimento a elas relacionadas fossem lidas, compreendidas e aplicadas de forma conjugada e transdisciplinar, para que a qualidade das postulações e, especialmente dos pronunciamentos judiciais, fosse aprimorada a nível tal, que se tornasse viável por aqui a implantação do tão almejado sistema de precedentes obrigatórios (CPC, arts. 926 e s.).

No que compete especificamente ao procedimento judicial destinado à partilha de bens dos cônjuges e conviventes, parece haver certo apego aos métodos mais ortodoxos de divisão do patrimônio, fazendo com que o rito correspondente seja conduzido de maneira extremamente lenta, à semelhança daquele empregado ao direito sucessório, nem sempre adequado às necessidades dos ex-consortes e à dinâmica que deve permear as relações familiares, sobretudo em um país onde dados estatísticos demonstram que as pessoas estão se casando cada vez mais velhas, separando-se cada vez mais jovens e com menos tempo de união.

O problema se acentua a partir do momento em que a realidade vem demonstrando que, não raro, os bens do casal acabam se concentrando nas mãos de um só dos ex-consortes ao ensejo do desfazimento da união, fazendo com que o outro se veja privado de auferir rendas e de utilizar o que, por direito, também é seu. Como resultado, diversas medidas e técnicas processuais vêm sendo aplicadas pelos tribunais na tentativa de minimizar tais efeitos e reduzir a costumeira demora do processo, sem a obtenção de resultados expressivos, contudo.

Foi justamente a observação cotidiana desse cenário que impulsionou a elaboração deste livro, que tem por intento não só promover uma análise crítica e multidisciplinar dos procedimentos judiciais mais frequentemente utilizados para a realização da partilha no dia a dia forense, mas também sugerir a adoção de um modelo específico, mais afinado com o conglomerado de ideias e possibilidades encampadas pelo novo Código de Processo Civil e pelo próprio perfil dos estudantes e profissionais da área, compostos em sua maioria por pessoas sempre conectadas entre si e tão acostumadas ao dinamismo das relações cotidianas quanto repulsivas ao formalismo processual desmedido e injustificado.

Na tentativa de se manter coerente, embora a obra repouse sobre significativa base teórica, não nega seu cunho pragmático, preocupado em facilitar a apreensão das ideias e possibilidades aqui defendidas de modo a possibilitar sua utilização no cotidiano forense.

Sob a perspectiva estrutural, a preocupação se focalizou sobre três pontos específicos: em primeiro lugar, fez-se questão de se utilizar linguagem simplificada, vazada em termos utilizados no cotidiano, para facilitar sua compreensão pelo acadêmico, pelo profissional e por qualquer pessoa que deseje conhecer um pouco mais profundamente seus direitos patrimoniais nas relações familiares; em segundo, pretendeu-se destinar atenção especial às decisões dos tribunais, como forma de acompanhar a valorização conferida pelo novo CPC ao sistema de precedentes obrigatórios. Por isso, todas as decisões aportadas a este livro foram colhidas exclusivamente dos Tribunais Superiores e transcritas diretamente no próprio corpo do texto, para que o leitor possa compreendê-las mais a fundo, sem ter que descontinuar a leitura e voltar sua atenção a notas de rodapé, as quais foram utilizadas apenas para comentários esporádicos ou indicação do número de determinados julgados; em terceiro, tencionou-se que os tópicos fossem escritos e divididos de maneira tal, que sua leitura pudesse ser realizada tanto de maneira concatenada e progressiva quanto de modo esparso e independente, possibilitando que o leitor focalize suas atenções apenas nos capítulos que mais lhe interessem, caso domine os assuntos versados em outros capítulos.

Sob o aspecto metodológico, tornou-se indispensável a feitura de um corte epistemológico responsável por reduzir o campo de abrangência do estudo apenas aos assim chamados "regimes comunitários puros", em razão de os dados estatísticos comprovarem que eles são os prevalentes no país.

A obra, portanto, se apresenta em duas partes distintas, voltadas a atingir propósitos específicos, mas que se comunicam entre si: a primeira, vocacionada preponderantemente ao estudo do direito material; a segunda, dedicada exclusivamente ao direito processual. Nos primeiros capítulos da parte inicial, o estudo aborda a relação espiral entre Direito e cultura, as entidades familiares e suas consequências de ordem patrimonial. Na sequência, são abordadas, sob a perspectiva da teoria da norma jurídica, as regras e princípios aos quais esses regimes aludem. Logo em seguida, é feito o estudo da comunhão jurídica inerente aos regimes comunitários, com o principal objetivo de se perquirir a respeito da mancomunhão por eles produzida, abrindo-se espaço para um estudo comparativo entre ela e alguns institutos afins, como a comunhão de direito ordinária e o condomínio. Em continuidade, a separação de fato é quem recebe considerações sob o mesmo ponto de vista. Depois, o foco é direcionado aos regimes de bens existentes no ordenamento jurídico brasileiro, com ênfase aos de índole comunitária pura, assim compreendidos os da comunhão parcial e universal de bens, cujas características, semelhanças e distinções são destacadas. Nos tópicos derradeiros são abordados o estado de indivisão jurídica dos bens após a dissolução do arranjo familiar e alguns problemas daí decorrentes. Embora tenha sido eliminada do ordenamento jurídico brasileiro (STF, RE 1.1674.78/RJ, *DJe* de 9-11-23 – Tema 1.053) a separação legal (judicial ou extrajudicial) continua sendo abordada na obra, para que as pessoas separadas também possam se sentir incluídas por aqui. Na Parte II, o capítulo inicial volta-se à análise da relação espiral entre a cultura e os modos de solução de conflitos. Na sequência, é examinado o novo modelo de processo civil instituído pelo Código de Processo Civil de 2015. Nos capítulos seguintes são estudados os métodos processuais atualmente empregados para a promoção da partilha dos bens amealhados ao longo das uniões familiares, e abordado o procedimento estruturado pelo novo CPC para as ações de família, sendo apresentados alguns instrumentos já existentes no sistema, que aqui foram chamados de *contributos à efetividade*, porém sob uma nova leitura, tencionada à atribuição de maior celeridade, economia e efetividade processuais. No capítulo final, propõe-se um modelo diferente para efetivação da partilha, seguida de sugestões *de lege ferenda*.

Sinceramente, espero que você possa se divertir enquanto lê este livro e, mais do que isso, torço para que ele o leve a perceber como pode ser simples e intuitiva a interação do Processo Civil com o Direito das Famílias.

Boa leitura!

Praia da Costa, um dia de 2024.

PARTE I
Aspectos Materiais

1
O Novo Direito das Famílias

Em pleno século XXI, muitos questionam se o ramo da Ciência do Direito destinado a disciplinar as relações jurídicas familiares poderia continuar sendo denominado "Direito de Família" ou seria melhor alterar seu nome para "Direito das Famílias".

Obviamente respeitando quem pense diferente, a segunda alternativa me parece a melhor. Nas breves linhas que se seguem, exponho as razões que me levam a pensar assim.

Como se sabe, o conjunto de todas as espécies normativas vigentes em um determinado país, em certo momento da história, incluindo desde a Constituição Federal até a mais simples das leis locais, representa seu "Sistema de Direito", o qual, para fins didáticos, pode ser subdividido em agrupamentos menores, isto é, em "Subsistemas", voltados ao tratamento específico e detalhado de determinadas matérias. Nesse contexto, o "Subsistema de Direito das Sucessões", por exemplo, comporia o conglomerado de todas as Emendas Constitucionais, Leis Complementares, Leis Ordinárias, Medidas Provisórias, Decretos, Portarias e demais tipos legais que, de alguma forma, se destinassem ao regramento da transmissão dos bens e obrigações da pessoa em consequência de seu falecimento, ao passo que o "Subsistema de Direito das Obrigações" representaria o amontoado de textos reguladores das relações jurídicas de ordem patrimonial que tenham por objeto prestações devidas entre sujeitos, e assim por diante.

Até aí tudo bem. A coisa começa a ganhar em importância quando se para pra pensar que texto normativo não se confunde com norma jurídica. Sim! Como será visto detalhadamente em Capítulo específico deste livro o texto da lei é o mero suporte físico que introduz a norma no ordenamento. A verdadeira norma jurídica é o produto da interpretação feita pelo indivíduo a partir de sua leitura. E, por óbvio, essa interpretação não é feita de forma descontextualizada. Pelo contrário. Decorre da percepção de cada um sobre o material histórico, político, econômico e social instaurado em determinado local e momento da história. Logo, existindo diferentes sujeitos interpretantes inseridos em contextos tão diferenciados quanto, a probabilidade de que sejam construídos diversos significados dos termos empregados pelo legislador em cada uma das espécies normativas antes citadas é gigantesca.

Daí a importância da "Ciência do Direito". Tendo por objetivo facilitar o desenvolvimento da atividade interpretativa, ela reúne um emaranhado de conhecimentos teóricos voltados à descrição e à explicação ao intérprete de tudo o que os diversos Sistemas e Subsistemas de Direito prescrevem. Isso torna possível que se fale em "Ciência do Direito Civil", em "Ciência do Direito Penal", e, conforme se esmiúce ainda mais a análise, em "Ciência do Direito das Coisas", em "Ciência do Direito das Obrigações", em "Ciência do Direito das Sucessões" etc.

Nem sempre, contudo, a legislação, isto é, o texto das leis que compõem o Sistema de Direito Positivo, consegue acompanhar as transformações dos padrões vigentes na sociedade. Aliás, raras são as vezes em que isso acontece. Via de consequência, o discurso jurídico pode permanecer atrelado a concepções, ideais e valores absolutamente ultrapassados, que não mais exprimem o verdadeiro e atual sentido da norma jurídica, muito embora possam expressar leituras fiéis do texto normativo.

Apegados à dogmática e ao positivismo puro, alguns intérpretes insistem em atribuir ao texto de lei o sentido mais literal possível, meio que se recusando a acreditar que ele serve de mero suporte físico para a construção da norma jurídica, esta sim o elemento que realmente importa para a regulação de condutas intersubjetivas.

No caso específico das relações jurídicas contraídas pelos membros das entidades familiares, algo bastante curioso e um tanto alarmante acontece. O legislador do Código Civil brasileiro de 2002 epigrafou o Livro IV de sua Parte Especial com a nomenclatura "Do Direito de Família", repetindo, de certa forma, a mesma denominação que o legislador de 1916 havia utilizado para epigrafar o Livro I da Parte Especial do Código Civil de seu tempo.

Meio que seguindo essa tendência, a Ciência Jurídica encarregada de estudar e explicar a estrutura e função dessas normas acabou também sendo denominada "Direito de Família".

Acontece que as relações familiares são por demais dinâmicas. Tanto é assim que temas como o reconhecimento jurídico da multiparentalidade, da socioafetividade, das uniões estáveis familiares simultâneas, da adoção por ascendentes, do poliamor, da adoção por casais homoafetivos, da custódia e convivência com animais não humanos por ocasião do rompimento das uniões celebradas entre os animais humanos, são muitas vezes taxados de "polêmicos", chegando mesmo a representar verdadeiros "não temas" para alguns círculos.

Definitivamente isso não pode continuar acontecendo.

Atualmente, as famílias são complexas, plurais e dinâmicas. Já faz bastante tempo que deixou de existir a figura do chefe de família, personificada no homem. A mulher deixou de ser tratada como mera auxiliar nos encargos da família, para se tornar responsável por eles, ao lado de quem quer que seja sua ou seu consorte. Aliás, as representações de gênero e sexo nem sequer podem interferir na formatação das entidades familiares, contanto que exista afeto entre seus membros. Os filhos não podem mais ser tratados de forma discriminatória, simplesmente por terem nascido de uniões não matrimonializadas. Os animais de estimação vêm cada vez mais sendo aceitos e tendo seus direitos reconhecidos em função de sua condição de seres sencientes e amados pelos animais humanos. Os valores, conjunturas e ideais contemporâneos a respeito do que venha a ser família se modificaram completamente, desvinculando-se da biologia para se alinharem à cultura.

Enfim!

Diante desse inteiramente novo panorama, os enunciados normativos do Código Civil, do Código de Processo Civil e de toda a legislação que compõe o "Subsistema de Direito de Família" precisam ser lidos e compreendidos de forma contextualizada e em conformidade com esses axiomas e padrões comportamentais.

Isso desafia o intérprete a conhecer mais a fundo esse intrigante e em constante mutação domínio das ciências jurídicas, que, por isso, vem sendo chamado de "Direito das Famílias" por expoentes da literatura jurídica brasileira, e, aparentemente contando com a simpatia até mesmo do Superior Tribunal de Justiça[1].

Particularmente, acredito que o plural seja realmente necessário no caso, não para simplesmente diferenciar denominações, mas para deixar absolutamente claro que a base principiológica e valorativa que conferia fundamento à ciência outrora denominada "Direito de Família", embora possa ter bem servido aos propósitos de um tempo passado, não mais se mostra suficiente para servir de essência a um domínio do conhecimento humano capaz de compreender os fenômenos e formatações familiares da contemporaneidade.

Se as experiências, as configurações e as relações jurídicas contraídas pelas famílias são complexas e plurais, nada mais justo do que a ciência destinada a seu estudo também se pluralizar, inclusive em sua denominação.

Quem sabe um dia o próprio nome das unidades judiciárias dotadas de competência para processamento das ações de família também não se altere para "Varas das Famílias".

Vai saber, né?

Até que isso aconteça, e, independentemente do fato de vir ou não a acontecer, o que realmente importa é ter em mente que a atividade de "fazer ciência" é um processo contínuo e, por isso, eternamente incompleto. Pesquisadores, estudiosos e os interessados nas relações jurídicas patrimoniais e existenciais contraídas pelas famílias talvez precisem defender com mais afinco os avanços conquistados pela literatura e consolidados pelas decisões dos tribunais, para que as normas jurídicas construídas a partir da leitura dos textos legais e os problemas práticos, surgidos na realidade vivida pelos indivíduos, possam ser solucionados não segundo os parâmetros ultrapassados e obsoletos de outrora, mas sim em conformidade com o pensamento contemporâneo, plural, disruptivo e desafiador inerente à "Ciência do Direito das Famílias".

---

[1] Veja, por exemplo, o REsp 1.760.943/MG, *DJe* 6-5-2019.

2

A Relação Espiral entre o Direito das Famílias e a Cultura

2.1 O QUE É FAMÍLIA PARA O DIREITO?

O Direito não pode ser compreendido fora do contexto cultural e isento de historicidade. Por ser resultante da ação humana, a Ciência que lhe serve de suporte é construída a partir da percepção do cientista jurídico sobre o material histórico, político, econômico e social existente em determinado local e momento da história. Por isso se costuma dizer que ele, o Direito, é um produto da cultura. Cada país, em cada etapa de sua história, possui sua própria Ciência Jurídica e seu próprio Sistema Normativo.

Essa relação, por óbvio, não é linear e finita. Pelo contrário. É espiral e infinita, o que faz com que o Direito funcione, ao mesmo tempo, como um dos elementos do processo do qual é, também, o próprio resultado. Afinal de contas, sendo modificado pelas transformações da lógica cultural interna, o Direito acabará gerando impactos e influências sobre toda a vida em sociedade, repercutindo de volta sobre a própria cultura, a qual, por conta disso, se transformará e voltará a impactá-lo, e assim sucessiva e ininterruptamente.

Com a compreensão do que seja família ocorre o mesmo movimento. Deve guardar estreita relação com os padrões da cultura de cada tempo e espaço em que estejam inseridos.

Alterando completamente o panorama até então existente, a Constituição de 1988 erigiu a valorização da pessoa humana como um dos fundamentos da República (art. 1º, III), promovendo, em boa hora, uma profunda mudança na realidade social, na cultura e no ordenamento jurídico vigentes, seja pela não recepção de diversos dispositivos do Código Civil de 1916, seja pela instauração de um regime de tratamento dos direitos fundamentais nunca antes visto.

No campo do Direito das Famílias as transformações não foram de somenos importância. Acompanhando as transições sociais experimentadas pela família brasileira – *que deixou de ser uma unidade econômica para assumir a forma de um núcleo de afeto e solidariedade, vocacionado à promoção do desenvolvimento individual de cada um de seus componentes* –, houve o completo deslocamento do foco da proteção jurídica Estatal, antes direcionado apenas ao casamento, para compreendê-la como um todo, independentemente da forma pela qual é constituída.

Assim, uniões familiares matrimonializadas ou não, passaram a gozar do mesmo estado e proteção jurídica. Houve, também, a facilitação da dissolução do casamento a partir da promulgação da Emenda Constitucional n. 66/2010, que suprimiu prazos e procedimentos prévios para a obtenção do divórcio, tornando-o um direito potestativo incondicionado (ARCC, art. 1.511-D).

Por sinal, o Anteprojeto de Reforma pretende introduzir o art. 1.511-D ao texto do Código Civil, dispondo que "Ninguém pode ser obrigado a permanecer casado porque o direito ao divórcio é incondicionado, constituindo direito potestativo da pessoa", e também o art. 1.571, § 3º, enunciando que "De nenhuma forma a hipótese do inciso III [ocorrência da separação de corpos ou separação de fato] pode ser condicionante do direito ao divórcio ou da dissolução da união estável".

Nesse ritmo, sujeitos e indivíduos que antes eram considerados praticamente "invisíveis" para o Estado, passaram a ser inicialmente "enxergados", e, posteriormente, a terem seus direitos e interesses tutelados por esse mesmo Estado, como aconteceu com as pessoas idosas – que tiveram o envelhecimento reconhecido como um direito personalíssimo e sua proteção como um direito social, nos termos da Lei n. 10.741/03 (art. 8º) –, com a população LGBTI – que obteve o reconhecimento judicial da existência de união estável homoafetiva como entidade familiar, a partir do julgamento da Ação Direta de Inconstitucionalidade (ADI) n. 4.277/DF e da Arguição de Descumprimento de Preceito Fundamental (ADPF) n. 132/RJ pelo STF, e a subsequente regulamentação administrativa do casamento pela Resolução CNJ n. 175/2013 –, ou, ainda com as pessoas com deficiência – que passaram a ter vários direitos reconhecidos legalmente com a entrada em vigor da Lei n. 13.146/2015, dentre os quais o de se casar e de constituir união estável, assim como de participar ativamente do planejamento familiar (art. 6º) – e com os animais de estimação – que se encontram prestes a receber um tópico próprio no texto do Código Civil reformado (Seção VI do Capítulo I do Título Único do Livro II da Parte Geral) e uma disposição específica no art. 1.566, § 3º, no sentido de que "Os ex-cônjuges e ex-conviventes têm o direito de compartilhar a companhia e arcar com as despesas destinadas à manutenção dos animais de estimação, enquanto a eles pertencentes".

O escopo desta obra, porém, não é a análise das entidades familiares em si, até porque há vastíssimo material a respeito. A preocupação aqui é o estudo da partilha de bens a ser levada a efeito ao ensejo de seu desfazimento.

Porém, para que isso possa ser feito com a completude necessária, é preciso que se compreenda inicialmente o que vem sendo entendido como família.

É claro que a plurivocidade dessa palavra e as diversas implicações disso decorrentes comprometeria consideráveis páginas deste livro, caso fosse tentada sua conceituação ou investigação mais profunda a respeito. Aspectos históricos, religiosos, sociológicos, antropológicos e de diversos outros ramos do saber trariam incontáveis obstáculos à tarefa, razão pela qual optou-se por desenvolver as premissas em que se fincam esta obra em torno da família apenas como instituição relevante para a Ciência do Direito, o que de certa forma permite que se delineiem suas características essenciais e se obtenha um panorama bastante representativo a seu respeito.

Assim, para os fins aqui almejados, seria possível conceituar *família* como sendo qualquer agrupamento humano que transmita publicamente a ideia de um núcleo estável, unido por sentimento afetivo nutrido por seus diversos integrantes, que compartilham amparo mútuo e recíproco suficientes a proporcionar seu desenvolvimento como pessoa[1].

Tais núcleos, dependendo da forma com que sejam constituídos, rendem ensejo à constituição dos mais diversificados arranjos familiares, todos passíveis de serem tutelados juridicamente, desde que, nas precisas palavras de Paulo Lôbo, revistam-se dos seguintes caracteres mínimos:

a) afetividade, como fundamento e finalidade da entidade, com desconsideração do móvel econômico;

b) estabilidade, excluindo-se os relacionamentos casuais, episódicos ou descomprometidos, sem comunhão de vida;

c) ostensibilidade, o que pressupõe uma unidade familiar que se apresente assim publicamente[2].

Em Paulo Lins e Silva[3] pode ser encontrada semelhante percepção, na medida em que ele compartilha a opinião de que, "hoje, em sentido fático, para haver família, não é preciso haver homem e mulher, pai e mãe. Bastam pessoas conjugando e comungando suas vidas intimamente, ligadas pelo afeto, dividindo os fins e os meios de vivência, convivência e sobrevivência".

Isso mesmo! "Pessoas" formam famílias entre si por vínculo afetivo, independentemente do número, da existência de deficiência, da orientação sexual, do gênero e preferências de seus componentes. Ao seu lado, animais não humanos podem integrar o núcleo familiar quando existir afeto, unindo-os aos humanos e vice-versa, naquilo que vem sendo denominado "família multiespécie"[4].

Não custa rememorar que o art. 226, *caput*, da Constituição da República enuncia que a *família* representa a base da sociedade e, por isso, recebe especial proteção do Estado.

Para o legislador constituinte, portanto, família representa o gênero do qual entidades familiares são espécie, tornando todas merecedoras de peculiar proteção do Estado. Por isso, quando se refere às "entidades familiares-tipo" nos parágrafos desse artigo – casamento (§ 1º), união estável (§ 3º) e a comunidade formada por qualquer dos pais e seus descendentes (§ 4º), doutrinariamente denominada família monoparental –, não esgota o rol de famílias possíveis. Ao lado delas, existem ilimitados aglomerados humanos, ostentando as características de entidades familiares que, por isso, também merecem proteção jurídica, o que leva à inexorável conclusão de que o elenco fornecido pelo legislador constituinte é não taxativo.

---

[1] Por todos, conferir: LÔBO, Paulo Luiz Netto. Entidades familiares constitucionalizadas: para além do numerus clausus. In: FARIAS, Cristiano Chaves de (Coord.). *Temas atuais de direito e processo de família*. Primeira série. Rio de Janeiro: Lumen Juris, 2004, p. 1-18.
[2] LÔBO, Paulo. *Famílias*. São Paulo: Saraiva, 2008, p. 57-58.
[3] LINS E SILVA, Paulo. *O Estatuto das famílias no direito comparado*. Anais Congresso IBDFAM.
[4] A respeito: CALMON, Rafael. Pet não se partilha; se compartilha. Expressa/Saraivajur, 2021.

E o Código Civil reformado pretende enunciar algo assemelhado em seu art. 1.511-B, *caput*, a redação projetada é a de que "São reconhecidas como famílias as constituídas pelo casamento, união estável, bem como a família parental". Já o texto do § 1º pretende dispor que: "A família parental é a composta por, pelo menos, um ascendente e seu descendente, qualquer que seja a natureza da filiação, bem como a que resulta do convívio entre parentes colaterais que vivam sob o mesmo teto com compartilhamento de responsabilidades familiares pessoais e patrimoniais".

Paralelamente, algumas leis tentam trazer o conceito de família[5], mas seria realmente muito difícil conseguirem defini-la.

Essa peculiaridade foi bem observada por Cristiano Chaves de Farias e Nelson Rosenvald quando afirmam que "o conceito trazido no *caput* do art. 226 é plural e indeterminado, firmando uma verdadeira cláusula geral de inclusão. Dessa forma, é o cotidiano, as necessidades e os avanços sociais que se encarregam da concretização dos tipos. E, uma vez formados os núcleos familiares, merecem, igualmente, proteção legal"[6].

Não por acaso, os Tribunais Superiores, de uma maneira geral, têm interpretado locuções que remetem ao instituto jurídico "família" de uma maneira bastante elástica, assim o fazendo, por exemplo, para garantir a impenhorabilidade do bem de família ocupado por pessoas solteiras, viúvas e separadas[7], ainda que o imóvel não seja o único[8], ou então para ampliar os limites de incidência dos preceitos tutelares da Lei Maria da Penha[9].

Independentemente de por qual dessas formas seja constituída a família, efeitos diversos são espalhados sobre os mais diversos planos da vida. A este estudo, no entanto, interessam de perto apenas os efeitos irradiados sobre as relações patrimoniais constituídas pelo matrimônio e pela união estável, cujas linhas gerais serão tratadas oportunamente.

---

[5] Algumas normas tentam conceituar família. A Lei n. 11.340/2016 (Lei Maria da Penha) dispõe que família é "compreendida como a comunidade formada por indivíduos que são ou se consideram aparentados, unidos por laços naturais, por afinidade ou por vontade expressa" (art. 5º, II). Já a Lei n. 11.977/2009, que dispõe sobre o Programa Minha Casa, Minha Vida, considera grupo familiar a "unidade nuclear composta por um ou mais indivíduos que contribuem para o seu rendimento ou têm suas despesas por ela atendidas e abrange todas as espécies reconhecidas pelo ordenamento jurídico brasileiro, incluindo-se nestas a família unipessoal" (art. 1º, § 1º, I).

[6] FARIAS, Cristiano Chaves de; ROSENVALD, Nelson. *Curso de direito civil*: direito das famílias. 9. ed. Salvador: Juspodivm, 2017, v. 6, p. 35.

[7] STJ, Súmula 364: O conceito de impenhorabilidade de bem de família abrange também o imóvel pertencente a pessoas solteiras, separadas e viúvas.

[8] STJ, REsp 1.126.173/MG, *DJe* 12-4-2013.

[9] STJ, Súmula 600: "Para a configuração da violência doméstica e familiar prevista no artigo 5º da Lei n. 11.340/2006 (Lei Maria da Penha) não se exige a coabitação entre autor e vítima". Também assim: STJ, HC n. 172.634/DF, *DJe* 19-3-2012.

3
Os Efeitos Patrimoniais do Casamento e da União Estável: entre o direito posto e o direito proposto

3.1 O DIREITO POSTO

Passando ao largo dos motivos de ordem técnico-legislativa que levaram o legislador de 2002 a estruturar o Código Civil sob a forma com a qual entrou em vigor e ainda se encontra posta, não se pode deixar de perceber que o Livro destinado ao trato do Direito das Famílias continua se valendo do casamento como paradigma para delinear a eficácia emanada pelas uniões familiares. Aliás, o codificador brasileiro parece ter situado esta espécie de conformação familiar no centro de todo o Livro destinado à disciplina do Direito de Família, mesmo depois de a Constituição/88 ter deslocado o foco de sua tutela ao gênero *família* em lugar do *matrimônio* (arts. 226 e s.).

Também não se desconhece a intenção do Constituinte de meramente *assemelhar*, e não *equiparar*, a união estável ao casamento, o que impõe que o intérprete faça uma leitura constitucionalmente adaptada de todos os textos do Sistema de Direito Positivo para que deles possa extrair os efeitos aplicáveis a cada uma das entidades familiares em conformidade com suas especificidades.

Disso tudo se extrai que a eficácia exarada pelas relações jurídicas constituídas pelas famílias não se limita àquela disciplinada no capítulo do Código Civil epigrafado "Da Eficácia do Casamento", pois os efeitos correspondentes são tão numerosos e complexos que seu tratamento vem sistematizado por diversos dispositivos, espalhados por praticamente todo o Livro IV da Parte Especial. Tanto é assim que o próprio legislador os classifica em *pessoais* (Título I) e *patrimoniais* (Título II), em uma taxonomia de enorme relevância prática, que desvela as consequências geradas pelas situações jurídicas travadas por seus componentes sobre as mais diversas searas, e a correspectiva influência do Estado sobre elas, como se verá a partir de agora.

Embora não utilize os vocábulos *efeitos* ou *eficácia*, o Livro do Código Civil destinado ao Direito de Família deixa transparecer a maior ou menor ingerência do Estado sobre as famílias ao dividir o regramento normativo em dois grandes grupos, permeados por normas de maior ou menor cogência.

Não se esqueça, a propósito, que normas cogentes, também denominadas imperativas ou de ordem pública, são aquelas cujas prescrições condicionam absolutamente a conduta das partes, retirando completamente a possibilidade de elas contrariarem seus comandos. Já as normas dispositivas, facultativas ou de ordem privada são aquelas que não proíbem nem obrigam, mas apenas permitem a prática de condutas ou suprem declarações de vontade das partes.

Pois bem.

No Livro IV de sua Parte Especial, destinado justamente à disciplina das normas de Direito das Famílias, o Código regula o trato jurídico dos pontos mais sensíveis às famílias no Título I, epigrafado de Direito Pessoal, no qual aborda assuntos como a afetividade entre seus membros, a proteção da pessoa dos filhos, as relações de parentesco e o exercício do poder familiar, dotando as normas correspondentes com uma acentuada *indisponibilidade*. Já no Título II, epigrafado de Direito Patrimonial, regulamenta analiticamente os efeitos de índole econômico-patrimonial produzidos pelas famílias, em normas marcadas pelo predomínio da *disponibilidade*[1].

Tal sistematização, é bom que se diga, angariou aplausos da literatura especializada à época de sua elaboração, justamente por ter conseguido distinguir os efeitos oriundos das relações familiares de acordo com a preponderância do direito tutelado[2], aparentemente adotando a orientação proposta por Savigny em sua obra *Tratado de direito romano*, onde primeiro foi idealizada a divisão do direito de família em "puro" e "aplicado", conforme o assunto dissesse, predominantemente, respeito ao organismo familiar propriamente dito ou àqueles demais institutos presentes nas famílias, mas disciplinados por outros ramos do direito[3].

Como a própria leitura do texto normativo deixa antever, os pontos ao redor dos quais gravita a eficácia patrimonial das entidades familiares envolvem apenas questões de repercussão econômica imediata ou mediata, como o regime de bens, o bem de família, o usufruto e a administração dos bens dos filhos incapazes. Por isso é que a cogência das normas que o compõem nem sempre se mostra presente e sua disciplina jurídica se aproxime um tanto daquela destinada ao Direito das Obrigações e das Coisas, embora sem deixar de sofrer o influxo das normas familiaristas de ordem pública.

Diante de tantas peculiaridades e diferenças, parece ser mesmo evidente que o Estado precise destinar tratamento diferenciado a cada um desses assuntos, na exata medida de suas especificidades. Na literatura especializada, Débora Vanessa Caús Brandão leciona justamente nesse sentido, escrevendo que "cada um desses direitos deve ser tratado consoante suas particularidades. O grau de observância que se exige dos direitos pessoais é muito maior se comparados aos direitos patrimoniais de família, haja vista que aqueles se projetam para além

---

[1] Sobre o tema, indispensável a leitura de dois textos de Clovis V. do Couto e Silva: o Direito Patrimonial de Família, publicado na *Revista da Faculdade de Direito de Porto Alegre*, Ano V, 1971, n. 5, e, o Direito Patrimonial de família no Projeto do Código Civil brasileiro e no Direito Português, publicado na *Revista de informação legislativa*, v. 16, n. 62, p. 133-168, abr./jun. 1979.
[2] BRANDÃO, Débora Vanessa Caús. *Regime de bens no novo Código Civil*. São Paulo: Saraiva, 2007, p. 39.
[3] Nesse sentido: PEREIRA, Virgílio de Sá. *Direito de família*. 2. ed. São Paulo: Freitas Bastos, 1959, p. 101.

da vida familiar, por envolverem também o resguardo da intimidade de seus membros. As normas predominantes no direito de família patrimonial, ao contrário das do direito pessoal, são, em sua maioria, dispositivas, conferindo maior autonomia aos cônjuges"[4].

Que fique claro que essa prevalência de normas dispositivas não afasta por completo a imperatividade inerente a outras, pois os "direitos familiares patrimoniais são atribuídos para a satisfação dos interesses da família de uma forma geral e, em especial, em atenção aos sujeitos que se encontram em uma posição jurídica de vulnerabilidade, como, por exemplo, os menores"[5].

Concomitantemente à boa-fé *subjetiva* – também chamada boa-fé psicológica justamente por consistir na ausência de malícia da pessoa e em seu desconhecimento dos possíveis vícios incidentes sobre o ato que ela pratica –, a boa-fé *objetiva* em sua tríplice função – como critério interpretativo, como limite ao exercício de direitos e como fonte de deveres anexos –, por exemplo, deve reger todas as relações de famílias, assim compreendidas tanto aquelas em que predomina o caráter patrimonial, quanto as em que prepondera a feição existencial, muito embora sua incidência neste campo "deve ser vista com cuidado, não porque a cláusula geral não se aplique, mas porque o caráter existencial da relação atrai, de forma muito mais intensa, a incidência de princípios constitucionais que podem se chocar com a lógica negocial que subjaz", como adverte Anderson Schreiber[6].

Há, por assim dizer, constante diálogo e interseção entre elas, por meio dos quais as normas de índole familiarista iluminam a interpretação e aplicação das demais, o que, na prática, exige que o aplicador leia todo e qualquer texto normativo referente ao Direito das Famílias sob uma perspectiva específica: a das famílias[7].

3.2 O DIREITO PROPOSTO

O direito das famílias é vivo e reativo. Ele acompanha, como nenhum outro ramo da Ciência do Direito, as transformações sociais. Mostra disso pode ser obtida das próprias decisões dos Tribunais, notadamente daquelas proferidas pelas Cortes Superiores na última década, a respeito da legitimidade do reconhecimento de uniões estáveis e casamentos formadas por pessoas do mesmo sexo (STJ, REsp 1.204.425/MG, *DJe* 5-5-2014); do não impedimento do reconhecimento concomitante do vínculo de filiação socioafetiva e biológica (STJ, RE 898.060/SC, *DJe* 24-8-2017); da inconstitucionalidade da distinção de regimes sucessórios entre cônjuges e companheiros prevista no art. 1.790 do CC/2002 (STF, RE 878.694/MG, *DJe* 6-2-2018 – Tema 809); da ilegalidade da incidência do Imposto de Renda (IR) sobre valores decorrentes do direito de família recebidos a título de alimentos ou de pensões alimentícias (STF, ADI 5422, *DOU* 7-11-2022); e da imprescritibilidade do direito à partilha de bens (STJ, REsp 1.817.812/SP, *DJe* 20-9-2024), apenas para citar alguns.

---

[4] BRANDÃO, Débora Vanessa Caús. *Regime de bens no novo Código Civil*. São Paulo: Saraiva, 2007, p. 40.
[5] GURGEL, Fernanda Pessanha do Amaral. *Direito de família e o princípio da boa-fé objetiva*. Curitiba: Juruá, 2009, p. 176.
[6] SCHREIBER, Anderson. O princípio da boa-fé objetiva no direito de família. Disponível em: https://ibdfam.org.br/assets/upload/anais
[7] Processar e julgar processos sob a perspectiva das famílias implica perceber que família é ambiente de afeto, respeito e proteção mútuos, e, a partir dessa constatação, adotar posturas que se alinhem à preservação desse elo.

Atento a essa realidade, o legislador reformador propõe incorporar ao texto do Código Civil disposições que, a bem da verdade, já espelham o entendimento predominante da literatura e da jurisprudência. No âmbito específico do Direito Patrimonial das Famílias, que é o que mais interessa por aqui, isso ainda é mais perceptível. Como será oportunamente estudado nesta obra, basta ver que a separação de fato, que antes encontrava pouquíssimas referências no Código, mas que veio tendo sua importância reconhecida pela doutrina e pela jurisprudência, é expressamente citada em mais de uma dezena de dispositivos do Anteprojeto. Algo parecido acontece com os pactos patrimoniais prévios (antenupcial e convivencial). De instrumento subutilizado e restrito ao direito patrimonial pelo direito posto, passa a assumir um lugar de destaque em todo o planejamento familiar pelo direito proposto. O regime de separação obrigatória passa por semelhante fenômeno. No sistema atual, sua aplicação vem sendo alvo de dissidências e questionamentos; no sistema futuro, é eliminado do nosso ordenamento jurídico. E os exemplos poderiam continuar sendo citados, caso necessário fosse.

Então, não estranhe se, durante a leitura, você encontrar propostas de modificações legislativas que já vinham sendo sugeridas por este livro e reconhecidas pelos Tribunais Superiores. O direito proposto pelo Anteprojeto, embora altere o direito posto pelo Código Civil, não modifica sensivelmente o direito já perceptível no cotidiano forense.

Bom, pelo que foi escrito até aqui, não é preciso muito esforço de raciocínio para se chegar à conclusão de que incontáveis consequências de ordem patrimonial são geradas pelas famílias. A obrigação de amparo financeiro mútuo entre os consortes, o dever de sustento dos filhos incapazes e o direito de usufruto sobre os bens destes, durante o exercício do poder familiar talvez sejam os exemplos que imediatamente venham à mente. Mas, apesar de cada uma dessas possuir acentuada relevância jurídica, não serão abordadas nesta obra por refugirem por completo do objeto central de estudo, que se concentrará sobre aquele que, se não for o mais, inegavelmente representa um dos mais importantes efeitos de índole patrimonial gerados pelo casamento e pela união estável: a necessidade de instituição obrigatória de um regramento disciplinador das situações jurídicas de natureza econômico-financeira contraídas pelas partes.

A seu estudo, dedica-se o Capítulo seguinte.

4
O Regime de Bens

4.1 O ESTATUTO NORMATIVO-PATRIMONIAL DAS FAMÍLIAS

O Código Civil de 2002 incluiu a disciplina do direito patrimonial das famílias no próprio Livro destinado ao tratamento do Direito de Família, seguindo, dessa forma, semelhante técnica estrutural adotada por sistemas jurídicos estrangeiros, como o italiano, o alemão e o português. Por outro lado, o cotejo mais de perto da legislação brasileira com a de outros países revela diferenças marcantes, como uma maior feição contratual do casamento e a prevalência da natureza negocial das regras dos regimes de bens atribuídas, notadamente, por países da Europa Continental. Na França, por exemplo, o "Code Civil" trata especificamente do Direito de Família no Livro I, Títulos V a XII, e do Regime de Bens apenas no Livro III, Título V, cuja epígrafe, em tradução livre, seria "Das diversas formas de aquisição da propriedade". Semelhante sistematização é adotada na Espanha, cujos Títulos IV a VII do Livro I do "Código Civil" disciplinam o Direito de Família, enquanto o Título III do Livro V se encarrega de trazer as disposições sobre os Regimes de Bens, em seguimento destinado à normatização "Das obrigações e contratos".

Conforme mencionado no tópico antecedente, a cogência que usualmente permeia as normas jurídicas a respeito dos direitos das famílias se mostra um tanto fragmentada quando o assunto se relaciona aos efeitos patrimoniais[1]. Prova disso vem exposta logo no enunciado do art. 1.639, *caput*, do nosso Código Civil que, positivando as diretrizes emanadas dos princípios da autonomia da vontade e, mais especificamente da liberdade relativa de escolha do regime, estabelece ser lícito aos nubentes, antes de celebrado o casamento, estipular "o que lhes aprouver" a respeito de seus bens, desde que, é claro, não haja ofensa à ordem pública (CC, art. 1.655).

A propósito, ofenderiam a ordem pública cláusulas que estabelecessem, ilustrativamente: (a) regimes e possibilidades diferentes para cada uma das partes, por irem de encontro ao princípio da igualdade dos cônjuges; (b) a possibilidade de qualquer dos consortes

---

[1] Nesse sentido: MAIA JÚNIOR, Mairan Gonçalves. *O regime da comunhão parcial de bens no casamento e na união estável*. São Paulo: Revista dos Tribunais, 2010, p. 129.

deixar de render obediência aos deveres pessoais impostos pelas normas regentes do casamento ou da união estável (CC, arts. 1.566 e 1.724; ARCC, art. 1.566); (c) a desnecessidade de vênia conjugal ou convivencial para a alienação de bens imóveis por parte de apenas um dos cônjuges ou conviventes, durante o casamento ou união estável celebrado pelo regime da comunhão universal de bens, por violar as prescrições do art. 1.647, I, do CC e do ARCC; (d) prazo de duração do casamento, por violarem normas de ordem pública etc.

Não sendo esse o caso, a liberdade existe e deve ser prestigiada, tanto por cônjuges, quanto por conviventes, ao ensejo da constituição de suas uniões estáveis.

Portanto, resguardada a ordem pública, os cônjuges e conviventes, aqui chamados comumente de "consortes", são livres para escolher o regime jurídico patrimonial de seus respectivos relacionamentos, ao ponto de poderem mesclar preceitos de regimes diversos e até mesmo criarem um estatuto próprio não previsto em lei, ou seja, um "regime atípico"ou "regime misto". Essa alternativa, que já contava com o apoio praticamente irrestrito da literatura[2], pode vir a ser positivada no Código Civil, porque o Anteprojeto pretende introduzir o § 2º ao art. 1.640, com a seguinte redação: "É lícito aos cônjuges ou conviventes criarem regime atípico ou misto, conjugando regras dos regimes previstos neste Código, desde que não haja contrariedade a normas cogentes ou de ordem pública".

Acompanhando a evolução trazida pelo novo Código de Processo Civil, eles podem, inclusive, estabelecer convenções processuais típicas e atípicas em suas respectivas avenças, e até mesmo no pacto antenupcial ou em contratos de convivência (*pré-nups*), com o objetivo de facilitar a tramitação de alguma ação de família a vir a ser eventualmente proposta[3].

A despeito de tudo isso, parece ser bastante claro que essa independência não chega ao ponto de lhes permitir, por exemplo, renunciar a todos os regimes ou possibilitar que as situações jurídicas envolvendo seus aquestos e bens particulares sejam regidos exclusivamente pelo direito obrigacional ou real, pois é imperativa a existência de algum estatuto com índole familiarista a disciplinar as relações de ordem patrimonial[4].

Não por acaso o legislador estipula um conglomerado normativo destinado especificamente à disciplina das questões relacionadas às dívidas, à administração e disposição de bens, cuja incidência não pode ser afastada pela vontade das partes, nem mesmo por disposição escrita expressa, como se verá em detalhes brevemente (CC e ARCC, arts. 1.639 a 1.652).

Na literatura, não existe discrepância digna de relevo a respeito do que venha a ser regime de bens. Maria Helena Diniz, por exemplo, o conceitua como sendo "o conjunto de normas aplicáveis às relações e interesses econômicos resultantes do casamento, envolvendo questões sobre propriedade, fruição, administração e disponibilidade de bens de ambos os cônjuges ou de cada um deles, desde a celebração do matrimônio até sua dissolução[5]".

---

[2] JDNR/CJF, Enunciado n. 80: "Podem os cônjuges ou companheiros escolher outro regime de bens além do rol previsto no Código Civil, combinando regras dos regimes existentes (regime misto)".
[3] O Enunciado n. 492 do Fórum Permanente de Processualistas Civis é textual ao expressar que "o pacto antenupcial e o contrato de convivência podem conter negócios processuais". Também nesse sentido, o Enunciado n. 18 da I JDPC/CJF estabelece que: "A convenção processual pode ser celebrada em pacto antenupcial ou em contrato de convivência, nos termos do art. 190 do CPC".
[4] Por todos: MADALENO, Rolf. *Direito de família*. 10. ed. Rio de Janeiro: Forense, 2020, p. 692.
[5] DINIZ, Maria Helena. *Código Civil anotado*. 15. ed. São Paulo: Saraiva, 2010, p. 1063.

Disso não dissentem Pablo Stolze Gagliano e Rodolfo Pamplona Filho, que o enxergam como "o conjunto de normas que disciplina a relação jurídico-patrimonial entre os cônjuges, ou simplesmente, o estatuto patrimonial do casamento[6]".

Feitas as adaptações devidas, observa-se que o instituto realmente transmite a ideia de um estatuto normativo vocacionado à regulamentação das relações jurídicas de índole econômico-patrimonial contraídas pelos cônjuges e conviventes, entre si e com terceiros, porém, talvez sua eficácia seja um pouco mais ampla do que aquela imaginada no passado, já que não se exaure no momento da dissolução oficial da entidade familiar, pois continua projetando efeitos até a ocorrência da partilha de seus bens em vida ou não[7].

Por isso, este livro entende que regime de bens deve ser considerado o conjunto de valores, princípios e regras destinados a disciplinar os aspectos econômico-financeiros das relações jurídicas travadas pelo casal entre si e com terceiros, desde a constituição da família até a partilha de seus bens.

Devido à sua natureza de ato jurídico em sentido amplo, mais precisamente de negócio jurídico de direito de família, as regras dos regimes patrimoniais possuem um colorido especial: escapam, em um primeiro momento, à disciplina jurídica traçada pelo Direito das Coisas, pelo Direito das Obrigações e pelo Direito das Sucessões, sendo disciplinadas principalmente pelo próprio Direito das Famílias; subsidiariamente, porém, sofrem o influxo destes[8], mas, sempre e em qualquer hipótese, sendo suas normas analisadas sob a perspectiva da família.

Propiciando um cenário favorável à concreção de suas diretrizes, as normas plasmadas em seus dispositivos ostentam variados perfis: umas são dotadas de alta carga de indisponibilidade, como aquelas dos arts. 1.641 e 1.647 do CC e do art. 1.647 do ARCC; outras se delineiam com o predomínio da disponibilidade, como as dos arts. 1.639, *caput* e 1.640, *caput*; em algumas, o caráter heterotópico é manifesto, como aquelas previstas nos arts. 1.642, III, IV e V e 1.645; noutras, a índole é bifronte, a exemplo das referidas nos arts. 1.646 e 1.648[9].

Sob esse panorama, o Código atual estipula quatro regimes-tipo: de comunhão parcial, de comunhão universal, de participação final nos aquestos e de separação de bens (arts. 1.658 a 1.688), devendo a escolha de qualquer regime diverso do primeiro ser feita em instrumento escrito, denominado pacto antenupcial (para o caso de casamento) e pacto convivencial (para o caso de união estável), cujas características serão estudadas oportunamente.

O Anteprojeto de Reforma do Código Civil pretende eliminar o regime de participação final nos aquestos, fazendo com que restem apenas três regimes típicos: a) o de comunhão parcial (ARCC, arts. 1.659 a 1.666-A); b) o de comunhão universal (ARCC, arts. 1.667 a 1.671); e c) o da separação (ARCC, art. 1.688).

---

[6] GAGLIANO, Pablo Stolze; PAMPLONA FILHO, Rodolfo. *Novo curso de direito civil*: direito de família. São Paulo: Saraiva, 2011, v. 6, p. 308.
[7] No STJ, é possível encontrar julgados aparentemente reconhecendo eficácia ultrativa e pós-morte aos regimes de bens. Neste sentido: REsp 992.749/MS, DJe 5-2-2010; REsp. 1.111.095/RJ, DJe 11-2-2010.
[8] PARADA, Deise Maria Galvão. *Regime de bens entre cônjuges*. São Paulo: Quartier Latin, 2008, p. 51.
[9] Normas heterotópicas são aquelas de conteúdo estranho ao diploma normativo do qual fazem parte. De acordo com Rodrigo Mazzei, normas bifrontes são aquelas em que não "*há uma transparência tão clara quanto à carga que é impregnada no dispositivo, sendo possível lhe extrair (simultaneamente) efeitos materiais e processuais*". In: Enfoque processual do art. 928 do Código Civil: (responsabilidade civil do incapaz). *Revista Brasileira de Direito Processual – RBDPro.* v. 61, p. 49, jan./mar.-2008.

Feitos esses esclarecimentos de ordem introdutória, podem ser conhecidos mais de perto os princípios que orientam os regimes de bens.

4.2 OS PRINCÍPIOS INFORMATIVOS DOS REGIMES DE BENS

O estatuto normativo patrimonial das famílias é informado basicamente pelos princípios (a) da *liberdade da escolha*, (b) da *variabilidade*, e (c) da *mutabilidade controlada*.

Pelo primeiro, confere-se afirmação à autonomia privada das partes, atribuindo-lhes ampla liberdade não só para escolher um dos regimes tipificados no Código, como também para mesclar regras de mais de um deles, na forma que bem entenderem, desde que, obviamente, não transgridam a ordem pública. Nesse sentido, inclusive, é o Enunciado n. 331 das Jornadas de Direito Civil, promovidas pelo Conselho da Justiça Federal, segundo o qual "o estatuto patrimonial do casal pode ser definido por escolha de regime de bens distinto daqueles tipificados no Código Civil (art. 1.639 e parágrafo único do art. 1.640) e, para efeito de fiel observância do disposto no art. 1.528 do Código Civil, cumpre certificação a respeito, nos autos do processo de habilitação matrimonial". No mesmo sentido é o Enunciado n. 80 das Jornadas de Direito Notarial e Registral promovida pelo Conselho da Justiça Federal, segundo o qual "Podem os cônjuges ou companheiros escolher outro regime de bens além do rol previsto no Código Civil, combinando regras dos regimes existentes (regime misto)".

No escólio de Paulo Lôbo[10], tal princípio vem assim delineado:

> a liberdade de estruturação do regime de bens, para os nubentes, é total. Não impôs a lei a contenção da escolha apenas a um dos tipos previstos. Podem fundir tipos, com elementos ou partes de cada um; podem modificar ou repelir normas dispositivas de determinado tipo escolhido, restringindo ou ampliando seus efeitos; podem até criar outro regime não previsto na lei, desde que não constitua expropriação disfarçada de bens por um contra outro, ou ameaça a crédito de terceiro, ou fraude à lei, ou contrariedade aos bons costumes.

Mostra-se perfeitamente possível, assim, que certos bens e interesses do patrimônio comum sejam regidos por regras provenientes do regime da comunhão parcial, enquanto outros sejam disciplinados por normas oriundas do regime de separação de bens, por exemplo.

No entanto, convém deixar registrado que esta liberdade vem mitigada em algumas hipóteses taxativamente previstas pelo art. 1.641 do Código atual, que impõem, não sem críticas, o regime da separação obrigatória de bens aos casamentos e uniões estáveis contraídos pelas pessoas que dependerem de suprimento judicial ou forem maiores de 70 anos de idade, assim como por todos aqueles que violarem as regras prescritas por seu art. 1.523[11].

Este ponto será retomado brevemente, mas já fica a notícia de que o Código Civil reformado pretende revogar todo o art. 1.641 e todo o art. 1.523, eliminando de vez o regime de separação legal.

Muito bem.

---

[10] LÔBO, Paulo. *Famílias*. 4. ed. São Paulo: Saraiva, 2011, p. 319.
[11] Ver Tema n. 1.236 do STF. O Anteprojeto de reforma do Código Civil pretende revogar todo o art. 1.641.

Pelo princípio da *variedade*, a lei atual estabelece quatro regimes de bens-tipo, além de autorizar a criação de um estatuto próprio, ao alvedrio das partes, com as restrições acima referidas. Já pelo princípio da *mutabilidade controlada*, o Código permite que as partes alterem o regime de bens inicialmente convencionado, desde que sigam as diretrizes traçadas pelo art. 1.639, § 2º, do Código Civil atual e observem o procedimento judicial previsto no art. 734 do Código de Processo Civil.

A título de informação, o Anteprojeto de reforma do Código Civil pretende admitir expressamente que as partes criem regimes de bens atípicos ou mistos, ao introduzir no texto original o art. 1.640, § 2º, de acordo com o qual "É lícito aos cônjuges ou conviventes criarem regime atípico ou misto, conjugando regras dos regimes previstos neste Código, desde que não haja contrariedade a normas cogentes ou de ordem pública". Mais ainda. O legislador reformador também tenciona admitir a modificação extrajudicial de regimes de bens, sugerindo, para tanto, a modificação da atual redação do 1.639, § 2º, para a seguinte: "Depois da celebração do casamento ou do estabelecimento da união estável, o regime de bens pode ser modificado por escritura pública e só produz efeitos a partir do ato de alteração, ressalvados os direitos de terceiros". E as novidades a respeito não acabam por aí. Por meio da introdução do art. 1.653-B ao texto normativo, pretende-se admitir que as pessoas convencionem a alteração automática do regime após o transcurso de prazo específico, sob os seguintes termos: "Admite-se convencionar no pacto antenupcial ou convivencial a alteração automática de regime de bens após o transcurso de um período de tempo prefixado, sem efeitos retroativos, ressalvados os direitos de terceiros".

Muita coisa nova, né?

O estudo prossegue.

4.3 O REGIME PRIMÁRIO DE BENS

Limitando a autonomia privada das partes no intuito de preservar o núcleo familiar, a lei estabelece um conjunto de imposições mínimas, aplicáveis a todo e qualquer regime, em caráter inafastável e inderrogável, ao qual se convencionou chamar de *regime primário de bens* (CC, arts. 1.639 a 1.652; ARCC, arts. 1.639 a 1.652).

Como esta denominação foi criada pela literatura, nem o Código Civil atual nem o Anteprojeto de Reforma do Código Civil contêm um tópico específico denominado "Do regime primário de bens". Mas é assim que ele se apresenta em seus respectivos textos:

Código Civil (redação atual)	Código Civil (redação proposta pelo Anteprojeto)
TÍTULO II	TÍTULO II
Do Direito Patrimonial	Do Direito Patrimonial
SUBTÍTULO I	SUBTÍTULO I
Do Regime de Bens entre os Cônjuges	Do Regime de Bens entre os Cônjuges
CAPÍTULO I	CAPÍTULO I
Disposições Gerais	Disposições Gerais

Código Civil (redação atual)	Código Civil (redação proposta pelo Anteprojeto)
Art. 1.639. É lícito aos nubentes, antes de celebrado o casamento, estipular, quanto aos seus bens, o que lhes aprouver. § 1º O regime de bens entre os cônjuges começa a vigorar desde a data do casamento. § 2º É admissível alteração do regime de bens, mediante autorização judicial em pedido motivado de ambos os cônjuges, apurada a procedência das razões invocadas e ressalvados os direitos de terceiros.	Art. 1.639. É lícita aos cônjuges ou conviventes, antes ou depois de celebrado o casamento ou constituída a união estável, a livre estipulação quanto aos seus bens e interesses patrimoniais. § 1º O regime de bens entre os cônjuges ou conviventes começa a vigorar desde a data do casamento ou da constituição da união estável. § 2º Depois da celebração do casamento ou do estabelecimento da união estável, o regime de bens pode ser modificado por escritura pública e só produz efeitos a partir do ato de alteração, ressalvados os direitos de terceiros.
Art. 1.640. Não havendo convenção, ou sendo ela nula ou ineficaz, vigorará, quanto aos bens entre os cônjuges, o regime da comunhão parcial. Parágrafo único. Poderão os nubentes, no processo de habilitação, optar por qualquer dos regimes que este Código regula. Quanto à forma, reduzir-se-á a termo a opção pela comunhão parcial, fazendo-se o pacto antenupcial por escritura pública, nas demais escolhas.	Art. 1.640. Não havendo convenção, ou sendo ela nula ou ineficaz, vigorará, quanto aos bens entre os cônjuges ou conviventes, o regime da comunhão parcial. § 1º Poderão os cônjuges ou conviventes optar por qualquer dos regimes que este Código regula e, quanto à forma desta manifestação, reduzir-se-á a termo a opção pela comunhão parcial, fazendo-se o pacto antenupcial por escritura pública, nas demais escolhas. § 2º É lícito aos cônjuges ou conviventes criarem regime atípico ou misto, conjugando regras dos regimes previstos neste Código, desde que não haja contrariedade a normas cogentes ou de ordem pública.
Art. 1.641. É obrigatório o regime da separação de bens no casamento: I – das pessoas que o contraírem com inobservância das causas suspensivas da celebração do casamento; II – da pessoa maior de 70 (setenta) anos; (Redação dada pela Lei nº 12.344, de 2010) III – de todos os que dependerem, para casar, de suprimento judicial.	Art. 1.641. REVOGADO
Art. 1.642. Qualquer que seja o regime de bens, tanto o marido quanto a mulher podem livremente: I – praticar todos os atos de disposição e de administração necessários ao desempenho de sua profissão, com as limitações estabelecida no inciso I do art. 1.647; II – administrar os bens próprios; III – desobrigar ou reivindicar os imóveis que tenham sido gravados ou alienados sem o seu consentimento ou sem suprimento judicial; IV – demandar a rescisão dos contratos de fiança e doação, ou a invalidação do aval, realizados pelo outro cônjuge com infração do disposto nos incisos III e IV do art. 1.647; V – reivindicar os bens comuns, móveis ou imóveis, doados ou transferidos pelo outro cônjuge ao concubino, desde que provado que os bens não foram adquiridos pelo esforço comum destes, se o casal estiver separado de fato por mais de cinco anos; VI – praticar todos os atos que não lhes forem vedados expressamente.	Art. 1.642. Qualquer que seja o regime de bens, os cônjuges ou os conviventes podem livremente: I a IV – .... IV – demandar a invalidação do negócio jurídico, nas hipóteses do art. 1.647; V – anular as doações da pessoa casada ou em união estável a terceiro, na forma do art. 550, e reivindicar os bens comuns, móveis ou imóveis, transferidos pelo outro cônjuge ou convivente a outra pessoa, na hipótese do art. 1.564-D.

Código Civil (redação atual)	Código Civil (redação proposta pelo Anteprojeto)
Art. 1.643. Podem os cônjuges, independentemente de autorização um do outro: I – comprar, ainda a crédito, as coisas necessárias à economia doméstica; II – obter, por empréstimo, as quantias que a aquisição dessas coisas possa exigir.	Art. 1.643. Podem os cônjuges ou os conviventes, independentemente de autorização um do outro: I – comprar, ainda que a crédito, as coisas necessárias à economia doméstica, à alimentação e às despesas destinadas à educação dos filhos comuns; II – obter, por empréstimo, as quantias que a aquisição ou o adimplemento dessas coisas e obrigações possam exigir.
Art. 1.644. As dívidas contraídas para os fins do artigo antecedente obrigam solidariamente ambos os cônjuges.	Art. 1.644 As dívidas contraídas para os fins do artigo antecedente obrigam solidariamente a ambos os cônjuges ou conviventes.
Art. 1.645. As ações fundadas nos incisos III, IV e V do art. 1.642 competem ao cônjuge prejudicado e a seus herdeiros.	Art. 1.645. As ações fundadas nos incisos III, IV e V do art. 1.642 competem ao cônjuge ou convivente prejudicado e a seus herdeiros.
Art. 1.646. No caso dos incisos III e IV do art. 1.642, o terceiro, prejudicado com a sentença favorável ao autor, terá direito regressivo contra o cônjuge, que realizou o negócio jurídico, ou seus herdeiros.	Art. 1.646. No caso dos incisos III e IV do art. 1.642, o terceiro, prejudicado com a sentença favorável ao autor, terá direito regressivo contra o cônjuge ou convivente, que realizou o negócio jurídico, ou seus herdeiros.
Art. 1.647. Ressalvado o disposto no art. 1.648, nenhum dos cônjuges pode, sem autorização do outro, exceto no regime da separação absoluta: I – alienar ou gravar de ônus real os bens imóveis; II – pleitear, como autor ou réu, acerca desses bens ou direitos; III – prestar fiança ou aval; IV – fazer doação, não sendo remuneratória, de bens comuns, ou dos que possam integrar futura meação. Parágrafo único. São válidas as doações nupciais feitas aos filhos quando casarem ou estabelecerem economia separada.	Art. 1.647. Ressalvado o disposto no art. 1.648, nenhum dos cônjuges ou conviventes pode, sem autorização do outro, exceto no regime da separação de bens: I – .... II – Revogado; III – prestar fiança; IV – fazer doação, não sendo remuneratória, de bens comuns ou dos que possam integrar futura meação. § 1º Nenhum dos cônjuges ou conviventes pode, mesmo em se tratando de bem particular, dispor sem o assentimento do outro, do imóvel onde estabeleceram o domicílio conjugal ou convivencial nem quanto aos móveis que o guarnecem. § 2º A falta de outorga não invalidará o aval, mas configurará sua ineficácia parcial no tocante à meação do cônjuge ou convivente que não participaram do ato. § 3º O disposto neste artigo aplica-se à união estável devidamente registrada no Registro Civil das Pessoas Naturais.
Art. 1.648. Cabe ao juiz, nos casos do artigo antecedente, suprir a outorga, quando um dos cônjuges a denegue sem motivo justo, ou lhe seja impossível concedê-la.	Art. 1.648. Cabe ao juiz, nos casos do artigo antecedente, suprir a outorga, quando um dos cônjuges ou conviventes a deneguem sem motivo justo ou lhes seja impossível concedê-la.
Art. 1.649. A falta de autorização, não suprida pelo juiz, quando necessária (art. 1.647), tornará anulável o ato praticado, podendo o outro cônjuge pleitear-lhe a anulação, até dois anos depois de terminada a sociedade conjugal. Parágrafo único. A aprovação torna válido o ato, desde que feita por instrumento público, ou particular, autenticado.	Art. 1.649. A falta de autorização, não suprida pelo juiz, quando necessária (art. 1.647), tornará anulável o ato praticado, podendo o outro cônjuge ou convivente pleitear-lhe a anulação, até dois anos depois de terminada a sociedade conjugal ou convivencial. Parágrafo único. A aprovação torna válido o ato, desde que feita por instrumento público ou particular.

Código Civil (redação atual)	Código Civil (redação proposta pelo Anteprojeto)
Art. 1.650. A decretação de invalidade dos atos praticados sem outorga, sem consentimento, ou sem suprimento do juiz, só poderá ser demandada pelo cônjuge a quem cabia concedê-la, ou por seus herdeiros.	Art. 1.650. A decretação de invalidade dos atos praticados sem outorga, sem consentimento ou sem suprimento do juiz, só poderá ser demandada pelo cônjuge ou convivente a quem caiba concedê-la ou por seus herdeiros.
Art. 1.651. Quando um dos cônjuges não puder exercer a administração dos bens que lhe incumbe, segundo o regime de bens, caberá ao outro: I – gerir os bens comuns e os do consorte; II – alienar os bens móveis comuns; III – alienar os imóveis comuns e os móveis ou imóveis do consorte, mediante autorização judicial.	Art. 1.651. Quando um dos cônjuges ou conviventes não puder exercer a administração dos bens que lhe incumbe, segundo o regime de bens, caberá ao outro: I – gerir os bens comuns e os do consorte ou convivente; III – alienar os imóveis comuns e os móveis ou imóveis do consorte ou convivente, mediante autorização judicial.
Art. 1.652. O cônjuge, que estiver na posse dos bens particulares do outro, será para com este e seus herdeiros responsável: I – como usufrutuário, se o rendimento for comum; II – como procurador, se tiver mandato expresso ou tácito para os administrar; III – como depositário, se não for usufrutuário, nem administrador.	Art. 1.652. O cônjuge ou convivente que estiver na posse dos bens particulares do outro será para com este e seus herdeiros responsável: I – como usufrutuário, se o rendimento for comum; II – como procurador, se tiver mandato expresso ou tácito para os administrar; III – como depositário, se não for usufrutuário, nem administrador.

Observe que, por meio do art. 1.639 de ambos os textos normativos, o legislador assegura inicialmente a já mencionada liberdade de escolha. Na sequência, estabelece o termo inicial de vigência das normas e a possibilidade de modificação do regime de bens, exigindo apenas que o pedido correspondente seja deduzido conjuntamente por ambos os cônjuges em procedimento judicial específico (CPC, art. 734).

No Anteprojeto, existe a previsão de que o regime de bens possa ser modificado por escritura pública, com produção de efeitos a partir do ato de alteração, ressalvados os direitos de terceiros (ARCC, art. 1.639, § 2º), o que, convenhamos, faz muito mais sentido. Afinal, se as pessoas casadas podem se divorciar em cartório, e, por consequência, extinguir todo o regime de bens (que é o mais), não existe logicidade na proibição de que elas meramente o modifiquem (que é o menos) em cartório.

Já o art. 1.640 estabelece o regime da comunhão parcial como regime supletivo, na hipótese de as partes não exercerem validamente a opção assegurada pelo artigo anterior.

Por ora, o estudo do regime primário de bens terá continuidade de forma um pouco mais pormenorizada, para que sejam estudadas as regras prescritas pelo regime primário de bens e confrontadas as situações de prevalência da liberdade das partes com aquelas nas quais predomina a autoridade do Estado.

4.3.1 A LIBERDADE ASSEGURADA PELOS ARTS. 1.642 A 1.646 DO CÓDIGO CIVIL

Os arts. 1.642 e 1.643 asseguram uma boa margem de liberdade às partes, disciplinando as medidas relacionadas ao patrimônio que podem ser adotadas individualmente, ou seja, independentemente daquela autorização exigida pelo art. 1.647 para a prática de alguns atos relacionados aos bens e ao exercício de direitos, com o objetivo de salvaguardar o patrimônio familiar.

De acordo com nosso sistema, tanto um consorte quanto o outro podem livremente praticar todos os atos que não lhes forem vedados expressamente, como a administração dos bens próprios e os atos de disposição e de administração necessários ao desempenho de sua profissão, desde que não envolvam a alienação ou oneração de gravame real sobre os bens imóveis a eles pertencentes (CC, art. 1.642, I e II).

Para além deles, os itens necessários à manutenção doméstica também podem ser livremente adquiridos pelos consortes, ainda que haja necessidade de se contrair empréstimo para tanto, cujo pagamento obrigará a ambos solidariamente (CC, arts. 1.643 e 1.644 c/c art. 1.663).

Por se tratar de regra de caráter ampliativo e inclusivo, sua interpretação deve se dar de acordo. Portanto, quando tais artigos estabelecem a solidariedade passiva da responsabilização pelas dívidas contraídas para se fazer frente à economia doméstica, nesta há de se entender todas as obrigações assumidas para a satisfação das necessidades da família de um modo geral, incluindo aquelas indispensáveis à administração do lar, as despesas alimentares, culturais, de lazer, de habitação, bem como as despesas com a manutenção dos bens que se inserem no âmbito familiar, o aprovisionamento de alimentos, o pagamento de despesas ordinárias e extraordinárias para o apoio emocional e material dos que integram a entidade familiar e, obviamente, aquelas obrigatórias à manutenção dos filhos no ensino regular, nas quais se incluem os gastos com mensalidades e materiais escolares.

Tanto é assim que o Superior Tribunal de Justiça já teve oportunidade de decidir que, se o contrato celebrado com instituições de ensino for assinado por apenas um dos pais, como muitas vezes acontece, a solidariedade passiva imposta pelos arts. 1.643, I e 1.644 do CC, permitirá que, em eventual inadimplemento, haja a excussão tanto do patrimônio particular daquele que assinou o contrato, quanto do patrimônio comum do casal, na forma do art. 790, IV do CPC[12].

Não por outro motivo o Anteprojeto pretende incrementar a redação do inciso I do art. 1.643, para passar a dispor que os cônjuges e conviventes poderão livremente "comprar, ainda que a crédito, as coisas necessárias à economia doméstica, à alimentação e às despesas destinadas à educação dos filhos comuns".

O empréstimo previsto no inciso II do art. 1.643 também chegou a ser analisado pelo Superior Tribunal de Justiça, que, na oportunidade, deixou claro que "o empréstimo bancário assumido por um dos cônjuges para o atendimento das necessidades da família deve ser honrado com os bens da comunhão"[13].

---

[12] Exatamente assim: AgInt no REsp 1.927.084/DF, *DJe* 1-2-2022; REsp 1.444.511/SP, *DJe* 19-5-2020; REsp 1.472.316/SP, *DJe* 18-12-2017. Esteja atento, pois a mesma *ratio* é inaplicável quando o contrato de prestação de serviços escolares não foi celebrado entre a instituição de ensino e pelo menos um dos genitores da criança, mas sim entre aquela e um terceiro, não detentor do poder familiar, como um avô, por exemplo (STJ, AgInt no AREsp 571.709/SP, *DJe* 23.3.2023).
[13] AgInt no AREsp 1.765.121/DF, *DJe* 8-10-2021.

Aliás, o Anteprojeto pretende ampliar o sistema de responsabilidades entre os cônjuges e conviventes, como será visto em tópico específico deste livro, no Capítulo destinado ao estudo dos regimes comunitários de bens.

Voltando ao assunto, os consortes poderão livremente adquirir não só aquilo que restar necessário às despesas domésticas, mas qualquer espécie de bem pelo qual possuam interesse e sobre o qual não haja proibição expressa, pois vigora ampla liberdade a respeito. Perceba que a anuência ou a vênia do outro (outorga conjugal ou convivencial) não é exigida para a aquisição de nenhum bem ou direito, móvel ou imóvel, embora seja necessária para a alienação destes, como se verá oportunamente.

O Código é bem claro quando prescreve que, independentemente do regime de bens adotado, os consortes podem livremente praticar todos os atos que não lhes forem vedados expressamente (art. 1.642, VI). No particular, a anuência é desnecessária porque as aquisições acarretam a ampliação da massa patrimonial da família, mesmo sendo adquiridas com bens sub-rogados, pois os frutos de bens particulares se comunicam, como se verá logo logo (CC, art. 1.660, V). Existe uma autorização implícita para tanto.

É por isso que o art. 499 do Código autoriza a compra e venda entre cônjuges ou conviventes, tendo por objeto bens excluídos da comunhão, desde que sobre a coisa não paire a cláusula de incomunicabilidade[14].

Nesse sentido, inclusive, o STJ teve oportunidade de assinalar que "é nula a doação entre cônjuges casados sob o regime da comunhão universal de bens, na medida em que a hipotética doação resultaria no retorno do bem doado ao patrimônio comum amealhado pelo casal diante da comunicabilidade de bens no regime e do exercício comum da copropriedade e da composse"[15].

Se, entretanto, um consorte empregar bens ou economias próprias, constituídas anteriormente à união (bens particulares) nessas aquisições, talvez seja melhor ser seguido o que ensina Carla Watanabe. De acordo com ela, "se o cônjuge ou convivente quiser adquirir um bem particular, e detiver economias próprias, ou recursos decorrentes da venda de outro bem particular (CC, art. 1.659, II), ele necessitará, no momento desta aquisição, apenas da ciência do outro cônjuge ou convivente (e não da anuência), para que reste demonstrado o conhecimento a respeito de que tal bem (que está sendo adquirido) proveio dessas economias próprias ou dos recursos advindos da alienação pretérita[16]".

A lição de Carla é, como de costume, precisa. Apesar de a verba necessária para a aquisição do novo bem provir de bens particulares do comprador, parece ser mesmo necessária a ciência do outro, para que ele saiba, no mínimo, que os frutos a que fazia jus anteriormente, passarão a provir de outra coisa, distinta da originária. Mas esteja atento a um ponto: o que é preciso é a *ciência* do consorte e não sua *anuência*, pois o Código não a exige. E, como se intui,

---

[14] Em se tratando de empresários casados, o Anteprojeto ainda pretende acrescentar que: "Art. 979. Além de arquivados e averbados no Registro Civil das Pessoas Naturais, serão também arquivados e averbados no Registro Público de Empresas Mercantis, os pactos e declarações antenupciais do empresário, o título de doação, herança, ou legado de bens clausulados de incomunicabilidade ou inalienabilidade, bem como a escritura de compra e venda entre cônjuges ou conviventes, de bens, excluídos da comunhão, conforme a permissão contida no art. 499 deste Código".

[15] REsp 1.787.027/RS, *DJe* de 24.04.20.

[16] Lição proferida em mensagens de áudio trocadas com o autor deste livro, cuja publicidade e menção nesta obra foram expressamente autorizadas.

anuência não se confunde com ciência. Anuência implica concordância e, caso negada, atribui ao outro o encargo de promover demanda voltada a seu suprimento, sob pena de nulidade do negócio (CPC, art. 74). Já a ciência implica mero conhecimento, ainda que haja discordância a respeito do negócio celebrado, a qual pode ser comprovada pelos mais diversos meios (inclusive ata notarial) e cuja impugnação compete ao cientificado, por meio de demanda judicial específica voltada ao reconhecimento da ineficácia do ato em relação à sua pessoa.

No campo do direito empresarial existe algo ainda mais amplo. Como o patrimônio societário não se confunde com o patrimônio pessoal ou comum do casal, o empresário casado pode até mesmo alienar ou inserir ônus real sobre os imóveis pertencentes à sua empresa, independentemente do consentimento de seu consorte (CC, art. 978), exceto se se tratar de Microempreendedor Individual (MEI) e do Empresário Individual (EI), em razão de haver confusão entre o patrimônio social e o pessoal[17-18].

Outra liberdade assegurada às partes pelo regime primário de bens repercute sobre o campo processual, no qual o consorte que se julgar preterido também pode, independentemente da autorização do outro, demandar a invalidação dos negócios jurídicos envolvendo fiança e/ou doação não remuneratória de bens comuns ou dos que possam integrar futura meação, que tenham sido por este celebrados, como se verá com mais detalhes no próximo tópico. Ele se encontra autorizado, ainda, a anular as doações eventualmente feitas por seu consorte a terceiro, na forma do art. 550 do Código, bem como a reivindicar e desonerar os bens imóveis que tenham sido gravados ou alienados sem sua outorga ou suprimento judicial, assim como bens comuns, móveis ou imóveis, que tenham sido doados ou transferidos pelo outro consorte, ao concubino, desde que consiga provar que não foram adquiridos pelo esforço comum destes.

Os arts. 1.645 e 1.646 continuam versando sobre matéria processual. Especificamente sobre a legitimidade ativa para as demandas referidas pelo art. 1.642 e sobre o direito de regresso assegurado ao terceiro prejudicado, direito este, inclusive, que pode ser exercido em demandas em curso, por meio da denunciação da lide (CPC, art. 125, II)[19].

Como não existe vedação a respeito, eventuais regras extras de direito processual podem ser inseridas por negócios jurídicos processuais (CPC, art. 190), como se verá ao serem estudados os pactos patrimoniais das famílias.

4.3.2 AS RESTRIÇÕES IMPOSTAS PELOS ARTS. 1.647 A 1.652 DO CÓDIGO CIVIL E PELA LEGISLAÇÃO EXTRAVAGANTE

Conhecidas as regras autorizativas, tem início o estudo das regras restritivas.

Isto porque, como referido, se a liberdade assegurada aos consortes unidos sob qualquer regime diverso do da separação de bens é bastante ampla quando o que se está em

---

[17] O Enunciado n. 58 da II JDCom/CJF dispõe que "o empresário individual casado é o destinatário da norma do art. 978 do CCB e não depende da outorga conjugal para alienar ou gravar de ônus real o imóvel utilizado no exercício da empresa, desde que exista prévia averbação de autorização conjugal à conferência do imóvel ao patrimônio empresarial no cartório de registro de imóveis, com a consequente averbação do ato à margem de sua inscrição no registro público de empresas mercantis".

[18] De forma diferente daquela sustentada neste livro, o STJ já entendeu que o empresário titular de sociedade limitada precisaria da autorização de seu cônjuge para prestar fiança, sob pena de invalidade da garantia (REsp 1.525.638/SP, DJe 21-6-2022).

[19] Assim também: FARIAS, Cristiano Chaves de; ROSENVALD, Nelson. Curso de direito civil: direito das famílias. 9. ed. Salvador: Juspodivm, 2017, v. 6, p. 340.

jogo é a aquisição de bens, ela sofre considerável restrição quando o negócio envolve relações jurídicas de natureza patrimonial que possam comprometer os bens comuns e certas ações judiciais que lhes digam respeito. Como resultado, alguns atos não podem ser praticados entre os consortes, e vários não podem ser praticados isoladamente por um deles, sem autorização do outro[20].

Múltiplos dispositivos espalhados pelo Código Civil e pela legislação extravagante enfatizam essas proibições e limitações.

Como mencionado, o art. 499 do Código, por exemplo, deixa clara a licitude da compra e da venda celebrada entre cônjuges ou conviventes, que tenham por objeto bens excluídos da comunhão, desde que, é claro, a coisa não seja protegida por cláusula de incomunicabilidade, o que leva à conclusão de que os consortes são proibidos de celebrar contrato de compra e venda entre si, tendo por objeto bens incluídos na comunhão ou bens excluídos gravados com essa cláusula.

Nada mais sensato. Afinal, o que se inclui na comunhão já pertence a ambos, em mancomunhão, até que ocorra a partilha. E o que é excluído, mas blindado contra a comunicabilidade, incomunicável é.

Algo semelhante acontece com a doação. Entre eles, somente a doação de bens excluídos da comunhão pode ocorrer (CC, art. 544), pois, de acordo com o que dispõe o art. 544 do Código Civil, "a doação de ascendentes a descendentes, ou de um cônjuge a outro, importa adiantamento do que lhes cabe por herança".

Este entendimento é bastante antigo, inclusive. Nos idos do ano de 1993, o STJ já vinha decidindo que "a doação entre cônjuges, no regime da comunhão universal de bens, é nula, por impossibilidade jurídica do seu objeto[21]".

Mais recentemente, ele veio a ser reforçado pelo Enunciado n. 654 da JDC/CJF, segundo o qual "em regra, é válida a doação celebrada entre cônjuges que vivem sob o regime da separação obrigatória de bens"[22].

E não se esqueça que é a data da liberalidade – e não a data da partilha – que determina se a doação por ele realizada avançou sobre a legítima dos herdeiros necessários, tornando-se passível de anulação (CC, art. 549)[23].

Finalmente, o art. 977 do mesmo diploma proíbe os cônjuges de contratarem sociedade, entre si ou com terceiros, no regime da comunhão universal de bens e no da separação obrigatória, o que, por outro lado, possibilita que isso seja feito nos demais regimes[24].

Porém, como um dos objetivos da reforma do Código Civil é eliminar as figuras do cônjuge e do convivente como herdeiros necessários[25], as redações dos arts. 544 e 977

---

[20] Vale lembrar que, no regime da participação final nos aquestos, as partes podem excepcionar a regra, pois o art. 1.656 enuncia que "no pacto antenupcial, que adotar o regime de participação final nos aquestos, poder-se-á convencionar a livre disposição dos bens imóveis, desde que particulares".
[21] AR n. 310/PI, rel. Min. Dias Trindade, *DJU* 18-10-1993.
[22] STJ, AgRg no REsp 194.325/MG, *DJe* 1º-4-2011.
[23] STJ, REsp 2.026.288/SP, *DJe* 20-4-2023; REsp 1.929.450/SP, *DJe* 27-10-2022.
[24] Enunciado 94 da III JDCom/CJF: "A vedação da sociedade entre cônjuges contida no art. 977 do Código Civil não se aplica às sociedades anônimas, em comandita por ações e cooperativa".
[25] A nova redação sugerida ao art. 1.845 do CC é a seguinte: "São herdeiros necessários os descendentes e os ascendentes".

podem acabar sofrendo alterações. O Anteprojeto está sugerindo as seguintes: "A doação de ascendente a descendente importa adiantamento de legítima, respeitadas as exigências legais para a dispensa de colação" (art. 544), e, "Faculta-se aos cônjuges ou conviventes em união estável contratar sociedade, entre si ou com terceiros, independentemente do regime de bens adotado" (art. 977).

Na legislação extravagante, também podem ser encontradas algumas restrições à celebração de negócios jurídicos por pessoas casadas ou unidas estavelmente. A Lei n. 11.340/2006, conhecida por Lei Maria da Penha, por exemplo, dispõe em seu art. 24, que, para a proteção patrimonial dos bens da sociedade conjugal ou daqueles de propriedade particular da mulher, o juiz poderá determinar, entre outras medidas de índole provisória (medidas protetivas de urgência), a proibição temporária para a celebração de atos e contratos de compra, venda e locação de propriedade em comum, salvo expressa autorização judicial, bem como a suspensão das procurações conferidas pela ofendida ao agressor, devendo oficiar ao cartório com atribuições na área, para que adote as providências necessárias (incs. II e III).

Embora a proibição temporária de venda de imóveis comuns possa parecer desnecessária para os casais casados – por força da regra do art. 1.647, I, do CC –, mostra-se plenamente aplicável e superimportante aos casais unidos estavelmente, que, muitas vezes, não registram a existência de seu relacionamento afetivo em órgãos públicos, revelando-se tão necessária quanto para coibir, mesmo no casamento, a alienação de bens móveis. Além disso, a medida de impedimento de aquisição de coisas novas e de celebração de atos jurídicos em geral (como empréstimos e financiamentos) pode evitar sérios problemas de ordem patrimonial, pois, como sabido, as despesas correspondentes obrigam solidariamente ambos os consortes (CC, art. 1.644).

Semelhante cenário é projetado quando o quadro fático atrai a incidência da Lei n. 11.124/2005, que dispõe sobre o Sistema Nacional de Habitação de Interesse Social – SNHIS. De acordo com o que dispõe seu art. 23, § 1º, VI, os contratos e os respectivos registros cartorários deverão constar, preferencialmente, no nome da mulher, quando envolverem concessões de empréstimos e lavratura de escritura pública para os fins que disciplina.

No âmbito do Programa Minha Casa, Minha Vida (PMCMV), outro exemplo pode ser encontrado. O art. 73-A da Lei n. 11.977/2009 dispõe que "excetuados os casos que envolvam recursos do FGTS, os contratos em que o beneficiário final seja mulher chefe de família, no âmbito do PMCMV ou em programas de regularização fundiária de interesse social promovidos pela União, Estados, Distrito Federal ou Municípios, poderão ser firmados independentemente da outorga do cônjuge, afastada a aplicação do disposto nos arts. 1.647 a 1.649 da Lei n. 10.406, de 10 de janeiro de 2002 (Código Civil)". Como resultado, todos os contratos que forem ajustados sob essa condição deverão ser registrados no Cartório de Registro de Imóveis competente em nome da mulher, sem a exigência de documentos relativos ao seu cônjuge homem (§ 1º), sendo os eventuais prejuízos sofridos por ele em decorrência do previsto neste artigo resolvidos em perdas e danos (§ 2º).

Complementando essas disposições, o art. 10 da Lei n. 14.620/2023 dispõe em seu *caput*, que "os contratos e os registros efetivados no âmbito do Programa serão formalizados, prioritariamente, no nome da mulher e, na hipótese de ela ser chefe de família, poderão ser firmados independentemente da outorga do cônjuge, afastada a aplicação do disposto nos arts. 1.647, 1.648 e 1.649 da Lei n. 10.406, de 10 de janeiro de 2002 (Código Civil)", estabelecendo, ainda, que "o contrato firmado na forma prevista no *caput* será registrado no cartório de registro de imóveis competente, com a exigência de simples declaração da mulher acerca dos dados relativos ao cônjuge ou ao companheiro e ao regime de bens" (§ 1º), que "na hipótese de dissolução de união estável, separação ou divórcio, o título de propriedade do imóvel adquirido, construído ou regularizado no âmbito do Programa na constância do casamento ou da união estável será registrado em nome da mulher ou a ela transferido, independentemente do regime de bens aplicável (§ 2º) e que "na hipótese de haver filhos do casal e a guarda ser atribuída exclusivamente ao homem, o título da propriedade do imóvel construído ou adquirido será registrado em seu nome ou a ele transferido, revertida a titularidade em favor da mulher caso a guarda dos filhos seja a ela posteriormente atribuída", exceto se os contratos de financiamento forem firmados com recursos do FGTS.

Apesar dessas disposições esparsas, parece que a regra matriz das limitações aos regimes comunitários de bens esteja localizada no art. 1.647 do Código, que, por isso, será objeto de análise um pouco mais detalhada no próximo tópico.

4.3.2.1 O art. 1.647 do Código Civil

De acordo com a redação atual do art. 1.647 do Código Civil:

> Art. 1.647. Ressalvado o disposto no art. 1.648, nenhum dos cônjuges pode, sem autorização do outro, exceto no regime da separação absoluta:
> I – alienar ou gravar de ônus real os bens imóveis;
> II – pleitear, como autor ou réu, acerca desses bens ou direitos;
> III – prestar fiança ou aval;
> IV – fazer doação, não sendo remuneratória, de bens comuns, ou dos que possam integrar futura meação.
> Parágrafo único. São válidas as doações nupciais feitas aos filhos quando casarem ou estabelecerem economia separada.

A primeira observação a ser feita sobre tal dispositivo é que, ao se referir à "separação absoluta", o legislador pretendeu circunscrever a prescrição legal ao regime da separação de bens convencional (CC, arts. 1.687 e 1.688), no qual prevalece a mais plena liberdade a respeito da disposição patrimonial[26], e não ao regime da separação obrigatória (CC, art. 1.641), o qual é regido pela comunhão parcial de bens com a condicionante de ser feita a comprovação do esforço comum na aquisição de bens (STF, Súmula 377)[27] e que se encontra prestes a ser abolido de nosso sistema jurídico pela reforma do Código Civil.

---

[26] O regime da separação legal (CC, art. 1.641), na prática, acaba sendo regido pelas regras da comunhão parcial, pela incidência da Súmula 377 do STF, tornando inaplicável a prescrição ora estudada.

[27] Este é o entendimento pacífico do STJ: "A Segunda Seção, no julgamento do REsp 1.623.858/MG, pacificou o entendimento de que no regime da separação legal de bens, comunicam-se os adquiridos na constância do casamento/união estável, desde que comprovado o esforço comum para a sua aquisição" (REsp 1.616.207/RJ, *DJe* 20-11-2020. No mesmo sentido, dentre vários: EREsp 1.623.858/MG, *DJe* 30-5-2018). Justamente por isso, a mesma Corte entende que "nas hipóteses de casamento sob o regime da separação legal, os consortes, por força da Súmula 377/STF, possuem o interesse pelos bens adquiridos onerosamente ao longo do casamento, razão por que é de rigor garantir-lhes o mecanismo de controle de outorga uxória/marital para os negócios jurídicos previstos no art. 1.647 da lei civil" (REsp 1.199.790/MG, *DJe* 2-2-2011).

A segunda observação diz respeito ao aspecto formal: a concessão dessa anuência ou autorização e sua prova devem ser feitas, como regra geral, nos moldes prescritos pelo art. 220 do Código Civil, que estabelece: "a anuência ou a autorização de outrem, necessária à validade de um ato, provar-se-á do mesmo modo que este, e constará, sempre que se possa, do próprio instrumento". Logo, deve constar de instrumento público, quando o ato que a exige se revestir dessa, como aqueles que visem à constituição, transferência, modificação ou renúncia de direitos reais sobre imóveis, por exemplo (CC, art. 108), podendo ser dada por instrumento particular em uma infinidade de casos.

O próprio art. 1.649, parágrafo único, do Código Civil confere reforço a este entendimento quando enuncia que "A aprovação do consorte não participante torna válido o ato, desde que feita por instrumento público ou particular".

Mas, se ela for recusada ou impossível de ser concedida no caso concreto, o art. 1.648 do mesmo diploma e o art. 74 do Código de Processo Civil resguardam ao consorte interessado na prática de ato dependente de anuência do outro, o direito de obter seu suprimento judicial por meio de um procedimento de jurisdição voluntária, a ser instaurado no juízo de família (CPC, arts. 719 e s.)[28-29].

A terceira observação a ser feita a respeito do artigo sob estudo é que ele não trata da impossibilidade da prática de atos pelos consortes entre si, mas sim de atos praticados por um só deles com terceiros, pois para que esses negócios se perfectibilizem em relação a todos os planos (da existência, da validade e da eficácia), se exige a autorização do outro, a qual também é denominada vênia ou outorga conjugal – quando se tratar de casamento –, ou convivencial – quando se tratar de união estável.

A importância dessa outorga é gigantesca, pois ela atribui legitimação para que os consortes ajam sozinhos na dinâmica negocial, meramente portando a autorização do outro[30].

É que, como se sabe, legitimação é a capacidade especial ou aptidão exigida apenas para a prática de certos atos, e que, por isso, não se confunde com a capacidade genérica, que envolve todo e qualquer ato. Ela não tem a ver com elementos intrínsecos à pessoa, mas sim com a situação em que ela se encontra inserida. É algo relativo, portanto. Um sujeito plenamente capaz pode não ter legitimação para a prática de um ato específico, que outro indivíduo capaz, diverso dele, poderia perfeitamente praticar. O tutor, por exemplo, é proibido de adquirir bens do tutelado (CC, arts. 497, I, e 1.749, I), mas pode tranquilamente adquirir bens que não pertençam a este. Um cônjuge sozinho não pode praticar uma série de atos de natureza patrimonial, como a alienação dos bens imóveis comuns (CC, art. 1.647, I) e os que serão estudados logo adiante, embora possa normalmente vender bens móveis ou adquirir as coisas necessárias à economia doméstica.

Por isso, a pessoa que possuir legitimação pratica atos e negócios jurídicos absolutamente válidos e eficazes, se, é claro, forem preenchidos os demais requisitos legais. Por outro lado, a pessoa que não possuir legitimação não se torna incapaz só por isso. Ela se

---

[28] NEGRÃO, Theotonio et al. Código Civil e legislação civil em vigor. 34. ed. São Paulo: Saraiva, 2016, comentário ao art. 1.648. No STJ: REsp 1.747.933/MG, DJe 15-8-2018.
[29] STJ, REsp 1.747.933/MG, DJe 15-8-2018.
[30] Neste sentido: VENOSA, Sílvio de Salvo. Direito civil: Família. v. 5. 17. ed. São Paulo: Atlas, 2017, p. 149.

tornará *parte ilegítima* para a prática do ato, quando desacompanhada da "causa faltante" – no caso, a anuência conjugal/convivencial.

Como resultado, o ato por ela praticado pode ser invalidado no caso concreto, à semelhança do que ocorreria se fosse praticado por uma pessoa incapaz[31], como se verá com detalhes um pouco mais adiante (CC, arts. 104, I, e 1.649). Por outro lado, por acarretar mera anulabilidade, tal ato admite convalidação (CC, arts. 172 e 176), como, aliás, deixa claro o art. 1.649 ao dispor que "A aprovação torna válido o ato, desde que feita por instrumento público ou particular".

Essa especial condição (atribuição de legitimação) é tão afirmativa da dignidade e da autonomia privada que impede que os consortes pactuem qualquer deliberação em sentido contrário em pactos pré ou pós-nupciais.

A quarta e última observação a ser feita sobre o artigo sob análise envolve justamente a consequência por ele projetada caso não sejam obedecidas suas prescrições. É que, como a regra legal não consagra uma hipótese de incapacidade genérica para a prática dos negócios jurídicos por ela mencionados, mas de legitimação, o negócio jurídico praticado por um consorte, desacompanhado da "causa faltante" – isto é, da vênia do outro consorte – é anulável, podendo ser assim declarado judicialmente no prazo de até dois anos de terminada a união.

A respeito, os arts. 1.649, *caput,* e 1.650 do Código Civil, em suas redações atuais, sem previsão de modificação significativa pelo Anteprojeto de Reforma, estabelecem que:

> Art. 1.649. A falta de autorização, não suprida pelo juiz, quando necessária (art. 1.647), tornará anulável o ato praticado, podendo o outro cônjuge pleitear-lhe a anulação, até dois anos depois de terminada a sociedade conjugal.
> Art. 1.650. A decretação de invalidade dos atos praticados sem outorga, sem consentimento, ou sem suprimento do juiz, só poderá ser demandada pelo cônjuge a quem cabia concedê-la, ou por seus herdeiros.

Adicionalmente, o art. 1.642, IV, confere reforço enfático a tudo isso, dispondo que tanto o marido quanto a mulher podem livremente demandar a invalidação do negócio jurídico correspondente, nas hipóteses do art. 1.647.

Perceba que a lei fala ora em anulabilidade, ora em invalidade e ora em invalidação, termos correlacionados ao plano da validade dos negócios jurídicos[32], até porque, repito, esta é a consequência projetada, em regra, pela ausência de vênia conjugal/convivencial: a anulabilidade e não a nulidade absoluta[33].

---

[31] Lembrando que as alterações promovidas pelo Estatuto da Pessoa com Deficiência (Lei n. 13.146/2015) no regime das incapacidades traçado pelo Código Civil (arts. 3º e 4º), impossibilitam que se considere como absolutamente incapaz a pessoa adulta que, por causa permanente, encontra-se inapta para gerir sua pessoa e administrar seus bens de modo voluntário e consciente. Logo, a incapacidade absoluta para exercer pessoalmente os atos da vida civil é algo que se restringe aos menores de 16 (dezesseis) anos, pois o critério passou a ser exclusivamente etário, tendo sido eliminadas as hipóteses de deficiência mental ou intelectual anteriormente previstas no Código Civil. (STJ, REsp 1.927.423/SP, j. em de 27-4-2021).

[32] Sobre esses planos, indispensável a leitura de: MELLO, Marcos Bernardes de. *Teoria do fato jurídico*: plano da validade. São Paulo: Saraiva, 2003; *Teoria do fato jurídico*: plano da existência. 14. ed. São Paulo: Saraiva, 2007.

[33] Na literatura consultada não foi encontrada dissidência a respeito. No sentido do texto: NERY JUNIOR, Nelson; NERY, Rosa Maria de Andrade. *Código Civil comentado*. 11. ed. São Paulo: Revista dos Tribunais, 2014; GONÇALVES, Carlos Roberto. *Direito civil brasileiro*: direito de família. v. 6. 14. ed. São Paulo: Saraiva, 2017, p. 590; VENOSA, Sílvio de Salvo. *Direito civil*: Família. v. 5. 17. ed. São Paulo: Atlas, 2017, p. 179.

É essencial que se retenha essa observação, pois, como toda anulabilidade, esta também admite convalidação (CC, arts. 172 e 176), como, aliás, deixa claro o art. 1.649 ao dispor que "a aprovação torna válido o ato, desde que feita por instrumento público ou particular". Feitas essas importantíssimas observações, o estudo pode ter prosseguimento para que sejam conhecidas as hipóteses trazidas pelos incisos do art. 1.647 do Código.

De início, o inciso I do art. 1.647 proíbe os consortes de, sem tal vênia, alienar ou gravar de ônus real os bens imóveis. Em outras palavras, a lei lhes retira a legitimação para agirem sem autorização nesta seara. Note, antes de qualquer outra coisa, que o legislador não especifica que bens imóveis seriam esses, ou seja, se apenas os adquiridos durante a união ou também os anteriores, o que sempre me fez pensar que a proibição devesse alcançar tanto aqueles comuns quanto os particulares. Em relação aos bens comuns, nunca tive dúvida: a proibição tem sentido na medida em que eles compõem a mancomunhão. Já no que concerne aos particulares, sempre acreditei que a proibição se justificasse porque as benfeitorias e os frutos percebidos e pendentes por eles produzidos se comunicarão ao seu não proprietário, até o tempo em que cessar a comunhão, daí surgindo seu interesse na preservação do bem no patrimônio comum (CC, art. 1.660, V). Afinal, como se trata de norma restritiva de direitos – já que impõe uma proibição –, a interpretação tem que ser igualmente restritiva, não sendo autorizado ao intérprete concluir que a referência a "imóveis" tenha tido por propósito incluir apenas aqueles "comuns" e excluir os "particulares". Reforçando este entendimento, o Enunciado n. 340 das Jornadas de Direito Civil/CJF afirma que "No regime da comunhão parcial de bens é sempre indispensável a autorização do cônjuge, ou seu suprimento judicial, para atos de disposição sobre bens imóveis", no que vem acompanhado, de uma maneira geral, pela jurisprudência maciça do STJ[34].

É extremamente importante que se tenha essa definição, porque a alienação referida pelo dispositivo legal engloba toda forma de transferência de bens imóveis de um patrimônio para outro, como a venda, a cessão, a permuta, a dação em pagamento, a doação etc.[35], desde que esteja causando redução do acervo do casal e não sua ampliação. E, como não faz qualquer exclusão, no conceito de bens imóveis entram tanto aqueles propriamente ditos, como os lotes, as casas e os apartamentos (CC, art. 79), quanto aqueles assim considerados pelo legislador, como os direitos reais sobre imóveis e a sucessão aberta (CC, art. 80), o que torna exigível a outorga na cessão de direitos sobre ações judiciais respeitantes a bens imóveis e na cessão de direitos hereditários, ainda que compostos apenas por bens móveis.[36]

Na literatura, Carlos Roberto Gonçalves[37] chama atenção para o fato de a vênia ser necessária, também, "no compromisso de compra e venda irretratável e irrevogável, pois é hábil para transferir o domínio por meio da adjudicação compulsória (CC, art. 1.418). Inclui-se na exigência de anuência do outro cônjuge a constituição de hipoteca ou de outros ônus reais sobre imóveis".

Na legislação esparsa, a mesma vênia também é necessária para o proprietário celebrar contrato de locação de imóvel urbano por período superior a dez anos (Lei n. 8.245/91,

---

[34] Dentre vários: AgInt no REsp 1.706.745/MG, *DJe* de 17-3-2021; AgRg no AREsp 390.800/MG, *DJe* de 20-11-2017.
[35] GONÇALVES, Carlos Roberto. *Direito civil brasileiro*. v. 6. 14. ed. São Paulo: Saraiva, 2017, p. 338.
[36] Em sentido próximo: STJ, REsp 1.706.999/SP, *DJe* de 1º-3-2021.
[37] Idem, p. 340.

art. 3º). Mesmo existindo tantos entendimentos convergindo em um só sentido, a reforma do Código Civil parece pretender definir que a autorização a que se refere o dispositivo sob estudo somente deva ser aplicável aos bens imóveis comuns, exceto se se tratar do imóvel onde o casal tenha estabelecido o seu domicílio comum. Pelo menos, é isso que se extrai da leitura do art. 1.647, § 1º, do Anteprojeto, cujo enunciado proposto é o seguinte: "Nenhum dos cônjuges ou conviventes pode, mesmo em se tratando de bem particular, dispor sem o assentimento do outro, do imóvel onde estabeleceram o domicílio conjugal ou convivencial nem quanto aos móveis que o guarnecem".

No campo do direito empresarial acontece algo curioso, entretanto. Como dito há pouco, o patrimônio societário não se confunde com o patrimônio pessoal ou comum do casal. Por isso, o empresário casado pode até mesmo alienar ou inserir ônus real sobre os imóveis pertencentes à sua empresa, independentemente do consentimento de seu consorte (CC, art. 978). O mesmo entendimento é aplicável às cotas sociais, porque elas são bens móveis (CC, art. 83, III)[38].

Apesar disso, vale chamar atenção para o fato de que nem toda pessoa jurídica possui autonomia patrimonial, econômica e jurídica, o que faz com que algumas delas refujam à incidência desta regra. É o que acontece com o Microempreendedor Individual (MEI) e com o Empresário Individual (EI), em razão de haver confusão entre o patrimônio social e o pessoal.

Justamente por isso, o Enunciado n. 58 da II JDCom/CJF dispõe que "o empresário individual casado é o destinatário da norma do art. 978 do CCB e não depende da outorga conjugal para alienar ou gravar de ônus real o imóvel utilizado no exercício da empresa, desde que exista prévia averbação de autorização conjugal à conferência do imóvel ao patrimônio empresarial no cartório de registro de imóveis, com a consequente averbação do ato à margem de sua inscrição no registro público de empresas mercantis".

No mesmo sentido, o Superior Tribunal de Justiça vem entendendo que, nas hipóteses de empresário individual, é "indispensável a outorga uxória para efeitos de doação, considerando que o patrimônio da empresa individual e da pessoa física, nada mais são que a mesma realidade"[39-40]. O mais curioso dentro dessa temática é que, possivelmente pelo fato de ter sido elaborado em outros tempos, o legislador não se preocupou com a vênia em relação à alienação dos bens móveis particulares, o que não deixa de ser intrigante, pois certos bens imateriais – como as cotas sociais e ações de sociedades limitadas – tantos outros bens digitais – a exemplo das criptomoedas, créditos em games, milhas aéreas, perfis de redes sociais, pontos em administradoras de cartões de crédito etc. – e diversos bens materiais – como veículos de luxo, joias e obras de arte – são valiosíssimos, tornando-se, por isso, muito mais relevantes para a economia doméstica do que certos imóveis, até porque determinados ativos podem produzir frutos muito significativos, como o dinheiro aportado a certas aplicações financeiras, as ações negociadas em bolsa de valores e a monetização obtida com redes sociais.

---

[38] Exatamente assim: no casamento: STJ, REsp 1.790.940/SP, *DJe* de 3-12-2019; na união estável: REsp 1.424.275/MT, *DJe* de 16-12-2014.
[39] REsp 594.832/RO, *DJ* 1º-8-2005.
[40] De forma diferente daquela sustentada neste livro, o STJ já entendeu que o empresário titular de sociedade limitada precisaria da autorização de seu cônjuge para prestar fiança, sob pena de invalidade da garantia (REsp 1.525.638/SP, *DJe* 21-6-2022).

Além de exigir que negócios jurídicos de direito material celebrados por um só dos consortes contem com a autorização do outro para que sejam considerados válidos, a lei também exige que certas demandas judiciais contem com idêntica anuência. Afinal, as ações judiciais envolvendo bens imóveis ostentam natureza de bem imóvel por equiparação, nos termos do art. 80, I, do Código Civil, não é mesmo?

Deixando essa exigência absolutamente clara, o art. 73 do CPC dispõe que "o cônjuge necessitará do consentimento do outro para propor ação que verse sobre direito real imobiliário, salvo quando casados sob o regime de separação absoluta de bens", exigência esta que também recai sobre as pessoas unidas estavelmente, desde que a união possa ser comprovada nos autos, preferencialmente por meio documental (CPC, art. 73, parágrafo único).

Obviamente, este consentimento pode ser suprido judicialmente caso venha a ser negado no caso concreto. O art. 74, *caput* do CPC é cristalino a este respeito. Mas, caso não seja dado e nem suprido, a consequência processual é gravíssima. O parágrafo único do mesmo dispositivo enfatiza que "A falta de consentimento, quando necessário e não suprido pelo juiz, invalida o processo".

Vale, contudo, ser feita a observação de que, se o cônjuge figurar no polo ativo, a mera autorização do outro integrará sua capacidade processual (CPC, art. 73, *caput*), ao passo que, se figurar no polo passivo, este deverá litigar ao seu lado, em litisconsórcio necessário, não bastando a mera vênia (CPC, art. 73, § 1º).

É preciso bastante atenção, pois são situações diferentes que geram consequências processuais completamente diferentes[41]. Necessário que se esteja atento, ainda, ao fato de que não é qualquer ação envolvendo bem imóvel que exige o consentimento, na forma acima exposta. Apenas as ações versando sobre direitos reais referentes a imóveis (ações reais imobiliárias) se submetem a tal regra, devendo o consentimento do consorte acompanhar a petição inicial de ações reivindicatórias, de nunciação de obra nova e de usucapião, por exemplo, pois representa documento indispensável à sua propositura, na forma exigida pelo Código de Processo Civil (art. 320). Por outro lado, demandas versando sobre direitos obrigacionais referentes a imóveis dispensam tal imposição, como aconteceria com demandas de cobrança de aluguéis promovidas por pessoas casadas. Importante notar, também, que móvel e imóvel não são características estanques, correlacionadas apenas a bens que apresentem esses respectivos aspectos físicos. Muito pelo contrário. Como se verá oportunamente neste livro existem bens que, embora fisicamente sejam móveis, são considerados imóveis por determinação legal, como os materiais de construção provisoriamente separados de um prédio, para nele se reempregarem (CC, art. 81, II). Por outro lado, também existem bens que, sob o aspecto físico, são imóveis, mas que, por força de lei, são considerados "móveis por antecipação", a exemplo das árvores destinadas ao corte ou das plantações destinadas à colheita, que, pelo fato de serem incorporadas natural ou artificialmente ao solo, seriam, a rigor, consideradas imóveis por natureza (CC, art. 79), mas, pelo fato de servirem a uma finalidade negocial específica, se transmudam em móveis por antecipação (CC, art. 84, aplicado analogicamente).

---

[41] A respeito: CALMON, Rafael. *Manual de direito processual das famílias*. 2. ed. São Paulo: Saraiva, 2023.

Inclusive, antigo e conhecido julgado do STJ teve oportunidade de se pronunciar sobre a desnecessidade de vênia conjugal em contrato de venda de árvores para corte, justamente ao entendimento de que, embora as árvores sejam juridicamente consideradas bens imóveis (CC, art. 79), quando são destinadas ao corte, a intenção das partes em proceder ao seu destaque do solo aparece de forma tão nítida que a própria condição jurídica da árvore se trasmudaria para bem móvel por antecipação, devendo a relação jurídica correspondente seguir a disciplina destes[42].

O mesmo entendimento é aplicável, com adaptações, às negociações envolvendo safras futuras, colheitas e à boa parte das plantações destinadas à produção de frutos[43].

Em regra, a forma da autorização para a propositura de ações reais imobiliárias é livre, pois, como dito, o art. 107 do Código Civil dispõe que "A validade da exteriorização de vontade não dependerá de forma especial, senão quando a lei expressamente a exigir, no que vem reforçado pelo texto do art. 188 do Código de Processo Civil, quando enuncia que "os atos e os termos processuais independem de forma determinada, salvo quando a lei expressamente a exigir". Acompanhando essa linha de raciocínio, o art. 220 do primeiro diploma estabelece que "a anuência ou a autorização de outrem, necessária à validade de um ato, provar-se-á do mesmo modo que este, e constará, sempre que se possa, do próprio instrumento"[44].

Portanto, basta que o autor da ação apresente documento particular contendo tal anuência ou a própria petição inicial subscrita por seu consorte, para que tenha a exigência satisfeita.

Porém, uma questão curiosa envolve a forma da anuência a ser dada quando um dos consortes, ao figurar como executado exclusivo em ações executivas – pelo fato de ser o único responsável pela dívida –, pretender dar bem imóvel comum em "segurança do juízo," para fins de atribuição de efeito suspensivo aos embargos ou à impugnação ao cumprimento de sentença (CPC, arts. 919, § 1º e 525, § 6º). Neste caso, a anuência de seu consorte deveria ser dada por mero instrumento particular (documento particular ou subscrição na petição) ou teria que ser passada por instrumento público? A forma desse ato seria verdadeiramente livre, como seria a da outorga para a propositura de ações reais imobiliárias (CPC, art. 73)?

Não se esqueça que os bens do cônjuge ou convivente do devedor só se sujeitam à execução nos casos em que seus bens próprios ou de sua meação respondam pela dívida (CPC, art. 790, IV), o que não é o caso por aqui.

Respeitosamente a quem pense de forma diferente, parece que a autorização em questão precise ser feita por instrumento público, ao menos quando envolver os imóveis referidos pelo art. 108 do Código Civil. Isto porque dar bem imóvel à penhora não se confunde com promover ação real imobiliária. Ao dar bens deste tipo em segurança à execução, o executado está, em última análise, garantindo o juízo de que aquele bem específico, com

---

[42] STJ, REsp 23.195/PR, *DJe* 29-11-93; AgRg no Ag 174.406/SP, *DJ* 23-11-98.
[43] REsp 1.567.479/PR, *DJe* 18-6-2019.
[44] DIDIER JR., Fredie. *Curso de direito processual civil.* 12. ed. Salvador: Juspodivm, 2015, v. 1, p. 322.

preferência a qualquer outro, será penhorado e estará sujeito a ser vendido em leilão ou adjudicado pelo exequente, caso a dívida não seja satisfeita de outro modo (CPC, art. 881).

E nem se diga que estaria havendo excessivo apego ao formalismo, em detrimento da liberdade das formas. Afinal, se é certo que a forma dos atos é, em regra, livre, como dispõem os arts. 107 do Código Civil e 188 do Código de Processo Civil, é tão certo quanto que o próprio ordenamento impõe que "Não dispondo a lei em contrário, a escritura pública é essencial à validade dos negócios jurídicos que visem à constituição, transferência, modificação ou renúncia de direitos reais sobre imóveis" (CC, art. 108), como aconteceria no caso de haver leilão ou adjudicação do bem.

A formalidade, no caso, parece se justificar para que o patrimônio da família seja mais robustamente preservado. Tanto é assim que, se não fosse o caso de oferta espontânea de bem pelo executado, mas sim de sua penhora diretamente por iniciativa judicial, seu consorte teria que ser intimado do ato, pois o CPC é expresso ao dispor que "recaindo a penhora sobre bem imóvel ou direito real sobre imóvel, será intimado também o cônjuge do executado, salvo se forem casados em regime de separação absoluta de bens" (art. 842)[45].

Portanto, e, em resumo: se o imóvel oferecido em garantia do juízo tem aptidão de ser alienado, a autorização de penhora a ser passada por seu mancomunheiro (o cônjuge não executado, no caso), na forma exigida pelo art. 1.647, I do Código Civil, parece ter que seguir a exigência formal imposta pelo referido art. 108, devendo ser instrumentalizada por documento público.

Em continuação ao nosso estudo, o art. 1.647, III, exige a vênia para que possa ser prestada fiança.

No que concerne à fiança e aos demais contratos de caução (como a caução fidejussória), essas prescrições são plenamente aplicáveis, pois, sendo negócios jurídicos tipificados pelo Código Civil, é justamente nele que encontram sua disciplina jurídica (CC, arts. 818 a 839). Portanto, a consequência da prestação de fiança desacompanhada da anuência do consorte do fiador é sua anulabilidade, na forma prevista pelo art. 1.647, III, do Código Civil.

Isso faz total sentido. Afinal, caso fosse permitido a uma pessoa casada ou unida estavelmente prestar fiança desacompanhada da anuência de seu cônjuge ou convivente, o sistema estaria sendo absolutamente contraditório, pois bastaria que ela afiançasse contratos de valores significativos para que os bens componentes do acervo patrimonial do casal, inclusive imóveis, pudessem ser expropriados judicialmente, que é exatamente o que o sistema pretende evitar ao fazer a exigência aqui estudada.

Mas, mesmo diante da literalidade e da coerência do texto legal, parece existir alguma incoerência no entendimento dado pelo Superior Tribunal de Justiça ao tema. Isto porque, julgados antigos pareciam entender pacificamente que a inexistência de autorização do consorte à fiança prestada pelo outro, quando exigida por lei, implicaria a nulidade absoluta do negócio. Veja: no julgamento do REsp 101.550/SP (*DJ* 1º-10-2001), foi decidido que

---

[45] Essa intimação se faz absolutamente necessária para que o consorte possa não só ficar ciente do fato, mas, sobretudo, para que possa adotar a melhor estratégia defensiva a respeito (apresentando impugnação quando se tratar de cumprimento – CPC, art. 535; embargos no caso de execução – CPC, arts. 914 e ss., ou; embargos de terceiro quando entender que o bem não pode responder pela dívida – CPC, art. 674, §2º; STJ, Súmula 134).

"a fiança prestada pelo marido sem outorga uxória é nula de pleno direito, alcançando inclusive a meação marital", e, no REsp 278.101/PA (*DJ* 7-5-2001), assentou-se que "tal como ocorre com a fiança, inquina-se de nulidade relativa a hipoteca realizada sem outorga do cônjuge, nos termos do art. 235, I, do Código Civil [de 1916]", sendo neste sentido, de resto, o posicionamento da Corte naquela época[46].

Apesar disso, em respeito à cláusula geral da boa-fé objetiva, a jurisprudência da Corte passou pouco a pouco a mitigar o rigorismo da regra de nulidade integral da fiança nos casos em que o fiador omite ou presta informação inverídica sobre seu estado civil, determinando a anulação apenas parcial da fiança prestada sem outorga conjugal, com o objetivo de resguardar a meação do outro[47].

Oportunamente, a Corte viria a editar a Súmula 332-STJ com a seguinte redação: "A fiança prestada sem autorização de um dos cônjuges implica a ineficácia total da garantia".

Note que o enunciado sumular não comina à fiança desacompanhada de anuência a sanção de nulidade absoluta, nem de nulidade relativa, mas sim de ineficácia (inoponibilidade), o que, de certa forma, acaba protegendo o patrimônio do consorte não anuente, pois o negócio principal continua sendo válido e eficaz em relação a seus contraentes, mas o negócio acessório, ou seja, a fiança prestada de forma irregular, será ineficaz, logo, inoponível ao não anuente, o que impedirá que seus bens (meação) sejam constritos judicialmente para o pagamento da dívida.

Este último entendimento aparentemente vem prevalecendo nos julgados mais recentes do STJ. A título de exemplo, tanto o AgInt nos EDcl nos EDcl no AREsp 1.412.487/SP (*DJe* 2-5-2024), quanto o AgInt no AREsp 2.448.374/MT (*DJe* 28-2-2024) foram ementados da seguinte forma: "Nos termos da jurisprudência pacífica desta Corte, a fiança prestada sem autorização de um dos cônjuges implica a ineficácia total da garantia (Súmula 332/STJ), salvo se o fiador emitir declaração falsa, ocultando seu estado civil de casado".

E não se deixe enganar. O mesmo tribunal estende este posicionamento ao fiador que presta a fiança na condição de comerciante ou empresário, ao argumento de que o mero fato de a pessoa prestar fiança no exercício de atividade comercial/empresarial não a dispensa dessa autorização, nos termos dos arts. 1.642, I, e 1.647, III, do CC[48].

Em resumo, portanto: o texto da lei comina de nulidade relativa (anulabilidade) a fiança prestada sem anuência do consorte, mas a jurisprudência do STJ a comina de ineficaz, logo, inoponível a esta pessoa. Vejamos, agora, a situação do aval.

Em sua redação original, o art. 1.647, III, se referia não só à fiança, como também ao aval, o que gerava uma enorme confusão, tanto na literatura quanto nos tribunais, porque, de forma completamente diferente da fiança, que é um contrato acessório (CC, art. 818), o aval é um ato cambiário, como deixa claro o art. 897 do mesmo diploma, quando enuncia que o pagamento de título de crédito que contenha obrigação de pagar soma determinada pode ser garantido por aval.

---

[46] No mesmo sentido: REsp 1.273.639/SP, *DJe* 19-4-2016; REsp 265.069/SP, *DJ* 27-11-2000; REsp 260.465/SP, *DJ* 4-9-2000.
[47] AgRg nos EDcl no REsp 1.459.299/DF, *DJe* 31-3-2015; AREsp 461.323/MG, *DJe* 10-4-2015; AgRg no REsp 1.507.413/SP, *DJe* 11-9-2015; AREsp 225.809/RJ, *DJe* 18.11.2014; REsp 1.328.235/RJ, *DJe* 28-6-2013.
[48] REsp 1.525.638/SP, *DJe* de 21-6-2022; REsp 1.351.058/SP, *DJe* de 4-2-2020.

Por si só, essa diferenciação já representaria fator suficiente para que os dois institutos não recebessem o mesmo tratamento, porque o aval não pode ser prestado em contratos civis, mas somente em títulos de crédito, dada sua natureza cambial.

Justamente pelo fato de se restringir ao ambiente cambiário, "o aval apresenta 2 (duas) características principais, a autonomia e a equivalência. A autonomia significa que a existência, validade e eficácia do aval não estão condicionadas à da obrigação principal. A equivalência torna o avalista devedor do título da mesma forma que a pessoa por ele avalizada. (...) Disso decorre que o credor pode exigir o pagamento tanto do devedor principal quanto do avalista, que não pode apresentar exceções pessoais que aproveitariam o avalizado, nem invocar benefício de ordem"[49].

Por isso, se o avalizado for devedor principal, o avalista também será tratado como se fosse devedor principal.

Sob o ponto de vista formal, o art. 898 do Código dispõe que "o aval deve ser dado no verso ou no anverso do próprio título." Já no que concerne à sua perfectibilização como ato, o § 1º deste dispositivo enuncia que "para a validade do aval, dado no anverso do título, é suficiente a simples assinatura do avalista."

Regra geral, portanto, o aval se torna válido e eficaz com a simples assinatura do avalista na parte da frente (anverso) ou de trás (verso) do próprio título de crédito, sem qualquer necessidade de que seu cônjuge ou convivente também o assine ou lhe dê anuência para tanto.

Essa simplificação de tratamento encontra fundamento no princípio da plena circulação, justamente para que sejam facilitadas as operações nele incorporadas, pois seria extremamente burocrática e contrária ao espírito da circularidade a exigência de anuência do cônjuge ou convivente do avalista, que, inclusive, poderia acabar descaracterizando o instituto[50]. Por isso, a redação original do aqui estudado art. 1.647, III, sempre foi muito criticada. Afinal, por possuir o mesmo *status* normativo do supramencionado art. 898, § 1º – já que ambos se encontram inseridos no Código Civil –, suas prescrições acabavam sendo inteiramente aplicáveis aos avais prestados em títulos de crédito regulamentados por tal Código (arts. 887 a 926).

Acontece que o aqui estudado art. 1.647 possui o mesmo *status* normativo do supramencionado art. 898, § 1º, já que ambos se encontram inseridos no Código Civil, o que torna suas prescrições inteiramente aplicáveis aos avais prestados em títulos de crédito por ele regulamentados.

Entretanto, nosso Sistema Jurídico possui uma curiosa característica: as disposições do Código Civil não são aplicáveis a todos os títulos de crédito. Sim, o Diploma de 2002 confere um tratamento dual a esses instrumentos, fazendo com que, via reflexa, as prescrições do Título VIII do Livro I de sua Parte Especial (arts. 887 a 926) e aquelas advindas do art. 1.647 só sejam aplicáveis a alguns deles.

---

[49] REsp 1.677.939/SP, J. em 23-6-2020.
[50] JDC/CJF, Enunciado n. 132 – Proposição sobre o art. 1.647, inc. III, do novo Código Civil: OUTORGA CONJUGAL EM AVAL. Suprimir as expressões "ou aval" do inc. III do art. 1.647 do novo Código Civil. Justificativa: Exigir anuência do cônjuge para a outorga de aval é afrontar a Lei Uniforme de Genebra e descaracterizar o instituto. Ademais, a celeridade indispensável para a circulação dos títulos de crédito é incompatível com essa exigência, pois não se pode esperar que, na celebração de um negócio corriqueiro, lastreado em cambial ou duplicata, seja necessário, para a obtenção de um aval, ir à busca do cônjuge e da certidão de seu casamento, determinadora do respectivo regime de bens.

É o próprio Código Civil quem deixa claro que os títulos de crédito são regidos por lei especial, sendo-lhes aplicáveis as suas disposições somente nos casos omissos (art. 903).

Perceba: somente nos casos omissos.

Sinteticamente, esse tratamento dual pode ser assim apresentado: para os títulos denominados "típicos" ou "nominados", isto é, aqueles previstos em leis específicas, a exemplo da nota promissória, da letra de câmbio, da duplicata, da debênture e de diversos outros conhecidos por todos nós brasileiros, a disciplina jurídica vem traçada pelas próprias leis de regência, como a Lei Uniforme de Genebra (Dec. n. 57.663/66), a Lei do Cheque (Lei n. 7.357/85) etc. Já para os assim chamados títulos "atípicos" ou "inominados", isto é, aqueles criados pelas próprias partes para o atendimento de suas necessidades específicas[51], a exemplo dos títulos de crédito eletrônicos (CC, art. 889, § 3º) e do assim chamado "vaca-papel", aí sim, o regramento advém do Código Civil, desde que, é claro, eles possam se enquadrar na definição de título de crédito constante em seu art. 887 e preencher os requisitos exigidos, dentre outros, por seu art. 889.

Portanto, os títulos nominados ou típicos acabavam refugindo à imposição traçada pelo art. 1.647, III, já que sempre foram tratados por "lei especial", o que fazia com que o aval neles inserido não dependesse da anuência do consorte do avalista para que fossem válidos. Apenas sua eficácia ficaria comprometida em relação ao consorte não anuente, ao qual a garantia seria inoponível.

Essa conclusão ficava ainda mais clara quando se lia o Enunciado n. 114 da JDC/CJF, segundo o qual "o aval não pode ser anulado por falta de vênia conjugal, de modo que o inc. III do art. 1.647 apenas caracteriza a inoponibilidade do título ao cônjuge que não assentiu".

A partir da fixação deste entendimento, diversos julgados começaram a ser proferidos no Superior Tribunal de Justiça nesse exato sentido. No de que, em se tratando de título de crédito típico, o ato de garantia "não pode ser anulado por falta de vênia conjugal, de modo que o inc. III do art. 1.647 apenas caracteriza a inoponibilidade do título ao cônjuge que não assentiu" (Enunciado n. 114 da JDC/CJF), impedindo, por exemplo, que os bens componentes de sua meação respondam pela garantia dada sem o seu consentimento[52].

Por outro lado, quando se estava diante de títulos de crédito atípicos ou inominados, isto é, daqueles criados de acordo com a própria vontade dos particulares, segundo seus exclusivos interesses, e, dentro das normas traçadas pelo próprio Código Civil – como os títulos de crédito eletrônicos –, aí sim se cogitava de anulabilidade do aval, e não de mera ineficácia/inoponibilidade, quando desacompanhada da anuência do consorte do avalista.

Afinal, sua disciplina advém, exclusivamente, do Código Civil.

No entanto, este entendimento se encontra prestes a se modificar. Além de pretender eliminar o aval do texto do inciso III, o Código Civil reformado cogita inserir o § 2º ao art. 1.647, para que passe a constar o seguinte: "A falta de outorga não invalidará o aval, mas

---

[51] Sobre o tema: CHATEAUBRIAND FILHO, Hindemburgo. Liberdade de criação de títulos de crédito atípicos e fattispecie cartular. *Revista dos Tribunais*, n. 723, v. 85, São Paulo: Revista dos Tribunais, 1996
[52] Nesse sentido: AgInt no REsp 1.473.462/MG, *DJe* 29-10-2018; REsp 1.644.334/SC, *DJe* 23-8-2018; REsp 1.526.560/MG, j. em 16-3-2017; REsp 1.633.399/SP, *DJe* 1º-12-2016.

configurará sua ineficácia parcial no tocante à meação do cônjuge ou convivente que não participaram do ato".

Portanto, e em resumo: o aval lançado em título de crédito típico ou atípico não perde sua *validade* pela ausência de autorização do cônjuge do avalista. Ele continuará sendo *válido*, mas será meramente *ineficaz* em relação a esta pessoa (o cônjuge do avalista), cuja meação ficará protegida dos efeitos da garantia, na hipótese de eles serem casados sob regime comunitário, a não ser que também tenha se beneficiado com a negociação[53].

Encerrando as prescrições do art. 1.647 do Código Civil, seu inc. IV impõe a outorga para que o consorte faça doação, não sendo remuneratória, de bens comuns ou dos que possam integrar futura meação.

Mas esteja atento! As exigências de vênia acima tratadas se restringem aos casos em que um só consorte participe da avença à qual o aval ou fiança digam respeito. No entanto, se um consorte figurar, ao lado do outro, como devedor solidário de qualquer desses contratos ou títulos de crédito, não faz sentido algum impor-se tal outorga, pois ele próprio terá participado do negócio como responsável solidário[54].

Não custa lembrar que, se o casal for unido sob o regime da separação de bens, nada do que foi dito acima se aplica, como deixa claro a parte final do art. 1.647, *caput*, do Código Civil, sendo absolutamente pacífico, como não poderia deixar de ser, o entendimento do STJ a respeito[55].

Além disso, vale repetir ainda mais uma vez que é preciso atenção para não se confundir o supracitado regime da separação *convencional* de bens, previsto nos arts. 1.687/1.688 do Código Civil, com o da separação *obrigatória* imposto pelo art. 1.641 – que será revogado pela reforma –, pois apenas aquele se submete ao regramento aqui mencionado. Inclusive, o STJ segue a orientação no sentido de que "a exigência de outorga uxória ou marital para os negócios jurídicos de (presumidamente) maior expressão econômica previstos no art. 1.647 do Código Civil (como a prestação de aval ou a alienação de imóveis) decorre da necessidade de garantir a ambos os cônjuges meio de controle da gestão patrimonial, tendo em vista que, em eventual dissolução do vínculo matrimonial, os consortes terão interesse na partilha dos bens adquiridos onerosamente na constância do casamento. Nas hipóteses de casamento sob o regime da separação legal, os consortes, por força da Súmula 377/STF, possuem o interesse pelos bens adquiridos onerosamente ao longo do casamento, razão por que é de rigor garantir-lhes o mecanismo de controle de outorga uxória/marital para os negócios jurídicos previstos no art. 1.647 da lei civil"[56].

Seguindo a mesma linha adotada pelo já mencionado art. 1.645 – que trata da legitimidade para a propositura das ações anulatórias previstas pelo art. 1.642 –, os arts. 1.649 e 1.650 do Código Civil atribuem exclusivamente ao consorte não anuente a legitimidade ordinária, e a seus herdeiros, a legitimidade sucessiva para a propositura da ação anulatória

---

[53] Assim: STJ, AgInt no REsp 1.473.462/MG, Rel. Min. Luis Felipe Salomão, *DJe* 29-10-2018; REsp 1.644.334/SC, Rel. Min. Nancy Andrighi, *DJe* 23-08-2018. Conferir também: Enunciado n. 132 da I JDC/CJF.
[54] Este é o entendimento pacífico do STJ: AREsp 1.725.638/SP, *DJe* 12-11-2020; AgInt no AREsp 1.668.578/GO, *DJe* 5-8-2020; AgInt no AREsp 931.556/SP, *DJe* 28-11-2016; AgRg no AREsp 341.358/SP, *DJe* 24-11-2015.
[55] Dentre vários: AgInt nos EDcl no REsp 1.741.303/MG, *DJe* de 27-10-2020.
[56] Neste sentido: AREsp 1.162.999/PR, *DJe* de 3-4-2018; REsp 1.199.790/MG, *DJe* de 2-2-2011.

específica, cujo prazo decadencial expira em dois anos depois de terminada a sociedade conjugal ou convivencial.

O STJ é absolutamente pacífico a este respeito[57].

Por se tratar de legitimidade exclusiva do potencial prejudicado, não teria o menor cabimento se cogitar de ação anulatória sendo proposta pelo próprio consorte que assinou sozinho o negócio jurídico, como entende, de forma também pacífica, o STJ[58].

Encerrando o Capítulo do Código dedicado às disposições gerais dos regimes de bens, o art. 1.651 atribui a um consorte poderes relativos para gerir e alienar os bens comuns e particulares do outro que porventura se vir impedido de exercer a administração do patrimônio que lhe incumbe, enquanto o art. 1.652 trata dos limites e características da responsabilidade daquele, durante o período em que durar o impedimento.

Os artigos acima analisados não disciplinaram os efeitos capazes de serem projetados pela separação de fato sobre as relações patrimoniais do casal, possivelmente pelo acanhado tratamento que a própria literatura lhe destinava à época. Neste livro, entretanto, o leitor poderá perceber que, acompanhando o entendimento atual, tanto da doutrina quanto da jurisprudência, a separação fática será inserida em todos os contextos.

4.3.3 A APLICABILIDADE DAS REGRAS DO REGIME PRIMÁRIO DE BENS À UNIÃO ESTÁVEL

A incidência das disposições do regime primário de bens às relações jurídicas travadas por pessoas unidas estavelmente costumava gerar alguma polêmica, não por uma premissa discriminatória, por óbvio, mas porque a inexistência de registro formal dessas uniões compromete significativamente a publicidade do ato, podendo gerar prejuízos a terceiros.

Perceba que não se está se referindo à incidência das regras do regime secundário de bens, isto é, dos regimes patrimoniais em espécie[59], mas sim às do regime primário mesmo.

Todavia, a partir do momento em que o Supremo Tribunal Federal fixou a tese de que "é inconstitucional a distinção de regimes sucessórios entre cônjuges e companheiros prevista no art. 1.790 do CC/2002, devendo ser aplicado, tanto nas hipóteses de casamento quanto nas de união estável, o regime do art. 1.829 do CC/2002" (Temas de Repercussão Geral n. 498 e n. 809), a divergência começou a ser superada.

Para que não houvesse dúvida a respeito do caráter não discriminatório do tratamento diferenciado, até mesmo um enunciado chegou a ser elaborado por ocasião da VIII Jornada de Direito Civil, promovida pelo Conselho da Justiça Federal, versando sobre o tema. De acordo com ele, "a decisão do Supremo Tribunal Federal que declarou a inconstitucionalidade do art. 1.790 do Código Civil não importa equiparação absoluta entre o casamento e a união estável. Estendem-se à união estável apenas as regras aplicáveis ao casamento que tenham por fundamento a solidariedade familiar. Por outro lado, é constitucional a

---

[57] Dentre vários: REsp 1.273.639/SP, *DJe* 18-4-2016.
[58] Dentre vários: REsp 1.128.770/PR, *DJe* 6-12-2010.
[59] JDC/CJF, Enunciado n. 115: "Há presunção de comunhão de aquestos na constância da união extramatrimonial mantida entre os companheiros, sendo desnecessária a prova do esforço comum para se verificar a comunhão dos bens".

distinção entre os regimes, quando baseada na solenidade do ato jurídico que funda o casamento, ausente na união estável" (Enunciado n. 641).

Na jurisprudência do Superior Tribunal de Justiça, inclusive, é possível observar a aplicação dessa orientação, que já vigia na corte antes mesmo da elaboração do sobredito enunciado. Dentre vários julgados, merece especial destaque o paradigmático REsp 1.299.866/DF (*DJe* 21-3-2014), no qual restou assentado que "é por intermédio do ato jurídico cartorário e solene do casamento que se presume a publicidade do estado civil dos contratantes, de modo que, em sendo eles conviventes em união estável, hão de ser dispensadas as vênias conjugais para a concessão de fiança. Desse modo, não é nula nem anulável a fiança prestada por fiador convivente em união estável sem a outorga uxória do outro companheiro. Não incidência da Súmula 332/STJ à união estável." De acordo com esse entendimento, então, que dá mostras de ser pacífico no STJ até os dias de hoje[60], a fiança seria válida e eficaz mesmo em relação ao convivente não anuente, devendo ser preservado o direito à meação, que recairá sobre a metade do preço obtido com a venda.

Se a fiança não é anulável, a alienação de imóveis comuns, desacompanhada da necessária autorização convivencial, pode ser assim declarada, a depender do cenário que se apresentar no caso concreto. Isto porque o adquirente pode desconhecer por completo a existência do relacionamento familiar mantido entre os alienantes, tornando-se, assim, terceiro de boa-fé na operação, logo, insuscetível de ser prejudicado.

Conferindo reforço a esse entendimento, a Corte possui posicionamento firme no sentido de que "a invalidação da alienação de imóvel comum, fundada na falta de consentimento do companheiro, dependerá da publicidade conferida à união estável, mediante a averbação de contrato de convivência ou da decisão declaratória da existência de união estável no Ofício do Registro de Imóveis em que cadastrados os bens comuns, ou da demonstração de má-fé do adquirente[61]".

Depois desse julgamento, o assunto voltou a ocupar a pauta do Tribunal. Em uma demanda em que ex-companheira buscava a anulação de escritura pública e o cancelamento de registro de imóveis, ao argumento de que o bem havia sido vendido a terceiros sem sua anuência, restou decidido que "na hipótese dos autos, não havia registro imobiliário em que inscritos os imóveis objetos de alienação em relação à copropriedade ou à existência de união estável, tampouco qualquer prova de má-fé dos adquirentes dos bens, circunstância que impõe o reconhecimento da validade dos negócios jurídicos celebrados, a fim de proteger o terceiro de boa-fé, assegurando-se à autora/recorrente o direito de buscar as perdas e danos na ação de dissolução de união estável c.c partilha, a qual já foi, inclusive, ajuizada"[62].

Até hoje, o entendimento do STJ continua sendo no sentido de que "a invalidação de atos de alienação praticado por algum dos conviventes sem autorização do outro deverá observar se existia, a época em que firmado o ato de alienação, publicidade conferida a união estável mediante a averbação de contrato de convivência ou da decisão declaratória

---

[60] Exatamente no mesmo sentido: AgInt no AREsp 2.445.536/SP, *DJe* de 2-5-2024; AgInt no AREsp 943.260/SP, *DJe* 2-3-2020; AgInt nos EDcl no REsp 1.711.164/DF, *DJe* 27-9-2018.
[61] REsp. 1.424.275/MT, *DJe* 16-12-2014.
[62] REsp. 1.592.072/PR, *DJe* 18-12-2017.

da existência de união estável no Ofício do Registro de Imóveis, em que cadastrados os bens comuns, ou mediante demonstração de má-fé do adquirente"[63].

É como se fosse exigida uma espécie de "condição adicional de validade da garantia dada apenas por um dos conviventes", qual seja: o fato de haver a possibilidade de o terceiro de boa-fé ter ciência da existência da união estável, isto é, de haver publicidade a respeito[64].

Tudo isso deixa mais do que claro que é a deficiência da publicidade conferida à união estável que compromete o reconhecimento de direitos de índole patrimonial a seus componentes, e não a prática de qualquer conduta discriminatória.

Em outras palavras, é algo que tem muito mais a ver com a *comprovação do ato* do que com a *discriminação ao ato*.

Por isso é que este livro sempre sugeriu que a recomendação contida no Provimento n. 141/2023 do CNJ (que assegura a facultatividade de seu registro perante órgãos públicos) fosse levada a sério por todos aqueles que pretendam constituir família sob essa forma.

O Anteprojeto de Reforma do Código Civil parece seguir essa mesma orientação. Apesar de reconhecer a união estável como família, independentemente de qualquer solenidade, e de assegurar a facultatividade de seu registro no Cartório de Registro Civil das Pessoas Naturais (arts. 1.511-B e 1.564-A), inova ao atribuir o estado civil de convivente somente àquelas pessoas que a registrarem nessa serventia, mais precisamente em seu livro "E" (art. 9º, III). Como o requisito da publicidade estará preenchido para essas uniões, o legislador reformador coerentemente prevê a possibilidade de que elas projetem incontáveis efeitos, inclusive de índole patrimonial sobre terceiros, exigindo, por isso, que os conviventes declarem o fato de conviverem em união estável devidamente registrada em todos os atos da vida civil (art. 1.564-A, § 3º, c/c art. 9º, III). Já para as uniões não registradas, prevê exatamente o contrário. Além de não acarretar alteração no estado civil das pessoas, seus efeitos patrimoniais não podem ser opostos a terceiros, a não ser que estes tenham conhecimento formal do fato, por declaração expressa de ambos os conviventes ou daquele com quem contratarem (art. 9º, § 1º).

Deixando isso tudo ainda mais claro, o Anteprojeto pretende introduzir o § 3º ao art. 1.647, para dispor que:

> Art. 1.647. Ressalvado o disposto no art. 1.648, nenhum dos cônjuges ou conviventes pode, sem autorização do outro, exceto no regime da separação de bens:
> [...]
> § 3º O disposto neste artigo aplica-se à união estável devidamente registrada no Registro Civil das Pessoas Naturais.

Ideal, portanto, que seja incentivado o registro de uniões estáveis ou, no mínimo, a necessidade de ser dada mais publicidade à sua existência, não para que ela possa ser reconhecida como família, mas para que haja maior segurança e transparências nas relações mantidas entre os conviventes e terceiros, sobretudo naquelas de índole patrimonial. Mas não só para isso. O registro permite, também, que seja feita a averbação ou o registro no

---

[63] AgInt no AREsp 2.165.267/SP, *DJe* de 3-11-2023.
[64] Exatamente com esse entendimento: EREsp 1.663.440/RS, *DJe* 30-6-2020.

Cartório de Registro Civil das Pessoas Naturais, das sentenças ou da escritura pública de divórcio ou de dissolução da união estável, bem como da certidão de óbito dos conviventes, na forma proposta pelo art. 10, II e IX, muito embora nada impeça que, não sendo feito isso em vida, a certidão de óbito de um ou de todos os conviventes seja retificada, a pedido do interessado, para que nela se faça constar que o(s) falecido(s) convivia(m) em união estável, desde que haja prova suficientemente segura a respeito da existência dessa entidade familiar, como decidido, inclusive, pelo STJ[65].

Conhecidos e debatidos alguns pontos de conflito entre a autoridade e a liberdade, chegou a hora de se abrir o parêntese oportunamente mencionado, para que seja analisado, de perto, aquele que parece ser o mais questionável desses pontos: o art. 1.641, II, do Código Civil brasileiro.

4.3.4 A QUESTIONÁVEL CONSTITUCIONALIDADE DAS DISPOSIÇÕES DO ART. 1.641, II, DO CÓDIGO CIVIL

De acordo com o art. 1.641, II, do Código Civil, em sua redação vigente antes da reforma:

> Art. 1.641. É obrigatório o regime da separação de bens no casamento:
> II – da pessoa maior de 70 (setenta) anos.

A mais superficial leitura do dispositivo em questão, pelo menos para mim, sempre deixou transparecer que a pessoa maior de 70 anos de idade sofria uma espécie de retrocesso em sua capacidade e em seu direito de liberdade quando pretendia se casar, pois o Estado brasileiro a obrigava a contrair matrimônio sob o regime da separação de bens, retirando-lhe a oportunidade de escolher o regime que mais se adaptasse à sua realidade.

Só que isso soava um tanto quanto paradoxal, já que ela não sofria nenhuma limitação em seus direitos de votar, de ser eleita e de contrair relações jurídicas na ordem civil e consumerista. Muito pelo contrário. Sempre recebeu, sim, proteção e incentivos em alguns desses cenários, como gratuidades e prioridades, mas não restrições.

O próprio Superior Tribunal de Justiça vinha decidindo, desde o tempo em que o texto legal impunha a restrição aos sexagenários, no sentido de que "a restrição aos atos praticados por pessoas com idade igual ou superior a 60 (sessenta) anos representa ofensa ao princípio da dignidade da pessoa humana[66]".

Mesmo depois da alteração do texto legal, ocorrida no ano de 2010, esse posicionamento se manteve intacto, ao entendimento de que "o Código Civil se utiliza de critério positivo de discriminação ao instituir, por exemplo, que é obrigatório o regime da separação de bens no casamento da pessoa maior de 70 anos (art. 1.641, II)[67]".

A despeito disso, não se pode deixar de registrar que, de modo um tanto quanto contraditório, a mesma Corte vinha entendendo que "devem ser estendidas, aos companheiros, as mesmas limitações previstas para o casamento, no caso de um dos conviventes já

---

[65] REsp 1.516.599/PR, *DJe* 2-1-2017.
[66] Dentre vários: REsp 1.171.820/PR, *DJe* 27-4-2011.
[67] REsp 1.783.731/PR, *DJe* 26-4-2019.

contar com mais de sessenta anos à época do início do relacionamento, tendo em vista a impossibilidade de se prestigiar a união estável em detrimento do casamento[68]", apesar de também possuir entendimento no sentido de que deveria ser afastada "a obrigatoriedade do regime de separação de bens quando o matrimônio é precedido de longo relacionamento em união estável, iniciado quando os cônjuges não tinham restrição legal à escolha do regime de bens, visto que não há que se falar na necessidade de proteção do idoso em relação a relacionamentos fugazes por interesse exclusivamente econômico[69]".

Mas veja que situação curiosa: se a Constituição Federal impõe que a lei deva facilitar a conversão da união estável em casamento, a Corte entende que deve ser afastada "a obrigatoriedade do regime de separação de bens quando o matrimônio é precedido de longo relacionamento em união estável, iniciado quando os cônjuges não tinham restrição legal à escolha do regime de bens, visto que não há que se falar na necessidade de proteção do idoso em relação a relacionamentos fugazes por interesse exclusivamente econômico[70]".

Esse entendimento – de prestígio à autonomia privada – voltou a ser aplicado anos depois, embora sob perspectiva inversa. Dessa vez, o que se encontrava em jogo era a validade da escolha do regime de comunhão universal de bens em um matrimônio que havia sido precedido de união estável iniciada quando um dos contraentes possuía sim restrição legal à escolha de regime de bens (ele era sexagenário à época em que vigia a redação original do art. 1.641, II do CC/2002, anteriormente à Lei n. 12.344/2010). Porém, em vez de atribuir mais valia à autoridade legal, o STJ valorizou a liberdade da pessoa decidindo que "a circunstância de terem previamente convivido em união estável, iniciada sob a égide da regra legal anterior mais restritiva, não infirma a validade do pacto celebrado já na vigência da alteração legislativa"[71].

Portanto, a mesma Corte que enxergava ofensa à dignidade humana pela disposição legal, entendia que ela devesse ser aplicada às uniões estáveis, exceto se esta tivesse sido iniciada quando ambos os conviventes possuíam idade inferior à estabelecida por lei ou se eles escolhessem expressamente outro regime de bens por ocasião de sua conversão em casamento.

Um tanto contraditório, não?

A divergência era tão grande que não era raro encontrarem-se julgados dissonantes na mesma Turma e em Turmas distintas do Superior Tribunal de Justiça[72].

Finalmente, no final do ano de 2022, a Segunda Seção da Corte pacificou o entendimento sobre o tema, no sentido de que: "aplica-se à união estável contraída por septuagenário o regime da separação obrigatória de bens, comunicando-se os adquiridos na constância, quando comprovado o esforço comum" (STJ, Súmula 655), e "no regime de separação legal de bens,

---

[68] REsp 1.369.860/PR, *DJe* 4-9-2014; REsp 1.867.963/RS, *DJe* 11-5-2020.
[69] REsp 1.318.281/PE, *DJe* 7-12-2016.
[70] REsp 1.318.281/PE, *DJe* 7-12-2016.
[71] AgInt nos EDcl no AgInt no REsp 1.893.147/SP, *DJe* 8-10-2021. Em sentido parecido: REsp 1.254.252/SC, *DJe* 29-4-2014; REsp 918.643/RS, *DJe* 13-5-2011.
[72] Na 4ª Turma, por exemplo, havia julgados exigindo a prova do esforço comum (REsp 1.689.152/SC, *DJe* 22-11-2017; REsp 1.118.937/DF, *DJe* 4-3-2015) e dispensando a prova do esforço comum (AgRg no REsp 1.008.684/RJ, *DJe* 2-5-2012). Como já era de se esperar, essa dispersão de entendimentos era verificada, também, na 3ª Turma, onde eram encontradas decisões dispensando a prova do esforço comum (REsp 1.593.663/DF, *DJe* 20-9-2016).

comunicam-se os adquiridos na constância do casamento, desde que comprovado o esforço comum para sua aquisição[73]".

Em termos práticos, isso significa que uma lei de questionável constitucionalidade impõe o regime separatista a todos aqueles casamentos (e uniões estáveis) celebrados por septuagenários, mas, por força da aplicação de um entendimento sumulado, as regras do regime da comunhão parcial é que acabam lhe sendo aplicadas, pois a hipótese atrai a aplicação do entendimento sumulado no Enunciado n. 377 da jurisprudência do Supremo Tribunal Federal, no sentido de que "no regime de separação legal de bens, comunicam-se os adquiridos na constância do casamento", com um requisito adicional: que haja comprovação do esforço comum nessas aquisições.

Seria o equivalente a se criar um regime de "comunhão parcial condicionada".

Lamentavelmente, é tudo muito confuso.

Paralelamente a essa divergência jurisprudencial, o Enunciado 634 da VIII JDC/CJF, de cunho estritamente acadêmico, passou a estabelecer que "é lícito aos que se enquadrem no rol de pessoas sujeitas ao regime da separação obrigatória de bens (art. 1.641 do Código Civil) estipular, por pacto antenupcial ou contrato de convivência, o regime da separação de bens, a fim de assegurar os efeitos de tal regime e afastar a incidência da Súmula 377 do STF."

De acordo com tal enunciado, portanto, a pessoa idosa teria liberdade e autonomia para escolher regime ainda mais restritivo e separatista, mas não um mais ampliativo e comunitário, o que também não parece soar ideal. Afinal, como apontam Giuliana Monnerat Capparelli Dáquer e Katya Maria de Paula Menezes Monnerat[74], "a escolha do regime de bens pelos nubentes é um direito patrimonial e disponível, englobado pela autonomia privada. Destarte, não seria cabível interferência do Estado para regular tal relação privada, indo além do que seria permitido pelo princípio da intervenção mínima e justificável pelas necessidades da sociedade em que vivemos".

Tamanha oscilação de posicionamentos demonstra a importância de que o entendimento dos Tribunais de Sobreposição se pacifique em um só sentido, como tão almejado pelo sistema de precedentes judiciais implantado pelo CPC em seus arts. 926 e s.

De minha parte, sempre acreditei, respeitosamente, que a limitação imposta pelo art. 1.641 do Código Civil à liberdade de escolha individual dos septuagenários fosse de questionável constitucionalidade, fazendo coro, neste ponto, ao posicionamento externado por grande parte da literatura jurídica nacional, e, em particular, por Patrícia Novais Calmon, no sentido de que a normativa acarreta direta violação à autonomia privada e a uma série de direitos da pessoa idosa[75].

Felizmente, no início do ano de 2024, o Supremo Tribunal Federal definiu que o regime obrigatório de separação de bens nos casamentos e uniões estáveis envolvendo pessoas com mais de 70 anos pode ser alterado pela vontade das partes, fixando a seguinte

---

[73] AgInt nos EDcl no AgInt no AREsp 1.084.439/SP, *DJe* 5-5-2021; EREsp 1.623.858/MG, *DJe* 30-5-2018; EREsp 1.171.820/PR, *DJe* 21-9-2015.
[74] DÁQUER, Giuliana Monnerat Capparelli; MONNERAT, Katya Maria de Paula Menezes. A opção por regime mais restritivo em pacto antenupcial celebrado por pessoas maiores de 70 anos de idade. In: PORTANOVA, Rui; CALMON, Rafael; D'ALESSANDRO, Gustavo. *Direito de Família conforme interpretação do STJ*. V. 2. Regimes de separação de bens. São Paulo: Foco, 2022, p. 15-32.
[75] NOVAIS CALMON, Patrícia. Gray divorce: o "divórcio grisalho". *Revista Nacional de Direito de Família e Sucessões*, v. 37, 2020, p. 1-10.

tese de repercussão geral no Tema n. 1.236: "Nos casamentos e uniões estáveis envolvendo pessoa maior de 70 anos, o regime de separação de bens previsto no artigo 1.641, II, do Código Civil, pode ser afastado por expressa manifestação de vontade das partes mediante escritura pública".

Oportunamente, o Anteprojeto de reforma do Código Civil pretende eliminar de vez todo regime de "separação obrigatória de bens" pela revogação total de seu art. 1.641, o que colocará de uma vez por todas uma pá de cal sobre o assunto, cuja compreensão continuará sendo relevante apenas para a adequada solução dos casos já existentes.

Estudado o regime primário de bens, é chegada a hora de se conhecerem os pactos patrimoniais das famílias.

5
Os Pactos Patrimoniais das Famílias (Pré-Nups e Pós-Nups)

CONSIDERAÇÕES INICIAIS

Se as famílias da contemporaneidade são complexas, plurais e multifacetadas, seria pouco provável que as relações jurídicas contraídas por seus membros fossem lineares e seguissem modelos predefinidos.

Em uma era em que a informação vem em excesso e que uma infinidade de dados pode ser obtida de forma gratuita por qualquer pessoa que tenha acesso à *internet*, vários casais podem se sentir confortáveis e, conscientemente, preferir evitar os problemas decorrentes da má escolha de regimes de bens ou da má gestão dos aspectos patrimoniais da união. Afinal, quem negaria que um ajuste de índole patrimonial bem elaborado possa reduzir consideravelmente os custos e educar os indivíduos sobre seus direitos e possibilidades, deixando-os mais preparados para negociar a respeito, não só durante a vigência da união, mas, sobretudo, em uma eventual separação, divórcio ou dissolução de união estável?

Acredito que muito poucos.

Não por outro motivo o número de pactos desse tipo vem crescendo significativamente nos últimos anos, como a mais superficial consulta a sites de buscas na internet é capaz de demonstrar. E, particularmente, acredito que essa tendência se mantenha, não só porque os influxos projetados pelo Código de Processo Civil de 2015 sobre o direito material ampliaram consideravelmente as alternativas abertas aos nubentes, mas, sobretudo, pela imensa valorização a eles dada pelo Anteprojeto de Reforma do Código Civil, a qual pretende modificar substancialmente a sistemática atual, renomeando o Capítulo hoje denominado "Do Pacto Antenupcial" para "Dos Pactos Conjugal e Convivencial" (arts. 1.653-A/1.656-A).

Para que se possa ter uma ideia da nova dimensão dada a esses pactos, veja o comparativo entre a sua disciplina no Código Civil atual e no Anteprojeto:

Código Civil (redação atual)	Código Civil (redação proposta pelo Anteprojeto)
CAPÍTULO II Do Pacto Antenupcial	CAPÍTULO II Dos Pactos Conjugal e Convivencial
Art. 1.653. É nulo o pacto antenupcial se não for feito por escritura pública, e ineficaz se não lhe seguir o casamento.	Art. 1.653. Revogado. Art. 1.653-A. É nulo o pacto conjugal ou convivencial, se não for feito por escritura pública, e ineficaz se não lhe seguir o casamento. Parágrafo único. Não se admitirá eficácia retroativa ao pacto conjugal ou convivencial que sobrevier ao casamento ou à constituição da união estável. Art. 1.653-B. Admite-se convencionar no pacto antenupcial ou convivencial a alteração automática de regime de bens após o transcurso de um período de tempo prefixado, sem efeitos retroativos, ressalvados os direitos de terceiros.
Art. 1.654. A eficácia do pacto antenupcial, realizado por menor, fica condicionada à aprovação de seu representante legal, salvo as hipóteses de regime obrigatório de separação de bens.	Art. 1.654. A eficácia do pacto realizado por adolescente em idade núbil fica condicionada à aprovação de seu representante legal ou, na falta desta, de autorização judicial.
Art. 1.655. É nula a convenção ou cláusula dela que contravenha disposição absoluta de lei.	Art. 1.655. É nula de pleno direito a convenção ou cláusula do pacto antenupcial ou convivencial que contravenha disposição absoluta de lei, norma cogente ou de ordem pública, ou que limite a igualdade de direitos que deva corresponder a cada cônjuge ou convivente. Art. 1.655-A. Os pactos conjugais e convivenciais podem estipular cláusulas com solução para guarda e sustento de filhos, em caso de ruptura da vida comum, devendo o tabelião informar a cada um dos outorgantes, em separado, sobre o eventual alcance da limitação ou renúncia de direitos. Parágrafo único. As cláusulas não terão eficácia se, no momento de seu cumprimento, mostrarem-se gravemente prejudiciais para um dos cônjuges ou conviventes e sua descendência, violando a proteção da família ou transgredindo o princípio da igualdade.
Art. 1.656. No pacto antenupcial, que adotar o regime de participação final nos aquestos, poder-se-á convencionar a livre disposição dos bens imóveis, desde que particulares.	Art. 1.656. Revogado. Art. 1.656-A. Os pactos conjugais ou convivenciais poderão ser firmados antes ou depois de celebrado o matrimônio ou constituída união estável; e não terão efeitos retroativos.
Art. 1.657. As convenções antenupciais não terão efeito perante terceiros senão depois de registradas, em livro especial, pelo oficial do Registro de Imóveis do domicílio dos cônjuges.	Art. 1.657. Revogado.

A essas disposições, somam-se aquelas provenientes do assim chamado "regime primário de bens", mais precisamente as prescritas pelos arts. 1.639 e 1.640, segundo as quais:

Código Civil (redação atual)	Código Civil (redação proposta pelo Anteprojeto)
TÍTULO II Do Direito Patrimonial SUBTÍTULO I Do Regime de Bens entre os Cônjuges CAPÍTULO I Disposições Gerais	TÍTULO II Do Direito Patrimonial SUBTÍTULO I Do Regime de Bens entre os Cônjuges e Conviventes CAPÍTULO I Disposições Gerais
Art. 1.639. É lícito aos nubentes, antes de celebrado o casamento, estipular, quanto aos seus bens, o que lhes aprouver. § 1º O regime de bens entre os cônjuges começa a vigorar desde a data do casamento. § 2º É admissível alteração do regime de bens, mediante autorização judicial em pedido motivado de ambos os cônjuges, apurada a procedência das razões invocadas e ressalvados os direitos de terceiros.	Art. 1.639. É lícita aos cônjuges ou conviventes, antes ou depois de celebrado o casamento ou constituída a união estável, a livre estipulação quanto aos seus bens e interesses patrimoniais. § 1º O regime de bens entre os cônjuges ou conviventes começa a vigorar desde a data do casamento ou da constituição da união estável. § 2º Depois da celebração do casamento ou do estabelecimento da união estável, o regime de bens pode ser modificado por escritura pública e só produz efeitos a partir do ato de alteração, ressalvados os direitos de terceiros.
Art. 1.640. Não havendo convenção, ou sendo ela nula ou ineficaz, vigorará, quanto aos bens entre os cônjuges, o regime da comunhão parcial. Parágrafo único. Poderão os nubentes, no processo de habilitação, optar por qualquer dos regimes que este Código regula. Quanto à forma, reduzir-se-á a termo a opção pela comunhão parcial, fazendo-se o pacto antenupcial por escritura pública, nas demais escolhas.	Art. 1.640. Não havendo convenção, ou sendo ela nula ou ineficaz, vigorará, quanto aos bens entre os cônjuges ou conviventes, o regime da comunhão parcial. § 1º Poderão os cônjuges ou conviventes optar por qualquer dos regimes que este Código regula e, quanto à forma desta manifestação, reduzir-se-á a termo a opção pela comunhão parcial, fazendo-se o pacto antenupcial por escritura pública, nas demais escolhas. § 2º É lícito aos cônjuges ou conviventes criarem regime atípico ou misto, conjugando regras dos regimes previstos neste Código, desde que não haja contrariedade a normas cogentes ou de ordem pública.

Não nego, contudo, que mesmo antes desse movimento legislativo, os ajustes prévios já vinham prestigiando a autonomia e liberdade dos interessados, ao admitir, por exemplo, que questões de natureza não patrimonial pudessem ser por ele regulamentadas, já que nosso ordenamento jurídico não contempla qualquer impedimento a esse respeito. Muito pelo contrário! O que se impede é que qualquer pessoa, de direito público ou privado, interfira na comunhão de vida instituída pela família (CC, art. 1.513; ARCC, art. 1.511-C, I), em razão da liberdade constitucionalmente assegurada ao planejamento familiar (CR, art. 226, § 7º; CC, art. 1.565, § 2º).

Eis a intervenção mínima do Estado nas famílias.

Na literatura, inclusive, Luciana Faisca Nahas[1] chama a atenção para a circunstância de que a liberdade "traz às partes maior responsabilidade em regular os efeitos de seus

---

[1] NAHAS, Luciana Faisca. Pacto Antenupcial: o que pode e o que não pode constar? Reflexões sobre cláusulas patrimoniais e não patrimoniais. *Famílias e sucessões*: polêmicas, tendências e inovações. Belo Horizonte: IBDFAM, 2018, p. 225.

relacionamentos, e o alto índice de divórcios nos convoca a repensar o exercício da liberdade de pactuar os efeitos patrimoniais do relacionamento que estão formando, ampliando a segurança entre os envolvidos, e auxiliando no desenvolver de sua relação afetiva".

Rodrigo da Cunha Pereira[2] é outro defensor da ampliação e da valorização da autonomia privada nesse tipo de arranjo jurídico. De acordo com ele, "é possível estabelecer direitos pessoais e existenciais no pacto antenupcial. Podemos exemplificar; o reconhecimento de paternidade/maternidade, que mesmo sendo inválido o pacto, ele surtirá efeitos quanto a este reconhecimento. Pode-se também estabelecer sobre questões domésticas de administração do lar conjugal, sobre dormirem em quartos separados, ou em casa separadas etc. [...]. Obviamente que não se pode estabelecer regras que infrinjam deveres de cuidado e educação dos filhos. Mas pode se estabelecer parâmetros e princípios sobre escolha do nome, educação religiosa, ou não, e todos os assuntos que poderiam gerar desavenças em um casal, como se tem feito nos 'contratos de geração de filhos'".

De fato, o fiel da balança, aqui, pende a favor da liberdade e da autonomia, reduzindo bastante a autoridade e ingerência estatais.

Portanto, é plenamente admissível a inclusão de cláusulas de conteúdo existencial nesses pactos, desde que, é claro, estas não violem princípios constitucionais explícitos e implícitos, como os da dignidade da pessoa humana e da solidariedade familiar, como, aliás, estabelece o Enunciado n. 635 da VIII JDC/CJF[3].

Além disso, tudo recomenda que estipulações de direito processual sejam neles incluídas, com o objetivo de prevenir demandas, estabelecer o uso obrigatório de métodos adequados à solução de conflitos antes de sua efetiva propositura e, em sendo isso inevitável, impedir o uso de certos documentos como meio de prova.

Como essas disposições podem constar de documentos confeccionados antes ou durante a constituição da entidade familiar, a utilização da denominação pactos "pré-nups" ou "pós-nups" vem ganhando força no Direito das Famílias cotidiano, sendo este o motivo pelo qual também será utilizada por aqui, ainda que para se referir aos ajustes celebrados em uniões não casamentarias. E, caso o Código Civil venha a ser efetivamente reformado, os "pós-nups" acima mencionados poderão promover até mesmo a alteração no regime de bens do casamento propriamente dito, caso sejam celebrados por escritura pública, graças à redação que se pretende dar ao art. 1.639, § 2º, cuja regra eliminará a imposição feita pelo art. 734 do CPC e pela redação atual do art. 1.639, § 2º, do CC.

Afora isso, os "pós nups" podem conter cláusulas de extrema utilidade para os membros da família, especialmente no caso de a entidade familiar passar a dar sinais de que se encontre em crise.

Nos tópicos seguintes serão estudados seus mais tradicionais modelos, quais sejam o pacto antenupcial e o contrato de união estável, muito embora também serão tecidos comentários superficiais a respeito de uma espécie de contrato que, embora não se destine a regulamentar

---

[2] PEREIRA, Rodrigo da Cunha. *Direito das famílias*. Rio de Janeiro: Forense, 2020, p. 146-147.
[3] Enunciado n. 635 da VIII JDC/CJF: "O pacto antenupcial e o contrato de convivência podem conter cláusulas existenciais, desde que estas não violem os princípios da dignidade da pessoa humana, da igualdade entre os cônjuges e da solidariedade familiar".

questões surgidas no âmbito da família, podem contribuir significativamente para conter intromissões indevidas do Estado na vida privada das pessoas: o contrato de namoro.

A gente vai iniciar a conversa analisando o pacto antenupcial.

5.1 O PACTO ANTENUPCIAL (PACTO CONJUGAL)

No casamento, a manifestação de vontade das partes direcionada à escolha do regime de bens deve ser expressada no procedimento pré-nupcial. A opção pelo regime da comunhão parcial será meramente reduzida a termo e constará do assento de matrimônio (LRP, art. 70, 7º), ao passo que a escolha de qualquer outro deve ser feita por intermédio de instrumento público, sob pena de nulidade e correspectiva incidência das regras da comunhão parcial (CC, art. 1.640)[4].

Tal instrumento, chamado pacto antenupcial ou pacto conjugal, representa um negócio jurídico solene de direito de família, destinado especificamente às deliberações de conteúdo patrimonial entabuladas pelos consortes. Mas, apesar de sua vocação ser a disciplina das relações dessa natureza, ele não se exaure nela. O pacto antenupcial (assim como os demais ajustes e acordos prévios, aqui também chamados de "pré-nups") podem regulamentar outros assuntos que estejam em conformidade com a ordem pública e com a sua finalidade, a exemplo de disposições relacionadas a direito existencial, e, convenções processuais destinadas a regulamentar aspectos procedimentais de uma eventual ação de família a ser movida futuramente por um cônjuge em face do outro (CPC, art. 190), como se verá mais detalhadamente algumas páginas à frente.

Como todo negócio jurídico, deve render obediência às prescrições legais genéricas (CC, arts. 104 e s.), bem como às exigências específicas prescritas pelo Capítulo que disciplina os Pactos Conjugal e Convivencial no Código Civil (p. ex.: CC, arts. 1.654, 1.655 etc.). Por imposição legal, a escritura pública correspondente, a ser confeccionada em cartório de notas, deve ser levada ao cartório de registro civil correspondente, antes da celebração do matrimônio (CC, arts. 1.640 c/c 1.653), não podendo conter disposições que contravenham disposição absoluta de lei (CC, art. 1.655), sob pena de ter sua validade comprometida. Já para que possa surtir efeitos entre as partes, suas deliberações dependerão da celebração do casamento, pois o Código é inequívoco quando enuncia que o pacto é "ineficaz se não lhe seguir o casamento" (CC, art. 1.653; ARCC, art. 1.653-A). O curioso é que ele não estipula um prazo específico para celebração do matrimônio[5], permitindo, assim, que o ajuste produza efeitos mesmo em casamentos celebrados bastante tempo depois de sua confecção. Já em relação aos terceiros, somente produzirão efeitos se forem submetidas a registro perante o Serviço Imobiliário do primeiro domicílio conjugal, da situação dos imóveis que já pertencem ao casal e daqueles que venham a ser adquiridos posteriormente (CC, art. 1.657; LRP, art. 167, I, 12 e II, 1, 178, V e 244), bem como na Junta Comercial, no caso de um dos consortes ser empresário (CC, art. 979).

---

[4] Exatamente nesse sentido: STJ, REsp 1.608.590/ES, *DJe* 20-3-2018.
[5] O prazo previsto no art. 1.532 do Código Civil se refere apenas à eficácia da habilitação, não interferindo no prazo para casamento, tampouco atingindo a eficácia do pacto antenupcial.

Os cônjuges ainda devem estar cientes de que, mesmo que não sejam proprietários de bens imóveis, devem proceder ao *registro* do pacto no Livro 3 – Registro Auxiliar –, que é destinado justamente ao assentamento de atos que, sendo atribuídos ao Fólio Real, não digam respeito diretamente a imóvel matriculado, para fins de lhe dar publicidade (LRP, art. 167, I, 12 c/c arts. 177 e 178, V). Caso existam imóveis de propriedade particular ou comum dos consortes, a convenção deverá ser *averbada* às margens destas matrículas, na forma prescrita pelos arts. 1.657 do CC e 167, II, 1, e 244 da LRP, muito embora essa disciplina possa sofrer significativa modificação caso venha a ser aprovado o Anteprojeto de Reforma do Código Civil.

Aqui vale ser feita uma observação, contudo. Linhas acima foi dito que, "para que possa surtir efeitos entre as partes, suas deliberações dependerão da celebração do casamento", já que o próprio art. 1.653 do Código Civil, em sua redação atual, assim estabelece (ARCC, art. 1.653-A). Acontece que a interpretação do texto normativo é extremamente dinâmica, não sendo diferente com a questão do pacto antenupcial. Por isso, a correta exegese do texto legal acima mencionado é no sentido de que, não só o casamento posterior atribui eficácia ao pacto, mas *qualquer arranjo familiar* que venha a ser constituído pelo casal posteriormente à sua celebração. Via de consequência, se as partes elegerem regime diverso da comunhão parcial em um pacto, mas optarem por constituir união estável no lugar do casamento, essa intenção deve ser respeitada como a mais pura expressão de suas vontades, como, aliás, já se manifestou o Superior Tribunal de Justiça em mais de uma ocasião[6], tornando o pacto plenamente eficaz.

Inclusive, o Anteprojeto pretende admitir que os cônjuges celebrem pacto conjugal mesmo depois de já terem contraído casamento, limitando, contudo, sua eficácia para o futuro (art. 1.653-A, parágrafo único).

Em resumo: o pacto deverá ser feito por intermédio de escritura pública confeccionada pelo Tabelião de Notas – exceto se o regime escolhido for o de comunhão parcial – e, obrigatoriamente levado a registro perante o Oficial de Registro Civil das Pessoas Naturais da localidade onde será realizado o casamento, durante o trâmite do procedimento pré-nupcial. Depois da celebração deste, deve ser apresentado ao Oficial de Registro de Imóveis para que possa produzir efeitos, inclusive perante terceiros, pelo menos em sua sistemática atual.

Tal pacto materializa tão importante expressão da autonomia privada, que, aos poucos, vem assumindo papel de destaque na vida das pessoas que pretendem se unir a outras em família.

Apesar de seu efeito vinculativo às partes e aos terceiros que com elas contratarem, o regime de bens pode ser alterado na constância do casamento (CC, art. 1.639, § 2º), por meio do procedimento especial de jurisdição voluntária previsto no art. 734 do CPC, cujos efeitos terão por termo inicial a data do trânsito em julgado da decisão judicial que o modificar[7].

---

[6] AgInt no REsp 1.318.249/GO, j. em 22-5-2018; REsp 1.483.863/SP, *DJe* 22-6-2016.
[7] STJ, AgInt nos EDcl no AREsp 1.415.841/SP, *DJe* 16-1-2019; EDcl nos EDcl no AgInt no AREsp 1.233.065/MS, *DJe* 28-6-2019.

Perceba, apenas, que a lei faz essa exigência única e exclusivamente em relação à modificação do regime de bens propriamente dito, e não para a eventual alteração de outras cláusulas de direito existencial ou processual, por exemplo, que podem ser remodeladas futuramente por instrumentos extrajudiciais públicos ou privados, desde que guardem a simetria formal para com os originais (CC, art. 107)[8] e obedeçam às disposições específicas eventualmente incidentes (p. ex.: CPC, art. 63, § 1º).

Caso aprovada a Reforma do Código Civil, no entanto, a modificação de todo o regime de bens poderá ser feita diretamente em Cartório, com efeitos projetados a partir do ato de alteração, ressalvados os direitos de terceiros (ARCC, art. 1.639, § 2º).

Em tópico específico deste livro, algumas páginas adiante, você poderá perceber quantas possibilidades se abrem às pessoas interessadas em celebrar esse tipo de pacto. Apreendidas essas noções, conheceremos agora a convenção destinada a regulamentar os aspectos econômicos patrimoniais das relações jurídicas contraídas pelos conviventes.

5.2 O PACTO CONVIVENCIAL (CONTRATO DE UNIÃO ESTÁVEL)

Não só as uniões conjugais necessitam de um estatuto normativo destinado à regulamentação das relações de ordem patrimonial, haja vista que os arranjos familiares formados por pessoas unidas estavelmente demandam idêntica normatização. Por isso, o legislador faz questão de conferir tratamento idêntico ao casamento e à união estável em relação à pactuação do regime de bens, admitindo que os conviventes também possam escolher livremente seu regime por meio do pacto convivencial, sob pena de o regime de comunhão parcial incidir obrigatoriamente (CC, arts. 1.640 e 1.725; ARCC, arts. 1.640 e 1.564-B).

Como se intui, a elaboração de tal instrumento também é facultativa, não obrigatória, exceto se os conviventes quiserem estabelecer regime de bens diverso do de comunhão parcial, pois este é o regime que automaticamente vigerá na união, se não for afastado pela vontade das partes.

Aliás, é exatamente nesse sentido a linha adotada pelo Enunciado n. 30 do IBDFAM, que dispõe que: "Nos casos de eleição de regime de bens diverso do legal na união estável, é necessário contrato escrito, a fim de assegurar eficácia perante terceiros".

Portanto, enquanto o pacto antenupcial é um instrumento público, o contrato de união estável é, ao menos na sistemática atual, um mero instrumento escrito.

Sob o aspecto formal, esse *contrato escrito* não se reveste de maiores solenidades, até em respeito à informalidade que permeia esta espécie de arranjo familiar, podendo ser celebrado por instrumento particular e mesmo no curso de um relacionamento já existente, o qual pode ser levado a registro no Cartório de Registro de Títulos e Documentos (LRP, art. 127, I), sem eficácia contra terceiros, por não encontrar previsão no rol do art. 129 da mesma Lei[9].

Contudo, o Anteprojeto de Reforma do Código Civil pretende emprestar ao pacto convivencial a mesma formalidade inerente ao pacto antenupcial, para passar a dispor no

---

[8] Enunciado n. 584 da JDC/CJF: "Desde que não haja forma exigida para a substância do contrato, admite-se que o distrato seja pactuado por forma livre".
[9] Exatamente assim: STJ, REsp 1.988.228/PR, *DJe* 13-6-2022.

art. 1.653-A que: "É nulo o pacto conjugal ou convivencial, se não for feito por escritura pública, e ineficaz se não lhe seguir o casamento. Parágrafo único. Não se admitirá eficácia retroativa ao pacto conjugal ou convivencial que sobrevier ao casamento ou à constituição da união estável".

Caso queiram, contudo, os companheiros podem comparecer a um Tabelião de Notas objetivando a celebração de escritura declaratória de união estável, ou a um o oficial de registro civil das pessoas naturais visando celebrar termo declaratório de reconhecimento de união estável ou, ainda, um procedimento de certificação eletrônica de união estável. Esses atos não se confundem com o pacto convivencial, contudo. Seu objetivo principal é possibilitar o reconhecimento legal da união estável, enquanto o pacto convivencial tenciona regulamentar aspectos existenciais, patrimoniais e processuais da união. Tanto isso parece ser verdadeiro, que os conviventes podem celebrar o procedimento de reconhecimento da união estável sem fazer qualquer menção ao regime de bens ou aos demais aspectos do relacionamento, permitindo, com isso, que o regime de comunhão parcial incida supletivamente, na forma da lei. Mas não se pode negar que a celebração conjunta dos dois atos em um só instrumento seja altamente recomendável. Seja como for, a escritura ou termo acima referidos também podem, facultativamente, ser apresentados a outras serventias para as anotações devidas: o Registro Civil das Pessoas Naturais (LRP, art. 94-A; CNJ, Provimento n. 141/2023) e o Registro de Imóveis. Em relação a este último, inclusive, o Enunciado n. 22 da JDNR/CJF diz que "para o ingresso da união estável no Registro de Imóveis não é necessário o seu prévio registro no Livro E do Registro Civil das Pessoas Naturais".

No mais, os conviventes devem estar cientes de que os atos são públicos, uma vez que o registro é público, o que permite que todas as informações lá depositadas sejam obtidas por qualquer pessoa, sem necessidade, nem sequer, de que o interessado fundamente seu requerimento (Lei n. 6.015/73, art. 17).

A partir de meados do ano de 2022, contudo, foi introduzido o art. 94-A na Lei de Registros Públicos, o qual passou a dispor que "os registros das sentenças declaratórias de reconhecimento e dissolução, bem como dos termos declaratórios formalizados perante o oficial de registro civil e das escrituras públicas declaratórias e dos distratos que envolvam união estável, serão feitos no Livro E do registro civil de pessoas naturais em que os companheiros têm ou tiveram sua última residência, e dele deverão constar: I – data do registro; II – nome, estado civil, data de nascimento, profissão, CPF e residência dos companheiros; III – nome dos pais dos companheiros; IV – data e cartório em que foram registrados os nascimentos das partes, seus casamentos e uniões estáveis anteriores, bem como os óbitos de seus outros cônjuges ou companheiros, quando houver; V – data da sentença, trânsito em julgado da sentença e vara e nome do juiz que a proferiu, quando for o caso; VI – data da escritura pública, mencionados o livro, a página e o tabelionato onde foi lavrado o ato; VII – regime de bens dos companheiros; VIII – nome que os companheiros passam a ter em virtude da união estável".

Como esse dispositivo parece condicionar o registro ao fato de os termos declaratórios terem sido formalizados perante o oficial de registro civil, resta saber se o Enunciado n. 128 da JPSEL/CJF permanecerá plenamente em vigor. Convém deixar claro, contudo, que, por si só, esse contrato não tem força *constitutiva* da união estável, o que significa dizer que ele jamais poderá criar uma união estável que inexista no mundo real, a qual se dá, única e exclusivamente, pelo preenchimento dos requisitos estabelecidos por lei, quais sejam, a união entre duas pessoas, mediante uma convivência pública, contínua e duradoura e estabelecida como família (CC, art. 1.723; ARCC, art. 1.564-A), dentre os quais assume especial relevância a verdadeira e atual intenção de constituir família por parte dos conviventes[10].

Não por outro motivo, tanto o Provimento n. 141/2023 do CNJ (art. 8º, parágrafo único), quanto o § 1º do supramencionado art. 94-A da Lei de Registros Públicos obstam o registro, no Livro E, de união estável de pessoas casadas que estejam separadas de fato, exceto se elas também estiverem separadas judicialmente ou extrajudicialmente, ou se a declaração da união estável decorrer de sentença judicial transitada em julgado, de procedimento de certificação eletrônica de união estável realizado perante oficial de registro civil na forma do art. 9º-F do referido Provimento ou de escrituras públicas ou termos declaratórios de reconhecimento ou de dissolução de união estável formalizados perante o oficial de registro civil das pessoas naturais.

O Anteprojeto de Reforma do Código Civil pretende, contudo, inserir uma controvertida disposição a respeito das uniões estáveis, estabelecendo que é "facultativo o registro da união estável, mas, se feito, altera o estado civil das partes para conviventes, devendo, a partir deste momento, ser declarado em todos os atos da vida civil" (art. 1.564-A, § 3º).

Ao contrário do pacto antenupcial, a eficácia do pacto convivencial é imediata entre as partes, ainda que seja celebrado de forma intercorrente, em plena duração da união. No que diz respeito a terceiros, parece ter havido o alinhamento entre o entendimento do CNJ e o da doutrina, na medida em que o primeiro editou o referido Provimento n. 141/2023 enunciando que "o registro de que trata o *caput* [feito no Livro E do registro civil das pessoas naturais] confere efeitos jurídicos à união estável perante terceiros" (art. 1º, §1º), ao passo que, na segunda, também existe quem sustente a possibilidade de oposição a esses terceiros, dos contratos submetidos a registro perante o Ofício de Títulos e Documentos e averbação perante o Fólio Imobiliário (Lei n. 6.015/73, arts. 127, VII, 167, II, 5)[11].

No Superior Tribunal de Justiça, o posicionamento aparentemente prevalente é no sentido de que o contrato escrito produz efeitos limitados aos aspectos existenciais e patrimoniais da própria relação familiar (internamente), vinculando os envolvidos a respeito da definição das questões *interna corporis* da união estável, como a sua data de início, a indicação sobre quais bens deverão ou não ser partilhados, a existência de prole concebida na constância do vínculo e a sucessão, dentre outras, sendo, todavia, "incapaz de projetar efeitos para fora da relação jurídica mantida pelos conviventes, em especial em relação a terceiros porventura credores de um deles, exigindo-se, para que se possa examinar a eventual oponibilidade *erga omnes*, no mínimo, a prévia existência de registro e publicidade aos terceiros"[12].

Em um passado não muito distante, costumava ocorrer intenso debate na literatura sobre a possibilidade de ser atribuída eficácia retroativa a esses instrumentos[13].

---

[10] STJ, AREsp 1.149.402/RJ, *DJe* 15-9-2017.
[11] Por todos: PEREIRA, Rodrigo da Cunha. *Concubinato e união estável*. São Paulo: Saraiva, 2012, p. 59.
[12] STJ, REsp 1.988.228/PR, *DJe* 13-6-2022.
[13] Entendendo pela impossibilidade de atribuição de eficácia retroativa: CHAVES DE FARIAS, Cristiano. ROSENVALD, Nelson. *Curso de direito civil: famílias*. v. 6. 9. ed. Salvador: Juspodivm, 2017, p. 510. Entendendo pela possibilidade: DIAS, Maria Berenice. *Manual de direito das famílias*. 11. Ed. São Paulo: Revista dos Tribunais, 2016, p. 428.

No Superior Tribunal de Justiça, contudo, o posicionamento absolutamente dominante sustenta que é inadmissível a retroatividade do que for pactuado pelos conviventes, e que, na eventualidade disso ser feito, deve prevalecer o regime legal da comunhão parcial no período anterior à lavratura desse instrumento, e o regime pactuado a partir de sua elaboração[14], dando mostras de que a jurisprudência da mais alta Corte de Justiça infraconstitucional do país se encontra uniformizada, pois seus julgados estão coerentes, estáveis e íntegros a respeito da impossibilidade de retroação (CPC, art. 926)[15].

Aparentemente, o Enunciado n. 31 do IBDFAM, embora tratando de tema correlacionado a este, também se inclina pela impossibilidade de atribuição de efeitos retroativos aos contratos de convivência, ao estabelecer que "a conversão da união estável em casamento é um procedimento consensual, administrativo ou judicial, cujos efeitos serão *ex tunc*, salvo nas hipóteses em que o casal optar pela alteração do regime de bens, o que será feito por meio de pacto antenupcial, ressalvados os direitos de terceiros".

Em meu sentir, obviamente respeitando as opiniões em sentido contrário, o entendimento de que o contrato de convivência não possa conter estipulações retroativas deve prevalecer, sob pena de se incorrer em enorme insegurança jurídica, sobretudo em relação aos terceiros de boa-fé que eventualmente tenham contratado com o casal acreditando que, na ausência de contrato, o regime vigente seria aquele estabelecido por lei, qual seja, o da comunhão parcial de bens.

Observando-se essa vedação, sua modificação pode ser feita extrajudicialmente, a qualquer tempo, seguindo a mesma informalidade que preside sua própria elaboração.

O Anteprojeto de Reforma do Código Civil pretende colocar uma pá de cal sobre o assunto ao dispor que "não se admitirá eficácia retroativa ao pacto conjugal ou convivencial que sobrevier ao casamento ou à constituição da união estável" (art. 1.653-A) e que "os pactos conjugais ou convivenciais poderão ser firmados antes ou depois de celebrado o matrimônio ou constituída união estável; e não terão efeitos retroativos" (art. 1.656-A).

De modo semelhante ao que acontece com os pactos antenupciais, os contratos de convivência serão nulos se violarem disposição absoluta de lei (CC, art. 1.655), fazendo com que as regras do regime da comunhão parcial de bens lhes sejam aplicáveis "no que couber" (CC, art. 1.725; ARCC, art. 1.564-B).

Também à semelhança do que ocorre com as disposições pré-casamentárias, as avenças pré-convivenciais também podem conter deliberações de cunho processual destinadas a regulamentar aspectos de uma eventual ação de família a ser movida por um convivente em face do outro (CPC, art. 190), como será visto mais de perto brevemente.

Porém, de modo absolutamente contrário ao que ocorre no matrimônio, as uniões estáveis desprovidas de contrato, mas que tenham sido contraídas em momento anterior à entrada em vigor do Código Civil de 2002, permitem que mais de um regramento normativo discipline as questões patrimoniais contraídas durante sua existência, sobretudo aquele proveniente das Leis n. 8.971/94 e n. 9.278/96, como, aliás, deixa claro o Enunciado n. 346

---

[14] AgInt no REsp 1.845.416/MS, *DJe* 24-8-2021; AREsp 1.292.908/RS, *DJe* 27-3-2019; REsp 1.597.675/SP, *DJe* 16-11-2016; REsp 1.383.624/MG, *DJe* 12-6-2015.

[15] AgInt no AREsp 1.631.112/MT, *DJe* 14-2-2022; AgInt no REsp 1.843.825/RS, *DJe* 10-3-2021; AgInt no AREsp 1.292.908/RS, *DJe* 27.3.2019.

das Jornadas de Direito Civil/CJF, segundo o qual "na união estável o regime patrimonial obedecerá à norma vigente no momento da aquisição de cada bem, salvo contrato escrito".

Por sinal, esse entendimento é absolutamente pacífico no Superior Tribunal de Justiça, no qual se encontram diversos julgados sob o fundamento de que "os bens adquiridos anteriormente à Lei n. 9.278/96 têm a propriedade – e, consequentemente, a partilha ao cabo da união – disciplinada pelo ordenamento jurídico vigente quando da respectiva aquisição, que ocorre no momento em que se aperfeiçoam os requisitos legais para tanto e, por conseguinte, sua titularidade não pode ser alterada por lei posterior em prejuízo ao direito adquirido e ao ato jurídico perfeito"[16].

Embora possa ser intuitivo, não custa lembrar que o "contrato escrito" aqui tratado não se confunde com o assim chamado "contrato de namoro", que receberá atenção um pouco mais detida no próximo tópico.

5.3 O CONTRATO DE NAMORO

Namoro, é claro, não é o mesmo que casamento, união estável e nem mesmo espécie de entidade familiar. Embora institua um relacionamento entre seres humanos, não tem por propósito imediato a constituição de família, mas sim de algo muito menos engajado e profundo.

Por vezes, contudo, a coisa fica um pouco mais séria entre os namorados, pois, mesmo sem intenção de constituir família em um futuro próximo, eles começam a atribuir ao relacionamento alguns elementos típicos da união estável, como a convivência pública, a durabilidade, a aquisição de bens, o compartilhamento do mesmo teto, e, por vezes, até mesmo a existência de filhos comuns, fatos estes que, somados, poderiam levá-los a, em um futuro próximo, avançar para uma relação mais compromissada, de natureza tipicamente familiar[17].

Surge, então, a figura do "namoro qualificado", em que, "embora possa existir um objetivo futuro de constituir família, não há ainda essa comunhão de vida. Apesar de se estabelecer uma convivência amorosa pública, contínua e duradoura, um dos namorados, ou os dois, ainda preserva sua vida pessoal e sua liberdade. Os seus interesses particulares não se confundem no presente, e a assistência moral e material recíproca não é totalmente irrestrita[18]".

É justamente esse relativo descompromisso e esse significativo desengajamento que diferenciam o namoro qualificado da união estável.

Reforçando este entendimento, o Enunciado n. 42 do IBDFAM dispõe que "o namoro qualificado, diferentemente da união estável, não engloba todos os requisitos cumulativos presentes no art. 1.723 do Código Civil".

Em sentido semelhante é a percepção de Leonardo Amaral Pinheiro da Silva[19], para quem o namoro qualificado seria "toda convivência íntima – sexual – de 2 (duas) pessoas podendo ou não haver coabitação, em que os namorados frequentam as respectivas casas, eventos sociais, viajam – passam férias – juntos, comportam-se no meio social ou

---

[16] REsp 1.124.859/MG, *DJe* 27-2-2015; REsp 959.213, *DJe* 10-9-2013.
[17] CARVALHO FILHO, Milton Paulo de. In: PELUSO, Cezar (Coord.) *Código civil comentado*. 6. ed. rev. e atual. São Paulo: Manole, 2012, p. 2007-2008.
[18] MALUF, Carlos Alberto Dabus; MALUF, Adriana Caldas do Rego Freitas Dabus. *Curso de direito de família*. São Paulo: Saraiva, 2013, p. 371-374
[19] PINHEIRO DA SILVA, Leonardo Amaral. *Pacto dos namorados*: o namoro qualificado e a diferença que você gostaria de saber da união estável, mas tem receio em perguntar. Rio de Janeiro: Lumen Juris, 2018, p. 94.

profissional como se encontrando num relacionamento amoroso", e que, por isso, se assemelharia bastante à união estável, a não ser pela ausência de "um elemento inarredável, que adentra no critério subjetivo – a constituição imediata como entidade familiar".

Atualmente, a existência da figura parece contar com amplo reconhecimento até mesmo no âmbito da jurisprudência do Superior Tribunal de Justiça[20].

Porém, vale mais uma vez ser acentuado: namoro qualificado não é entidade familiar.

Como inexiste o propósito de constituir família, não se poderia falar na possibilidade de os namorados elegerem algum regime de bens propriamente dito, pois apenas as genuínas uniões familiares o exigem. Daí se mostrar inapropriado falar-se em pactos prévios no caso.

Mesmo assim, alguns namorados vêm recorrendo a um instrumento usualmente denominado de "contrato de namoro", com o propósito de regulamentarem suas eventuais relações jurídicas de cunho patrimonial sem que autoridade do Estado se sobreponha à sua liberdade, pelo possível reconhecimento da existência de uma união estável que, a rigor, não existiria.

No ponto, concordo com Luciano Figueiredo, para quem "a imposição cogente de uma união estável aos casais não deve ser tolerada, pois não há questão de ordem pública envolvida capaz de legitimar tal discurso. Trata-se de uma questão familiar privada, em regra[21]".

Vale ser frisado, porém, que o contrato de namoro não tem eficácia constitutiva, isto é, a capacidade de, por si só, "criar um namoro" que eventualmente inexista ou que apresente nítidas características de uma união estável, por exemplo. Todavia, ao lado de outras provas, como, por exemplo, a demonstração da existência de contas ativas em aplicativos e/ou sites de namoro, de postagens em redes sociais com conteúdos peculiares a namoros, ou, ainda, de que se comportam publicamente como verdadeiros namorados, o contrato de namoro talvez sirva de importante instrumento para conter a ingerência do Estado na vida privada.

Talvez uma alternativa viável seja a celebração de pactos deste tipo por escritura pública contendo a declaração de que, na eventualidade de o relacionamento vir a ser reconhecido como união estável, o regime de bens fica desde já escolhido como o de separação de bens (CC, arts. 1.687-1.688), perfazendo um verdadeiro contrato preliminar a respeito.

Sim, porque, de acordo com o art. 462 do Código Civil, o contrato preliminar, exceto quanto a aspectos relacionados à sua solenidade, deve conter todos os requisitos essenciais ao contrato a ser celebrado, o que parece se amoldar com perfeição ao caso.

Na literatura, este pensamento também pode ser encontrado em Felipe Quintella M. de C. Hansen Beck e Tereza Cristina Monteiro Mafra[22], para quem é perfeitamente possível a celebração do contrato de namoro como pacto anteconvivencial, para, por meio deste, escolher-se o regime da separação de bens.

Muito embora sua validade e eficácia ainda não sejam tranquilamente aceitas por nossos tribunais, seu grande atrativo parece mesmo ficar por conta da valorização atribuída à

---

[20] Dentre vários: REsp 1.558.015/PR, *DJe* 23-10-2017; REsp 1.454.643/RJ, *DJe* 10-3-2015.
[21] FIGUEIREDO, Luciano L. A Autonomia Privada nas Relações Familiares: o cerceamento do direito ao namoro. Disponível em: http://lucianofigueiredo.adv.br/
[22] HANSEN BECK, Felipe Quintella M. de C.; MAFRA, Tereza Cristina Monteiro. Contrato de namoro como pacto anteconvivencial para escolha da separação de bens. In: PORTANOVA, Rui; CALMON, Rafael; D'ALESSANDRO, Gustavo. *Direito de Família conforme interpretação do STJ*. V. 2. Regimes de separação de bens. São Paulo: Foco, 2022, p. 87-108.

autonomia privada e pelo fato de servir como mais um elemento de prova a favor daquelas pessoas que efetivamente optem por namorar em vez de constituir família.

Resta saber o que o tempo dirá. Por ora, o que precisa ser frisado é que o planejamento patrimonial nas verdadeiras uniões familiares foi ressignificado e com ele surgiu um novo nicho para os profissionais do Direito. Por isso, melhor parece ser estudar essa possibilidade de forma um pouco mais detalhada, no tópico abaixo.

5.4 A RESSIGNIFICAÇÃO DOS PACTOS PATRIMONIAIS DAS FAMÍLIAS

Pelo que foi visto até aqui, deve ter dado para perceber que os pré e pós-nups sofreram significativas mudanças com o passar do tempo, permitindo que as famílias celebrem arranjos dos mais variados tipos.

E, como bem lembra Dimitre Braga Soares de Carvalho[23], "é necessário compreender que a vida de um casal (ou arranjo familiar) se organiza e funciona em ciclos, que simbolizam etapas, momentos e instantes da relação. Nenhuma convivência é alijada das intempéries do tempo, que corrói os afetos, transforma as perspectivas de cada membro da família, vulnerabiliza uns, fortalece outros, altera as projeções individuais sobre o presente e, principalmente, o futuro em comum. Muitas vezes, há eventos que fazem ocorrer essa mudança. Pode ser a vinda de um filho, a perda de um ente querido, a mudança de cidade, a conquista de um emprego ou a demissão de uma função, o progresso econômico, a falência, uma traição, a constituição de uma nova relação afetiva, enfim, toda uma gama de possibilidades existenciais que atua diretamente na organização de determinada estrutura familiar".

Todo esse dinamismo cria infinitas possibilidades de arranjos. Por isso, sem qualquer outra pretensão que não a de fornecer exemplos de cláusulas possíveis, o item seguinte traz algumas sugestões e reflexões a respeito.

5.4.1 ESTIPULAÇÕES DE DIREITO MATERIAL

No campo do direito material, as possibilidades seriam das mais variadas, indo desde o direito existencial ao patrimonial puro. No âmbito do direito existencial, a resistência que muitos apresentavam à elaboração de estipulações parece estar com os dias contados, porque o Anteprojeto de Reforma do Código Civil pretende positivar a regra segundo a qual "Os pactos conjugais e convivenciais podem estipular cláusulas com solução para guarda e sustento de filhos, em caso de ruptura da vida comum, devendo o tabelião informar a cada um dos outorgantes, em separado, sobre o eventual alcance da limitação ou renúncia de direitos", e a qual "As cláusulas não terão eficácia se, no momento de seu cumprimento, mostrarem-se gravemente prejudiciais para um dos cônjuges ou conviventes e sua descendência, violando a proteção da família ou transgredindo o princípio da igualdade" (art. 1.655-A, *caput* e parágrafo único).

---

[23] CARVALHO, Dimitre Braga Soares de. Contratos intramatrimoniais e o necessário reajuste econômico para casamento e união estável à luz da jurisprudência do STJ. In: PORTANOVA, Rui; CALMON, Rafael. *Direito de Família conforme interpretação do STJ*. V. 1. Regime de comunhão parcial de bens. São Paulo: Foco, 2022, p. 43-56.

Inclusive, poderiam ser inseridas diversas estipulações de conteúdo moral, por exemplo. Transcrevendo aqui a precisa lição de Rodrigo da Cunha Pereira[24], "quanto mais claras as regras estabelecidas entre o casal, mais verdadeira será a conjugalidade. Obviamente que a maioria das pessoas prefere guardar em segredo suas fantasias e intimidade e, não revelá-las em um pacto antenupcial. Mas se quiserem deixar algumas regras claras nesse sentido, não há impedimento jurídico. Ao Estado, e nem a terceiros, interessam esses conteúdos, pois a eles não traz prejuízo algum, a não ser o incômodo de ver estampada questões da intimidade de um casal, que só a eles interessam". Por isso é que, continua o professor mineiro, "o Código Civil regula e estabelece regras para o casamento, mas o casal pode ter o seu código particular de conteúdo moral sexual, podendo ser previsto em um pacto antenupcial, pois isto nada interfere em direito alheio. Qualquer ato sexual é lícito se for realizado voluntariamente entre adultos, e não causar danos aos protagonistas e nem terceiros".

De pensamento assemelhado é Dimitre Braga Soares de Carvalho[25], para quem as estipulações de ordem existencial, poderiam "'corrigir a rota' do relacionamento, alterar regras internas de convivência, rediscutir regras sobre a sexualidade do casal ou da entidade familiar, atualizar as preferências e consolidar as mudanças de estilo de vida, profissionais e pessoais de cada um dos envolvidos na relação. Serve, no mais das vezes, para fortalecer o próprio relacionamento conjugal".

Além dessas, a riqueza da vida e a dinâmica de cada arranjo familiar permitiriam que se imaginassem cláusulas estipulando, por exemplo, a privacidade a respeito de certos aspectos da vida comum, a não manutenção do patronímico do outro[26], o sigilo sobre práticas e preferências relacionadas à intimidade sexual do casal, a obrigatoriedade de submissão, certas sessões de terapia de casal com profissional de área predeterminada, diante de determinados acontecimentos, a não exposição da imagem dos filhos (*Shareting*), a opção por relacionamentos LAT (*Living Apart Together*)[27] ou relacionamentos ENM (*Ethical non-monogamy*)[28], assim como multas e indenizações diversas ao fim do relacionamento[29], a título de cláusula penal (CC, arts. 408 e s.), inclusive para o caso de infidelidade ou de descumprimento das obrigações convencionadas nas demais cláusulas do pacto, as quais representariam crédito a favor do indivíduo que houvesse sido lesado, passível de ser exigido oportunamente e até mesmo compensado em eventual partilha, sem prejuízo do protesto e da inscrição do nome do devedor em cadastros de inadimplentes, em caso de não pagamento, nos termos da Lei n. 9.492/97.

---

[24] PEREIRA, Rodrigo da Cunha. *Direito das famílias*. Rio de Janeiro: Forense, 2020, p. 146-147.
[25] CARVALHO. Dimitri Braga Soares de. Contratos familiares: cada família pode criar seu próprio Direito de Família. Disponível em: https://ibdfam.org.br/artigos.
[26] NAHAS, Luciana Faisca. Pacto Antenupcial: o que pode e o que não pode constar? Reflexões sobre cláusulas patrimoniais e não patrimoniais. *Famílias e sucessões*: polêmicas, tendências e inovações. Belo Horizonte: IBDFAM, 2018, p. 225.
[27] A sigla LAT condensa a expressão inglesa Living Apart Together, que, em português, significaria algo como vivendo separadamente juntos ou vivendo juntos em casas separadas. No exterior, esse modelo é muito comum e sua adoção começa a ganhar corpo no Brasil, como a mais singela pesquisa em sites de busca na internet é capaz de revelar.
[28] A sigla ENM, referente à expressão de língua inglesa "*Ethical non-monogamy*", diz respeito aos relacionamentos afetivos em que seus componentes se encontram autorizados a se envolver romanticamente com outras pessoas que também estejam cientes e de acordo com essa estrutura de relacionamento.
[29] CAHALI, Francisco José. *Contrato de convivência na união estável*. São Paulo: Saraiva, 2002, p. 244.

Não se esqueça que o Superior Tribunal de Justiça possui entendimento sólido a respeito da natureza mista ou híbrida da cláusula penal, o que lhe agrega, a um só tempo, as funções de estimular o devedor ao cumprimento do contrato e de liquidar antecipadamente o dano, o que somente reforça seu cabimento nas relações de família[30].

No âmbito patrimonial, em que as restrições são ainda menores e sua aplicabilidade é muito maior, os pactos podem representar importantíssimo instrumento de gestão. Assim, poderia ser ajustada desde a não incidência de determinada norma que naturalmente seria aplicável a respeito da administração de bens e repartição de rendas, até a aplicação de outra que, a rigor, não teria cabimento à hipótese.

É, ainda, plenamente válida e eficaz a inserção da cláusula compromissória nesses pactos, desde que o seja obrigatoriamente estipulada por escrito e verse exclusivamente sobre direitos patrimoniais disponíveis, em conformidade com a Lei de Arbitragem (Lei n. 9.307/96, arts. 1º e 4º) e com o art. 104 do CC[31]. Afora estas, outras tantas cláusulas poderiam ser inseridas, estabelecendo, por exemplo:

a) nos regimes separatistas:

> a.1) a divisão dos frutos percebidos por determinado bem particular, como os aluguéis de uma casa de praia;
> a.2) a não incidência da Súmula 377 do STF aos casamentos celebrados por septuagenários e por quem quer se encontre nas hipóteses previstas pelo art. 1.641 do Código Civil[32];
> a.3) a comunicabilidade somente de certos bens individualizados, pertencentes ao patrimônio exclusivo de um consorte;
> a.4) a comunicabilidade gradual e progressiva de parcela do patrimônio que venha a ser adquirido na constância da união etc.

b) nos regimes comunitários:

> b.1) a atribuição de determinados encargos exclusivamente a um cônjuge, como o pagamento de tributos incidentes sobre determinado bem comum ou particular, ou, ainda, o pagamento das faturas do cartão de crédito, atribuindo-se, ao outro, despesas relacionadas a outras atividades, inclusive sob prestação de contas periódicas, possibilitando-se compensações futuras;
> b.2) a administração exclusiva de bem adquirido na constância do casamento, como uma fazenda ou um imóvel locado a terceiros, por tempo determinado e de forma retratável (cláusula mandato)[33];
> b.3) a não comunicabilidade de determinados bens adquiridos na constância da união, desde que preservada sua eventual compensação com seu equivalente pecuniário;
> b.4) a incomunicabilidade de certas rendas (CC, art. 1.665);
> b.5) a oportuna constituição onerosa de renda vitalícia, em troca do direito de receber periodicamente alguma renda paga pelo outro (CC, arts. 803 a 813), no lugar de se estabelecer o condomínio na partilha[34];

---

[30] REsp 1.803.803/RJ, *DJe* 25-11-2021; REsp 1.898.738/SP, *DJe* 26-3-2021.
[31] JPSEL/CJF, Enunciado n. 4: É válida a inserção da cláusula compromissória em pacto antenupcial e em contrato de união estável.
[32] O Enunciado 634 da VIII JDC/CJF estabelece que "é lícito aos que se enquadrem no rol de pessoas sujeitas ao regime da separação obrigatória de bens (art. 1.641 do Código Civil) estipular, por pacto antenupcial ou contrato de convivência, o regime da separação de bens, a fim de assegurar os efeitos de tal regime e afastar a incidência da Súmula 377 do STF".
[33] Aparentemente nesse sentido: VELOSO, Zeno. Regimes matrimoniais de bens. In: PEREIRA, Rodrigo da Cunha (coord.). *Direito de família contemporâneo*. Belo Horizonte: Del Rey, 1997, p. 179-180.
[34] STJ, REsp 1.330.020/SP, *DJe* 23-11-2016; AgRg no REsp 1.445.144/MS, *DJe* 1º-9-2014.

b.6) a estipulação de regras interpretativas próprias a respeito do que configuraria separação de fato (CC, art. 113, § 2º);

b.7) a promessas de doação aos filhos[35].

O Anteprojeto de reforma pretende, ainda, estabelecer uma importante inovação a respeito: a modificação automática de regime de bens após o transcurso de um período de tempo prefixado, sem efeitos retroativos, ressalvados os direitos de terceiros (art. 1.653-B). É a chamada "Sunset Clause".

O que é preciso ficar claro é que cláusulas versando sobre *direito patrimonial* não necessariamente se confundem com cláusulas estipulando *regimes de bens*. São coisas parecidas, mas não idênticas. Tanto é assim que algumas cláusulas acima mencionadas, embora ostentem cunho patrimonial, não se referem exclusivamente à escolha do regime de bens, como a constituição onerosa de renda vitalícia, o próprio alcance e valor das cláusulas penais inseridas nos pactos (CC, arts. 408 e s.).

Aliás, o próprio Código Civil prescreve que "a penalidade deve ser reduzida equitativamente pelo juiz se a obrigação principal tiver sido cumprida em parte ou se o montante da penalidade for manifestamente excessivo, tendo-se em vista a natureza e a finalidade do negócio" (CC, art. 413).

Portanto, não custa repetir: eventual alteração dessas cláusulas, mesmo no sistema atual, nem sempre exigirá o ajuizamento da ação prevista pelos arts. 1.639 do Código Civil e 734 do Código de Processo Civil.

Dentro da temática, a questão relacionada à validade e eficácia da "promessa de doação" de certos bens aos filhos – que, inclusive, é outra cláusula de direito patrimonial, que não se confunde com escolha de regime de bens – é algo que durante muito tempo foi objeto de controvérsia, mas, que, atualmente, parece vir sendo aceita com certa tranquilidade, desde que não ajustada a título de "mera liberalidade", mas sim como verdadeira condicionante para a escolha de um regime de bem no lugar do outro ou com o propósito de serem obtidas vantagens recíprocas e simultâneas pelos nubentes, ou, ainda, como elemento facilitador de obtenção de consenso quanto ao acertamento do patrimônio na eventualidade de uma dissolução da sociedade conjugal[36].

Bem vistas as coisas, nota-se que o centro desse debate sempre se situou em saber se a liberalidade do doador (*animus donandi*) deveria estar presente no "momento da doação" – isto é, no momento da celebração do contrato definitivo (CC, arts. 538 a 564) – ou, antes dela, "no momento da elaboração da promessa da doação" (CC, arts. 462 a 466), bem como se a intenção do doador materializava uma mera liberalidade ou, na verdade, representava uma genuína transação.

As opiniões até hoje se dividem. Na literatura, enquanto renomados nomes sustentam o primeiro entendimento, logo, a inviabilidade da promessa de doação nos negócios

---

[35] REsp 1.355.007/SP, *DJe* 10-8-2017.
[36] Se for celebrado apenas no acordo judicial de divórcio, separação ou dissolução de união estável, a promessa de doação de imóvel aos filhos comuns possuirá idêntica eficácia da escritura pública, podendo ser levada a registro na serventia imobiliária depois do trânsito em julgado e do recolhimento dos tributos eventualmente incidentes. Assim: STJ, AREsp 1.811.921/GO, *DJe* 26-2-2021; REsp 1.634.954/SP, j. em 25-9-2017; REsp 1.537.287/SP, j. em 18-10-2016; REsp 1.198.168/RJ, j. em 6-8-2013.

jurídicos em geral[37], outros tantos adotam o segundo entendimento e, por isso, admitem a viabilidade da promessa de doação não só nos negócios jurídicos em geral[38], como até mesmo nos negócios de direito de família[39].

Nos tribunais, contudo, a situação dá mostras de ser bem menos tumultuada. No STJ, por exemplo, embora o posicionamento a respeito da "promessa de doação" entabulada em negócios alheios ao direito das famílias tenda a ser pela inadmissibilidade[40], nos negócios jurídicos de direito das famílias, especialmente nos acordos ajustados em processos de separação, divórcio e dissolução de união estável, o entendimento predominante vem sendo pela aceitação, ao argumento de que, nesse caso, não se trataria de mera "promessa de liberalidade", mas sim de "promessa de um fato futuro" inserido na composição do acordo de partilha[41].

Recentemente, inclusive, a Corte voltou a se manifestar especificamente a favor da inserção de "promessa de doação" em pactos antenupciais, justamente por entender que não haveria mera liberalidade no caso, mas sim concessões recíprocas feitas antecipadamente, com o objetivo de facilitar a partilha[42].

Em complemento, o Enunciado n. 549 da JDC/CJF dispõe que "a promessa de doação no âmbito da transação constitui obrigação positiva e perde o caráter de liberalidade previsto no art. 538 do Código Civil".

É isso que precisa estar presente: o caráter negocial (transacional) e não meramente de liberalidade da promessa.

Portanto, desde que respeitem as normas de ordem pública relacionadas aos regimes de bens, os ajustes patrimoniais podem contemplar disposições significativamente amplas, servindo de importante ferramenta não só no planejamento econômico-patrimonial, como no planejamento das próprias famílias.

Eventualmente havendo desacordo a respeito, a natureza da cláusula é que vai dizer se é ou não possível sua modificação e revogação extrajudiciais (CC, art. 107), pois poderá ou não modificar o próprio regime de bens propriamente dito (CPC, art. 1.639, § 2º; CPC, art. 734). Mas, se o Código Civil vier a ser efetivamente reformado, a modificação sempre poderá ocorrer extrajudicialmente, ainda que implique alteração do regime de bens, desde que observada a exigência de escritura pública. Vejamos, agora, algumas estipulações de conteúdo processual.

5.4.2 ESTIPULAÇÕES DE DIREITO PROCESSUAL

Apenas como reflexão inicial, imagine quantas provas poderiam ser desnecessárias se, por exemplo, o casal pré-elegesse determinado perito contábil para a aferição dos números projetados por seu pequeno comércio, na eventualidade de virem a partilhar o patrimônio comum.

---

[37] PEREIRA, Caio Mário da Silva. *Instituições de direito civil*. v. III. Rio de Janeiro: Forense, 1979, p. 161; RODRIGUES, Silvio. *Direito civil*: dos contratos. São Paulo: Saraiva, 2002, p. 200, e; ALVIM, Agostinho. *Da doação*. São Paulo: Saraiva, 1980, p. 42.
[38] MONTEIRO, Washington de Barros. *Curso de direito civil*: direito das obrigações. V. V. 2ª parte. São Paulo: Saraiva, 1995, p. 224; LÔBO, Paulo Luiz Netto. *Comentários ao Código Civil*: parte especial: das várias espécies de contratos. v. 7. São Paulo: Saraiva, 2003, p. 284-287.
[39] Como é o caso de SANSEVERINO. Paulo de Tarso. *Contratos Nominados II – contrato estimatório, doação, locação de coisas, empréstimo*: comodato e mútuo. 2. ed. São Paulo: Revista dos Tribunais, 2011, p. 83-86.
[40] P. ex.: AgInt no REsp 1394870/MS, *DJe* 26-9-2018; REsp 730.626/SP, *DJ* 4-12-2006.
[41] Assim: AgInt nos EDcl no REsp 1.580.631/SP, *DJe* 26-5-2020; REsp 1.537.287/SP, *DJe* 28-10-2016; REsp 742.048/RS, *DJ* 24-4-2009; REsp 853.133/SC, *DJe* 20-11-2008; REsp 125.859/RJ, *DJ* 24-3-2003.
[42] REsp 1.355.007/SP, *DJe* 10-8-2017.

Porém, muito mais poderia ser convencionado.

Além de ostentarem inegável viés pedagógico em relação às questões de direito material, os ajustes prévios poderiam facilitar consideravelmente o próprio desenrolar de uma demanda, na hipótese de a disputa desaguar em Juízo.

Atentos a isso, pelo menos três enunciados versando a respeito foram recentemente elaborados por três respeitáveis centros de pesquisa jurídica. O Enunciado n. 492 do Fórum Permanente de Processualistas Civis é textual ao enunciar que "o pacto antenupcial e o contrato de convivência podem conter negócios processuais." Na mesma linha, o Enunciado n. 18 da I JDPC/CJF estabelece que: "A convenção processual pode ser celebrada em pacto antenupcial ou em contrato de convivência, nos termos do art. 190 do CPC". Finalmente, o Enunciado n. 24 do IBDFAM dispõe que "em pacto antenupcial ou contrato de convivência podem ser celebrados negócios jurídicos processuais".

Sem qualquer pretensão de esgotar o tema, até porque a riqueza da vida impediria que isso acontecesse, poderiam ser imaginados negócios jurídicos processuais inseridos em pactos pré ou pós-nups com o objetivo de, por exemplo:

> a) eleger-se foro para a propositura de demandas versando sobre direitos disponíveis de família, na hipótese de não repercutirem sobre interesses de incapazes (CPC, art. 63, § 1º);
> b) regulamentar-se a divisão de despesas processuais entre o casal;
> c) distribuir-se dinamicamente o ônus da prova sobre determinados fatos (CPC, art. 373);
> d) impedir-se o ajuizamento de demandas entre os cônjuges durante determinado período de tempo ou enquanto certas tratativas prévias estivessem sendo adotadas (pacto de não processar);
> e) obrigar os consortes a se submeterem a determinadas práticas ou métodos autocompositivos previamente à propositura de demandas, inclusive de forma escalonada (cláusulas de paz);
> f) impedir a divulgação processual de fatos ou provas respeitantes à intimidade do casal (cláusula antibaixaria)[43];
> g) escolha antecipada e consensual de peritos (CPC, art. 471);
> h) convencionarem que a outorga conjugal ou convivencial para as ações reais imobiliárias a serem eventualmente promovidas por qualquer deles deveria ser obrigatoriamente dada através de instrumento público, sob pena de não valer se for dada de outra forma (CPC, art. 73, *caput*; CC, art. 109)[44];
> i) criação de um rito processual específico e adaptado para as ações de família a serem propostas entre o casal, desde que não envolvendo direitos indisponíveis etc.

Perceba que, além de ostentarem inegável viés pedagógico em relação às questões de direito material, os ajustes prévios poderiam facilitar consideravelmente o próprio desenrolar de uma demanda, na hipótese de a disputa desaguar em Juízo, funcionando realmente como verdadeira ferramenta de prevenção e solução de litígios[45].

Pelo que se vê, é consideravelmente ampla a liberdade das pessoas quando o assunto envolve as deliberações de cunho material e processual respeitantes à dinâmica de suas próprias famílias. Mas é claro que não se poderia raciocinar por absurdo e acreditar que

---

[43] O termo foi cunhado por Rodrigo Mazzei, em frase não reduzida a escrito. A respeito desta e de diversas cláusulas processuais em pré e pós-nups, conferir: *Manual de direito processual das famílias*. 2. ed. São Paulo: Saraiva, 2023.
[44] CC art. 109. No negócio jurídico celebrado com a cláusula de não valer sem instrumento público, este é da substância do ato.
[45] Em sentido próximo: CARDOSO, Fabiana Domingues. *Regime de bens e pacto antenupcial*. São Paulo: Método, 2010, p. 294.

inexistiriam limites a respeito. Por isso, nenhum pacto poderia conter cláusulas autorizando violações a direitos fundamentais, como a dignidade humana, a liberdade ou a solidariedade familiar, tampouco prevendo atitudes discriminatórias que pudessem colocar uma das partes em situação de desigualdade ou dependência discriminatórias frente à outra.

Enfim! Sabendo previamente como proteger o que é seu e conhecendo o que podem receber sobre o alheio, os pactuantes se colocam em posição de vantagem sobre aqueles que não entabulam essa espécie de ajuste.

E isso vale para qualquer tipo de pacto prévio (pré-nups) ou, a depender das circunstâncias, mesmo pactos posteriores (pós-nups).

5.4.3 UMA SUGESTÃO DE *LEGE FERENDA*: A "TRANSMUTAÇÃO" (*TRANSMUTATION*)

No Brasil, quando o assunto é modificação de regime de bens, parece que estamos presos a uma lógica do "tudo ou nada", em que o que se permite é, única e exclusivamente, que as pessoas alterem integralmente o regime sob o qual se uniram para outro. Há, por assim dizer, uma relação "em bloco" ou "em gênero", por meio da qual o que se altera é o próprio regime de bens como um todo.

Que tal seria, no entanto, se fosse possível alterar apenas a comunicabilidade ou incomunicabilidade incidente sobre um ou alguns bens específicos, mantendo-se o regramento original do regime de bens escolhido para o restante do patrimônio?

O recurso a exemplo vai facilitar a compreensão do que eu acabei de dizer. Imagine um casal unido sob regime de comunhão parcial de bens, que pretenda, após algum tempo ou devido a algum episódio, tornar particular determinado bem comum ou o contrário. No cenário atual, a modificação de regime talvez não possibilitasse que isso acontecesse, devido à lógica do "tudo ou nada", que obrigaria o casal a modificar o regime inteiro para outro (atípico).

Para evitar esse tipo de inconveniente e alinhar os regimes de bens à dinâmica familiar de cada relacionamento, o Brasil poderia adotar a técnica da "Transmutation of Property" (ou "transmutação da propriedade" em tradução livre), admitida, entre outros, pelo sistema jurídico norteamericano (p. ex.: California Family Code, §§ 851 a 853; Texas Family Code, Sec. 4:203). É que, por meio dela, as pessoas casadas sob um tipo de regime podem estipular que certos bens específicos – como uma motocicleta, um lote ou um apartamento específico – passem a ser regidos por regras provenientes de outro regime e vice-versa.

Adaptando-se essa alternativa ao sistema brasileiro, seria possível, por exemplo, que as pessoas unidas em um casamento contraído sob o regime de comunhão parcial destacassem certos bens componentes do acervo patrimonial comum para que eles passassem a ser regidos pelas regras da separação de bens, sem que necessariamente precisassem promover a alteração do regime de bens como um todo.

Fica o convite, portanto, à reflexão sobre esse instituto.

5.5 A INTERPRETAÇÃO, A REVISÃO E A ANULAÇÃO DOS PRÉ E PÓS-NUPS

Por carregarem consigo declarações de vontade provenientes de seres humanos, as cláusulas inseridas nessas avenças precisarão ser interpretadas, é claro. Nesse âmbito, os próprios interessados podem inserir regras interpretativas específicas, criadas por eles mesmos (CC, art. 113, § 2º) ou permanecer omissos a respeito, o que os obrigará seguir o regramento genérico e abstrato previsto pelo legislador (CC, arts. 110 a 114). Em uma e outra hipótese, contudo, o negócio como um todo terá que ser regido pela boa-fé objetiva, devendo qualquer interpretação de suas cláusulas resultar em "um significado compatível com a lealdade recíproca e a mútua confiança que deve guiar as partes na sua relação negocial[46]".

Por força de lei, nas declarações de vontade se atenderá mais à intenção nelas consubstanciada do que ao sentido literal da linguagem (CC, art. 112), sendo o silêncio interpretado como anuência, quando as circunstâncias ou os usos o autorizarem, e não for necessária a declaração de vontade expressa, ou seja, quando o silêncio for circunstanciado (CC, art. 111)[47]. A interpretação de suas cláusulas deve ser guiada conforme a boa-fé e os usos do lugar de sua celebração, devendo lhes atribuir o sentido que for confirmado pelo comportamento das partes posterior à celebração do negócio; corresponder aos usos, costumes e práticas usualmente empregadas na localidade, e, a qual seria a razoável negociação das partes sobre a questão discutida, inferida das demais disposições do negócio e de suas respectivas racionalidades econômicas, consideradas as informações disponíveis no momento de sua celebração (CC, art. 113, §§ 1º e 2º). Também por força de lei, as cláusulas benéficas e a renúncia interpretam-se estritamente (CC, art. 114), não sendo diferente com os pré e pós-nups.

Porém, como dito, essas regras hermenêuticas vigorarão se as partes não traçarem uma disciplina própria a esse respeito. Caso queiram, poderão livremente pactuar regras de interpretação específicas, de preenchimento de lacunas e de integração dos negócios jurídicos diversas daquelas previstas em lei, desde que não contrárias a disposições absolutas (CC, art. 113, § 2º), o que, segundo a atenta observação de Anderson Schereiber[48], lhes permitiria dispor não apenas "como devem ser interpretadas certas expressões, por meio de cláusulas de definição, mas também dispor sobre os modos de interpretação do negócio jurídico, estipulando, por exemplo, que nenhuma tolerância em relação ao descumprimento das obrigações contidas naquele contrato será interpretada como renúncia ao direito de exigir seu cumprimento no futuro".

Havendo futuras dúvidas sobre o sentido e alcance das cláusulas, é perfeitamente possível que sejam feitas emendas ou aditamentos. Se, o desacordo não acirrar os ânimos ao ponto de os envolvidos pretenderem acionar o Poder Judiciário, tudo recomenda sua modificação extrajudicial, desde que, é claro, não se esteja pretendendo modificar o próprio regime de bens propriamente dito no casamento, que é a única alteração ainda condicionada à judicialização pelo modelo atual (CC, art. 1.639, § 2º; CPC, art. 734), mas que, como visto, se encontra prestes a ser eliminada do sistema pela reforma do Código Civil (ARCC, art. 1.639, § 2º). Não havendo este empecilho, se os consortes pretendessem compreender o significado e extensão de cláusulas versando sobre direitos existenciais e/ou processuais, como uma indenização por infidelidade, uma cláusula antibaixaria ou um pacto de não processar, ou, até mesmo cláusulas versando sobre direitos patrimoniais, como aquela

---

[46] SCHREIBER, Anderson. *Manual de direito civil contemporâneo*. 3. ed. São Paulo: Saraiva Educação, 2020, p. 358.
[47] MEIRELES, Rose Melo Vencelau. O negócio jurídico e suas modalidades. In: TEPEDINO, Gustavo (Coord.). *O Código Civil na perspectiva civil-constitucional*: parte geral, Rio de Janeiro: Renovar, 2013, p. 233.
[48] SCHREIBER, Anderson. *Manual de direito civil contemporâneo*. 3. ed. São Paulo: Saraiva Educação, 2020, p. 358.

versando sobre constituição onerosa de renda vitalícia, em troca do direito de receber periodicamente alguma renda paga pelo outro (CC, arts. 803 a 813), por exemplo – valendo lembrar ainda mais uma vez: desde que não envolvessem modificação propriamente dita do regime de bens no casamento –, bastaria que eles fizessem nova escritura pública, em atenção à necessidade de que haja a simetria formal imposta por lei (CC, arts. 107 e 472). Se, entretanto, a judicialização se tornar necessária, podem ser propostas ações declaratórias nas Varas de Família, objetivando-se conhecer o modo de ser dos pactos (CPC, art. 19, I), o que desafiará o juízo a analisar os fatos sob as lentes da "perspectiva da família", com o propósito de que sua decisão atenda aos fins que mais prestigiem o núcleo familiar.

Auxiliando o juízo nessa empreitada, os Enunciados ns. 26 e 27 das JDC/CJF dispõem, respectivamente, que "a cláusula geral contida no art. 422 do novo Código Civil impõe ao juiz interpretar e, quando necessário, suprir e corrigir o contrato segundo a boa-fé objetiva, entendida como a exigência de comportamento leal dos contratantes", e, que "na interpretação da cláusula geral da boa-fé, deve-se levar em conta o sistema do Código Civil e as conexões sistemáticas com outros estatutos normativos e fatores metajurídicos."

Algo parecido ao que acontece com a interpretação, ocorre com a revisão e com a resilição (extinção baseada na mera vontade, como no distrato) ou resolução (extinção baseada no descumprimento total) dos pré e pós-nups. Nada impede, aliás, tudo recomenda que as partes estipulem cláusulas específicas versando a respeito. Porém, mesmo sendo omissas, continuam tendo garantido o direito de reverem e até de rescindirem alguns pré e pós-nups. Partindo-se da noção de que não existe mais nenhum negócio jurídico dotado de força absoluta e imutável, conclui-se que todos eles contêm a assim chamada cláusula *rebus sic stantibus* embutida em seus termos, fazendo com que sua eficácia fique sempre subordinada a que as coisas permaneçam em situação aproximada à que se encontravam no momento da celebração do ajuste, sob pena de a base do negócio ser comprometida a tal ponto que sua revisão se tornará necessária e, eventualmente, até sua rescisão.

A rigor, portanto, deve prevalecer aquilo que restar ajustado pelas partes, sendo a intervenção do Estado mínima e a revisão contratual excepcional. Mas, como a liberdade das partes na celebração de todo e qualquer negócio jurídico deve ser exercida nos limites da função social do contrato, havendo alguma ocorrência futura que acarrete substancial desestabilização nesse cenário, abre-se a possibilidade de aquela pessoa ou aquelas pessoas que se sentirem prejudicadas e que, é claro, não tenham dado causa ao episódio, buscarem sua revisão ou até mesmo sua rescisão extra ou judicialmente (CC, art. 421).

Em reforço a essa afirmação, o art. 421-A do diploma civil estabelece que:

> Art. 421-A. Os contratos civis e empresariais presumem-se paritários e simétricos até a presença de elementos concretos que justifiquem o afastamento dessa presunção, ressalvados os regimes jurídicos previstos em leis especiais, garantido também que:
> I – as partes negociantes poderão estabelecer parâmetros objetivos para a interpretação das cláusulas negociais e de seus pressupostos de revisão ou de resolução;
> II – a alocação de riscos definida pelas partes deve ser respeitada e observada; e
> III – a revisão contratual somente ocorrerá de maneira excepcional e limitada.

No âmbito do Conselho da Justiça Federal, diversos Enunciados aprovados nas Jornadas de Direito Civil auxiliam a atividade interpretativa, dentre os quais merecem menção:

Enunciado n. 149: Em atenção ao princípio da conservação dos contratos, a verificação da lesão deverá conduzir, sempre que possível, à revisão judicial do negócio jurídico e não à sua anulação, sendo dever do magistrado incitar os contratantes a seguir as regras do art. 157, § 2º, do Código Civil de 2002.

Enunciado n. 166: A frustração do fim do contrato, como hipótese que não se confunde com a impossibilidade da prestação ou com a excessiva onerosidade, tem guarida no Direito brasileiro pela aplicação do art. 421 do Código Civil.

Enunciado n. 175: A menção à imprevisibilidade e à extraordinariedade, insertas no art. 478 do Código Civil, deve ser interpretada não somente em relação ao fato que gere o desequilíbrio, mas também em relação às consequências que ele produz.

Enunciado n. 176: Em atenção ao princípio da conservação dos negócios jurídicos, o art. 478 do Código Civil de 2002 deverá conduzir, sempre que possível, à revisão judicial dos contratos e não à resolução contratual.

Enunciado n. 360: O princípio da função social dos contratos também pode ter eficácia interna entre as partes contratantes.

Enunciado n. 363: A vedação do comportamento contraditório (*venire contra factum proprium*) funda-se na proteção da confiança, tal como se extrai dos arts. 187 e 422 do Código Civil.

Enunciado n. 363: Os princípios da probidade e da confiança são de ordem pública, sendo obrigação da parte lesada apenas demonstrar a existência da violação.

Enunciado n. 365: A extrema vantagem do art. 478 deve ser interpretada como elemento acidental da alteração das circunstâncias, que comporta a incidência da resolução ou revisão do negócio por onerosidade excessiva, independentemente de sua demonstração plena.

Enunciado n. 366: O fato extraordinário e imprevisível causador de onerosidade excessiva é aquele que não está coberto objetivamente pelos riscos próprios da contratação.

Enunciado n. 367 Em observância ao princípio da conservação do contrato, nas ações que tenham por objeto a resolução do pacto por excessiva onerosidade, pode o juiz modificá-lo equitativamente, desde que ouvida a parte autora, respeitada sua vontade e observado o contraditório.

Enunciado n. 410: A inexperiência a que se refere o art. 157 não deve necessariamente significar imaturidade ou desconhecimento em relação à prática de negócios jurídicos em geral, podendo ocorrer também quando o lesado, ainda que estipule contratos costumeiramente, não tenha conhecimento específico sobre o negócio em causa.

Enunciado n. 431: A violação do art. 421 conduz à invalidade ou à ineficácia do contrato ou de cláusulas contratuais.

Enunciado n. 437: A resolução da relação jurídica contratual também pode decorrer do inadimplemento antecipado.

Enunciado n. 537: A previsão contida no art. 169 não impossibilita que, excepcionalmente, negócios jurídicos nulos produzam efeitos a serem preservados quando justificados por interesses merecedores de tutela.

Na atualidade, portanto, não é mais preciso que haja a imprevisibilidade e a extraordinariedade exigidas pelo art. 478 do Código Civil, pois exige uma regra geral assegurando a revisão dos contratos.

Algo assemelhado acontece com a anulação, que pode ser postulada quando estiverem presentes motivos capazes de anular cláusulas contidas nesses pactos (p. ex.: CC, arts. 104 e s.; art. 1.653).

Com base em tudo que foi sustentado acima, parece não haver nenhum empecilho a que os consortes revejam e até busquem a anulação/rescisão de cláusulas versando sobre direitos existenciais e/ou processuais, como aquela admitindo o relacionamento LAT, convencionando o pacto de paz, ou, até mesmo cláusulas versando sobre direitos patrimoniais, como a promessa de doação, por exemplo – valendo lembrar ainda mais uma vez: desde que não envolvessem modificação propriamente dita do regime de bens no casamento –, bastando que eles façam nova escritura pública, em atenção à necessidade de que haja a simetria formal imposta por lei (CC, arts. 107 e 472) ou promovam ação judicial revisional, rescisória ou anulatória nas Varas de Família.

Embora em texto escrito anteriormente à alteração legislativa, Luiz Edson Fachin[49], já sustentava que, "com a evolução da ordem jurídica e mudança na relação entre os contratantes, surgem limites e os contratantes já não podem definir sozinhos o conteúdo do contrato, que pode sofrer intervenção do legislador e submeter-se à revisão pelo Judiciário, além da força construtiva dos fatos sociais e também especialmente a eficácia vinculante dos comportamentos concludentes na execução contratual, não raro apta a alterar o programa contratual originário. A autonomia privada é relativizada para que haja uma justiça substancial, com a confiança assumindo papel de destaque na relação contratual. Com essa formulação renovada, a teoria dos contratos se direciona para o equilíbrio entre as partes na relação contratual, entendida como processo, e vedadas são não somente cláusulas abusivas diante da adoção de novos paradigmas interpretativos, como também (e especialmente) é obstado um programa contratual que, mesmo na licitude, seja o sinal de uma extorsão do conteúdo econômico de uma parte em detrimento da outra".

Logo, os pactos pré e pós-nups contendo disposições diversas da mera escolha do regime de bens em casamentos, podem ser alterados e até rescindidos extra ou judicialmente –, desde que circunstâncias supervenientes, e não criadas pela própria parte interessada, os desfuncionalizem, rompendo as bases em que tenham sido convencionados.

Em relação àqueles pactos destinados única e exclusivamente à escolha do regime de bens no casamento, sua modificação ainda reclama a propositura de ação judicial específica (CPC, art. 734), que só pode ser movida se houver consenso entre os consortes, o que parece se mostrar um tanto anacrônico, tendo em vista que o próprio divórcio – que é o mais – pode ser decretado judicialmente, independentemente de haver consenso ou pedido motivado entre as partes. Por isso, talvez tenha chegado a hora de ocorrer a tão almejada desburocratização e extrajudicialização a respeito, como, inclusive, previsto no Anteprojeto (ARCC, art. 1.639, § 2º). Afinal, como brilhantemente enfatiza Jones Figueirêdo Alves[50], "tudo orienta como regra de experiência desburocratizante, que a referida alteração registral do regime de bens se proceda perante o Oficial de Registro Civil, onde habilitado o casamento, operando-se por simples requerimento de manifestação da autonomia de vontade do casal", dispensando-se até mesmo a lavratura de escritura pública.

---

[49] FACHIN, Luiz Edson. *Direito civil*: sentidos, transformações e fim. Rio de Janeiro: Renovar, 2015, p. 69.
[50] ALVES, Jones Figueirêdo. Um novo regime de bens e a cidadania registral. Em: www.ibdfam.org.br/artigos.

6

As Normas Jurídicas dos Regimes de Bens e seus Atributos

CONSIDERAÇÕES INICIAIS

Como dito, o regime de bens é um estatuto, um conglomerado de normas jurídicas direcionadas ao tratamento legal das relações jurídicas de índole econômico-financeira constituídas pelos cônjuges e conviventes, ao longo de suas respectivas uniões. Por isso, mostra-se oportuno revisitar alguns conceitos de Teoria Geral da Ciência do Direito, relacionados à estrutura da norma jurídica.

Na eventualidade de o leitor dominar tais conceitos, a leitura pode ter prosseguimento a partir do capítulo seguinte. Caso contrário, recomenda-se fortemente a compreensão das premissas sustentadas neste tópico, pois as conclusões aqui chegadas repercutirão diretamente nos temas a serem enfrentados mais à frente e na própria ideia central do trabalho.

Não se desconhece que a temática é riquíssima e abordá-la em sua inteireza refugiria por completo aos propósitos deste livro. Por essa razão, serão tecidos comentários meramente pontuais a respeito.

Pois bem.

Norma jurídica, não se olvide, é produto da interpretação humana. Isso tem que ficar claro, pois é bastante comum ser feita a confusão entre norma jurídica e texto normativo, quando este é apenas um dos veículos por meio dos quais aquelas são introduzidas no ordenamento jurídico. Dito de outro modo, o texto legal é um mero suporte físico, uma fonte, um veículo transmissor de mensagens, em um contexto comunicacional, ao passo que aquela é a interpretação que dele decorre.

Normas jurídicas, portanto, são "os sentidos construídos a partir da interpretação sistemática de textos normativos". Estes, o invólucro que as contêm. Daí se afirmar, como o faz Humberto Ávila, "que os dispositivos se constituem no objeto da interpretação; e as normas, no seu resultado[1]".

---

[1] ÁVILA, Humberto. *Teoria dos princípios*: da definição à aplicação dos princípios jurídicos. 12. ed. São Paulo: Malheiros, 2011, p. 30.

Seja ela qual for, a estrutura analítica da norma jurídica sempre conterá: (a) um *descritor*, também chamado de *suporte fático*, *hipótese* ou *antecedente normativo*, responsável por relatar um fato, isto é, um evento de possível acontecimento no mundo real, e (b) um *prescritor* ou *consequente normativo*, responsável por vincular uma consequência jurídica a esse acontecimento. Essa consequência necessariamente será uma "situação jurídica", a qual, na acurada percepção de Marcos Bernardes de Mello, representa "toda e qualquer consequência que se produz no mundo jurídico em decorrência de fato jurídico, englobando todas as categorias eficaciais, desde os mínimos efeitos à mais complexa das relações jurídicas; define, portanto, qualquer posição em que se encontre o sujeito de direito no mundo jurídico[2]".

A conexão entre o descritor e o prescritor é de imputação, isto é, de "dever-ser", pois as consequências previstas neste último *devem* ocorrer, mas não necessariamente *ocorrerão* no mundo empírico[3]. Disso resulta a assim chamada *feição deôntica da norma jurídica*, responsável por meramente propor como deve ser o comportamento dos sujeitos de direito, cuja referência costuma ser feita por meio da fórmula: "Se A, então deve-ser B", onde A se refere aos fatos sociais e B à consequência jurídica que deve surgir – *mas que não necessariamente surgirá* – em decorrência da aplicação da norma.

Para que possa projetar os *efeitos* jurídicos que lhe são inerentes, é preciso que a norma *incida* sobre fatos sociais. Isso se dá pelo fenômeno da *aplicação*, por meio do qual o sujeito interpreta o texto legal à luz do caso concreto submetido à sua apreciação e faz incidir a norma, com a finalidade de extrair as consequências jurídicas correspondentes[4].

Seja qual for o sistema jurídico de ondem provêm, todas as normas que o compõem se encontram interligadas por um nexo lógico de subordinação e coordenação[5]. Dessa forma, a situação jurídica resultante da aplicação de uma determinada norma, pode servir de fato que representará o antecedente normativo de uma segunda norma que, uma vez aplicada sobre ele, produzirá uma segunda situação jurídica como efeito que, por seu turno, poderá servir de fato previsto como antecedente de uma terceira norma, e assim sucessivamente.

Com precisão, Lourival Vilanova sintetiza a ocorrência desse fenômeno dizendo que "também a própria relação jurídica, que num ponto da série é efeito, pode figurar, num outro ponto da série, como antecedente ou causa, aqui compondo o suporte fáctico, passando, pois, à categoria de fato jurídico[6].

Dentro desse contexto, o fato jurídico em sentido amplo aparece como todo aquele que produz consequências no campo do direito, daí advindo a conclusão de que tudo o que ocorre no mundo jurídico, sem exceção, é efeito de fato jurídico.

Aprendidas essas breves noções, o estudo das normas jurídicas pode avançar, rumo ao conhecimento de seus atributos.

---

[2] MELLO, Marcos Bernardes de. *Teoria do fato jurídico*: plano da eficácia. São Paulo: Saraiva, 2003, p. 79.
[3] BETTI, Emílio. *Teoria geral do negócio jurídico*. Tradução de Fernando de Miranda. Coimbra: Coimbra Editora, 1969, t. I, p. 15-18.
[4] CARVALHO, Paulo de Barros. *Direito tributário*: linguagem e método. 2. ed. São Paulo: Noeses, 2008, p. 151-152.
[5] BETTI, Emílio. *Teoria geral do negócio jurídico*. Tradução de Fernando de Miranda. Coimbra: Coimbra Editora, 1969, t. I, p. 22.
[6] VILANOVA, Lourival. *Causalidade e relação no direito*. 4. ed. São Paulo: Revista dos Tribunais, 2000, p. 128.

6.1 OS ATRIBUTOS DAS NORMAS JURÍDICAS

Para que uma norma possa ser aplicada, ela deve estar vigente no sistema. Portanto, vigência é a aptidão que uma norma tem para incidir e para poder ser aplicada ao caso concreto, com o objetivo de disciplinar as situações jurídicas constituídas sob seu império.

Se *vigência* indica aptidão, *aplicação* exprime concretização, pois é justamente ela a responsável por possibilitar a incidência da norma sobre os fatos sociais descritos no antecedente normativo, transformando-os em fatos jurídicos.

Como de nada ou muito pouco adiantaria haver a aplicação no caso concreto, sem que disso resultassem efeitos no mundo empírico, a norma jurídica deve também ser eficaz. *Eficácia*, assim, surge como o atributo da norma jurídica de possibilitar a geração de efeitos concretos no mundo real.

Do que foi dito, observa-se que tanto vigência quanto eficácia indicam estado de latência. A diferença entre elas é que a primeira reflete a aptidão para a incidência e aplicação, enquanto a segunda reflete aptidão para a produção dos efeitos. Estes, individualmente considerados, somente serão verdadeiramente produzidos com a aplicação efetiva da norma ao caso concreto, se e quando for implementado, no mundo empírico, o suporte fático previsto no enunciado normativo correspondente.

Não obstante, podem advir novos fatos jurídicos e retirar um ou alguns desses efeitos, sem comprometer em nada a vigência da norma, que poderá continuar gerando incontáveis outras consequências. Para que isso aconteça, basta que um novo fato jurídico venha a lume posteriormente, gerando consequências inibitórias de todas ou de algumas de suas decorrências naturais.

A seguinte lição de Marcelo Neves[7] é precisa a respeito:

> a incidência da norma terá sempre o efeito imediato de juridicizar um suporte fático qualquer. O fato jurídico daí resultante é que poderá ser desjuridicizante de outros fatos jurídicos ou pré-excludente da juridicização de outros suportes fáticos, como também apenas invalidante ou deseficacizante de outros fatos jurídicos. Nenhuma dessas consequências realizar-se-á sem a intermediação de um fato jurídico.

Sintetizando-se tudo o que foi dito acima, poderia ser apresentado o seguinte quadro acerca do processamento do fenômeno normativo: o legislador cataloga determinados fatos sociais e os prevê em enunciados normativos, nos quais lhes associa consequências, isto é, efeitos jurídicos. Mas, até esse momento, tudo permanece em estado de potência, ainda que a norma já esteja vigente no sistema. Com a verificação, no mundo real, do acontecimento descrito no antecedente normativo, a norma pode ser aplicada, desencadeando incontáveis situações jurídicas em consequência dessa operação. Como todas as normas componentes de um mesmo sistema de direito se encontram interligadas por um nexo lógico de subordinação e coordenação, essa mesma operação se repetirá infinitamente, fazendo com que aquelas situações jurídicas que tenham sido geradas inicialmente como efeitos, possam representar o suporte fático previsto como

---

[7] NEVES, Marcelo da Costa Pinto. A incidência da norma jurídica e o fato jurídico. *Revista de Informação Legislativa*, ano 21, n. 84, p. 273, out./dez. 1984.

antecedente normativo de outra norma, passível de se projetar sobre ele, gerando novas situações jurídicas, e assim sucessivamente.

Se se pretendesse representar o que foi dito, com a utilização de normas jurídicas inerentes aos regimes de bens, se poderia chegar ao seguinte: o art. 1.660, I, do Código Civil, por exemplo, enuncia que "entram na comunhão: I – os bens adquiridos na constância do casamento por título oneroso, ainda que só em nome de um dos cônjuges". De sua leitura se constrói uma norma que apresenta: (a) como suporte fático, toda aquisição onerosa de bens na constância do matrimônio, ainda que em nome de um só dos cônjuges, desde que não utilizando bens particulares seus; (b) como consequência ou preceito, a comunicação desses bens ao cônjuge não adquirente. Acontecido o evento descrito no suporte fático, e aplicada a norma sobre ele, estabelecer-se-ia automaticamente uma situação jurídica responsável por impor a comunicação entre os cônjuges, de todos os bens que se encontrassem naquela circunstância factual.

Caso se pretendesse ilustrar o fenômeno valendo-se de *fatos jurídicos*, em vez de normas jurídicas, a *separação de fato* seria um bom exemplo, já que ela representa um fato jurídico decorrente do fim do afeto entre o casal, responsável por acarretar "a ruptura da vida em comum, em caráter prolongado e contínuo[8]". Por ser um fato jurídico, toda vez que ela ocorre no mundo real, diversas consequências jurídicas que seriam normalmente irradiadas pelas normas dos regimes comunitários de bens, ficam imediatamente inibidas, independentemente de qualquer outra formalidade, devido ao seu caráter *deseficacizante*.

Para se aferir a veracidade desta assertiva basta observar, por exemplo, que a comunicabilidade prescrita como consequente normativo pelo supratranscrito art. 1.660, I, do Código Civil, ficaria completamente inviabilizada em relação aos bens que eventualmente viessem a ser adquiridos a partir da data da separação de fato, ainda que o regime de bens permanecesse em plena vigência, pois tal *fato jurídico* é responsável por derruir toda noção que se possa emprestar a *esforço comum* nas aquisições patrimoniais supervenientes à sua ocorrência.

De tão importantes, os temas da comunicabilidade e da cessação superveniente da comunicabilidade em razão da separação fática voltarão a ser abordados em tópico específico, alguns capítulos à frente.

6.1.1 OS ATRIBUTOS DAS NORMAS JURÍDICAS DOS REGIMES DE BENS

Assim como qualquer outra norma jurídica, aquelas prescritas pelo estatuto patrimonial das entidades familiares também possuem sua vigência e eficácia atreladas aos eventos mencionados nos tópicos antecedentes e às especificidades inerentes a cada tipo de união familiar. Por isso se mostra importante, o tanto quanto possível, analisá-las sob idêntica perspectiva.

6.1.1.1 A vigência

No que concerne ao matrimônio, o texto do art. 1.639, § 1º, do Código Civil, enuncia que "o regime de bens entre os cônjuges começa a vigorar desde a data do casamento",

---

[8] OLIVEIRA, Euclides de. Separação de fato e cessação do regime de bens no casamento. *Doutrinas essenciais*: família e sucessões. São Paulo: Revista dos Tribunais, 2011, v. 5, p. 311.

levando o intérprete a construir uma norma no sentido de que o regime se inicia na data da *celebração do matrimônio*, assim compreendido aquele momento em que as partes manifestam a sua vontade de estabelecer vínculo conjugal e a autoridade celebrante as declara casadas (CC, art. 1.514). É a partir desse instante, portanto, que suas normas se tornam passíveis de incidir sobre as relações patrimoniais contraídas pelos cônjuges, valendo lembrar que nem mesmo a existência de eventual pacto antenupcial poderia alterar esse prazo inicial, pelo fato de suas estipulações jamais poderem preceder ou suceder ao casamento, em razão de sua nítida relação de acessoriedade.

Disciplinando o aspecto intertemporal das normas dos regimes, o Código Civil estabelece em seu art. 2.039 que "o regime de bens nos casamentos celebrados na vigência do Código Civil anterior, Lei n. 3.071, de 1º de janeiro de 1916, é o por ele estabelecido". Dessa forma, qualquer relação jurídica de índole patrimonial celebrada pelos casados sob a égide do diploma revogado atrairá a incidência das normas por ele prescritas, pouco importando se sua contração se deu ao abrigo do estatuto atual. Já os casamentos celebrados sob a égide deste, nele encontrarão suporte normativo.

Embora não haja disposição semelhante a respeito do início de vigência das regras sobre as uniões estáveis, parece ser possível afirmar que o regime de bens passe a vigorar apenas a partir do momento em que forem implementados, no mundo empírico, os requisitos previstos no atual art. 1.723 do Código Civil, pois será apenas desse instante em diante que essas uniões poderão ser reconhecidas oficialmente como entidades familiares.

Lembre-se: a união estável se constitui e se desfaz no mundo empírico, independentemente do que eventual contrato de convivência vier a dispor.

Contudo, o Anteprojeto de Reforma do Código Civil pretende enfatizar que "não se admitirá eficácia retroativa ao pacto conjugal ou convivencial que sobrevier ao casamento ou à constituição da união estável" (art. 1.653-A, parágrafo único).

Não por outro motivo a jurisprudência vem se posicionando no sentido de que "a análise dos requisitos ínsitos à união estável deve centrar-se na conjunção de fatores presente em cada hipótese, como a *affectio societatis* familiar, a participação de esforços, a posse do estado de casado, a continuidade da união, a fidelidade, entre outros[9]".

De forma absolutamente diversa ao que ocorre no casamento, porém, as relações patrimoniais constituídas na constância das uniões não matrimonializadas devem ser disciplinadas pela lei vigente à época em que forem sendo contraídas. Esse entendimento é absolutamente pacífico tanto em nível doutrinário[10] quanto jurisprudencial. No Superior Tribunal de Justiça, por exemplo, encontram-se diversos julgados sob o fundamento de que, "os bens adquiridos anteriormente à Lei n. 9.278/96 têm a propriedade – e, consequentemente, a partilha ao cabo da união – disciplinada pelo ordenamento jurídico vigente quando da respectiva aquisição, que ocorre no momento em que se aperfeiçoam os requisitos legais para tanto e, por conseguinte, sua titularidade não pode ser alterada por lei posterior em prejuízo ao direito adquirido e ao ato jurídico perfeito[11]".

---

[9] STJ, REsp 1.353.039/MS, *DJe* 18-11-2013.
[10] IVANOV, Simone Orodeschi. *União estável*: regime patrimonial e direito intertemporal. 2. ed. São Paulo: Atlas, 2007.
[11] REsp 1.124.859/MG, *DJe* 27.2.15; REsp 959.213, *DJe* 10-9-2013.

Quanto ao momento em que as normas dos regimes param de incidir, a formalidade inerente ao matrimônio mais uma vez simplifica a tarefa, pois o art. 1.576 do Código Civil estabelece que a *separação judicial* põe termo ao regime de bens, fazendo com que a vigência e correspectiva incidência de suas normas cessem completamente no instante em que ela for decretada. Apesar de o texto normativo não fazer referência ao divórcio, é claro que ele é que porá fim ao regime de bens, já que, além de o instituto da separação ter sido eliminado de nosso ordenamento jurídico (STF, Tema 1.053), o divórcio, para além de dissolver a sociedade conjugal, dissolve o próprio casamento (CC, art. 1.571, IV e § 1º).

No que toca às uniões não matrimonializadas, a informalidade que lhes é natural parece tornar correto afirmar que o desfazimento do regime de bens se opere diretamente no mundo dos fatos, pelo mero afastamento prolongado e definitivo do casal, desde que esse episódio signifique, também, a dissolução oficial da entidade, pois, como um acontecimento da vida, ela "termina como se inicia, sem qualquer ato jurídico dos companheiros ou decisão judicial" sendo a causa objetiva, "fundada exclusivamente na separação de fato[12]".

O Anteprojeto pretende inovar bastante a respeito. Segundo a redação proposta por seu art. 1.571, III, a sociedade conjugal e a sociedade convivencial também podem encontrar fim "pela separação de corpos ou pela separação de fato dos cônjuges ou conviventes", o que vem enfatizado pelo art. 1.571-A, cuja proposta de redação é a seguinte: "Com a separação de corpos ou a de fato cessam os deveres de fidelidade e vida em comum no domicílio conjugal, bem como os efeitos decorrentes do regime de bens, resguardado o direito aos alimentos na forma disciplinada por este Código".

Compreendidos os momentos inicial e final em que as normas ostentam aptidão para *incidir*, resta saber os instantes em que a eficácia por elas irradiada encontrará início e fim.

6.1.1.2 A eficácia

Partindo-se do pressuposto de que não há casamento nem união estável sem regime de bens, parece ser possível afirmar que as normas se tornem *passíveis* de produzir efeitos no mesmo instante em que ocorre a constituição oficial dessas entidades, ou seja, tão logo haja a celebração do casamento (CC, art. 1.653; ARCC, art. 1.653-A, *caput*) ou a oficialização da união estável pelo preenchimento de seus requisitos no mundo empírico (CC, art. 1.723; ARCC, art. 1.564-A). Os verdadeiros efeitos, contudo, somente serão projetados quando efetivamente ocorrer a aplicação da norma.

Em contrapartida, uma vez ocorrendo o desfazimento oficial dessas composições familiares, os regimes de bens correspondentes serão imediatamente dissolvidos, fazendo com que seus efeitos também deixem de ser projetados, já que, em regra, cessando-se a incidência, cessa também a eficácia. Logo, a regra geral é a de que os efeitos do regime de bens do casamento cessam, definitivamente, por ocasião do divórcio (art. 1.576), ao passo que aqueles projetados sobre as uniões estáveis encontram fim no exato momento em que esta é inequivocamente dissolvida no mundo empírico.

---

[12] LÔBO, Paulo. *Famílias*. 4. ed. São Paulo: Saraiva, 2011, p. 184.

É possível e bastante comum, porém, que as normas dos regimes de bens, projetem efeitos mesmo depois de deixarem de incidir, como se pode perceber da ultratividade gerada sobre o direito das sucessões, mesmo após o fim do casamento pela morte (CC, art. 1.571 c/c art. 1.829, I)[13] e da ultratividade da mancomunhão – que é um dos efeitos projetados pelos regimes comunitários de bens – mesmo após o divórcio.

O contrário também é possível. Mesmo mantendo sua aptidão para incidir – *isto é, de serem aplicadas durante a vigência dos regimes* –, a norma pode ter sua eficácia parcial ou totalmente interrompida em decorrência de certos episódios ocorridos no mundo real. Ao menos em relação ao casamento, já foi dito que a separação de fato com ânimo definitivo representaria o típico exemplo de um desses acontecimentos, dada sua característica de derruir toda noção que se possa emprestar a *esforço comum* nas aquisições patrimoniais supervenientes a sua ocorrência.

Quer isso dizer que, ocorrida a *separação fática com foros de definitividade*, os efeitos gerados por esses regimes restarão seriamente comprometidos, ao ponto de o patrimônio que eventualmente vier a ser adquirido daí por diante não mais se comunicar ao outro consorte, apesar de o regime de bens continuar em vigor e produzindo diversos outros efeitos, até que haja sua dissolução com o término oficial da relação. Tanto é assim, que o próprio legislador autoriza, por exemplo, que o cônjuge que esteja separado de fato forme união estável e institua seguro a favor de eventual convivente (CC, arts. 1.723, § 1º, e 793; ARCC, arts. 1.564-A, § 1º, e 793)[14].

Longe de configurar mera polêmica semântica, as implicações geradas por esse entendimento são graves, especialmente em relação aos regimes comunitários e por isso serão objeto de análise detida em tópico especificamente destinado ao tratamento da separação de fato, ao qual se remete o leitor.

6.2 AS NORMAS DISPOSITIVAS E IMPERATIVAS DOS REGIMES DE BENS

Tamanho é o interesse do Estado na proteção da família que a maioria das normas jurídicas desse ramo do direito é dotada de um colorido especial, que lhes confere a nota da imperatividade, obrigando os destinatários, não raro, "a um único esquema de conduta[15]", como dito.

Apesar disso, predomina o interesse particular das partes em outras relações jurídicas travadas no interesse da família que, por isso, são regidas por normas de índole predominantemente dispositiva, que impedem ou, no mínimo, dificultam toda espécie de ingerência estatal.

---

[13] No STJ, porém, parece que o entendimento é no sentido de que o regime de bens se extingue com a morte de um dos consortes, sem que possa produzir efeitos depois de extinto (REsp 1.501.332/SP, DJe 26-8-2016; REsp 1.472.945/RJ, DJe 19-11-2014), ainda que eleito por pacto antenupcial, porque este instrumento somente disporia "acerca da incomunicabilidade de bens e o seu modo de administração no curso do casamento, não produzindo efeitos após a morte por inexistir no ordenamento pátrio previsão de ultratividade do regime patrimonial apta a emprestar eficácia póstuma ao regime matrimonial" (REsp 1.294.404/RS, DJe 29-10-2015). Respeitosamente, ouso discordar de parte desse posicionamento. Embora concorde que a morte extinga o regime (sua vigência), não faz cessar todos os seus efeitos (sua eficácia). Não por outro motivo o regime sucessório é altamente influenciado pela eficácia do regime de bens escolhido em vida (CC, art. 1.829, I).

[14] Apesar disso, há robusto posicionamento em sentido contrário, defendendo que essa espécie de separação tenha o condão de pôr fim ao próprio regime de bens do casamento, e não a apenas alguns de seus efeitos, com o que este livro, respeitosamente, não concorda.

[15] DINIZ, Maria Helena. *Compêndio de introdução à ciência do direito*. 20. ed. São Paulo: Saraiva, 2009, p. 390.

Da observação desse fenômeno, decorre a conclusão de que a intervenção do Estado nas famílias se dá de maneira proporcional à maior ou menor sensibilidade de que se revestem alguns temas[16]. Por interessarem muito mais de perto à sociedade como um todo, as normas jurídicas incidentes sobre as relações de cunho estritamente pessoal são dotadas de acentuada cogência, ao passo que aquelas incidentes sobre as relações de índole patrimonial revelam certa amenização dessa obrigatoriedade justamente por interessarem imediatamente aos particulares, o que talvez permita afirmar que no *direito pessoal de família*, a imperatividade das normas seja algo essencial, ao passo que no *direito patrimonial de família* sua presença seja acidental[17].

Em nenhuma hipótese, porém, pode ser desconsiderada a liberdade existencial das partes; pelo contrário, a ingerência estatal deve se medir por ela e nela encontrar limite, já que a ampliação da autonomia privada, em detrimento da ingerência estatal no campo das relações familiares, é a tendência[18]. Desse modo, mesmo as relações ligadas ao direito pessoal de família devem ser pautadas pela autonomia privada de seus sujeitos, cabendo ao Estado a intervenção supletiva apenas em hipóteses excepcionais e, ainda assim, no intuito de promover os direitos fundamentais destes.

Para que se implemente esse pensamento, porém, alguns institutos merecem ser repensados, desta vez sob a perspectiva constitucional, para que recebam tratamento adequado não só por medidas de direito material, mas especialmente de direito processual, uma vez que estas serão as responsáveis por assegurar o exercício daquelas.

Tudo isso, é claro, na proporção da maior ou menor carga cogente que os direitos e interesses que repousam por trás delas ostentem.

Assim vistas as coisas, chega-se à conclusão de que não existe ambiente, por exemplo, para o estabelecimento de limitações ao número de filhos ou para a imposição de qualquer empecilho à vontade de as partes colocarem fim à união familiar, pois definitivamente "passa a ter vez no Direito de Família a figura da intervenção mínima do Estado"[19].

Por semelhante premissa, chega-se à conclusão de que a imposição do regime separatista de bens aos casamentos celebrados por septuagenários não se justifica de forma alguma, na medida em que a intervenção estatal deve se limitar à necessidade de preservação da ordem pública apenas, como deixa claro o art. 1.655 do Código.

No campo processual, a tendência deve ser a mesma. Digna de aplausos, portanto, a opção do legislador de 2015 de não mais exigir a designação de audiência de ratificação nas ações consensuais de família, como fazia o CPC/73 (art. 1.122, § 1º), bem como de desestimular a prática adotada em algumas comarcas de se designar audiência prévia, destinada à tentativa de reconciliação do casal nas ações litigiosas de separação e divórcio, que há tempos não correspondia ao modelo contemporâneo de família, fundado muito mais na

---

[16] Em sentido próximo: MILAGRES, Marcelo de Oliveira. Normas cogentes e dispositivas de direito de família. In: CAHALI, Yussef; CAHALI, Francisco José (Org.). *Doutrinas essenciais*: família e sucessões. São Paulo: Revista dos Tribunais, 2014, v. 1, p. 503.

[17] Em semelhante sentido: FARIAS, Cristiano Chaves de; ROSENVALD, Nelson. *Curso de direito civil*: direito das famílias. 4. ed. Salvador: Juspodivm, 2017, v. 6, p. 57.

[18] Nesse sentido, p. ex.: TEIXEIRA, Ana Carolina Brochado; RODRIGUES, Renata de Lima. *O direito das famílias entre a norma e a realidade*. São Paulo: Atlas, 2010, p. 89-114; FACHIN, Luiz Edson. *Direito civil*: sentidos, transformações e fim. Rio de Janeiro: Renovar, 2015, p. 158.

[19] STJ, REsp 1.483.841/RS, *DJe* 27-3-2015; REsp 1.119.462/MG, *DJe* 12-3-2013.

felicidade de seus membros do que na manutenção de um vínculo desprovido de afeto. Agora, existe apenas a audiência voltada à obtenção de conciliação ou mediação do conflito, cujos esforços voltados à reconciliação do casal devem ser evitados, salvo se a iniciativa a respeito partir dele próprio (CPC/2015, art. 695).

Na jurisprudência, aliás, esta já era a tendência desde antes da entrada em vigor desse diploma que, a propósito, merece elogios no que concerne às inovações trazidas a respeito da distribuição do ônus probatório, da flexibilização procedimental (CPC, arts. 139, 190 e 373, § 1º) e, no que interessa mais de perto a este livro, do sistema inteiramente novo dedicado ao tratamento das *ações de família*, que agora tramitarão sob um procedimento especial, propiciando aos sujeitos do processo aptidão para colocarem fim ao conflito subjacente de uma maneira muito mais harmônica e consentânea com os valores e princípios encampados pela ciência do Direito das Famílias (CPC, art. 1º c/c arts. 694 e 695).

Mas é preciso ir além. Apesar da grande contribuição gerada pelos acordos sobre o procedimento (CPC, art. 190), poder-se-ia cogitar, por exemplo, a criação de um regramento específico, completamente afastado do tradicional, à coisa julgada nas ações investigatórias de paternidade[20], assim como uma maior relativização de institutos processuais nas demandas que versassem sobre os pontos mais sensíveis às famílias, fazendo com que mecanismos como a formatação do pedido, a produção de provas, a preclusão, os poderes instrutórios e decisórios do juiz e até a efetivação das sentenças se amoldassem à maior ou menor necessidade de ingerência estatal, sob pena de o processo, visto como técnica para a resolução de conflitos, se perder em sua própria finalidade[21].

O tema voltará a ser abordado com a devida profundidade na Parte II deste livro. Por ora, o estudo se limitará aos aspectos de direito material, tornando-se imprescindível o exame de uma das mais importantes e empolgantes figuras do Direito Patrimonial das Famílias: a mancomunhão.

A ela se destina o próximo capítulo.

---

[20] FARIAS, Cristiano Chaves de. *Escritos de direito e processo das famílias*: novidades e polêmicas: 2ª série. Salvador: Juspodivm, 2007, p. 77 e 218.
[21] A respeito, conferir: CALMON, Rafael. *Manual de direito processual das famílias*. 2. ed. São Paulo: Saraiva, 2023.

7
A Mancomunhão

CONSIDERAÇÕES INICIAIS

Como referido, os regimes comunitários carregam consigo a nota comum de instaurarem sobre o patrimônio compartilhado, um estado jurídico denominado de *mancomunhão*, para garantir que, se e quando a união tiver fim, cada parte possa receber sua meação sobre ele.

Esta é sua marca característica e, se não o principal, um de seus mais importantes efeitos.

Existe, entretanto, bastante controvérsia sobre a natureza jurídica do instituto, tornando-se necessárias algumas considerações prévias a seu respeito e de algumas categorias jurídicas a ele assemelhadas, ainda que sem qualquer outro propósito que não o de propiciar a melhor compreensão do objeto central de estudo.

7.1 A RELAÇÃO E A SITUAÇÃO JURÍDICA

Na dinâmica dos acontecimentos havidos no dia a dia, existem episódios que nem de perto interessam ao Direito. Uma chuva leve sobre o oceano, uma brisa pela manhã ou um latido de um cãozinho, via de regra, não geram consequência jurídica. Mesmo relações mantidas entre pessoas podem ser irrelevantes juridicamente, como um simples aperto de mão, um acenar com a cabeça ou um "bom dia" dado no elevador, constituindo, por isso, meras situações e relações de fato. No entanto, outras tantas circunstâncias ocorridas na natureza e um sem-número de conexões mantidas entre seres humanos geram sim efeitos juridicamente relevantes. É aí que entram as situações jurídicas e as relações jurídicas.

Conheçamos primeiramente a situação jurídica.

7.1.1 A SITUAÇÃO JURÍDICA

Situação jurídica é termo polissêmico. Em sentido amplo, compreende qualquer episódio da vida dotado de relevância para o Direito. Note que não se está referindo a acontecimentos envolvendo pessoas, mas a toda e qualquer conjuntura que atraia a incidência de normas jurídicas, podendo ou não envolver uma ou mais pessoas. Afinal, nem todos os acontecimentos importantes para o direito envolvem seres humanos vinculados por alguma relação, não é mesmo? Dentro dessa concepção, situações jurídicas seriam a pura e simples valoração de algum acontecimento da vida pelo Direito, como a simples tipificação legal dos bens jurídicos e a sua correspectiva divisão em diferentes classes – como feito pelo Código Civil no Título Único do Livro II de sua Parte Geral (arts. 79 a 103) – ou a mera previsão, em abstrato, de determinada categoria jurídica, como a condição (CC, art. 121) ou o estado de perigo (CC, art. 156, *caput*).

A respeito, Oliveira Ascensão[1], que, inclusive, é o autor do primeiro exemplo acima referido, esclarece que "a situação jurídica pode não ter nenhum correspondente nos acontecimentos exteriores [...] A norma meramente qualificativa de coisas, como imóveis ou fungíveis, sendo uma norma jurídica, provocaria na sua aplicação situações jurídicas sem titular". Por isso, continua o professor, a situação jurídica, vista em sentido amplo, "exprime simplesmente a resultante de qualquer valoração da realidade pela ordem jurídica", como a "qualificação legal de uma coisa como fora do comércio, que cria uma situação jurídica, como figura meramente técnica".

Sob essa perspectiva, ela também pode ser denominada de situação jurídica objetiva ou abstrata.

Mas existe também uma acepção estrita de situação jurídica. De acordo com ela, as situações jurídicas não mais seriam representadas por *acontecimentos valorados pelo direito*, mas sim pelas *consequências jurídicas* projetadas por esses acontecimentos em razão da incidência da norma jurídica. Nesse sentido estrito sim, é preciso que se levem em consideração as pessoas, porque será sobre elas que essas consequências irradiarão. Conceitualmente, portanto, situações jurídicas em sentido estrito são o complexo de prerrogativas asseguradas pelo Direito referentemente a uma coisa ou a outras pessoas que eventualmente estejam unidas sob relação, por incidência da norma jurídica[2].

O recurso a exemplos talvez facilite a assimilação do que acaba de ser dito. A personalidade civil, tal qual prevista em nosso ordenamento jurídico, é uma situação jurídica em sentido amplo. Mas, ao nascer com vida, a pessoa adquire uma série de direitos, obrigações e deveres a ela inerentes, como o direito ao nome (CC, art. 16) e o de ter a sua vida privada respeitada (CC, art. 20), apenas para citar dois deles. Esse complexo de prerrogativas conferidas pela norma jurídica são justamente as situações jurídicas em sentido estrito. Algo assemelhado ocorreria em relação a um bem imóvel visto como situação jurídica em abstrato. Ao adquiri-lo na forma da lei (CC, art. 1.245), o proprietário passaria a titularizar um complexo de situações jurídicas em sentido estrito a exemplo da faculdade de usá-la e do direito de reavê-la de quem quer que injustamente a possua ou detenha (CC, art. 1.228).

É precisamente pela necessidade de que as pessoas sejam consideradas que, sob essa perspectiva, a situação jurídica também costuma ser denominada de subjetiva ou concreta.

Entretanto, perceba que, apesar de exigir elemento subjetivo, a acepção estrita de situação jurídica não requer que a pessoa esteja unida a outras por algum vínculo jurídico. A conexão ligando dois ou mais sujeitos pode até ocorrer, mas é meramente eventual, de modo que sua

---

[1] ASCENSÃO, José de Oliveira. *Direito civil*: teoria geral: relações e situações jurídicas. 3. ed. São Paulo: Saraiva, 2010, p. 10.
[2] Alguns preferem chamar as situações jurídicas em sentido estrito de posições jurídicas.

inexistência não desconfigura o fenômeno como situação jurídica. A própria situação de propriedade imóvel, há pouco referida, configura uma situação jurídica uniposicional, responsável por conectar exclusivamente um sujeito titular de um direito real à coisa, sobre a qual exerce seus direitos com eficácia perante todos (*erga omnes*). As qualidades e qualificações da pessoa, como ser brasileiro ou ser cidadão, assim como as prerrogativas inerentes à personalidade, por exemplo, também representariam situações jurídicas uniposicionais, embora oponíveis contra todos.

Apesar de a presença de mais de um sujeito nesse vínculo não ser necessária, é bastante comum que isso aconteça na prática. Nesse caso, fala-se em situação jurídica pluriposicional ou intersubjetiva, em que duas ou mais pessoas se unem em relação a um interesse comum. Fala-se, portanto, em relação jurídica, que é uma subespécie de situação jurídica e que receberá maiores atenções logo na sequência.

São muitas as espécies de situação jurídica em sentido estrito. É provável, no entanto, que as mais conhecidas sejam o poder jurídico, o direito subjetivo, o direito potestativo, a pretensão, a faculdade, o dever jurídico, a sujeição e o ônus.

Nesta obra, contudo, a expressão situação jurídica está sendo empregada em sua concepção clássica, compreensiva de toda e qualquer conjuntura da vida cotidiana que, por interessar ao Direito, comporte incidência de normas jurídicas.

Por isso se adere ao pensamento de Marcos Bernardes de Mello, segundo o qual, em sentido amplo, "situação jurídica designa toda e qualquer consequência que se produz no mundo jurídico em decorrência de fato jurídico, englobando todas as categorias eficaciais, desde os mínimos efeitos à mais complexa das relações jurídicas; define, portanto, qualquer posição em que se encontre o sujeito de direito no mundo jurídico[3]".

Como se intui, não é só entre indivíduos que se estabelecem situações jurídicas. É dizer: podem surgir situações jurídicas não relacionais, como acontece com frequência entre pessoas e as coisas de sua propriedade. Cogita-se, ainda, que "a situação jurídica de quem quer ver preservado seu direito ao silêncio é fenômeno jurídico, é situação jurídica absoluta (não relacional) e, portanto, não é relação jurídica intersubjetiva[4]".

Situações jurídicas exprimem, assim, a noção de gênero, do qual as *relações jurídicas são, sem dúvida, a sua principal* espécie. Mais precisamente de espécie de situação jurídica mantida entre pessoas, pois inexiste relação jurídica entre sujeito e coisa, mas tão somente entre sujeito e sujeito[5].

Conceitualmente, relação jurídica é a conexão existente entre duas ou mais pessoas acerca de um objeto específico, à qual o Direito atribui efeitos obrigatórios. Ela se forma pela incidência de normas jurídicas sobre os fatos sociais ocorridos entre indivíduos. Por isso, muitos a sintetizam como aquela relação social juridicamente relevante.

De maneira geral, a doutrina costuma eleger como elementos das relações jurídicas os *sujeitos ativo e passivo*, o *vínculo* que os une e o *objeto*. O sujeito ativo e o passivo são as partes componentes da relação em posição de atividade e passividade, respectivamente. A conexão é o vínculo,

---

[3] MELLO, Marcos Bernardes de. *Teoria do fato jurídico*: plano da eficácia. São Paulo: Saraiva, 2003, p. 79.
[4] NERY JR., Nelson; ANDRADE NERY, Rosa Maria de. *Instituições de direito civil*. São Paulo: Revista dos Tribunais, 2015, v. 1, t. 1, p. 344.
[5] O art. 67º do Código Civil de Portugal enuncia que: "As pessoas podem ser sujeitos de quaisquer relações jurídicas, salvo disposição legal em contrário: nisto consiste a sua capacidade jurídica".

o elo que une o sujeito ativo ao passivo, impondo as consequências jurídicas da relação. Pode ser representado por um contrato ou uma lei, por exemplo, conferindo àquele o poder de influir ou de exigir algo em face deste. Finalmente, esse *algo* é o objeto da relação jurídica, isto é, tudo aquilo sobre o que podem recair os poderes dos sujeitos de direito, como ferramenta para a consecução das finalidades jurídicas, compreendendo as ações humanas (prestações) e os bens[6].

Não se confundem, contudo, o *objeto* com o *conteúdo* da relação jurídica, pois, enquanto o primeiro é o meio assegurado ao sujeito ativo para atingir um fim (os bens ou as prestações), o segundo é o próprio fim garantido pelo direito, fazendo com que, na relação jurídica de crédito, por exemplo, seu objeto seja a obrigação ao pagamento de determinada quantia, isto é, a conduta de dar, ao passo que seu conteúdo seja o próprio dinheiro[7].

Se relação jurídica exprime um vínculo mantido entre pessoas em torno de um interesse que lhes possa ser comum, é natural supor que essa conexão atribua a cada uma delas uma gama de poderes, deveres, direitos, ônus, faculdades etc., relativamente a esse interesse, que aparecem em relação de contraposição e cujo descumprimento projeta efeitos variados. Surgem, então, as posições jurídicas ativas – quando a incidência da norma conferir uma posição jurídica de vantagem de um frente ao outro – e as contrapostas posições jurídicas passivas – quando a incidência da norma colocar um sujeito em uma posição jurídica de desvantagem relativamente ao outro. O direito subjetivo, o direito potestativo, a pretensão, o interesse legítimo, a faculdade e o poder jurídico poderiam ser citados como exemplos das primeiras, enquanto o dever jurídico, o estado de sujeição, o ônus e a resistência configurariam exemplos das segundas[8].

Levando-se em conta as relações jurídicas obrigacionais – que são as únicas que interessam por aqui –, a coisa poderia ser assim colocada: o direito subjetivo atribuiria a seu titular a prerrogativa de ter um *dever jurídico* cumprido pela outra pessoa. Graças a essa situação de vantagem de um sobre o outro, o primeiro seria considerado o sujeito ativo em relação ao segundo, que seria classificado como o sujeito passivo da relação. Esse dever jurídico sempre corresponderá a uma prestação, isto é, a um agir humano, representado por um dar, um fazer ou um não fazer[9]. Em uma relação de comodato, por exemplo, o sujeito ativo teria a prerrogativa de obter a restituição da coisa por parte do sujeito passivo, na data e forma ajustadas. Se esse dever não for cumprido ao tempo e modo devidos, o sujeito ativo passará a dispor, desta vez, do poder jurídico de exigir o adimplemento da *obrigação* daí resultante, ao qual se dá o nome de pretensão, enquanto o sujeito passivo continuará tendo o contraposto dever jurídico a respeito. Já o direito potestativo não conferiria um poder de exigir o cumprimento de um dever jurídico pelo outro sujeito, mas sim o poder jurídico de influir diretamente em sua esfera, criando, modificando ou extinguindo a própria relação jurídica sem que este pudesse fazer outra coisa a não ser se sujeitar a essa situação. Em uma relação de mancomunhão, por exemplo, o sujeito ativo teria o direito potestativo de promover a partilha do patrimônio comum do casal, sujeitando o sujeito passivo a suportar as consequências daí advindas.

---

[6]   Por todos: SECCO, Orlando de Almeida. *Introdução ao estudo do direito*. Rio de Janeiro: Lumen Juris, 2009, p. 93.
[7]   NÓBREGA, José Flóscolo da. *Introdução ao direito*. João Pessoa: Linha D'água, 2007, p. 186.
[8]   Também nesse sentido: FONTES, André. *A pretensão como situação jurídica subjetiva*. Belo Horizonte: Del Rey, 2002, p. 66-72.
[9]   O art. 397º do Código Civil Português enuncia que: Obrigação é o vínculo jurídico por virtude do qual uma pessoa fica adstrita para com outra à realização de uma prestação.

É bom que se atenha à distinção entre *direitos subjetivos* (ou direitos a uma prestação) e *direitos potestativos* (ou direitos que geram sujeição), por causa das consequências projetadas sobre o instituto da prescrição, que receberá atenção no último capítulo da primeira parte deste livro. Enquanto os primeiros representam o poder jurídico que o sujeito ativo tem de *exigir* do passivo, o cumprimento de uma prestação, isto é, uma conduta representada por dar, fazer ou não fazer, os segundos são o poder que o sujeito ativo tem de *influir* diretamente na esfera alheia, criando, modificando ou extinguindo alguma situação jurídica, o que significa dizer que os direitos subjetivos demandam cooperação da parte contrária, que poderá ou não cumprir o dever jurídico que lhe cabe, ao passo que os potestativos dispensam tal atitude, pois se exercitam com a simples manifestação de vontade de seu titular, à qual o outro deverá necessariamente se sujeitar[10].

Aqueles são os únicos hábeis a gerar pretensão e por isso somente eles, ou melhor, as demandas que veiculam pretensão, se submetem à prescrição (CC, art. 189), enquanto estes geram um estado de sujeição e são capazes de serem alcançados, quando muito, pela decadência (CC, art. 207)[11].

Retornando à contextualização e à exemplificação das posições jurídicas ativas e passivas, a *faculdade jurídica* é a situação ativa que consiste na escolha atribuída a uma pessoa de obter, por ato próprio, alguma vantagem em virtude da adoção de determinada postura, sem com isso gerar qualquer interferência sobre a esfera alheia. O devedor de alimentos, por exemplo, tem a faculdade de pagar a pensão antes do dia ajustado para tanto. Finalmente, o ônus e o dever jurídico são situações processuais passivas. Finalmente, o ônus é aquela situação que atribui ao onerado a livre alternativa entre adotar ou não determinada conduta para a realização de algo que seja de seu próprio interesse, sob pena de sofrer consequências desfavoráveis diversas da sanção. O comprador de imóvel tem o ônus de levar o bem a registro perante a serventia imobiliária, mas não está obrigado a fazer isso, por exemplo.

Tudo isso talvez possibilite conceituar relação jurídica como sendo o vínculo que se estabelece entre sujeitos, em consequência da incidência da norma jurídica, tendo por objetivo a atribuição de uma situação ou posição jurídica de vantagem a uma delas (sujeito ativo), que lhe autoriza a exigir da outra, colocada, por isso, em situação ou posição de desvantagem (sujeito passivo), o cumprimento de um dever jurídico ou a sujeição ao exercício de um direito (objeto), dando origem, assim, aos direitos subjetivos em sentido estrito (direitos à prestação) e aos direitos potestativos (direitos à sujeição).

Essas noções voltarão a ser exploradas quando for estudada a imprescritibilidade do direito à partilha.

7.2 AS UNIVERSALIDADES JURÍDICAS

Ao tratar dos bens singulares e coletivos, o Código Civil enuncia em seu art. 89 que "são singulares os bens que, embora reunidos, se consideram de per si, independentemente dos

---

[10] De acordo com Francisco Amaral, direito potestativo "é o poder que a pessoa tem de influir na esfera jurídica de outrem, sem que este possa fazer algo que não se sujeitar. Consiste em um poder de produzir efeitos jurídicos mediante declaração unilateral de vontade do titular, ou decisão judicial, constituindo, modificando ou extinguindo relações jurídicas. Opera na esfera jurídica de outrem, sem que este tenha algum dever a cumprir" (AMARAL, Francisco. *Direito civil*: introdução. 10. ed. São Paulo: Saraivajur, 2018, p. 346).

[11] CHIOVENDA, Giuseppe. *Instituições de direito processual civil*. Campinas: Bookseller, 2000, v. I, p. 30; AMORIM FILHO, Agnelo. *As ações constitutivas e os direitos potestativos*. Doutrinas essenciais de Processo Civil. São Paulo: Revista dos Tribunais, 2011, v. 2, p. 29.

demais", como um cavalo, um relógio etc. Em contraposição, consideram-se coletivos os bens singulares reunidos, por força da lei ou da vontade humana, e, com uma destinação específica, sob a forma de um todo que passa a ser considerado em conjunto e a ter individualidade própria, como acontece com um rebanho, com uma floresta ou com um patrimônio, por exemplo.

Eis as universalidades.

Como visto, elas são espécie de bens coletivos. E, de acordo com a própria lei, elas podem ser de fato e de direito (CC, arts. 90 e 91). As primeiras se caracterizam pela materialidade dos bens agregados (coisas de existência física) e pela origem na pura e simples vontade humana (de seu titular), como acontece na reunião de diversos livros em uma biblioteca, na aglomeração de variadas plantas em um jardim botânico, ou, ainda, na junção de múltiplos itens em uma coleção, por exemplo (CC, art. 90). Já as segundas se caracterizam justamente pelo contrário: a imaterialidade dos bens reunidos (já que nela não entram coisas físicas, mas só relações jurídicas de conteúdo patrimonial) e pelo fato de a norma jurídica (e não a mera vontade humana do titular) ser a única responsável por sua criação, bem como por lhe atribuir o caráter de unidade e por lhe conferir destinação econômica[12], a exemplo do que acontece no patrimônio, na massa falida, na herança, no conjunto de bens do casal, por exemplo (CC, art. 91)[13].

Dos bens coletivos, somente as universalidades jurídicas interessam neste momento.

Elas vêm mencionadas no art. 91 do Código Civil, segundo o qual "constitui universalidade de direito o complexo de relações jurídicas, de uma pessoa, dotadas de valor econômico".[14]

Como se percebe pela simples leitura do texto normativo, apenas situações jurídicas com repercussão econômica entram nas universalidades jurídicas, e não os bens corpóreos propriamente ditos, que somente poderiam ser considerados seus componentes em um sentido mediato, pelo fato de serem elementos dos direitos, isto é, o conteúdo da situação jurídica.

Portanto, muito embora se costume dizer, em linguagem comum, que o imóvel X, o automóvel Y e a quantia em dinheiro Z depositada na conta bancária façam parte do patrimônio particular de uma pessoa ou do patrimônio comum do casal, o correto em linguagem jurídica seria afirmar que a relação jurídica de propriedade sobre o imóvel X, a relação jurídica de propriedade sobre o automóvel Y e a relação jurídica de depósito sobre a quantia Z é que integram esses patrimônios, pois, como dito, apenas relações jurídicas (e não os bens que formam seu conteúdo) entram nas universalidades jurídicas[15].

Por compreenderem todas as situações jurídicas dotadas de valor econômico que a pessoa titulariza, as universalidades de direito englobam não só os elementos ativos, mas

---

[12] Assim: TARTUCE, Flávio. *Direito civil*: lei de introdução e parte geral. v. 1. 11. ed. Rio de Janeiro: Forense, 2015, p. 289.
[13] O Código Civil de 1916 mencionava expressamente em seu art. 57 a herança e o patrimônio. Sua redação era a seguinte: Art. 57. "O patrimônio e a herança constituem coisas universais, ou universalidade, e como tais subsistem, embora não constem de objetos materiais".
[14] O Anteprojeto de Reforma do Código Civil pretende modificar ligeiramente essa redação para a seguinte: "Art. 91. Constitui universalidade de direito o complexo de relações jurídicas, dotadas de valor econômico, experimentadas por uma ou mais pessoas, conforme assim se tenha estabelecido".
[15] A respeito, Pontes de Miranda diria que: "Não há domínio do patrimônio, no sentido em que há domínio do bem imóvel, ou do bem imóvel corpóreo, mas o patrimônio é tido como bem incorpóreo, transcendente aos bens corpóreos e incorpóreos que o compõem e nesse sentido é suscetível de ser objeto de direito de propriedade, que é correspondente ao de domínio a titularidade de qualquer direito sobre bem incorpóreo (propriedade intelectual, propriedade industrial) (PONTES DE MIRANDA, Francisco Cavalcanti. *Tratado de direito privado*. 3. ed. tomo XLIX. São Paulo: Revista dos Tribunais, 1984, p. 352).

também os passivos. Logo, tanto relações de crédito, quanto de débito e obrigações de fazer e de não fazer são passíveis de serem recobertos por ela[16].

Talvez a maior prova do que acaba de ser dito seja a possibilidade de existência de um patrimônio, logo, uma universalidade de direito, composto apenas de dívidas[17].

Se a noção de universalidade jurídica carrega consigo a ideia de um complexo, de um amontoado de direitos ativos e passivos aferíveis em pecúnia, chega a ser intuitivo que esse agrupamento possa tanto se expandir quanto se comprimir, pela entrada ou pela saída de novos elementos, respectivamente.

A bem da verdade, é de sua essência a aptidão para permitir tanto o ingresso de componentes absolutamente novos, quanto a saída de componentes já existentes, sem que sua configuração unitária seja afetada de qualquer forma. Isso porque a entrada de novas situações jurídicas acarretaria sua mera dilatação, fazendo com que o todo abstrato passasse a abarcá-las, ficando ainda maior, ao passo que a mudança ou a redução de seus elementos proporcionaria nada mais do que sua mera contração, sem afetar de qualquer forma sua coesão e indivisibilidade.

Afinal, se as universalidades são bens coletivos, é o conjunto que importa e que deve ser considerado, certo?

Exemplificativamente, um patrimônio comum constituído inicialmente apenas pela relação jurídica de propriedade sobre certo imóvel e pela relação de posse sobre determinado veículo, pode vir a ser ampliado, pouco a pouco, com a entrada de uma relação jurídica de propriedade sobre outro automóvel, assim como pode ser reduzido pela contração de uma relação de débito ou com a perda das relações de propriedade pela venda dos bens.

Isso decorre de uma marcante característica das universalidades jurídicas: a elasticidade ou plasticidade[18].

É o que ensina Inocêncio Galvão Teles[19], no seguinte trecho de sua renomada obra:

> as universalidades são instituições – não, é claro, instituições-pessoas, mas instituições-coisas. A sua individualidade perdura e subsiste através do renovar sucessivo de todos e cada um dos objetos componentes. Podem entrar elementos novos, sair elementos antigos: o complexo não se extingue, nem deixa de ser o mesmo. Há, assim, uma variabilidade, pelo menos quantitativa, que, traduzindo-se quer numa extensibilidade, quer numa compressibilidade, dá ao agrupamento a feição bem marcada de organismo vivo, e justifica de sobo que o qualifiquemos de instituição.

Em linguagem figurada, a dinâmica das universalidades jurídicas poderia ser assemelhada à dos balões de inflar utilizados em festas de aniversário e comemorações diversas: a bexiga representaria o invólucro responsável por recobrir as relações jurídicas contraídas pelas

---

[16] Neste sentido: GONÇALVES, Carlos Roberto. *Direito civil brasileiro*. v.1. 15. Ed. São Paulo: Saraiva, 2017, p. 247. Em sentido contrário: OLIVA, Milena Donato. *Patrimônio separado*: herança, massa falida, securitização de créditos imobiliários, incorporação imobiliária, fundos de investimento imobiliário, trust. Rio de Janeiro: Renovar, 2009, p. 214.

[17] Em sentido próximo: LOTUFO, Renan. *Código Civil comentado*: parte geral. 2. ed. São Paulo: Saraiva 2004, v. 1, p. 125.

[18] A respeito, sugere-se a leitura de: OLIVA, Milena Donato. *Patrimônio separado*: herança, massa falida, securitização de créditos imobiliários, incorporação imobiliária, fundos de investimento imobiliário, trust. Rio de Janeiro: Renovar, 2009, p. 122.

[19] GALVÃO TELES, Inocêncio. *Das universalidades*. Lisboa: Minerva, 1940, p. 171.

pessoas; o gás simbolizaria essas relações jurídicas em espécie; a expansão ou contração da bexiga, resultantes da entrada ou da saída de relações jurídicas, exprimiria a elasticidade.

No final das contas, tal como acontece com as universalidades, cheias ou vazias, as bexigas continuam sendo balões infláveis.

Para além dessa peculiaridade, as universalidades de direito se caracterizam por decorrerem exclusivamente de lei em sentido amplo, de serem intransmissíveis, de se destinarem a uma finalidade específica e de possuírem unidade, isto é, formarem um todo desvinculado de seus componentes.

Sim, a unitariedade é outra de suas principais características.

A seu respeito, Silvio Rodrigues[20] escreve que, "na universalidade de direito contempla-se um todo que emerge das unidades que a compõem, constituindo, por força da lei, uma coisa nova. Assim o patrimônio e a herança, que são a reunião de várias relações jurídicas ativas ou passivas". Logo adiante, o mestre prossegue, ensinando que "a saída ou a substituição de algumas dessas relações jurídicas não faz com que o remanescente deixe de ser um patrimônio ou uma herança. Se todas, menos uma, das relações jurídicas que compõem um patrimônio ou uma herança desaparecerem, aquela que sobrar continua a ser patrimônio ou herança".

Observe que é a necessidade de destinar tratamento global aos itens que a compõem, em função de sua destinação comum, que faz com que seja a lei, e apenas a lei, a responsável por lhes conferir essa característica unitária.

Semelhante percepção advém de Nelson Nery Jr. e Rosa Maria de Andrade Nery[21], para quem

> na universalidade de direito a pluralidade de relações conexas é reduzida à unidade por determinação da lei, sem que haja um nexo econômico e sem a necessidade de uma agregação material entre os seus elementos heterogêneos. A relação de coesão na universalidade de direito é criada pela lei que tem em conta a finalidade a atingir ou a origem particular de um complexo de bens considerado em sua unidade.

Nem mesmo eventual alteração subjetiva as desnatura. A este propósito, inclusive, o Enunciado n. 288, das Jornadas de Direito Civil/CJF, dispõe que "a pertinência subjetiva não constitui requisito fundamental para a configuração das universalidades de fato e de direito", o que significa dizer que o titular da própria universalidade jurídica não precisa ser o mesmo das relações jurídicas por ela englobadas.

Portanto, um patrimônio inteiro que pertença a A pode ser herdado por B, por exemplo, sem perder sua essência de universalidade jurídica. Ou então, C e D podem titularizar uma frota de veículos pertencente a D e E, em condomínio.

Se o que importa é o conjunto, e não os elementos isoladamente considerados, torna-se dispensável até mesmo saber exatamente quantos ou quais bens as integram, já que eles podem ser livremente substituídos por outros, sem que isso afete a universalidade em si.

---

[20] RODRIGUES, Silvio. *Direito civil*: parte geral. v. 1. 34. ed. São Paulo: Saraiva, 2007, p. 134-135.
[21] NERY JUNIOR, Nelson; NERY, Rosa Maria de Andrade. *Código Civil comentado*. 11. ed. São Paulo: Revista dos Tribunais, 2014.

Isso tem uma razão de ser. É da essência das universalidades jurídicas que um elemento possa ser substituído por outro e vice-versa, tomando tranquilamente seu lugar na relação jurídica. Inclusive, o Código Civil revogado continha dispositivo enunciando expressamente que "na coletividade, fica sub-rogado ao indivíduo, o respectivo valor, e vice-versa" (art. 56).

Escrevendo sobre esta particularidade, mais uma vez o professor Silvio Rodrigues[22] ensina que "a determinação de que, 'na coletividade, fica sub-rogado ao indivíduo o respectivo valor, e vice-versa', constitui aplicação da velha regra segundo a qual *in judieis universalibus res succedit in loco pretii et praetium in loco rei*. O que significa que, nas universalidades de direito, as coisas que entram em substituição às que por elas se trocam tomam-lhes o lugar, mantendo íntegra a universalidade". Mas adverte o mestre: "tal operação se processa num campo intelectual; o princípio tirando sua força do ordenamento jurídico que o ampara. No campo dos fatos existe uma alteração efetiva, que no plano do direito não se toma marcada, justamente porque, pelo princípio da sub-rogação real, o valor da coisa alienada a substitui, na *universitas juris* que se tem em vista".

Apesar de o diploma atual não conter, expressamente, regra semelhante, a estrutura do instituto parece permitir que assim continue sendo entendido, por ser da essência das universalidades jurídicas a regência por algo assemelhado a um *princípio geral da sub-rogação real*, responsável por impor que tudo aquilo que venha a ser adquirido com o produto de bens que a compõem passe a integrá-la, em substituição aos que forem utilizados nessa operação[23].

Isso tudo porque o que as universalidades jurídicas sempre exprimirão será algo redutível a pecúnia, cujo saldo, positivo ou negativo, poderá ser apurado ao final, por ocasião de seu desfazimento, independentemente da circunstância de se referir ao bem A, B ou C.

Uma vez atingida sua finalidade, isto é, alcançado o objetivo que motivava sua formação, o instituto encontra aptidão para se desfazer, como bem observado, com o acerto de costume, por Pontes de Miranda[24], para quem "a universalidade de direito acaba quando, pela regra jurídica a que serve o conceito, já se não lhe encontre destino jurídico".

Uma herança, por exemplo, deixará de ser considerada universalidade jurídica quando atingir sua finalidade: ser partilhada pelos herdeiros ou sucessores do titular falecido. O mesmo acontece com o patrimônio comum de um casal: tão logo partilhado, deixa de representar universalidade de direito.

Apesar de coesa, a universalidade de direitos pode ser alvo apenas de negócios jurídicos obrigacionais, mas não objeto de direitos reais, haja vista as peculiaridades destes exigirem, no sistema brasileiro, bem jurídico definido como objeto, e não um complexo de relações jurídicas relacionais ou não, ainda que formando um todo unitário.

---

[22] RODRIGUES, Silvio. *Direito civil*: parte geral. v. 1. 34. ed. São Paulo: Saraiva, 2007, p. 134-135.
[23] Neste e em sentido próximo: VENOSA, Sílvio de Salvo. *Direito Civil*: parte geral. v. 1. 17. ed. São Paulo: Atlas, 2017, p. 489; RODRIGUES, Silvio. *Direito civil*: parte geral. v. 1. 34. ed. São Paulo: Saraiva, 2007, p. 135; PEREIRA, Caio Mário da Silva. *Instituições de direito civil*. v. I. 30. ed. Atual. Maria Celina Bodin de Moraes. Rio de Janeiro: Forense, 2017, p. 357; PONTES DE MIRANDA. Francisco Cavalcanti. *Tratado de direito privado*: parte geral. Campinas: Bookseller, 2000, t. 2, § 154. 4. Em sentido contrário: OLIVA, Milena Donato. *Patrimônio separado*: herança, massa falida, securitização de créditos imobiliários, incorporação imobiliária, fundos de investimento imobiliário, trust. Rio de Janeiro: Renovar, 2009, p. 247.
[24] PONTES DE MIRANDA, Francisco Cavalcanti. *Tratado de direito privado*. Campinas: Bookseller, 2001, t. 5, § 597. 1.

Não se poderia, assim, hipotecar um patrimônio, muito embora se possa perfeitamente ceder uma herança (CC, art. 1.793).

O reconhecimento de um coletivo de bens como universalidade jurídica gera consequências até mesmo sobre o processo civil. Isto porque o pedido deduzido em qualquer ação que verse sobre ela poderá ser genérico, exonerando a parte autora de identificar cada um dos itens que a compõem, exceto, é claro, se tiver pleno conhecimento a respeito de quais sejam eles. É justamente nesse sentido o art. 324, § 1º, I, do CPC quando autoriza a dedução de pedido genérico "nas ações universais, se o autor não puder individuar os bens demandados". Essa corriqueira situação permitirá que o juiz profira sentença ilíquida, exceto, é claro, se ele conseguir identificar os elementos durante a instrução processual, desafiando o vencedor a promover a sua liquidação oportunamente (CPC, art. 509).

Todas as características acima listadas são essenciais para que um monte patrimonial seja considerado uma universalidade de direito, sob pena de, em sua ausência, existir mera pluralidade de direitos titularizados por um ou mais sujeitos, e não uma *universitas iuris*.

As universalidades jurídicas voltarão a ser analisadas quando for estudada a mancomunhão, algumas linhas adiante. Para finalizar este tópico, basta lembrar que seus exemplos mais expressivos, como dito, talvez sejam a herança, a massa falida, o fundo mútuo de ações e a empresa[25], ao lado daquele que será estudado com mais profundidade no próximo tópico e que vinha expressamente mencionado no art. 57 do Código revogado: o patrimônio jurídico.

7.2.1 O PATRIMÔNIO JURÍDICO

A noção de patrimônio jurídico é superimportante para o Direito. Basta ver que ela fundamenta um dos mais relevantes princípios da ordem jurídica: o da responsabilidade patrimonial, segundo o qual é o patrimônio do titular, e não sua própria pessoa, que responde por suas obrigações (CPC, art. 789)[26].

Quando se está a tratar do Direito das Famílias, essa noção talvez se torne ainda mais importante. Afinal, embora apenas o próprio titular gerencie seu patrimônio particular (CC, art. 1.665), ambos os cônjuges e conviventes administram conjuntamente o patrimônio comum (CC, art. 1.663), o qual será objeto de eventual partilha.

Com sua habitual precisão, Clóvis Beviláqua[27] conceituava patrimônio como:

> o complexo das relações jurídicas de uma pessoa, que tiverem valor econômico. Assim, compreendem-se no patrimônio tanto os elementos ativos quanto os passivos, isto é, os direitos de ordem privada economicamente apreciável e as dívidas. É a atividade econômica de uma pessoa, sob o seu aspecto jurídico, ou a projeção econômica da personalidade civil.

---

[25] GONÇALVES, Carlos Roberto. *Direito civil brasileiro*: parte geral. 8. ed. São Paulo: Saraiva, 2010, p. 251-252, 298.
[26] CPC, art. 789. O devedor responde com todos os seus bens presentes e futuros para o cumprimento de suas obrigações, salvo as restrições estabelecidas em lei.
[27] BEVILÁQUA, Clóvis. *Teoria geral do direito civil*. Rio de Janeiro: Livraria Francisco Alves, 1929, § 29.

Seguem o mesmo sentido, embora com algumas notas distintivas, os conceitos elaborados pela literatura mais recente[28].

Portanto, patrimônio significa o complexo de relações jurídicas de conteúdo econômico, titularizado por uma pessoa. E, como toda pessoa inserida em sociedade contrai incontáveis relações jurídicas dotadas de expressão econômica ao longo de sua vida, há de se convir que toda pessoa possua um patrimônio.

Aliás, sua vinculação à personalidade de seu titular é tamanha, que é bastante comum se afirmar que "o patrimônio é a representação econômica da pessoa" ou a "projeção econômica da personalidade". Por isso, a pessoa o conservará durante toda sua vida, somente deixando de o titularizar por ocasião de sua morte, já que esta coloca fim à sua personalidade jurídica.

Nem mesmo com a morte, contudo, o patrimônio fica sem titular, pois, como ensinaria Luiz Paulo Vieira de Carvalho[29], o assim chamado princípio da *saisine* (*Droit de Saisine*), previsto no art. 1.784 do nosso Código Civil, tem justamente por função "evitar que o patrimônio do morto, dele destacado com a morte, fique sem titular (acéfalo). [...] Como regra, instantaneamente, o domínio daquele torna-se domínio deste (dos herdeiros), a posse de um, a posse de outro, o mesmo ocorrendo com os direitos, créditos e débitos transmissíveis do falecido".

Portanto, embora o falecido não possua mais patrimônio, aquele que um dia lhe pertenceu até o momento exatamente anterior ao seu passamento é transferido, por uma ficção jurídica, automática e imediatamente a seus herdeiros, que passarão a ser seus novos titulares.

Por ser espécie de universalidade jurídica, tudo o que foi dito anteriormente possui aplicação a ele. A bem da verdade, a identificação entre as figuras é tão grande, que o recém-estudado art. 91 do Código Civil em vigor conceitua universalidade de direito justamente como "o complexo de relações jurídicas, de uma pessoa, dotadas de valor econômico", ao passo que o art. 57 do Código Civil revogado dispunha expressamente que "o patrimônio e a herança constituem coisas universais, ou universalidade".

O diploma atual não possui semelhante enunciação, mas isso não impede que o patrimônio seja reconhecido como uma universalidade jurídica, pois é, realmente, o que ele é.

Sob essa premissa, o patrimônio aparece como o conglomerado de situações jurídicas suscetíveis de apreciação pecuniária, tanto ativas quanto passivas, contraídas por uma pessoa, mas que permanecem encapsuladas por um invólucro invisível, responsável por lhes conferir unidade e coesão[30].

Portanto, de forma idêntica ao que ocorre nas universalidades de Direito, não se incluem neste os bens propriamente ditos, mas os direitos a eles relativos, como destacado na seguinte lição de Pontes de Miranda[31]:

---

[28] Assim: VENOSA, Sílvio de Salvo. *Direito civil*: parte geral. 17. ed. São Paulo: Atlas, 2017, p. 223; OLIVEIRA, J. M. Leoni Lopes de. *Teoria geral do direito civil*. 2. ed. Rio de Janeiro: Lumen Juris, 2000, v. 2, p. 410;
[29] CARVALHO, Luiz Paulo Vieira de. *Direito das sucessões*. 4.ed. São Paulo: Atlas, 2019, p. 88 e 91.
[30] Pontes de Miranda costumava utilizar o termo "pele conceptual" para se referir a este invólucro. In: *Tratado de direito privado*. Campinas: Bookseller, 2001, t. 5, §§ 596.4-596.7.
[31] PONTES DE MIRANDA. Francisco Cavalcanti. *Tratado de direito privado*. Campinas: Bookseller, 2001. t. 5. § 596.1. (d).

> Nele [no patrimônio], só há direitos. Não se pode dizer, em terminologia e sistemática jurídica escorreitas, que a casa A é elemento do patrimônio de alguém; o que é elemento do patrimônio é o direito de propriedade sobre a casa A. São elementos do patrimônio a propriedade e os demais direitos reais, os direitos sobre bens imateriais, os direitos de crédito e a herança, que, por sua vez, é universalidade de direito. A posse também é elemento assim da herança (art. 1.572) [CC, art. 1.784] como do patrimônio. Os direitos formativos (*e.g.*, o de aceitar oferta de contrato) podem ser elementos do patrimônio.

De fato, se bens tangíveis como um automóvel ou um aparelho televisor pudessem compor o patrimônio jurídico de alguém, não se poderia falar em patrimônio negativo na hipótese de estes e todos os demais bens deste indivíduo serem insuficientes para pagar suas dívidas, mas, quando muito, apenas em patrimônio igual a zero, o que não corresponderia à verdade.

Portanto, mesmo correndo-se o risco de soar repetitivo, vale a pena insistir: apenas relações jurídicas de conteúdo econômico ingressam no patrimônio jurídico da pessoa, o que faria com que, no exemplo acima citado, a relação jurídica de propriedade sobre seus bens fosse substituída pela relação jurídica de débito, tornando seu patrimônio negativo.

Além dos direitos adquiridos, fazem parte do conteúdo do patrimônio os direitos expectativos, desde que ostentem caráter econômico, é claro[32].

Segundo J. M. Leoni Lopes de Oliveira, as características do patrimônio jurídico são a (*i*) *legalidade*, (*ii*) *intransmissibilidade*, (*iii*) *unidade*, (*iv*) *plasticidade*, e (*v*) *instrumentalidade*[33]. Para ele, a legalidade advém da circunstância de o patrimônio não compor uma realidade fática, mas sim uma construção jurídica, uma idealização do sistema legal; sua intransmissibilidade significa que o patrimônio, em si, não pode ser transmitido, apesar de os bens que o compõem poderem, a título singular; sua unidade advém de sua característica de constituir um todo lógico incorporador das múltiplas relações ativas e passivas das partes; sua plasticidade provém da possibilidade dele ser ampliado ou reduzido ao longo do tempo e, por fim, sua instrumentalidade decorre de sua vocação a atender determinadas finalidades.

Esta última característica deve ser remarcada, porque, sempre e em qualquer hipótese, o patrimônio servirá a um fim. Afinal, como bem lembrado pelo gênio alagoano tantas vezes citado neste livro, o patrimônio só "existe enquanto há a sua razão de ser, o seu fundamento, o seu destino jurídico[34]".

Nada mais natural, já que é isso que ocorre com as universalidades jurídicas.

Não há patrimônio sem sujeito que o titularize. Contudo, nada impede que seus titulares possuam outros patrimônios, separados daquele tido por *principal*[35]. Tanto é assim que

---

[32] O próprio art. 789 do CPC deixa isso bastante claro ao enunciar que "o devedor responde com todos os seus bens presentes e futuros para o cumprimento de suas obrigações". Portanto, não só os bens presentes – isto é, aqueles que já integram o patrimônio da pessoa no momento da constituição do crédito –, mas também os bens futuros – isto é, aqueles que passarão a integrar o patrimônio da pessoa somente depois da constituição do crédito –, respondem pelo inadimplemento do devedor, justamente porque ambos compõem o patrimônio da pessoa. Aparentemente entendendo que direitos expectativos não integram o patrimônio: MAIA JÚNIOR, Mairan Gonçalves. *O regime da comunhão parcial de bens no casamento e na união estável*. São Paulo: Revista dos Tribunais, 2010, p. 112; PEREIRA, Caio Mário da Silva. *Instituições de direito civil*. v. I. 30. ed. Atual. Maria Celina Bodin de Moraes. Rio de Janeiro: Forense, 2017, p. 328.

[33] OLIVEIRA. J. M. Leoni Lopes de. *Teoria geral do direito civil*. 2. ed. Rio de Janeiro: Lumen Juris, 2000, v. 2, p. 418.

[34] PONTES DE MIRANDA. Francisco Cavalcanti. *Tratado de direito privado*. Campinas: Bookseller, 2001. t. 5, § 596. 1.

[35] Este pensamento, contudo, não é unânime. Sempre se difundiu a ideia de que "uma pessoa só pode possuir um patrimônio", pois este decorreria de seu direito de personalidade. Respeitosamente, porém, este livro segue caminho contrário, por entender que, se o patrimônio sempre deve servir a um fim determinado, podem coexistir patrimônio geral e patrimônios especiais. Conferindo embasamento teórico a este pensamento: GOMES, Orlando. *Introdução ao direito civil*. 12. ed. Rio de Janeiro: Forense, 1997, p. 203.

podem coexistir o patrimônio particular (CC, arts. 1.659 e 1.668) e o patrimônio comum dos consortes unidos sob regimes comunitários de bens (CC, arts. 1.660 e 1.667).

À semelhança das universalidades de direito, talvez a mais representativa de todas as características do patrimônio seja a "plasticidade" ou "elasticidade" de seu conteúdo, que permite que ele se expanda ou comprima, sem que a unidade do conjunto sofra afetação, tornando possível que seu titular subtraia alguns elementos que o compõem ou adquira novos, sem acarretar sua desnaturação jurídica, pois, repita-se ainda uma vez: o que importará ao final é a aptidão de que todos os itens por ele circunscritos sejam convertidos em pecúnia[36].

Por isso é que os consortes podem alienar bens isoladamente considerados que pertençam ao acervo comum, a exemplo de uma motocicleta ou até um imóvel, sem com isso desnaturar a noção de "patrimônio comum", bastando que rendam obediência às condicionantes legalmente estabelecidas, é claro (p. ex.: CC, art. 1.647, I e IV). Eles podem até mesmo ir além: dissipar todos os bens, esvaziando por completo o acervo, deixando apenas dívidas a pagar, que, ainda assim, existirá patrimônio: um patrimônio passivo, composto exclusivamente de relações jurídicas de débito.

A propósito, vale ser transcrita a lição de Caio Mário da Silva Pereira[37], para quem:

> o patrimônio se compõe de um lado positivo e de outro lado negativo. A ideia geral é que a noção jurídica do patrimônio não importa em balancear a situação, e apurar qual é o preponderante. Por não se terem desprendido desta preocupação de verificar o ativo, alguns se referem ao patrimônio líquido, que exprime o saldo positivo, uma subtração dos valores passivos dos ativos. Ao economista interessa a verificação. Também o jurista tem de cogitar dela às vezes, quando necessita apurar a solvência de um devedor, isto é, a aptidão econômica de resgatar seus compromissos com os próprios bens. Mas, em qualquer hipótese, o patrimônio abraça todo um conjunto de valores, ativos e passivos, sem indagação de uma eventual subtração ou de um balanço.

Tal como ocorre com qualquer universalidade jurídica, apenas situações jurídicas conversíveis em pecúnia ingressam no patrimônio jurídico. E este valor pode ser tanto positivo, quanto negativo[38].

Portanto, as relações de cunho estritamente pessoal e humano – como o afeto, o feixe de poderes decorrentes do poder familiar, a liberdade, a honra etc. – não podem se incorporar ao acervo, pois embora componham a *esfera jurídica do sujeito*, refogem à circunscrição do *patrimônio* desse sujeito em razão da inestimabilidade de seu valor em pecúnia[39].

Conquanto isso já tenha ficado claro, vale relembrar que não são as coisas físicas, isto é, o imóvel, o automóvel ou a fazenda que integram o patrimônio, mas sim as relações jurídicas que os têm por conteúdo.

---

[36] A propósito, conferir: OLIVA, Milena Donato. *Patrimônio separado*: herança, massa falida, securitização de créditos imobiliários, incorporação imobiliária, fundos de investimento imobiliário, trust. Rio de Janeiro: Renovar, 2009, p. 122.
[37] PEREIRA, Caio Mário da Silva. *Instituições de direito civil*. v. I. 30. ed. Atual. Maria Celina Bodin de Moraes. Rio de Janeiro: Forense, 2017, p. 324.
[38] GAGLIANO, Pablo Stolze; PAMPLONA FILHO, Rodolfo. *Novo curso de direito civil*: parte geral. v.1. 19.ed. São Paulo: Saraiva, 2017, p. 401.
[39] Não obstante, existe certa tendência a se redimensionar esse conceito, para incluir no patrimônio todos os direitos da pessoa, independentemente de sua transmutabilidade em dinheiro. Por todos: FACHIN, Luiz Edson. *Estatuto jurídico do patrimônio mínimo*. 2. ed. Rio de Janeiro: Renovar, 2006, p. 31.

Mas não se deixe enganar. Apesar de constituir um complexo de relações jurídicas que deve ser tratado como uma unidade, o patrimônio não possui personalidade jurídica própria. É o seu titular que, em regra, a possui, muito embora nada impeça que entes despersonificados também sejam titulares de patrimônio, a exemplo dos fundos de investimento (CC, art. 1.368-C) e dos grupos de consórcio (Lei n. 11.795/2008, art. 3º).

Também por isso, não se pode transmitir um patrimônio, em si, para outra pessoa, enquanto seu titular estiver vivo. Apenas as relações jurídicas referentes aos bens por ele encapsulados podem sê-lo, mas não o próprio patrimônio, que somente será transmitido para outrem em caso de morte de seu titular, pois, neste caso, este deixará de existir.

Cabe aqui uma advertência final: embora o patrimônio, em sua concepção jurídica, exija a tantas vezes mencionada conversibilidade de seus componentes em pecúnia, não seria lícito confundi-lo com o *patrimônio em sentido econômico*, pois este nada mais é do que o ativo deduzido do passivo, ao passo que aquele resulta do somatório de todas as situações jurídicas de índole econômica contraídas pela pessoa.

Conhecidas as características das universalidades jurídicas e do patrimônio, o estudo prossegue para que possa ser analisada a comunhão jurídica.

7.3 A COMUNHÃO JURÍDICA

Em uma acepção ampla, o termo *comunhão* remete à ideia de titularidade plúrima e concomitante sobre algo que sequer precisa ter existência material ou representatividade em cifras. A maior prova disso é que, sob uma perspectiva ainda mais ampla, amplíssima talvez, seria possível se cogitar de pessoas comungando até seus projetos pessoais ou a própria vida instituída pela família (CC, art. 1.511; ARCC, art. 1.514-A), daí advindo a conclusão de que o vocábulo pretende transmitir mesmo é a ideia de algo no mundo pertencente a mais de uma pessoa, ao mesmo tempo.

Já em uma acepção mais restrita, de comunhão jurídica, o vocábulo se insere no contexto patrimonial, conduzindo à noção de titularidade plúrima e concomitante de direitos sobre algum bem ou direito, afirmação que parece ganhar mais força na acurada percepção de Maria Helena Diniz, para quem "determinado direito poderá pertencer a vários indivíduos ao mesmo tempo, hipótese em que se tem a comunhão[40]".

Diferentemente das universalidades jurídicas, as *comunhões jurídicas* não necessariamente formam um todo distinto dos elementos que a compõem, mas uma reunião de itens perfeitamente identificados e titularizados, simultaneamente, por mais de uma pessoa. Em regra, também não há qualquer propósito específico a que elas tenham que servir, afastando-se qualquer ideia ligada à unitariedade ou instrumentalidade, na medida em que nelas há mera "consequência da pluralidade, a corrida, de sujeitos a respeito de determinado bem da vida", como bem destacado por Pontes de Miranda[41].

A índole jurídica do direito cotitularizado é indiferente, sendo possível, dessa forma, que duas ou mais pessoas comunguem juridicamente tanto direitos pessoais como reais.

---

[40] DINIZ, Maria Helena. *Código Civil anotado*. 15. ed. São Paulo: Saraiva, 2010, p. 917.
[41] PONTES DE MIRANDA, Francisco Cavalcanti. *Tratado de direito privado*. Campinas: Bookseller, 2001, t. 5, § 594. 3.

Diversos sistemas de direito positivo foram estruturados sob precisão conceitual suficiente a evitar ou, no mínimo, reduzir consideravelmente a possibilidade de qualquer confusão entre as diversas modalidades de comunhão. Assim é que o codificador espanhol, por exemplo, não só trata da comunhão em segmento específico do Código Civil (Livro II, Título III), como a conceitua indiretamente em seu art. 392, primeira frase, enunciando que *hay comunidad cuando la propiedad de una cosa o de un derecho pertenece pro indiviso a varias personas*, estabelecendo expressamente a possibilidade de ela abranger o direito de posse (art. 445), de usufruto (art. 469), de servidão (art. 531), de crédito (art. 1.150) e o patrimônio conjugal (art. 1.344). De seu turno, o legislador português impõe no art. 1.404º do Código Civil, a aplicação das regras da compropriedade a outras formas de comunhão, após as necessárias adaptações e sem prejuízo do disposto especialmente para cada um deles. A mesma distinção é feita pelo legislador alemão, pois o *BGB* disciplina a comunhão por cotas (*Bruchteilsgemeinschafte*) nos Livros destinados ao tratamento do "Direito das Relações Obrigatórias" (Livro Segundo, §§ 741/758) e do "Direito das Coisas" (Livro Terceiro, §§ 1.008/1.011) e a comunhão de mão comum (*Gesamthandsgemeinschaft*) no Livro destinado ao tratamento do "Direito de Família" (Livro Quarto, § 1.419).

No sistema brasileiro, o intérprete não se depara com o mesmo capricho legislativo. Possivelmente pautando-se na acepção ampla da locução, o Código Civil emprega o termo *comunhão* em seu texto, ora para se referir aos interesses sócio-comunitários nas sociedades empresárias (art. 1.191), ora aos interesses dos condôminos (art. 1.318), ora para se referir à finalidade do casamento (art. 1.511) e ora para classificar alguns regimes matrimoniais de bens (art. 1.667), sem fazer qualquer distinção terminológica.

Muito disso se deve ao fato de nosso legislador não empregar a *linguagem científica* na elaboração de seus enunciados, mas a *linguagem técnica*, o que talvez não seja o mais adequado, pois sabe-se que apenas a primeira possui a preocupação de descrever fidedignamente o fenômeno descrito ou estudado, mediante a utilização de termos dotados de clareza e de rigorosa precisão conceitual, já que a segunda é marcada justamente pelo uso misto das linguagens comum e científica[42].

O assunto é riquíssimo em detalhes, e sua abordagem detalhada definitivamente não faz parte dos escopos desta obra. Nada impede, mais uma vez, que alguns comentários despretensiosos sejam feitos com o intuito de que o leitor possa compreender com mais nitidez o que se defenderá ao final deste livro.

7.3.1 A COMUNHÃO JURÍDICA ORDINÁRIA

Em sentido amplo, a comunhão jurídica é classificada como *ordinária*, *simples* ou *tradicional*, dada sua característica de permitir a formação de tantas relações jurídicas quantos sejam os comunheiros, cujas posições jurídicas serão assumidas em conformidade e na proporção de suas respectivas cotas. Como resultado, não haverá necessariamente a constituição

---

[42] Apesar de as leis brasileiras que dispõem sobre a forma de elaboração, redação, alteração e consolidação das demais leis estabelecerem que as disposições normativas devam ser redigidas com clareza, precisão e ordem lógica (LC n. 95/98, art. 11, II, *a*; Dec. 4.176/2002, art. 23), não é exatamente isso que vem sendo observado na prática. Que o digam as inúmeras acepções que os vocábulos *ação*, *pedido* e *demanda* recebem no Código de Processo Civil, e que os termos *patrimônio* e *comunhão* recebem no Código Civil.

de *patrimônio* na acepção jurídica do vocábulo, pois não se possibilitará a formação do mencionado invólucro invisível, responsável pelo alojamento do complexo de situações jurídicas de índole econômica.

Daí decorre uma de suas principais características: a divisibilidade.

Para Pontes de Miranda[43], tal particularidade é assim referida:

> Na comunhão simples é inegável o *quid* da comunhão, mas a pluralidade de sujeitos vem à tona. Não há aquela "pele" do patrimônio comum. Os titulares são dois ou mais e os direitos tantos quantos os sujeitos. Na composse e no condomínio, cada um dos comuneiros é titular da sua quota. O que há de comum é muito pouco; e diminui, ainda mais, quando se passa à comunhão *pro diviso*, na qual as partes comuns podem ser pequeníssimas (*e.g.*, o corredor de saída; o pátio).

Por isso é que não necessariamente se visualizará qualquer unitariedade de direitos nela.

Comumente, a compartimentação dos direitos e deveres dos comunheiros ordinários se dá em conformidade com as cotas que cada um deles titulariza, que não necessariamente serão idênticas, embora sejam assim presumidas na ausência de estipulação em sentido contrário. É possível, ainda, que cada um deles acresça as frações dos outros às suas, levando, inclusive, à extinção de toda a comunhão caso todas se concentrem nas mãos de um só deles.

A ocorrência da comunhão ordinária é cotidiana, verificável em toda situação jurídica que se caracterize pela circunstância de mais de um sujeito ser titular de direitos sobre uma mesma coisa, simultaneamente, a exemplo dos credores de um mesmo crédito.

Embora não possua um regramento jurídico específico, sua proximidade com o instituto do condomínio, que é a comunhão específica do direito de propriedade, faz com que a ela sejam normalmente aplicadas as regras deste, que serão estudadas mais de perto no tópico seguinte.

7.3.2 O CONDOMÍNIO

Na consagrada lição de Maria Helena Diniz, "determinado direito poderá pertencer a vários indivíduos ao mesmo tempo, hipótese em que se tem a comunhão. Se esta recair sobre um direito de propriedade, ter-se-á condomínio ou compropriedade[44]".

Como a própria partícula "*co*" deixa transparecer, o condomínio é uma das figuras que autorizam a titularidade plúrima de direitos.

Em regra, a propriedade é dotada do atributo da exclusividade (CC, art. 1.231), o que significa que "a mesma coisa não pode pertencer com exclusividade e simultaneamente a duas ou mais pessoas. O direito de um sobre determinada coisa exclui o direito de outro sobre essa mesma coisa (*duorum vel plurium dominium in solidum esse non potest*)[45]". Porém, antes de excepcioná-la, o condomínio a confirma, pois o direito de propriedade sobre a coisa continua sendo um só, embora incidente sobre partes idealmente consideradas da coisa,

---

[43] PONTES DE MIRANDA, Francisco Cavalcanti. *Tratado de direito privado*. Campinas: Bookseller, 2001, t. 5, § 594, 5 (b).
[44] DINIZ, Maria Helena. *Código Civil anotado*. 15. ed. São Paulo: Saraiva, 2010, p. 917.
[45] GONÇALVES, Carlos Roberto. *Direito civil brasileiro*: direito das coisas. 6. ed. São Paulo: Saraiva, 2011, v. 5, p. 243.

titularizadas por cada condômino. Apenas no aspecto externo, isto é, nas relações com terceiros, cada comunheiro pode atuar como proprietário exclusivo do todo (CC, art. 1.314)[46].

Ao contrário do que possa parecer em um primeiro momento, o condomínio não é, em si, um tipo específico de direito real, mas o direito de propriedade compartilhado por mais de um sujeito. Preciso, nesse ponto, o art. 1.403º.1 do Código Civil português, segundo o qual "existe propriedade em comum, ou compropriedade, quando duas ou mais pessoas são simultaneamente titulares do direito de propriedade sobre a mesma coisa".

Nele, a cotitularidade só pode ser do direito de propriedade de bem individualizado e não sobre o patrimônio abstratamente considerado, pois prevalece o entendimento de que, em regra, somente pode ser objeto de direitos reais "coisa determinada, tangível e habitualmente corpórea[47]".

Bens corpóreos, a propósito, são aqueles dotados de existência física tal, que podem ser tocados e servir de objeto de compra e venda ou doação, ao passo que incorpóreos são os bens que possuem existência abstrata ou ideal, mas não física, como, ilustrativamente, a propriedade literária e artística. Justamente por isso, tais bens não podem ser objeto de compra e venda, devendo ser transferidos somente por cessão onerosa ou gratuita[48].

Sendo assim, o campo de incidência do condomínio se espraiará somente sobre aquilo que tenha existência material, muito embora exista um gigantesco conflito na literatura a esse respeito.

De maneira geral, afirma-se que o Direito Positivo brasileiro se inspirou na noção de comunhão proveniente do direito romano (*communio juris romani*) para a estruturação do condomínio, uma vez que este modelo fincava suas bases na prevalência do interesse individual sobre o coletivo, e nas poucas vezes em que admitia a cotitularidade de um direito, assim agia ciente de que se trataria de uma situação temporária, destinada ao retorno à situação de individualidade originária (*communio incidens*).

Por isso o individualismo sempre foi uma de suas notas distintivas[49].

A propósito, Alexandre Correia e Gaetano Sciascia observam que, no início, entendia-se que "sendo a propriedade livre e individual, o titular do direito pode usar e abusar da coisa, e até mesmo destruí-la. '*Qui suo iure utitur, neminem laedit — Nullus videtur dolo facere, qui suo iure utitur*'[50]". Naturalmente, o passar do tempo e o avanço da sociedade romana fizeram com que essa posição de absolutismo com a qual o proprietário se colocava frente à coisa fosse perdendo espaço, apesar de a feição individualista da propriedade continuar se apresentando como uma nota distintiva[51]. Tanto foi assim que o condomínio era visto como fonte de constantes e insuperáveis discórdias (*mater rixarum*), e a máxima contida no Digesto, segundo a qual ninguém poderia ser constrangido a permanecer em comunhão contra sua vontade (*nemo invitus compellitur ad communionem*), de certa forma prestigiava o individualismo, pois garantia o retorno dos comunheiros à posição de proprietários

---

[46] FARIAS, Cristiano Chaves de; ROSENVALD, Nelson. *Direitos reais*. 4. ed. Rio de Janeiro: Lumen Juris, 2007, p. 486.
[47] ALMEIDA, Washington Carlos de. *Direito de propriedade*: limites ambientais no Código Civil. Barueri: Manole, 2006, p. 15.
[48] Nesse sentido: CASSETARI, Cristiano. *Elementos de direito civil*. São Paulo: Saraiva, 2011, p. 87-88.
[49] P. ex.: RIZZARDO, Arnaldo. *Direito das coisas*. Rio de Janeiro: Forense, 2004, p. 577.
[50] CORREIA, Alexandre; SCIASCIA, Gaetano. *Manual de direito romano*. 5. ed. Estado da Guanabara: Série Cadernos Didáticos, 1969, p. 75.
[51] CRETELLA JÚNIOR, José. *Curso de direito romano*. 30. ed. Rio de Janeiro: Forense, 2008, p. 154.

exclusivos de suas respectivas coisas, desde que pleiteassem a divisão judicial do condomínio, por meio da *actio communi dividundo*.

O condomínio costuma ser classificado segundo diversos critérios. O próprio Código Civil o agrupa em *geral*, *edilício* e em multipropriedade no Livro destinado ao Direito das Coisas. A literatura, por seu turno, apresenta outras classificações, seguindo fundamentos variados. Assim, no que toca à possibilidade de a vontade das partes influir em sua formação, o condomínio costuma ser categorizado como *convencional* se o elemento volitivo for fator preponderante para sua constituição, e *acidental* ou *eventual* em caso contrário. Em relação à forma como se exterioriza, classifica-se em *pro diviso* e *pro indiviso* quando, apesar de a coisa permanecer indivisa do ponto de vista jurídico, os condôminos tenham ou não efetuado uma espécie de divisão física e passado a ocupar partes certas e delimitadas dela. Quanto ao objeto, pode ser considerado *universal* se abranger a totalidade da coisa, incluindo seus frutos e rendimentos (que são espécie de frutos civis), e *particular* se incidir apenas sobre coisa determinada. No que concerne à sua extinção, se classifica como condomínio *transitório* quando se refere àquele que pode ser extinto livremente pela vontade das partes, contrapondo-se ao *permanente* que deve se conservar neste estado enquanto perdurar a situação que o impôs[52].

A partir do ano de 2017, foram instituídas novas modalidades de condomínio: o condomínio de lotes (CC, art. 1.358-A), o condomínio urbano simples em lotes (Lei n. 13.465/2017, arts. 61 a 63), e a multipropriedade imobiliária (CC, arts. 1.358-B a 1.358-U).

Assim como toda comunhão ordinária de direitos, o condomínio dá ensejo à formação de tantas relações jurídicas quantos sejam os condôminos, cujas obrigações são contraídas proporcionalmente às suas cotas, salvo estipulação em sentido contrário (CC, arts. 1.315 c/c 1.317). Tais cotas não são materialmente perceptíveis, em regra, pois o fracionamento dos bens condominiados é feito apenas no plano ideal. Mas nada há que impeça os condôminos de se localizarem geograficamente no bem, como se houvessem efetuado sua divisão física, permitindo que se possa visualizar, na prática, a repartição da coisa nas devidas proporções, isto é, um condomínio *pro diviso*.

Também é desnecessário que a distribuição de cotas seja igualitária, pois inexiste um propósito específico ao qual essa espécie de comunhão tenha que servir, como dito. Impera, portanto a liberdade neste ponto, embora se presuma idêntica a distribuição das cotas na inexistência de disposição específica a respeito (CC, art. 1.315, parágrafo único).

A partir do momento em que os condôminos adquirem suas respectivas cotas, tornam-se efetivos titulares da coisa, proporcionalmente ao que cada uma delas espelhar, desde que, por óbvio, sigam eventuais exigências registrais, quando necessárias. Isso significa que cada qual se torna imediatamente responsável por todas as receitas e despesas produzidas pelo bem, respondendo aos outros pelos frutos que percebeu e pelos danos que eventualmente tenha lhe causado, sempre na proporção de suas respectivas cotas (CC, arts.

---

[52] Adotando classificação semelhante, p. ex.: GONÇALVES, Carlos Roberto. *Direito civil brasileiro*. 6. ed. São Paulo: Saraiva, 2011, v. 5, p. 382-383.

1.315 e 1.319)[53]. Essa circunstância permite, inclusive, que o condômino renuncie (CC, art. 1.316), alheie, grave (CC, art. 1.314) e até aliene suas frações, desde que, neste último caso, assegure previamente aos demais o exercício do direito de preferência, se a alienação for feita a um não condômino (CC, art. 504)[54].

Com a precisão que lhe é peculiar, Luiz Edson Fachin observa que "o condomínio pode ser configurado como a situação jurídica em que vários proprietários exercem, a um só tempo, o domínio sobre uma mesma coisa, a qual se torna, assim, indivisa, do ponto de vista técnico ou jurídico[55]". Isso porque a regra geral é que o condomínio seja vocacionado a ser dividido no futuro, possibilitando que as partes optem, inclusive, por dissolvê-lo amigavelmente, mediante o recebimento da fração material do bem correspondente à sua cota ou o valor equivalente, nas hipóteses de a coisa ser divisível ou indivisível respectivamente.

A disciplina da posse segue a do condomínio, em regra. Portanto, haverá composse sobre os bens condominiados, exceto se for convencionada situação diversa ou se circunstâncias fáticas levarem a panorama contrário, como dito em tópico antecedente (CC, art. 1.199). Composse do tipo simples, registre-se. Desse modo, "se os compossuidores têm posse somente de partes ideais da coisa, diz-se que a posse é pro indiviso. Se cada um se localiza em partes determinadas do imóvel, estabelecendo uma divisão de fato, diz-se que exercem posse pro diviso[56]".

O direito de promover a dissolução do condomínio pode ser exercitado a qualquer tempo, bastando ao interessado declarar unilateralmente sua vontade voltada a este desiderato, independentemente da concordância dos demais (CC, art. 1.320). Seu direito é potestativo sobre isso. A despeito dessa prerrogativa, o sistema impede o exercício arbitrário das próprias razões, impondo que diante da negativa de outro à divisão amigável, o condômino que tenha intenção de pôr fim ao estado condominial recorra ao Estado-juiz, por meio das ações cabíveis para (*i*) obter a divisão da coisa, na hipótese de ela ser divisível (CPC, arts. 569, II e ss.) ou (*ii*) promover sua venda e correspectiva repartição do preço, no caso de ser indivisível (CC, art. 1.322).

Apesar de ser divisível, os condôminos podem convencionar que o condomínio permaneça indiviso por até cinco anos, impedindo que qualquer deles maneje instrumentos tendentes a dissolvê-lo antes desse prazo, a não ser que precedidos de autorização judicial (CC, art. 1.320).

Deve-se prestar atenção para que não se confundam o estado de *indivisão* de determinada situação com a característica da *indivisibilidade*, uma vez que o primeiro se refere a algo que, por alguma circunstância, se encontra apenas *pendente de ser dividido*, mas que não necessariamente será *insuscetível de ser dividido*, ao passo que a segunda denota a efetiva

---

[53] O art. 1.403º. 2 do Código Civil português é preciso nesse sentido: "Os direitos dos consortes ou comproprietários sobre a coisa comum são qualitativamente iguais, embora possam ser quantitativamente diferentes; as quotas presumem-se, todavia, quantitativamente iguais na falta de indicação em contrário do título constitutivo".

[54] O Enunciado n. 623 da VIII JDC/CJF dispõe que: "Ainda que sejam muitos os condôminos, não há direito de preferência na venda da fração de um bem entre dois coproprietários, pois a regra prevista no art. 504, parágrafo único, do Código Civil, visa somente a resolver eventual concorrência entre condôminos na alienação da fração a estranhos ao condomínio". No mesmo sentido, o STJ vem entendendo que "em não havendo extinção do condomínio, é dado ao condômino escolher a qual outro condômino vender a sua fração ideal, sem que isso dê azo ao exercício do direito potestativo de preferência", pois "quando não há terceiro envolvido e não há dissolução do condomínio, o direito de preferência não existe" (REsp 1.526.125/SP, j. em 7-6-2018).

[55] FACHIN, Luiz Edson. *Comentários ao Código Civil*: parte especial: do direito das coisas (arts. 1.277 a 1.368). Coordenação de Antônio Junqueira de Azevedo. São Paulo: Saraiva, 2003, v. 15, p. 155-156.

[56] GONÇALVES, Carlos Roberto. *Curso de direito civil*: direito das coisas. 6. ed. São Paulo: Saraiva, 2011, v. 5, p. 104.

impossibilidade de a coisa ser fragmentada sem o comprometimento significativo de seu aspecto funcional e valia, de acordo com os parâmetros mencionados acima (CC, art. 258)[57].

Daí se conclui que a *divisibilidade* inerente ao condomínio propriamente dito não pode ser confundida com a *divisibilidade* ou *indivisibilidade* da coisa condominiada, pois apenas a situação jurídica de cotitularidade do direito de propriedade será sempre *divisível*, mas não necessariamente as coisas por ela abrangidas, que podem tanto ser *divisíveis*, como uma grande área de terras, quanto *indivisíveis*, como um único automóvel, por exemplo.

Essa observação leva a uma outra questão importantíssima dentro da mesma temática: os fatores a serem levados em consideração para a aferição da *divisibilidade* ou *indivisibilidade* da coisa condominiada não se pautam apenas nos parâmetros natural, legal e convencional, mas preponderantemente em um critério funcional, baseado no comprometimento da *valia* da coisa pela divisão e até mesmo no aspecto sentimental desenvolvido por seus proprietários, como será visto ao serem estudadas as classificações dos bens jurídicos.

Na jurisprudência pátria é possível coletar diversos exemplos do que acaba de ser dito. Em julgado paradigmático, proferido no distante ano de 1994, o Superior Tribunal de Justiça deu provimento a Recurso Especial em que se alegava a inviabilidade de divisão de determinada coisa, valendo-se do seguinte argumento: "não raras vezes há interesse, decorrente dos mais diversos motivos (sentimento familiar, melhor aproveitamento econômico etc.) de que bem ou bens deixados pelo autor da herança, conquanto material e legalmente divisíveis, se mantenham indivisos, conservem a unidade mesmo após a partilha, não se podendo erigir à condição de regra absoluta a natureza eventual e transitória que, em geral, caracteriza a comunhão do monte ou dos bens que o integram[58]".

Dessa forma, ainda que não existam empecilhos físicos, normativos ou contratuais, pode ser que a divisão não se mostre adequada, em razão de acarretar considerável abalo do *valor venal* do bem, por exemplo[59].

Para além da perda econômica, diversos outros *valores* consagrados pelo sistema devem ser levados em conta no momento da aferição da indivisibilidade. Por isso, impõe-se, sempre, a observância da situação jurídica de direito material e as correspondentes premissas axiológicas que circundam e subjazem a todo o evento.

O assunto será abordado com mais detalhes logo adiante.

O condomínio voluntário pode ser perfeitamente formado em regimes de separação de bens, tanto por convenção específica das partes em pré-nups, quanto pelo próprio rumo natural da relação, bastando que o casal adquira bens conjuntamente. No entanto, como lembra Jamile Saraty[60], essa situação impede a aplicação da regra de presunção de esforço comum (inerente à mancomunhão), muito embora não obste a investigação de investimento patrimonial comum para uma possível indenização a título de partilha.

---

[57] Art. 258. A obrigação é indivisível quando a prestação tem por objeto uma coisa ou um fato não suscetíveis de divisão, por sua natureza, por motivo de ordem econômica, ou dada a razão determinante do negócio jurídico.
[58] REsp 50.226/BA, j. em 23-9-94.
[59] Em sentido semelhante: GONÇALVES, Carlos Roberto. *Curso de direito civil*: parte geral. 8. ed. São Paulo: Saraiva, 2010, v. 1, p. 295.
[60] GRAIM, Jamile Saraty Malveira. Entre o meu e o teu, existe o nosso? Reflexões acerca da formação de condomínio no regime da separação convencional de bens. In: PORTANOVA, Rui; CALMON, Rafael; D'ALESSANDRO, Gustavo. *Direito de Família conforme interpretação do STJ*. V. 2. Regimes de separação de bens. São Paulo: Foco, 2022, p. 143-160.

Por ora, as características básicas do instituto poderiam ser assim resumidas:

a) Pluralidade de titulares: é da essência do instituto que a titularização de direitos sobre a coisa condominiada, seja exercida por mais de um sujeito ao mesmo tempo.

b) Determinabilidade do objeto: predomina o entendimento de que o condomínio deve recair sobre a propriedade de coisas determinadas.

c) Pluralidade de situações jurídicas: apesar de os condôminos titularem direito de propriedade sobre parcelas ideais de uma mesma coisa, não há necessariamente coincidência entre seus interesses, dando lugar a que se formem tantas situações jurídicas quantas sejam suas cotas. As obrigações de cada condômino são contraídas proporcionalmente à sua cota, salvo estipulação em sentido contrário (CC, arts. 1.317 c/c 1.315).

d) Pluralidade de origem: o condomínio pode se originar não só da vontade das partes, como de fatores estranhos e até contrários a ela.

e) Distribuição de cotas ideais: como mencionado, o direito de propriedade incide sobre partes idealmente consideradas da coisa, sem que haja, em regra, a entrega de parcelas materiais.

f) Inexistência de personalidade jurídica: a lei não atribui personalidade jurídica ao condomínio, muito embora lhe confira capacidade de ser parte em demandas (personalidade judiciária), tanto no polo ativo quanto no passivo, desde que possua um administrador (CPC, art. 75, XI).

g) Atribuição atual de direito subjetivo sobre as coisas condominiadas: com a distribuição de cotas ideais, embora os condôminos nem sempre possam se localizar materialmente na coisa (condomínio *pro indiviso*), já são considerados efetivos proprietários dela, na proporção das respectivas cotas. Se houver necessidade de se proceder ao registro perante o órgão competente, deverá ser realizado em nome de todos eles, com as anotações devidas sobre as cotas.

h) Divisibilidade: a situação jurídica de condomínio é divisível por natureza, o que atribui aos condôminos o direito potestativo de promoverem sua dissolução a qualquer momento. Mas, apesar de sua vocação à extinção, no condomínio voluntário as partes podem ajustar que a coisa permaneça indivisa por até 5 anos, passíveis de prorrogação (CC, art. 1.320, *caput*, e § 1º).

i) Indivisão da coisa condominiada: só se pode falar em condomínio quando tiver por objeto *coisa pendente de divisão* entre os condôminos, não obstante ela possa ser em si, divisível. As coisas condominiadas necessariamente permanecerão sob estado de indivisão enquanto perdurar o condomínio, mas essa situação não gerará o estado de *indivisibilidade* do condomínio, em si, pois é de sua essência ser dissolvido a qualquer momento fora das hipóteses legais.

j) Incidência apenas sobre o direito de propriedade: apenas o direito de propriedade pode ser condominiado; os demais podem ser objeto de comunhão jurídica ordinária, na acepção ampla do termo.

k) Natureza de direito real: apesar de não ser um tipo específico de direito real, só há condomínio onde haja direito de propriedade compartilhado por mais de um titular.

l) Transitoriedade: o condomínio voluntário é vocacionado a ser dissolvido no futuro. Cada condômino tem o direito potestativo de requerer sua divisão amigavelmente, a todo tempo (CC, art. 1.320), obviamente respeitando o prazo assinalado em eventual pacto de indivisão. Caso essa intenção encontre resistência dos demais, o interessado pode recorrer ao Estado-juiz, por meio de ações específicas. Em se tratando de coisa juridicamente divisível, a ação cabível encontra previsão legal no art. 569, II, do CPC (*actio communi dividundo*). Caso a coisa seja indivisível, também na acepção jurídica do termo, deve ser promovida sua alienação judicial, seguida da repartição do lucro, se antes não houver interesse em sua adjudicação por algum condômino (CC, art. 1.322).

m) Disponibilidade das respectivas cotas: é assegurado ao condômino renunciar (CC, art. 1.316), alhear, gravar (CC, art. 1.314) e alienar sua cota, desde que, neste último caso, assegure aos outros o exercício do direito de preferência a que se refere o art. 504 do CC, se a alienação for feita a não condômino.

n) Administração obedece à vontade da maioria: o enunciado do art. 1.323 do CC é textual nesse sentido.

o) Composse simples: os condôminos exercerão, em regra, composse simples sobre a coisa, a qual poderá ser pro diviso ou pro indiviso, a depender da circunstância de a parcela do bem a ser possuída por cada um ser física ou meramente ideal.

Conhecidas essas figuras e suas propriedades, o estudo pode avançar para que seja conhecida o instituto que mais interessa por aqui: a mancomunhão.

7.4 A MANCOMUNHÃO (COMUNHÃO JURÍDICA ESPECÍFICA DOS REGIMES COMUNITÁRIOS)

Quando a comunhão de direitos se refere especificamente ao patrimônio amealhado pelo casal sob o abrigo dos regimes comunitários de bens, mostra-se tecnicamente adequado considerá-la como uma *mancomunhão*, que jamais pode ser confundida com o condomínio ou com a comunhão ordinária. Nesse sentido, inclusive, o Superior Tribunal de Justiça já teve oportunidade de decidir que "a comunhão resultante do matrimônio difere do condomínio propriamente dito, porque nela os bens formam a propriedade de mão comum, cujos titulares são ambos os cônjuges.[61]".

Isso porque a influência das normas provenientes do Direito das Famílias dá forma a uma categoria jurídica específica, cujas características e campo de abrangência são muito mais extensas do que as daquelas figuras, na medida em que sua incidência se dá não só sobre o direito de propriedade em si, mas sobre o complexo de todas as situações jurídicas de índole patrimonial contraídas pelos comunheiros[62]. Em outras palavras, sua projeção se dá sobre o patrimônio em sua acepção jurídica, e não em seu sentido econômico ou existencial mínimo, impedindo que sejam abrangidos os bens isoladamente considerados e os

---

[61] REsp 3.710/RS, *DJ* 28-8-95.
[62] PENTEADO, Luciano de Camargo. *Direito das coisas*. São Paulo: Revista dos Tribunais, 2008, p. 378.

direitos não aferíveis em pecúnia, como a fidelidade recíproca, o afeto ou a mútua assistência, por exemplo[63].

Bem vistas as coisas, poder-se-ia afirmar que a mancomunhão dá ensejo à formação de uma universalidade de direito, e não a uma comunhão jurídica ordinária, pois ela implica, por assim dizer, no verdadeiro encapsulamento do patrimônio jurídico conjuntamente construído, por meio de um invólucro invisível, responsável por tornar comuns todas as situações jurídicas que o compõem, assim em seus aspectos ativo e passivo.

Preciso, portanto, Jan Schapp quando afirma que "o direito em mão comum de outros direitos é a consequência da comunidade em relação a um patrimônio, o chamado em mão comum[64]".

Ela recobre, portanto, o patrimônio comum, visto em sua acepção jurídica.

Essa afirmação parece ganhar força na aguda percepção de Rodrigo da Cunha Pereira[65], para quem:

> mancomunhão é a expressão que define o estado dos bens conjugais antes da sua efetiva partilha. Difere do estado condominial em que o casal detém o bem ou coisa simultaneamente, com direito a uma fração ideal, podendo alienar ou gravar seus direitos, observando a preferência do outro. Na mancomunhão, o bem não pode ser alienado nem gravado por apenas um dos ex-cônjuges, permanecendo indivisível até a partilha. Enquanto não for feita a partilha dos bens comuns, eles pertencem a ambos os cônjuges em estado de mancomunhão.

De semelhante opinião parece ser Maria Berenice Dias[66]. Para ela, todos os bens adquiridos durante uma união contraída sob o regime da comunhão parcial são considerados fruto do trabalho comum e por isso "presume-se que foram adquiridos por colaboração mútua, passando a pertencer a ambos em parte iguais. Instala-se um estado de condomínio entre o par, que é chamado de mancomunhão. Adquirido o bem por um, transforma-se em propriedade comum, devendo ser partilhado por metade na hipótese de dissolução do vínculo".

Como resultado, ocorre a comunicação do todo, de forma simultânea e indistinta, instaurando-se uma absoluta identidade de interesses sobre a massa comum, que se funde em uma única expressão patrimonial, dotada das notas da unitariedade e incindibilidade, típicas das universalidades de direito[67].

Ao contrário do que muitos pensam, a mancomunhão não faz com que cada um dos consortes titule 50% do patrimônio comum. Cada um deles titula o todo, o que faz com que todos os bens lhes pertençam integralmente ao mesmo tempo, por uma ficção jurídica. É como se os bens pertencessem, a bem da verdade, à sociedade conjugal ou convivencial constituída pelos cônjuges ou companheiros e não propriamente a eles. Apesar de a sociedade conjugal ou convivencial não possuir personalidade jurídica própria, sua situação em

---

[63] Em sentido próximo: GONÇALVES, Carlos Roberto. *Curso de direito civil*: direito das coisas. 6. ed. São Paulo: Saraiva, 2011, v. 5, p. 381.
[64] SCHAPP, Jan. *Direito das coisas*. Tradução da 3. ed. alemã de Klaus-Peter Rurack, Maria da Glória Lacerda Rurack. Porto Alegre: Sérgio Antônio Fabris, 2010, p. 42.
[65] PEREIRA, Rodrigo da Cunha. *Dicionário de direito de família e sucessões ilustrado*. São Paulo: Saraiva, 2015, p. 447.
[66] DIAS, Maria Berenice. *Manual de Direito das Famílias*. 4. ed. em e-book, baseada na 11. ed impressa, São Paulo: Revista dos Tribunais, 2016, p. 424. Ao que parece, contudo, a professora gaúcha utiliza o termo "estado de condomínio" em seu sentido amplo e em linguagem comum, para se referir à mera titularidade conjunta de bens, pois em sentido restrito e em linguagem científica, o condomínio englobaria apenas a propriedade conjunta e admitiria o fracionamento da titularidade em cotas, o que não ocorre na mancomunhão.
[67] Em sentido próximo: FACHIN, Luiz Edson. *Comentários ao Código Civil*: parte especial: do direito das coisas (arts. 1.277 a 1.368). Coordenação de Antônio Junqueira de Azevedo. São Paulo: Saraiva, 2003, v. 15, p. 156.

relação aos bens e ao casal poderia ser assemelhada, ao menos a título ilustrativo, com a da sociedade empresária e sua situação para com os bens e com os sócios, em que o patrimônio pertence à sociedade e não aos sócios que a constituem.

Essa particularidade, inclusive, é responsável por proporcionar duas enormes diferenças para com o condomínio: a *indivisibilidade* e a *impossibilidade de a mancomunhão ser considerada um direito real ou um objeto de direito real*, haja vista esta espécie de direito exigir bem jurídico definido como objeto, e não um complexo de situações jurídicas.

Perceba: *indivisibilidade* e não mera *indivisão*.

De acordo com Pontes de Miranda[68]:

> a comunhão de direitos aparece, nítida, na comunhão de bens entre cônjuges, na comunhão hereditária e nos patrimônios: só entra na comunidade o que é de titularidade múltipla; o que não é fica de fora. Em verdade, há pluralidade subjetiva da relação jurídica, ou das relações jurídicas. Há mais: há pluralidade de direitos, que existem em comum, ou direito a sujeitos plurais. O bem que, no regime da comunhão universal de bens, foi adquirido por um só dos cônjuges, entra no patrimônio comum e a relação jurídica foi plurissubjetiva desde a aquisição. De modo que são comuns todos os direitos e deveres que se irradiem. À medida que cada comuneiro participa é determinada numericamente (metade, quanto aos cônjuges; n quanto a n herdeiros de ascendente etc.). Tratando-se de direitos, ou de deveres, não há qualquer dificuldade em se falar de pluralidade subjetiva a respeito de cada um deles; mas os sistemas jurídicos obstam a que se disponha desses efeitos sem se dispor da coisa: nem o cônjuge pode alienar o bem comum, ou a metade que lhe toca em algum dos bens comuns, sem que o outro cônjuge também aliene.

Paralela e conjuntamente à formação da mancomunhão, forma-se a composse em mão comum, tornando ambos compossuidores de tudo que seja por aquela recoberto, sem que individualmente possam exercer a posse sobre qualquer bem comum sem que o outro também a exerça[69].

Toda universalidade jurídica serve a um propósito, como dito em tópico precedente. Com a mancomunhão não é diferente, já que sua principal finalidade é afetar o patrimônio comum à manutenção da família.

Do ponto de vista do fenômeno normativo, a mancomunhão é um dos diversos efeitos projetados pela incidência das normas decorrentes dos regimes comunitários de bens, o que ressalta a necessidade de ela também ser estudada no campo da eficácia das normas[70]. Mesmo ostentando esta característica (de ser um efeito, uma consequência jurídica), ela também gera seus próprios e característicos efeitos, como toda e qualquer situação jurídica, dentre os quais se destacam a outorga de faculdades assemelhadas às de proprietário sobre os bens comuns (CC, art. 1.642, III e V), a atribuição de legitimidade ativa para a propositura de ações de anulação de contratos (CC, art. 1.642, IV), as limitações ao exercício de direitos por parte dos consortes (CC, art. 1.647), a formação de uma universalidade jurídica envolvendo tais relações (CC, arts. 1.658 e 1.667), a incidência do princípio da sub-rogação

---

[68] PONTES DE MIRANDA, Francisco Cavalcanti. *Tratado de direito privado*. Campinas: Bookseller, 2001, t. 5, § 594. 2.
[69] Em sentido próximo: STJ, REsp 1.244.118/SC, *DJe* 28-10-13.
[70] Em sentido assemelhado: PONTES DE MIRANDA, idem, § 598. 1.

real sobre o patrimônio comum, no momento de verificação dos bens a serem partilhados (CC, art. 1.659, I), a comunicação das relações jurídicas contraídas sob seu império, atributiva de expectativa de direito à meação (CC, art. 1.660), o estabelecimento de presunções na aquisição de bens (CC, art. 1.662), a imposição de regras específicas a respeito da administração do patrimônio comum e das obrigações a ele pertinentes (art. 1.663), como já dito em tópico específico deste livro.

Por isso se disse que apenas alguns de seus efeitos podem deixar de ser projetados, sem que ela própria deixe de existir, como tentará se demonstrar com mais vagar durante o estudo da separação de fato, algumas páginas adiante.

De acordo com a literatura jurídica encarregada do estudo histórico dessa modalidade de comunhão, ela encontra sua gênese no condomínio de origem germânica, sendo Sílvio de Salvo Venosa[71] um dos que lecionam nesse sentido, esclarecendo que o sistema daquele país enxergava o condomínio de forma diferente, porque o entendia como uma *comunhão de mão comum* (*Gesamthandsgemeinschaft*), na qual

> cada consorte tinha direito conjunto de exercer o domínio sobre a coisa. A origem também é a comunhão familiar. Não havia nessa comunhão a noção de parte ideal. A propriedade era exercida por todos, sobre o todo. É concepção do direito feudal. Ao contrário do sistema romano, o condomínio germânico impedia que cada condômino, por exemplo, vendesse ou gravasse sua parte, ou pedisse a divisão da coisa comum. Não existem cotas, porque a coisa toda é objeto de uso e gozo comum.

Nela, a prevalência do coletivo sobre o individual é tão perceptível que leva alguns a enxergarem o predomínio de um "elo espiritual que une as pessoas em torno de um mesmo objetivo, como no casamento[72]".

Sua origem necessariamente se vincula a uma causa jurídica subjacente, obrigatoriamente prevista em lei, que funciona como sua razão de ser: no caso, os regimes comunitários de bens, que impedem que as próprias partes deem início a uma mancomunhão sem que exista norma jurídica lhes conferindo suporte.

Apesar do elo que os une, os *regimes comunitários de bens* não se confundem com a *mancomunhão*. Isso porque, enquanto os primeiros representam o conjunto normativo de direitos e obrigações destinadas ao regramento das relações de direito dotadas de expressão econômica contraída pela família, a segunda aparece como a situação jurídica formada como um dos efeitos projetados por essas normas, responsável por encapsular e afetar o patrimônio comum, por imposição deles.

Eles se relacionam entre si em uma relação de causa e efeito, em que os regimes de bens representam a primeira e a mancomunhão o segundo.

Como já referido, se não a principal, uma de suas mais notáveis características é a *indivisibilidade*, que impede qualquer tentativa de decomposição do acervo antes de se operar a dissolução da própria causa que lhe subjaz. Isso demonstra que, ao contrário do condomínio, não há

---

[71] VENOSA, Sílvio de Salvo. *Código Civil interpretado*. São Paulo: Atlas, 2011, p. 1184.
[72] RIZZARDO, Arnaldo. *Direito das coisas*. Rio de Janeiro: Forense, 2004, p. 578.

possibilidade de os mancomunheiros colocarem fim à mancomunhão sem, antes, dissolverem a relação jurídica que lhe confere suporte, qual seja, o próprio regime comunitário de bens[73].

Este, como se verá, é outro motivo que impede a separação de fato de extinguir o regime de bens.

Os arts. 1.575 e 1.576 do Código Civil, em sua redação original, quando lidos de forma sistematizada, pareciam deixar isso bastante claro, inclusive.

Como isso somente se mostra possível a partir da dissolução oficial da união, chega-se à conclusão de que nem mesmo a eventual dissipação de todos os bens adquiridos durante a união acarretaria a extinção da mancomunhão, até porque, como frisado em momento oportuno, as universalidades jurídicas podem existir ainda que ocorra a modificação dos elementos que a integram, possibilitando, ao menos em tese, a formação de uma mancomunhão constituída apenas das dívidas do casal, por exemplo.

Por isso se afirmou linhas atrás que a separação de fato não tem o condão de rompê-la definitivamente, mas apenas de fulminar alguns de seus efeitos. Somente a partilha (jurídica) põe fim à mancomunhão.

7.4.1 A TITULARIDADE DOS BENS NA MANCOMUNHÃO

Questão intrigante diz respeito à regularidade dominial dos bens/direitos adquiridos durante a mancomunhão, dado ao fato de nem a sociedade conjugal nem a comunhão ostentarem personalidade jurídica própria no sistema jurídico brasileiro. Como resultado disso, os próprios mancomunheiros deverão figurar nos respectivos títulos aquisitivos e nos assentamentos desses bens perante os órgãos públicos, gerando possíveis problemas respeitantes à prova da titularidade do direito de propriedade dessas coisas, pois, de acordo com a lei civil o *proprietário* será aquele que obtiver os bens móveis pela tradição (CC, art. 1.226) ou que promover o registro do título aquisitivo dos imóveis em seu nome (CC, art. 1.227).

Portanto, um automóvel adquirido por um só dos consortes, mas com dinheiro proveniente das relações jurídicas comuns, será registrado no Detran exclusivamente em seu nome, muito embora seja inegável que pertença, também, ao outro.

O entendimento se simplifica, porém, quando são trazidos ao debate os ensinamentos de Pontes de Miranda, para quem "o bem que, no regime da comunhão universal de bens, foi adquirido por um só dos cônjuges, entra no patrimônio comum e a relação jurídica fica plurissubjetivada desde a aquisição. De modo que são comuns todos os direitos e deveres que se irradiem[74]".

Lembre-se apenas que, quando se refere a "bem", o mestre alagoano pretende se referir à "relação jurídica que o tem por conteúdo", como tantas vezes alertado neste livro.

Seria como se, ficticiamente, o bem passasse, a partir do momento de sua aquisição, a pertencer "à sociedade conjugal ou convivencial", "à comunhão de vidas", "à família" ou a

---

[73] A única exceção a esta regra parece ficar por conta da modificação judicial de regime de bens, na hipótese de haver redução do acervo patrimonial, como na mudança do regime da comunhão para o da separação, em que se admite a partilha mesmo sem haver o fim da união familiar pela separação, pelo divórcio ou pela dissolução da união estável. Exatamente neste sentido: STJ, REsp 1.533.179/RS, *DJe* 23-9-2015; MADALENO, Rolf. *Direito de família*. 10. ed. Rio de Janeiro: Forense, 2020, p. 473.
[74] PONTES DE MIRANDA, Francisco Cavalcanti. *Tratado de direito privado*. Campinas: Bookseller, 2001, t. 5, § 594. 2.

qualquer ente que representasse ambos os consortes, o que, no plano da realidade, não poderia ocorrer pelo já mencionado fato de tais entes não possuírem personalidade jurídica.

Quando essas lições são complementadas pelas de Maria Berenice Dias[75] a compreensão do assunto se torna ainda mais facilitada. Segundo ela, "ainda que somente um dos conviventes tenha adquirido o bem, instala-se a cotitularidade patrimonial. O direito de propriedade resta fracionado em decorrência do condomínio que exsurge *ex vi legis*. Logo, o titular nominal do domínio não pode aliená-lo, pois se trata de bem comum. É necessária a concordância do companheiro[76]".

Portanto, mesmo que um cônjuge casado sob regime comunitário de bens adquira bem em seu único nome durante a união e o registre exclusivamente em seu nome, em hipótese fática que imponha a comunicabilidade, a titularidade dessa situação jurídica se estenderá ao cônjuge não adquirente, tornando-o mancomunheiro e compossuidor desse bem e titular de uma série de poderes sobre ele, inclusive da expectativa de direito de se tornar seu coproprietário ideal por ocasião do término oficial da entidade familiar e da correspectiva partilha, quando a coisa deixará de ser afetada à união familiar[77].

Em linguagem técnica, haveria a plurissubjetivação da titularidade desse bem.

A mancomunhão é fenômeno que se observa no mundo jurídico, mas que repercute imediata e diretamente sobre o mundo fático.

Por mais que o outro consorte não seja seu proprietário na forma da lei – *pelo fato de o bem não lhe ter sido entregue ou não se encontrar registrado em seu nome* –, deverá ser assim considerado para todos os fins, devido à circunstância de a mancomunhão plurissubjetivar a relação jurídica de propriedade e o correspectivo estado jurídico de proprietário desde o momento da aquisição.

No final das contas, tudo acaba pertencendo a todos, indistintamente, como dito.

Isso leva a crer que a mancomunhão acaba representando uma forma de aquisição da propriedade, sendo possivelmente este o motivo de alguns escritores a ela se referirem como uma forma de "condomínio" em sentido amplo e em linguagem não científica.

Aparentemente sob essa percepção, o Superior Tribunal de Justiça já decidiu que "na dissolução da sociedade conjugal, se o regime de comunhão de bens é universal, até a partilha subsiste tal estado de comunhão incidente, sem que antes dela se defina a titularidade do domínio de um e de outro dos cônjuges[78]".

Tudo isso decorre da marcante característica da mancomunhão de proporcionar uma verdadeira fusão patrimonial, que impede a distribuição de cotas sobre as coisas que a compõem antes de seu desfazimento.

---

[75] DIAS, Maria Berenice. *Manual de direito das famílias*. 4. ed. em *e-book*, baseada na 11. ed. impressa, São Paulo: Revista dos Tribunais, 2016, p. 425.
[76] Ao que parece, contudo, a professora gaúcha utiliza o termo "condomínio" em seu sentido amplo e em linguagem comum, para se referir à mera titularidade conjunta de bens, pois em sentido restrito e em linguagem científica, a figura englobaria apenas a propriedade conjunta e admitiria o fracionamento da titularidade em cotas, o que não ocorre na mancomunhão.
[77] No direito espanhol, conferir: NICUESA, Aura Esther Vilalta. *División de la comunidad de bienes*. Barcelona: Bosch, 2013, p. 9.
[78] REsp 56.841/SP, *DJ* 15-5-95.

Na literatura clássica, inclusive, é conhecida a lição de Clóvis Beviláqua[79] de que somente como "mero indicador de verificação patrimonial à data de sua dissolução", se poderia cogitar da distribuição de cotas ideais na mancomunhão. Mais recentemente, respeitável parcela da literatura também defendeu semelhante entendimento. Para Luciano de Camargo Penteado, por exemplo, "quando houver comunhão, de acordo com o BGB § 1.438 ocorre, a bem da verdade, uma transmissão do objeto da situação jurídica sem negócio jurídico para formar o todo[80]".

Não por acaso, os mancomunheiros somente poderão adquirir a efetiva propriedade sobre cada um dos bens amealhados ao longo da união, na forma da lei[81], se e a partir de quando houver a partilha jurídica dos bens, já que somente neste instante é que cada um deles receberá sua respectiva *meação*[82].

A propósito, a partilha jurídica será estudada em detalhes em tópico próprio.

7.4.2 A MEAÇÃO

Em direito das famílias, *meação* é o termo utilizado para designar a situação jurídica de índole pessoal que atribui posições jurídicas individuais ativas e passivas aos ex-consortes, ao ensejo da partilha jurídica, sobre a metade ideal de cada um dos bens/direitos adquiridos na constância das uniões constituídas sob regimes comunitários de bens[83].

De semelhante percepção é Mairan Gonçalves Maia Júnior, para quem meação representa "o direito reconhecido a cada um dos cônjuges ou companheiros como titular da metade ideal do patrimônio, ou melhor, do acervo comum por ambos titularizado"[84].

Só se pode efetivamente atribuir a meação a cada um dos ex-consortes quando a união familiar alcançar, oficialmente, seu fim e for efetivada a partilha jurídica. Daí porque não parece se mostrar possível a renúncia à meação antes que o próprio casamento ou a união estável tenha fim. Nada impede, contudo, a sua renúncia em momento posterior à dissolução oficial da entidade familiar, mediante doação, como entende de forma tranquila o Superior Tribunal de Justiça[85].

---

[79] BEVILAQUA, Clóvis. *Teoria geral do direito civil*. 4. ed. Ministério da Justiça, 1972, p. 25.
[80] PENTEADO, Luciano de Camargo. *Direito das coisas*. São Paulo: Revista dos Tribunais, 2008, p. 378.
[81] Ressalva seja feita aos imóveis adquiridos no âmbito de programas habitacionais específicos, como o "Minha Casa, Minha Vida" e "Casa Verde e Amarela", em que a lei impõe a incomunicabilidade do direito de propriedade nas hipóteses de dissolução de união estável, separação ou divórcio de que trata. De acordo com o art. 35-A da Lei n. 11.977/09, "nas hipóteses de dissolução de união estável, separação ou divórcio, o título de propriedade do imóvel adquirido no âmbito do PMCMV, na constância do casamento ou da união estável, com subvenções oriundas de recursos do orçamento geral da União, do FAR e do FDS, será registrado em nome da mulher ou a ela transferido, independentemente do regime de bens aplicável, excetuados os casos que envolvam recursos do FGTS. Parágrafo único. Nos casos em que haja filhos do casal e a guarda seja atribuída exclusivamente ao marido ou companheiro, o título da propriedade do imóvel será registrado em seu nome ou a ele transferido" (ver, ainda, o art. 10 da Lei n. 14.620/2023). Já nos termos do art. 13, *caput* e § 1º da Lei n. 14.118/2021, "os contratos e os registros efetivados no âmbito do Programa Casa Verde e Amarela serão formalizados, preferencialmente, em nome da mulher e, na hipótese de esta ser chefe de família, poderão ser firmados independentemente da outorga do cônjuge, afastada a aplicação do disposto nos arts. 1.647, 1.648 e 1.649 da Lei n. 10.406, de 10 de janeiro de 2002 (Código Civil). § 1º O contrato firmado na forma prevista no *caput* deste artigo será registrado no cartório de registro de imóveis competente, sem a exigência de dados relativos ao cônjuge ou ao companheiro e ao regime de bens". Nesses casos, por razões específicas, apenas os direitos de crédito referentes ao imóvel poderão compor a partilha, como observado oportunamente.
[82] Aparentemente com igual percepção: MAIA JÚNIOR, Mairan Gonçalves. *O regime da comunhão parcial de bens no casamento e na união estável*. São Paulo: Revista dos Tribunais, 2010, p. 118.
[83] MADALENO, Rolf. Meação e prescrição. *Revista da AJURIS*, v. 60, mar. 1994.
[84] MAIA JÚNIOR, Mairan Gonçalves. *O regime da comunhão parcial de bens no casamento e na união estável*. São Paulo: Revista dos Tribunais, 2010, p. 117-118.
[85] Dentre vários: REsp 1.620.710/GO, *DJe* de 21-3-2017; REsp 1.525.501/MG, *DJe* de 3-2-2016; REsp 1.196.992/MS, *DJe* de 22-8-2013.

Portanto, enquanto a partilha jurídica não for realizada, haverá mera expectativa de meação que, como toda e qualquer posição intermediária de espera, permanecerá no aguardo de um direito subjetivo ainda em formação[86], o qual pode nem vir a se transmutar em direito subjetivo adquirido no futuro. Logo, se, por hipótese, não for adquirido nenhum bem pelo casal em casamentos de curtíssima duração, por exemplo, ou, se todo o patrimônio amealhado ao longo da união estável for completamente absorvido para quitar as dívidas contraídas pelo casal, antes mesmo de o relacionamento chegar ao fim, existirá saldo zero a ser partilhado, não havendo que se falar, assim, em meação neste caso. Perceba que não se está referindo à hipótese de saldo negativo, pois aí haveria sim meação: de dívidas. A referência feita acima foi, realmente, a saldo zero, em que nem um nem outro consorte terá direitos patrimoniais a serem repartidos.

Não seria lícito, portanto, confundir-se o *direito subjetivo* de se titularizar um bem recoberto pela *mancomunhão*, com o *direito à própria meação sobre este bem*, pois são situações jurídicas subjetivas completamente diversas, obteníveis em momentos diversos, e, geradoras de consequências jurídicas tão diversas quanto.

O intérprete tem que ficar atento a esses detalhes.

Embora ainda predomine no Brasil o entendimento de que as partes não podem renunciar às suas respectivas meações enquanto a união familiar ainda estiver vigente, nada impede que elas renunciem ao direito de efetivamente receberem o que lhes cabe depois de esta união ter tido fim, no momento em que estiver sendo realizada a operação que neste livro vem sendo denominada partilha jurídica, isto é, quando for reconhecido juridicamente o que couber a cada um. Isto porque, a partir desse episódio, não mais haverá situação jurídica de Direito das Famílias, propriamente dito, mas sim estado regido pelo Direito das Coisas ou das Obrigações, como afirmado oportunamente.

No Superior Tribunal de Justiça, inclusive, essa tese parece ser aceita com tranquilidade, como dito há pouco. Ao ensejo do julgamento do REsp 1.620.710/GO (*DJe* 21-3-2017), por exemplo, restou decidido que, se ao término da união, as partes fizerem acordo versando sobre os aspectos patrimoniais da relação, haverá "renúncia tácita acerca da meação de bens, por meio de silêncio eloquente na transação celebrada entre partes capazes devidamente acompanhadas de seus respectivos advogados".

É claro que essa abdicação não pode envolver parcela do patrimônio desconhecida pelo renunciante, o que significa que se o outro consorte ocultar bens por ocasião do acordo, eles podem ser pleiteados em ação de sobrepartilha, sem que a renúncia lhe sirva de empecilho[87]. A renúncia se interpreta restritivamente justamente porque ela implica restrição de direitos conhecidos pelo renunciante (CC, art. 114).

Há certos limites para a renúncia, contudo. Não aqueles impostos pelo art. 544 do Código Civil, pois a esta altura a união já terá sido dissolvida, mas sim os estabelecidos pelo minissistema protetivo estabelecido pelo Código Civil, que impõe que o doador possua

---

[86] Em sentido semelhante, p. ex.: OLIVEIRA, José Lamartine Corrêa de; MUNIZ, Francisco José Ferreira. *Curso de direito de família*. 4. ed. Curitiba: Juruá, 2001, p. 375.
[87] STJ, REsp 1.525.501/MG, *DJe* 3-2-2016.

meios de se manter dignamente com seu patrimônio particular (CC, art. 548) e que seus herdeiros não sejam prejudicados pela doação (CC, art. 1.846).

É que a renúncia à meação é enxergada como verdadeira doação da parcela patrimonial renunciada ao outro consorte, possibilitando até mesmo a incidência de tributo, a depender do caso, com esteio no que prescreve a Súmula 116 do STF, segundo a qual "em desquite ou inventário, é legítima a cobrança do chamado imposto de reposição, quando houver desigualdade nos valores partilhados".

Em sentido próximo, o art. 38 da Resolução n. 35 do Conselho Nacional de Justiça, embora se referindo ao procedimento extrajudicial, estabelece que "na partilha em que houver transmissão de propriedade do patrimônio individual de um cônjuge ao outro, ou a partilha desigual do patrimônio comum, deverá ser comprovado o recolhimento do tributo devido sobre a fração transferida".

Pode acontecer até mesmo de as partes ajustarem alguma forma de compensação para que haja a renúncia. Se não o mais, um dos mais tradicionais meios para que isso ocorra é a celebração de contrato de constituição onerosa de renda vitalícia, no próprio acordo de dissolução da união, o qual permite que um consorte abra mão de grande parte do patrimônio a que faria jus na partilha de bens – como sua participação em empresas do casal, por exemplo –, em troca do direito de receber periodicamente alguma renda paga pelo outro (CC, arts. 803 a 813)[88].

De fato, pessoas sem habilidade negocial ou não muito versadas em gestão comercial talvez prefiram receber rendas periódicas pagas por seu ex-consorte do que ter que lidar com metas, estoque, logística, pagamento de pessoal, capacitação e tudo o mais que se relaciona com a administração de empresas.

Enfim! O que tem que ser sempre levado em consideração é que, ao abrir mão de sua parte do patrimônio comum, o sujeito não estará automaticamente prejudicando a legítima, já que o patrimônio renunciado pode representar montante inferior até mesmo à sua parcela disponível. Tampouco estará, necessariamente, ficando desprovido de condições econômicas mínimas para viver com dignidade, pois pode possuir renda ou bens particulares suficientes para tanto, como acontece na comum hipótese de doação com reserva de usufruto ao próprio doador.

A análise do ponto deve ser casuística e sob as lentes da "perspectiva da família"[89], portanto. Se a doação for sua intenção e disso não decorrer prejuízo à sua própria sobrevivência digna ou à legítima, a autonomia de sua vontade tem que ser respeitada pelo Estado.

Essa questão já foi analisada pelo Superior Tribunal de Justiça, inclusive, em Recurso Especial interposto em ação declaratória de nulidade de negócio jurídico, em que se discutia justamente a validade da renúncia do cônjuge virago à integralidade de sua meação na separação consensual do casal. Na ocasião, restou decidido que "o art. 548 do Código Civil estabelece ser nula a doação de todos os bens sem reserva de parte, ou renda suficiente para a subsistência do doador. A *ratio* da norma em comento, ao prever a nulidade

---

[88] STJ, REsp 1.330.020/SP, *DJe* 23-11-2016; AgRg no REsp 1.445.144/MS, *DJe* 1º-9-2014.
[89] Sobre a técnica: CALMON, Rafael. *Manual de direito processual das famílias*. 2. ed. São Paulo: Saraiva, 2023.

da doação universal, foi a de garantir à pessoa o direito a um patrimônio mínimo, impedindo que se reduza sua situação financeira à miserabilidade. Nessa linha, acabou por mitigar, de alguma forma, a autonomia privada e o direito à livre disposição da propriedade, em exteriorização da preservação de um mínimo existencial à dignidade humana do benfeitor, um dos pilares da Carta da República e chave hermenêutica para leitura interpretativa de qualquer norma. É possível a doação da totalidade do patrimônio pelo doador, desde que remanesça uma fonte de renda ou reserva de usufruto, ou mesmo bens a seu favor, que preserve um patrimônio mínimo à sua subsistência (CC, art. 548). Não se pode olvidar, ainda, que a aferição da situação econômica do doador deve ser considerada no momento da liberalidade, não sendo relevante, para esse efeito, o empobrecimento posterior do doador. Assim, na situação em concreto é que se poderá aferir se a doação universal (*omnium bonorum*) deixou realmente o doador sem a mínima disponibilidade patrimonial para sua sobrevivência[90]".

Feitas essas observações, importa observar agora que, à semelhança do que ocorre com o patrimônio hereditário, a distribuição dos quinhões do patrimônio conjugal ou convivencial por ocasião da partilha, deve guardar a máxima igualdade possível, "não apenas quanto ao valor dos bens do acervo, mas também quanto à sua natureza e qualidade", como bem decidido pela mesma Corte[91].

Ao receber sua respectiva meação, aí sim, cada ex-consorte passará a ser efetivo cotitular da situação jurídica titularizada pelo adquirente do bem, desta vez sobre cada bem isoladamente considerado (à razão de 50%), e não sobre o patrimônio visto em seu aspecto global.

Observe que somente neste momento será possível falar que cada um dos consortes titula 50% dos bens adquiridos durante a união, pois a mancomunhão já terá sido extinta.

Logo, se o consorte adquirente passou a titularizar o direito de crédito sobre certa quantia durante o relacionamento familiar, o não adquirente passará a titularizar exatamente o mesmo direito, só que, agora, em comunhão. Igualmente, se o adquirente passou a titularizar o direito de propriedade sobre determinada coisa durante a união familiar, o consorte não adquirente, isto é, aquele que não consta da nota fiscal ou do contrato, passará a titularizar idêntico direito, tornando-se, agora, condômino dela, exceto se alguma circunstância excepcional impuser consequência diversa, como ocorre com os imóveis financiados por intermédio do programa Minha Casa, Minha Vida ou do Casa Verde e Amarela, conforme visto oportunamente. Por identidade de motivos, se o contraente titularizava os direitos de crédito sobre algum bem, o consorte não contraente, isto é, aquele que não figurava no contrato, passará a ser comunheiro jurídico ordinário deste mesmo bem e assim por diante.

É preciso que se tenha essa noção para se entender a razão pela qual o sistema admite, por exemplo, que um cônjuge seja titular exclusivo de determinada conta bancária e que, no gozo dessa prerrogativa, até impeça o outro de movimentá-la, mas tenha que repartir o saldo nela existente por ocasião da partilha e até que suportar eventuais ordens judiciais de constrição na hipótese dos ativos nela existentes serem comunicáveis[92].

---

[90] Pacífico no STJ: REsp 2.026.288/SP, *DJe* 20-4-2023; REsp 1.929.450/SP, *DJe* 27-10-2022; REsp 1.183.133/RJ, *DJe* 1º-2-2016.
[91] REsp 605.217/MG, *DJe* 7-12-2010.
[92] STJ, AgRg no REsp 1.143.642/SP, *DJe* 3-6-2015.

A adequada compreensão do fenômeno também parece estar permitindo que os tribunais solucionem de forma precisa as questões envolvendo a aquisição de bens adquiridos à prestação, em que o financiamento é iniciado antes da união com recursos exclusivos de um só dos consortes, e finalizado em sua constância, pois nessa hipótese o consorte não comprador fica impedido de obter a *meação* sobre o *direito de propriedade* do bem, já que seu direito se circunscreverá aos *direitos de crédito* sobre aquelas parcelas que forem pagas ao longo da união[93].

Sobre 50% de cada uma delas, para ser mais preciso.

A meação sempre recairá sobre algo determinado e não sobre o patrimônio jurídico globalmente considerado. Por isso, seja um direito adquirido ou uma expectativa de direito sobre alguma coisa, torna-se imprescindível que, antes da partilha, todos os seus componentes sejam precisamente identificados.

Inclusive, atento a essa particularidade, o STJ vem decidindo que, em ações de execução promovidas contra o casal, "a exclusão da meação deve ser considerada em cada bem do casal e não na indiscriminada totalidade do patrimônio"[94].

Pelo mesmo motivo, na eventualidade de um só dos consortes figurar no polo passivo de execuções judiciais, os bens comuns divisíveis só podem ser penhorados à razão de 50%, como ocorreria com o numerário depositado em contas bancárias conjuntas[95]. Por outro lado, os bens indivisíveis que tenham sido adquiridos na constância de uniões contraídas sob a égide de regimes comunitários, não comportariam a mesma solução. Apesar de deverem ser penhorados apenas parcialmente, deverão ser levados a leilão por inteiro, bastando que seja reservada ao consorte não executado a metade do preço alcançado, como de resto assegura o art. 843 do CPC[96].

Como o patrimônio do casal engloba não apenas as situações jurídico-patrimoniais ativas – *como os direitos subjetivos e potestativos, o interesse legítimo e o poder jurídico* –, mas também as situações passivas comuns, torna-se perfeitamente possível se cogitar de uma *meação* formada apenas por *estados de sujeição* ou por *deveres jurídicos*, desde que sejam individualizados e recaiam sobre bens específicos. É que, como dito, se os consortes contraírem dívidas em valor superior ao do patrimônio comum, deixando saldo negativo a ser quitado, ambos poderão se responsabilizar por esta dívida, conforme ela tenha sido ou não adquirida em proveito da família (CC, art. 1.644).

Embora se reconheça que esta constatação possa soar ligeiramente estranha em um primeiro momento, nada impede que ela ocorra na prática, sendo bastante comum, para não faltar com a verdade. Tanto é assim que o Superior Tribunal de Justiça costumeiramente é chamado a se pronunciar a respeito, como ocorreu por ocasião do julgamento do REsp 1.477.937/MG (*DJe* 20-6-2017), em que decidiu que "na partilha, comunicam-se não apenas o patrimônio líquido, mas também as dívidas e os encargos existentes até o momento da separação de fato". E, por óbvio, se essa dívida meada não for paga pelo ex-consorte ao outro, caberá a execução ou o cumprimento da sentença de partilha, como também já teve

---

[93] STJ, REsp 246.613/SP, *DJ* 22-5-2000; REsp 707.092/DF, *DJ* 1º-8-2005; REsp 108.140/BA, *DJ* 2-5-2000.
[94] Exatamente assim: REsp 200.251/SP, *DJ* 30-3-2005. No mesmo sentido, dentre vários: REsp 200.251/SP, *DJ* 30-3-2005; AREsp 129.322/PI, *DJe* 20-5-2015; RCD na MC n. 22.041/DF, *DJe* 19-12-2013; REsp 708.143/MA, *DJ* 26-2-2007.
[95] STJ, REsp 1.184.584/MG, *DJe* 15-8-2014; AgRg no AgRg na Pet 7.456/MG, *DJe* 26-11-2009.
[96] Dentre vários: AgInt no AREsp 2.030.654/RS, *DJe* 10-8-2022; REsp 1.818.926/DF, *DJe* 15-4-2021.

oportunidade de decidir a Corte, por exemplo, no REsp 1.862.925/SC (*DJe* de 23-6-2020), em que a se decidia sobre um cumprimento de sentença que havia decretado o divórcio e a partilha dos bens do casal, em que se objetivava a quitação da "dívida civil consistente no pagamento pela ora insurgente/devedora, do montante atinente a 50% (cinquenta por cento) das parcelas do financiamento habitacional sobre as quais foi reconhecida a participação/contribuição do exequente".

Tudo isso só reafirma a imensa distinção entre as diversas modalidades de comunhão, possibilitando que se conclua, ao fim e ao cabo, que a mancomunhão em si, não confere direitos reais e nem é um direito real, mas uma situação jurídica surgida como um efeito da incidência das normas dos regimes comunitários de bens, responsável por inserir o patrimônio comum – *visto em seu sentido técnico-jurídico, de universalidade de direito* – em um estado jurídico específico, cuja dissolução se operará somente a partir do desfazimento oficial da entidade familiar que lhe subjaz, com a correspectiva partilha (jurídica), a qual possibilitará que cada um dos mancomunheiros obtenha suas respectivas meações sobre os bens componentes desse acervo, singularmente considerados.

Tomando-se por base o que foi dito até aqui, a mancomunhão teria as seguintes características:

a) Pluralidade de titulares: por ser uma modalidade de comunhão jurídica, deve haver mais de um titular de direitos sobre algo ao mesmo tempo.
b) Unicidade de objeto: a mancomunhão recai sobre o complexo de situações jurídicas, isto é, recobre o patrimônio em seu sentido jurídico, e não os bens corpóreos e incorpóreos singularmente considerados.
c) Unicidade de situações jurídicas: os mancomunheiros titularizam um mesmo complexo de situações jurídicas, extensivo a todo o patrimônio envolvido pela mancomunhão, já que existe uma finalidade comum: a manutenção da família.
d) Singularidade de origem: a mancomunhão sempre possui regimes comunitários de bens como sua causa subjacente.
e) Não distribuição de cotas: os direitos dos mancomunheiros sobre o patrimônio comum são exercidos sobre o todo, de forma igualitária e simultânea, não havendo distribuição de cotas entre eles.
f) Despersonalização jurídica: a lei não lhe atribui personalidade jurídica nem judiciária.
g) Atribuição de expectativa de direito à meação: a mancomunhão não confere o direito atual, subjetivo de titularidade aos bens comungados, mas mera expectativa de direito à meação sobre eles.
h) Indivisibilidade: ao contrário do condomínio, a mancomunhão acarreta não só a mera *indivisão* do patrimônio comum, mas sim sua *indivisibilidade*, impedindo completamente seu desfazimento enquanto perdurar a situação jurídica que lhe confere suporte: o regime de bens.
i) Seu objeto é um patrimônio em sentido jurídico: a mancomunhão instaura-se sobre o complexo de direitos e deveres, inclusive expectativos, titularizados pelos comunheiros, que sejam suscetíveis de apreciação econômica (universalidade jurídica, CC, art. 91).

j) Natureza de situação jurídica: a mancomunhão é uma situação jurídica específica de direito das famílias que torna os bens comunicáveis e confere a eles a expectativa de direito à meação do patrimônio.

k) Impossibilidade de ajuste de pacto de divisibilidade: como a mancomunhão se vincula umbilicalmente à sua causa subjacente, as partes não podem pactuar voluntariamente sua indivisibilidade ou divisibilidade sem antes colocarem fim ao regime de bens.

l) Perenidade: a mancomunhão só se desfaz a partir da dissolução da própria relação que lhe confere suporte, com a partilha (jurídica) patrimonial, retirando a possibilidade de os mancomunheiros a ela colocarem fim antes disso.

m) Impossibilidade de disposição da meação: na mancomunhão não há que se falar em cotas, a não ser como indicadoras de uma futura meação do patrimônio, ao ensejo de sua dissolução. Por isso, não se pode dispor da meação antes de se adquirir o direito à ela, com a partilha.

n) Administração simultânea por todos: como é da essência da mancomunhão o prestígio ao coletivo em detrimento do individual, todos os comunheiros possuem direitos iguais sobre a administração do patrimônio comum, até que ele venha a ser efetivamente dissolvido (CR/88, art. 226, § 5º; CC, art. 1.663).

o) Composse em mão comum: os condôminos exercerão composse em mão comum sobre a coisa, a qual impedirá o estabelecimento de cotas ideais ou de fracionamento físico do bem compossuído. A posse será exercida simultaneamente sobre o todo, sem que individualmente qualquer deles possa exercê-la sem que o outro também o faça.

Conhecida a mancomunhão, é hora de se conhecer um dos acontecimentos capazes de comprometer significativamente o seu propósito: a separação de fato.

8

A Separação de Fato

CONSIDERAÇÕES INICIAIS

Separação de fato não se confunde com separação de corpos. A separação de fato é o distanciamento *emocional* dos consortes, enquanto a separação de corpos representa o afastamento meramente *corporal*. Essa distinção é facilmente perceptível nos relacionamentos de casais que adotam o estilo conhecido por LAT (*Living Apart Together*), em que, mesmo residindo em locais fisicamente afastados um do outro, existe inegável afeto entre seus componentes[1], sendo possível de ser enxergada, também, nos casais que, mesmo sem nenhum vínculo entre si, permanecem residindo sob o mesmo teto, provisoriamente, por questões econômicas ou relacionadas a preocupações com os filhos.

Em poucas palavras, a separação de fato poderia ser conceituada como o fim do afeto naquele relacionamento específico.

Como se intui, portanto, a separação de fato é um episódio da vida que projeta repercussões sobre o Direito, dotado da única diferença de ocorrer no íntimo da pessoa. Daí, inclusive, ser muito comum sua associação a algo como uma separação ou um divórcio emocional nas fases do divórcio[2].

Por repercutir sobre o universo jurídico, ela deixa de ser considerada um mero fato, para assumir o qualificativo de "fato jurídico". Um fato jurídico humano, ou, para ser mais preciso, um ato jurídico em sentido estrito, do qual emergem incontáveis relações jurídicas. Sim, deixando para trás a invisibilidade que a caracterizava em um passado não muito distante, a separação fática passou a ser reconhecida como um importantíssimo acontecimento na vida das pessoas casadas e unidas estavelmente, por acarretar a cessação dos deveres conjugais – fidelidade, respeito e consideração mútuos –, e, no que mais interessa por aqui, comprometer significativamente a dinâmica de suas relações patrimoniais, notadamente quando seus relacionamentos forem contraídos sob regimes comunitários de bens.

---

[1] Na França, por exemplo, o art. 108 do Code Civil enuncia que "o marido e a mulher podem ter um domicílio separado sem infringir as regras relativas à comunidade da vida".
[2] Sobre as fases do divórcio, conferir: CALMON, Rafael. *Manual de direito processual das famílias*. 3. ed. São Paulo: Saraiva, 2023.

Isso porque, embora não acarrete o fim do casamento nem do regime de bens, a ruína afetiva entre os consortes deixa claro que inexiste razão para que o patrimônio que eventualmente venha a ser adquirido daí por diante se comunique entre os consortes.

Sim, você leu corretamente. A separação de fato não extingue o regime de bens, muito embora acarrete algo bastante parecido: a cessação da eficácia de suas regras do momento de sua ocorrência em diante.

Afinal, como observam Cristiano Chaves de Farias e Nelson Rosenvald[3], "o fundamento da comunhão de bens é a colaboração recíproca, a convivência, entre o casal. Cuida-se de típico efeito da vida em comum. Por isso, cessada a convivência, não devem ser partilhados os bens adquiridos posteriormente, efetivando o princípio da confiança, norte das relações patrimoniais". Na mesma linha, é a lição de Rolf Madaleno[4], para quem, "não faz nenhum sentido exigir a ruptura formal do casamento pelo divórcio ou a dissolução oficial da união estável, para afastar a comunicação de bens e riquezas que o outro parceiro não mais ajudou a produzir".

Esse mesmo ponto de vista é adotado, de forma praticamente pacífica, tanto pela literatura[5], quanto pelo STJ[6].

Além desta – que parece ser sua principal consequência jurídica de índole econômico-patrimonial – a separação fática devidamente comprovada projeta uma série de relevantíssimos efeitos, em diversas áreas, dentre os quais: a) impede que os frutos produzidos por esses bens particulares supervenientes se comuniquem (CC, art. 1.660, V)[7], o que também permitirá que eles próprios sejam alienados ou onerados sem depender da autorização do outro (CC, art. 1.647, I e IV); b) torna desnecessária a participação ou autorização do consorte do autor nas ações reais imobiliárias versando sobre esses bens (CPC, art. 73); c) classifica como "de mérito" a decisão interlocutória que fixa sua data, antes da efetiva sentença divorcista, autorizando o manejo do agravo de instrumento para seu ataque (CPC, art. 1.015, II)[8]; d) autoriza a constituição de união estável com outra pessoa (CC, art. 1.723, § 1º; ARCC, art. 1.564-A, § 1º)[9]; e) torna válida a instituição do convivente como beneficiário em contrato de seguro, se ao tempo do contrato o segurado casado já se encontrava separado de fato (CC, art. 793)[10]; f) vem sendo considerada pelo STJ como elemento suficiente para fazer cessar a causa impeditiva da fluência do prazo prescricional da usucapião entre cônjuges (CC, art. 197, I c/c art. 1.244)[11]; g) funciona como data da resolução da sociedade empresária, para o fim de apuração de haveres (CPC, art. 604, I; ARCC, art. 1.027, parágrafo único)[12], e; h) impede a projeção de efeitos sucessórios ao consorte sobrevivente (CC, art. 1.830)[13].

---

[3] FARIAS, Cristiano Chaves de; ROSENVALD, Nelson. Curso de direito civil: direito das famílias. 9. ed. Salvador: Juspodivm, 2017, v. 6, p. 402-403.
[4] MADALENO, Rolf. Direito de família. 10. ed. Rio de Janeiro: Forense, 2020, p. 553.
[5] DIAS, Berenice. Manual de direito das famílias. 4 ed em e-book baseada na 11. ed. impressa. São Paulo: Revista dos Tribunais. 2016, p. 366-369; Lôbo, Paulo. Direito civil: famílias. 7 ed. São Paulo: Saraiva, 2017, p. 316.
[6] STJ, REsp 1.274.639/SP, DJe 23-10-2017; REsp 1.300.250/SP, DJe 19-4-2012.
[7] Haveria, assim, um tipo especial de bens particulares: bens particulares de frutos incomunicáveis.
[8] REsp 1.798.975/SP, DJe 4-4-2019.
[9] STF, RE 1.045.273/SE, J. em 18-12-2020.
[10] STJ, REsp 1.391.954/RJ, DJe 27-4-2022.
[11] STJ, REsp 1.693.732/MG, DJe 11-5-2020; REsp 1.660.947/TO, DJe 7-11-2019.
[12] STJ, REsp 1.595.775/AP, DJe 16-8-2016.
[13] STJ, AgInt nos EDcl no AREsp 1.782.663/SP, DJe 15-8-2022.

O curioso é que os dispositivos legais que regulamentam os Regimes da Comunhão Parcial e Universal de bens no plano material não versam especificamente sobre a temática. Aliás, os únicos artigos do Código que, atualmente, conduzem à conclusão parecida, encontram-se inseridos no Capítulo e Título destinados ao regramento do Regime de Participação Final nos Aquestos e da União Estável, quais sejam, o art. 1.683, que estabelece que "na dissolução do regime de bens por separação judicial ou por divórcio, verificar-se-á o montante dos aquestos à data em que cessou a convivência", e, o art. 1.723, § 2º, que enuncia que "as causas suspensivas do art. 1.523 não impedirão a caracterização da união estável".

Isso não é bom. O ideal seria que a separação de fato fosse mais valorizada pelo sistema de direito positivo, como o é em Portugal e na França, por exemplo. Naquele país, o art. 1.782º.1 do Código Civil dispõe que: "Entende-se que há separação de facto, para os efeitos da alínea a) do artigo anterior, quando não existe comunhão de vida entre os cônjuges e há da parte de ambos, ou de um deles, o propósito de não a restabelecer". Já neste, o art. 1442 do Code Civil enuncia, em tradução livre, que "os cônjuges podem, um ou outro, pedir, se necessário, que, nas suas relações mútuas, o efeito da dissolução retroaja para a data em que deixem de coabitar e colaborar"[14].

Essa situação, contudo, talvez sofra uma gigantesca e positiva modificação com a reforma do Código Civil. Isto porque o seu Anteprojeto pretende definitivamente retirar a separação de fato da situação de quase total invisibilidade em que ela se encontra nos dias de hoje. Para que se possa ter ideia disso, veja quantos dispositivos pretendem versar a seu respeito:

> Art. 10. Far-se-á também a averbação ou o registro no Cartório de Registro Civil das Pessoas Naturais:
> (...) IV – da sentença de separação de corpos em que ficar reconhecida a separação de fato do casal.
> (...)
> Art. 1.027. Os herdeiros do cônjuge ou do convivente de sócio, ou o cônjuge ou convivente que dele se separou, divorciou, ou dissolveu a união estável, caso não venham a integrar a sociedade, concorrerão à divisão periódica dos lucros, até que se opere a dissolução parcial ou total da sociedade.
> Parágrafo único. Os lucros recebidos não serão considerados adiantamento dos haveres correspondentes à sua participação na quota social, aplicando-se o art. 1.031 para se proceder à determinação do valor das quotas por perícia, considerada a data da separação de fato.
> (...)
> Art. 1.031. Nos casos em que a sociedade se resolver em relação a um sócio, o valor da sua quota, considerada pelo montante efetivamente realizado, liquidar-se-á conforme determinado no contrato social.
> (...) § 4º A data da resolução da sociedade será:
> (...) II – no caso de divórcio ou de dissolução de união estável, a data da separação de fato;
> (...)
> Art. 1.086-A. A sociedade deve proceder à apuração dos haveres nos 90 dias seguintes à data de referência da liquidação da quota, que será:
> II – na data de extinção do regime de bens, nos casos de divórcio ou separação de fato, dos sócios cônjuges ou conviventes;
> (...)
> Art. 1.240-A. Aquele que exercer, por 2 (dois) anos ininterruptamente e sem oposição, posse com intenção de dono, com exclusividade, sobre imóvel urbano de até 250m² (duzentos e cinquenta metros quadrados) cuja propriedade divida com ex-cônjuge ou

---

[14] No original: Art. 1442 do Code Civil: "Les époux peuvent, l'un ou l'autre, demander, s'il y a lieu, que, dans leurs rapports mutuels, l'effet de la dissolution soit reporté à la date où ils ont cessé de cohabiter et de collaborer".

ex-convivente que abandonou o lar, utilizando-o para sua moradia ou de sua família, adquirir-lhe-á a propriedade integral, desde que não seja proprietário de outro imóvel urbano ou rural.

(...) § 4º As expressões ex-cônjuge e ex-convivente, contidas neste dispositivo, correspondem à situação fática da separação, independentemente de divórcio ou de dissolução da união estável.

(...)

Art. 1.564-A. É reconhecida como entidade familiar a união estável entre duas pessoas, mediante uma convivência pública, contínua e duradoura e estabelecida como família.

§ 1º A união estável não se constituirá, se ocorrerem os impedimentos do art. 1.521, não se aplicando a incidência do inciso VI no caso de a pessoa casada ou o convivente se achar separado de fato ou judicialmente de seu anterior cônjuge ou convivente.

(...)

Art. 1.571. A sociedade conjugal e a sociedade convivencial terminam:

(...) III – pela separação de corpos ou pela separação de fato dos cônjuges ou conviventes;

Art. 1.571-A. Com a separação de corpos ou a de fato cessam os deveres de fidelidade e vida em comum no domicílio conjugal, bem como os efeitos decorrentes do regime de bens, resguardado o direito aos alimentos na forma disciplinada por este Código.

Parágrafo único. Faculta-se às partes comprovar a separação de corpos ou a de fato por todos os meios de prova, inclusive por declaração através de instrumento público ou particular.

(...)

Art. 1.576-A. Com a separação de fato cessam os deveres de fidelidade e vida em comum no domicílio conjugal, bem como os efeitos decorrentes do regime de bens, resguardado o direito aos alimentos na forma do art. 1.694 deste Código.

(...)

Art. 1.660. Entram na comunhão:

(...) VIII – a valorização das quotas ou das participações societárias ocorrida na constância do casamento ou da união estável, ainda que a aquisição das quotas ou das ações tenha ocorrido anteriormente ao início da convivência do casal, até a data da separação de fato;

(...)

Art. 1.671. Extinta a comunhão pela separação de fato, pelo divórcio ou dissolução da união estável e efetuada a divisão do ativo e do passivo, cessará a responsabilidade de cada um dos cônjuges ou conviventes para com os credores do outro.

(...)

Art. 1.775. O cônjuge ou convivente, não separado judicialmente, extrajudicialmente ou de fato, é, de direito, curador do outro, quando interdito.

(...)

Art. 1.830. Somente é reconhecido direito sucessório ao cônjuge ou ao convivente sobrevivente se, ao tempo da morte do outro, não estavam separados de fato, judicial ou extrajudicialmente.

Mas e se a reforma não for aprovada? Bom, felizmente, já foi visto neste livro que texto normativo não se confunde com norma jurídica, podendo perfeitamente existirem regras e princípios embutidos em sistemas textualmente omissos a respeito. É mais ou menos isso que acontece por aqui. A separação fática, embora ainda não conte com previsão específica em lei, impede que o efeito da comunicabilidade projetado pelos regimes comunitários de bens atinja as relações jurídicas de cunho econômico-patrimonial que venham a ser contraídas pelos membros do casal, a partir de sua ocorrência.

Mas, é preciso estar atento ao fato de que, por si, ela não põe fim ao regime de bens propriamente dito. *Ser responsável por* derruir toda noção que se possa emprestar a *esforço comum* nas aquisições patrimoniais supervenientes à sua ocorrência, e, por isso, fazer cessar o *efeito* da comunicabilidade sobre o que vier a ser adquirido, é algo bastante diferente de dissolver o regime de bens[15]. Basta, por comparação, lembrar que a separação de fato

---

[15] No ponto, respeitosamente este livro discorda do entendimento que parece ser majoritário, de que são exemplos o Enunciado n. 2, do IBDFAM (A separação de fato põe fim ao regime de bens e importa extinção dos deveres entre cônjuges e entre companheiros) e diver-

também derrui a ideia de fidelidade, respeito e consideração mútuos, mas, nem por isso, põe fim ao casamento. Tanto é assim, que o separado de fato não pode se casar enquanto não se divorciar (CC, art. 1.521, VI).

Justamente por este motivo, foi dito há pouco que a separação de fato seria um bom exemplo de episódio provido de caráter *deseficacizante*, impedindo apenas que alguns efeitos específicos projetados pelas regras dos regimes comunitários, isto é, sua eficácia, seja projetada sobre o patrimônio que eventualmente venha a ser adquirido daí por diante, o qual se tornará incomunicável, apesar de o regime de bens continuar em vigor e produzindo diversos outros efeitos, até que haja sua dissolução com o término oficial da relação.

O legislador reformador parece estar atento a este ponto, pois pretende enfatizar a circunstância de que a separação meramente fática, embora de extrema relevância, interfere apenas na eficácia e não na vigência, validade ou existência do regime de bens. Tanto é assim que a redação atualmente aprovada para dois artigos pela Comissão de Juristas responsável pela elaboração do Anteprojeto é a seguinte: "Com a separação de corpos ou a de fato cessam os deveres de fidelidade e vida em comum no domicílio conjugal, bem como os efeitos decorrentes do regime de bens, resguardado o direito aos alimentos na forma disciplinada por este Código" (art. 1.571-A, *caput*) e "Com a separação de fato cessam os deveres de fidelidade e vida em comum no domicílio conjugal, bem como os efeitos decorrentes do regime de bens, resguardado o direito aos alimentos na forma do art. 1.694 deste Código" (art. 1.576-A).

De todo modo, esta controvérsia será retomada em tópico específico oportunamente.

8.1 AS CARACTERÍSTICAS E REQUISITOS DA SEPARAÇÃO DE FATO

A separação de fato é daquele tipo de episódio que não escolhe hora nem local para acontecer. E, o que é ainda mais surpreendente: pode ser experienciada por um só ou por ambos os consortes, ao mesmo tempo, ou em épocas diferentes. Afinal, como visto em tópico próprio do meu *Manual de Direito Processual das Famílias*, também lançado por esta editora, ao serem estudadas as fases do divórcio, as rupturas das entidades familiares (divórcio, separação e dissolução da união estável) não são instantâneas como um ato, mas sim, graduais e prolongadas no tempo, como uma verdadeira jornada.

Ademais, não é qualquer abalo no afeto existente entre o casal que configurará uma separação de fato. Brigas, desentendimentos e até afastamentos temporários costumam acontecer entre pessoas adultas que se amam, sem que isso represente uma genuína separação fática.

Para sua configuração, são necessários certos elementos específicos. De acordo com Guilherme Calmon Nogueira da Gama[16], por exemplo, seria imprescindível que o episódio apresentasse, sem se limitar, as seguintes características e requisitos: o objetivo de dissolução da família matrimonial anteriormente formada (ainda que de um somente), a

---

sos julgados do STJ (dentre os quais, destaca-se o AgInt nos EDcl no AREsp 1.408.813/SP, *DJe* 19-12-2019, por afirmar expressamente que a jurisprudência do Superior Tribunal de Justiça" é firmada no sentido de que a separação de fato põe fim ao regime de bens do casamento, motivo pelo qual os cônjuges não têm mais direito à meação dos bens adquiridos pelo outro").

[16] GAMA, Guilherme Calmon Nogueira. *Direito civil*: família. São Paulo: Atlas, 2008, p. 288.

instabilidade, a continuidade, a notoriedade, a existência de uma entidade familiar oficial, a ausência de óbice a dissolução dessa entidade, a superveniente falta de comunhão de vida, a intenção de não mais conviver (impossibilidade de reconstituição da vida em comum) e a ausência de *affectio maritalis*.

Realmente, só pode ser considerada genuína separação de fato aquela com ânimo definitivo, e, preferencialmente, prolongada ininterruptamente por certo período de tempo.

Quando se analisa, conjuntamente, tudo o que consta acima, talvez a primeira coisa que venha à mente sejam aqueles casos concretos em que ocorra discordância sobre a data ou sobre a própria ocorrência desse evento. Seria exemplificar com o exemplo em que o consorte "A" alegasse na petição inicial de divórcio, ter adquirido um bem móvel de expressivo valor, quando já estava separado de fato do consorte "B", mas, este, em sua contestação, controvertesse a data ou negasse francamente o próprio fato de ter havido a separação de fato.

Situações assim são bastante comuns no cotidiano das Varas de Família.

Para evitar que aquele consorte desconhecedor do fato seja prejudicado, melhor parece ser que a separação fática só possa projetar os efeitos que lhe são pertinentes, não só quando apresentar todas as características e requisitos mínimos acima referidos, mas, especialmente, quando o outro indivíduo da relação tiver ciência inequívoca a seu respeito. Do contrário, estaria aberta a porta para toda sorte de práticas desleais, sobretudo no campo patrimonial.

Este é justamente o posicionamento adotado por aqui.

De acordo com a sistemática de Direito Civil, o ato que só pode projetar consequências jurídicas a partir do momento em que se tornar conhecido da outra parte se chama receptício[17]. E, é exatamente isso que a separação de fato, quando não for bilateral, é: um ato jurídico unilateral receptício.

Para que o outro consorte possa tomar conhecimento a respeito, é imprescindível que exista uma exteriorização de vontade por parte daquele que, em primeiro lugar, perdeu o afeto. Afinal, como leciona Francisco Amaral[18], "a vontade é elemento fundamental na produção dos efeitos jurídicos, sendo necessário, como é óbvio, que ela se manifeste, se exteriorize. A manifestação da vontade é todo comportamento, ativo ou passivo, que permite concluir pela existência dessa vontade".

Mas, esteja atento a um detalhe muito importante: a manifestação de vontade não precisa ser expressa e inequívoca a respeito do fim do afeto. É a ciência sobre ele que precisa ser inequívoca. Portanto, o declarante não precisa se utilizar de fórmulas sacramentais e nem mesmo de palavras escritas ou faladas para que o outro tenha ciência inequívoca a respeito do rompimento dos laços afetivos naquele caso específico. Muito pelo contrário. Gestos, sinais e até mesmo o silêncio podem gerar o mesmo resultado.

Chega-se facilmente a esta conclusão quando se lê o art. 185 do Código Civil, segundo o qual, todo e qualquer ato jurídico humano lícito se submete à disciplina dos negócios jurídicos (arts. 104 a 184), não sendo diferente com a separação de fato. Por isso, assim como

---

[17] Segundo Carlos Roberto Gonçalves, receptícios são os atos em que a declaração de vontade tem de se tornar conhecida do destinatário para que possa produzir os efeitos almejados pelo declarante, como acontece na resilição de um contrato, na revogação de mandato (GONÇALVES, Carlos Roberto. *Direito civil brasileiro*. v. 1. 15. ed. São Paulo: Saraiva, 2017, p. 340).

[18] AMARAL, Francisco. *Direito civil*: introdução. 10. ed. São Paulo: Saraivajur, 2018, p. 342.

os atos jurídicos em geral, ela prescinde de forma especial, pois não há lei a exigindo (art. 107); nela se atenderá mais à intenção nela consubstanciada do que ao sentido literal da linguagem eventualmente empregada pela pessoa (art. 112); ela deverá ser interpretada conforme a boa-fé e os usos do lugar de sua celebração, para que lhe seja atribuído o sentido que for confirmado pelo comportamento das partes posterior à sua ocorrência e deve corresponder aos usos, costumes e práticas usualmente empregadas na localidade, bem como a qual seria a razoável negociação das partes sobre a questão discutida, inferida das demais disposições existentes no contexto e da racionalidade econômica daquelas, sempre consideradas as informações disponíveis no momento do acontecimento (CC, art. 113, §§ 1º), e; até mesmo o silêncio, desde que circunstanciado[19], pode ser interpretado como manifestação de vontade a respeito, quando as circunstâncias ou os usos o autorizarem (CC, art. 111).

Sobre o tema, as lições de Francisco Amaral[20], mais uma vez, são fundamentais. De acordo com ele "o comportamento do agente que traduz a declaração de vontade é ativo, se da parte do declarante, e passivo, se da parte do destinatário, surgindo, neste particular, a questão do silêncio como declaração de vontade. No que diz respeito ao comportamento ativo, a manifestação de vontade pode ser expressa, tácita e presumida. Expressa é a que se faz por meio da linguagem, da escrita, de sinais ou gestos, permitindo o conhecimento imediato da vontade declarada [...]. Tácita é a que se deduz do comportamento do agente (*facta concludentia*) ainda que a vontade não seja revelada pelo meio adequado [...]. Presumida é a declaração de vontade que, não sendo expressa, a lei deduz do comportamento do agente".

Como resultado, embora seja ideal que haja manifestação expressa, isto é, inequívoca a respeito, nada impede que a separação de fato seja manifestada de forma tácita, presumida e implícita, desde que, em qualquer caso, deixasse claro sob a perspectiva do outro, que o manifestante teria perdido o afeto de forma definitiva.

Uma vez ocorrendo no caso concreto, surge uma das maiores dificuldades enfrentadas pelos profissionais que atuam com o Direito das Famílias cotidiano: a prova da separação de fato e de sua ciência.

Isso será visto com mais detalhes no próximo tópico.

8.2 A PROVA DA SEPARAÇÃO DE FATO

A prova tanto da ocorrência, quanto da ciência a seu respeito, cabe, como de regra, a quem a alega a seu favor (CPC, art. 373).

Não nego que a comprovação a respeito seja complicadíssima, pois fazer prova de algo que acontece no íntimo do sujeito é algo realmente bastante difícil. Todavia, dificuldade não significa impossibilidade. Existem meios judiciais e extrajudiciais destinados à sua comprovação

---

[19] MEIRELES, Rose Melo Vencelau. O negócio jurídico e suas modalidades. In: TEPEDINO, Gustavo (Coord.), *O Código Civil na perspectiva civil-constitucional*: parte geral, Rio de Janeiro: Renovar, 2013, p. 233.
[20] AMARAL, Francisco. *Direito civil*: introdução. 10. ed. São Paulo: Saraivajur, 2018, p. 342.

e publicização, que, se forem apropriadamente utilizados, podem proporcionar significativa vantagem no campo prático. Vários deles, inclusive, serão estudados neste livro.

Se o fim do afeto vier a ser experienciado pelo par, de forma mútua e simultânea, a coisa toda até que se tornaria bastante facilitada, pois, como a separação de fato não acarreta modificação no estado civil, sua instrumentalização e prova não se submetem a qualquer forma especial (CC, art. 212, *caput*; CPC, art. 406), abrindo um imenso leque de possibilidades às partes. Por hipótese, bastaria que o casal lavrasse declaração pública ou particular atestando a ocorrência e a data do acontecimento (CC, arts. 215 a 219), promovendo, em seguida, seu registro no Cartório de Registro de Títulos e Documentos (LRP, art. 127, I e VII), sua averbação à margem do registro do casamento, no livro específico do Cartório de Registro Civil de Pessoas Naturais (LRP, arts. 97, 100 e 246), e, sua averbação no Cartório de Registro de Imóveis do lugar da situação de seus bens, se existentes (LRP, arts. 167, II, e 172).

Na literatura, Jones Figueirêdo Alves também sustenta "a conveniência de os assentos registrais à margem do assento de casamento anotarem a ocorrência da separação de fato"[21].

Nada obsta, ademais, que, em se tratando de cônjuges capazes[22], haja a estipulação consensual da data da separação fática no âmbito da própria ação de família, como, aliás, já foi reconhecido pelo STJ no julgado abaixo transcrito:

> CIVIL. PROCESSUAL CIVIL. AÇÃO DE DIVÓRCIO CUMULADA COM PARTILHA DE BENS. [...]. DATA DA SEPARAÇÃO DE FATO CONSENSUALMENTE ESTIPULADA PELAS PARTES. POSSIBILIDADE, EM REGRA. EXISTÊNCIA DE CÔNJUGE INCAPAZ, CUJA INTERDIÇÃO FOI JUDICIALMENTE DECRETADA E QUE SE ENCONTRA SOB CURATELA. EXCEÇÃO À REGRA. TRANSAÇÃO SOBRE A DATA DA SEPARAÇÃO DE FATO QUE POSSUI REPERCUSSÕES NOS DIREITOS PATRIMONIAIS DO INCAPAZ. NECESSIDADE DE PRÉVIA AUTORIZAÇÃO JUDICIAL OU POSTERIOR RATIFICAÇÃO PELO JUIZ, A QUEM CABE CONTROLAR A TRANSAÇÃO. NEGATIVA DA DATA ESTIPULADA PELAS PARTES QUE SE ENCONTRA LASTREADA EM FARTA DOCUMENTAÇÃO QUE APONTA TER ELA OCORRIDO EM DATA MUITO ANTERIOR ÀQUELA CONVENCIONADA. RISCO AO PATRIMÔNIO DO CURATELADO. [...].
>
> 4 – Como regra, descabe ao Poder Judiciário se imiscuir em questões tão íntimas e que se encontram na estrita esfera de ciência e disponibilidade das partes, como a data da efetiva separação de fato do casal, ainda que existam repercussões patrimoniais decorrentes dessa escolha consensual.
>
> 5 – A autonomia da vontade e o poder conferido aos cônjuges de definir questões relacionadas ao exato momento em que houve a ruptura da convivência e da *affectio maritalis*, encerrando-se o regime de bens entre as partes, deve ceder na hipótese em que, havendo cônjuge incapaz, houver repercussões patrimoniais a partir da fixação da referida data, sobretudo quando, da incapacidade, tenha resultado a interdição do incapaz e a necessidade de curatela.
>
> 6 – Conquanto a pessoa incapaz submetida à curatela não possa ser ela tolhida do direito de se divorciar, a prática de atos que envolvam direitos de natureza patrimonial é exercida pelo curador e, a depender da hipótese, dependerão de prévia autorização judicial.
>
> 7 – Se à curatela se aplica, no que couber, as regras da tutela, é certo que o curador somente pode transigir mediante prévia autorização judicial, ficando a eventual transação realizada sem a autorização prévia sem eficácia se não for posteriormente ratificada pelo juiz, podendo o juiz negá-la se entender que a transação celebrada traz risco ao patrimônio do curatelado.

---

[21] ALVES, Jones Figueirêdo. Separação de fato por seus efeitos jurídicos reclama averbação em registro. Disponível em: https://cnbsp.org.br/2022/09/26/artigo-separacao-de-fato-por-seus-efeitos-juridicos-reclama-averbacao-em-registro-por-jones-figueiredo-alves/. Acesso em: 4 dez. 2024.

[22] Em se tratando de incapazes, contudo, é preciso intervenção do curador e, a depender da hipótese, de prévia autorização judicial.

> 8 – Hipótese em que a data da separação de fato possui reflexo direto e relevante no patrimônio do curatelado, porque a partir dessa data se encerrou o regime de bens entre as partes, o que repercute, consequentemente, na partilha, e na qual existem sólidos elementos fático-probatórios que indicam que a separação de fato não ocorreu na data consensualmente informada pelas partes, mas, ao revés, mais de quatro anos antes.
> [...]
> (STJ, REsp 1.912.255/SP, *DJe* 30-5-2022)

No entanto, o que usualmente acontece é os consortes virem perdendo o afeto um pelo outro de forma gradual e em momentos diferentes, o que faz a situação ganhar em importância e dramaticidade, sobretudo no campo probatório.

Nesses casos, como primeiro mecanismo de prova, talvez possa ser sugerida a ata notarial, pois é o documento público destinado a atestar a existência e o modo de existir de fatos (CPC, art. 384; Lei n. 8.935/94, art. 7º, III). De forma diferente da escritura pública, que se destina à prova de *negócios jurídicos*, a ata notarial objetiva certificar a ocorrência de *fatos* por constatação pessoal do tabelião, substituto ou escrevente. Mas, esteja atento. Não é que ela sirva para comprovar o fato da separação, especialmente se ele estiver controvertido, pois o tabelião não pode elaborar juízo de valor sobre o que é ou não objeto de controvérsia[23]. O que ela pode é meramente atestar a captura de imagens e/ou conteúdos inseridos em perfis de redes sociais dos consortes ou amigos, nada impedindo que o tabelião compareça a certos locais específicos, como a residência do casal, por exemplo, para fazer análises e vistorias, bem como para narrar objetivamente situações fáticas, sem juízo de valor, contando com o grande atrativo de se submeter à sistemática dos documentos públicos (CPC, art. 405 e s.).

Uma vez documentado o fato, bastaria a notificação extrajudicial do outro para que a separação de fato pudesse projetar, de forma inequívoca, todos os seus efeitos.

Caso se prefira judicializar a questão, é provável que a ação de produção antecipada de provas seja a técnica mais rápida, simples e barata para se obter indícios e evidências a respeito. Após a coleta da prova, o interessado pode até mesmo dar publicidade à sentença homologatória proferida nessa ação, peticionando ao Oficial do Registro Civil para que proceda à sua averbação à margem do assento do casamento (LRP, art. 97), sem prejuízo da expedição de ofício ao Cartório de Registro de Imóveis para que realize a averbação à margem dos registros daqueles bens que estejam lá matriculados, em razão da inequívoca aptidão de a separação de fato "repercutir nos direitos a ele relativos" (LRP, art. 246, *caput*)

Uma alternativa seria a propositura da ação declaratória de separação de fato, com o objetivo de que fosse proferida sentença de mérito atestando sua existência, como eu sustento no meu *Manual de Direito Processual das Famílias*[24].

Todavia, embora isso não seja recomendável, o interessado pode preferir fazer a prova de todos os fatos na ação litigiosa em que postule a partilha de bens. Nesse caso, a separação de fato poderá tanto ser reconhecida incidentemente pelo juízo, como razão de decidir,

---

[23] FERREIRA, William Santos. Comentários ao art. 384. In: WAMBIER, Teresa Arruda Alvim *et al*. *Breves comentários ao novo Código de Processo Civil*. São Paulo: Revista dos Tribunais, 2015, p. 1.080.
[24] CALMON, Rafael. *Manual de direito processual das famílias*. 2. ed. São Paulo: Saraiva Jur, 2025.

quanto genuinamente decidida, como questão principal. Seja como for, se a decisão que fixar a data de sua ocorrência não coincidir com a sentença, será considerada como decisão interlocutória de mérito, justamente por se referir a um fragmento do pedido de partilha, concernente "ao que" será partilhado, desafiando, via de consequência, a interposição de agravo de instrumento, com base no art. 1.015, II, do CPC[25].

O Anteprojeto parece trazer uma boa alternativa para contornar esse problema, desde que a disposição por ele proposta seja interpretada adequadamente. Isto porque, em primeiro lugar, pretende estabelecer a faculdade de as partes comprovarem a separação de fato por todos os meios de prova, inclusive por declaração através de instrumento público ou particular (ARCC, art. 1.571-A, parágrafo único). Em segundo lugar, porque sua sugestão é que o art. 10, § 1º, do Código Civil passe a ter a seguinte redação:

> Art. 10. Far-se-á também a averbação ou o registro no Cartório de Registro Civil das Pessoas Naturais:
> § 1º No assento de nascimento da pessoa natural, nos termos da Lei n. 6.015, de 31 de dezembro de 1973, será reservado espaço para averbações decorrentes de vontade expressa pelo interessado que permitam a identificação de fato peculiar de sua vida civil, sem que isto lhe altere o estado pessoal, familiar ou político.

Interpretando-se essa enunciação, talvez se torne possível que o separado de fato promova a averbação da separação fática no seu assento de nascimento e de casamento "como fato peculiar de sua vida civil", o qual, embora seja incapaz de alterar seu estado pessoal, familiar ou político, fornece importantíssima informação a respeito de seu estado patrimonial.

Apreendidas essas noções, a gente pode dar prosseguimento ao estudo dos efeitos projetados por essa figura.

8.3 OS EFEITOS PROJETADOS PELA SEPARAÇÃO DE FATO SOBRE O PATRIMÔNIO COMUM

Questão das mais interessantes envolve as repercussões projetadas pela separação de fato sobre o patrimônio do casal, e, até sobre eventuais ações judiciais a serem movidas por ou contra as pessoas casadas.

É que, diante da inexistência de disciplina jurídica específica sobre ela, muitos podem se sentir instigados a seguir a literalidade dos enunciados de alguns artigos inseridos no Código Civil e no Código de Processo Civil. Esta prática, contudo, deve ser evitada. Já foi dito por aqui que texto normativo não se confunde com norma jurídica. Portanto, mesmo sem texto, é perfeitamente possível se extrair do Sistema de Direito Positivo brasileiro uma norma prescrevendo que o fim do afeto retira a razão de ser da união e da comunhão dela decorrente, retirando, via reflexa, qualquer motivo de os bens adquiridos supervenientemente continuarem se comunicando entre o casal. Como resultado, se qualquer dos consortes adquirir, com rendas provenientes de seu patrimônio particular, móveis ou imóveis depois de estar separado de fato, não terá que submetê-los à partilha, tampouco terá que prestar contas sobre sua gestão,

---

[25] STJ, REsp 1.798.975/SP, *DJe* 4-4-2019.

pois esses bens pertencerão a seu patrimônio particular, ficando imune aos efeitos projetados pelas regras dos regimes comunitários, como se verá oportunamente.

O curioso é que nem mesmo os frutos por eles produzidos se comunicarão (CC, art. 1.660, V), o que também permitirá que eles sejam alienados ou onerados sem depender da autorização do outro (CC, art. 1.647, I e IV), rendendo ensejo à formação de frutos específicos: frutos incomunicáveis gerados por bens particulares.

Para se constatar as sérias consequências projetadas pelo descuido legislativo e pela importância de se bem assimilar o que foi dito acima, observe, a título meramente ilustrativo, o que ocorre com o art. 73, *caput*, do CPC. Repetindo a atecnia redacional do seu antecessor, o CPC/2015 continua fazendo referências genéricas aos "cônjuges" e exigindo que as partes indiquem seu estado civil na petição inicial, sem impor que elas façam referência à eventualidade de estarem separadas de fato (veja, por exemplo, os arts. 73, 319, II, 842 e 915, § 1º, I), meio que sem se atentar à circunstância de que, mesmo pessoas separadas de fato continuarão sendo cônjuges umas das outras, pois separação de fato não altera o estado de casado, e separado de fato não é espécie de estado civil[26], o que faz com que os cônjuges continuem sendo assim considerados até que venham a se separar judicialmente ou se divorciar um do outro.

De acordo com o texto desse dispositivo, "o cônjuge necessitará do consentimento do outro para propor ação que verse sobre direito real imobiliário, salvo quando casados sob o regime de separação absoluta de bens". De plano, a lei não faz distinção a respeito da origem desse direito real, por causa da dicção dos arts. 1.647, I, e 1.660, V, do CC. Portanto, tanto bens componentes do patrimônio comum, quanto do particular de qualquer dos cônjuges, são atingidos pela regra processual. Mas, o problema que pode surgir é o seguinte: uma interpretação meramente literal desse texto levaria à conclusão de que uma pessoa separada apenas de fato (portanto, ainda ostentando o estado civil de casada), que pretendesse mover ação real imobiliária em relação a bem adquirido depois dessa separação, com recursos próprios, continuaria dependendo do consentimento do outro, mesmo sem haver qualquer possibilidade de a meação deste ser afetada pelo deslinde desta demanda, simplesmente por continuar sendo considerada seu "cônjuge" nos termos da lei.

Com o máximo respeito aos que pensam de forma diferente, esse não parece ser o melhor caminho a ser trilhado. A separação fática é fato jurídico de extrema relevância para o ordenamento, repercutindo sobre variadas relações jurídicas travadas pelos cônjuges, não podendo ser relegada a segundo plano no trato legislativo. O ideal, portanto, seria que o legislador tivesse redigido o texto do art. 73 do CPC, com o mesmo esmero e cuidado que foram empregados na redação do art. 790, IV do mesmo diploma[27], ou, no mínimo, que tivesse atribuído o destaque que a separação de fato merece, como foi feito nos arts. 75, II, *a*

---

[26] Para se ter a dimensão da importância do episódio sobre todo o regramento patrimonial da união, o STJ vem entendendo que a decisão que fixa a data da separação de fato, caso não coincida com a sentença, é considerada como decisão de mérito justamente porque se refere a um fragmento do pedido de partilha, concernente "ao que" será partilhado. Por isso, ela desafia a interposição de agravo de instrumento, com base no art. 1.015, II, do CPC (STJ, REsp 1.798.975/SP, DJe 4-4-2019).

[27] Art. 790. São sujeitos à execução os bens: IV – do cônjuge ou companheiro, nos casos em que seus bens próprios ou de sua meação respondem pela dívida;

da Lei n. 6.815/80, no art. 12 da Lei n. 8.245/91, e, mais recentemente, no art. 1.240-A do Código Civil, por exemplo.

Diante do descuido legislativo, recai sobre o intérprete e aplicador a tarefa de, ao se deparar com situações como essas, fazer a distinção entre cônjuge casado e cônjuge separado de fato, esclarecendo ao juízo que, embora o *texto* do art. 73 do CPC empregue o vocábulo "cônjuge", a *norma* que dele se extrai deve ser adequadamente construída para que a participação do consorte seja exigida apenas quando os fatos alegados na petição inicial se referirem ao patrimônio comunicável, pois somente nesse caso é que repercutiriam sobre as respectivas meações.

Pode, é claro, haver dificuldades relacionadas à prova da separação de fato, como visto há pouco. Mas, não custa relembrar: dificuldade não é impossibilidade.

8.4 REFLEXÃO CRÍTICA AO ENTENDIMENTO DE QUE A SEPARAÇÃO DE FATO DISSOLVE O REGIME DE BENS

Como antevisto, a vigência e a correspectiva incidência das normas dos regimes de bens encontram-se atreladas à existência da própria entidade familiar subjacente, de modo que seus marcos inicial e final coincidirão, em regra, com as datas de sua formação e dissolução oficiais, respectivamente. Dessa forma, apenas com a morte, com a separação, o divórcio ou com o afastamento definitivo e prolongado dos conviventes, o regime de bens deixará de vigorar (CC, art. 1.576).

O próprio Anteprojeto pretende enfatizar essa regra, ao dispor em numerosos dispositivos que a separação meramente fática faz cessar a comunhão de vida instituída pela sociedade conjugal ou convivencial, e os correspectivos deveres de fidelidade e de vida em comum no domicílio comum (arts. 1.671, 1.571, III, 1.571-A e 1.576-A), mas não o regime de bens propriamente dito, o qual apenas tem a sua eficácia não mais projetada sobre os bens que vierem a ser adquiridos da data de sua ocorrência em diante, como já afirmado por aqui. Tanto é assim que pretende introduzir ao texto do Código Civil os arts. 1.571-A e 1.576-A dispondo, respectivamente, que "Com a separação de corpos ou a de fato cessam os deveres de fidelidade e vida em comum no domicílio conjugal, bem como os efeitos decorrentes do regime de bens, resguardado o direito aos alimentos na forma disciplinada por este Código" (art. 1.571-A, *caput*) e "Com a separação de fato cessam os deveres de fidelidade e vida em comum no domicílio conjugal, bem como os efeitos decorrentes do regime de bens, resguardado o direito aos alimentos na forma do art. 1.694 deste Código" (art. 1.576-A).

Porém, o entendimento de que a separação fática extingue o próprio regime de bens se mostra presente em alguns círculos[28], com os quais, respeitosamente, este livro discorda. A seguir, serão apresentadas as premissas do raciocínio que conduz a tal conclusão.

A separação de fato é, como o próprio nome indica, um acontecimento verificável apenas no mundo real, decorrente da ruptura definitiva do afeto entre os consortes. Por

---

[28] Enunciado n. 2, do IBDFAM: A separação de fato põe fim ao regime de bens e importa extinção dos deveres entre cônjuges e entre companheiros. STJ, dentre vários: AgInt nos EDcl no AREsp 1.408.813/SP, *DJe* 19-12-2019, por afirmar expressamente que a jurisprudência do Superior Tribunal de Justiça "é firmada no sentido de que a separação de fato põe fim ao regime de bens do casamento, motivo pelo qual os cônjuges não têm mais direito à meação dos bens adquiridos pelo outro".

projetar diversos efeitos no universo jurídico, o Direito a cataloga como um *fato jurídico* que, por isso, produz consequências jurídicas que vão desde a projeção de reflexos específicos até a supressão de efeitos de outras normas e fatos jurídicos, conforme mencionado no capítulo antecedente. De todas, talvez o impedimento de que os bens adquiridos após sua ocorrência se comuniquem seja a mais perceptível.

Sua importância sobre as relações existenciais e patrimoniais do casal é imensa. Basta ver que, a partir dela, as pessoas casadas podem se unir com outras em união estável (CC, art. 1.723, § 1º), sem violar qualquer regra moral ou jurídica, bem como podem adquirir toda sorte de bens, sem os submeter à mancomunhão, contanto que o façam utilizando-se de economias próprias individuais.

Apesar disso, ela não tem o condão de dissolver o regime de bens.

Isso porque o regime de bens é o estatuto jurídico patrimonial das famílias, cuja contratação tem que ser feita de modo formal e solene pelos consortes, antes da materialização da união – por intermédio de pacto antenupcial ou de contrato de convivência, conforme se trate de um casamento ou de uma união estável, respectivamente (CC, arts. 1.640, parágrafo único e 1.725) –, a não ser que lhes seja preferível permanecer silentes e suportar a incidência obrigatória do regime de comunhão parcial (CC, art. 1.640, *caput*, e 1.725).

Tamanha formalidade e solenidade não admitiria que um mero fato da vida pudesse dissolvê-lo. Muito pelo contrário. O próprio sistema exige um ato tão formal e solene quanto, o qual pode vir representado por um pronunciamento judicial ou por uma escritura que dissolva a sociedade conjugal ou que desfaça o próprio casamento. Caso haja dúvida a respeito, perceba que o texto do art. 1.576, *caput*, do Código Civil dispõe expressamente que "a separação judicial põe termo aos deveres de coabitação e fidelidade recíproca e ao regime de bens".

Não há necessidade de que tal sentença ou escritura disponham expressamente a respeito, contudo. O fim do regime de bens é um corolário, um verdadeiro efeito anexo da sentença que decreta o divórcio ou a separação judicial.

É provável que essa circunstância, por si só, já seja suficiente para contrariar o raciocínio segundo o qual a separação de fato colocaria termo ao regime de bens. Todavia, seguem outros motivos.

Já foi esclarecido neste livro que o sistema brasileiro não concebe que uma união familiar seja desprovida de algum estatuto normativo destinado à regulamentação das relações jurídicas patrimoniais contraídas por seus integrantes. Porém, aceitando-se que a separação fática coloque fim ao regime, estar-se-ia admitindo, via reflexa, que um casamento ainda existente pudesse perdurar mesmo desprovido de regime de bens ou de qualquer regramento que disciplinasse as situações jurídicas contraídas conjuntamente pelo casal durante a união. E o que é pior! Sem que terceiros nem sequer pudessem ter ciência disso, haja vista a inexigência de que a separação de fato seja averbada nos Serviços de Registro das Pessoas Naturais e de Imóveis (LRP, art. 97). A prevalecer tal entendimento, parece que, se um consorte se recusasse a anuir ao pedido de alteração de regime de bens, bastaria ao outro se separar de fato dele para acarretar a modificação do regime de seu casamento para o da separação de bens – que é o regime equivalente ao de uma união "sem nenhum regime". Para agravar a situação, essa modificação teria efeito imediato, gerando potencial risco a direitos de terceiros. Mas, isso não seria juridicamente admissível, pois, em última análise, representaria modificação do regime originário, ao arrepio do procedimento legalmente previsto para tanto, e, sem prévio partilhamento dos bens amealhados até então (CPC, art. 734; CC, art. 1.639, § 2º)[29].

A inexistência de regime de bens poderia levar, ainda, a situações de absoluta perplexidade no momento de se saber, por exemplo, qual regramento normativo deveria ser aplicado às situações jurídicas envolvendo os bens comuns, no período de tempo que mediasse separação de fato e o divórcio, pois, a rigor, as regras do regime de bens lhe deveriam ser aplicadas, pois apenas a partilha (jurídica) põe fim ao estado de mancomunhão.

Outro exemplo que parece confirmar a assertiva aqui lançada vem da observação do que acontece com o bem de família. Afinal, se a mera separação de fato promovesse a ruptura do regime, possibilitar-se-ia que cada consorte instituísse esse benefício sobre os bens que permanecessem consigo, desvirtuando-se a finalidade do instituto, como restou expressamente consignado no trecho do paradigmático acórdão abaixo transcrito, o qual, embora antigo, continua sendo perfeitamente aplicável mesmo nos dias de hoje:

> O Superior Tribunal de Justiça já consolidou seu entendimento no sentido de que a proteção ao bem de família pode ser estendida ao imóvel no qual resida o devedor solteiro e solitário. Esse entendimento, porém, não se estende à hipótese de mera separação de fato entre cônjuges, com a migração de cada um deles para um dos imóveis pertencentes ao casal, por três motivos: (i) primeiro, porque a sociedade conjugal, do ponto de vista jurídico, só se dissolve pela separação judicial; (ii) segundo, porque antes de realizada a partilha não é possível atribuir a cada cônjuge a propriedade integral do imóvel que reside; eles são coproprietários de todos os bens do casal, em frações-ideais; (iii) terceiro, porque admitir que se estenda a proteção a dois bens de família em decorrência da mera separação de fato dos cônjuges-devedores facilitaria a fraude aos objetivos da Lei.
> (REsp 518.711/RO, *DJe* 5-9-2008).

Se todos esses argumentos ainda forem insuficientes para demonstrar que a separação meramente fática não tem o condão de dissolver o regime de bens, observe, adicionalmente, o seguinte: embora o patrimônio e as dívidas adquiridas durante o período de afastamento não se comuniquem (CC, arts. 1.660, I, e 1.663, § 1º), os frutos produzidos pelo acervo comum continuarão sendo plenamente comunicáveis sob as mesmas regras da mancomunhão, ainda que tenham por fato gerador, uma relação jurídica iniciada nesse período, como, por exemplo, a locação de imóvel comum a terceiros (CC, art. 1.660, V)[30].

Veja, ainda, que nos contratos de locação residencial que tenham os cônjuges por locatários, a avença passa a ter prosseguimento automático apenas em face daquele que permanecer no imóvel após a separação de fato (Lei n. 8.245/91, art. 12, *caput*). Nesse sentido, inclusive, já se decidiu que "nas hipóteses de separação de fato, separação judicial, divórcio ou dissolução da sociedade concubinária, o contrato de locação prorroga-se automaticamente, transferindo-se ao cônjuge que permanecer no imóvel todos os deveres e direitos relativos ao contrato, bastando para tanto a notificação ao locador"[31].

---

[29] Em sentido próximo: SANTOS, Luiz Felipe Brasil. A autonomia da vontade e os regimes matrimoniais de bens. In: WELTER, Belmiro Pedro; MADALENO, Rolf (Coord.). *Direitos fundamentais do direito de família*. Porto Alegre: Livraria do Advogado, 2004, p. 218.
[30] Não se esqueça que a interpretação desse artigo é no sentido de que apenas os frutos pendentes produzidos pelos bens particulares deixarão de se comunicar após a separação de fato, mas não os gerados pelos bens comuns.
[31] STJ, REsp 660.076/RJ, *DJ* 18-9-2006.

Lembre-se, também, que consortes separados meramente de fato não poderão promover a partilha dos bens comuns sem, antes, colocarem fim oficialmente à entidade familiar subjacente[32].

Mais um ponto digno de nota é que a prescrição não corre entre os consortes no período da separação de fato, como deixa clara a norma a que alude o art. 197, I, do Código Civil, impedindo-se, por exemplo, que o prazo de propositura da ação objetivando a fixação de aluguéis pelo uso exclusivo da coisa comum tenha curso no período. Tanto é assim que o STJ teve oportunidade de decidir que "em caso de fraude, o prazo prescricional da ação anulatória de doação do art. 1.177 do CC/1916 inicia-se com a dissolução formal do casamento, fluindo a partir do momento em que ocorre a separação judicial, com a efetiva discussão acerca da partilha, e não da mera separação de corpos"[33].

Aliás, e sem qualquer pretensão de se adentrar à polêmica envolvendo a natureza do prazo correspondente, parece que a configuração da assim chamada *usucapião familiar* (CC, art. 1.240-A) também ficaria inibida no período, justamente pelo fato de as partes ainda serem casadas entre si (CC, art. 197, I), e continuarem compossuindo todos os bens adquiridos até ali, *em mão comum*, situação esta que permanecerá, no mínimo, até que o divórcio seja pronunciado, inviabilizando-se, por completo, o surgimento de qualquer ânimo *ad usucapionem* por parte de apenas um deles (CC, art. 1.208), que somente poderia ser cogitado quando ambos se vissem livres da obrigação de aportar tudo que lhes é comum, ou o seu equivalente em dinheiro, ao acervo partilhável.

Como oportunamente registraria Caio Mário da Silva Pereira, "o proprietário não perde o seu direito pelo desuso, posto que prolongado; somente ocorre a perda da propriedade se o *dominus* se conservar inerte em face de uma situação contrária (posse do usucapiente), em conjugação com os outros requisitos legais". E, continuaria o mestre, "aquele que possui com base num título que o obriga a restituir desfruta de uma situação incompatível com a aquisição da coisa para si mesmo[34]".

São situações inconciliáveis, portanto. Se a separação fática não coloca fim à união, nem ao regime de bens, apenas fazendo cessar alguns dos efeitos projetados pela mancomunhão sobre os bens que vierem a ser adquiridos dela em diante, mas não sobre aqueles que tenham sido adquiridos em etapa anterior, não permite que o prazo prescricional possa ter curso a partir de seu acontecimento. Bem examinadas as coisas, tudo leva a crer que apenas a posse *ad interdicta* – isto é, a posse que autoriza o uso dos interditos possessórios – seja assegurada a partir da separação de fato, e não a posse *ad usucapionem* – ou seja, aquela que autoriza a usucapião –, e, isso, mesmo em relação aos bens comuns, pois a regra na composse é bastante clara: se duas ou mais pessoas possuírem a mesma coisa, todas poderão exercer sobre ela atos possessórios, contanto que não excluam os dos outros compossuidores (CC, art. 1.199), o que deixa claro que, mesmo compossuidores podem violar a posse uns dos outros, autorizando, neste caso, o uso de interditos pelo que tiver sido violado.

---

[32] Excepcionalmente, admitiu-se a partilha de bens em casamento ainda vigente, como consequência da alteração de regime da comunhão parcial para o da separação de bens, promovida pelos cônjuges (REsp 1.533.179/RS, j. em 8-9-2015).
[33] AgRg no REsp 1.327.644/RS, *DJe* 22-5-2014.
[34] PEREIRA, Caio Mário da Silva. *Instituições de direito civil*: direitos reais. v. IV. Atual. Carlos Edison do Rêgo Monteiro Filho. 25. ed. Rio de Janeiro: Forense, 2017, p. 223 e 140.

Vale registrar, entretanto, que o STJ já teve oportunidade de reconhecer que a separação de fato prolongada autorizaria a fluência do prazo prescricional, tanto da prescrição aquisitiva (REsp 1.693.732/MG, *DJe* 11-5-2020), quanto da prescrição extintiva (REsp 1.660.947/TO, *DJe* 7-11-2019), posicionamento ao qual este livro, respeitosamente, não adere[35].

E, ao que parece, o Anteprojeto pretende pacificar o entendimento a respeito, ao considerar que as expressões "ex-cônjuge" e "ex-convivente", contidas no art. 1.240-A, *caput*,[36] devam corresponder à situação fática da separação, independentemente de divórcio ou de dissolução da união estável.

De todo modo, a usucapião familiar voltará a receber atenção quando forem estudadas a imprescritibilidade do direito à partilha e a partilha jurídica.

Voltando ao assunto principal deste tópico, também não pareceria razoável que a separação de fato cessasse o efeito da norma a que alude o art. 1.663 do Código – *que prescreve a igualdade na administração do patrimônio comungado* –, pois isso possibilitaria, por exemplo, que um só dos consortes se apossasse de coisas comuns e dela retirasse proveitos, sem necessariamente ter que reparti-los com o outro ou prestar as contas de sua administração, ao arrepio do que prescrevem as normas dos arts. 1.642, II, e 1.651, I, do mesmo estatuto e ao princípio que veda o enriquecimento ilícito. Afinal, não é só porque a mancomunhão ainda perdura que os consortes terão direito de se enriquecer ilicitamente (CC, arts. 884 e s.), até porque nem mesmo disposição específica eventualmente inserida no pacto antenupcial ou no contrato de convivência tornaria lícito esse agir, dada a proibição imposta pelo art. 1.655 do Código[37].

Por identidade de motivos, caso haja dilapidação do patrimônio comum por conduta de um só consorte, no interregno entre a separação de fato e a dissolução oficial da união, o efeito da sub-rogação real, decorrente da mancomunhão, continuará incidindo sobre os fatos, implicando na imissão, de pleno direito, do valor de todos os bens porventura extraviados, em outros bens que ainda integrem a massa, de modo a assegurar ao lesado o direito de ver sua meação recomposta no momento apropriado[38], pois, como dito, a mancomunhão não encontra fim na separação fática, mas apenas com a partilha jurídica de bens que, por seu turno, somente pode ocorrer a partir do desfazimento oficial da entidade familiar, com a correspectiva dissolução do regime de bens por ele proporcionada, conforme já estudado por aqui.

Nos Tribunais Superiores, a orientação sobre este ponto específico parece ser exatamente no sentido que ora se defende, pois vem sendo admitida a prestação de contas antes da formalização da partilha dos bens, mesmo na hipótese de o casal estar separado de fato, e independentemente do cometimento de irregularidades na gestão dos bens, a fim de se

---

[35] Na doutrina, pensamento parecido ao entendimento do STJ pode ser encontrado em: FARIAS, Cristiano Chaves de. Radiografia do novo usucapião especial conjugal (por abandono de lar): dissecando a aquisição originária da meação sobre o imóvel comum do casal. In: *Escritos de direito e processo das famílias*: novidades e polêmicas: 2ª série. Salvador: Juspodivm, 2013.

[36] ARCC, art. 1.240-A: "Aquele que exercer, por 2 (dois) anos ininterruptamente e sem oposição, posse com intenção de dono, com exclusividade, sobre imóvel urbano de até 250m² (duzentos e cinquenta metros quadrados) cuja propriedade divida com ex-cônjuge ou ex-convivente que abandonou o lar, utilizando-o para sua moradia ou de sua família, adquirir-lhe-á a propriedade integral, desde que não seja proprietário de outro imóvel urbano ou rural".

[37] Art. 1.655. É nula a convenção ou cláusula dela que contravenha disposição absoluta de lei.

[38] Em sentido próximo: PONTES DE MIRANDA, Francisco Cavalcanti. *Tratado de direito privado*. Parte geral. Campinas: Bookseller, 2000, t. II, § 154.4; RODRIGUES, Silvio. *Direito civil*: parte geral. v. 1. 34. ed. São Paulo: Saraiva, 2007, p. 135.

coibir eventual prejuízo na posterior divisão patrimonial. No julgamento do REsp 1.300.250/ SP (DJe 19-4-2012), por exemplo, se decidiu que havendo um intervalo entre a dissolução da sociedade conjugal e a partilha, "aquele que conservar a posse dos bens do casal estará sujeito a prestação de contas como qualquer consorte de comunhão ordinária".

Além disso, é preciso ter em mente que mesmo aqueles consortes que se encontrem separados de fato com ânimo absolutamente definitivo terão que obedecer ao regramento imposto pelo art. 1.647 do Código Civil, exceto no que concerne aos bens não comunicáveis, nos quais claramente se incluirão aqueles que eventualmente venham a ser adquiridos da separação fática em diante[39]. Por óbvio que eles se verão impedidos, também, de celebrar contrato de compra e venda entre si, envolvendo os bens comunicáveis (CC, art. 499), justamente pela circunstância de o regime patrimonial não ser dissolvido pela separação meramente fática.

Mais. As dívidas contraídas no período da separação de fato, decorrentes do exercício da administração do patrimônio comum, continuarão obrigando tal acervo e os bens particulares, na mesma medida prescrita para a hipótese de os consortes não estarem afastados afetivamente. Também por isso, continuará sendo exigida a anuência de ambos para a prática dos atos, a título gratuito, que impliquem cessão do uso ou gozo desses bens, advindo daí mais exemplos de efeitos da mancomunhão que não cessam com o episódio em questão (CC, art. 1.663, §§ 1º e 2º). Pelo mesmo motivo, aquele consorte que continuar utilizando a coisa comum com exclusividade até a partilha deve indenizar o outro, não raro com o pagamento de quantia equivalente a 50% do valor que seria cobrado de terceiros a título de aluguel[40].

Outro efeito que não sofre interrupção durante o período de separação fática: as questões inerentes à má administração do patrimônio conjunto continuarão sofrendo a incidência das normas do regime de bens, assegurando a qualquer dos consortes o acesso à via judicial para correção de eventuais distorções ocorridas no período (CC, art. 1.663, § 3º).

Em resumo: se o fato disser respeito ou puder de qualquer modo afetar as situações jurídicas comuns, isto é, que tenham sido constituídas antes da separação de fato, as regras do regime de bens continuarão sendo aplicáveis até que ocorra a efetiva partilha (jurídica).

Diante de tantas peculiaridades é que, respeitosamente, se acredita que não seja totalmente acertada a afirmação no sentido de que a separação de fato dissolve o regime de bens, pois ele não só se manterá vigente, como suas normas continuarão gerando outros incontáveis efeitos sobre os bens comuns, que permanecerão alheios ao acontecimento. Portanto, exceto por metonímia, talvez seja mais adequado se dizer que o que a separação de fato faz no âmbito patrimonial da família é *impedir a projeção de apenas alguns efeitos das normas dos regimes comunitários*, sobre os fatos verificados após sua ocorrência, dos quais o mais representativo talvez seja a *comunicação dos bens supervenientemente adquiridos*[41].

---

[39] O STJ julgou de forma contrária a esse entendimento no REsp 1.125.616/BA, DJe 3-8-2015.
[40] Dentre vários: STJ, REsp 1.274.639/SP, DJe 23-10-2017.
[41] Nesse sentido: MAIA JÚNIOR, Mairan Gonçalves. *O regime da comunhão parcial de bens no casamento e na união estável*. São Paulo: Revista dos Tribunais, 2010, p. 201-202.

Inclusive, na jurisprudência mais recente do STJ, esse posicionamento parece vir ganhando corpo[42].

Daí o motivo de ter se afirmado que, sob a ótica do fenômeno normativo, a separação fática representaria mero fato jurídico *deseficacizante* (*e não desjuridicizante*) de algumas normas dos regimes comunitários.

Caso não tenha ficado suficientemente clara a distinção entre o fim da incidência e o fim da eficácia, a menção a outros efeitos provenientes do casamento, de índole não patrimonial, mas que também se desfazem por força da separação de fato, possivelmente elucide a assertiva. Basta ver, por exemplo, que o afastamento afetivo dos consortes cessa os efeitos sociais da coabitação e da fidelidade recíproca, mas não autoriza os cônjuges a voltarem a usar os nomes de solteiros, nem a se casar novamente, enquanto não decretado o divórcio.

Tudo se modifica, porém, com a decretação do divórcio ou da separação. Tanto é assim que, na perspectiva do fenômeno normativo, esses são os fatos jurídicos, que geram por consequência a efetiva extinção do regime de bens (CC, art. 1.571), possibilitando que se dê início à partilha para que todos os efeitos da mancomunhão cessem definitivamente[43], sem prejuízo de, no caso específico do divórcio, as pessoas divorciadas poderem até mesmo se casar e contratar novo regime de bens para este novo relacionamento.

São, pois, *fatos desjuridicizantes*.

Da partilha em diante, as situações jurídicas que envolverem os bens comuns passarão a atrair o regramento ditado pelos ramos do Direito nos quais se enquadrarem, como as Obrigações ou Coisas, sem que se possa cogitar da aplicabilidade das normas do regime de bens, de modo a tornar possível, por exemplo, que qualquer das partes pratique os atos anteriormente vinculados à vênia conjugal, sem mais depender dela, ainda que envolvendo os bens que antes compunham o patrimônio comum, como será visto em detalhes logo adiante.

Longe de representar discussão de somenos importância ou preciosismo semântico, a adequada compreensão do fenômeno assume importante aplicação prática, na medida em que influencia em todo o planejamento patrimonial e gera impacto até sobre as eventuais ações de família movidas pelos ex-casais, principalmente se forem consideradas as diferenças gritantes entre as regras da *mancomunhão* e aquelas provenientes das demais espécies de cotitularidade de bens, como a *comunhão ordinária* e o *condomínio*.

Conhecidas essas figuras jurídicas, o estudo pode ter prosseguimento para que sejam analisadas as regras atinentes aos regimes comunitários de bens, propriamente ditas.

---

[42] Exemplificativamente, conferir: STJ, EDcl no AREsp 1.032.721/RJ, *DJe* 13-6-2017; AgRg no Ag n. 1.268.285/SP, *DJe* 14-6-2012; AgRg no Ag n. 682.230/SP, *DJe* 24-6-2009; REsp 555.771/SP, *DJe* 18-5-2009.

[43] Essa é a regra geral que, por óbvio, admite exceções, como o já mencionado efeito ultrativo das normas do regime de bens sobre o Direito das Sucessões.

9

Os Regimes Comunitários de Bens

CONSIDERAÇÕES INICIAIS

A própria estrutura do Código Civil deixa antever que as características gerais das diversas espécies de regimes de bens por ele enumeradas se assentam basicamente sobre as ideias de maior ou menor comunicação patrimonial, daí advindo os sistemas de índole *comunitária* e *separatista* e de bens[1].

Como se intui, os primeiros se caracterizam pela maior propensão à formação de um patrimônio comungado entre os consortes, muito embora eles próprios admitam a existência de acervos individuais, em caráter excepcional. No Brasil são representados pelos regimes de comunhão parcial e universal de bens (CC, arts. 1.658 a 1.666 e 1.667 a 1.671).

Em contraposição, os sistemas separatistas se caracterizam justamente pela maior propensão à formação de patrimônios particulares das partes, apesar de também admitirem a composição de uma massa comum, excepcionalmente. Por aqui, são representados pela separação de bens, convencional e obrigatória (CC, arts. 1.687, 1.688 e 1.641), muito embora esta última esteja prestes a ser eliminada de nosso ordenamento jurídico pela reforma do Código Civil[2].

Por fim, os regimes de índole participacionista são aqueles em que há uma combinação entre as regras dos dois sistemas acima tratados de modo que, sob seu abrigo, cada parte conserve a titularidade e administração de seus próprios bens, mas no momento da dissolução do regime apurem-se, sob a forma contábil, os valores dos patrimônios eventualmente adquiridos por uma delas, para a descoberta do montante partilhável. No cenário jurídico nacional, o exemplo desse sistema é a participação final nos aquestos (CC, arts. 1.672 a 1.686), o qual também tende a ser eliminado pela reforma do Código Civil.

---

[1] Essa também é a noção emprestada pelo sistema espanhol, conforme: ALONSO, E. Serrano; TOMÉ, H. Campuzano; GONZÁLES, A. Gonzáles; GONZÁLES, J. Carbajo. *Régimen económico del matrimonio*. Oviedo: Universidad de Oviedo Servicio de Publicaciones, 1991, p. 119.

[2] A separação obrigatória vem sofrendo sensível abrandamento de seu rigor, por aplicação da Súmula 377 do STF, segundo a qual "no regime de separação legal de bens, comunicam-se os adquiridos na constância do casamento".

As partes podem, por óbvio, fazer mesclas entre as disposições desses regimes, criando um estatuto específico, desde que não contrariem a ordem pública, disposição absoluta de lei, nem limitem a igualdade de direitos que deva corresponder a cada cônjuge ou convivente, como tantas vezes dito (CC, art. 1.655; ARCC, art. 1.640, § 2º).

Por questões didáticas, porém, o estudo aqui desenvolvido gravitará em torno dos regimes de bens de índole puramente comunitária, o que impõe o redirecionamento de todas as atenções apenas aos regimes da *comunhão parcial* e da *comunhão universal*.

Nota comum a ambos é que eles geram como efeito a instauração da situação jurídica específica de *mancomunhão* sobre o patrimônio compartilhado, que, como visto, é responsável por proporcionar uma comunicação das relações jurídicas travadas pelos consortes, em maior ou menor escala, e por colocar o patrimônio comum em estado de afetação ao arranjo familiar, retirando das partes individualmente consideradas, a plena liberdade de disposição dos bens componentes deste acervo.

Mesmo sendo um efeito, uma consequência projetada pelas normas desses estatutos patrimoniais, a *mancomunhão* (sobre os bens comuns, é claro) perdurará mesmo depois da dissolução dos regimes, encontrando fim apenas por ocasião da partilha, sendo mais um exemplo de ultratividade normativa dos regimes. Tão importante quanto saber isso é se aperceber de que, como toda situação jurídica, a *mancomunhão* também gera seus efeitos característicos, o que significa dizer que ela própria, que em um primeiro momento da série de acontecimentos aparece como um *efeito* dos regimes, passa a representar, agora, um *fato* que servirá de antecedente normativo para a incidência de uma segunda norma, responsável por gerar novos efeitos, e assim sucessivamente, naquela interminável relação de subordinação e coordenação inerente ao fenômeno normativo, já referida neste livro[3].

Dentre esses efeitos destacam-se a outorga de faculdades assemelhadas às de proprietário sobre os bens comuns (CC, art. 1.642, III e V), a atribuição de legitimidade ativa para a propositura de ações de anulação de contratos (CC, art. 1.642, IV), as limitações ao exercício de direitos por parte dos consortes (CC, art. 1.647), a formação de uma universalidade jurídica envolvendo tais relações (CC, arts. 1.658 e 1.667), a sub-rogação real sobre os bens componentes do patrimônio comum (CC, arts. 1.659, I e 1.668, I, *a contrario sensu*), a comunicação das relações jurídicas contraídas sob seu império (CC, art. 1.660), o estabelecimento de presunções na aquisição de bens (CC, art. 1.662), a imposição de regras específicas a respeito da administração do patrimônio comum e das obrigações a ele pertinentes (CC, art. 1.663) e a atribuição de expectativa de direito à meação, por ocasião da partilha (CC, art. 1.575, frase final).

Como visto, alguns desses efeitos podem deixar de ser projetados caso ocorra a separação de fato do casal; outros, não.

A compreensão dessas nuances possui uma enorme importância prática, tanto no campo do direito material quanto do direito processual das famílias, e por isso receberão análise detida em tópicos específicos desta obra, quando o assunto será retomado. Por ora, o recurso a exemplos talvez facilite a compreensão do que acaba de ser dito: em um casamento contraído sob o regime da comunhão parcial de bens, a mancomunhão adviria

---

[3] Preciso a esse respeito: VILANOVA, Lourival. *Causalidade e relação no direito*. 4. ed. São Paulo: Revista dos Tribunais, 2000, p. 128.

automaticamente. Já o efeito da *comunicação* por ela prescrito ocorreria se e quando acontecesse, no mundo real, a aquisição de bens a título oneroso, ainda que só por um cônjuge, pois apenas neste momento a norma jurídica correspondente teria incidência e poderia ser aplicada (CC, art. 1.660, I).

Traçado esse delineamento genérico sobre os regimes de bens, resta saber o que são bens para os fins legais.

9.1 O QUE SÃO "BENS"?

Uma observação importantíssima a ser feita antes de qualquer estudo sobre os regimes patrimoniais do casamento e da união estável envolve o termo *"bens"*, utilizado pelo legislador para se referir ao que é comunicável e o que é incomunicável. Afinal, para muito além de considerar somente aqueles itens dotados de existência material e perceptíveis pelos sentidos, o próprio legislador deixa claro que, na acepção em que é empregado no texto normativo, o termo "bens" abrange algo muito mais amplo e complexo, pois diversos dispositivos fazem menção a obrigações (CC, art. 1.659, III e IV), benfeitorias (CC, art. 1.660, IV), frutos (CC, art. 1.660, V) e dívidas (CC, arts. 1.663, § 1º, 1.666 e 1.667), ora para os incluir ora para os excluir dos "bens comunicáveis".

Vejamos.

9.1.1 OS BENS JURÍDICOS E AS COISAS

Em linguagem comum, bem significa tudo aquilo que é objeto de desejo. Um amor, um passeio de mãos dadas ao pôr do sol, um afago em um animalzinho de estimação, um automóvel, uma fazenda etc.

Mas, não é exatamente a linguagem comum que importa por aqui. O que precisa ser compreendido neste livro é o significado de bens em linguagem jurídica, que, convenhamos, é muito mais restrito.

Para tanto, é preciso que se saiba, antes, o que são entes. Entes são tudo que existe no universo, objetivamente ou subjetivamente, de forma concreta ou suposta. Um pensamento, uma divindade, um automóvel, uma pessoa etc., são entes.

Os bens jurídicos e as coisas são entes, pois, é claro, ambos integram o universo. Mas, existe uma relação de gênero e espécie entre eles. Apesar de haver aceso dissenso doutrinário a respeito, para os fins deste livro, serão consideradas *coisas* tudo que existir objetivamente no mundo, à exclusão do homem, pois seres humanos são *sujeitos* e não *objeto* de relações jurídicas[4]. Já bens jurídicos, tal qual referidos pelas regras dos regimes de bens, são aquelas coisas caracterizadas por sua utilidade e raridade na perspectiva humana, que lhe atribuem susceptibilidade de serem convertidos em pecúnia e objeto de relações jurídicas, ou seja, que podem ser apreendidos pelo homem[5].

---

[4] Assim também: STJ, REsp 1.797.175/SP, *DJe* 13-5-2019.
[5] Em sentido próximo: GONÇALVES, Carlos Roberto. *Direito civil brasileiro*. v. 1: parte geral. 15. ed. São Paulo: Saraiva, 2017, p. 302.

Essa percepção é compartilhada, dentre tantos, por Cristiano Chaves de Farias e Nelson Rosenvald[6], para quem "bens jurídicos são aqueles que podem servir como objeto de relações jurídicas. São, nesse passo, as utilidades materiais ou imateriais que podem ser objeto de direitos subjetivos".

É muito importante que se retenha essa característica dos bens jurídicos: poder ser objeto de relações jurídicas. Ao escrever sobre ela, Bruno Miragem[7] ensina que

> por objeto da relação jurídica (situações jurídicas relacionais) ou de situações jurídicas absolutas, entende-se que são tanto bens (móveis e imóveis, materiais ou imateriais), quanto direitos. Abrange assim, tanto bens corpóreos quanto incorpóreos – como aqueles que resultam de obras intelectuais (sobre os quais recaem direitos de propriedade intelectual, tais como os privilégios de invenção, sobre marcas, nome empresarial, nomes de domínio, ou os direitos patrimoniais de autor). Da mesma forma são objetos das relações (e situações) jurídicas de direito privado tanto os bens em si, quanto os direitos sobre eles, seja o direito de propriedade, sejam direitos específicos ou faculdades, como o uso, a fruição ou a disposição. Também os direitos que resultam das relações e situações jurídicas. O devedor obriga-se a entregar algo, ou a realizar certo comportamento, fazendo ou deixando de fazer alguma coisa. O proprietário exerce seus poderes sobre um bem, usando, fruindo ou dispondo dele, ou se abstendo do fazê-lo. O empresário exerce a empresa organizando certa atividade econômica, empregando seus bens ou de terceiros com o propósito do lucro. A família e seus integrantes supõem o domínio de certo patrimônio, integrado por bens e direitos necessários a sua subsistência, para o que se prevê, inclusive, o dever de assegurá-los. Em todos os casos descritos há objetos das relações ou situações jurídicas.

Disso decorre que direitos abstratamente considerados (relações jurídicas) e prestações (agir humano) de dar, fazer, não fazer e suportar/tolerar também entram na categoria de bens jurídicos, desde que, é claro, possam ser mensurados em dinheiro.

Das quatro características mencionadas há pouco (utilidade, raridade, patrimonialidade e aptidão de ser objeto de relações jurídicas), é fundamental que o estudioso do Direito das Famílias retenha a patrimonialidade, pois, respeitosamente, esta obra entende que apenas entes capazes de serem convertidos em pecúnia representam bens em acepção jurídica, ao menos para os fins do direito patrimonial das famílias, até porque somente eles poderão compor o patrimônio jurídico da pessoa. Já aqueles desprovidos dessa característica – como a honra, a liberdade e a privacidade – muito embora possam ser assim considerados por respeitável parcela da literatura[8], não serão reputados bens por aqui, justamente porque possuem apenas valor jurídico, não econômico.

Como deve ter dado para perceber, existe, efetivamente, uma relação de gênero e espécie esses dois entes: todo bem é uma coisa, embora a recíproca não seja verdadeira.

Logo, para este livro, bem jurídico é uma espécie do gênero coisa[9].

---

[6] FARIAS, Cristiano Chaves de; ROSENVALD, Nelson. *Curso de direito civil*: parte geral e LINDB. v. 1. 15. ed. Salvador: Juspodivm, 2017, p. 518.

[7] MIRAGEM, Bruno. *Teoria geral do direito civil*. Rio de Janeiro: Forense, 2021, p. 410.

[8] É predominante a ideia de que a patrimonialidade não é um caráter necessário do bem jurídico e que, por isso, bens jurídicos não conversíveis em pecúnia, como o poder familiar e alguns direitos da personalidade não economicamente apreciáveis, poderiam ser objeto de relações jurídicas. Por todos: PERLINGIERI, Pietro. *Perfis do direito civil*: introdução ao direito civil constitucional. 3. ed. Trad. Maria Cristina De Cicco. Rio de Janeiro: Renovar, 2002, p. 237.

[9] Esse dissenso não se resume ao Brasil. No direito português, o art. 202º do Código Civil dispõe que "diz-se coisa tudo aquilo que pode ser objeto de relações jurídicas", enquanto, no direito italiano, italiano, o art. 810 do *Codice Civile* enuncia que os bens são "as coisas que podem ser objeto de direitos".

Apesar dessas considerações, necessário que se faça a advertência de que esta obra utiliza, por vezes, a metonímia ao empregar o termo *bens*, querendo se referir, a bem da verdade, às situações jurídicas que os têm por objeto e conteúdo. Assim, quando se deparar com frases como "o casal adquiriu um imóvel" ou "o dinheiro pertencia ao marido", o leitor deve estar atento ao fato de que este livro pretende se referir às relações jurídicas de propriedade e crédito, respectivamente, e não ao imóvel e ao dinheiro propriamente ditos.

Como somente as situações jurídicas de índole patrimonial interessam por aqui, apenas os bens jurídicos suscetíveis de apreciação econômica merecerão consideração, independentemente de seu caráter corpóreo ou incorpóreo. Logo, situações de índole personalíssima (como a honra e a integridade física) ou existencial (como o afeto e o amor), embora possam possuir valor jurídico, ficarão, propositalmente, de fora do campo de análise.

Os bens jurídicos comportam diversas classificações.

O próprio Código Civil disciplina seu tratamento em três capítulos diferentes no Título Único do Livro II de sua Parte Geral, levando em consideração sua natureza (bens considerados em si mesmo – Capítulo I, arts. 79 a 91), a relação entre uns e outros (bens reciprocamente considerados – Capítulo II, arts. 92 a 97), e a titularidade de seu domínio (bens públicos – Capítulo III, arts. 98 a 103). No primeiro, são disciplinados os bens móveis (arts. 79 a 81), os bens imóveis (arts. 82 a 84), os bens fungíveis e infungíveis (art. 85) e os bens consumíveis e inconsumíveis (art. 86), os bens divisíveis e indivisíveis (arts. 87 e 88), bem como os bens singulares e coletivos (arts. 89 a 91). Já no segundo, aparecem os bens principais e acessórios (arts. 92 a 97). Finalmente, no terceiro são tratados os bens públicos (arts. 98 a 103), que não receberão maiores atenções por aqui.

O Anteprojeto de Reforma ainda pretende introduzir ao texto do Código Civil o art. 91-A, dispondo sobre "os animais" e um livro inteiro dedicado ao "direito civil digital", onde poderá ser encontrada, entre outras disposições, parte da disciplina dos bens digitais.

No entanto, é na literatura que se encontram as mais significativas e detalhadas classificações, que, por isso, receberão tratamento mais de perto no próximo tópico.

9.1.1.1 A tipologia dos bens jurídicos

9.1.1.1.1 *Bens corpóreos e incorpóreos*

De acordo com sua aparência, os bens jurídicos são divididos em corpóreos e incorpóreos, sendo os primeiros aqueles que possuem existência físico-material-corpórea, detectada pelos sentidos humanos, como um automóvel ou um apartamento, e, os segundos aqueles cuja existência é meramente virtual-ideal-jurídica, perceptível apenas pela imaginação e criatividade humanas, a exemplo do crédito e do direito autoral. Graças a essas características, são também conhecidos por bens materiais e imateriais.

A distinção ganha em importância quando se constata que a forma de transmissão de uns e outros é completamente diferente: aqueles são transferidos por contratos de compra e venda, doação e permuta, ao passo que estes apenas por cessão[10]. Mas, obviamente, a

---

[10] GONÇALVES, Carlos Roberto. *Direito civil brasileiro*. v. 1. 15. ed. São Paulo: Saraiva, 2017, p. 303.

relevância da distinção entre uns e outros não para por aí. Já foi visto neste livro que bens jurídicos não se limitam àqueles de existência física/material (tangíveis), mas compreendem todos aqueles itens cuja raridade e possibilidade de conversão em pecúnia autorize que sejam objeto de relação jurídica patrimonial. Portanto, para muito além da energia elétrica, do ar atmosférico e dos gases, bens cuja existência é meramente ideal – desde que, é claro, admitida juridicamente – se enquadram no conceito de bens incorpóreos. Nesse contexto, são bens jurídicos incorpóreos ou imateriais, dentre outros, as prestações (de dar, fazer e não fazer/suportar), os direitos autorais, o crédito e o aviamento de uma empresa (*goodwill of a trade*), assim consideradas a clientela e a capacidade de um estabelecimento empresarial de produzir lucro. Inserem-se também nessa categoria, os bens digitais (*digital assets*), como softwares, aplicativos, perfis de redes sociais, dados financeiros, contas, arquivos de conversas, vídeos e fotos, pontuação em programas de recompensa ou incentivo e qualquer conteúdo de natureza econômica, armazenado ou acumulado em ambiente virtual, os quais, inclusive, se encontram prestes a receber uma disciplina muito mais pormenorizada pelo Anteprojeto de Reforma do Código Civil, que expressamente passa não só a considerá-los bens móveis (art. 83, IV), como prevê sua partilhabilidade em diversos cenários (p. ex.: arts. 1.791-A, 1.881, § 2º, 1.918-A etc).

A adequada assimilação desse conceito terá grande relevância no momento de realização da partilha.

9.1.1.1.2 *Bens móveis e imóveis*

Já quando se toma por critério a sua natureza, os bens são classificados em imóveis e móveis.

De acordo com a conceituação clássica, imóveis são aqueles que não podem ser deslocados de um lugar para outro sem serem destruídos ou avariados, como um lote de terreno, um sítio ou um apartamento. Móveis, pelo contrário, comportam esse deslocamento, sem sofrerem afetação em sua essência, como um violão ou uma motocicleta.

Apesar de contar com maciço apoio da literatura, essa concepção não pode mais ser empregada nos dias de hoje com a mesma força de outrora. A não ser, é claro, que lhe sejam dados alguns retoques. Isso porque o próprio legislador considera bens imóveis não só o solo, mas também tudo o que lhe for incorporado natural ou artificialmente de forma definitiva, à exceção das pertenças (CC, art. 79), bem como os direitos reais sobre imóveis, as ações que os asseguram e o direito à sucessão aberta (CC, art. 80).

Reforçando essa ideia, o Código ainda deixa claro que não perdem o caráter de imóveis as edificações que, separadas do solo, mas conservando a sua unidade, forem removidas para outro local, nem os materiais provisoriamente separados de um prédio, para nele se reempregarem (art. 81).

Dentro da temática relativa aos imóveis, as acessões assumem especial importância. O legislador a elas se refere quando enuncia que são bens imóveis não só o solo, mas, também, "tudo quanto se lhe incorporar natural ou artificialmente", à exceção, é claro, das pertenças (CC, art. 79).

Isso porque, por definição, acessões são todas as coisas justapostas ao solo de forma permanente.

Quando essa incorporação decorre da atividade humana, elas são denominadas acessões artificiais (também chamadas físicas ou industriais). Neste caso, é o homem quem, propositalmente, deita raízes ao solo ou a ele incorpora materiais de construção, sempre de forma definitiva, dando origem às plantações e construções (CC, arts. 1.253 a 1.259).

Mas, essa operação não necessariamente decorrerá da força do ser humano. A natureza também pode fazer agregações diversas por meio de formação de ilhas, de aluvião e de avulsão, por exemplo. Neste caso, elas são chamadas de acessões naturais (CC, art. 1.248).

Por projetarem relevantíssimas consequências sobre a partilha de bens, as acessões artificiais voltarão a ser estudadas oportunamente neste livro.

Com base nas lições acima, a literatura, embora com algumas variações, classifica os bens imóveis em:

a) imóveis por natureza, onde, a rigor, se incluiriam apenas o solo – tanto em sua superfície quanto em seu subsolo, desde que em extensão útil ao exercício da propriedade – e o espaço aéreo a ele correspondente (CC, art. 1.229). No entanto, as coisas a ele agregadas pela força da própria natureza, como as árvores de uma floresta ou as ilhas formadas pelo acúmulo natural de terras em um rio, por exemplo, também podem ser consideradas bens imóveis por natureza, já que não precisam de forças externas a ela para terem origem. É mais ou menos o que dispunha o art. 43, I, do Código Civil de 1916[11] e o que dispõe a primeira parte do art. 79 do diploma atual;

b) imóveis por acessão artificial, física ou industrial, classificação esta que considera tudo aquilo que for acedido, isto é, justaposto, incorporado ao solo de forma artificial, com caráter permanente e sem possibilidade de dele ser retirado imune a dano considerável, a exemplo da semente lançada à terra pelo homem e das edificações e construções, como viadutos, estradas, casas etc. Isto porque acessão carrega consigo a ideia de agregação, de justaposição, de incorporação de uma coisa à outra. Dessa tipologia cuidava o art. 43, II[12] do diploma revogado e cuida a segunda parte do art. 79 do atual, e;

c) imóveis por determinação legal, que são aqueles itens não necessariamente fixos e estáticos, mas que o ordenamento assim os considera com o objetivo de atribuir maior segurança às relações jurídicas que lhes dizem respeito. Sobre eles versa o art. 80 do Código Civil, quando considera imóveis para os efeitos legais os direitos reais sobre imóveis e as ações que os asseguram, bem como o direito à sucessão aberta (herança).

---

[11] CC/2016, art. 43. São bens imóveis: I – O solo com os seus acessórios e adjacências naturais, compreendendo a superfície, as árvores e frutos pendentes, o espaço aéreo e o subsolo.

[12] CC/2016, art. 43. São bens imóveis: II – tudo quanto o homem incorporar permanentemente ao solo, como a semente lançada à terra, os edifícios e construções, de modo que se não possa retirar sem destruição, modificação, fratura ou dano.

No sistema revogado, relevava, ainda, a classificação dos imóveis por acesso intelectual, assim considerados aqueles que eram intencionalmente empregados no imóvel pelo proprietário, para sua exploração industrial, aformoseamento ou comodidade, na forma disposta pelo art. 43, III, do Código de 1916. No entanto, embora ainda paire certa polêmica a respeito, parece que a taxionomia perdeu em importância com o advento do Código de 2002[13], no qual tais bens passaram a ser considerados pertenças (art. 93).

Como se percebe a partir da leitura de tudo que foi escrito até aqui, existem bens imóveis que podem sim, ser perfeitamente transportados de um lugar para outro sem qualquer deterioração, como a supramencionada herança (sucessão aberta) ou as ações reais imobiliárias, deixando claro que, na atualidade, o termo "imóvel" se baseia em uma noção muito mais jurídica do que física, relacionada ao aspecto tangível e inerte da coisa.

Aliás, como se verá logo adiante, o termo "móvel" também passa por semelhante transformação. No que diz respeito a eles, o art. 82 do Código Civil dispõe que "são móveis os bens suscetíveis de movimento próprio ou de remoção por força alheia, sem alteração da substância ou da destinação econômico-social".

No primeiro caso, são chamados de semoventes e vêm representados pelos animais não humanos. Talvez por isso fosse melhor serem chamados de seres sencientes. No segundo, são denominados bens móveis propriamente ditos, a exemplo dos eletrodomésticos e dos veículos[14].

Mantendo a mesma coerência utilizada no tratamento dos imóveis, o Código deixa claro que não é só a essência do bem, isto é, seu aspecto físico, que permite que ele seja classificado como móvel. Mostra disso advém de seu art. 83, em que considera móveis para os efeitos legais as energias que tenham valor econômico, os direitos reais sobre objetos móveis e as ações correspondentes, bem como os direitos pessoais de caráter patrimonial e respectivas ações. E, caso venha a ser efetivamente reformado, passará a assim considerar, também, os conteúdos digitais dotados de valor econômico, tornados disponíveis, independentemente do seu suporte material.

Talvez por se preocuparem exclusivamente com as disposições constantes dos Livros V e VI da Parte Especial do Código Civil – onde se encontram as normas regentes do Direito das Famílias e do Direito das Sucessões –, muitas pessoas acabam não sabendo enquadrar adequadamente os bens em suas respectivas categorias, deixando, como resultado, de os incluir entre os bens comunicáveis e partilháveis. Os direitos pessoais de caráter patrimonial há pouco referidos, por exemplo, conglomeram um sem número de itens que, por vezes, são dotados de significativa expressão econômica, como o próprio direito de crédito estampado em diversos títulos de crédito, os direitos autorais (Lei n. 9.610/98, art. 3º), as cotas sociais e as ações de sociedades empresárias, os valores mobiliários, as moedas estrangeiras e os direitos de propriedade industrial sobre marcas e patentes de invenção (Lei n. 9.279/96, art. 5º), apenas para citar alguns.

---

[13] I JDC/CJF, Enunciado 11: "Não persiste no novo sistema legislativo a categoria dos bens imóveis por acesso intelectual, não obstante a expressão 'tudo quanto se lhe incorporar natural ou artificialmente', constante da parte final do art. 79 do Código Civil".

[14] Situação curiosa acontece com os navios e aeronaves, pois são bens fisicamente móveis, mas podem ser considerados juridicamente imóveis exclusivamente para fins de hipoteca, que, como se sabe, é direito real de garantia incidente apenas sobre imóveis (CC, art. 1.473, VI e VII; Código Brasileiro de Aeronáutica – Lei n. 7.565/86, art. 138).

Em complemento, o diploma enfatiza que não perdem a qualidade de bens móveis os materiais destinados a alguma construção, enquanto não forem nela empregados, e, que, readquirem essa qualidade, aqueles provenientes da demolição de algum prédio (art. 84).

Por idêntico motivo, aqueles bens que são incorporados ao solo com a manifesta intenção de dele serem separados oportunamente, a exemplo das árvores destinadas ao corte, das plantações fadadas à colheita e da venda de safra futura, são considerados móveis, pois seu destino final não é permanecer agregado à terra para sempre, mas, sim, atenderem a uma finalidade econômica sob o aspecto de bens móveis[15].

Dentre os semoventes, este livro atribui especial destaque aos animais de estimação e companhia, pois, conquanto não sejam humanos, não mais podem ser considerados meros "bens" para o Direito das Famílias, mas sim seres dotados da capacidade de sentir dor e experimentar emoções diversas, logo, sencientes.

Essa notável característica lhes confere um tratamento especial, que impossibilita sua partilha na eventualidade de os seus "pais humanos" virem a romper o laço familiar que os une, como se verá em tópico específico, pouco mais adiante.

Inclusive, o Anteprojeto de Reforma do Código Civil pretende inserir o art. 91-A ao texto legal, para dispor que:

> Art. 91-A. Os animais são seres vivos sencientes e passíveis de proteção jurídica própria, em virtude da sua natureza especial.
>
> § 1º A proteção jurídica prevista no *caput* será regulada por lei especial, a qual disporá sobre o tratamento físico e ético adequado aos animais.
>
> § 2º Até que sobrevenha lei especial, são aplicáveis, subsidiariamente, aos animais as disposições relativas aos bens, desde que não sejam incompatíveis com a sua natureza, considerando a sua sensibilidade.

À luz dessas informações, os bens móveis costumam ser classificados em:

a) móveis por natureza, assim considerados aqueles itens tangíveis que são capazes de se deslocar, por força interna ou externa, do ponto A ao ponto B, sem sofrer prejuízos consideráveis em sua essência, como os animais não humanos e não domésticos, os automóveis, os eletrodomésticos etc. Deles se encarrega o art. 82 do Código;

b) móveis por determinação legal, que são aqueles bens que, embora não possuam aparência material, são considerados móveis por escolha do legislador, a exemplo das energias providas de valor econômico e os direitos pessoais de caráter patrimonial, tratados no art. 83 do mesmo diploma, e;

c) móveis por antecipação, assim considerados os bens que, apesar de terem aderido ao solo em um primeiro momento, logo, de terem se transformado em imóveis, o foram sob deliberado propósito de serem dele extraídos em um segundo momento, para atender às necessidades ou interesses humanos. Daí a conclusão de que a intenção do proprietário é transformá-los em móveis. Sua fonte de inspiração

---

[15] STJ, REsp 1.567.479/PR, *DJe* 18-6-2019; Ag 174.406/SP, *DJ* 23-11-98; AgRg no Ag 1.747.406/SP, *DJU* 23.11.98; REsp 23.195/PR, *DJe* 29-11-93.

pode ser encontrada no art. 84 do Código e seus exemplos mais expressivos são as plantações destinadas à colheita e as árvores voltadas ao corte oportuno.

Longe de possuir importância meramente acadêmica, a distinção dos bens em móveis e imóveis se apresenta relevantíssima também sob o ponto de vista prático, em razão das diversas consequências de direito material e processual daí advindas. Basta ver que, no plano material, a transferência de bens móveis se dá pela mera tradição (CC, art. 1.226), enquanto a de imóveis é muito mais solene e formal, pois usualmente exige o registro do título translativo, o qual, por si só, já se reveste de certas particularidades (CC, art. 1.227). Já no plano processual, as ações versando sobre direitos reais imobiliários possuem regras próprias de competência e de participação dos interessados (CPC, arts. 47 e 73), não aplicáveis às demandas que tenham por objeto direitos reais mobiliários (CPC, art. 46).

Mas, talvez seja preciso se prestar mais atenção sobre os bens móveis. Como bem pontua Anderson Schereiber[16], se certas peculiaridades e cenários eram diferentes e "compreensíveis em uma economia essencialmente agrícola, centrada sobre a propriedade da terra, hoje perderam muito de sua razão em ser, em virtude do incremento da riqueza mobiliária, especialmente por meio de ações de sociedades anônimas, debêntures, quotas de fundos de investimentos, automóveis de luxo e outros bens móveis que exprimem, não raro, valor econômico superior ao dos bens imóveis".

Portanto, todo aquele que atua com o Direito das Famílias no cotidiano deve estar atento que para muito além do mobiliário e dos eletrodomésticos que guarnecem a residência das pessoas, existe uma gama gigantesca de bens móveis, por vezes, valiosíssimos. Os direitos autorais, por exemplo, são considerados bens móveis para os efeitos legais, como dito há pouco (Lei n. 9.610/98, art. 3º). Ao seu lado, as cotas sociais, as debêntures, as obras de arte, as ações negociadas na bolsa de valores e o dinheiro aportado em aplicações financeiras também são bens móveis que ainda podem produzir frutos tão valiosos quanto, como os juros e os rendimentos do capital aplicado (frutos civis).

Adicionalmente, a digitalização das relações humanas deu origem ao que vem sendo chamado de "bens digitais" (*digital assets ou digital property*), assim considerados "aqueles bens incorpóreos, os quais são progressivamente inseridos na internet por um usuário, consistindo em informações de caráter pessoal que trazem alguma utilizada àquele, tenha ou não conteúdo econômico"[17]. Encontram-se nessa categoria, pontos em programas de bancos e cartões de crédito, milhagens em programas de fidelização em companhias aéreas, bibliotecas virtuais, criptomoedas, perfis em redes sociais etc., como se verá oportunamente neste livro.

9.1.1.1.3 *Bens fungíveis e infungíveis*

Os bens jurídicos costumam ser classificados, ainda, de acordo com sua substitutividade, em fungíveis e infungíveis. Neste caso, o legislador facilita a compreensão das distinções, pois enuncia expressamente que "são fungíveis os móveis que podem substituir-se

---

[16] SCHREIBER, Anderson. *Manual de direito civil contemporâneo*. 3. ed. São Paulo: Saraiva Educação, 2020, p. 281.
[17] ZAMPIER, Bruno. *Bens digitais*. Foco, 2020, p. 77.

por outros da mesma espécie, qualidade e quantidade" (CC, art. 85). Seu mais representativo exemplo talvez seja o dinheiro, que pode ser substituído sem qualquer problema. Por contraposição, obtém-se que infungíveis são aqueles bens certos, que, por isso, não podem ser substituídos por outros da mesma espécie, qualidade e quantidade, como uma obra de arte, um sítio individualizado ou um animal específico, como um cavalo de competição.

Percebe-se, assim, que enquanto a fungibilidade é algo muito mais ligado a bens móveis, a infungibilidade não faz distinção, pois pode se relacionar tanto a móveis quanto a imóveis.

Mas, isso é só uma tendência, pois não há uma regra rígida a respeito. Ao menos, não real e concreta. É que, apesar de o Código fazer menção exclusiva aos bens móveis, expoentes da literatura chamam atenção para a possibilidade de a fungibilidade também alcançar bens imóveis. É o caso de Caio Mário da Silva Pereira[18], que cita a hipótese de um acordo entre sócios de um loteamento, versando sobre eventual partilha, em caso de desfazimento da sociedade. De acordo com o mestre, se o sócio retirante receber certa quantidade de lotes nessa operação, "enquanto não lavrada a escritura, será ele credor de coisas fungíveis, determinadas apenas pela espécie, qualidade e quantidade".

De mais a mais, a vontade das partes pode tornar itens naturalmente fungíveis, em infungíveis. Seria exemplificar com uma moeda ou com um livro que, apesar de poderem ser substituídos por outros sem qualquer problema, se tornam absolutamente insubstituíveis no caso de serem revestidos de alguns atributos, como pertencerem a um colecionador e possuírem dedicatória e autógrafo do escritor, respectivamente.

As noções de fungibilidade e infungibilidade, assim como as outras acima estudadas, são das mais importantes para o objeto de estudo deste livro. Além de a infungibilidade ser essencial à compreensão das universalidades jurídicas, do patrimônio e da mancomunhão – institutos que já receberam atenção por aqui –, ela impõe que o empréstimo de bens marcados com essa nota se dê por comodato, enquanto a fungibilidade torna necessário o contrato de mútuo (CC, arts. 586 e 579), além de ser a única a possibilitar a compensação, quando se relacionar a dívidas líquidas e vencidas (CC, art. 369).

9.1.1.1.4 Bens consumíveis e inconsumíveis

Dando continuidade à classificação dos bens jurídicos, aparece a distinção entre bens consumíveis e inconsumíveis. Neste caso, o que se leva em consideração é sua consuntibilidade. De acordo com o art. 86 do Código Civil, "são consumíveis os bens móveis cujo uso importa destruição imediata da própria substância, sendo também considerados tais os destinados à alienação". Em contraposição, são inconsumíveis aqueles que não se extinguem quando utilizados de acordo com sua finalidade.

Vale notar que essa consuntibilidade não é apenas natural (de fato), mas também jurídica (de direito). Um livro, por exemplo, que usualmente não se extingue pela leitura reiterada, pode ser considerado consumível do ponto de vista do livreiro que o vende, pois se encontrará "destinado à alienação" (CC, art. 86, parte final).

---

[18] PEREIRA, Caio Mário da Silva. *Instituições de direito civil*. v. I. 30. ed. Atual. Maria Celina Bodin de Moraes. Rio de Janeiro: Forense, 2017, p. 349.

9.1.1.1.5 *Bens divisíveis e indivisíveis*

Os bens jurídicos ainda são classificados em conformidade com sua fragmentabilidade em divisíveis e indivisíveis. Nos termos do art. 87 do Código Civil, "bens divisíveis são os que se podem fracionar sem alteração na sua substância, diminuição considerável de valor, ou prejuízo do uso a que se destinam", fazendo com que cada porção partida forme um todo perfeito. Em contraste, bens indivisíveis são aqueles que não podem se partir sem alteração na sua substância, como enunciava o art. 53, I, do diploma revogado.

Na análise do que venha a ser a "diminuição considerável de valor", o que deve orientar a convicção do aplicador é um critério utilitarista[19], pautado em qualquer *valor jurídico* protegido pelo ordenamento, e não apenas aqueles auferíveis em pecúnia. Isso porque a fragmentação da coisa tem que resultar, sempre, em *plena comodidade* para as partes, ainda que inexistam empecilhos de ordem natural, jurídica ou convencional à sua ocorrência. Por isso, se torna inviável a divisão do bem se, por exemplo, acarretar considerável abalo a algum valor que o circunde ou a absoluta desvirtuação de sua finalidade, enfim, se se verificar qualquer circunstância que a torne *incômoda* sob o ponto de vista *funcional*.

Essa observação ganha em importância quando se constata que não é só a natureza a responsável por tornar um bem divisível ou indivisível. O próprio art. 88 do Código deixa isso claro quando diz que, a qualquer momento, "os bens naturalmente divisíveis podem tornar-se indivisíveis por determinação da lei ou por vontade das partes". (CC, art. 88).

Em resumo, portanto, a indivisibilidade pode decorrer da natureza (como no caso de um animal), do ordenamento jurídico (como no caso da hipoteca – CC, art. 1.421) ou da vontade das partes (como no caso da coisa comum, que pode se tornar indivisa por acordo entre os condôminos – CC, art. 1.320, § 1º), mas essa indivisibilidade sempre terá em conta o critério funcional e utilitarista.

A classificação ora estudada, como não poderia deixar de ser, apresenta enorme relevância para o que se sustenta neste livro. É que, além de serem inteiramente aplicáveis às obrigações (CC, arts. 257 e 258), as noções de divisibilidade e indivisibilidade norteiam o estudo da mancomunhão, do condomínio e da própria técnica processual por aqui recomendada, ao fim e ao cabo, para a divisão do acervo patrimonial do casal: a partilha fática.

Ademais, como será visto oportunamente, esse critério utilitarista não deve nortear apenas o estudo da indivisibilidade dos bens, mas de toda a partilha, pois apenas quando vista sob essa perspectiva ela pode atender aos seus princípios regentes: a igualdade, a comodidade e a prevenção de litígios (CPC, art. 648; CC, art. 2017).

9.1.1.1.6 *Bens singulares e coletivos*

Outra tipologia superimportante a respeito dos bens jurídicos é aquela que leva em conta o seu caráter numérico. Nesse momento, entram em cena os bens singulares e coletivos e com eles o encerramento do estudo dos bens considerados em si mesmos.

Os arts. 89 a 91 do Código Civil os disciplinam.

---

[19] Assim: PEREIRA, Caio Mário da Silva. *Instituições de direito civil*. v. I. 30. ed. Atual. Maria Celina Bodin de Moraes. Rio de Janeiro: Forense, 2017, p. 351.

De acordo com o art. 89, "são singulares os bens que, embora reunidos, se consideram *de per si*, independentemente dos demais".

Como o texto legal deixa antever, a singularidade é uma característica que se extrai quando se analisa o bem em sua individualidade, de forma destacada de outros que possam se encontrar ao seu redor. Se, mesmo quando ele estiver reunido com outros, continuar possuindo existência independente, será singular, como acontece com um animal de rebanho – uma vaca, por exemplo, não perderá sua individualidade pelo fato de fazer parte de um rebanho.

Em contraposição aos bens singulares, aparecem os bens coletivos, que são denominados pelo Código de universalidades. Como a própria denominação permite notar, eles são constituídos por mais de um bem singular. Porém, ao contrário do que acontece com aqueles, os bens coletivos são considerados justamente como um conjunto, isto é, como um todo, em seu caráter global, universal, desconsiderando-se o aspecto individual de cada um de seus componentes.

Na universalidade, portanto, é o conjunto que importa e que passa a ter sua própria existência destacada e individualizada. A propósito, a antiga lição de Silvio Rodrigues[20] continua sendo, na verdade, bem atual. De acordo com o mestre "vê-se, portanto, que se trata das mesmas coisas, e que a distinção advém da diversa maneira de as encarar. Se consideradas de *per si*, serão singulares, ainda que estejam em grupo; se consideradas em conjunto, serão coletivas, ainda que se mire uma delas, individualmente".

A rigor, o tratamento que lhes é dado pelo Código Civil de 2002 parece ser menos detalhado do que aquele que era dado pelo Código Civil de 1916. Mostra disso é que o art. 54 deste dizia que "as coisas simples ou compostas, materiais ou imateriais, são singulares ou coletivas: I. Singulares, quando, embora reunidas, se consideram por si, independentemente das demais. II. Coletivas, ou universais, quando se encaram agregadas em todo".

Mesmo não possuindo a mesma didática, o Código Civil de 2002 continua tratando das universalidades em seus arts. 90 e 91. De acordo com eles, as universalidades podem ser de fato e de direito. Em latim, as expressões equivaleriam à *universitas rerum* e à *universitas juris*, respectivamente.

As universalidades fáticas vêm tratadas no art. 90, que estabelece "constitui universalidade de fato a pluralidade de bens singulares que, pertinentes à mesma pessoa, tenham destinação unitária". No Anteprojeto, este texto pode sofrer uma ligeira alteração em sua redação, para passar a dispor que "constitui universalidade de fato a pluralidade de bens singulares que, titularizados pela mesma pessoa, tenham destinação unitária".

Quem dá essa destinação unitária é a vontade humana, com o objetivo de que sejam atingidas finalidades específicas. Além disso, só coisas corpóreas homogêneas entram nas universalidades fáticas. Vários bois agrupados formam uma universalidade de fato denominada rebanho; diversos automóveis reunidos para um fim comum dão origem a uma frota; muitos livros juntos compõem uma biblioteca e assim por diante.

---

[20] RODRIGUES, Silvio. *Direito civil*. v. 1. 34. ed. São Paulo: Saraiva, 2007, p. 133.

Como o que importa é o coletivo, e não o individual, seus elementos podem ser substituídos sem desconfigurar o todo. Inclusive, o art. 1.446 do Código Civil deixa isso bastante claro quando enuncia que "os animais da mesma espécie, comprados para substituir os mortos, ficam sub-rogados no penhor".

Complementando seu tratamento normativo, o parágrafo único do art. 90 do Código dispõe que "os bens que formam essa universalidade podem ser objeto de relações jurídicas próprias", o que autoriza que tanto a frota inteira, quanto apenas uma motocicleta que a componha, possa ser vendida a terceiros, por exemplo.

Mais uma vez, o próprio Código Civil comprova a veracidade dessa assertiva. O art. 1.392, § 4º, enuncia que "se o usufruto recai sobre universalidade ou quota-parte de bens, o usufrutuário tem direito à parte do tesouro achado por outrem, e ao preço pago pelo vizinho do prédio usufruído, para obter meação em parede, cerca, muro, vala ou valado".

O segundo tipo de bens coletivos é a universalidade de direito (jurídica), sobre a qual já se passaram os olhos por aqui, inclusive. De acordo com o art. 91 do Diploma Civil, "constitui universalidade de direito o complexo de relações jurídicas, de uma pessoa, dotadas de valor econômico". No Anteprojeto de Reforma essa redação será ligeiramente alterada para a seguinte: "Constitui universalidade de direito o complexo de relações jurídicas, dotadas de valor econômico, experimentadas por uma ou mais pessoas, conforme assim se tenha estabelecido".

Perceba que agora o foco não recai sobre coisas físicas que possuam valor econômico, mas sim sobre relações jurídicas que ostentem essa característica.

Talvez as mais conhecidas universalidades jurídicas sejam o patrimônio e a herança, às quais, aliás, fazia expressa menção o art. 57 do Código revogado, quando dispunha que "o patrimônio e a herança constituem coisas universais, ou universalidade, e como tais subsistem, embora não constem de objetos materiais".

Contrariamente ao que acontece com as universalidades de fato, as universalidades de direito não decorrem da vontade humana, mas sim da incidência da norma jurídica. É o sistema normativo de um país, portanto, que se encarrega de disciplinar o que pode ou não constituir universalidade jurídica. De forma igualmente contrária ao que acontece com aquelas, somente coisas imateriais entram nas universalidades jurídicas, mais precisamente, as relações jurídicas e as situações jurídicas, e não os objetos ou bens que formam seu conteúdo.

Perceba que a própria lei se refere ao "complexo de relações jurídicas de uma pessoa".

Portanto, embora seja usual que, no cotidiano, as pessoas digam que "o veículo tal" e "tal quantia depositada na conta bancária" integram o patrimônio, tecnicamente correto seria afirmar que a "relação jurídica de propriedade sobre o imóvel tal" e a "relação jurídica de depósito de tal valor" é que o integram.

De semelhante, as universalidades fáticas e as universalidades jurídicas possuem a particularidade de formarem algo novo, isto é, o conjunto, que será, a partir de então, considerado em sua individualidade.

A exata compreensão dessa figura é essencial para tudo o que se sustenta neste livro, sendo esta a principal razão de ela ter sido analisada tanto por ocasião do estudo da mancomunhão quanto neste tópico.

9.1.1.1.7 Bens principais e acessórios

Encerrando o estudo da tipologia dos bens jurídicos, no âmbito que interessa para este livro, vêm à tona os bens reciprocamente considerados. É quando se estudam os bens principais e acessórios, bem como os frutos, os produtos e as benfeitorias.

O Código os disciplina em seus arts. 92 a 97.

Logo em seu art. 92, dispõe que "principal é o bem que existe sobre si, abstrata ou concretamente; acessório, aquele cuja existência supõe a do principal." Essa disposição restaria mais completa se o legislador de 2002 tivesse repetido o que enunciava o art. 59 do diploma anterior: "salvo disposição especial em contrário, a coisa acessória segue a principal".

Aparentemente, o legislador reformador também tem essa percepção, pois pretende alterar ligeiramente a redação do *caput* do art. 92 do Código Civil, a ele agregando o parágrafo único, para que passem a dispor que: "Art. 92. Principal é o bem que existe em si, abstrata ou concretamente; acessório, aquele cuja existência supõe a do principal. Parágrafo único. Salvo disposição em contrário, o bem acessório segue o principal".

Contudo, mesmo sem atualmente haver texto normativo nesse sentido, a norma continua vigente entre nós, sendo, inclusive, conhecida por "princípio da gravitação jurídica".

Por força dele, lembra Carlos Roberto Gonçalves[21], "a) a natureza do acessório é a mesma do principal. Se o solo é imóvel, a árvore a ele anexada também o é. Trata-se do *princípio da gravitação jurídica,* pelo qual um bem atrai outro para sua órbita, comunicando-lhe seu próprio regime jurídico. b) o acessório acompanha o principal em seu destino. Assim, extinta a obrigação principal, extingue-se também a acessória; mas o contrário não é verdadeiro. Vejam-se os exemplos: a nulidade da obrigação principal importa a da cláusula penal; a obrigação de dar coisa certa abrange seus acessórios, salvo se o contrário resultar do título ou das circunstâncias do caso (CC, art. 233); na cessão de um crédito abrangem-se todos os seus acessórios, salvo disposição em contrário (art. 287); salvo disposição em contrário, o usufruto estende-se aos acessórios da coisa e seus acrescidos (art. 1.392, *caput*); c) o proprietário do principal é proprietário do acessório. Confira: até a tradição, pertence ao devedor a coisa, com os seus melhoramentos e acrescidos, pelos quais poderá exigir aumento no preço (CC, art. 237); a posse do imóvel faz presumir, até prova contrária, a das coisas móveis que nele estiverem (art. 1.209); os frutos e mais produtos da coisa pertencem, ainda quando separados, ao seu proprietário (art. 1.232); no capítulo concernente às acessões (arts. 1.248 e s.) predomina o princípio em virtude do qual tudo o que se incorpora a um bem fica pertencendo ao seu proprietário, podendo o fato ocorrer por formação de ilhas, aluvião, avulsão, abandono de álveo, plantações e construções".

---

[21] GONÇALVES, Carlos Roberto. *Direito civil brasileiro*: parte geral. v. 1. 15. ed. São Paulo: Saraiva, 2017, p. 299-300.

Principal, portanto, é aquela coisa que possui existência autônoma, sem depender de qualquer outra coisa para ser definida como tal. Já a acessória é aquela que supõe a existência de algo que, em relação a ela, possa ser considerado principal.

Esse regramento não se restringe ao que é material e corpóreo. Logo, bens imateriais como os direitos e relações jurídicas também podem ser classificados em principais e acessórios quando considerados uns em relação aos outros.

O solo, por exemplo, é algo principal. A árvore a ele sobreposta, acessório. Mas, o contrato de locação também é algo principal, dando ensejo a que a fiança seja seu acessório. Da mesma forma, o valor pecuniário de certa obrigação corresponde ao seu principal, ao passo que os juros, a seu acessório e assim por diante.

Existem diversos bens acessórios, mas, por aqui, os que mais interessam são os frutos, os produtos e as benfeitorias.

Como se sabe, o Código Civil brasileiro não conceitua frutos, como o faz o Código Civil português, por exemplo.

Mas, de um modo geral, a literatura os conceitua como os benefícios que a coisa principal produz periodicamente, sem o comprometimento significativo de sua estrutura[22].

Bem próxima é, aliás, a redação do *caput* do art. 212º do Código Civil português, veja:

> Art. 212º. (Frutos).
> 1. Diz-se fruto de uma coisa tudo o que ela produz periodicamente, sem prejuízo da sua substância.

O mais curioso a respeito é que, embora seja dependente de algo principal, este principal não precisa pertencer formalmente a alguém. Na literatura, Pontes de Miranda[23] chama atenção para este detalhe. Em suas palavras, "o fruto é fruto, independentemente de ser elemento de algum patrimônio (conceito do mundo jurídico!): por isso mesmo, a *res nullius* dá frutos". Além de não precisar ter titular, o principal não necessariamente precisa ser uma coisa tangível, podendo perfeitamente ser algo intangível, como uma atividade (como a prestação de serviços), cuja remuneração será considerada frutos (civis).

Outra curiosidade é que os frutos podem ser objeto de negócio jurídico, mesmo que não se encontrem separados do bem principal, como deixa claro o art. 95 do Código. São os já referidos "bens móveis por antecipação".

Além de conceituá-los, a literatura estabelece diversas classificações sobre os frutos.

Quanto à origem, por exemplo, os frutos se classificam em naturais, industriais e civis.

De acordo com Silvio Rodrigues[24], são "a) naturais, quando resultam do desenvolvimento próprio da força orgânica da coisa, tais como as crias dos animais, o café produzido por um cafeeiro etc.; b) industriais, os devidos à intervenção do esforço humano, como os produtos manufaturados; c) civis, os rendimentos tirados da utilização da coisa frugífera por outrem que não o proprietário, como as rendas, aluguéis, foros e juros".

---

[22] Por todos: PEREIRA, Caio Mário da Silva. *Instituições de direito civil*. v. I. 30. ed. Atual. Maria Celina Bodin de Moraes. Rio de Janeiro: Forense, 2017, p. 357.
[23] PONTES DE MIRANDA, Francisco Cavalcanti. *Tratado de direito privado*. t. 2. Campinas: Bookseller, 2000, § 140.
[24] RODRIGUES, Silvio. *Direito civil*: parte geral. v. 1. 34. ed. São Paulo: Saraiva, 2007, p. 140.

Note que existe certo paralelismo: para a geração dos frutos naturais, entra em cena a força orgânica da própria natureza ou dos animais não humanos que a integram; para a dos frutos industriais, a força humana; para a dos frutos civis, a força normativa exarada pela relação jurídica.

Mais uma vez, o Código Civil português facilita a compreensão do tema. De acordo com os itens de seu supratranscrito art. 212:

> Art. 212º. [...]
> 2. Os frutos são naturais ou civis; dizem-se naturais os que provêm directamente da coisa, e civis as rendas ou interesses que a coisa produz em consequência de uma relação jurídica.
> 3. Consideram-se frutos das universalidades de animais as crias não destinadas à substituição das cabeças que por qualquer causa vierem a faltar, os despojos, e todos os proventos auferidos, ainda que a título eventual.

Uma observação muito importante a ser feita a respeito dos frutos é que, para nosso sistema, não existe diferença significativa entre eles e os rendimentos, já que estes são espécie daqueles (frutos civis)[25]. Assim, pensões, juros, foros, dividendos, prestações periódicas em dinheiro, aluguéis e uma série de rendas proporcionadas pela coisa, quando ela é explorada ou utilizada pelo não proprietário, constituem frutos civis ou rendimentos.

É bom que se anote essa dica, pois ela possui notável relevância no estudo dos regimes de bens.

Além de classificá-los quanto à origem, a literatura apresenta outra tipologia, desta vez tomando por parâmetro o seu estado. Na percepção de Maria Helena Diniz, por exemplo, os frutos seriam catalogados em conformidade com essa perspectiva, em: "pendentes, se ligados a coisa que os produziu (art. 1.214, parágrafo único); percebidos, se já separados (art. 1.214); estantes, armazenados em depósito para expedição ou venda; percipiendos, os que deviam ser mas não foram percebidos, e; consumidos, os que não mais existem[26]". Bastante parecida é a noção de Carlos Elias de Oliveira e João Costa-Neto[27], para quem são frutos: "(1) pendentes, quando ainda não foram destacados da coisa; (2) percebidos ou colhidos, quando já foram separados da coisa, mas ainda existem; (3) estandes, quando estão armazenados para futuro deslocamento ou alienação; (4) percipiendos, quando já deveriam ter sido destacados da coisa, mas ainda não o foram; (5) consumidos, quando já não existem mais".

De acordo com o art. 1.215 do Código, "os frutos naturais e industriais reputam-se colhidos e percebidos, logo que são separados; os civis reputam-se percebidos dia por dia".

Note que o legislador emprega a terminologia "percebido" para os frutos civis e o termo "colhido" para os frutos naturais, o que nada altera a classificação feita acima, contudo.

---

[25] Daí porque muitos consideravam redundante a redação do art. 60 do Código Civil revogado, pois ele enunciava que "entram na classe das coisas acessórias os frutos, produtos e rendimentos". No diploma atual, o legislador faz referência específica aos rendimentos, dentre outros, nos arts. 1.568 e 1.688. No primeiro, quando enuncia que "os cônjuges são obrigados a concorrer, na proporção de seus bens e dos rendimentos do trabalho, para o sustento da família e a educação dos filhos, qualquer que seja o regime patrimonial". No segundo, ao estabelecer que "ambos os cônjuges são obrigados a contribuir para as despesas do casal na proporção dos rendimentos de seu trabalho e de seus bens, salvo estipulação em contrário no pacto antenupcial".

[26] DINIZ, Maria Helena. *Curso de direito civil brasileiro*. v. 1. 29. ed. São Paulo: Saraiva, 2012, p. 386.

[27] OLIVEIRA, Carlos E. Elias; COSTA-NETO, João. *Direito civil*: volume único. Rio de Janeiro: Forense, 2022, p. 235.

Essa também é outra regra de total importância para o estudo dos regimes de bens. Que o digam os arts. 1.660, V e 1.669 do Código Civil.

Se frutos são os benefícios gradual e periodicamente produzidos pelo principal, sem o comprometimento de sua estrutura, o mesmo não se pode dizer dos produtos. A geração destes, embora também seja periódica, acarreta, pouco a pouco, o esgotamento daquilo que lhe serve de principal, como acontece com o carvão e o petróleo, cuja extração leva, inexoravelmente, ao declínio da mina e poço, respectivamente.

As benfeitorias também são bens acessórios. Conceitualmente, elas costumam ser descritas como as obras e despesas feitas na coisa, objetivando melhorá-la, conservá-la ou meramente embelezá-la.

Perceba que, em vez de serem projetadas pelo bem principal, elas são nele introduzidas pela força humana com propósitos específicos. A dinâmica, portanto, é em sentido contrário à daquela inerente aos frutos e produtos. É de fora pra dentro, enquanto neles é de dentro pra fora.

Só é benfeitoria aquilo originado da força humana. Não por outro motivo o art. 97 do Código enuncia que "não se consideram benfeitorias os melhoramentos ou acréscimos sobrevindos ao bem sem a intervenção do proprietário, possuidor ou detentor". Caso estes sobrevenham, poderão ser considerados acessões naturais, como a formação de ilhas ou a avulsão, mas não benfeitorias propriamente ditas.

De acordo com o art. 96 do Código Civil, "as benfeitorias podem ser voluptuárias, úteis ou necessárias". Nos termos do mesmo artigo, "são voluptuárias as de mero deleite ou recreio, que não aumentam o uso habitual do bem, ainda que o tornem mais agradável ou sejam de elevado valor" (§ 1º). Por sua vez, "são úteis as que aumentam ou facilitam o uso do bem" (§ 2º). Finalmente, "são necessárias as que têm por fim conservar o bem ou evitar que se deteriore" (§ 3º).

Porém, essa classificação não tem caráter absoluto. Carlos Roberto Gonçalves[28], por exemplo, adverte que "uma mesma benfeitoria pode enquadrar-se em uma ou outra espécie, dependendo das circunstâncias. Uma piscina, por exemplo, pode ser considerada benfeitoria voluptuária em uma casa ou condomínio, mas útil ou necessária em uma escola de natação".

Para muito além das obras facilmente identificáveis pela visão humana, as benfeitorias englobam despesas e melhoramentos muitas vezes imperceptíveis. Daí a importante observação lançada por Cristiano Chaves de Farias e Nelson Rosenvald[29], no sentido de que "tudo o que se incorpora permanentemente à coisa já existente é benfeitoria em sentido lato. Por conseguinte, os custos de conservação jurídica e física do bem, como pagamento de tributos, gastos com processos demarcatórios e divisórios, adubação de terreno e ração para animais, são benfeitorias necessárias, compreendidas no sentido amplo de despesas essenciais à conservação física ou integridade jurídica da coisa".

Questão que assume total relevância por aqui é a forma como elas devem ser avaliadas para efeito de indenização. Considerando-se que os consortes estejam de boa-fé no

---

[28] GONÇALVES, Carlos Roberto. *Direito civil brasileiro*: parte geral. v. 1. 15. ed. São Paulo: Saraiva, 2017, p. 304.
[29] FARIAS, Cristiano Chaves de; ROSENVALD, Nelson. *Curso de direito civil*: parte geral e LINDB. v. l. 13. ed. São Paulo: Atlas, 2015, p. 441.

momento de sua implantação, o Código Civil dispõe que elas deverão ser indenizadas por seu valor atual, mas que poderão ser compensadas com eventuais danos sofridos pela coisa (arts. 1.222 e 1.221).

Assimiladas essas noções, o estudo dos regimes de bens pode prosseguir.

9.2 OS BENS COMUNICÁVEIS

De forma geral, pode-se dizer que o que torna um bem comunicável é o fato de ele ter sido adquirido sob a vigência das regras de regimes comunitários de bens. Não à toa, o art. 1.660 utiliza o vocábulo "adquirido" para se referir aos bens que entram na comunhão em três de seus cinco incisos (I, II e III), ao passo que o art. 1.661 faz algo parecido para se referir aos bens que não a integram, porém, empregando o substantivo "aquisição" ao transmitir a mensagem de que são incomunicáveis os bens cuja aquisição tiver por título uma causa anterior ao casamento ou à constituição de união estável.

No capítulo anterior já foi visto que a denominação "bens", em Direito das Famílias, deve ser considerada em sua acepção ampla, compreensiva de toda e qualquer situação jurídica que seja passível de conversão em pecúnia.

Assim, não só coisas tangíveis, mas também posições jurídicas ativas e passivas, como direitos subjetivos, deveres e obrigações podem ser considerados bens para os fins legais, quando possuírem expressão econômica.

Dentro desse cenário, parcelas pagas nos mais variados financiamentos, dinheiro depositado em contas bancárias assim como a expressão econômica decorrente de incontáveis outros direitos podem perfeitamente integrar o monte partilhável, se constituídos em situação fática que atraia a incidência das normas que impõem a comunicabilidade.

É preciso que o interessado fique absolutamente atento a todas elas, para que possa conhecer os aspectos de direito material e até os de natureza processual envolvidos, como a competência para o processamento e julgamento das demandas correspondentes, seus respectivos objetos litigiosos, a amplitude da prova, as matérias passíveis de conhecimento pelo juiz, dentre outras.

Para que essa assertiva possa ser comprovada, basta que se observe que, por vezes, apenas um *direito real* será objeto de partilha, como a laje[30]. Por outras, um *direito especial*, como a posse é que será partilhado[31]. Já em variadas ocasiões, o equivalente pecuniário de direitos é que comportará divisão. Em um sem número de casos, o partilhamento é feito nas Varas de Família, mas a efetivação do que tenha sido partilhado precisará ser buscada nas Varas Cíveis residuais, e enfim.

O próprio Superior Tribunal de Justiça já teve oportunidade de assinalar que "não apenas as propriedades formalmente constituídas compõem o rol de bens adquiridos pelos cônjuges na constância do vínculo conjugal, mas, ao revés, existem bens e direitos com

---

[30] O STJ admitiu, excepcionalmente, a comunicabilidade de direito real de usufruto, por entender que, no caso, ele havia sido instituído com o manifesto propósito de prejudicar a meação do cônjuge (REsp 1.613.657/SP, *DJe* 31-8-2018).
[31] STJ, REsp 1.984.847/MG, *DJe* 24-6-2022; REsp 1.739.042/SP, *DJe* 16-9-2020.

indiscutível expressão econômica que, por vícios de diferentes naturezas, não se encontram legalmente regularizados ou formalmente constituídos sob a titularidade do casal"[32].

Portanto, o caso concreto sempre apresentará nuances que deverão ser enfrentadas casuisticamente.

Ainda dentro da temática, outra observação importante envolve o vocábulo *"adquirido"*. Para que a norma proveniente do regime de bens comporte incidência no caso concreto, não é preciso que o bem seja efetivamente incorporado ao patrimônio comum na vigência da união, mas que o *fato gerador* de sua aquisição tenha ocorrido nesse período. Essa noção possui bastante relevância na partilha de alguns itens, como os bens imóveis inteiramente adquiridos em um período, mas registrados no CRI em outro, as parcelas de financiamento, as verbas decorrentes de indenizações trabalhistas e o saldo do FGTS.

Não se esqueça que os negócios jurídicos devem ser interpretados conforme a boa-fé e os usos do lugar de sua celebração, devendo as declarações de vontade atender muito mais à intenção nelas consubstanciada do que ao sentido literal da linguagem, diz o Código Civil (arts. 113 e 112, respectivamente).

Essa noção é das mais importantes, pois os termos "adquirido" e "aquisição" podem possuir significados distintos para outros ramos do direito. Note, por exemplo, que ao tratar da aquisição de coisas imóveis, o segmento do Código Civil destinado à disciplina jurídica da propriedade (Parte Especial, Livro III, Título III) considera que a propriedade, em regra, só se transfere entre vivos pelo "registro do título translativo no Registro de Imóveis", já que, "enquanto não se registrar o título translativo, o alienante continua a ser havido como dono do imóvel" (art. 1.245, *caput* e § 1º). Observe, também, que ao tratar da aquisição de coisas móveis, o mesmo diploma prescreve que a propriedade das coisas móveis não se transfere pelos negócios jurídicos antes da tradição (art. 1.267, *caput*).

Como, entretanto, o Direito das Famílias se preocupa muito mais com o fato gerador do que com o registro dos atos aquisitivos em órgãos públicos, é perfeitamente possível que determinado bem seja considerado "adquirido" para fins de aplicação das regras dos regimes comunitários de bens, apesar de ainda não poder ser assim considerado para fins de incidência das regras do Direito das Coisas e até mesmo não estar registrado em nome da pessoa, para fins de atração das regras prescritas, por exemplo, pelo Código de Trânsito Brasileiro (art. 120)[33].

Seria exemplificar com a prática bastante comum no dia a dia, de determinados imóveis e certos automóveis serem adquiridos em uma época, mas, por razões diversas, dentre as quais, a falta de recursos financeiros e até mesmo a cultura do povo brasileiro, somente virem a ser registrados em órgãos públicos anos ou décadas depois. Nesses casos, o próprio STJ vem diferenciando as situações, para deixar claro tanto que "imóvel cuja aquisição tenha causa anterior ao casamento realizado sob o regime de comunhão parcial de bens, com transcrição no registro imobiliário na

---

[32] STJ, REsp 1.739.042/SP, *DJe* 16-9-2020.
[33] CTB, art. 120. Todo veículo automotor, elétrico, articulado, reboque ou semi-reboque, deve ser registrado perante o órgão executivo de trânsito do Estado ou do Distrito Federal, no Município de domicílio ou residência de seu proprietário, na forma da lei.

constância deste, é incomunicável" e que "e incomunicável imóvel adquirido anteriormente à união estável, ainda que a transcrição no registro imobiliário ocorra na constância desta"[34], quanto o contrário, ou seja, imóveis cujo preço tenha sido integralmente pago durante a união, mas somente registrados no Cartório de Registro de Imóveis após a separação ou divórcio[35].

Além disso, é preciso que se leve em consideração eventual separação de fato efetivada pelo casal – já que ela impede a comunicabilidade do que for adquirido dali por diante –, como visto. Pelo mesmo motivo, embora em sentido contrário, é preciso saber se o casal manteve ou não união estável anterior ao casamento, pois isso pode permitir a comunicabilidade do que tiver sido adquirido em sua constância, como será visto logo mais adiante, ao ser estudado o patrimônio incomunicável.

O ideal seria que o Código Civil fosse mais específico a respeito do que comunica e o que não comunica. Como ele não é, talvez a leitura do texto normativo do art. 620, IV, do CPC possa servir de verdadeiro guia para o intérprete, notadamente no momento de deduzir demanda em torno daquilo que acreditar ser comunicável.

Segundo o texto legal, o interessado deverá fornecer a relação completa e individualizada de todos os bens que pretende partilhar, mediante a descrição: a) dos imóveis, com as suas especificações, nomeadamente local em que se encontram, extensão da área, limites, confrontações, benfeitorias, origem dos títulos, números das matrículas e ônus que os gravam; b) dos móveis, com os sinais característicos; c) dos semoventes (seres sencientes), seu número, suas espécies, suas marcas e seus sinais distintivos; d) do dinheiro, das joias, dos objetos de ouro e prata e das pedras preciosas, declarando-se-lhes especificadamente a qualidade, o peso e a importância; e) dos títulos da dívida pública, bem como das ações, das cotas e dos títulos de sociedade, mencionando-se-lhes o número, o valor e a data; f) das dívidas ativas e passivas, indicando-se-lhes as datas, os títulos, a origem da obrigação e os nomes dos credores e dos devedores; g) dos direitos e ações; h) do valor corrente de cada um dos bens.

Embora seja destinada primariamente a disciplinar o conteúdo mínimo das primeiras declarações a serem prestadas pelo inventariante a respeito dos bens deixados pelo autor da herança – no *direito sucessório*, portanto –, a norma a que esse enunciado se refere também pode ser aplicada, com algumas adaptações, ao *direito das famílias*, notadamente às ações de família que contenham pedido de partilha, devido à relativa semelhança entre os objetivos perseguidos pelos titulares do patrimônio comungado e pelos sucessores do titular do patrimônio hereditário.

Feitos esses comentários, é chegada a hora de se adentrar à análise dos regimes comunitários de bens, propriamente ditos. Todavia, fica feita desde já a advertência de que não é intenção deste livro traçar um estudo aprofundado a seu respeito, até pela imensa gama de publicações já existentes sobre o tema. Nos tópicos seguintes, portanto, serão tecidos alguns comentários superficiais e desprovidos de qualquer intenção de inibir a leitura de outras obras, apenas para que as ideias aqui defendidas possam ser mais bem compreendidas.

Vejamos um pouco mais de perto como funciona cada um deles.

---

[34] Dentre vários: REsp 1.946.580/MT, *DJe* 25-11-2021; REsp 1.324.222/DF, *DJe* 14.10.2015; REsp 1.304.116/PR, *DJe* 4-10-2012.
[35] AgInt no REsp 1.751.645/MG, *DJe* 11-11-2019.

9.3 O REGIME DE COMUNHÃO UNIVERSAL

Desde a época do Brasil Colonial, a comunhão universal de bens sempre foi o regime supletivo legalmente aplicado ao casamento, embora nesse período ainda fossem previstos os regimes da simples separação e do dotal[36]. Com a promulgação do Código Civil de 1916, a expressão *comunhão universal de bens* passou a ser utilizada para designar o regime supletivo oficialmente adotado pelo país à época, cuja previsão se encontrava no art. 258, *caput*, sob o seguinte enunciado: "não havendo convenção, ou sendo nula, vigorará, quanto aos bens, entre os cônjuges, o regime da comunhão universal". Após a entrada em vigor da Lei n. 6.515/77, o dispositivo acima transcrito teve sua redação alterada parcialmente, tendo a comunhão universal deixado de ocupar o posto de regime supletivo, para dar lugar ao da comunhão parcial de bens. O Código Civil de 2002 manteve essa tendência em seu art. 1.640, ao estabelecer que "não havendo convenção, ou sendo ela nula ou ineficaz, vigorará, quanto aos bens entre os cônjuges ou conviventes, o regime da comunhão parcial", daí advindo a necessidade de que haja pacto antenupcial ou convivencial para sua escolha.

As normas jurídicas que o regulamentam são construídas a partir da leitura dos arts. 1.667 a 1.671 do Código Civil, que estabelecem uma comunicabilidade muito superior àquela imposta pela comunhão parcial, pois abrangente do patrimônio constituído pelas partes mesmo antes da formalização da união familiar, ressalvadas poucas exceções, taxativamente previstas.

Logo, por esse regime, a comunicabilidade dos bens é a regra. Mas há bens que são, pela lei, excluídos da comunhão.

Por isso, ele é composto por três massas: a comum, a particular de um consorte e a particular do outro consorte.

Só que a massa comum é propensa a ser muito maior do que aquela do regime da comunhão parcial, pois as hipóteses de incomunicabilidade aqui são bem mais restritas.

A comunicação dos bens pretéritos e futuros se revela como sua marca característica[37] e vem traduzida com exatidão pelo texto normativo do art. 1.667 do Código Civil, que enuncia que neste regime ocorre "a comunicação de todos os bens presentes e futuros dos cônjuges ou conviventes e suas dívidas passivas, com as exceções do artigo seguinte".

Só esteja atento ao fato de que, quando o legislador se refere a bens "futuros", quis se referir àqueles adquiridos no período compreendido entre a data da oficialização da união e a data da separação de fato, pois, conforme dito por diversas vezes neste livro, a separação fática faz cessar a comunhão de vidas instituída pelo casamento e pela união estável, episódio este que, embora não coloque fim ao casamento nem ao regime de bens, impede as regras dos regimes comunitários de continuarem projetando efeitos sobre as relações jurídicas de caráter patrimonial celebradas pelo casal.

Dada a amplitude da significação desse dispositivo, não serão tecidos maiores comentários a respeito dos bens comunicáveis, os quais serão abordados com mais vagar no tópico destinado ao estudo do regime da comunhão parcial de bens, logo adiante.

---

[36] BRANDÃO, Débora Vanessa Caús. *Regime de bens no novo Código Civil*. São Paulo: Saraiva, 2007, p. 51.
[37] PONTES DE MIRANDA, Francisco Cavalcanti. *Tratado de direito privado*. Campinas: Bookseller, 2001, t. 8, § 896.4.

Dito isso, o estudo aqui desenvolvido dará maior ênfase aos bens que não entram na comunhão.

Vamos a eles.

9.3.1 O PATRIMÔNIO INCOMUNICÁVEL

De acordo com a enunciação taxativa do art. 1.668 do Código Civil e do Anteprojeto destinado a promover sua reforma:

Código Civil (redação atual)	Código Civil (redação proposta pelo Anteprojeto)
CAPÍTULO IV Do Regime de Comunhão Universal	CAPÍTULO IV Do Regime de Comunhão Universal
Art. 1.668. São excluídos da comunhão: I – os bens doados ou herdados com a cláusula de incomunicabilidade e os sub-rogados em seu lugar; II – os bens gravados de fideicomisso e o direito do herdeiro fideicomissário, antes de realizada a condição suspensiva; III – as dívidas anteriores ao casamento, salvo se provierem de despesas com seus aprestos, ou reverterem em proveito comum; IV – as doações antenupciais feitas por um dos cônjuges ao outro com a cláusula de incomunicabilidade; V – os bens referidos nos incisos V a VII do art. 1.659.	Art. 1.668. [...] I – [...]; II – [...]; III – as dívidas anteriores ao casamento ou ao estabelecimento da união estável, salvo se provierem de despesas com seus aprestos ou reverterem em proveito comum; IV – Revogado; V – Os bens referidos nos incisos V e VIII do art. 1.659.

De plano, deve ser alertado que a regra acima impõe método restritivo de interpretação, autorizando o aplicador a concluir que somente serão excluídas da comunhão as hipóteses taxativamente previstas nos incisos em questão, ou seja, apenas quando houver o preenchimento específico dos fatos descritos no antecedente normativo de cada um dos incisos desse artigo é que a consequência da *não comunicação* ocorrerá.

Nesse cenário, o texto do inc. I se mostra bastante claro no sentido de que apenas os bens recebidos por herança ou doação que tenham sido gravados com cláusula de incomunicabilidade, assim como aqueles que eventualmente venham a se sub-rogar em seu lugar, deixarão de se comunicar ao outro.

A propósito, mostra-se oportuno relembrar a advertência feita por Arnaldo Rizzardo[38], no sentido de que as doações de bens oneradas com cláusula de reversão também se enquadram na exceção legal (CC, art. 547). Lembre-se, ainda, que por disposição legal, a "cláusula de inalienabilidade, imposta aos bens por ato de liberalidade, implica impenhorabilidade e incomunicabilidade" (CC, art. 1.911), o que torna tais itens incomunicáveis de acordo com os critérios da norma, muito embora eles possam ser alienados ou gravados de ônus real com a vênia a que se refere o art. 1.647, I, do Código, devido ao fato de os frutos por eles produzidos durante a união se comunicarem (CC, art. 1.669).

---

[38] RIZZARDO, Arnaldo. *Direito de família*. 8. ed. Rio de Janeiro: Forense, 2011, p. 280.

De resto, vale ser mencionada a antiga Súmula 49 do Supremo Tribunal Federal, cujo enunciado é no sentido de que "a cláusula de inalienabilidade inclui a incomunicabilidade dos bens".

Foi justamente com base nesse entendimento que o Superior Tribunal de Justiça negou provimento a Recurso Especial em que se discutia a possibilidade de um bem doado com a cláusula de inalienabilidade ao marido ser objeto de partilha com sua esposa quando da separação judicial. Na ocasião, restou decidido que "a doutrina e jurisprudência pátrias entendem que a inalienabilidade importa, em princípio, em incomunicabilidade, porque o bem não pode ser transferido de propriedade. É nula de pleno direito a cláusula que estipula a partilha de imóvel doado com cláusula de inalienabilidade no acordo de separação judicial, haja vista pender sobre este também a restrição da incomunicabilidade. Incidência da Súmula 49/STF"[39].

Mesmo inalienabilidades temporárias se sujeitam a esse regime, o que significa que, se a união perdurar durante o tempo de vigência da cláusula, o bem por ela protegido será considerado particular, logo, incomunicável, independentemente do fato de a sentença de divórcio vir a ser proferida posteriormente[40].

Não contendo essas restrições, contudo, os bens doados a ou herdados por um só dos cônjuges se comunicarão ao outro.

Por seu turno, o texto do inc. II, de certa forma, enfatiza o que o art. 1.953 do Código enuncia, pois é da essência do fideicomisso que a propriedade da herança ou legado transmitida ao fiduciário permaneça restrita e resolúvel até que sobrevenham a morte deste ou a condição imposta no testamento. Como somente esses eventos autorizam a transmissão do bem ao herdeiro fideicomissário (CC, art. 1.951), a comunicabilidade esvaziaria de sentido a própria imposição legal.

Também não se comunicam as dívidas anteriores ao casamento, salvo se destinadas à cobertura das despesas inerentes ao próprio ato (aprestos) ou revertidas a benefício comum, como deixa claro o enunciado do inc. III, pois, à evidência, a responsabilidade pelos débitos anteriores à união deve recair sobre quem obteve proveito com eles, não sendo justo a oneração do parceiro pelo simples fato de ter se casado sob o regime em questão.

Devido à ressalva contida no inciso sob análise, muito vem sendo discutido a respeito das dívidas provenientes de atos ilícitos, havendo quem defenda a responsabilização conjunta, independentemente de os consortes terem obtido proveito com isso[41], e quem pense em sentido diametralmente oposto, sustentando que a responsabilidade do ofensor seria pessoal e, por isso, somente ele responderia, exceto se o outro também obtivesse benefício com o ato[42].

Particularmente, acredito que o ideal seja a prevalência da segunda posição acima mencionada, com atribuição de responsabilidade apenas ao próprio ofensor, nos mesmos moldes do que acontece no regime da comunhão parcial de bens, cabendo ao próprio interessado no recebimento da dívida, isto é, ao credor/exequente, o ônus da prova de que o proveito do ato

---

[39] REsp 1.529.548/MG, DJe 2-12-2015.
[40] Exatamente assim: STJ, REsp 1.760.281/TO, DJe 31-5-2022.
[41] FARIAS, Cristiano Chaves de; ROSENVALD, Nelson. Curso de direito civil: direito das famílias. v. 6. 4. ed. Salvador: Juspodivm, 2012, v. 6, p. 262.
[42] MADALENO, Rolf. Direito de família. 10. ed. Rio de Janeiro: Forense, 2020, p. 765; RIZZARDO, Arnaldo. Direito de família. 8. ed. Rio de Janeiro: Forense, 2011, p. 345.

ilícito reverteu em prol do casal, até porque este parece ser o entendimento pacífico, inclusive sumulado do STJ (Súmula 251)[43].

Afinal, a regra geral em nosso sistema é a de que, tendo o ato ilícito apenas um autor, "os bens do responsável pela ofensa ou violação do direito de outrem ficam sujeitos à reparação do dano causado" (CC, art. 942, primeira parte), não é mesmo? Pelo menos é isso que sustenta Carlos Roberto Gonçalves[44].

Isso fica ainda mais claro quando o ilícito é materializado por meio de agressão cometida contra a mulher, em cenário que atraia a incidência da Lei Maria da Penha, pois sua meação ficará protegida contra as eventuais investidas de credores (como o SUS e a autarquia previdenciária, por exemplo), em razão do que estabelece o § 6º do art. 9º da Lei, segundo o qual "o ressarcimento de que tratam os §§ 4º e 5º deste artigo não poderá importar ônus de qualquer natureza ao patrimônio da mulher e dos seus dependentes, nem configurar atenuante ou ensejar possibilidade de substituição da pena aplicada[45]".

De fato, não faria nenhum sentido responsabilizar-se o patrimônio da própria ofendida, para o ressarcimento dos gastos realizados na recuperação de sua saúde ou proteção de sua vida. Logo, é o patrimônio do ofensor que deve responder, integralmente, por tais dívidas, o que, aliás, encontra guarida no Enunciado n. 674 das JDC/CJF, segundo o qual "comprovada a prática de violência doméstica e familiar contra a mulher, o ressarcimento a ser pago à vítima deverá sair exclusivamente da meação do cônjuge ou companheiro agressor".

Caso o consorte não obrigado pague, por qualquer motivo, dívida para a qual não tenha contribuído ou pela qual não possa ser responsabilizado, poderá imputar a quantia paga à meação do devedor, por ocasião da partilha, para que a receba às custas dos bens que caberiam a este por ocasião da partilha (CC, art. 1.678, por aplicação analógica).[46]

Caso efetivamente ocorra a reforma do Código Civil o art. 1.666, inserido no Capítulo destinado ao regramento do regime de comunhão parcial, mas em todo aplicável à comunhão universal, passará a dispor algo parecido: "Art. 1.666. Se um dos consortes, na

---

[43] REsp 1.897.969/PR, DJe 14-12-2020; REsp 857.557/RS, DJe 18-10-2016. STJ, Súmula 251: A meação só responde pelo ato ilícito quando o credor, na execução fiscal, provar que o enriquecimento dele resultante aproveitou ao casal.

[44] GONÇALVES, Carlos Roberto. Direito civil brasileiro: direito de família. 14. ed. São Paulo: Saraiva, 2017. v. 6., pp. 467-468.), cujas lições, de tão pertinentes, merecem ser transcritas na íntegra. Segundo ele, seria "razoável aplicar à hipótese a regra do art. 942, primeira parte, do Código Civil, que declara sujeitar-se à reparação do dano causado 'os bens do responsável pela ofensa ou violação do direito de outrem'. Esses bens serão os particulares ou os que compõem a sua meação. A segunda parte do aludido dispositivo estabelece uma solidariedade passiva, mas somente 'se a ofensa tiver mais de um autor'. Os bens do cônjuge inocente não podem estar sujeitos, pois, a uma solidariedade inexistente. E, mesmo que, por excesso de interpretação, venha-se a admiti-la, entendendo-se que a omissão do legislador foi intencional, para estabelecer a comunicação das obrigações provenientes de atos ilícitos, deve-se aplicar à hipótese o art. 285 do Código Civil, pelo qual 'se a dívida solidária interessar exclusivamente a um dos devedores, responderá este por toda ela para com aquele que pagar'."

[45] De acordo com os parágrafos 4º e 5º do art. 9º da Lei Maria da Penha, o agressor fica obrigado a ressarcir "todos os danos causados, inclusive ressarcir ao Sistema Único de Saúde (SUS), de acordo com a tabela SUS, os custos relativos aos serviços de saúde prestados para o total tratamento das vítimas em situação de violência doméstica e familiar, recolhidos os recursos assim arrecadados ao Fundo de Saúde do ente federado responsável pelas unidades de saúde que prestarem os serviços", bem como a custear as despesas correspondentes aos "dispositivos de segurança destinados ao uso em caso de perigo iminente e disponibilizados para o monitoramento das vítimas de violência doméstica ou familiar amparadas por medidas protetivas". O tema ganha em importância porque, encampando aquele que já era o entendimento prevalente na jurisprudência (p. ex.: STJ, REsp 1.431.150/RS, j. em 23-8-2016), a Lei n. 13.846, de 18 de junho de 2019, atribuiu nova redação ao texto do art. 120 da Lei Geral da Previdência Social, legitimando a autarquia previdenciária ao ajuizamento de ação regressiva contra os responsáveis por atos de violência doméstica e familiar contra a mulher (Lei n. 8.213/91, art. 120, II). Isso vindo a ocorrer, a meação da ofendida poderia correr risco de ser atingida, por causa da omissão do Código Civil. No entanto, a própria Lei Maria da Penha se encarrega de blindá-la, enfatizando, no § 6º do art. 9º, que "o ressarcimento de que tratam os §§ 4º e 5º deste artigo não poderá importar ônus de qualquer natureza ao patrimônio da mulher e dos seus dependentes".

[46] Tal dispositivo legal, que se encontra prestes a ser eliminado pelo Anteprojeto de Reforma do Código Civil, enuncia que "Se um dos cônjuges solveu uma dívida do outro com bens do seu patrimônio, o valor do pagamento deve ser atualizado e imputado, na data da dissolução, à meação do outro cônjuge". Ainda que esse enunciado legal seja extinto pela reforma, a norma por ele veiculada continuará vigendo por integrar o sistema de responsabilidades prescrito pelos regimes comunitários de bens.

administração de bens particulares, vier a constituir dívidas cuja satisfação acarrete a excussão de bens comuns, terá o outro, caso não tenha anuído com o ato, o direito de reaver sua parte do valor subtraído do patrimônio comum, em eventual partilha".

Igualmente aplicável ao regime sob estudo é a disposição que o Anteprojeto pretende inserir ao Código por intermédio do art. 1.666-A, segundo o qual:

> Art. 1.666-A. O ato de administração ou de disposição praticado por um só dos cônjuges ou conviventes em fraude ao patrimônio comum implicará sua responsabilização pelo valor atualizado do prejuízo.
> § 1º O cônjuge ou convivente que sonegar bens da partilha, buscando apropriar-se de bens comuns que esteja, em seu poder ou sob a sua administração e, assim, lesar economicamente a parte adversa, perderá o direito que sobre eles lhe caiba.
> § 2º Comprovada a prática de atos de sonegação, a sentença de partilha ou de sobrepartilha decretará a perda do direito de meação sobre o bem sonegado em favor do cônjuge ou convivente prejudicado.

Aliás, como se verá com mais detalhes no próximo tópico, este é apenas mais um projeto de dispositivo sinalizando que o legislador reformador pretende enrijecer o sistema de responsabilidade conjugal e convivencial.

Mesmo no sistema atual já existe bastante proteção ao patrimônio do consorte inocente. Tanto é assim que, havendo eventual necessidade de algum bem comum divisível ser penhorado, somente o poderá ser à razão de 50%, como ocorreria com o numerário depositado em contas bancárias conjuntas[47]. Isto porque a meação da pessoa não praticante do ilícito estaria impossibilitada de ser atingida por dívidas decorrentes de atos ilícitos praticados por seu consorte, salvo se fosse feita prova de que o proveito teria se revertido ao casal, como visto há pouco. Mas, veja que coisa interessante. Por causa da fusão de acervos patrimoniais proporcionada pela comunhão universal, o STJ vem admitindo a penhora de 50% dos ativos que estejam depositados em conta bancária de titularidade exclusiva do cônjuge do devedor, mesmo que ele sequer participe do processo, veja:

> RECURSO ESPECIAL. AÇÃO ANULATÓRIA EM FASE DE CUMPRIMENTO DE SENTENÇA. PENHORA DE VALORES NA CONTA BANCÁRIA DA ESPOSA DO EXECUTADO, QUE NÃO INTEGRA A RELAÇÃO PROCESSUAL. POSSIBILIDADE. REGIME DA COMUNHÃO UNIVERSAL DE BENS. FORMAÇÃO DE PATRIMÔNIO ÚNICO DOS CONSORTES. PROTEÇÃO DA MEAÇÃO E BENS EXCLUSIVOS DO CÔNJUGE QUE SE DÁ PELA VIA DOS EMBARGOS DE TERCEIRO (ART. 674, § 2º, INCISO I, DO CPC/2015). REFORMA DO ACÓRDÃO RECORRIDO. RECURSO PROVIDO.
> 1. O propósito recursal consiste em saber se é possível, no bojo de cumprimento de sentença, a penhora de valores na conta corrente da esposa do devedor, casados sob o regime da comunhão universal de bens, observando-se a respectiva meação.
> 2. No regime da comunhão universal de bens, forma-se um único patrimônio entre os consortes, o qual engloba todos os créditos e débitos de cada um individualmente, com exceção das hipóteses previstas no art. 1.668 do Código Civil.
> 3. Por essa razão, revela-se perfeitamente possível a constrição judicial de bens do cônjuge do devedor, casados sob o regime da comunhão universal de bens, ainda que não tenha sido parte no processo, resguardada, obviamente, a sua meação.
> 4. Com efeito, não há que se falar em responsabilização de terceiro (cônjuge) pela dívida do executado, pois a penhora recairá sobre bens de propriedade do próprio devedor, decorrentes de sua meação que lhe cabe nos bens em nome de sua esposa, em virtude do regime adotado.
> 5. Caso, porém, a medida constritiva recaia sobre bem de propriedade exclusiva do cônjuge do devedor – bem próprio, nos termos do art. 1.668 do Código Civil, ou decorrente

---

[47] STJ, IAC 12 – REsp 1.610.844/BA (j. em 15-6-2022) e no EREsp 1.734.930/MG, *DJe* 29-9-2022.

de sua meação –, o meio processual para impugnar essa constrição, a fim de se afastar a presunção de comunicabilidade, será pela via dos embargos de terceiro, a teor do que dispõe o art. 674, § 2º, inciso I, do Código de Processo Civil de 2015.
6. Recurso especial provido.
(REsp 1.830.735/RS, *DJe* 26-6-2023)[48]

Antes que se possa enxergar neste julgado qualquer violação às regras dos regimes de bens ou à disciplina da responsabilidade patrimonial das pessoas casadas, observe que o que a Corte admitiu foi meramente a penhora de parcela do saldo existente em conta aberta em nome exclusivo do consorte do devedor – e não da integralidade do dinheiro lá existente –, por entender que tal parcela corresponderia justamente à meação do devedor, o que ganha reforço quando se constata que o dinheiro lá depositado, como qualquer outro bem móvel (e não só os que guarnecem o lar comum), é presumidamente adquirido durante a união sob esforço comum (CC, art. 1.662).

Ao que parece, o mesmo raciocínio deve ser empregado ao regime de comunhão parcial.

Já em se tratando de bem comum indivisível, ele também deve ser penhorado à idêntica razão, mas levado por inteiro à venda judicial, reservando-se 50% do valor obtido com a alienação para proteger a meação da mulher (CPC, art. 843).

Prosseguindo no estudo do art. 1.668 do Código Civil, seu inc. IV contempla a regra já mencionada, linhas gerais, no inc. I, cujos comentários a englobam. Talvez por isso o legislador reformador pretende eliminá-lo do texto do Código.

Por fim, o inc. V afasta da comunicabilidade os bens de uso pessoal, os livros e instrumentos de profissão, o direito aos proventos do trabalho pessoal de cada cônjuge e as pensões, meios-soldos, montepios e outras rendas semelhantes, devido ao caráter da pessoalidade de que se revestem. Para que a coisa possa ser adequadamente compreendida, valho-me das conceituações empregadas pelo STJ[49] a cada um desses institutos. Assim, pensão é, para os fins deste artigo, a quantia em dinheiro, paga mensalmente a um beneficiário, em virtude de lei, sentença, de contrato ou de disposição de última vontade. Meio-soldo é a metade do soldo que o Estado paga a seus servidores reformados, sobretudo das classes armadas. Montepio é a soma que, por óbito de seus funcionários, em atividade ou não, paga o Estado aos respectivos beneficiários. Finalmente, tença é pensão, geralmente em dinheiro, que alguém recebe do Estado, ou de um particular, periodicamente, para a sua subsistência alimentar, lembrando que todas essas verbas correspondem a rendas pessoais, periódicas e perpétuas.

Obviamente, os rendimentos do trabalho – isto é, a expressão econômica do salário ou renda a ele assemelhada – recebidos durante a vigência da união integrarão o patrimônio comum, desde que "convertidos em patrimônio mensurável de qualquer espécie, imobiliário, mobiliário, direitos ou mantidos em pecúnia", como restou pacificado pelo STJ[50], ocorrendo o mesmo com as verbas recebidas por qualquer dos ex-consortes na constância do casamento em razão da adesão a plano de demissão voluntária, que também devem ser partilhadas nesse regime[51].

No Anteprojeto, contudo, a previsão atualmente em vigor é profundamente modificada, devido à proposta de revogação dos incisos VI e VII do atual art. 1.659 do Código. Isto

---

[48] Em sentido próximo: AgInt no AREsp 1.945.541/PR, *DJe* 1º-4-2022.
[49] REsp 631.475/RS, *DJ* 8-2-2008.
[50] Dentre vários: REsp 861.058/MG, *DJe* 21-11-2013.
[51] STJ, REsp 781.384/RS, j. em 16-6-2009.

porque o legislador reformador pretende impor expressamente a comunicabilidade dos rendimentos auferidos pelos consortes em retribuição ao seu trabalho (ARCC, art. 1.660, VI), o que fará com que remanesçam sendo incomunicáveis no regime de comunhão universal apenas os bens de uso pessoal, os livros e instrumentos de profissão, e as indenizações por danos causados à pessoa de um dos cônjuges ou conviventes ou a seus bens privativos, com exceção do valor do lucro cessante que teria sido auferido caso o dano não tivesse ocorrido.

Vale lembrar que a incomunicabilidade até aqui referida "não se estende aos frutos, quando se percebam ou vençam durante o casamento" (art. 1.669), muito embora a separação de fato possa interferir nessa equação, como visto.

9.3.2 AS VEDAÇÕES E AS REGRAS SOBRE ADMINISTRAÇÃO DOS BENS

Na sistemática atual, as pessoas casadas sob a comunhão universal de bens não podem contratar sociedade entre si e com terceiros, devido à proibição contida no art. 977 do Código, de resto, objeto do Enunciado n. 204 das Jornadas de Direito Civil/CJF, segundo o qual "a proibição de sociedade entre pessoas casadas sob o regime da comunhão universal ou da separação obrigatória só atinge as sociedades constituídas após a vigência do Código Civil de 2002[52]".

No entanto, no sistema projetado essa proibição tende a cair, porque o Anteprojeto de Reforma do Código Civil pretende modificar completamente a redação do art. 977 para a seguinte: "Art. 977. Faculta-se aos cônjuges ou conviventes em união estável contratar sociedade, entre si ou com terceiros, independentemente do regime de bens adotado".

De fato, essa alteração atende aos anseios da comunidade jurídica, corrigindo uma verdadeira distorção existente em nosso sistema jurídico, que presumia que o casal poderia cometer fraude pelo simples fato de constituir empresa sendo casado pelo regime de comunhão universal, dada a possibilidade de ocorrer confusão patrimonial. Além do mais, a norma projetada vai ao encontro das proposições da Lei da Liberdade Econômica (Lei n. 13.874/2019), no que concerne à substituição do modelo de presunção da ocorrência de fraudes nas sociedades empresárias pela presunção de boa-fé.

As regras atinentes à administração dos bens são absolutamente as mesmas aplicáveis ao regime da comunhão parcial, de acordo com a prescrição a que alude o já comentado art. 1.670 do Código.

Por fim, o art. 1.671 enuncia que "extinta a comunhão, e efetuada a divisão do ativo e do passivo, cessará a responsabilidade de cada um dos cônjuges para com os credores do outro", texto este que também precisa ser lido e interpretado em conformidade com uma possível separação de fato do casal, devido aos efeitos projetados sobre o patrimônio adquirido em momento posterior a sua ocorrência.

Não por outro motivo, o Anteprojeto pretende atribuir nova redação a este dispositivo, para que passe a enunciar o seguinte: "Art. 1.671. Extinta a comunhão pela separação de fato, pelo divórcio ou dissolução da união estável e efetuada a divisão do ativo e do passivo,

---

[52] Enunciado 94 da III JDCom/CJF: "A vedação da sociedade entre cônjuges contida no art. 977 do Código Civil não se aplica às sociedades anônimas, em comandita por ações e cooperativa".

cessará a responsabilidade de cada um dos cônjuges ou conviventes para com os credores do outro".

Por isso, recomenda-se a leitura conjugada deste tópico e daquele destinado ao tratamento da separação de fato.

Compreendidas as principais características do regime da comunhão universal, podem ser estudadas as nuances do regime da comunhão parcial.

9.4 O REGIME DE COMUNHÃO PARCIAL

Como dito, a partir da entrada em vigor da Lei n. 6.515/77, o regime de comunhão parcial passou a ser aplicado supletivamente, na hipótese de as partes silenciarem ou de incorrerem em nulidade no momento da escolha do estatuto de sua preferência.

Não há necessidade de elaboração de pacto antenupcial para sua estipulação, nem obrigatoriedade da averbação ou registro perante o Serviço de Registro de Imóveis, muito embora se mostre recomendável que isso ocorra. Logo, a adesão a ele se dá por mero termo, confeccionado durante o procedimento pré-nupcial, a não ser que as partes tenham interesse na pactuação específica sobre a administração e disposição livre de bens de seus respectivos patrimônios particulares (arts. 1.640 c/c 1.665), ou na adição de cláusulas específicas, como aquelas já estudadas por aqui, quando, então, deverão elaborar um pré-nup específico por meio de escritura pública.

Por meio desse regime também se formam três massas distintas de bens: duas particulares dos consortes e uma comum.

Segundo Paulo Lôbo[53] "o que singulariza o regime, considerado por muitos o mais equitativo, é a separação e convivência entre dois tipos de bens: os comunicáveis, ou comuns, e os não comunicáveis, ou particulares", o que fica bem claro quando se lê o texto normativo do art. 1.658 do Código Civil, que enuncia que "no regime de comunhão parcial, comunicam-se os bens que sobrevierem ao casal, na constância do casamento, com as exceções dos artigos seguintes".

Nota-se, assim, que a comunicação de aquestos aparece como sua marca característica[54], como uma verdadeira regra geral, embora apresente muito menos intensidade do que aquela inerente ao regime da comunhão universal. Isso não altera o fato de que as exceções à comunicabilidade por ele próprio previstas precisem, de acordo com as regras de hermenêutica jurídica, ser interpretadas restritivamente.

Por ser o regime supletivo do casamento e da união estável, bem como por proporcionar uma situação muito mais harmônica do que aquela acarretada pelos outros regimes, a comunhão parcial é o modelo mais adotado no Brasil.

Vejamos mais de perto como ela se operacionaliza.

9.4.1 O PATRIMÔNIO COMUNICÁVEL

Sob o ponto de vista redacional e estrutural, a técnica de organização dos artigos escolhida pelo legislador não foi das mais felizes. Isso porque, em primeiro lugar, ele se valeu

---

[53] LÔBO, Paulo. *Famílias*. 4. ed. São Paulo: Saraiva, 2011, p. 341.
[54] Paulo Lôbo ensina que: "Aquestos, etimologicamente, significa bens adquiridos; no direito de família, bens adquiridos na constância do matrimônio". Idem, p. 359.

de quatro dispositivos para enunciar algo que poderia perfeitamente ser acomodado em apenas dois. Em segundo, ele espaçou desnecessariamente esses quatro artigos, disciplinando os bens comunicáveis nos arts. 1.658 e 1.660 (dispositivos pares), e, os bens incomunicáveis nos arts. 1.659 e 1.661 (dispositivos ímpares), quando talvez devesse ter seguido uma ordem mais lógica, regulamentando a comunicabilidade nos dois primeiros e a incomunicabilidade nos dois últimos.

Seja como for, pelo menos a mensagem por eles trazida é de fácil assimilação.

Veja:

Logo no art. 1.658, vem a regra geral segundo a qual "no regime de comunhão parcial, comunicam-se os bens que sobrevierem ao casal, na constância do casamento [...]".

Especificando esse regramento genérico, o art. 1.660 disciplina, em enunciação meramente exemplificativa, o que entra na comunhão.

Como o Anteprojeto de Reforma do Código Civil pretende ampliar a intensidade da comunicabilidade prescrita por este regime, faço questão de inserir o quadro comparativo abaixo, demonstrando a situação atual e a situação projetada:

Código Civil (redação atual)	Código Civil (redação proposta pelo Anteprojeto)
Art. 1.660. Entram na comunhão:	Art. 1.660. [...]
I – os bens adquiridos na constância do casamento por título oneroso, ainda que só em nome de um dos cônjuges;	I – os bens adquiridos por título oneroso na constância do casamento ou da união estável, ainda que só em nome de um dos cônjuges ou conviventes;
II – os bens adquiridos por fato eventual, com ou sem o concurso de trabalho ou despesa anterior;	II. [...];
III – os bens adquiridos por doação, herança ou legado, em favor de ambos os cônjuges;	III – os bens adquiridos por doação, herança ou legado, em favor de ambos os cônjuges ou conviventes;
IV – as benfeitorias em bens particulares de cada cônjuge;	IV – as benfeitorias em bens particulares de cada cônjuge ou convivente, entendendo-se como valor a ser partilhado, sempre que possível, o da valorização do bem em razão das benfeitorias realizadas;
V – os frutos dos bens comuns, ou dos particulares de cada cônjuge, percebidos na constância do casamento, ou pendentes ao tempo de cessar a comunhão.	V – os frutos dos bens comuns, ou dos particulares de cada cônjuge ou convivente, percebidos na constância do casamento ou da união estável ou pendentes ao tempo de cessar a comunhão;
	VI – as remunerações, salários, pensões, dividendos, fundo de garantia por tempo de serviço, previdências privadas abertas ou outra classe de recebimentos ou indenizações que ambos os cônjuges ou conviventes obtenham durante o casamento ou união estável, como provento do trabalho ou de aposentadoria;
	VII – os direitos patrimoniais sobre as quotas ou ações societárias adquiridas na constância do casamento ou da união estável;
	VIII – a valorização das quotas ou das participações societárias ocorrida na constância do casamento ou da união estável, ainda que a aquisição das quotas ou das ações tenha ocorrido anteriormente ao início da convivência do casal, até a data da separação de fato;
	IX – a valorização das quotas sociais ou ações societárias decorrentes dos lucros reinvestidos na sociedade na vigência do casamento ou união estável do sócio, ainda que a sua constituição seja anterior à convivência do casal, até a data da separação de fato.

Perceba quantas vezes o legislador emprega o termo "bens". Por isso foi feita a ressalva em um dos tópicos introdutórios deste capítulo, a respeito da necessidade de se compreender o vocábulo bens como abrangente de tudo aquilo que possua expressão econômica, independentemente de sua existência física e material.

No que toca aos bens móveis, o Código ainda enfatiza sua comunicabilidade, ao dispor que eles se presumem adquiridos na constância da união, quando não se provar que o foram em data anterior (art. 1.662).

Só esteja atento ao mesmo detalhe exposto em tópico antecedente, no sentido de que, quando o legislador se refere aos bens que "sobrevierem ao casal", quis se referir àqueles adquiridos no período compreendido entre a data da oficialização da união e a data da separação de fato, pois, conforme dito por diversas vezes neste livro, a separação fática faz cessar a comunhão de vidas instituída pelo casamento e pela união estável, episódio este que, embora não coloque fim ao casamento nem ao regime de bens, impede as regras dos regimes comunitários de continuarem projetando efeitos sobre as relações jurídicas de caráter patrimonial celebradas pelo casal.

Dito isso, podemos passar a estudar uma a uma as hipóteses de comunicabilidade inerentes ao regime da comunhão.

9.4.1.1 A comunicabilidade prescrita pelo art. 1.660, I, do Código Civil

Do enunciado normativo do inc. I constrói-se a norma de que todos os bens amealhados a título oneroso durante a união, independentemente de terem sido adquiridos em nome de um só consorte, se comunicam ao outro, uma vez que a lei estabelece uma presunção absoluta de que ambos colaboraram reciprocamente para essa aquisição, somente passível de ser afastada pela produção específica de prova em sentido contrário, o que, em termos práticos, significa dizer que a pessoa que alega a comunicabilidade não precisa fazer prova a seu respeito, já que o art. 374, IV, do CPC enuncia que "Não dependem de prova os fatos: [...] IV – em cujo favor milita presunção legal de existência ou de veracidade".

Neste sentido, o STJ possui entendimento absolutamente pacífico de que tanto na união estável instituída depois da Lei n. 9.278/96, quanto no casamento, "vigente o regime da comunhão parcial, há presunção absoluta de que os bens adquiridos onerosamente na constância da união são resultado do esforço comum dos conviventes"[55].

E, não se esqueça o que foi dito há pouco, a respeito da acepção do vocábulo "adquirido" para o Direito Patrimonial das Famílias.

Assim, as obrigações lícitas contraídas durante o casamento e os efeitos delas decorrentes também se comunicarão (até pela interpretação contrária do texto do art. 1.659, III, do CC, a ser estudado na sequência), ainda que os consortes se separem depois de tê-las contraído[56].

---

[55] AgRg no REsp 1.475.560/MA, *DJe* de 1º-6-2016; AREsp 2.577.041/SP, *DJe* de 6-6-2024.
[56] Por isso é que o STJ entende que ambos deveriam ser citados em uma execução de contrato por eles assinado, ao entendimento de que a regra do art. 73, § 1º, I, do CPC prevaleceria sobre aquela prevista pelo art. 275, *caput*, do Código Civil, de modo que mesmo havendo eventual solidariedade entre eles, a participação de ambos seria necessária no processo, por imposição da norma processual (REsp 1.776.001/PR, *DJe* 13-2-2020).

Isso decorre da mancomunhão, figura jurídica já estudada em capítulo específico deste livro. É que ela plurissubjetiva qualquer relação jurídica de índole econômica celebrada durante sua vigência, o que significa dizer que, mesmo que um só dos consortes celebre relação jurídica com um terceiro, como uma compra e venda, por exemplo, todos os efeitos por esta projetados serão estendidos ao outro, que se tornará, por conta disso, mancomunheiro do direito (de propriedade, no caso), o qual, não fosse esse cenário específico, seria titularizado apenas pelo efetivo comprador da coisa.

A prova, somente será necessária para aquele que pretender demonstrar que a situação fática não permitiria a aplicação da norma (CC, art. 1.659).

Com esse entendimento, inclusive, o Superior Tribunal de Justiça decidiu que "os bens adquiridos onerosamente apenas não se comunicam quando configuram bens de uso pessoal ou instrumentos da profissão ou ainda quando há sub-rogação de bens particulares, o que deve ser provado em cada caso[57]".

Como este inciso norteia basicamente todo o direito patrimonial das famílias, muito a seu respeito já foi dito na parte introdutória deste Capítulo e voltará a ser ao longo de todo este livro.

9.4.1.2 A comunicabilidade prescrita pelo art. 1.660, II, do Código Civil

No inc. II do artigo sob estudo, a norma é no sentido de que os bens adquiridos por fato eventual se comunicam, pouco importando tenha ou não havido o concurso de trabalho ou de despesa anterior.

Embora a natureza da aquisição não seja necessariamente onerosa, o fato de ela derivar de uma eventualidade é suficiente para tornar o bem comunicável ao outro consorte, independentemente de ter havido ação humana no caso concreto, o que faz com que a descoberta de tesouro, o lucro obtido com jogos de azar, loterias, apostas e assemelhados durante a união ingressem na comunhão mesmo que apenas um dos consortes tenha contribuído para sua ocorrência[58].

Nesse sentido, o STJ já teve oportunidade de decidir que:

> RECURSO ESPECIAL. DISSOLUÇÃO DE UNIÃO ESTÁVEL. PARTILHA DE BENS. [...] BENS ADQUIRIDOS NA CONSTÂNCIA DA UNIÃO ESTÁVEL QUE DEVEM SER PARTILHADOS DE FORMA IGUALITÁRIA. [...] PRÊMIO DE LOTERIA (LOTOMANIA). FATO EVENTUAL OCORRIDO NA CONSTÂNCIA DA UNIÃO ESTÁVEL. NECESSIDADE DE MEAÇÃO.[...].
> 3. A Segunda Seção do STJ, seguindo a linha da Súmula 377 do STF, pacificou o entendimento de que "apenas os bens adquiridos onerosamente na constância da união estável, e desde que comprovado o esforço comum na sua aquisição, devem ser objeto de partilha" (EREsp 1171820/PR, Rel. Ministro Raul Araújo, Segunda Seção, julgado em 26-8-2015, *DJe* 21-9-2015). 4. Nos termos da norma, o prêmio de loteria é bem comum que ingressa na comunhão do casal sob a rubrica de "bens adquiridos por fato eventual, com ou sem o concurso de trabalho ou despesa anterior"(CC/1916, art. 271, II; CC/2002, art. 1.660, II). 5. Na hipótese, o prêmio da lotomania, recebido pelo ex-companheiro, sexagenário, deve ser objeto de partilha, haja vista que: i) se trata de bem comum que ingressa no patrimônio do casal, independentemente da aferição do esforço de cada um; ii) foi o próprio legislador quem estabeleceu a referida comunicabilidade; iii) como se trata de regime obrigatório imposto pela norma, permitir a comunhão dos aquestos acaba sendo

---

[57] REsp 1.295.991/MG, *DJe* 17-4-2013.
[58] Assim: STJ, REsp 1.689.152/SC, *DJe* 22-11-2017; EDcl no Ag n. 820.966/MG, *DJ* 26-8-2008.

a melhor forma de se realizar maior justiça social e tratamento igualitário, tendo em vista que o referido regime não adveio da vontade livre e expressa das partes; iv) a partilha dos referidos ganhos com a loteria não ofenderia o desiderato da lei, já que o prêmio foi ganho durante a relação, não havendo falar em matrimônio realizado por interesse ou em união meramente especulativa. 6. Recurso especial parcialmente provido (REsp 1.689.152/SC, DJe 22-11-2017)[59].

9.4.1.3 A comunicabilidade prescrita pelo art. 1.660, III, do Código Civil

Já o inc. III estabelece que os bens adquiridos por doação, herança ou legado se comunicarão apenas se ambos os consortes figurarem expressamente como seus beneficiários[60], convindo lembrar, entretanto, que parcela da literatura adverte que as regras que regerão a cotitularidade dos consortes sobre esse patrimônio não serão ditadas necessariamente pelo Direito das Famílias, mas pelo Direito das Obrigações ou Sucessões, haja vista a natureza jurídica dos respectivos instrumentos de transmissão possibilitarem, por exemplo, o estabelecimento de cotas em proporções não necessariamente idênticas entre os consortes.

Como não poderia deixar de ser, a comunicabilidade de bens doados na forma exigida pelo dispositivo sob comentário é reconhecida de forma pacífica pelo STJ, como demonstra, a título meramente exemplificativo, o seguinte julgado:

> PROCESSUAL CIVIL. AGRAVO INTERNO NO AGRAVO EM RECURSO ESPECIAL. AÇÃO DE DIVÓRCIO C/C PEDIDO DE PARTILHA DE BENS. ACESSÃO REALIZADA COM RECURSOS PROVENIENTES DOS GENITORES DE UM DOS EX-CONSORTES. MERA LIBERALIDADE. INCOMUNICABILIDADE. JURISPRUDÊNCIA DOMINANTE DO STJ. JULGAMENTO MONOCRÁTICO. POSSIBILIDADE.
> 1. Ação de divórcio c/c pedido de partilha de bens.
> 2. Na hipótese de doação, em que o aumento patrimonial de um dos consortes prescinde da participação direta ou indireta do outro, sendo fruto da liberalidade de terceiros, o bem doado, mesmo em relações matrimonias sob o regime de comunhão parcial de bens, é incomunicável, salvo se o doador expressamente se manifestar em sentido contrário (REsp n. 1.318.599/SP, Terceira Turma, DJe 2-5-2013).
> 3. Hipótese dos autos em que o acórdão recorrido, de maneira expressa e inequívoca, assentou que tanto o valor da aquisição do terreno como os custos da construção em imóvel foram suportados pelos genitores da agravada, sem qualquer ressalva de que a doação favoreceria ambos os cônjuges, a impor a exclusão do bem da partilha.[...].
> (AgInt no AREsp 2/401.899/SP, DJe 6-12-2023)[61].

9.4.1.4 A comunicabilidade prescrita pelo art. 1.660, IV, do Código Civil

Devido à regra geral da comunicabilidade dos adquiridos, qualquer benfeitoria eventualmente sobreposta aos bens acarretará a comunicação de sua expressão pecuniária, em iguais proporções entre os cônjuges, assim ocorrendo com aquelas aderidas tanto aos bens comuns, quanto aos bens particulares (arts. 1.658 e 1660, inc. IV).

---

[59] Assim também: STJ, EDcl no Ag n. 820.966/MG, DJ 26-8-2008.
[60] Pacífico no STJ: REsp 1.399.199/RS, DJe 22-4-2016; REsp 1.349.788/RS; DJe 29-8-2014.
[61] MAIA JÚNIOR, Mairan Gonçalves. *O regime da comunhão parcial de bens no casamento e na união estável*. São Paulo: Revista dos Tribunais, 2010, p. 215-216.

Ao estudar a comunicabilidade das benfeitorias o intérprete pode ser levado a acreditar que apenas aquelas de natureza corpórea e visível teriam valor relevante para o Direito das Famílias, quando isso não é verdade.

Como mencionado há pouco, os melhoramentos necessários para permitir a normal exploração econômica de uma coisa também representam benfeitorias, apesar de, muitas vezes, nem sequer serem visíveis ao olho humano. A adubação do solo, o recolhimento de tributos, as despesas com a conservação física do bem, o investimento em tecnologia e automação, a fiação e passagem de tubos subterrâneos também podem configurar benfeitorias importantíssimas para uma fazenda, uma empresa ou um estabelecimento comercial se proporcionarem, como geralmente o fazem, melhoramento à sua utilização e/ou exploração econômica.

Afinal, como adverte Carlos Roberto Gonçalves[62], "pouca utilidade social teria a conservação material ou jurídica simplesmente estática das coisas, quando na verdade essa espécie de conservação é apenas o fundamento de sua conservação dinâmica, ou seja, de sua exploração econômica".

Por isso, o Anteprojeto pretende aprimorar a redação do dispositivo sob estudo, para que ele passe a enunciar que "as benfeitorias em bens particulares de cada cônjuge ou convivente, entendendo-se como valor a ser partilhado, sempre que possível, o da valorização do bem em razão das benfeitorias realizadas". Embora não se confundam com as benfeitorias, as acessões artificiais vêm recebendo tratamento cada vez mais assemelhado ao direcionado àquelas, podendo ser verificada semelhante tendência no Direito das Famílias.

Relembre-se que, enquanto as *benfeitorias* são tidas como as obras e despesas realizadas em coisa preexistente (móvel ou imóvel) para sua conservação, melhoramento ou embelezamento (CC, art. 96), as *acessões artificiais* são constituídas por plantações e construções lançadas pelo ser humano exclusivamente sobre bem imóvel, que criam *algo novo*, distinto em relação a ele, tornando possível, por isso, sua aquisição pela pessoa responsável por sua implantação (CC, arts. 1.253 e s.).

Grosso modo, portanto, poderia ser afirmado que, nas benfeitorias há *intervenção em algo (principal) que já existe*, ao passo que nas acessões existe *criação de algo (principal) até então inexistente*.

No STJ, o entendimento a respeito é mais ou menos o seguinte:

> RECURSO ESPECIAL. AGRAVO DE INSTRUMENTO. AÇÃO DE DIVÓRCIO. EMBARGOS DE DECLARAÇÃO. OMISSÃO. NEGATIVA DE PRESTAÇÃO JURISDICIONAL. NÃO OCORRÊNCIA. DIVERGÊNCIA JURISPRUDENCIAL. EMENTA. TRANSCRIÇÃO. COTEJO ANALÍTICO. FALTA. BEM IMÓVEL. ACESSÃO. BENFEITORIA. PRESUNÇÃO LEGAL **JURIS TANTUM**. CÔNJUGE VARÃO. CAUSA. PECULIARIDADE. COPROPRIETÁRIO. TERCEIRO. UNIÃO CONJUGAL. COMUNHÃO PARCIAL DE BENS. INTERRUPÇÃO. ÔNUS DA PROVA. DESLOCAMENTO. TEORIA DA CARGA DINÂMICA. APLICAÇÃO. POSSIBILIDADE. 1. Recurso especial interposto contra acórdão publicado na vigência do Código de Processo Civil de 2015 (Enunciados Administrativos n. 2 e 3/STJ). 2. Cinge-se a controvérsia a definir se a atribuição dinâmica do ônus probatório acerca da realização de acessões/benfeitorias em imóvel de propriedade do cônjuge varão, objeto de eventual partilha em ação de divórcio, pode afastar a presunção do art. 1.253 do Código Civil de 2002 ("Toda construção ou plantação existen-

---

[62] GONÇALVES, Carlos Roberto. *Direito civil brasileiro*: parte geral. v. 1. 15. ed. São Paulo: Saraiva, 2017, p. 304.

te em um terreno presume-se feita pelo proprietário e à sua custa, até que se prove o contrário.")[...];

6. No caso dos autos, a participação do cônjuge varão como coproprietário do imóvel em cujas acessões/benfeitorias foram realizadas faz presumir também o esforço comum do cônjuge virago na sua realização (art. 1.660, I e IV, do CC/2002), além de que ocorreram interrupções no vínculo matrimonial, são peculiaridades que autorizam a dinamização do ônus probatório para o recorrente (art. 371, § 1º, do CPC/2015). 7. Recurso especial não provido. (REsp 1.888.242/PR, *DJe* 31-3-2022)

Merece registro, porém, a existência de forte controvérsia doutrinária sobre a possibilidade de o consorte proprietário da coisa principal comprovar ter se valido de recursos exclusivos para a formação dos acréscimos, no intuito de evitar a comunicabilidade[63].

Isso porque, ao contrário do que acontece com as benfeitorias, as acessões contam com uma presunção específica, segundo a qual, "toda construção ou plantação existente em um terreno presume-se feita pelo proprietário e à sua custa, até que se prove o contrário" (CC, art. 1.253), a qual, por vezes, pode ir de encontro às regras dos regimes comunitários de bens, sobretudo aquelas que prescrevem que entram na comunhão "os bens adquiridos na constância do casamento por título oneroso, ainda que só em nome de um dos cônjuges" e "as benfeitorias em bens particulares de cada cônjuge" (CC, art. 1.669, I e IV).

De todo modo, não logrando êxito nessa tentativa, eles se comunicarão em igual proporção, pois a presunção trazida pelo primeiro dispositivo legal, decorrente do Direito das Coisas, deve ceder lugar à presunção imposta pelo segundo, decorrente do Direito das Famílias, justamente pelo fato de este estar inserido no Capítulo destinado à disciplina do regime de comunhão de bens.[64]

A análise da comunicabilidade das acessões, de tão importante e recorrente, será feita em tópico específico, inserido no capítulo das Situações Especiais de Comunicabilidade, que poderá ser consultado logo adiante.

9.4.1.5 A comunicabilidade prescrita pelo art. 1.660, V, do Código Civil

O último inciso do artigo sob comentário estabelece uma importantíssima regra: a comunicação dos frutos dos bens comuns e o dos particulares de cada cônjuge que tenham sido percebidos na constância do casamento ou que estejam pendentes ao tempo de cessar a comunhão.

Aliás, este é um dos motivos pelos quais este livro entende que se exija a vênia conjugal para a alienação ou oneração real, mesmo sobre bens particulares imóveis (CC, art. 1.647, I).

O curioso é que a regra geral em nosso sistema é aquela prescrita pelo art. 1.232 do Código Civil, segundo a qual "os frutos e mais produtos da coisa pertencem, ainda quando separados, ao seu proprietário", regra esta que densifica o princípio segundo o qual o

---

[63] Entendendo ser possível esta prova: MADALENO, Rolf. *Direito de família*. 10. ed. Rio de Janeiro: Forense, 2020, p. 754. Em sentido oposto: LÔBO, Paulo. *Famílias*. 4. ed. São Paulo: Saraiva, 2011, p. 343.

[64] Justamente sob este entendimento, o STJ teve oportunidade de chancelar a inversão do ônus da prova (CPC, art. 373, § 1º), para que o marido comprovasse que as acessões em imóvel de sua propriedade exclusiva haviam sido implantadas antes do casamento com a atual esposa (REsp 1.888.242/PR, *DJe* 31-3-2022).

acessório deve seguir o principal (princípio da gravitação jurídica). A rigor, portanto, os frutos produzidos por bens particulares deveriam pertencer a seu dono, com exclusividade, sem se comunicarem ao outro.

É a excepcionalidade das situações jurídicas de família que justifica seu abrandamento.

Muito bem.

Como visto há pouco, frutos são os benefícios que a coisa principal produz periodicamente, sem o comprometimento significativo de sua estrutura[65].

São bens acessórios, portanto, já que sua existência supõe a de algo que lhes sirva de principal (CC, art. 92).

Das diversas classificações a seu respeito, já apresentadas neste livro, inclusive, aquela que toma por parâmetro o seu estado e os subdivide em pendentes (CC, art. 1.214, parágrafo único), percebidos (CC, art. 1.214), estantes, percipiendos e consumidos[66] assume especial importância neste momento, porque o dispositivo legal ora estudado enuncia que entram na comunhão "os frutos dos bens comuns, ou dos particulares de cada cônjuge, percebidos na constância do casamento, ou pendentes ao tempo de cessar a comunhão".

Em complemento, o art. 1.215 do Código dispõe que "os frutos naturais e industriais reputam-se colhidos e percebidos, logo que são separados; os civis reputam-se percebidos dia por dia[67]".

Todavia, é importante perceber que o fato de o legislador determinar a comunicabilidade apenas dos frutos percebidos e pendentes, não impede que as partes celebrem negócios jurídicos versando sobre outras espécies de frutos, pois o art. 95 do Código Civil enuncia que "apesar de ainda não separados do bem principal, os frutos e produtos podem ser objeto de negócio jurídico".

Essa regra vem permitindo a negociação de safras futuras e de madeiras para corte ou transformação em carvão, inclusive sem a necessidade de outorga do outro consorte, pois ainda que as plantações e as árvores sejam considerados bens imóveis (CC, art. 79), o fato de serem objeto de negócio jurídico enquanto ainda se encontram ligadas ao solo, deixa nítida a intenção das partes de destacarem o objeto da venda em relação ao solo ao qual se encontravam aderidas, o que serve para alterar a própria condição jurídica desses bens para móveis por antecipação, e, via de consequência, a relação jurídica correspondente[68].

A variedade de frutos é enorme, o que tornaria inócua qualquer tentativa de se esgotar seu tratamento. No entanto, isso não impediu Ana Florinda Dantas[69] de apresentar interessante compilação a respeito de diversos itens que são considerados frutos comunicáveis pela jurisprudência do STJ. De acordo com ela, entrariam nesse rol: os bens adquiridos com

---

[65] PEREIRA, Caio Mário da Silva. *Instituições de direito civil*. v. I. 30. ed. Atual. Maria Celina Bodin de Moraes. Rio de Janeiro: Forense, 2017, p. 357.

[66] Por todos: DINIZ, Maria Helena. *Curso de direito civil brasileiro*. 29. ed. São Paulo: Saraiva, 2012, v. 1, p. 386.

[67] Isso já foi dito por aqui, mas não custa lembrar que os rendimentos são considerados frutos, mais precisamente frutos civis. Existe uma relação de gênero e espécie entre as duas figuras.

[68] STJ, REsp 23.195/PR, *DJe* 29-11-93; AgRg no Ag 174.406/SP, *DJ* 23-11-93. Exatamente o mesmo sentido é seguido quando se trata de negociação envolvendo safra futura: REsp 1.567.479/PR, *DJe* 18-6-2019.

[69] DANTAS, Ana Florinda. A divisibilidade dos frutos no regime de bens do casamento e na união estável: o que são frutos? *Famílias nossas de cada dia*: anais do Congresso Brasileiro de Direito de Família. Belo Horizonte: IBDFAM, 2016, p. 29-41.

a renda proveniente de salários e aposentadorias (REsp 1.295.991/MG, *DJe* 17-4-2013); os juros de capital depositado em conta bancária (AgRg no AREsp 702.168/MS, *DJe* 17-9-2015); os saldos bancários originados de economias advindas de salários e aposentadoria (AgRg no REsp 1.143.642/SP, *DJe* 3-6-2015); matrizes e crias de gado (REsp 1.117.644/MS, *DJe* 7-10-2014); o depósito bancário com aplicação em CDB/RDB, fruto de empréstimo para aplicação em atividade produtiva, que permaneceram sem utilização com o valor em conta (REsp 1.179.725/DF, *DJe* 30-5-2014); os lucros cessantes e demais valores recebidos em decorrência de negócio jurídico invalidado (EDcl no REsp 1.188.442/RJ, *DJe* 27-8-2013); os dividendos decorrentes do lucro apurado pela sociedade empresária distribuída a seus sócios, como frutos de capital (AgRg no REsp 1.348.680/RS, *DJe* 20-8-2013); as sacas de soja colhidas em lavoura pertencente a um só dos consortes (AgRg no AREsp 41.995/GO, *DJe* 26-9-2012).

Diversos deles serão vistos com maiores detalhes quando forem analisadas as Situações Especiais de Comunicabilidade, pouco mais à frente.

Por ora, o que importa reter é que as normas que impõem a comunicação de bens e dos frutos precisam ser lidas e interpretadas em atenção às consequências projetadas pela separação de fato sobre o regime patrimonial, pois ela faz cessar *o efeito* da comunicabilidade sobre tudo aquilo que vier a ser adquirido posteriormente pelos consortes, mesmo antes que a comunhão encontre fim pela separação legal ou pelo divórcio.

É preciso que se esteja atento a esse detalhe, sendo exatamente esta a razão da insistência sobre o ponto.

Portanto, interpretando-se adequadamente o texto do artigo ora estudado (CC, art. 1.660, V), constata-se que os *frutos dos bens comuns* sempre se comunicarão, enquanto não for efetivada a partilha, pois a separação de fato é algo irrelevante em relação a eles. Eles se referem a algo adquirido pelo esforço comum e não poderiam mesmo ser afetados por esse episódio. No entanto, os *frutos gerados pelos bens particulares* de cada consorte somente se comunicarão se forem percebidos ou estiverem pendentes até a data de eventual separação fática do casal, ainda que o casamento continue vigente.

A compreensão deste ponto será superimportante quando for estudada a partilha de cotas sociais, alguns tópicos adiante.

A separação fática aparece, assim, como importantíssimo elemento a ser considerado na equação destinada à apuração do patrimônio partilhável, e bem poderia ter sido incluída no texto do art. 1.661 do diploma civil como causa excludente do efeito da comunicabilidade, se o entendimento à época estivesse tão maduro quanto está atualmente.

Finalmente, deve-se ter em mente que frutos não se confundem com produtos. Produtos são utilidades que se retiram da coisa, diminuindo-a até seu esgotamento.

Pela literalidade da lei, entretanto, apenas os primeiros se comunicam, e existem fortes sinais de que o posicionamento do Superior Tribunal de Justiça seja exatamente nesse sentido, inclusive, como se vê, dentre tantos, do seguinte julgado:

> AGRAVO INTERNO NOS EMBARGOS DE DECLARAÇÃO NO RECURSO ESPECIAL. AÇÃO DE DIVÓRCIO CUMULADA COM PARTILHA DE BENS. REGIME DE COMUNHÃO PARCIAL DE BENS. APRECIAÇÃO DE TODAS AS QUESTÕES RELEVANTES DA LIDE PELO TRIBUNAL DE ORIGEM. AUSÊNCIA DE AFRONTA AO ART. 535 DO CPC/1973. PREQUESTIONAMENTO. AUSÊNCIA. SÚMULA 211/STJ. PRODUTOS E FRUTOS DE BENS PARTICULARES. HARMONIA

> COM A JURISPRUDÊNCIA DESTA CORTE SUPERIOR. SÚMULA N. 83/STJ. AGRAVO INTERNO IMPROVIDO.[...] 3. O entendimento perfilhado pelo Tribunal de origem está em harmonia com a jurisprudência desta Corte Superior, que acolhe a distinção entre frutos e produtos de bens incomunicáveis, para definição daqueles que devem ser objeto de partilha do casal. 4. Agravo interno improvido.
> (AgInt nos EDcl nos EDcl no REsp 1.874.641/SP, *DJe* de 18-3-2024)[70]

Na sistemática atual, estes seriam os incisos componentes do art. 1.660 do Código Civil. Porém, o Anteprojeto de Reforma do Código Civil pretende adicionar-lhe mais 4 incisos, positivando aquele que, em boa parte, já é o entendimento atualmente predominante tanto a nível acadêmico quanto jurisprudencial.

Vejamos mais de perto essas hipóteses.

9.4.1.6 A comunicabilidade prescrita pelo art. 1.660, VI, do Anteprojeto de Reforma do Código Civil

Caso o Código Civil venha efetivamente a ser reformado, o art. 1.660, passará a conter o inciso VI, dispondo que entram na comunhão "as remunerações, salários, pensões, dividendos, fundo de garantia por tempo de serviço, previdências privadas abertas ou outra classe de recebimentos ou indenizações que ambos os cônjuges ou conviventes obtenham durante o casamento ou união estável, como provento do trabalho ou de aposentadoria".

Analisando-se pormenorizadamente a redação do texto projetado para o inciso VI do art. 1.660, nota-se que o legislador reformador pretende, resumidamente, tornar comunicável qualquer renda ou verba que sirva como "provento do trabalho ou aposentadoria" dos cônjuges e conviventes durante a vigência da união. É por isso que o mesmo Anteprojeto, coerentemente, pretende revogar os incisos VI e VII do art. 1.659, pois eles são justamente os responsáveis por enunciar que excluem-se da comunhão: "VI – os proventos do trabalho pessoal de cada cônjuge" e "VII – as pensões, meios-soldos, montepios e outras rendas semelhantes".

Tornando uma longa história curta, o que o legislador reformador pretende é tornar comunicável algo que, atualmente, ainda é incomunicável pelo texto da lei.

A bem da verdade, a literatura já vinha sustentando a necessidade de que isso ocorresse há bastante tempo, sendo este próprio livro uma demonstração disso, pois desde sua 1ª edição vem convidando a comunidade jurídica a refletir sobre a necessária distinção que deve haver entre o "direito à percepção dos rendimentos" (direito incomunicável) e a "expressão econômica dos rendimentos" (bem comunicável), pelo simples fato de que é com o dinheiro proveniente dos "proventos do trabalho ou aposentadoria", ou seja, com a sua expressão econômica que as pessoas costumam viver e adquirir os bens indispensáveis ao desenvolvimento da dinâmica familiar.

E como não poderia deixar de ser, as lições doutrinárias repercutiram no Superior Tribunal de Justiça, onde se tornaram comuns entendimentos no sentido de que "não obstante o inciso VI do art. 1.659 do Código Civil de 2002 estabeleça que devem ser excluídos da

---

[70] No mesmo sentido: REsp 1.595.775/AP, *DJe* 16-8-2016; REsp 1.171.820/PR, *DJe* 27-4-2011.

comunhão 'os proventos do trabalho pessoal de cada cônjuge', a incomunicabilidade prevista nesse dispositivo legal atinge apenas o direito ao recebimento dos proventos em si"[71] e que "tanto a doutrina como a jurisprudência tem interpretado esse enunciado normativo de forma restritiva, entendendo que a incomunicabilidade se restringe ao direito ao recebimento dos frutos civis do trabalho, mas não aos valores em si, de modo que, uma vez percebidos, eles passam a integrar o patrimônio comum"[72].

Por isso foi dito há pouco que a intenção do legislador reformador é eliminar a incomunicabilidade prevista apenas por lei, dado ao fato de a literatura e a jurisprudência já terem feito isso há bastante tempo.

Esteja atento, contudo, ao seguinte: muito embora não haja uma definição formal do que venha a ser "provento do trabalho ou aposentadoria", as circunstâncias indicam que somente possa ser incluído neste conceito aquele tipo de verba recebida como "pagamento pelo trabalho realizado". Esse recorte interpretativo é dos mais importantes, porque o que reside por detrás dessa modificação é a necessidade de tornar comunicáveis apenas as verbas revertidas para a subsistência alimentar do beneficiário e não aquelas a ele pagas a título de compensação por danos sofridos ou por desvantagens por ele experimentadas no exercício de sua atividade, o que deixa de fora, por exemplo, as indenizações eventualmente recebidas por assédio no trabalho, por desvio de função e por acidentes de trabalho. Afinal, não seria muito justo que a pessoa, além de sofrer um dano grave no ambiente de trabalho (decorrente, por exemplo, de um assédio sexual), tivesse que partilhar com seu cônjuge ou convivente uma verba que, em última análise, lhe tenha sido paga como compensação por algo única e exclusivamente por ela experimentado (natureza personalíssima).

Não por outro motivo, o Anteprojeto pretende inserir o inciso VIII ao texto do art. 1.659, dispondo que excluem-se da comunhão "as indenizações por danos causados à pessoa de um dos cônjuges ou conviventes ou a seus bens privativos, com exceção do valor do lucro cessante que teria sido auferido caso o dano não tivesse ocorrido", o que vai exatamente ao encontro do que acabou de se sustentar.

De todo modo, este parece já ser o entendimento do STJ, pois diversos julgados sustentam que "o entendimento desta Corte é de que as verbas indenizatórias decorrentes de acidente de trabalho por possuírem caráter personalíssimo e natureza voltada à reparação pela dor e/ou sequelas advindas do evento traumático sofrido unicamente pela vítima, não está inserida nas verbas trabalhistas suscetíveis à partilha"[73], como, de resto, pode ser observado no seguinte precedente, aqui transcrito a título meramente exemplificativo:

> CIVIL E PROCESSUAL. RECURSO ESPECIAL. UNIÃO ESTÁVEL. RECONHECIMENTO E DISSOLUÇÃO. PARTILHA. VERBA INDENIZATÓRIA DECORRENTE DE ACIDENTE DE TRABALHO. DESCABIMENTO. CARÁTER PERSONALÍSSIMO. DESPROVIMENTO.
> 1. A jurisprudência do Superior Tribunal de Justiça está sedimentada no sentido de que nos regimes de comunhão parcial ou universal de bens comunicam-se as verbas trabalhistas a que se tem direito na constância da sociedade conjugal, devendo ser partilhadas quando da separação.

---

[71] REsp 2.106.053/RJ, *DJe* 28-11-2023.
[72] REsp 1.295.991/MG, *DJe* 17-4-2013.
[73] AREsp 2.692.678/SP, *DJe* 13-9-2024.

> 2. Não se enquadram na referida linha de entendimento, no entanto, as verbas indenizatórias decorrentes de acidente de trabalho, eis que de caráter personalíssimo e natureza diversa, voltando-se à reparação pela dor e/ou sequelas advindas do evento traumático sofrido unicamente pela vítima. Precedentes. 3. Recurso especial a que se nega provimento (REsp 1.543.932/RS, DJe 30-11-2016).

Obviamente respeitando as opiniões em sentido contrário, este livro entende que a identificação das verbas seja buscada na origem – na Ciência do Direito do Trabalho –, pois é de lá que provêm as classificações em rubricas de caráter remuneratório e indenizatório.

Esteja atento, também, ao seguinte: apesar de o legislador reformador não dispor expressamente a esse respeito, não é preciso que a verba tenha sido efetivamente percebida pelos cônjuges ou conviventes durante a vigência da união. Basta que o direito à sua percepção tenha se originado durante a união. Em outras palavras, basta que o "fato gerador" de sua percepção tenha surgido enquanto o relacionamento do casal ainda vigia como uma entidade familiar, para que se obtenha o direito de partilhá-lo, como, inclusive, entende o STJ[74].

E o motivo que conduz a essa afirmação é bastante simples: o que nos é devido, por direito, nem sempre nos é reconhecido, por direito, em tempo hábil para o seu exercício. Basta imaginar quão demorado pode ser o reconhecimento judicial de um direito à percepção de indenização ou de reajustes salariais e pagamentos de verbas trabalhistas em geral, para que se conclua que a união pode ter fim antes mesmo do trânsito em julgado da sentença condenatória.

Portanto, é preciso que a enunciação do dispositivo sob estudo seja lida em conformidade com esse entendimento, para que se construa uma norma prescrevendo que todas as verbas consideradas proventos do trabalho ou da aposentadoria dos cônjuges e conviventes se comunicam, desde que o fato gerador do direito à sua percepção se origine durante a vigência da comunhão de vidas instituída pelo casamento ou pela união estável, observando-se, ainda, tudo o que foi dito sobre a separação de fato.

O assunto será retomado oportunamente, quando for estudada a comunicabilidade do salário e de outras rendas, algumas páginas adiante.

Vejamos, agora, outra disposição prevista pelo Anteprojeto.

9.4.1.7 A comunicabilidade prescrita pelo art. 1.660, VII, do Anteprojeto de Reforma do Código Civil

Nos termos do art. 1.660, VII, do Anteprojeto, entram na comunhão "os direitos patrimoniais sobre as quotas ou ações societárias adquiridas na constância do casamento ou da união estável".

Esta disposição, que também atende a um antigo anseio da literatura, enfatiza uma realidade atual: a necessidade de se estreitar o diálogo entre as normas do direito das famílias e as normas do direito de empresa. Isso porque é cada vez mais comum as pessoas casadas ou unidas estavelmente constituírem empresas entre si ou com terceiros, dando vazão às suas habilidades empreendedoras.

---

[74] Exemplificativamente, conferir: AREsp 2.517.073/SP, DJe 15-5-2024.

Mas é claro que os direitos patrimoniais sobre as cotas e ações de empresas não se tornarão comunicáveis apenas se o Código Civil vier a ser reformado. Muito pelo contrário. Como já deve ter dado para perceber durante o estudo dos bens jurídicos, esses itens se incluem no conceito de bens móveis por equiparação por se constituírem em "direitos pessoais de caráter pessoal" (CC, art. 83, III). Tanto é assim que o Código de Processo Civil obriga o inventariante – em disposição em tudo aplicável aos cônjuges e conviventes – a fazer a relação completa e individualizada de todos os bens do espólio, descrevendo "as ações, as quotas e os títulos de sociedade, mencionando-se-lhes o número, o valor e a data", quando for prestar as primeiras declarações (CPC, art. 620, IV, *e*).

Portanto, embora seja louvável a iniciativa do direito proposto, o direito posto já os contempla como bens comunicáveis.

Não deixa de merecer aplausos, contudo, a redação do enunciado sugerido pelo Anteprojeto, porque, em regra, as cotas e ações, em si mesmo consideradas, são absolutamente incomunicáveis a qualquer pessoa que não seja o próprio sócio ou acionista. O que é comunicável é a sua expressão econômica ou, como pretende o legislador reformador, os seus "direitos pessoais de caráter patrimonial", como se verá com mais vagar quando for estudada a partilha de cotas sociais, algumas páginas adiante.

9.4.1.8 A comunicabilidade prescrita pelo art. 1.660, VIII, do Anteprojeto de Reforma do Código Civil

A reforma do Código Civil também pretende inserir ao art. 1.660 o inciso VIII, enunciando que entra na comunhão "a valorização das quotas ou das participações societárias ocorrida na constância do casamento ou da união estável, ainda que a aquisição das quotas ou das ações tenha ocorrido anteriormente ao início da convivência do casal, até a data da separação de fato".

Pelos mesmos motivos expostos no tópico antecedente, este sempre foi daqueles temas de extrema relevância para o direito patrimonial das famílias. Porém, contrariamente ao que acontece com as cotas e ações societárias, o regramento da comunicabilidade de sua valorização ou desvalorização parece não poder ser extraído do sistema posto com tanta facilidade. Isso porque as alterações para maior ou menor no valor das cotas e ações não é algo que possa ser considerado fruto civil atribuível aos sócios, mas sim à própria sociedade. Afinal, incontáveis fatores externos à própria atividade empresária podem influir nesse processo, como a concessão ou eliminação de incentivos fiscais à atividade empresária desenvolvida, a ação ou omissão do Poder Público na realização de obras e no incremento do policiamento no local do estabelecimento, a ocorrência ou inocorrência de fatos relacionados à saúde pública, como pandemias etc.

Isso vindo a acontecer, a valorização não teria decorrido sequer da maior performance dos sócios e administradores, mas sim de fatores absolutamente externos e alheios à vontade da própria empresa, levando, a princípio, à incomunicabilidade da valorização experimentada pelas cotas.

Em aparente reforço a essa linha de raciocínio, nos poucos artigos que disciplinam a valorização e desvalorização de bens, o Código Civil dá mostras de que ambas serão suportadas unicamente por quem lhe deu causa (veja, por exemplo, os arts. 1.187, I, 1.258, *caput*, 1.259, 1.286, 1.481, § 3º, 1.487, § 2º, e 1.942).

Por isso, este livro sempre sustentou que, se as cotas sociais ou ações de empresas particulares dos cônjuges e conviventes – ou seja, aquelas constituídas antes do casamento ou da união estável de seu sócio ou com valores exclusivamente seus – se valorizassem ou desvalorizassem durante o relacionamento do casal, as consequências daí derivadas deveriam ser suportadas por quem lhes houvesse dado causa. Como resultado, se a valorização decorresse de fatores externos, como políticas governamentais ou redução da concorrência, somente a própria empresa deveria se beneficiar, ao passo que, se o aumento de valor das cotas fosse consequência de fatores internos, a exemplo da habilidade negocial de seus sócios, todos deveriam se beneficiar, porque o benefício assumiria a configuração de fruto civil e, via de consequência, se comunicaria ao seu consorte ainda que produzidos por bens particulares (CC, art. 1.660, V). Já se a empresa fosse um bem comum – constituída durante a união com recursos comuns aos consortes –, a variação de preço das cotas repercutiria igualmente sobre o casal, por se tratar de um bem a ambos pertencente.

No âmbito do Superior Tribunal de Justiça, o entendimento sempre parece ter sido em sentido bastante próximo ao defendido neste livro, pois múltiplos julgados foram proferidos no sentido de que a "valorização patrimonial das cotas sociais adquiridas antes do casamento ou da união estável não deve integrar o patrimônio comum a ser partilhado, por ser decorrência de um fenômeno econômico que dispensa a comunhão de esforços do casal"[75].

Portanto, embora seja louvável a iniciativa do legislador reformador no sentido de retirar da invisibilidade a valorização das cotas e ações societárias por ocasião da partilha, não deixa de ser curioso o fato de ele ter pretendido tornar comunicável mesmo o aumento do valor daquelas empresas que integrem o patrimônio particular dos sócios, pois pareceria ideal que somente devesse se comunicar a valorização ocorrida nessas empresas quando restasse comprovada a participação específica dos sócios no incremento do valor de mercado da sociedade (fator interno), autorizando-se que se presumisse o esforço do outro nessa empreitada (CC, art. 1.662).

Em relação ao ônus da prova, a pessoa interessada na não comunicabilidade deveria comprovar a ocorrência do fator externo (CPC, art. 373, II), enquanto a pessoa interessada na comunicabilidade nada precisaria comprovar, por se beneficiar com a presunção de comunicabilidade estabelecida pelos arts. 1.658 e 1.662 do Código Civil (CPC, art. 374, IV).

Outro ponto que poderia ter sido mais bem esclarecido pelo Anteprojeto é se apenas a valorização se comunicaria ou se também a desvalorização das cotas e ações societárias. Afinal, embora se refira exclusivamente à "valorização", o enunciado traz uma regra de caráter ampliativo, que, por isso, impede que sua interpretação seja feita de forma restritiva e/ou literal, podendo levar o intérprete a entender que tanto a valorização quanto a desvalorização se comunicariam, em simetria ao que acontece com a comunicabilidade dos créditos e dos débitos comuns.

---

[75] AgInt nos EDcl no AREsp 699.207/SP, *DJe* 29-6-2022. Exatamente no mesmo sentido: AgInt no AREsp 236.955/RS, *DJe* 27-11-2017; AgInt no AREsp 297.242/RS, *DJe* 13-11-2017; REsp 1.173.931/RS, *DJe* 28-10-2013.

Resta saber o que os tribunais dirão a respeito.

De todo modo, o assunto voltará a ser abordado quando for estudada a comunicabilidade das cotas e ações sociais.

9.4.1.9 A comunicabilidade prescrita pelo art. 1.660, IX, do Anteprojeto de Reforma do Código Civil

Outra disposição que o legislador reformador pretende acrescentar ao art. 1.660 é aquela sugerida ao inciso IX, no sentido de que entra na comunhão "a valorização das quotas sociais ou ações societárias decorrentes dos lucros reinvestidos na sociedade na vigência do casamento ou união estável do sócio, ainda que a sua constituição seja anterior à convivência do casal, até a data da separação de fato".

Diferentemente da hipótese anterior, acredito que esta iniciativa mereça mais aplausos do que críticas. Afinal, se o reinvestimento dos lucros na própria sociedade representa algo inegavelmente atribuível à *expertise* e visão de negócio dos sócios (fator interno), sendo, inclusive, considerado "produtos não comunicáveis" aos seus consortes pelo STJ[76], a eventual valorização que as cotas e ações sociais possam experimentar em decorrência dessa verdadeira habilidade negocial não deixa de repercutir sobre os sócios como um verdadeiro lucro, que, ao ser repartido entre eles, assume a configuração de fruto civil e, via de consequência, se comunica ao seu consorte ainda que produzidos por bens particulares (CC, art. 1.660, V).

Seja como for, o assunto voltará a ser abordado quando for estudada a comunicabilidade das cotas sociais.

Compreendida, por ora, a extensão da comunicabilidade, segue-se a análise do patrimônio incomunicável.

9.4.2 O PATRIMÔNIO INCOMUNICÁVEL

Mais ou menos na mesma linha utilizada para delinear o regramento das comunicabilidades, o legislador traça uma disciplina genérica seguida de um tratamento específico também no que se refere às incomunicabilidades.

O problema é que, aqui também, posicionou mal os artigos que a realizam, como dito no início deste capítulo: em vez de condensar as hipóteses em um só dispositivo ou de as enumerar em dois dispositivos seguidos, relacionou-as em artigos alternados: o 1.659 e o 1.661.

Seja como for, em seu art. 1.661 dispõe genericamente que são incomunicáveis os bens cuja aquisição tiver por título uma causa anterior ao casamento ou à constituição da união estável.

Já em seu art. 1.659 desce a minúcias dispondo que se excluem da comunhão:

---

[76] REsp 1.595.775/AP, *DJe* de 16.08.16.

Código Civil (redação atual)	Código Civil (redação proposta pelo Anteprojeto)
Art. 1.659. Excluem-se da comunhão: I – os bens que cada cônjuge possuir ao casar, e os que lhe sobrevierem, na constância do casamento, por doação ou sucessão, e os sub-rogados em seu lugar; II – os bens adquiridos com valores exclusivamente pertencentes a um dos cônjuges em sub-rogação dos bens particulares; III – as obrigações anteriores ao casamento; IV – as obrigações provenientes de atos ilícitos, salvo reversão em proveito do casal; V – os bens de uso pessoal, os livros e instrumentos de profissão; VI – os proventos do trabalho pessoal de cada cônjuge; VII – as pensões, meios-soldos, montepios e outras rendas semelhantes.	Art. 1.659. Excluem-se da comunhão: I – [...]; II – [...]; III – [...]; IV – [...]; V – os bens de uso pessoal, os livros e instrumentos de profissão ou ofício; VI – Revogado; VII – Revogado; VIII – as indenizações por danos causados à pessoa de um dos cônjuges ou conviventes ou a seus bens privativos, com exceção do valor do lucro cessante que teria sido auferido caso o dano não tivesse ocorrido.

Como se sabe, as regras de hermenêutica jurídica prescrevem que enunciados com conteúdo restritivo devam ser interpretados restritivamente, autorizando o exegeta e aplicador a concluir que somente serão excluídas da comunhão as hipóteses taxativamente previstas nos incisos em questão, ou seja, apenas quando houver o preenchimento específico dos fatos descritos no antecedente normativo de cada um dos incisos desse artigo é que a consequência da *não comunicação* ocorrerá.

A prova deverá ser robusta a respeito, sob pena de se concluir pela comunicabilidade. Afinal, o regramento geral é no sentido de que os bens se comunicarão ainda que se encontrem registrados só em nome de um dos cônjuges ou conviventes (CC, art. 1.660, I), gerando uma presunção absoluta a favor da pessoa interessada na comunicabilidade, que a desonera de produzir prova a respeito, nos termos do já mencionado art. 374, IV, do CPC, e, consequentemente, onera a pessoa interessada na exclusão da comunhão, na forma do art. 373, I, do CPC. Assim, nos termos do art. 1.661, sob estudo, aqueles bens cuja aquisição tiver por título uma causa anterior ao casamento não se comunicarão. Mas este texto precisa ser interpretado de forma orgânica e sistemática para que não se chegue ao absurdo de deixar de fora do patrimônio comum algo que não tenha sido adquirido durante o "casamento" propriamente dito, mas sim durante a "união estável" que porventura lhe tenha antecedido. Assim, nos termos do artigo 1.661, aqueles bens cuja aquisição tiver por título uma causa anterior ao casamento não se comunicarão. Mas, este texto precisa ser interpretado de forma orgânica e sistemática para que não se chegue ao absurdo de deixar de fora do patrimônio comum algo que não tenha sido adquirido durante o "casamento" propriamente dito, mas sim durante a "união estável" que porventura lhe tenha antecedido.

Nesse caso, tão comum no cotidiano forense, parece claro que as uniões (convivencial e matrimonial) devam ser consideradas em continuidade, como se fossem uma coisa só, desde que existam elementos inequívocos de prova sobre a existência da união estável precedente e os regimes de uma e outra sejam comunitários, fazendo com que a melhor interpretação do texto normativo seja aquela que conduza à conclusão de que só não se comunicarão os bens que tiverem por título uma causa anterior à "união familiar" vista como um todo.

O Superior Tribunal de Justiça já teve oportunidade de analisar situação semelhante. Na ocasião, chegou à seguinte conclusão:

> CIVIL E PROCESSUAL CIVIL. RECURSO ESPECIAL. SEPARAÇÃO. JULGAMENTO EXTRA PETITA. REGIME DE BENS. EFEITOS SOBRE O PATRIMÔNIO COMUM ANTERIOR AO CASAMENTO.
>
> 1. Recurso Especial em que se discute, além de possível julgamento *extra petita*, os efeitos decorrentes da opção por um determinado regime de bens, em relação ao patrimônio amealhado pelo casal, antes do casamento, mas quando conviviam sob a forma de sociedade de fato.
>
> 2. O pedido deve ser extraído da interpretação lógico-sistemática da petição inicial, a partir da análise de todo o seu conteúdo, em consideração ao pleito global formulado pela parte.
>
> 3. Deduzido pedido para a partilha de todo o patrimônio amealhado durante o casamento, engloba-se, por conclusão lógica, precedentes períodos ininterruptos de convívio sob a forma de união estável ou sociedade de fato, porque se constata a existência de linha única de evolução patrimonial do antigo casal, na qual os bens adquiridos na constância do casamento são fruto, em parcela maior ou menor, do período pré-casamento, quando já existia labor conjunto.
>
> 4. Convolada em casamento uma união estável ou sociedade de fato, optando o casal por um regime restritivo de compartilhamento do patrimônio individual, devem liquidar o patrimônio até então construído para, após sua partilha, estabelecer novas bases de compartilhamento patrimonial.
>
> 5. A não liquidação e partilha do patrimônio adquirido durante o convívio pré-nupcial, caracterizado como sociedade de fato ou união estável, importa na prorrogação da cotitularidade, antes existente,
>
> para dentro do casamento, sendo desinfluente, quanto a esse acervo, o regime de bens adotado para viger no casamento.
>
> 6. Recurso provido.
>
> (REsp 1.263.234/TO, *DJe* 1º-7-2013)

Por outro lado, se não existir união familiar precedente ao casamento, não haverá qualquer hipótese de relativização do rigor imposto pela lei, impondo-se a incomunicabilidade do patrimônio que eventualmente tenha sido adquirido em período anterior. Justamente por isso é que bens adquiridos com economias provenientes de uma só pessoa durante o namoro com aquela com a qual venha a se casar não se comunicam, como, inclusive, já teve oportunidade de decidir o STJ, em julgado que restou assim ementado:

> RECURSO ESPECIAL. DIREITO DE FAMÍLIA. NAMORO. AFFECTIO MARITALIS. INEXISTÊNCIA. AQUISIÇÃO PATRIMONIAL. BEM PARTICULAR. INCOMUNICABILIDADE. CAUSA PREEXISTENTE. CASAMENTO POSTERIOR. REGIME DE COMUNHÃO PARCIAL DIVÓRCIO. IMÓVEL. PARTILHA. IMPOSSIBILIDADE. ARTIGOS 1.661 E 1.659 DO CÓDIGO CIVIL DE 2002. INCIDÊNCIA.
>
> 1. [...].
>
> 2. Nos termos dos artigos 1.661 e 1.659 do Código Civil de 2002, não se comunicam, na partilha decorrente de divórcio, os bens obtidos com valores aferidos exclusivamente a partir de patrimônio pertencente a um dos ex-cônjuges durante o namoro.
>
> 3. Na hipótese, ausente a *affectio maritalis*, o objeto da partilha é incomunicável, sob pena de enriquecimento sem causa de outrem.
>
> 4. Eventual pagamento de financiamento remanescente, assumido pela compradora, não repercute em posterior partilha por ocasião do divórcio, porquanto montante estranho à comunhão de bens.
>
> 5. Recurso especial provido.
>
> (REsp 1.841.128/MG, *DJe* 9-12-2021)

De resto, vale relembrar o que foi dito sobre o vocábulo "adquirido" e sua acepção para a Ciência do Direito das Famílias, notadamente do Direito Patrimonial das Famílias.

Já no que toca aos art. 1662, seus incisos I e II tornam claro que somente deixarão de se comunicar os bens adquiridos antes da união e os que, mesmo sob sua constância, forem recebidos exclusivamente por um dos consortes por herança ou doação, assim como aqueles que forem sub-rogados em seu lugar, competindo ao não beneficiário, isto é, à pessoa interessada na exclusão da comunhão, em qualquer caso, o ônus da prova de que o ato de disposição não objetivava beneficiar a ambos.

Além de esse ponto ser praticamente pacífico na literatura, o STJ já decidiu no sentido de que "a doação realizada a um dos cônjuges, em relações matrimonias regidas pelo regime de comunhão parcial de bens, somente será comunicável quando o doador expressamente se manifestar neste sentido e, no silêncio, presumir-se-á feitas apenas ao donatário"[77], o que significa que, "noutros termos, a doação pura e simples em favor de um dos cônjuges/ conviventes não aproveita ao outro, que depende de manifestação expressa nesse sentido para que seja considerado bem comunicável e, portanto, objeto de meação"[78]. Só não pense estar havendo contradição entre o que foi dito por mim e o que foi dito pelo STJ nos julgados acima, ok? Afinal, os casos versavam sobre doações feitas específica e nominalmente a apenas um dos consortes, o qual, por isso, acabou se desincumbido do ônus probatório a respeito, fazendo com que ao outro coubesse o encargo de comprovar a falsidade ou inveracidade dos documentos de doação.

Quando se trata de doação em dinheiro, sobretudo de quantia expressiva, algo bastante curioso acontece. É que, de acordo com o art. 541 do Código Civil, "a doação far-se-á por escritura pública ou instrumento particular", sendo válida a doação verbal apenas de bens móveis e de pequeno valor, ou de bens móveis de uso pessoal, se lhe seguir incontinenti a tradição.

Portanto, ao menos de acordo com a literalidade do texto legal, a doação de dinheiro feita por pais a filhos – para que eles adquiram, por exemplo, o imóvel onde morarão com seus consortes –, deve ser instrumentalizada por escritura pública ou documento particular escrito.

Porém, convenhamos que esses instrumentos não chegam a ser da essência do ato, ou seja, essencial à sua validade como negócio jurídico, como seria, por exemplo, a escritura pública envolvendo a transferência de direitos reais sobre imóveis (CC, arts. 108 e 166, V)[79]. Muito pelo contrário. Por conta dessa não essencialidade, o STJ possui entendimento solidificado no sentido de que "no caso de doação em dinheiro feita pelo genitor de um dos cônjuges para aquisição de imóvel, o documento particular para formalização do negócio jurídico (CC/2002, arts. 541, parágrafo único, e 221, parágrafo único) não se caracteriza como instrumento substancial do ato, admitindo-se que a transmissão seja comprovada por outros meios, em atenção ao princípio do que veda o enriquecimento sem causa"[80].

---

[77] REsp 1.318.599/SP, *DJ* 2-5-2013.
[78] AgInt no AREsp 1.077.194/DF, *DJe* 25-8-2021.
[79] STJ, REsp 1.938.997/MS, *DJe* 30-9-2021
[80] AgInt no REsp 1.351.529/SP, *DJe* 24-4-2018.

E a prova a esse respeito, embora robusta, não precisa ser inequívoca, uma vez que é do outro consorte o encargo de comprovar que a benesse lhe aproveitaria, pois, como dito, em sendo comprovada que ela pretendia beneficiar apenas um, o silêncio será interpretado como doação exclusiva a um só deles. Não por outro motivo, a Corte Superior entende que "a doação realizada sem menção alguma ao cônjuge/companheiro do donatário não pode ser objeto de interpretação extensiva de modo a incluí-lo como beneficiário da liberalidade".[81] E mais. Mesmo no caso de não restarem comprovados os requisitos específicos da doação – como, por exemplo, a intenção do genitor em promover o adiantamento de legítima (CC, art. 544) –, o STJ vem entendendo que o negócio jurídico deveria ser considerado um mútuo gratuito ao cônjuge beneficiado (CC, arts. 586 e ss.), o que, também por isso, tornaria a quantia incomunicável ao outro, "visto que a única consequência seria a restituição do valor ao genitor e que, por decorrência lógica, integraria a herança a ser recebida pelo recorrente, quantia também incomunicável"[82].

Dando continuidade ao estudo dos incisos do art. 1.659, a sub-rogação por eles mencionada é a do tipo real, assim compreendida, *grosso modo*, aquela decorrente da substituição de uma coisa por outra, ou por seu equivalente em pecúnia. Exatamente por não trazer nada substancialmente novo como resultado é que a regra geral da comunicabilidade não pode ser aplicada a ela. Lembre-se do princípio da sub-rogação real, inerente às universalidades jurídicas.

Aqui também, a prova deve ser inequívoca a respeito de sua ocorrência, recaindo sobre o interessado na exclusão da comunicabilidade o ônus processual correspondente (CPC, art. 373, I)[83].

Na literatura, Rolf Madaleno[84] ensina que "a simples declaração do adquirente de que emprega, para a sua aquisição, dinheiro privativo não é suficiente para destruir a presunção de comunidade. O fato de o adquirente ter alienado com anterioridade um bem privativo prova que um dia existiu em seu patrimônio certa quantidade de dinheiro, porém não prova que seja este dinheiro aquele que foi reempregado para a aquisição de outro bem. [...]. É ônus de quem alega comprovar a efetiva sub-rogação, cuja exceção não pode ser aleatória, por mera e destoada referência temporal, sendo preciso demonstrar de modo seguro a venda do bem particular e sua efetiva sub-rogação no reemprego do numerário do bem vendido, com mostra do nexo causal entre a venda de um bem particular e incomunicável e a compra de outro com a sub-rogação do preço, devendo o interessado ter a cautela de documentar a sub-rogação".

Mas, como adverte o mestre Luiz Paulo Vieira de Carvalho[85], não existe necessidade de que a sub-rogação, para ser considerada, deva estar contida expressamente em cláusula contratual do negócio jurídico que espelha a substituição ou deva contar com a expressa

---

[81] AgInt no AREsp 1.077.194/DF, *DJe* 25-8-2021.
[82] AgInt no AREsp 1.077.194/DF, *DJe* 25.8-2021; REsp 1.758.912/GO, *DJe* 6-12-2018.
[83] STJ, AgInt no AREsp 1.765.121/DF, *DJe* 8-10-2021; AgInt no AREsp 904.524/GO, *DJe* 12-8-2016.
[84] MADALENO, Rolf. *Direito de Família*. 10. ed. Rio de Janeiro: Forense, 2020, p. 971
[85] CARVALHO, Luiz Paulo Vieira de. Da sub-rogação no regime da comunhão parcial de bens. Aplicabilidade e efeitos. In: PORTANOVA, Rui; CALMON, Rafael. *Direito de Família conforme interpretação do STJ*. V. 1. Regime de comunhão parcial de bens. São Paulo: Foco, 2022, pp. 179-195.

anuência do outro consorte, até porque a lei não faz tal exigência, muito embora isso inegavelmente seja recomendável.

Pode ocorrer, no entanto, de determinada coisa ter uma parte de seu valor coberto pela sub-rogação de bem particular, e outra parte pelo esforço comum de ambos, quando então se permitirá a comunicação do crédito correspondente a esta parcela. Em nível jurisprudencial, inclusive, não há qualquer dissenso a respeito dessa afirmação. Exemplo disso é que o STJ decidiu que "havendo aquisição de bens durante o casamento pagos parcialmente mediante sub-rogação de patrimônio particular de um dos cônjuges, somente o quinhão proporcional à sub-rogação será excluído da partilha – e destinado exclusivamente a um dos cônjuges –, devendo a diferença ser dividida à razão de 50% para cada um dos consortes[86]".

Esse ponto também receberá um pouco mais de atenção no tópico destinado às Situações Especiais de Comunicabilidade, logo adiante.

Seria excelente se o legislador tivesse tratado da separação de fato ainda nesse inc. II, enunciando algo que levasse ao entendimento de que também não se comunicariam os bens adquiridos após sua ocorrência. Lamentavelmente, isso não foi feito desafiando o intérprete a fazê-lo.

Dando prosseguimento ao estudo, o texto do inciso III se mostra coerente com o sistema, pois enuncia que as obrigações anteriores à constituição do casamento ou da união estável não se comunicam. Neste ponto, é preciso ter atenção para não se confundir a *constituição da obrigação* (fato gerador) com o *proveito econômico* dela decorrente, haja vista que determinados vínculos obrigacionais podem ser contraídos antes do matrimônio, mas sua expressão pecuniária vir a ser efetivamente auferida pelo credor apenas depois da celebração, assim como pode ocorrer exatamente o oposto, pela ocorrência do fato gerador na constância do casamento e a percepção da vantagem após a separação, como, aliás, já foi dito por aqui. E, de acordo com o STJ, "tratando-se de dívida contraída por um dos cônjuges, a regra geral é de que é do meeiro o ônus da prova de que a dívida não beneficiou a família, em face da solidariedade entre o casal"[87].

O mesmo raciocínio se aplica aos bens adquiridos à prestação, em que parte das parcelas é paga antes e parte durante a união, desafiando a perquirição da causa ou título jurídico que ensejou a aquisição, para fins de atribuição da titularidade e da aferição da possível comunicação do valor das parcelas pagas (CC, art. 1.661).

De tão relevante e corriqueiro, o assunto voltará a ser abordado no tópico destinado às Situações Especiais de Comunicabilidade.

No inc. IV o legislador diz serem incomunicáveis as obrigações provenientes de atos ilícitos, salvo se houver prova efetiva de que o eventual benefício dela proveniente reverteu à família, cujo ônus recai sobre o credor. Note que, contrariamente ao que acontece no regime de comunhão universal, aqui o legislador foi expresso ao prescrever tal regra. A rigor, portanto, apenas o ofensor deve responder pela prática do ato, já que sua responsabilidade

---

[86] REsp 963.983/RN, *DJe* 16-8-2012.
[87] EREsp 866.738/RS, *DJe* 24-5-2011.

é pessoal, como explicam Gustavo Tepedino e Ana Carolina Brochado Teixeira[88] ao escrever que "a justificativa para a incomunicabilidade é que a responsabilidade pelo ilícito deve se limitar à pessoa que o cometeu (*unuscuique sua culpa nocet*)".

Sobre a ressalva de que as obrigações provenientes de atos ilícitos somente se comunicarão se houver proveito do casal, é preciso estar bastante atento. Em primeiro lugar, porque existem situações em que este proveito é manifesto. Na literatura, Arnaldo Rizzardo[89], por exemplo, lembra que "se o dano ocorreu no exercício da profissão ou atividade da qual depende o sustento da família, ou se proporcionou proveito ao patrimônio comum, a indenização será suportada pela totalidade dos bens". Em segundo lugar, porque, mesmo nesses casos, o ônus da prova de que houve reversão do proveito ao casal jamais pode recair sobre o consorte que não praticou o ato, devendo sim competir àquele que alega ter ocorrido tal fato, sendo, inclusive, entendimento pacífico no STJ o de que "tratando-se de ato ilícito praticado por apenas um dos cônjuges, não há presunção de solidariedade, recaindo sobre o credor o ônus da prova de que o enriquecimento resultante do ilícito reverteu em proveito também do meeiro."[90] Reforçando este entendimento, a Súmula 251 do STJ enuncia que "a meação só responde pelo ato ilícito quando o credor, na execução fiscal, provar que o enriquecimento dele resultante aproveitou ao casal", no que encontra certo eco na disposição do art. 790, IV, do CPC. Isto porque, de modo geral, somente pode onerar os bens comuns a dívida contraída em prol da própria família.

Portanto, eventual penhora para saldar tais dívidas deve recair, preferencialmente, sobre bens particulares do ofensor. Não os havendo, os bens divisíveis devem ser prioritariamente buscados dentro do patrimônio comum, por ser possível sua penhora apenas parcial, à razão de 50%, como acontece com o dinheiro depositado em contas bancárias conjuntas[91].

Mostra-se possível ainda, a penhora de 50% dos bens encontrados em conta bancária exclusivamente titularizada pelo consorte não praticante do ato, porque, no final das contas, essa constrição atinge apenas aquilo que representa a meação do próprio praticante do ato, como mencionado durante o estudo do regime de comunhão universal, ao qual remeto o leitor[92]. Todavia, embora não seja o recomendável, eventualmente havendo a necessidade de um bem comum indivisível ser penhorado para pagar dívidas não comuns, o sistema também não cria óbice, pois assegura ao não responsável a "reserva da meação", isto é, 50% do valor que for obtido com a venda judicial (e não com a avaliação), nos termos do art. 843 do CPC.

O STJ é absolutamente pacífico a esse respeito, inclusive[93].

No mais, vale o que foi dito por ocasião do estudo deste tema no âmbito do regime da comunhão universal.

---

[88] TEPEDINO, Gustavo; TEIXEIRA, Ana Carolina Brochado. *Fundamentos do Direito Civil*: Direito de Família. v. 6. 4. ed. Rio de Janeiro: Forense, 2023, p. 783.
[89] RIZZARDO, Arnaldo. *Direito de família*. 8. ed. Rio de Janeiro: Forense, 2011, p. 563.
[90] EREsp 866.738/RS, *DJe* 24-5-2011.
[91] STJ, IAC 12 – REsp 1.610.844/BA, j. em 15-6-2022. EREsp 1.734.930/MG, *DJe* 29-9-2022.
[92] Exatamente assim: No STJ: AgInt no AREsp 1.945.541/PR, *DJe* 1º-4-2022; REsp 1.830.735/RS, *DJe* 26-6-2023. Na literatura: CÂMARA, Alexandre Freitas; BADINI, Luciano. Comunhão de bens, execução movida contra um dos cônjuges e possibilidade de penhora de direito depositado em conta do outro cônjuge: um comentário ao REsp 1869720/DF. Em: PORTANOVA, Rui; CALMON, Rafael (Orgs.) *Direito de Família conforme interpretação do STJ*. v.1. Regime de Comunhão Parcial de Bens. Indaiatuba: Foco, 2022, p. 1-13. Em sentido contrário, ao qual este livro respeitosamente não adere: STJ, REsp 1.869.720/DF, *DJe* 14-5-2021.
[93] AgInt no REsp 1.534.993/SP, *DJe* 18-2-2021; AgInt no AREsp 1.611.862/PR, *DJe* 28-10-2020; REsp 1.825.053/PR, *DJe* 5-9-2019; REsp 1.728.086/MS, *DJe* 27-8-2019.

Como visto, esta prescrição legal se encontra em perfeita sintonia com o que dispõe o art. 9º, § 6º, da Lei n. 11.340/2006 (Lei Maria da Penha), segundo o qual, o dever de ressarcimento imposto ao ofensor "não poderá importar ônus de qualquer natureza ao patrimônio da mulher", na eventualidade de haver violência doméstica praticada contra ela. Reforçando-a, o Enunciado n. 674 das JDC/CJF dispõe que "comprovada a prática de violência doméstica e familiar contra a mulher, o ressarcimento a ser pago à vítima deverá sair exclusivamente da meação do cônjuge ou companheiro agressor".

No entanto, fora das hipóteses de dívidas contraídas em proveito da família, qualquer caso que o ato praticado pelo ofensor puder comprometer a excussão dos bens comuns gerará a favor do outro o direito de imputar a quantia paga na meação daquele, para que a reaveja às custas dos bens que caberiam a este por ocasião da partilha, na forma do art. 1.666 do Código, a ser estudado pouco mais à frente.

Prosseguindo no estudo das incomunicabilidades, a excludente contida no inc. V do art. 1.659 assegura que os bens de uso pessoal, os livros e instrumentos de profissão ou ofício de cada consorte continuem ostentando o estado de bem particular, mesmo se adquiridos durante a constância da união, reforçando a essência do regime, no sentido da preservação de até três massas patrimoniais distintas.

Livros físicos e virtuais componentes de bibliotecas de advogados, o automóvel do motorista de táxi e as ferramentas integrantes do instrumental de pedreiros e mestres de obras se encontram nessa lista.

Entretanto, questão interessante dentro da temática é a que diz respeito aos bens de uso pessoal empregados exclusivamente para fins de diversão ou *hobby*, a exemplo de instrumentos musicais, eletroeletrônicos e equipamentos esportivos de valor expressivo. Nesse caso, o montante de dinheiro empregado em sua aquisição pode ser significativo, não sendo justo que o outro consorte se veja completamente alijado de perceber, ao menos, 50% sobre o equivalente pecuniário do objeto, ainda que ele, fisicamente, permaneça com o usuário por ocasião da partilha.

No sistema atual, a incomunicabilidade dos proventos pessoais de cada cônjuge vem prevista no inc. VI do art. 1.659, de forma coerente com o caráter personalíssimo e alimentar do direito à remuneração do trabalhador. Mas, como as pessoas costumam viver e adquirir bens justamente com a renda proveniente de suas respectivas remunerações, vêm-se reconhecendo que apenas o *direito à percepção salarial* propriamente dito é que se encontra ao abrigo da norma, mas não os *valores* recebidos a este título e o *patrimônio* eventualmente adquirido com ele[94], já que, tão logo sejam percebidos por seus respectivos titulares, se transformam em frutos civis, submetendo-se à disciplina já estudada em tópico anterior deste livro, ao qual se remete o leitor (CC, art. 1.660, V).

Daí o motivo de o legislador reformador pretender revogar esse inciso VI e inserir o inciso VI ao texto do art. 1.660, como já comentado por aqui.

A propósito, a análise da comunicabilidade dessas verbas será retomada, oportunamente, ao serem estudadas as Situações Especiais de Comunicabilidade.

---

[94] Na literatura, o tema nem sequer parece ser controvertido: CHINELATO, Silmara Juny. Em, AZEVEDO, Antônio Junqueira de. (Coord.). *Comentários ao Código Civil*: do direito de família (arts. 1.591 a 1.710). São Paulo: Saraiva, 2004, v. 18, p. 204; DINIZ, Maria Helena. *Curso de direito civil brasileiro*. v. 5. 20. ed. São Paulo: Saraiva, 2005, p. 590. Na jurisprudência do STJ, idem. A título meramente administrativo, confira: AgInt no AREsp 1.121.535/SP, *DJe* 3-2-2020; AgInt no AREsp 1.405.108/PR, *DJe* 11-11-2019.

Fora das relações de trabalho e emprego, algo parecido acontece. Os valores devidos a um só dos consortes a título de reparação por danos morais sofridos exclusivamente por ele, também não se comunicam ao outro. Nem mesmo se o fato gerador ocorrer durante a união, pois a natureza personalíssima do episódio alcança apenas aquela pessoa nele envolvida, conforme já se teve oportunidade de ver neste livro.

Neste sentido tem sido o posicionamento do STJ, inclusive[95].

Os direitos autorais merecem certo destaque, por possuírem disciplina mista, proveniente da aplicação da Lei n. 9.610/98 e do artigo sob estudo do Código Civil. Segundo o que dispõe o art. 39 da primeira, "os direitos patrimoniais do autor, excetuados os rendimentos resultantes de sua exploração, não se comunicam, salvo pacto antenupcial em contrário", ao passo que os direitos de índole moral são intransmissíveis, devido à sua vinculação direta e indissociável com a pessoa do autor (art. 49, I)[96].

Portanto, muito embora os direitos patrimoniais em si, só se comuniquem diante de previsão expressa em pacto antenupcial, os *rendimentos provenientes da exploração comercial da obra* se comunicam normalmente, desde que o fato gerador tenha ocorrido durante a união, é claro, aplicando-se aqui o mesmo raciocínio utilizado para justificar a comunicação da verba salarial e dos frutos, por exemplo[97].

E nem se diga que a previsão constitucional no sentido de que "aos autores pertence o direito exclusivo de utilização, publicação ou reprodução de suas obras, transmissível aos herdeiros pelo tempo que a lei fixar" (art. 5º, XXVII) representaria óbice à comunicabilidade, porque, como tantas vezes afirmado por aqui, o que esta disposição assegura aos autores é o direito à tomada de decisão sobre a utilização, publicação ou reprodução de suas obras, que é algo personalíssimo. Mas, uma vez sendo autorizada qualquer dessas atividades, a expressão econômica obtida se sujeitará normalmente ao regramento dos regimes de bens.

O inc. VII do artigo sob estudo, em sua redação atual, exclui da comunhão o direito à percepção das pensões, meios-soldos, montepios e outras rendas semelhantes, dada a natureza personalíssima desses itens.

No entanto, à semelhança do que acontece com o salário, não se pode confundir o direito à percepção dessas verbas – que é algo personalíssimo –, com o direito à percepção de sua expressão econômica – que não é personalíssimo.

Logo, a expressão econômica proporcionada pela aposentadoria, pensões salários etc. pode ser sim comunicável, pelos motivos várias vezes expostos neste livro, desde que, é óbvio, seja constituída e/ou recebida em cenário que atraia a incidência do regramento de regime comunitário de bens, como se verá com mais detalhes oportunamente.

Daí o motivo de o legislador reformador, aqui também, pretender revogar o inciso VII e inserir o inciso VI ao texto do art. 1.660, como já comentado anteriormente.

---

[95] REsp 1.024.169/RS, *DJe* 28-4-2010.
[96] Eis aqui mais uma distinção de relevo entre o regramento patrimonial do Direito das Famílias e do Direito Sucessório: os direitos patrimoniais do autor têm duração limitada depois de seu óbito. De acordo com o que dispõe o art. 41 da Lei n. 9.610/98, "os direitos patrimoniais do autor perduram por setenta anos contados de 1º de janeiro do ano subsequente ao de seu falecimento, obedecida a ordem sucessória da lei civil".
[97] Neste sentido, p. ex.: OLIVEIRA, Jaury Nepomuceno de; WILLINGTON, João. *Anotações à Lei do Direito Autoral*: Lei n. 9. 610/98. Rio de Janeiro: Lumen Juris, 2005, p. 77.

Finalmente, o Anteprojeto de Reforma tem por objetivo acrescentar o inciso VIII ao texto do art. 1.659, dispondo que excluem-se da comunhão "as indenizações por danos causados à pessoa de um dos cônjuges ou conviventes ou a seus bens privativos, com exceção do valor do lucro cessante que teria sido auferido caso o dano não tivesse ocorrido", que já recebeu atenção oportunamente, quando foi estudada a comunicabilidade dos proventos do trabalho e aposentadoria (ARCC, art. 1.660, VI).

A proposta é das mais justas. Afinal de contas, já foi visto neste livro que o caráter personalíssimo dessas rubricas eliminaria qualquer ideia de que elas pudessem ou devessem beneficiar outra pessoa que não a própria ofendida. Em relação ao "valor do lucro cessante que teria sido auferido se o dano não tivesse ocorrido", a sua comunicabilidade se deve ao fato de que ele representaria um fruto civil produzido pela força de trabalho da pessoa lesada (recebendo salário, p. ex.) ou pelo bem danificado (produzindo aluguéis, p. ex.), respectivamente.

Conhecidas as hipóteses de comunicabilidade, resta a análise das regras sobre administração dos bens.

9.4.3 AS REGRAS SOBRE ADMINISTRAÇÃO DOS BENS

Em sintonia com a igualdade assegurada constitucionalmente, o art. 1.663, *caput* e § 1º, estabelece que a administração do patrimônio comum compete a qualquer dos cônjuges e conviventes, e que, pelas dívidas porventura surgidas no exercício deste mister respondem os bens comuns e particulares daquele que os administra, e os do outro na razão do proveito que houver auferido, mais uma vez destacando as despesas efetuadas em prol da família, daquelas contraídas exclusivamente por um dos consortes, em seu interesse puramente individual.

Pela mesma razão tutelar do patrimônio da família, o § 2º desse artigo exige anuência do outro consorte para a prática de atos que impliquem cessão gratuita do uso ou gozo dos bens comuns.

Essa noção protetiva vem sendo evidenciada pela jurisprudência do STJ, justamente para que o texto normativo não seja interpretado de forma equivocada. No julgamento do REsp 1.163.074/PB (*DJe* 4-2-2010), por exemplo, restou assentado que "a exigência de outorga uxória ou marital para os negócios jurídicos de (presumidamente) maior expressão econômica previstos no art. 1.647 do Código Civil (como a prestação de aval ou a alienação de imóveis) decorre da necessidade de garantir a ambos os cônjuges meio de controle da gestão patrimonial, tendo em vista que, em eventual dissolução do vínculo matrimonial, os consortes terão interesse na partilha dos bens adquiridos onerosamente na constância do casamento".

Não obstante, tanto a ocorrência das situações excepcionais previstas no art. 1.570 do Código, quanto a comprovada malversação dos bens por parte de um dos consortes, enseja a atribuição de exclusividade ao outro para a administração patrimonial, na esteira do que prescreve a norma a que alude o § 3º do dispositivo sob análise.

Não se afigurando nenhuma excepcionalidade, a administração deve ser conjunta, de modo que um só consorte não poderá privar o outro de seus direitos sobre o bem comum, ainda que eventualmente tenha ocorrido a separação de fato do casal. Se o fizer no período que medeia a separação de fato e a partilha, deverá prestar as respectivas contas, sem prejuízo de vir a ser obrigado a compensá-lo financeiramente, na medida dessa privação[98].

9.4.4 AS REGRAS SOBRE RESPONSABILIZAÇÃO E CONTENÇÃO A FRAUDES

De forma simétrica às regras sobre administração dos bens, o Código disciplina aspectos da responsabilidade dos cônjuges e conviventes em um subsistema composto por diversos dispositivos que se encontram alocados tanto nos artigos que integram o regime primário de bens, quanto naqueles que constituem os regimes secundários de bens da comunhão parcial e universal.

Lá no regramento do regime primário de bens, os arts. 1.643 e 1.644 estabelecem a obrigação solidária dos cônjuges e companheiros de adimplir as dívidas originadas com a aquisição das coisas necessárias à economia doméstica e com os empréstimos que se fizerem necessários para tanto.

No mesmo segmento do Código, o art. 1.652 traz regras aplicáveis ao caso de o cônjuge ou companheiro estar na posse dos bens particulares do outro, dispondo que aquele será para com este e seus herdeiros responsável: "I – como usufrutuário, se o rendimento for comum; II – como procurador, se tiver mandato expresso ou tácito para os administrar; III – como depositário, se não for usufrutuário, nem administrador".

Longe de representar algo de somenos importância, essa disposição possui enorme importância toda vez que um consorte pretende abusar dos direitos que lhe atribuem a mancomunhão, como usualmente acontece no caso do uso exclusivo do único bem comum, mediante privação total do outro de usufruir algo que também é seu.

Já na disciplina dos próprios regimes secundários, o art. 1.663, § 1º, enuncia que "As dívidas contraídas no exercício da administração obrigam os bens comuns e particulares do cônjuge que os administra, e os do outro na razão do proveito que houver auferido".

Nada mais natural. Já que a administração dos bens comuns compete a qualquer deles, quem a assumir deve zelar para que o patrimônio seja bem administrado, sob pena de os seus bens particulares se responsabilizarem imediatamente por eventuais dívidas que não possam ser suportadas por aqueles, estendendo-se essa responsabilidade aos bens particulares de seu consorte somente se ele obtiver proveito com o fato originário dessa dívida.

Portanto, se a pessoa responsável pela administração do patrimônio do casal deixar de pagar faturas de energia elétrica, tributos ou despesas gerais necessárias à sua administração, poderá ter seus bens particulares penhorados em eventual execução promovida pelo credor, independentemente do fato de ter tido proveito com isso, sendo os bens particulares de seu consorte afetados para a satisfação da dívida somente no caso de ser comprovado.

---

[98] Sobre o arbitramento de aluguéis pelo uso exclusivo da coisa comum, conferir: CALMON, Rafael. *Manual de direito processual das famílias*. 2. ed. São Paulo: Saraiva, 2023.

Nesse sentido, inclusive, a Súmula 251 do STJ enuncia que "A meação só responde pelo ato ilícito quando o credor, na execução fiscal, provar que o enriquecimento dele resultante aproveitou ao casal".

Complementando o subsistema de responsabilidades, o art. 1.664 vem no sentido de que os bens da comunhão respondem pelas obrigações contraídas pelos cônjuges ou conviventes para atender aos encargos da família, às despesas de administração e às decorrentes de imposição legal, mesmo quando se trate de gastos de caráter urgente e extraordinário.

A coisa toda ganha um colorido especial quando se constata que o Superior Tribunal de Justiça parece vir atribuindo interpretação ampliativa ao conceito de "economia doméstica", para nele embutir as mais variadas despesas contraídas para a satisfação das necessidades da família de um modo geral, incluindo aquelas indispensáveis à administração do lar, as despesas alimentares, culturais, de lazer, de habitação, bem como as despesas com a manutenção dos bens que se inserem no âmbito familiar, o aprovisionamento de alimentos, o pagamento de despesas ordinárias e extraordinárias para o apoio emocional e material dos que integram a entidade familiar e, obviamente, aquelas obrigatórias à manutenção dos filhos no ensino regular, nas quais se incluem os gastos com mensalidades e materiais escolares[99].

Esteja alerta, contudo, porque é entendimento pacífico na Corte que, não sendo o caso de despesas contraídas para fazer frente aos atos de administração do patrimônio comum ou às necessidades do lar (economia doméstica) ou para atender aos encargos legais, as dívidas contraídas por um só dos consortes não implicam solidariedade passiva automática, já que inexiste presunção a esse respeito, o que exige que o credor faça prova específica de que o proveito obtido com a dívida tenha se revertido à família[100].

Reforçando o subsistema de responsabilidades dos cônjuges e conviventes, o art. 1.665 disciplina a administração e disposição dos bens particulares, atribuindo-as aos seus respectivos proprietários, na hipótese de inexistir deliberação diversa em pacto antenupcial ou convivencial, e desde que observada, quando necessária, a exigência de vênia.

Adicionalmente, o art. 1.666 estabelece que "as dívidas, contraídas por qualquer dos cônjuges na administração de seus bens particulares e em benefício destes, não obrigam os bens comuns", mais uma vez distinguindo as responsabilidades em conformidade com a obtenção do proveito, em nítida proteção ao patrimônio familiar.

Por fim, o legislador reformador pretende incrementar o sistema de responsabilidades entre cônjuges e conviventes, ao inserir o art. 1.666-A ao texto do Código, dispondo que:

> Art. 1.666-A. O ato de administração ou de disposição praticado por um só dos cônjuges ou conviventes em fraude ao patrimônio comum implicará sua responsabilização pelo valor atualizado do prejuízo.
> § 1° O cônjuge ou convivente que sonegar bens da partilha, buscando apropriar-se de bens comuns que esteja, em seu poder ou sob a sua administração e, assim, lesar economicamente a parte adversa, perderá o direito que sobre eles lhe caiba.
> § 2° Comprovada a prática de atos de sonegação, a sentença de partilha ou de sobrepartilha decretará a perda do direito de meação sobre o bem sonegado em favor do cônjuge ou convivente prejudicado.

---

[99] Exatamente assim: AgInt no REsp 1.927.084/DF, *DJe* 1º-2-2022; REsp 1.444.511/SP, *DJe* 19-5-2020; REsp 1.472.316/SP, *DJe* 18-12-2017.
[100] Dentre vários: AgInt no AREsp 2.002.245/RS, *DJe* 8-9-2023; REsp 1.969.814/SC, *DJe* 9-3-2023; REsp 1.869.720/DF, *DJe* 14-5-2021.

A disposição sugerida para o *caput*, se efetivamente vier a ser positivada, reforçará significativamente os deveres das pessoas casadas ou unidas estavelmente, servindo de importante complemento, por exemplo, à disciplina do art. 1.649, que estabelece somente a anulabilidade dos atos praticados sem a outorga exigida pelo art. 1.647 do Código. Afinal, se a parcela do patrimônio comum que tiver sido afetada por esse ato inválido não puder ser recuperada pela via da ação anulatória a que se refere o art. 1.650, o responsável pela fraude ficará automaticamente obrigado a, com seu patrimônio particular, ressarcir o seu consorte pelos prejuízos experimentados. Já a disposição proposta para os §§ 1º e 2º atende a uma antiga reivindicação da literatura familiarista, pois, no direito posto, falta regra expressa prescrevendo a sanção aplicável à pessoa que oculta dolosamente a existência de bens partilháveis no divórcio e na dissolução da união estável, o que, na prática, acaba desafiando o profissional a ter que recorrer à disciplina do direito sucessório para suprir a lacuna (CPC, arts. 621 e 669, I; CC, arts. 1.992 a 1.996).

Só esteja atento ao fato de que o STJ segue a orientação de que "a pretensão de sobrepartilhar bens sonegados tem por substrato fático o desconhecimento ou a ocultação sobre determinado bem por uma das partes por ocasião da divisão patrimonial. Nessa medida, não é todo e qualquer bem que não foi partilhado que pode ser considerado sonegado, mas apenas aqueles em relação aos quais a parte deles não tinha conhecimento de sua existência. Desse modo, o instituto da sobrepartilha não se presta a corrigir arrependimentos quanto à divisão já realizada"[101]. Encerrado o estudo das situações ordinárias de comunicabilidade e incomunicabilidade, o destaque vai para as Situações Especiais de Comunicabilidade, dada a quantidade e a complexidade dos assuntos a elas relacionados.

9.5 SITUAÇÕES ESPECIAIS DE COMUNICABILIDADE

O objetivo deste tópico é discorrer de forma um pouco mais detalhada sobre um punhado de situações que, corriqueiramente, aparecem no dia a dia do foro, desafiando o aplicador a enfrentá-las, muitas vezes, desprovido do aporte teórico suficiente. É que, como advertido anteriormente, o conceito de bens comunicáveis é muito mais amplo do que aparenta ser.

Caso haja comunicação do direito de propriedade sobre algum imóvel, por exemplo, o próprio bem, considerado em seu estado físico (corpóreo) importará diretamente às partes, já que ambas poderão se tornar suas efetivas donas, em condomínio. Como resultado, os efeitos de natureza registral (CC, art. 1.227), eventuais danos físicos e gravames incidentes sobre ele assumirão significativa importância.

Por sua vez, se houver a comunicação apenas dos *direitos possessórios*, como acontece frequentemente com imóveis desprovidos de registro, matrícula ou localizados em áreas irregulares, os reflexos pecuniários e as características inerentes à posse é que mais importarão aos envolvidos, tanto em relação à forma de sua aquisição (CC, arts. 1.204 a 1.209) e a eventuais vícios objetivos e subjetivos (CC, arts. 1.201 a 1.203), quanto aos efeitos por ela projetados (CC, arts. 1.210 a 1.222) e ao prazo de seu exercício para fins de usucapião, inclusive (CC, arts. 1.238 e s.), pois será com esses caracteres que a posse lhe será transmitida. Porém, em nenhum desses casos se falará em aquisição de domínio, ao menos em princípio, pois o objeto da partilha não será a coisa em si, mas sim os

---

[101] AgInt no REsp 1.582.996/ES, *DJe* 17-8-2022. No mesmo sentido: REsp 1.204.253/RS, *DJe* 15-8-2014.

direitos possessórios a ela referentes, os quais passarão a ser exercidos pelos ex-consortes em comunhão jurídica (composse) e poderão ser cedidos gratuita ou onerosamente a terceiros.

Finalmente, se a comunicabilidade disser respeito apenas aos *direitos de crédito*, como nas partilhas de parcelas de financiamento pagas durante a união ou de verbas trabalhistas, o *correspondente pecuniário* é que assumirá importância exclusiva. A coisa e o direito aos quais este se refere não serão partilhados, mas apenas sua expressão econômica é que será repartida à razão de 50% para cada.

Portanto, não só coisas físicas e seus reflexos patrimoniais se comunicam. Direitos incidentes sobre elas também são comunicáveis.

Tudo dependerá do caso concreto, como insistentemente dito.

Sem qualquer pretensão de exaurimento das hipóteses possíveis – até porque isso seria impossível – serão expostas algumas situações comumente observáveis no cotidiano das Varas de Família, envolvendo o regime da comunhão parcial de bens, acompanhadas do tratamento a elas conferido pela literatura e pela jurisprudência.

9.5.1 O SALÁRIO, AS INDENIZAÇÕES TRABALHISTAS E OS HONORÁRIOS ADVOCATÍCIOS

O *direito à percepção do salário* ou *o direito ao recebimento de verba equivalente* jamais se comunica, como já se teve oportunidade de ver por aqui, sendo esta a razão, inclusive, pela qual o Anteprojeto pretende revogar o inciso VI do art. 1.659 e acrescentar o inciso VI ao art. 1.660. Mas, como as pessoas costumam viver e adquirir bens justamente com a renda proveniente de suas respectivas remunerações (CC, art. 1.568), vêm se reconhecendo que os *valores* recebidos a este título, isto é, a *expressão econômica derivada desses direitos*, se comunica, desde que ela diga respeito ao período de convivência do casal, independentemente de ter havido qualquer comprovação a respeito do destino dado à verba[102].

Não é preciso, portanto, que o dinheiro deixe seu estado original para se transformar em uma coisa, como um sofá, um aparelho de TV ou um automóvel. Basta que sua origem seja o provento do trabalho ou da aposentadoria da pessoa.

Nada mais justo. Afinal, os salários, soldos, honorários, vencimentos e qualquer outra denominação que se dê à retribuição financeira pela prestação de serviços ou fornecimento de produtos são frutos civis, ou, como talvez preferisse o legislador do Código revogado, frutos civis do trabalho ou indústria, os quais, por sinal, eram perfeitamente comunicáveis no regime de comunhão parcial com a estrutura que a legislação lhe conferia à época (CC/1916, art. 271, VI)[103], não havendo razão significativa para que o deixem de ser na atual conformação, o que somente reforça a conclusão apontada acima.

Se é assim que as coisas são, o patrimônio que venha eventualmente a ser adquirido tais valores também se comunica, por óbvio, se a aquisição ocorrer durante a convivência.

---

[102] Na literatura, o tema parece nem sequer ser controvertido: CHINELATO, Silmara Juny. Em, AZEVEDO, Antônio Junqueira de. (Coord.). *Comentários ao Código Civil*: do direito de família (arts. 1.591 a 1.710). São Paulo: Saraiva, 2004, v. 18, p. 204; DINIZ, Maria Helena. *Curso de direito civil brasileiro*. v. 5. 20. ed. São Paulo: Saraiva, 2005, p. 590. Na jurisprudência do STJ, idem: AgInt no AREsp 1.121.535/SP, *DJe* 3-2-2020. AgInt no AREsp 1.405.108/PR, *DJe* 11-11-2019; AgRg no REsp 1.143.642/SP, *DJe* 3-6-2015.

[103] A respeito, conferir: CORRÊA, Sebastião Rios. Os proventos do trabalho do cônjuge. *Revista de Informação Legislativa*, v. 10, n. 40, out./dez. 1973, p. 65-82.

A propósito, confira o seguinte julgado:

> RECURSO ESPECIAL. AÇÃO RESCISÓRIA. 1. SEPARAÇÃO JUDICIAL. DISCUSSÃO RELACIONADA À PARTILHA DE IMÓVEL ENTRE OS EX-CÔNJUGES (RECORRENTE E RECORRIDO) [...] 3. CASAMENTO SOB O REGIME DA COMUNHÃO PARCIAL DE BENS. IMÓVEL ADQUIRIDO ONEROSAMENTE NA CONSTÂNCIA DO MATRIMÔNIO E REGISTRADO EM NOME DE AMBOS OS CÔNJUGES. BEM QUE INTEGRA O PATRIMÔNIO COMUM. INTELIGÊNCIA DOS ARTS. 1659, II, E 1.660, I, DO CÓDIGO CIVIL DE 2002. AQUISIÇÃO DO IMÓVEL COM RECURSOS PROVENIENTES DO TRABALHO DO RECORRIDO. IRRELEVÂNCIA. PRECEDENTES. REFORMA DO ACÓRDÃO RECORRIDO QUE SE IMPÕE. 4. RECURSO PROVIDO.
>
> 1. O propósito recursal é decidir se houve negativa de prestação jurisdicional e se o imóvel objeto do litígio deve ser partilhado entre a recorrente e o recorrido, tendo em vista que fora adquirido em nome de ambos e na constância do casamento pelo regime da comunhão parcial de bens.
>
> 2. [...].
>
> 3. No regime da comunhão parcial, os bens adquiridos onerosamente na constância do casamento se comunicam, pois a lei presume que a sua aquisição é resultado do esforço comum do casal, tanto que estabelece essa regra mesmo quando o bem estiver em nome de apenas um dos cônjuges. É o que estabelecem os arts. 271, I, do Código Civil de 1916 e 1.660, I, do Código Civil de 2002.
>
> 3.1. Na hipótese, o Tribunal de origem excluiu a meação da recorrente em relação ao imóvel objeto do litígio, a despeito de ter sido adquirido, de forma onerosa, na constância do casamento e registrado em nome de ambos os cônjuges, sob o fundamento de que o bem teria sido adquirido com recursos "provenientes do trabalho exclusivo do varão", o que faria incidir a regra de exclusão da comunhão prevista no art. 1.659, inciso II, do CC/2002 (correspondente ao art. 269, II, do CC/1916).
>
> 3.2. Ocorre que, nos termos da jurisprudência desta Corte Superior, ainda que somente um dos cônjuges tenha contribuído financeiramente para a aquisição do bem na constância do casamento sob o regime da comunhão parcial, como no caso, este bem passará a integrar o patrimônio do casal, em razão da presunção legal de que sua aquisição foi decorrente do esforço comum dos cônjuges.
>
> 3.3. Ademais, não obstante o inciso VI do art. 1.659 do Código Civil de 2002 estabeleça que devem ser excluídos da comunhão "os proventos do trabalho pessoal de cada cônjuge", a incomunicabilidade prevista nesse dispositivo legal atinge apenas o direito ao recebimento dos proventos em si. Porém, os bens adquiridos mediante o recebimento desses proventos serão comunicáveis. Precedentes.
>
> 3.4. Dessa forma, sendo o imóvel adquirido de forma onerosa na constância do casamento sob o regime da comunhão parcial de bens, configura patrimônio comum, independentemente de ter sido adquirido com verba exclusiva do recorrido, devendo, portanto, integrar a partilha.
>
> 3.5. Além disso, no caso, a escritura pública de compra e venda do imóvel litigioso está registrada em nome da recorrente e do recorrido, não havendo qualquer declaração de nulidade da mesma pelo Tribunal de origem. Assim, mesmo que não integrasse o patrimônio comum, metade do bem já pertenceria a cada consorte, pois no momento em que as partes compareceram em cartório e firmaram a escritura de compra e venda em nome dos dois, concordaram que o bem pertenceria a ambos.
>
> 4. Recurso especial provido.
>
> (STJ, REsp 2.106.053/RJ, *DJe* 28-11-2023)

Portanto, não se partilha o direito ao salário, mas sim sua expressão econômica.

E, é claro: apenas durante o período em que as normas do regime sejam aplicáveis.

Nesse aspecto, inclusive, talvez a solução propugnada pelo sistema português tenha sido mais eficiente, pois, lá, o Código Civil prescreve que o produto do trabalho dos cônjuges integra a comunhão (art. 1724º, *a*), sendo apenas sua administração atribuída exclusivamente ao responsável por seu recebimento (art. 1678º, 2, *a*), que pode decidir livremente sobre sua aplicação e utilização.

Por aqui, a despeito da redação pouco precisa do texto legislativo atualmente em vigor, a jurisprudência parece não divergir do entendimento antes descrito. Tanto que são extremamente comuns julgados vazados no entendimento de que "os valores obtidos por qualquer um dos cônjuges, a título de retribuição pelo trabalho que desenvolvem, integram o patrimônio do casal tão logo percebidos. Isto é, tratando-se de percepção de salário, este ingressa mensalmente no patrimônio comum, prestigiando-se, dessa forma, o esforço comum[104]".

Obviamente, não será o valor integral do salário que se comunicará ao outro, pois a pessoa que o recebe precisa destinar parte do montante ao atendimento de suas próprias necessidades, bem como cumprir as obrigações de sustento e manutenção do lar comum. Isso é algo inegável e perceptível por qualquer um, à luz da observação do que ordinariamente acontece, pelo mero fato de viver em sociedade (CPC, art.375). Portanto, quando se fala na comunicabilidade de sua expressão econômica, está se referindo à quantia eventualmente excedente, e, é claro, ao que possa vir a ser com ela adquirido, como joias, automóveis, ações etc.[105]

Como as dinâmicas familiares são variáveis, provavelmente não seria seguro afirmar qual percentual do salário seria partilhável, devendo a aferição, portanto, ser casuística e pautada no valor líquido, depois de efetuados os descontos obrigatórios.

Este raciocínio se aplica, também, a diversas verbas e indenizações trabalhistas comunicáveis recebidas durante a união, e mesmo àquelas que estejam sendo perseguidas em juízo por ações trabalhistas.

A rigor, este livro segue o entendimento de que deveria ser feita uma distinção na origem. Se a verba correspondente possuísse índole remuneratória poderia se comunicar. Caso, no entanto, possuísse natureza indenizatória e personalíssima, não. E é na ciência do Direito do Trabalho que essa classificação deveria ser buscada. Mas, isso não foi feito pelo legislador civil brasileiro, o que vem rendendo ensejo a muita confusão.

No Superior Tribunal de Justiça, o entendimento predominante, há mais de uma década, é no sentido da comunicabilidade das verbas de natureza indenizatória ou remuneratória que não ostentem caráter personalíssimo, como se percebe da leitura dos trechos de paradigmáticos e elucidativos julgados, nos quais restou assentado que:

> [...] o entendimento que melhor se coaduna com a essência do regime da comunhão parcial de bens, no que se refere aos direitos trabalhistas perseguidos por um dos cônjuges em ação judicial, é aquele que estabelece sua comunicabilidade, desde o momento em que pleiteados. Assim o é porque o 'fato gerador' de tais créditos ocorre no momento em que se dá o desrespeito, pelo empregador, aos direitos do empregado, fazendo surgir uma pretensão resistida.
> (STJ, REsp 1.024.169/RS, *DJe* 28-4-2010)

> [...] a orientação firmada nesta Corte é no sentido de que, nos regimes de comunhão parcial ou universal de bens, comunicam-se as verbas trabalhistas correspondentes a direitos adquiridos na constância do casamento, devendo ser partilhadas quando da separação do casal.

---

[104] STJ, REsp 1.024.169/RS, *DJe* 28-4-2010.
[105] Exatamente nesse sentido: STJ, REsp 1.593.026/SP, *DJe* 17-12-2021.

(AgInt nos EDcl no REsp 1.827.570/MT, *DJe* 27-8-2020)

[...] nos termos do entendimento jurisprudencial do STJ, os depósitos vinculados à conta do FGTS e as verbas trabalhistas auferidos durante a sociedade conjugal pertencem à "massa de bens comum do casal", devendo ser partilhados de forma igualitária à época de sua dissolução, ainda que o saque não seja realizado imediatamente após a separação do casal.
(STJ, AgInt no REsp 1.896.600/SC, *DJe* 12-2-2021)

Mais recentemente, a Corte foi ainda mais enfática a este respeito, quando decidiu que:

PROCESSUAL CIVIL. AGRAVO INTERNO NO AGRAVO EM RECURSO ESPECIAL. DECISÃO DA PRESIDÊNCIA. RECONSIDERAÇÃO. AÇÃO DE SOBREPARTILHA. DISSOLUÇÃO DE UNIÃO ESTÁVEL. CRÉDITO TRABALHISTA. COMUNICABILIDADE DE VERBA TRABALHISTA CONSTITUÍDA DURANTE A CONSTÂNCIA DA UNIÃO ESTÁVEL. AGRAVO INTERNO PROVIDO PARA CONHECER DO AGRAVO E NEGAR PROVIMENTO AO RECURSO ESPECIAL.
Agravo interno interposto contra decisão da Presidência, que não conheceu do agravo em razão de intempestividade do recurso especial. Reconsideração. [...]
A jurisprudência do Superior Tribunal de Justiça consolidou o entendimento de que comunicam-se as verbas trabalhistas correspondentes a direitos adquiridos na constância do casamento ou da união estável, devendo ser partilhadas quando da separação do casal. Precedentes. [...]
(STJ, AgInt no AREsp 2.208.802/SP, *DJe* 23-6-2023)

De fato, este é o posicionamento absolutamente predominante, o que dá mostras de que a orientação da Corte se encontra coerente, íntegra e estável a esse respeito[106].

Situação que, embora atraia o mesmo regramento, não deixa de ser curiosa, é aquela que envolve a remuneração paga em coisas e não em dinheiro. Seria exemplificar com um advogado, um arquiteto ou outro profissional liberal que, como contraprestação pelos serviços prestados, recebesse um automóvel, um apartamento ou uma sala comercial no lugar de honorários. Caso não sejam feitos o enquadramento e a correspectiva distinção aqui sugeridos, é bem provável que tais profissionais se sintam inclinados a excluí-los da comunhão, ao entendimento de que lhes pertenceriam com exclusividade (CC, art. 1.659, V), quando ao certo se trataria de meros frutos civis de seus respectivos trabalhos, com a única especificidade de terem sido recebidos em coisas e não em dinheiro.

Por outro lado, vem se decidindo pela incomunicabilidade das verbas indenizatórias de caráter personalíssimo, como aquelas decorrentes de acidente de trabalho. Elas não se confundem com verbas trabalhistas para os fins do artigo sob comentário, pois ostentam "caráter personalíssimo e natureza diversa, voltando-se à reparação pela dor e/ou sequelas advindas do evento traumático sofrido unicamente pela vítima[107]".

A participação nos lucros e resultados da empresa (PLR) é outra verba bastante controversa, ao menos em relação às suas repercussões sobre os alimentos. Até o ano de 2020, o Superior Tribunal de Justiça dissentiu a respeito se ela configuraria rendimento que automaticamente deveria integrar a remuneração para cálculo da pensão alimentícia[108], ou se, por

---

[106] AgRg no REsp 1.143.642/SP, *DJe* 16-5-2015; REsp 1.358.916/SP, *DJe* 15-1-2014; AgRg no AREsp 1.152/ DF, *DJe* 13-5-2013; AgRg no REsp 1.250.046/SP, *DJe* 13-11-2012.
[107] STJ, REsp 1.543.932/RS, *DJe* 30-11-2016; REsp 848.998/RS, *DJe* 10-11-2008.
[108] STJ, AREsp 1.593.815/SP, *DJe* 27-3-2020; AgInt no AREsp 934.343/RS, *DJe* 26-3-2018; REsp 1.561.097/RJ, *DJe* 2-3-2018; AgInt no AREsp 1.070.204/SE, *DJe* 25-9-2018; REsp 1.639.314/MG, *DJe* 10-4-2017; REsp 1332808/SC, *DJe* 24-2-2015.

outro lado, configuraria indenização que não deveria integrar a remuneração[109]. No entanto, ao final daquele ano a 2ª Seção da Corte pacificou o tema, fixando posicionamento no sentido de que "a PLR tem natureza indenizatória, de modo que, em se tratando de parcela que não se relaciona com salário ou remuneração percebida pelo alimentante, não há se falar em incorporação automática aos alimentos[110]".

Se este é o entendimento relacionado aos alimentos, parece que o mesmo deve ocorrer em relação à partilha, tornando comunicável a expressão econômica decorrente desta verba.

Que fique claro, apenas para esclarecimento, que essa PLR não se confunde com a participação nos lucros de sociedade empresária, a qual será estudada oportunamente, por ocasião da análise da comunicabilidade de cotas sociais e ações. A PLR é uma verba devida ao empregado, enquanto a participação nos lucros de sociedade empresária é algo que compete aos sócios, também conhecida pela denominação "dividendos".

Em resumo: os consortes unidos pelo regime de comunhão parcial de bens possuem direito à meação da expressão econômica das verbas trabalhistas de natureza remuneratória e indenizatória não personalíssimas que tenham sido originadas, recebidas ou pleiteadas judicialmente durante a constância da união, desde que, neste último caso, seu fato gerador tenha sido constituído enquanto o relacionamento ainda vigia. Não sendo esta a hipótese, as verbas devem ser excluídas da comunhão[111].

Finalmente, os honorários advocatícios, por constituírem a remuneração do advogado, inclusive quando advogar em causa própria (EOAB, art. 22; CPC, art. 85, §§ 14 e 17), se submetem a exatamente o mesmo regime aplicável ao salário[112], jamais podendo ter o direito à sua percepção sujeito à comunicabilidade, mas, apenas e tão somente, sua expressão econômica comunicável e, ainda assim, quando o fato gerador de sua fixação – contrato, acordo celebrado em juízo ou pronunciamento judicial que o estabelecer definitivamente – ocorrer durante a união[113].

Como se sabe, os honorários de advogado podem ter por origem o contrato ou o pronunciamento judicial, sendo, por isso, classificados em honorários contratuais ou processuais. Estes últimos ainda se subdividem em honorários sucumbenciais e honorários convencionais, a depender do fato de a decisão efetivamente os fixar em seu ato decisório (CPC, art. 85, § 2º) ou meramente homologar acordos versando a respeito (CPC, art. 90, § 3º).

No caso dos contratuais, o direito à sua aquisição se dá no momento da celebração do contrato entre advogado e cliente. Porém, como o que se comunica não é o direito à percepção, mas sim a expressão econômica do que venha a ser recebido pelo profissional, eventual partilha deve levar em consideração apenas os valores recebidos durante a união, o que pode variar consideravelmente em caso de pagamento parcelado[114].

Já no caso dos processuais, o art. 85 do CPC é bastante claro e não faz distinção: "A sentença condenará o vencido a pagar honorários ao advogado do vencedor". Portanto, a fixação da verba honorária deve ser sempre feita nos pronunciamentos judiciais

---

[109] STJ, REsp 1.719.372/SP, *DJe* 1-3-2019; REsp 1.465.679/SP, *DJe* 17-11-2017.
[110] REsp 1.872.706/DF, j. em 9-12-2020.
[111] Nesse sentido: STJ, REsp 646.529/SP, *DJ* 22-8-2005.
[112] STJ, REsp 895.344/RS, *DJe* 13-5-2008.
[113] Aparentemente entendendo pela incomunicabilidade: COELHO, Fábio Ulhoa. *Curso de direito civil*: Família e Sucessões. 4. ed. São Paulo: Saraiva, 2011, p. 88-89.
[114] Pode haver, como seria natural supor, certa dificuldade na comprovação dos valores contratados, pois tais contratos são protegidos por sigilo profissional. Assim: STJ, RMS 67.105/SP, *DJe* 25-8-2021.

extintivos de relações jurídico-processuais, seja pela condenação propriamente dita (sucumbenciais), seja pela mera homologação do que restar acordado pelas partes (convencionais).

Porém, ao contrário do que possa parecer em um primeiro momento, o fato gerador de ambos não é a propositura da ação nem a sentença em si, mas sim o trânsito em julgado, até porque eventual recurso pode vir, inclusive, a majorá-los até que isso aconteça (CPC, art. 85, § 11)[115]. Tanto é assim que o advogado só pode dar início à sua cobrança depois de o pronunciamento que os fixar for acobertado pela coisa julgada[116].

No momento da cobrança, o profissional pode enfrentar dificuldades relacionadas à incidência de juros e de atualização monetária sobre a verba a que tem direito, notadamente no caso de honorários sucumbenciais, pelo fato de eles serem fixados tendo por base ora o valor da condenação, ora o valor da causa e ora a apreciação equitativa do juiz. Porém, talvez a tabela abaixo possa auxiliá-lo nesta empreitada:

9.5.1.1 Tabela de atualização monetária e juros moratórios sobre honorários sucumbenciais

HONORÁRIOS SUCUMBENCIAIS	FIXADOS EM PERCENTUAL		FIXADOS EM QUANTIA CERTA
	(sobre o valor da condenação ou sobre o proveito econômico obtido) (CPC, art. 85, § 2º)	(sobre o valor da causa) (CPC, art. 85, § 2º)	"Apreciação equitativa" (CPC, art. 85, § 8º)
ATUALIZAÇÃO MONETÁRIA	NÃO	SIM	SIM
TERMOS INICIAL E FINAL	Neste caso, é o valor da condenação ou do proveito econômico obtido que sofrerá a incidência de atualização monetária, fazendo com que, reflexamente, o valor dos honorários também a sofram	Neste caso, é o valor da causa que sofrerá a incidência de atualização monetária, fazendo com que, reflexamente, o valor dos honorários também a sofram	Neste caso, é o valor dos honorários que sofrerá a incidência de atualização monetária
	O termo inicial de sua incidência e os índices variarão, a depender de diversos fatores, como o tipo de obrigação discutida na ação e a qualidade das partes, por exemplo, devendo ser observado o que for determinado no pronunciamento judicial que os fixar	O termo inicial será a data do ajuizamento da causa principal	O termo inicial será a data de seu arbitramento (publicação do pronunciamento)

---

[115] Sobre o regime jurídico aplicável aos honorários: STJ, REsp 1.926.477/SP, *DJe* 27-10-2022.
[116] STJ, REsp 727.265/RS, *DJ* 22-8-2005; REsp 542.056/SP, *DJ* 22-3-2004.

ATUALIZAÇÃO MONETÁRIA E JUROS MORATÓRIOS NA COBRANÇA DE HONORÁRIOS SUCUMBENCIAIS (FIXADOS NA FASE DE CONHECIMENTO)			
TERMOS INICIAL E FINAL	O termo final será a data da elaboração da planilha de cálculo que instruirá o cumprimento (execução de honorários)	O termo final será a data da elaboração da planilha de cálculo que instruirá o cumprimento (execução de honorários)	O termo final será a data da elaboração da planilha de cálculo que instruirá o cumprimento (execução de honorários)
FUNDAMENTAÇÃO LEGAL E JURISPRUDENCIAL	Proibição do *bis in idem* STJ, REsp 1.001.792/SP, *DJe* 16-4-2018; REsp 1580589/CE, *DJe* 19-12-2016; AgRg no REsp 1.179.101/MG, *DJe* 16-8-2010; AgRg no REsp 1.182.162/PR, *DJe* 18-10-2010	STJ, Súmula 14: "Arbitrados os honorários advocatícios em percentual sobre o valor da causa, a correção monetária incide a partir do respectivo ajuizamento"	STJ, AgInt nos EDcl no AREsp 1.553.027/RJ, *DJe* 1º-4-2020; EDcl no REsp 1.402.666/RS, *DJe* 2-5-2018; EDcl no AgRg nos EDcl no AREsp 595.034/PE, *DJe* 28-8-2015; AgRg no AgRg no AREsp 360.741/AL, *DJe* 10-10-2014
JUROS MORATÓRIOS	NÃO	SIM	SIM
TERMOS INICIAL E FINAL	Neste caso, tal como acontece com a atualização monetária, é o valor da condenação ou do proveito econômico obtido que sofrerá a incidência de juros moratórios, fazendo com que, reflexamente, o valor dos honorários também a sofram. O termo inicial de sua incidência e a taxa aplicável variarão em conformidade com alguns fatores, como o tipo de obrigação discutida no processo, as partes envolvidas, na forma determinada no pronunciamento judicial que os fixar. O termo final será a data da elaboração do cálculo que instruirá o cumprimento (execução de honorários). Depois de o valor principal sofrer atualização monetária e a incidência dos juros na forma determinada no pronunciamento judicial, aplica-se o percentual de honorários imposto pela sentença, obtendo-se a quantia a ser cobrada (executada)	Neste caso, é o valor dos honorários já atualizados na forma acima que sofrerá a incidência dos juros. O termo inicial de sua incidência, contudo, será o da data em que se tornar exigível a obrigação, isto é, no primeiro dia útil após o esgotamento do prazo de 15 (quinze) dias úteis para pagamento voluntário da dívida pelo devedor, depois de iniciado o cumprimento (execução de honorários – CPC, art. 523, § 1º)	Neste caso, é o valor dos honorários que sofrerá a incidência dos juros. O termo inicial de sua incidência será a data do trânsito em julgado do pronunciamento judicial que os fixar. O termo final será a data da elaboração da planilha de cálculo que instruirá o cumprimento (execução de honorários)

ATUALIZAÇÃO MONETÁRIA E JUROS MORATÓRIOS NA COBRANÇA DE HONORÁRIOS SUCUMBENCIAIS (FIXADOS NA FASE DE CONHECIMENTO)			
FUNDAMENTAÇÃO LEGAL E JURISPRUDENCIAL	Proibição do *bis in idem* STJ, AgInt nos EDcl no AREsp 1.415.906/SP, *DJe* 10-6-2020; AgInt no REsp 1.604.668/RS, *DJe* 26-6-2019; AgRg no REsp 1.182.162/PR, *DJe* 18-10-2010; REsp 1.001.792/SP, *DJe* 16-4-2008	CC, art. 405; CPC, art. 523, § 1º STF, Súmula 163: "Salvo contra a Fazenda Pública, sendo a obrigação ilíquida, contam-se os juros moratórios desde a citação inicial para a ação" STJ, REsp 1.984.292/DF, *DJe* 1.4.22; EDcl no REsp 1.119.300/RS, *DJe* 20-10-2020; AgInt nos EDcl no REsp 1.639.252/RJ, *DJe* 29-9-2017; AgRg nos EDcl no REsp 1.550.852/PR, *DJe* 19-5-2016 Obs.: como recurso intempestivo não obsta a formação da coisa julgada, a decisão que atesta a intempestividade recursal não posterga o termo final do trânsito em julgado, que ocorre imediatamente no dia seguinte após expirado o prazo para interposição do recurso intempestivo. É a partir daí, portanto, que começarão a correr os juros moratórios no caso de intempestividade recursal (REsp 1.984.292/DF, *DJe* 1º-4-2022).	CPC, art. 85, § 16 STJ, EDcl no REsp 1.402.666/RS, *DJe* 2-5-2018; AgRg no AgRg no AREsp 360.741/AL, *DJe* 10-10-2014; AgRg no Ag 1.144.060/DF, *DJe* 6-11-2009

9.5.2 OS DIREITOS AUTORAIS

Como visto oportunamente, os direitos autorais se submetem a disciplina mista, proveniente da aplicação da Lei n. 9.610/98 e do regramento atinente ao regime de bens específico.

De acordo com o texto do art. 39 da primeira normativa, "os direitos patrimoniais do autor, excetuados os rendimentos resultantes de sua exploração, não se comunicam, salvo pacto antenupcial em contrário", ao passo que os direitos de índole moral são intransmissíveis, devido à sua vinculação direta e indissociável com a pessoa do autor (art. 49, I).

Portanto, os direitos patrimoniais, em si, só se comunicam se houver previsão expressa em pacto antenupcial, ao passo que os *rendimentos provenientes da exploração comercial da obra* se comunicam normalmente, desde que o fato gerador tenha ocorrido durante a união, é claro, aplicando-se aqui o mesmo raciocínio utilizado para justificar a comunicação da verba salarial, por exemplo[117].

---

[117] Neste sentido, p. ex.: OLIVEIRA, Jaury Nepomuceno de; WILLINGTON, João. *Anotações à Lei do Direito Autoral*: Lei n. 9. 610/98. Rio de Janeiro: Lumen Juris, 2005, p. 77.

9.5.3 A VERBA PREVIDENCIÁRIA: A PREVIDÊNCIA PÚBLICA (INSS) E A PREVIDÊNCIA COMPLEMENTAR PRIVADA ("FECHADA" E "ABERTA")

A seguridade social brasileira compreende um conjunto integrado de ações de iniciativa dos Poderes Públicos e da sociedade, destinadas a assegurar os direitos relativos à saúde, à previdência e à assistência social, como enuncia o art. 194 da Constituição Federal.

Desses três pilares, aqui interessa apenas a previdência.

A regra é que a previdência funcione seguindo o modelo em que a arrecadação é operacionalizada entre empregadores e empregados, mas a organização e a distribuição dos recursos arrecadados fica a cargo do Estado, nos termos da lei. É pública, portanto, a previdência por aqui, cuja administração compete ao Instituto Nacional do Seguro Social (INSS) e cuja organização se dá sob a forma do Regime Geral de Previdência Social (RGPS), de caráter contributivo e de filiação obrigatória (CR, art. 201). Isso não impede que entidades particulares forneçam um sistema complementar e facultativo de previdência, organizado de forma autônoma em relação ao regime geral de previdência social, baseado na constituição de reservas que garantam o benefício contratado, e regulado por lei complementar (CR, art. 202).

Surgem, então, os regimes de previdência pública e privada.

No que toca aos proventos de aposentadoria pública, isto é, pagos pelo INSS, o Superior Tribunal de Justiça vem admitindo sua comunicabilidade quando seu fato gerador "ocorrer durante a vigência do vínculo conjugal, independentemente do momento em que efetivamente percebidos, tornando-se, assim, suscetíveis de partilha. Tal entendimento decorre da ideia de frutos percipiendos, vale dizer, aqueles que deveriam ter sido colhidos, mas não o foram"[118].

O que se nota é que, de certa forma, a Corte vem aproximando o tratamento dados à previdência pública àquele dado às verbas de natureza trabalhista, ao argumento de que "tal qual na hipótese de indenizações trabalhistas e recebimento de diferenças salariais em atraso, a eventual incomunicabilidade dos proventos do trabalho geraria uma injustificável distorção em que um dos cônjuges poderia possuir inúmeros bens reservados frutos de seu trabalho e o outro não poderia tê-los porque reverteu, em prol da família, os frutos de seu trabalho"[119].

Nada mais justo. Afinal, se o trabalhador retira seu sustento da verba recebida a título de salário, o aposentado o retira dos proventos de sua aposentadoria.

Não custa lembrar mais uma vez que não é o direito aos proventos que se comunica ao outro consorte, mas a sua mera expressão econômica.

Se é isso o que acontece com a previdência pública, é preciso que se esteja atento à disciplina aplicada aos planos de previdência complementar privada, pois existem importantes diferenças entre uma e outros. Por isso, seu estudo será feito de forma individualizada, tendo início pela assim chamada previdência complementar fechada.

De plano, é preciso deixar claro que a previdência privada se abre como uma opção, como uma faculdade, portanto, de investimento para complementar a aposentadoria

---

[118] STJ, AgRg no AREsp 258.465/SP, *DJe* 24-2-2015.
[119] REsp 1.651.292/RS, *DJe* 19-5-2020.

pública, em que o interessado faz contribuições periódicas com o objetivo de acumular uma quantia durante certo prazo, para que, ao acontecer um episódio específico ou ao final de um prazo definido, tal valor lhe seja pago de uma vez, à vista, ou sob a forma de renda mensal vitalícia ou periódica.

São dois os segmentos em que atua a previdência complementar privada: fechado e aberto. O primeiro é bem mais restrito, pois oferecido por empresas (patrocinadores) a seus funcionários ou por entidades de classe (instituidores) a seus associados; o segundo é bem amplo, já que oferecido ao público em geral por meio de instituições financeiras.

Seja qual for o ramo, a previdência privada possui sempre caráter complementar, tendo sua disciplina jurídica traçada, no que aqui importa, pela Lei Complementar n. 109/01.

A verba empregada em plano de previdência complementar privada mantida por entidades fechadas – popularmente chamados de "fundos de pensão" – possui natureza assemelhada à de uma aposentadoria tradicional (Lei Complementar n. 109/2001, arts. 12 a 25 e 31 a 35), o que, a princípio, tornaria os valores nela mantidos comunicáveis.

Mas, nelas existe uma peculiaridade que não pode ser desprezada. É que a renda por eles proporcionada não pode ser considerada fruto civil, já que não ostenta caráter renovável, mas sim decorrente de uma reserva de dinheiro acumulada ao longo dos anos pelo titular. Ademais, esses fundos não possuem fins lucrativos, mas apenas o objeto de complementar a aposentadoria oferecida pelo Regime Geral de Previdência Social (operacionalizada pelo INSS).

É superimportante que isso seja bem assimilado, para que eles não sejam confundidos com instituições financeiras. Tanto é assim que, caso excepcionalmente concedam empréstimos a seus beneficiários, não podem seguir os moldes daqueles concedidos pelos bancos, justamente pelo fato de eles serem marcados pelo associativismo e pelo mutualismo característicos de organismos que tenham por destinação precípua dar proteção previdenciária aos seus participantes, o que afasta por completo o intuito lucrativo, a natureza empresarial e qualquer possibilidade de integrarem o Sistema Financeiro Nacional[120].

A seu respeito Rolf Madaleno[121] lembra que "estes planos empresariais fechados geralmente contam com a contrapartida da patrocinadora (empregador), existindo os planos empresariais instituídos e os averbados. Nos planos instituídos a empresa irá custear parte das contribuições, ganhando benefícios fiscais por isso [...]. Nos planos averbados que também são fechados, apenas os funcionários realizam contribuições, mas contam com condições muito vantajosas para o plano corporativo, especialmente negociadas pela companhia com a seguradora, em geral contratada a mercado, já que o principal objetivo não é o lucro na operação do plano, mas o benefício proporcionado aos colaboradores."

A verba a eles aportada é operada por fundos criados exclusivamente por empregadores (patrocinadores) ou membros de associações de classe (instituidores), e permanece restrita e mantida pelas contribuições periódicas efetuadas por seus próprios funcionários ou associados, impedindo, via de regra, que o usuário efetue o saque e/ou interrompa as

---

[120] STJ, REsp 1.854.818/DF, *DJe* 30-6-2022.
[121] MADALENO, Rolf. Partilha da previdência privada. In: PORTANOVA, Rui; CALMON, Rafael. *Direito de Família conforme interpretação do STJ*. V. 1. Regime de comunhão parcial de bens. São Paulo: Foco, 2022, p. 29-42.

contribuições feitas periodicamente antes de se aposentar ou de se desligar da empresa/associação/entidade, até porque, se o fizer, pode comprometer a própria existência e razão de ser do fundo.

Tudo isso, somado, diferencia seu tratamento daquele empregado à aposentadoria pública, tornando incomunicáveis não só o direito à sua percepção, como sua própria expressão econômica.

Tanto é assim que, ao se pronunciar sobre o tema naquele que, possivelmente, é seu mais paradigmático julgado exarado a respeito, o Superior Tribunal de Justiça consignou que:

> RECURSO ESPECIAL. DIREITO DE FAMÍLIA. UNIÃO ESTÁVEL. REGIME DE BENS. COMUNHÃO PARCIAL. PREVIDÊNCIA PRIVADA. MODALIDADE FECHADA. CONTINGÊNCIAS FUTURAS. PARTILHA. ART. 1.659, VII, DO CC/2002. BENEFÍCIO EXCLUÍDO. MEAÇÃO DE DÍVIDA. POSSIBILIDADE. [...].
>
> Cinge-se a controvérsia a identificar se o benefício de previdência privada fechada está incluído dentro no rol das exceções do art. 1.659, VII, do CC/2002 e, portanto, é verba excluída da partilha em virtude da dissolução de união estável, que observa, em regra, o regime da comunhão parcial dos bens.
>
> 2. A previdência privada possibilita a constituição de reservas para contigências futuras e incertas da vida por meio de entidades organizadas de forma autônoma em relação ao regime geral de previdência social.
>
> 3. As entidades fechadas de previdência complementar, sem fins lucrativos, disponibilizam os planos de benefícios de natureza previdenciária apenas aos empregados ou grupo de empresas aos quais estão atrelados e não se confundem com a relação laboral (art. 458, § 2º, VI, da CLT).
>
> 4. O art. 1.659, inc. VII, do CC/2002 expressamente exclui da comunhão de bens as pensões, meios-soldos, montepios e outras rendas semelhantes, como, por analogia, é o caso da previdência complementar fechada.
>
> 5. O equilíbrio financeiro e atuarial é princípio nuclear da previdência complementar fechada, motivo pelo qual permitir o resgate antecipado de renda capitalizada, o que em tese não é possível à luz das normas previdenciárias e estatutárias, em razão do regime de casamento, representaria um novo parâmetro para a realização de cálculo já extremamente complexo e desequilibraria todo o sistema, lesionando participantes e beneficiários, terceiros de boa-fé, que assinaram previamente o contrato de um fundo sem tal previsão.
>
> 6. Na partilha, comunicam-se não apenas o patrimônio líquido, mas também as dívidas e os encargos existentes até o momento da separação de fato.
> [...]
> (REsp 1.477.937/MG, *DJe* 20-6-2017)

Na fundamentação deste julgado, consta importante passagem que, por isso, segue abaixo transcrita:

> As entidades fechadas de previdência complementar, diferentemente das abertas (tema alheio aos autos), disponibilizam os planos de benefícios de natureza previdenciária apenas aos empregados de uma empresa ou grupo de empresas aos quais os empregados estão atrelados, sem se confundir, contudo, com relação laboral.
>
> Nos fundos de previdência privada fechada ou fundos de pensão, a rentabilidade e o superávit revertem integralmente ao plano de previdência (§ 1º art. 35 Lei Complementar n. 109/2001) oferecidos por empresas públicas ou privadas, e fiscalizados pela Superintendência Nacional de Previdência Complementar – PREVIC, autarquia vinculada ao Ministério da Previdência Social. Sua contratação é facultativa, visando a constituição de reservas que garantam benefício de caráter previdenciário (art. 2º da LC 109/2001), consoante previsto em estatutos, regulamentos e planos de benefícios das entidades previdenciárias.

Como se percebe, o aporte é desvinculado do contrato de trabalho do participante (REsp 1.207.071/RJ, Rel. Ministra Maria Isabel Gallotti, Segunda Seção, julgado em *DJe* 8/8/2012), e por tal motivo não integra a remuneração do participante (art. 202, § 2º, da CF/1988). Consigne-se que a Lei n. 10.243/2001 incluiu o inc. VI no § 2º do art. 458 da Consolidação das Leis do Trabalho (CLT) que afasta do conceito de salário o instituto da previdência privada.

Ao final, a Corte concluiu que os valores nela existentes não se comunicam ao consorte, já que "as entidades fechadas de previdência complementar, sem fins lucrativos, disponibilizam os planos de benefícios de natureza previdenciária apenas aos empregados ou grupo de empresas aos quais estão atrelados e não se confundem com a relação laboral (art. 458, § 2º, VI, da CLT)".

Este posicionamento foi reafirmado pela Corte em diversos julgados, dando mostras de ser atualmente prevalente[122].

Além de serem incomunicáveis e personalíssimas, a natureza alimentar e o propósito de garantir a aposentadoria do indivíduo, tornam as quantias existentes em planos de previdência privada "fechada" impenhoráveis[123], impedindo a aplicação das normas do Código de Defesa do Consumidor às relações que as têm por objeto[124].

Coisa completamente diferente acontece com a previdência complementar privada gerida por entidade aberta, pois seus planos são comercializados e oferecidos ao grande público por bancos e seguradoras, o que pode, a depender do cenário, evidenciar sua finalidade lucrativa (Lei Complementar n. 109/2001, arts. 26 a 30 e 36 a 40).

Não à toa, a Súmula 563 do Superior Tribunal de Justiça enuncia que "o Código de Defesa do Consumidor é aplicável às entidades abertas de previdência complementar, não incidindo nos contratos previdenciários celebrados com entidades fechadas".

Deles, os mais comuns são o VGBL (Vida Gerador de Benefício Livre) e o PGBL (Plano Gerador de Benefício Livre).

Como não se encontram restritos ao ambiente laboral ou associativo, e não se está diante de regras de Direito Sucessório, os valores aplicados pelo interessado usualmente o são a título de investimento, com pretensão de remuneração do capital, assemelhando-se a uma aplicação financeira comum, capaz de ser encerrada ou resgatada, total ou parcialmente, a qualquer momento, antes que ocorra o evento eleito livremente como fato gerador da concessão do benefício pelas partes contratantes, a exemplo da invalidez, do decurso de certo período de tempo, do atingimento de certa idade, da aposentadoria, do desemprego ou do óbito do participante[125].

As próprias instituições mantenedoras desses planos costumam divulgá-los nas redes sociais e pela internet como formas de diversificação de investimentos financeiros.

De fato, se eles forem analisados mais de perto, não demorará para se chegar à conclusão de que eles possuem duas fases bem definidas: a primeira, em que ocorre a

---

[122] REsp 1.651.292/RS, *DJe* 19-5-2020; AgInt no AREsp 1.205.416/SP, *DJe* 22-6-2018.
[123] STJ, REsp 1.121.426/SP, *DJe* 20-4-2014.
[124] STJ, Súmula 563; AgInt no REsp 1.714.807/DF, *DJe* 4-6-2020.
[125] STJ, REsp 1.431.273/SE, *DJe* 18-6-2015.

acumulação dos recursos e sua remuneração a longo prazo pela instituição financeira, e, a segunda, em que acontece a efetiva concessão do benefício e o correspectivo pagamento da renda contratada ao participante[126].

A primeira, como deve ter dado para notar, é chamada de fase de acumulação; a segunda, fase de renda. É geralmente durante a tramitação dessa primeira fase ("da acumulação"), que os ex-consortes costumam digladiar a respeito.

Dito isso, é preciso saber o que acontece nesse embate.

Em relação ao PGBL, não há, nem mesmo, controvérsia profunda, pois ele é considerado pela própria SUSEP como um "plano de previdência complementar aberta com cobertura por sobrevivência" (Circular SUSEP n. 698/2024).

Por isso, a comunicabilidade das quantias para lá revertidas não costuma enfrentar maiores óbices.

O Superior Tribunal de Justiça, por exemplo, possui entendimento pacífico no sentido de que "o saldo de depósito em PGBL – Plano Gerador de Benefício Livre não ostenta nítido caráter alimentar, constituindo aplicação financeira de longo prazo", embora "de relevante natureza de poupança previdenciária"[127].

Justamente por isso, as quantias nele mantidas podem, a depender da situação e valor – apuradas casuisticamente –, ser penhoráveis[128], sendo ainda perfeitamente comunicáveis, desde que, neste último caso, é claro, se encontrem em cenário que atraia a incidência das regras dos regimes comunitários, independentemente da ocorrência de má-fé, da suspeita de uso desvirtuado ou de sua utilização como forma de "blindagem patrimonial"[129].

No que concerne aos depósitos em VGBL (Vida Gerador de Benefício Livre), no entanto, existe alguma controvérsia. É que a própria SUSEP – Superintendência de Seguros Privados, autarquia vinculada ao Ministério da Economia, responsável pelo controle e fiscalização dos mercados de seguro, previdência privada aberta, capitalização e resseguro, considera este plano não como uma previdência complementar, mas sim como seguro de pessoa.

Nos termos utilizados por esse órgão, o VGBL representa um "plano de seguro de pessoa com cobertura por sobrevivência" (Circular SUSEP n. 699/2024, art. 2º, I).

Essa natureza securitária é reconhecida pelos Tribunais Superiores, ao menos para o Direito Sucessório e para o Direito Tributário, ao entendimento de que os valores recebidos pelo beneficiário não integram a herança, logo, não se transmitem *causa mortis*, estando, por isso, o VGBL excluído da base de cálculo do ITCMD[130-131].

---

[126] Exatamente assim: CASSA, Ivy. *Contrato de previdência privada*. São Paulo: MP, 2009, p. 177-180.
[127] Como foi feito, por exemplo, no REsp 1.121.719/SP, DJe 27-4-2011.
[128] De acordo com o STJ, "a impenhorabilidade dos valores depositados em fundo de previdência privada complementar [PGBL] deve ser aferida pelo magistrado caso a caso, de modo que, se as provas dos autos revelarem a necessidade de utilização do saldo para a subsistência do participante e de sua família, caracterizada estará a sua natureza alimentar". Neste sentido: AgRg no REsp 1.382.845/PR, DJe 30-3-2015; EREsp 1.121.719/SP, DJe 4-4-2014.
[129] REsp 1.121.719 /SP, DJe 27-4-2011.
[130] No STF: RE 1.363.013/RJ (Tema 1124); ADI 5.485/DF, DJe 3-7-2020 (em *obiter dictum*). No STJ: REsp 1.961.488/RS, DJe 17-11-2021; REsp 1.583.638/SC, DJe 10-8-2021; AgInt nos EDcl no AREsp 947.006/SP, DJe 21-5-2018.
[131] Reforçando a compreensão de que tal entendimento se aplica apenas ao direito sucessório, o art. 79 da Lei n. 11.196/2005 dispõe que, no caso de morte do segurado, "os seus beneficiários poderão optar pelo resgate das quotas ou pelo recebimento de benefício de caráter continuado previsto em contrato, independentemente da abertura de inventário ou procedimento semelhante".

Se essa natureza securitária for reconhecida para todos os fins e ramos do Direito, o Direito das Famílias talvez não reconheça a verba lá aplicada como algo comunicável, pois teria que submetê-la ao mesmo regramento personalíssimo empregado ao contrato de seguro de pessoa, que será estudado logo na sequência (CC, art. 794). Todavia, isso não parece ser o mais justo e adequado. Afinal, bastaria ao participante reverter todo o dinheiro de seu salário ou toda a renda proveniente de bem comum para o plano, que a quantia se tornaria automaticamente blindada e imune à comunicabilidade[132] mais ou menos ao estilo que, durante muito tempo, imunizou o salário de se comunicar ao cônjuge daquele que o recebia.

Por isso é que este livro, respeitosamente, entende que a feição securitária do plano VGBL é restrita a questões regulatórias, tributárias e fiscais – interferindo, por exemplo, na incidência de tributos distintos, na aplicação de diversos regimes de tributação, no tratamento diferenciado das taxas de carregamento e administração, na obtenção de incentivos tributários aos participantes, na atração de incentivos fiscais, no diferimento do pagamento e na forma diferenciada como deve ser declarada anualmente para fins de Imposto de Renda etc. –, mas absolutamente inaplicável à Ciência do Direito das Famílias, que o considera, tal qual o PGBL, uma aplicação financeira sustentada por contribuições periódicas vertidas por seu titular, logo, de caráter nitidamente lucrativo, tornando possível a comunicabilidade do saldo lá existente, desde que duas condições cumulativas se apresentem:

a) não tenha havido a conversão em renda e correspectivo pensionamento a seu titular, e;

b) os depósitos tenham sido realizados sob hipótese fática que atraia as regras dos regimes comunitários de bens[133].

Atualmente, esse dá mostras de ser o entendimento prevalente no Superior Tribunal de Justiça, pois, no ano de 2020 foi proferido o julgado abaixo transcrito, no que interessa:

> CIVIL. PROCESSUAL CIVIL. AÇÃO DE DIVÓRCIO E PARTILHA DE BENS. [...]. PLANOS DE PREVIDÊNCIA PRIVADA ABERTA. REGIME MARCADO PELA LIBERDADE DO INVESTIDOR. CONTRIBUIÇÃO, DEPÓSITOS, APORTES E RESGATES FLEXÍVEIS. NATUREZA JURÍDICA MULTIFACETADA. SEGURO PREVIDENCIÁRIO. INVESTIMENTO OU APLICAÇÃO FINANCEIRA. DESSEMELHANÇAS ENTRE OS PLANOS DE PREVIDÊNCIA PRIVADA ABERTA E FECHADA, ESTE ÚLTIMO INSUSCETÍVEL DE PARTILHA. NATUREZA SECURITÁRIA E PREVIDENCIÁRIA DOS PLANOS PRIVADOS ABERTOS VERIFICADA APÓS O RECEBIMENTO DOS VALORES ACUMULADOS, FUTURAMENTE E EM PRESTAÇÕES, COMO COMPLEMENTAÇÃO DE RENDA. NATUREZA JURÍDICA DE INVESTIMENTO E APLICAÇÃO FINANCEIRA ANTES DA CONVERSÃO EM RENDA E PENSIONAMENTO AO TITULAR. PARTILHA POR OCASIÃO DO VÍNCULO CONJUGAL. NECESSIDADE. ART. 1.659, VII, DO CC/2002 INAPLICÁVEL À HIPÓTESE. [...].
> [...];
> "Os planos de previdência privada aberta, operados por seguradoras autorizadas pela SUSEP, podem ser objeto de contratação por qualquer pessoa física e jurídica, tratando-se de regime de capitalização no qual cabe ao investidor, com amplíssima liberdade e flexibilidade, deliberar sobre os valores de contribuição, depósitos adicionais, resgates antecipados ou parceladamente até o fim da vida, razão pela qual a sua natureza jurídica

---

[132] Exatamente assim: STJ, REsp 1.880.056/SE, *DJe* 22-3-2021.
[133] Neste sentido: TARTUCE, Flávio. *Direito civil*: direito de família. v. 5. 14. ed. Rio de Janeiro: Forense, 2019, p. 187-188. Em sentido contrário: MADALENO, Rolf. Planejamento sucessório. *Revista IBDFAM*: Famílias e Sucessões. v. 1. Belo Horizonte: IBDFM, jan./fev. 2014, p. 24-25.

ora se assemelha a um seguro previdenciário adicional, ora se assemelha a um investimento ou aplicação financeira.

Considerando que os planos de previdência privada aberta, de que são exemplos o VGBL e o PGBL, não apresentam os mesmos entraves de natureza financeira e atuarial que são verificados nos planos de previdência fechada, a eles não se aplicam os óbices à partilha por ocasião da dissolução do vínculo conjugal apontados em precedente da 3ª Turma desta Corte (REsp 1.477.937/MG).

Embora, de acordo com a SUSEP, o PGBL seja um plano de previdência complementar aberta com cobertura por sobrevivência e o VGBL seja um plano de seguro de pessoa com cobertura por e sobrevivência, a natureza securitária e previdenciária complementar desses contratos é marcante no momento em que o investidor passa a receber, a partir de determinada data futura e em prestações periódicas, os valores que acumulou ao longo da vida, como forma de complementação do valor recebido da previdência pública e com o propósito de manter um determinado padrão de vida.

Todavia, no período que antecede a percepção dos valores, ou seja, durante as contribuições e formação do patrimônio, com múltiplas possibilidades de depósitos, de aportes diferenciados e de retiradas, inclusive antecipadas, a natureza preponderante do contrato de previdência complementar aberta é de investimento, razão pela qual o valor existente em plano de previdência complementar aberta, antes de sua conversão em renda e pensionamento ao titular, possui natureza de aplicação e investimento, devendo ser objeto de partilha por ocasião da dissolução do vínculo conjugal por não estar abrangido pela regra do art. 1.659, VII, do CC/2002".

(STJ, REsp 1.698.774/RS, *DJe* 9-9-2020)

A questão voltou a ser analisada no ano de 2021, no âmbito do REsp 1.880.056/SE (*DJe* 22-3-2021) e do REsp 1.726.577/SP (j. em 14-9-2021), sendo decidida no mesmo sentido, inclusive sob ementa praticamente idêntica à acima transcrita. No voto proferido pela Em. Ministra Nancy Andrighi no primeiro Acórdão, inclusive, foi feita importantíssima consideração, que, por isso, será reproduzida pouco mais adiante. Ao expor os motivos pelos quais a natureza puramente previdenciária do plano não estava sendo reconhecida no caso, S. Exa. consignou que "para que tenha havido a constituição de propriedade formalmente exclusiva sobre determinado bem de livre criação, disposição, manutenção e movimentação, é porque houve também, antecedentemente, a diminuição do patrimônio comum do casal afetado pelo regime da comunhão, de modo que esse bem somente será insuscetível de partilha após a efetiva implementação da condição expressamente prevista em lei, ou seja, o recebimento do provimento do trabalho pessoal de cada cônjuge, da pensão, do meio-soldo, do montepio ou de outra renda semelhante".

Outro ponto que merece ser observado dentro da temática é a irrelevância, para fins de comunicabilidade, de ter ou não ocorrido o saque das quantias aportadas a esses planos (PGBL e VGBL) ao tempo da partilha, até porque, com o máximo respeito aos que pensem diferente, obrigar o consorte do titular do plano a ficar aguardando a boa vontade deste em efetuar o resgate, não seria lá algo muito justo, mais se assemelhando a uma condição puramente potestativa (CC, art. 122, frase final). Portanto, não custa repetir: na fase de arrecadação, os valores aportados a planos de previdência complementar aberta devem se submeter ao mesmo regime que seria aplicado a qualquer quantia eventualmente depositada em outras modalidades de aplicação financeira, como cadernetas de poupança e contas bancárias, entendimento este que conta com o apoio do STJ, como se vê das seguintes ementas:

AGRAVO INTERNO NO RECURSO ESPECIAL – AUTOS DE INVENTÁRIO – DECISÃO MONOCRÁTICA QUE NEGOU PROVIMENTO AO RECLAMO. INSURGÊNCIA DA DEMANDANTE.

1. O Tribunal estadual julgou a lide em conformidade com o entendimento desta Corte no sentido de que o plano de previdência privada é caracterizado como investimento no momento da constituição de reservas, possuindo natureza de investimento, devendo ser partilhado os valores acumulados. Incidência da Súmula 83/STJ. Precedentes.

2. O Tribunal de origem consignou que os recursos oriundos do plano de previdência privada constituem complementação de renda futura, evidenciando a condição de investimento. Rever os fundamentos que ensejaram a conclusão alcançada pelo Colegiado local exigiria reapreciação do conjunto fático-probatório dos autos, providência que encontra óbice no enunciado n. 7 da Súmula do Superior Tribunal de Justiça.

3. Agravo interno desprovido.

(AgInt no REsp 2.107.365/SP, *DJe* 2-5-2024)

AGRAVO INTERNO NO RECURSO ESPECIAL. CIVIL. DIREITO DE FAMÍLIA. UNIÃO ESTÁVEL. PARTILHA DE BENS. REGIME DE COMUNHÃO PARCIAL. RECURSOS DO FGTS. AQUISIÇÃO DE IMÓVEL. PLANO DE PREVIDÊNCIA PRIVADA ABERTA. DEPÓSITOS. INVESTIMENTO. CONVIVENTES. COMUNICAÇÃO.

1. A Segunda Seção do Superior Tribunal de Justiça possui jurisprudência pacificada no sentido de que deve ser reconhecido o direito à meação dos valores do FGTS auferidos durante a constância do casamento ou da união estável, ainda que o saque daqueles valores não seja realizado imediatamente à separação do casal.

2. Não devem ser partilhados os valores sacados do FGTS, e, por conseguinte, o imóvel adquirido com esses recursos, se eles se referem a depósitos anteriores à união conjugal. Precedente da Segunda Seção.

3. Os valores depositados em planos de benefícios administrados por entidades abertas de previdência privada, como o PGBL e o VGBL, durante a vigência da união estável equiparam-se a aplicações financeiras, de forma que integram o patrimônio comum dos conviventes e devem ser objeto da partilha decorrente da dissolução da união, desde que não esteja o beneficiário recebendo os proventos complementares.

4. Na hipótese, o montante acumulado e vertido no plano de previdência complementar aberta durante o período da união estável deve ser partilhado.

5. Agravo interno não provido.

(AgInt no REsp 1.735.064/PR. *DJe* 20-12-2023)

RECURSO ESPECIAL. PREVIDÊNCIA PRIVADA. ENTIDADE ABERTA. VALORES DEPOSITADOS. UNIÃO ESTÁVEL. REGIME DE COMUNHÃO PARCIAL DE BENS. PATRIMÔNIO COMUM. PARTILHA DE BENS.

1. Os rendimentos do trabalho, pertinentes a fato gerador ocorrido durante a vigência da sociedade conjugal ou da união estável, integram o patrimônio comum na hipótese de dissolução do vínculo matrimonial ou de convivência, desde que convertidos em patrimônio mensurável de qualquer espécie, imobiliário, mobiliário, direitos ou aplicações financeiras.

2. Os valores depositados em planos de benefícios administrados por entidades abertas de previdência privada durante a vigência da união estável equiparam-se a aplicações financeiras como outras quaisquer, motivo pelo qual, desde que não esteja o beneficiário recebendo os proventos complementares, integram o patrimônio comum dos conviventes e devem ser objeto da partilha decorrente da dissolução da união. Precedentes.

3. Recurso especial ao qual se dá provimento.

(REsp 1.593.026/SP, *DJe* 17-12-2021)

Nada mais justo. Afinal, se o investidor possui ampla liberdade para escolher como e quando receber a quantia lá existente, aumentar ou reduzir as contribuições e as respectivas periodicidades, inclusive mediante dinheiro proveniente da comunhão, promover resgates antecipados ou parcelados a partir de datas indicadas, bem como realizar aportes adicionais em valores que bem desejar, me parece claro que a natureza jurídica do VGBL, ao menos para o Direito das Famílias, não é securitária nem exclusivamente previdenciária, mas sim de um investimento financeiro como outro qualquer, ao menos durante o período que antecede a conversão em renda e pensionamento ao titular.

Por isso, não é preciso qualquer perquirição a respeito da ocorrência de má-fé, da suspeita de uso desvirtuado ou de sua utilização como forma de "blindagem patrimonial[134]".

Em razão de ser, tal qual o PGBL, um plano de previdência complementar privada, as prescrições do Código de Defesa do Consumidor são inteiramente aplicáveis ao VGBL (Súmula 563) e as quantias nele mantidas podem ser penhoráveis, se, à luz de cada caso concreto, for aferido pelo magistrado que elas não se revelam necessárias para a subsistência do participante e de sua família, pois, neste caso, não estará caracterizada sua natureza alimentar[135].

Apesar de esse tratamento ter colocado uma pá de cal sobre assunto que costumava gerar intensos debates, talvez seja preciso ir além. É que o STJ ainda não teve oportunidade de analisar expressamente o que aconteceria com a previdência privada no caso de a partilha ocorrer quando já se estivesse na segunda fase do plano, chamada de fase da renda. Sim, porque essa fase pode ser aberta mesmo com o titular do plano em vida, bastando que se implemente a condição eleita para tanto, que pode ser, como dito, o atingimento de certa idade, a aposentadoria, o decurso de tantos anos desde a contratação do plano etc. Ocorrendo isso, a renda por ele recebida se assemelharia a uma pensão mensal.

Se isso for verdade, como se espera, possivelmente o entendimento terá que ser pela comunicabilidade da verba, porque é exatamente nesse sentido o posicionamento da Corte a respeito dos proventos de aposentadoria pública, isto é, daquela proveniente do INSS, desde que, é claro, seu fato gerador tenha ocorrido durante a vigência do vínculo conjugal, pois "tal qual na hipótese de indenizações trabalhistas e recebimento de diferenças salariais em atraso, a eventual incomunicabilidade dos proventos do trabalho geraria uma injustificável distorção em que um dos cônjuges poderia possuir inúmeros bens reservados frutos de seu trabalho e o outro não poderia tê-los porque reverteu, em prol da família, os frutos de seu trabalho[136]".

Esta é, inclusive, a linha de raciocínio defendida por este livro.

No mesmo sentido parece caminhar o Anteprojeto de Reforma do Código Civil, pois pretende inserir o já estudado inciso VI ao art. 1.660, dispondo que entram na comunhão "as remunerações, salários, pensões, dividendos, fundo de garantia por tempo de serviço, previdências privadas abertas ou outra classe de recebimentos ou indenizações que ambos os cônjuges ou conviventes obtenham durante o casamento ou união estável, como provento do trabalho ou de aposentadoria".

Sinteticamente, o tratamento dado às verbas previdenciárias no regime da comunhão de bens, ao menos de acordo com o entendimento do STJ, poderia ser assim resumido:

---

[134] Exatamente assim: STJ, REsp 1.880.056/SE, *DJe* 22-3-2021.
[135] STJ, AgInt no AREsp 1.665.296/SP, *DJe* 13-8-2010; AREsp 1.665.800/SP, *DJe* 25-5-2020.
[136] STJ, REsp 1.651.292/RS, *DJe* 25-5-2020; AgRg no AREsp 258.465/SP, *DJe* 24-2-2015.

9.5.3.1 Tabela comunicabilidade de verbas previdenciárias

	PREVIDÊNCIA	
SOCIAL (INSS)	COMPLEMENTAR PRIVADA (ENTIDADES PRIVADAS)	
	FECHADA (FUNDO DE PENSÃO)	ABERTA (PGBL e VGBL)
Impenhorável	Impenhorável	Penhorável casuisticamente
Não regida pelo CDC	Não regida pelo CDC (STJ, *Súmula* 563)	Regida pelo CDC (STJ, *Súmula* 563)
Comunicável	Incomunicável[137]	Comunicável na fase de arrecadação

9.5.4 A INDENIZAÇÃO DECORRENTE DO CONTRATO DE SEGURO DE PESSOA

A indenização do contrato de seguro de pessoa não se confunde com os planos de previdência privada, muito embora possa se assemelhar com aquele usualmente denominado de VGBL para questões regulatórias e fiscais, como visto há pouco (Lei Complementar n. 109/2001, art. 73)[138].

Observe novamente: para questões regulatórias, tributárias e fiscais apenas.

É que, como se sabe, o contrato de seguro de pessoa (p. ex.: seguro de vida, seguro funeral, seguro de acidentes pessoais, seguro educacional, seguro viagem, seguro prestamista, seguro de diária por internação hospitalar) é regulamentado por normas específicas, que estabelecem que o capital segurado – isto é, a indenização em pecúnia – seja revertido ao próprio segurado ou a seus beneficiários[139], caso ocorra um dos eventos previstos contratualmente. E essa verba pode ser paga em conformidade com o que é estabelecido nas condições gerais e/ou especiais do seguro, de acordo com as regras da SUSEP (Circular SUSEP n. 667/2022, art. 16).

Não se esqueça, ainda, que tais beneficiários podem até mesmo ser pessoas estranhas à entidade familiar, pois impera a mais plena liberdade a esse respeito (CC, art. 792), escolha esta que tem que ser respeitada pelo Estado.

Complementando a disciplina do instituto, o art. 794 do Código Civil enuncia expressamente que "no seguro de vida ou de acidentes pessoais para o caso de morte, o capital estipulado não está sujeito às dívidas do segurado, nem se considera herança para todos os efeitos de direito".

Como a indenização serve para reparar ou compensar a dor ou sofrimento sentidos pelo próprio segurado, seu caráter é personalíssimo e, como tal, não se comunica.

De fato, causaria, no mínimo, mal-estar o fato de um segurado que viesse a receber indenização justamente em razão de ter sofrido acidente ou ter sido acometido por alguma

---

[137] Neste ponto, foi retificado o erro de digitação constante da 3ª edição deste Manual, em que constava o termo "comunicável".
[138] No STJ, parece haver inclinação a se considerar o VGBL como verba de natureza securitária, ao menos para algumas finalidades: AgInt no AREsp 1.204.319/SP, *DJe* 20-4-2018; AgInt no AREsp 979.758/SP, *DJe* 20-2-2017; AgRg no AREsp 472.757/RJ, *DJe* 24-8-2015.
[139] JDC/CJF, Enunciado n. 186: "O companheiro deve ser considerado implicitamente incluído no rol das pessoas tratadas no art. 790, parágrafo único, por possuir interesse legítimo no seguro da pessoa do outro companheiro".

doença – logo, que restasse impossibilitado de trabalhar – tivesse que repartir a renda afetada unicamente à sua subsistência, para cuja constituição o outro nem sequer teria contribuído[140].

É justamente por isso que a comunicabilidade da indenização ou pensão mensal decorrente de contrato de seguro por invalidez encontra óbice, também, no Direito das Famílias, mais precisamente na regra a que, atualmente, alude o art. 1.659, VII, do Código Civil e naquela a que se refere o art. 1.659, VIII, do Anteprojeto, ao se referir às "indenizações por danos causados à pessoa de um dos cônjuges ou conviventes ou a seus bens privativos". Do contrário, a própria subsistência do segurado restaria comprometida, já que haveria "diminuição da renda destinada ao seu sustento após a invalidez, e, ao mesmo tempo, ensejaria o enriquecimento indevido do ex-cônjuge, porquanto seria um bem conseguido por esse apenas às custas do sofrimento e do prejuízo pessoal daquele", conforme decidiu o STJ no acórdão há pouco mencionado e em outras ocasiões[141].

Não por outro motivo a indenização securitária é impenhorável até o montante de 40 (quarenta) salários mínimos, por aplicação analógica do art. 833, X, do CPC, sendo admitida constrição judicial apenas da quantia eventualmente excedente[142].

Aliás, apenas a título de registro, vale mencionar que o entendimento do STJ é no sentido de que não só as quantias depositadas em cadernetas de poupança, mas, em outras aplicações financeiras, em conta-corrente e em qualquer conta bancária também são impenhoráveis, quando inferiores a 40 salários mínimos[143].

9.5.5 A VALORIZAÇÃO DE BENS PARTICULARES

De acordo com o posicionamento jurisprudencial dominante, a valorização de bens particulares não pode ser confundida com frutos, tampouco considerada como resultante do esforço comum e, por isso, não se comunica ao outro. Afinal, já foi visto por aqui que frutos são os benefícios que a coisa produz periodicamente, sem sofrer comprometimento significativo em sua estrutura, o que definitivamente não é o que acontece quando ela se torna mais valiosa.

No STJ, não parece haver nem sequer controvérsia a esse respeito. Observe, por exemplo, que por ocasião da análise do REsp 1.349.788/RS, no ano de 2014, a Turma reconheceu que "a valorização dos imóveis de propriedade da recorrente trata-se de um fenômeno meramente econômico, não podendo ser identificada como fruto, produto do bem, ou mesmo como um acréscimo patrimonial decorrente do esforço comum dos companheiros. Ela decorre da própria existência do imóvel no decorrer do tempo, conjugada a outros fatores, como sua localização, estado de conservação etc. Se os imóveis da recorrida não se comunicam porque foram adquiridos antes da união estável, ou na constância desta, mas a título de herança, ainda que tenham se valorizado ao longo do tempo, continuarão incomunicáveis".

---

[140] Exatamente assim: STJ, REsp 631.475/RS, *DJ* 8-2-2008. Em sentido próximo: REsp 362.743/PB, *DJ* 11-10-2004.
[141] STJ, REsp 631.475, *DJ* 8-2-2008; REsp 848.998/RS, *DJe* 10-11-2008.
[142] STJ, REsp 1.361.354/RS, *DJe* 25-6-2018.
[143] AgInt no Resp 1.812.780/SC, *DJe* 26-5-2021; AgInt no AgInt no AREsp 1.643.889/SP, *DJe* 31-8-2020; AgInt no REsp 1.795.956/SP, *DJe* 15-5-2019.

Na sistemática atual, essa regra geral da incomunicabilidade da valorização dos bens particulares ocorre mesmo quando a coisa em questão são cotas de sociedade empresária que tenham sido adquiridas anteriormente à união. A razão aqui é idêntica: o incremento não se deve a qualquer participação do não sócio, mas sim ao próprio mercado. A fatores externos à relação, portanto.

Exatamente nesse sentido é o entendimento predominante no Superior Tribunal de Justiça, dando mostras de que sua jurisprudência se encontra coesa e coerente a esse respeito[144].

No entanto, o Anteprojeto de Reforma do Código Civil pretende modificar esse entendimento ao introduzir os incisos VIII e IX ao art. 1.660, dispondo que entram na comunhão, respectivamente, "a valorização das quotas ou das participações societárias ocorrida na constância do casamento ou da união estável, ainda que a aquisição das quotas ou das ações tenha ocorrido anteriormente ao início da convivência do casal, até a data da separação de fato" (inciso VIII) e "a valorização das quotas sociais ou ações societárias decorrentes dos lucros reinvestidos na sociedade na vigência do casamento ou união estável do sócio, ainda que a sua constituição seja anterior à convivência do casal, até a data da separação de fato" (inciso IX).

Esse assunto em particular voltará a receber atenções oportunamente.

Coisa completamente diversa, entretanto, ocorre quando a valorização é dos bens comuns, pois nesse caso a meação acompanhará o valor de mercado na data da partilha, independentemente do fato de a alteração do preço ter ocorrido por fatores internos à relação (esforço comum) ou por fatores externos (incentivos fiscais, políticas governamentais etc.). Afinal, embora não se trate de frutos civis, é inegável que houve contribuição de ambos na origem da aquisição do bem, ainda que de forma presumida.

9.5.6 A QUANTIA ORIUNDA DO FGTS

Na mesma linha do que acontece com as verbas trabalhistas remuneratórias, os valores oriundos do Fundo de Garantia do Tempo de Serviço configuram frutos civis do trabalho, e por isso também rendem aptidão a se comunicar[145], ainda que o saque seja realizado em momento posterior à separação do casal, desde que, é claro, a contribuição tenha ocorrido em período durante o qual a união ainda existia[146].

Aliás, no âmbito do Superior Tribunal de Justiça, o posicionamento absolutamente pacífico é no sentido de que "os depósitos vinculados à conta do FGTS e as verbas trabalhistas auferidos durante a sociedade conjugal pertencem à massa de bens comum do casal, devendo ser partilhados de forma igualitária à época de sua dissolução, ainda que o saque não seja realizado imediatamente após a separação do casal[147]".

Oportunamente, este viria a ser a orientação firmada por sua 2º Seção, veja:

---

[144] AgInt no AREsp 236.955/RS, *DJe* 21-11-2017; REsp 1.595.775/AP, *DJe* 16-8-2016; REsp 1.173.931/RS, *DJe* 28-10-2013.
[145] STJ, REsp 848.660/RS, *DJe* 13-5-2011.
[146] STJ, REsp 1.651.292/RS, *DJe* 25-5-2020; AgInt no AREsp 331.533/SP, *DJe* 17-4-2018; AgInt no REsp 1.647.001/PR, *DJe* 7-11-2017.
[147] AgInt no REsp 1.896.600/SC, *DJe* 12-2-2021.

> RECURSO ESPECIAL. CASAMENTO. REGIME DE COMUNHÃO PARCIAL DE BENS. DOAÇÃO FEITA A UM DOS CÔNJUGES. INCOMUNICABILIDADE. FGTS. NATUREZA JURÍDICA. PROVENTOS DO TRABALHO. VALORES RECEBIDOS NA CONSTÂNCIA DO CASAMENTO. COMPOSIÇÃO DA MEAÇÃO. SAQUE DIFERIDO. RESERVA EM CONTA VINCULADA ESPECÍFICA. [...]
> O entendimento atual do Superior Tribunal de Justiça é o de que os proventos do trabalho recebidos, por um ou outro cônjuge, na vigência do casamento, compõem o patrimônio comum do casal, a ser partilhado na separação, tendo em vista a formação de sociedade de fato, configurada pelo esforço comum dos cônjuges, independentemente de ser financeira a contribuição de um dos consortes e do outro não.
> Assim, deve ser reconhecido o direito à meação dos valores do FGTS auferidos durante a constância do casamento, ainda que o saque daqueles valores não seja realizado imediatamente à separação do casal. [...]
> (STJ, REsp 1.399.199/RS, DJe 22-4-2016)

A título de tutela cautelar, o juízo de família pode até ordenar a expedição de ofício à Caixa Econômica Federal para que crie uma conta separada e para ela reverta "a reserva do montante referente à meação, para que num momento futuro, quando da realização de qualquer das hipóteses legais de saque, seja possível a retirada do numerário"[148].

É preciso ficar claro, no entanto, que o fato de a verba ser comunicável não significa que ela possa ser sacada de imediato pelo ex-consorte do trabalhador, mas apenas que isso poderá ser feito, se e quando este efetuar o saque. Ou, como talvez preferissem Andrea Rodrigues Amin e Sandro Gaspar Amaral[149], basta ao juízo de família "noticiar a CEF que valores deverão ser retidos possibilitando saque futuro do ex-cônjuge, tão logo comprovada a incidência de alguma hipótese do art. 20, da Lei 8.036/90".

Outra situação bastante comum na dinâmica das famílias brasileiras é a utilização de saldo de FGTS para quitação de imóvel financiado ou para a aquisição de bens variados, o que costuma levantar debates sobre as suas respectivas comunicabilidades por ocasião do rompimento da união. No entanto, também é absolutamente pacífico no STJ o entendimento segundo o qual "os valores de FGTS levantados durante o interregno da união estável utilizados para aquisição de imóvel devem ser objeto de partilha"[150].

Os questionamentos envolvendo a temática são tão comuns no STJ, que talvez possa ser afirmado que o entendimento atual da Corte seja no seguinte sentido:

> AGRAVO INTERNO NO RECURSO ESPECIAL. PARTILHA DE BENS. DIVISÃO DO MONTANTE RELATIVO À CONTA VINCULADA AO FGTS. COMUNICABILIDADE. APLICAÇÃO DO ENTENDIMENTO DO STJ. AGRAVO INTERNO DESPROVIDO.
> 1. O entendimento atual do Superior Tribunal de Justiça é o de que os proventos do trabalho recebidos, por um ou outro cônjuge, na vigência do casamento, compõem o patrimônio comum do casal, a ser partilhado na separação, tendo em vista a formação de sociedade de fato, configurada pelo esforço comum dos ex-conviventes.
> 2. Consoante a jurisprudência desta Corte, "deve ser reconhecido o direito à meação dos valores do FGTS auferidos durante a constância do casamento, ainda que o saque daqueles valores não seja realizado imediatamente à separação do casal" (REsp 1.399.199/

---

[148] Exatamente neste sentido: STJ, REsp 1.399.199/RS, DJe 22-4-2016.
[149] AMIN, Andrea Rodrigues; AMARAL, Sandro Gaspar. A comunicabilidade dos depósitos fundiários sob a perspectiva de gênero. In: PORTANOVA, Rui; CALMON, Rafael. Direito de Família conforme interpretação do STJ. V. 1. Regime de comunhão parcial de bens. São Paulo: Foco, 2022, p. 15-28.
[150] REsp 1.880.056/SE, DJe 22-3-2021; AgInt no REsp 1.575.242/MG, DJe 12-3-2018; REsp 1.266.527/RS, DJe 29-4-2014.

RS, Rel. Ministra Maria Isabel Gallotti, Rel. p/ Acórdão Ministro Luis Felipe Salomão, Segunda Seção, julgado em 9.3.2016, *DJe* 22-4-2016).
3. A fim de viabilizar a realização desse direito (divisão de valores relativos ao FGTS), nos casos em que ocorrer, a Caixa Econômica Federal (CEF) deverá ser comunicada para que providencie a reserva do montante referente à meação, para que num momento futuro, quando da realização de qualquer das hipóteses legais de saque, seja possível a retirada do numerário. Precedente.
4. Agravo interno desprovido.
(AgInt no REsp 1.931.933/SP, *DJe* 23-9-2021)

Caso o Código Civil venha a ser efetivamente reformado, o seu, múltiplas vezes, citado art. 1660, VI, passará a dispor que entram na comunhão "as remunerações, salários, pensões, dividendos, fundo de garantia por tempo de serviço, previdências privadas abertas ou outra classe de recebimentos ou indenizações que ambos os cônjuges ou conviventes obtenham durante o casamento ou união estável, como provento do trabalho ou de aposentadoria".

9.5.7 O DINHEIRO EM ESPÉCIE E OS DIREITOS OBRIGACIONAIS: CRÉDITOS, DÉBITOS E DESPESAS COM A MANUTENÇÃO DA COISA COMUM

Para além de automóveis, joias, obras de arte e imóveis, o dinheiro, por óbvio, também integra o conceito de bem jurídico para os fins de partilha. Logo, possui aptidão para se comunicar, tornando plenamente possível que ativos financeiros variados, como valores de depósitos bancários, aplicações financeiras e investimentos sejam incluídos na partição patrimonial, ainda que titularizados por um só dos consortes e até mesmo depositados fora do país[151].

Desde que tenha sido adquirido em situação fática que atraia a incidência da norma de regime comunitário, deve ser dividido à razão de 50% para cada ex-consorte.

O Superior Tribunal de Justiça já teve oportunidade de se pronunciar a respeito dessa comunicabilidade. Embora o caso em debate envolvesse Direito Sucessório, suas premissas são inteiramente aplicáveis ao Direito das Famílias, pois foram assim assentadas: "não sendo possível esclarecer a autoria, a propriedade e a origem dos aportes realizados na conta corrente conjunta, deverá incidir a presunção de que o saldo existente na conta corrente ao tempo do falecimento pertencia a ambas as partes em igualdade de condições, razão pela qual o valor deve ser dividido em quotas-partes idênticas[152]".

Na prática forense, inclusive, é bastante comum que o outro consorte se valha de medidas judiciais ordenadas a título de tutela provisória para que os ativos não sejam dilapidados, de modo a preservar sua meação[153].

Se os créditos se comunicam, é claro que os débitos seguirão o mesmo caminho, se se encontrarem em situação de fato que comporte aplicação das normas que impõem a comunicabilidade. Afinal, eles representam a situação jurídica passiva contraposta ao crédito. Não por outro motivo é comum encontrar na jurisprudência do STJ decisões entendendo

---

[151] STJ, REsp 1.164.887/RS, *DJe* 29-4-2014.
[152] REsp 1.836.130/RS, *DJe* 12-3-2020.
[153] Nesse sentido, dentre vários: STJ, REsp 1.552.913/RJ, *DJe* 2-2-2017; AREsp 940.417/RJ, *DJe* 14-10-2016.

que "na partilha, comunicam-se não apenas o patrimônio líquido, mas também as dívidas e os encargos existentes até o momento da separação de fato[154]".

A temática ganha em importância quando se levam em consideração as despesas efetuadas ou os ganhos obtidos com o uso da coisa comum, exclusivamente por um dos consortes, após a separação de fato. É que, como mencionado inúmeras vezes ao longo do livro, esse evento impede que os bens adquiridos a partir de sua ocorrência se comuniquem, mas não afasta por completo as regras inerentes à mancomunhão já incidente sobre os bens comuns, dentre as quais se encontram o dever mútuo de colaborar para as despesas domésticas, inclusive com os bens comuns, se exigido for (CC, art. 1.664). Portanto, se for necessário que um só dos consortes, após a separação de fato e antes da partilha, aporte quantia proveniente de seu patrimônio particular para arcar com despesas relativas à manutenção de determinado imóvel comum (p. ex.: materiais de construção, mão de obra e encargos tributários diversos), fará jus à percepção do valor correspondente por ocasião da divisão dos bens, pois, com sua atitude, terá gerado benefícios para a família como um todo, no mínimo, contribuindo para que o estado físico e o valor da coisa não sofressem piora.

Pode haver até mesmo uma espécie de compensação com valores por ele devidos ao outro, por imputação (ARCC, art. 1.666).

Por idêntico motivo, se, no mesmo período, um dos consortes aufere, sozinho, benefícios com o uso exclusivo da coisa comum, alugando-a, por exemplo, deve prestar as contas devidas e compensar o outro no momento da partilha, pelo equivalente em pecúnia ou com outro bem pertencente ao acervo, que lhe caberia nesse momento, como detalhadamente explicado em meu *Manual de Direito Processual das Famílias*, cuja leitura recomendo.

9.5.8 OS BENS FINANCIADOS

Por óbvio, não só o dinheiro em espécie é comunicável. Mesmo créditos que não possam ser imediatamente apreendidos fisicamente se comunicam, como visto oportunamente por aqui.

Prestações de financiamentos de imóveis e de automóveis sobre os quais pendam alienação fiduciária, por exemplo, podem compor o monte partilhável.

Sendo essa a hipótese, deve-se perquirir a causa ou título jurídico que teria ensejado a aquisição, para fins de atribuição da titularidade e da aferição da possível comunicação da propriedade ou meramente do valor das parcelas pagas (CC, art. 1.661). Afinal, o domínio só pode ser adquirido após a quitação do financiamento, em obediência aos regramentos contratuais e legais específicos.

Um desses títulos, isto é, uma das modalidades mais utilizadas nos dias de hoje para a aquisição de bens, sobretudo automóveis e imóveis, a prazo é a alienação fiduciária. Por isso, peço licença ao leitor para abrir um pequeno parêntese dedicado ao seu tratamento, para que se possa conhecer, pelo menos, algumas de suas características.

---

[154] REsp 1.477.937/MG, *DJe* 20-6-2017.

Devido ao relativo fracasso e ineficiência das garantias tradicionalmente utilizadas no mercado – hipoteca, penhor e anticrese[155], – o negócio fiduciário foi ganhando cada vez mais corpo no Brasil, inicialmente no segmento de alienação de veículos (Dec.-lei n. 911/69) e, mais recentemente, no plano de alienação de imóveis (Lei n. 9.514/97 e Lei n. 10.931/2004, art. 51), muito provavelmente pelo fato de que, ao contrário de outras modalidades de garantia, em que o devedor permanece com a propriedade do bem durante o pagamento das prestações da dívida, na alienação fiduciária é o credor quem continua sendo o proprietário (resolúvel) e o possuidor indireto do bem, já que a propriedade plena só será transferida ao devedor com a quitação da dívida.

A acolhida desse negócio jurídico foi tamanha que, eventualmente, a propriedade fiduciária viria a ser regulamentada no próprio Código Civil, autorizando até mesmo que credores fiduciários não sejam instituições financeiras (arts. 1.361 a 1.368-B).

No plano normativo, sua disciplina advém dos seguintes textos legais: a) CC, arts. 1.361 a 1.368-B: propriedade fiduciária sobre bens móveis infungíveis, quando o credor-fiduciário não for instituição financeira; b) Lei n. 4.728/65, art. 66-B e Dec.-lei n. 911/69: propriedade fiduciária sobre bens móveis fungíveis e infungíveis, quando o credor-fiduciário for instituição financeira; c) Lei n. 9.514/97: propriedade fiduciária sobre bens imóveis, independentemente do fato de se tratarem de instituições financeiras ou pessoas físicas (art. 22, § 1º), e; d) Lei n. 6.404/76: propriedade fiduciária sobre ações.

Basicamente, o negócio se desenvolve da seguinte forma: a pessoa que pretenda adquirir um bem móvel ou imóvel à prestação celebra um contrato de compra e venda com pacto adjeto de alienação fiduciária, por meio do qual o vendedor (credor-fiduciário) concede um empréstimo/financiamento ao comprador (devedor-fiduciante), para que ele adquira um ou outro. O objeto do contrato, portanto, é o financiamento, e não o bem a ser adquirido com ele. O bem representa a mera garantia desse contrato.

Como garantia deste empréstimo, o comprador (devedor-fiduciante) transmite a propriedade do bem que ele pretende adquirir ao vendedor (credor-fiduciário), constituindo, a partir daí, uma propriedade resolúvel a favor deste (CC, art. 1.359).

Sob a perspectiva do STJ, "a intenção do devedor fiduciante, ao oferecer o imóvel como garantia ao contrato de alienação fiduciária, não é, ao fim e ao cabo, transferir para o credor fiduciário a propriedade plena do bem, diversamente do que ocorre na compra e venda, mas apenas garantir o adimplemento do contrato de financiamento a que se vincula, objetivando que, mediante o pagamento integral da dívida, a propriedade plena do bem seja restituída ao seu patrimônio"[156].

No âmbito imobiliário, o art. 22 da Lei n. 9.514/97 dispõe exatamente nesse sentido quando enuncia que "a alienação fiduciária regulada por esta Lei é o negócio jurídico pelo qual o devedor, ou fiduciante, com o escopo de garantia, contrata a transferência ao credor, ou fiduciário, da propriedade resolúvel de coisa imóvel", o que, de certa forma, caminha no mesmo sentido da disposição feita pelo art. 1.361 do Código Civil.

---

[155] Assim também: CHALHUB, Melhim Namen. *Negócio fiduciário*: alienação fiduciária, cessão fiduciária, securitização, Decreto-lei n. 911, de 1969, Lei n. 8.668, de 1993, Lei n. 9.514, de 1997. Rio de Janeiro: Renovar, 2009, p. 195.
[156] REsp 1.726.733/SP, *DJe* 1-10-2020.

Se, por um lado, o credor-fiduciário (vendedor) passa a titularizar a propriedade fiduciária, o devedor fiduciante (comprador) passa a titularizar o direito real de aquisição, pois, de acordo com o art. 1.368-B do Código Civil, "a alienação fiduciária em garantia de bem móvel ou imóvel confere direito real de aquisição ao fiduciante, seu cessionário ou sucessor", desde que, é claro, o contrato seja registrado na serventia imobiliária correspondente[157].

No ramo imobiliário, mais uma vez, a Lei n. 9.514/97 chega a ser ainda mais enfática a esse respeito, quando seu art. 17, § 1º, enuncia que a alienação fiduciária de coisa imóvel constitui direito real sobre o respectivo objeto, disposição esta que vem complementada pelo art. 23, no sentido de que "constitui-se a propriedade fiduciária de coisa imóvel mediante registro, no competente Registro de Imóveis, do contrato que lhe serve de título".

Como resultado, surgem dois direitos reais antagônicos: da parte do vendedor (credor-fiduciário) a propriedade resolúvel do bem, que continuará sendo por ele titularizada durante todo o financiamento, até o advento de uma das seguintes condições resolutivas: o adimplemento integral (quitação) ou o inadimplemento do comprador (devedor-fiduciante); da parte do comprador (devedor-fiduciante), o direito real de aquisição, que também continuará sendo por ele titularizado até que ocorra uma das mencionadas condições resolutivas (CC, art. 1.359).

É absolutamente necessário que não se confundam esses dois direitos reais. Isso porque, enquanto a propriedade é um direito sobre coisa própria, o direito de aquisição é um direito sobre coisa alheia – ao lado dos direitos reais de uso e fruição e dos de garantia – que atribui ao seu titular (o comprador/devedor-fiduciante) o poder de adquirir (remancipar) uma coisa também alheia: o bem dado em garantia. Este poder, é bom realçar, não lhe confere o mero direito de pleitear o crédito correspondente ao valor das prestações pagas ou de eventuais perdas e danos. O *status* real do direito de aquisição lhe atribui sim direitos sobre a coisa propriamente dita, ainda que ela esteja em poder de terceiros, por causa dos atributos da oponibilidade *erga omnes* e sequela inerentes aos direitos reais.

Na literatura, Menezes Leitão[158] ensina que, "direitos reais de aquisição são aqueles em que é conferida ao seu titular a possibilidade de pelo seu exercício vir a adquirir um direito real sobre determinada coisa", no caso, o direito real de propriedade. Observe, e me perdoe pela insistência, que ele não atribui o direito de propriedade sobre a coisa, até porque este somente surgirá após a quitação de todas as parcelas do financiamento. O que o direito real de aquisição atribui ao comprador (devedor-fiduciante) é a expectativa de direito de, uma vez cumprida a condição estabelecida no contrato, adquirir o direito real de propriedade[159]. No entanto, é inegável que ele representa algo muito maior e mais robusto do que o mero direito de crédito.

Se não o mais, o surgimento da propriedade resolúvel e do direito real de aquisição é um dos mais tradicionais efeitos projetados pela alienação fiduciária. Ao lado dele, outro é bastante conhecido: o "desdobramento da posse". Por isso, juntamente à propriedade resolúvel, o vendedor (credor-fiduciário) exerce a posse indireta sobre a coisa, enquanto o

---

[157] LRP, art. 129. "Estão sujeitos a registro, no Registro de Títulos e Documentos, para surtir efeitos em relação a terceiros: 5º) os contratos de compra e venda em prestações, com reserva de domínio ou não, qualquer que seja a forma de que se revistam, os de alienação ou de promessas de venda referentes a bens móveis e os de alienação fiduciária". Art. 167. No Registro de Imóveis, além da matrícula, serão feitos. I – o registro: 35) da alienação fiduciária em garantia de coisa imóvel.
[158] MENEZES LEITÃO, Luís Manuel Teles de. *Direitos reais*. Coimbra: Almedina, 2009, p. 100.
[159] LIMA, Frederico Henrique Viegas de. *Da alienação fiduciária de coisa imóvel*. Curitiba: Juruá, 4. ed., 2011, p. 167.

comprador (devedor-fiduciante) terá o direito real de aquisição e a posse direta sobre o bem, mantendo com ele contato físico e utilizando-o regulamente, como se seu dono fosse durante o período de tempo em que continuar efetuando os pagamentos.

Como dito, caso este se torne inadimplente, a propriedade até então resolúvel se consolidará em favor daquele, devendo o imóvel ser alienado em leilão extrajudicial e o dinheiro obtido com sua venda[160] aplicado para quitação da dívida, acréscimos legais, contratuais e despesas, sendo eventual saldo entregue a ele, comprador (devedor-fiduciante)[161]. No entanto, caso o financiamento seja inteiramente pago, este deixará de ser mero possuidor e seu direito real à aquisição se converterá em direito de propriedade plena sobre o bem[162].

De acordo com a literatura, o pagamento da dívida é o episódio caracterizador do cumprimento da obrigação, acarretando "automaticamente a reversão da propriedade ao patrimônio do devedor-fiduciante (comprador)"[163], o qual terá que meramente diligenciar perante o Cartório de Registro de Imóveis, apresentando o termo de quitação emitido pelo credor-fiduciário (vendedor), para obter o cancelamento do registro da alienação fiduciária[164].

A efetiva aquisição da propriedade plena sobre o bem para um ou para outro desses sujeitos aparece, portanto, como uma consequência automática prevista pela lei. Sob a perspectiva do credor-vendedor, como efeito do inadimplemento e da não purgação da mora no prazo legalmente previsto para tanto (p. ex.: Lei n. 9.514/97, art. 26); sob a perspectiva do devedor-comprador, como consequência da quitação da dívida e de seus encargos (p. ex.: Lei n. 9.514/97, art. 25)[165].

Feitos esses esclarecimentos, o parêntese pode ser fechado para que se possam analisar as consequências por ela projetadas sobre os direitos que os ex-consortes titularizam na eventualidade de um bem objeto de alienação fiduciária ter que ser entre eles partilhado.

No dia a dia, é bastante comum que os financiamentos de coisas adquiridas à prestação acabem tomando rumos diversos. Por vezes, o parcelamento tem início antes mesmo da união, mas sua quitação ocorre durante o relacionamento. Por outras, tem início durante a união, mas o casal se separa antes da quitação. Em algumas situações, parte do financiamento é feito com bens particulares; em outras, com bens comuns, enfim.

---

[160] O Enunciado n. 567 da JDC/CJF dispõe que "a avaliação do imóvel para efeito do leilão previsto no § 1º do art. 27 da Lei n. 9.514/97 deve contemplar o maior valor entre a avaliação efetuada pelo município para cálculo do imposto de transmissão *inter vivos* (ITBI) devido para a consolidação da propriedade no patrimônio do credor fiduciário e o critério fixado contratualmente".

[161] Veja, p. ex.: Lei n. 9.514/97, art. 27, *caput*; Dec.-lei n. 911/68, art. 2º, *caput*.

[162] STJ, REsp 1.844.279/DF, DJe 14-5-2020; REsp 1.837.704/DF, DJe 27-5-2020.

[163] Em sentido próximo: CHALHUB, Melhim Namen. *Negócio fiduciário*: alienação fiduciária, cessão fiduciária, securitização, Decreto-lei n. 911/69, Lei n. 8.668/93, Lei n. 9.514/97. Rio de Janeiro: Renovar, 2009, p. 296.

[164] Enunciado n. 591 da JDC/CJF: "A ação de reintegração de posse nos contratos de alienação fiduciária em garantia de coisa imóvel pode ser proposta a partir da consolidação da propriedade do imóvel em poder do credor fiduciário e não apenas após os leilões extrajudiciais previstos no art. 27 da Lei n. 9.514/97". Apesar disso, o STJ, sob a perspectiva do Direito Tributário, vem entendendo que o credor-fiduciário não pode ser considerado sujeito passivo do IPTU antes da consolidação da propriedade e da imissão na posse do imóvel objeto da alienação fiduciária, por não se enquadrar em nenhuma das hipóteses previstas no art. 34 do CTN (AREsp 1.796.224/SP, j. em 16-11-2021).

[165] O Enunciado n. 506 da JDC/CJF dispõe que: "Estando em curso contrato de alienação fiduciária, é possível a constituição concomitante de nova garantia fiduciária sobre o mesmo bem imóvel, que, entretanto, incidirá sobre a respectiva propriedade superveniente que o fiduciante vier a readquirir, quando do implemento da condição a que estiver subordinada a primeira garantia fiduciária; a nova garantia poderá ser registrada na data em que convencionada e será eficaz desde a data do registro, produzindo efeito *ex tunc*".

Cada caso deve ser analisado isoladamente, pois em alguns deles, ambos os consortes terão o direito de aquisição da propriedade sobre o bem (direito real), ao passo que, em outros, apenas um deles titularizará esse direito, tendo o outro mero direito de crédito referente ao *equivalente pecuniário* das parcelas pagas no período da convivência (direito pessoal), podendo ser cogitadas hipóteses, ainda, em que um só deles titularizará o próprio direito de propriedade sobre a coisa (direito real).

Obviamente, não seria possível delimitar todas as hipóteses neste livro, pois a vida é muito rica em exemplos. Isso não impede que imaginemos, pelo menos, algumas situações que, para fins didáticos, poderiam ser classificadas de acordo com o momento da celebração do contrato, da seguinte forma: a) antes do início do relacionamento, ou; b) depois do início do relacionamento.

Vejamos cada uma delas separadamente:

a) No primeiro caso, isto é, em contratos celebrados antes da união, pense nas seguintes possibilidades:

   a.1) o financiamento tem início antes da união, por iniciativa exclusiva de um só dos consortes, que o quita antes que o relacionamento tenha início, mas não procede ao registro da propriedade do bem para seu nome perante a serventia imobiliária a tempo;

   a.2) o financiamento tem início antes da união, por iniciativa exclusiva de um só dos consortes, que paga parte de seu valor, mas o pagamento feito pela outra parte e a quitação ocorrem durante, pelo esforço comum de ambos.

b) No segundo caso, isto é, em contratos celebrados durante a união, cogite, por exemplo, os seguintes cenários:

   b.1) o financiamento tem início durante o relacionamento, por iniciativa conjunta do casal, sendo integralmente quitado antes da data de eventual separação de fato ou da separação ou do divórcio;

   b.2) o financiamento tem início durante o relacionamento, por iniciativa conjunta do casal, mas tem parte de seu valor coberto exclusivamente por um dos consortes, com bem particular seu, embora o pagamento feito pela outra parte e a quitação ocorram pelo esforço comum de ambos, também durante a vigência da união, e;

   b.3) o financiamento tem início durante o relacionamento, por iniciativa conjunta dos consortes, que pagam diversas parcelas sob esforço comum, mas, acabam se separando antes que ocorra a quitação, fazendo com que só um deles arque com o financiamento até a quitação.

Para a solução destes e de casos assemelhados – desde que não submetidos à disciplina de programas habitacionais, que serão estudados no próximo tópico –, é preciso, antes de qualquer coisa, identificar o que será objeto da mancomunhão.

Comecemos tratando dos casos hipotéticos envolvendo contratos celebrados antes da união (letra "a").

Na primeira hipótese deste caso (letra "a.1"), a propriedade do bem terá sido adquirida exclusivamente pelo comprador, sem qualquer comunicação ao outro, pois ele terá quitado o financiamento antes mesmo do início do relacionamento, apenas postergando a transferência do bem para seu nome. Logo, só ele terá direito real no caso (propriedade), inexistindo mancomunhão sobre qualquer direito de natureza real ou pessoal. Aliás, o STJ já teve oportunidade de decidir no sentido de que "imóvel cuja aquisição tenha causa anterior ao casamento realizado sob o regime de comunhão parcial de bens, com transcrição no registro imobiliário na constância deste, é incomunicável"[166].

Na segunda hipótese deste mesmo caso (letra "a.2") – quando uma porção do valor do imóvel já tiver sido coberta exclusivamente por um dos consortes, antes do início do relacionamento, mediante o pagamento em dinheiro ou a entrega de bem pertencente a seu patrimônio exclusivo (particular) no ato da assinatura do contrato (a título de arras ou sinal da operação), e as prestações remanescentes acabarem sendo pagas durante, pelo esforço comum de ambos –, o outro consorte também não poderá adquirir a propriedade desse bem, pois, na origem, o fato gerador do financiamento teria sido a celebração do contrato de forma isolada por um só deles (o comprador-fiduciante), episódio este que, como dito há pouco, já lhe atribuiria o direito real de aquisição (CC, art. 1.368-B; LRP, art. 129, 5º, art. 167, I, 35)[167].

Como resultado, só um deles (o comprador-fiduciante) terá possibilidade de adquirir o direito de propriedade (direito real) no caso, fazendo com que o outro tenha direito somente sobre as parcelas para cujo pagamento tenha contribuído, isto é, mero direito de crédito (direito pessoal), pois, além de não titular o direito real de aquisição da propriedade (por não ter celebrado o contrato em seu nome), não poderá pretender partilhar o dinheiro em espécie ou os bens particulares utilizados por aquele para a cobertura parcial do financiamento, em razão da excludente prevista no art. 1.659, II, do Código, já estudada oportunamente (sub-rogação).

Em resumo: haverá mancomunhão apenas sobre o direito de crédito (direito pessoal) em relação às parcelas pagas.

É preciso ter bastante atenção a este detalhe: se é o direito real de aquisição que faz nascer o direito expectativo à propriedade da coisa, o consorte não contratante não poderia vir a se tornar proprietário, nem mesmo que a quitação ocorresse enquanto estivessem juntos, sendo esta a razão de ter direito somente ao mero direito pessoal sobre as prestações pagas.

Vale somente lembrar que a prova a respeito deve ser produzida por quem alega a ocorrência da sub-rogação[168].

No âmbito do STJ, este posicionamento é pacífico, não sendo incomuns decisões concluindo que "o fato de o marido ter adquirido o imóvel antes do casamento não elimina o direito da mulher de ver incluída na comunhão a parcela paga a título de financiamento, durante o casamento"[169].

---

[166] REsp 707.092/DF, *DJ* 1º-8-2005.
[167] Em sentido próximo: VELOSO, Zeno. Regimes matrimoniais de bens. Em, PEREIRA, Rodrigo da Cunha (coord.). *Direito de família contemporâneo*. Belo Horizonte: Del Rey, 1997, p. 179-180.
[168] STJ, AREsp 1.293.932/MG, *DJe* 26-9-2018; AgRg no AREsp 238.968/DF, *DJe* 18-12-2013.
[169] REsp 246.613/SP, *DJ* 22-5-2000.

Como se trata de mero direito de crédito, bastará que o valor histórico (nominal) empregado nos pagamentos ocorridos durante o relacionamento seja atualizado monetariamente desde o dia do respectivo desembolso até a data do efetivo pagamento, e, ao final, repartido à razão de 50% para cada.

Essa relação dá origem, assim, a uma dívida de dinheiro (pecuniária), porque gera o dever de um pagar ao outro, simplesmente, uma soma em dinheiro. É assim, então, que deve ser ultimada a partilha nesses casos: pelo pagamento em dinheiro da quantia devida ou pela subtração do valor correspondente do patrimônio comum, em uma espécie de compensação.

Conheçamos, agora, os casos hipotéticos envolvendo contratos celebrados durante a união (letra "b"). Agora, a coisa muda completamente de figura, pois o financiamento terá sido contraído em momento posterior à formação da união, o que faz com que a mancomunhão recaia, também, sobre o direito de aquisição do bem, isto é, sobre um direito real (CC, art. 1.368-B; LRP, art. 129, 5º, art. 167, I, 35), o qual poderá se convolar em direito de propriedade tão logo o débito seja quitado[170].

Vejamos, então, como se desenrolaria a partilha nesse caso.

Na primeira hipótese deste caso (letra "b.1"), a mancomunhão recairá sobre o direito real de propriedade, permitindo que ambos os consortes adquiram a propriedade do bem (direito real), pois terão iniciado e concluído o financiamento quando ainda estavam juntos, o que não sofreria alteração nem mesmo se o casal viesse a se separar de fato durante o financiamento, desde que ambos os consortes continuassem, direta ou indiretamente, efetuando o pagamento das prestações, pois a quitação ocorreria por esforço comum, da mesma forma[171].

Na segunda situação hipotética desse mesmo caso (letra "b.2"), qual seja, aquela em que uma parte do valor do financiamento é coberto exclusivamente por um dos consortes, depois do início do relacionamento, porém, com bem particular seu, e, a outra parte é quitada durante, pelo esforço comum, ambos terão direito de adquirir a propriedade do bem (direito real), já que teriam celebrado e quitado o contrato durante a união. Porém, no momento da partilha, deverá ser considerada a sub-rogação materializada na fração do financiamento paga com o bem particular de um deles (CC, art. 1.659, I). Embora ela não impeça a aquisição da propriedade pelo casal, atribui direito de crédito (direito pessoal) àquele que efetuou a sub-rogação, devendo a partilha ser feita nos mesmos moldes há pouco mencionados: pelo pagamento em dinheiro da quantia devida ou pela subtração do valor correspondente do patrimônio comum, em uma espécie de compensação.

Exatamente nesse sentido, o STJ vem decidindo que, "havendo aquisição de bens durante o casamento, pagos parcialmente mediante sub-rogação de patrimônio particular de um dos cônjuges, somente o quinhão proporcional à sub-rogação será excluído da partilha – e destinado exclusivamente a um dos cônjuges –, devendo a diferença ser dividida à razão de 50% para cada um dos consortes"[172].

---

[170] STJ, REsp 1.844.279/DF, *DJe* 14-5-2020; REsp 1.837.704/DF, *DJe* 27-5-2020.
[171] Assim: NEVARES, Ana Luiza Maia. Partilha de bens imóveis. Em ANDRADE, André Gustavo e col. (coords). *Lições de direito imobiliário*: homenagem a Sylvio Capanema. Rio de Janeiro: Mundo Jurídico, 2021, p. 618.
[172] REsp 963.983/RN, *DJe* 16-8-2012.

Não se esqueça que, aqui também, deve ser feita prova específica a respeito da sub-rogação, sob pena de ela não ser reconhecida no caso concreto[173].

Apesar de se tratar de mero direito de crédito, a forma pela qual seu montante será apurado variará bastante em relação ao modelo anterior, pois o que as partes tinham sob mancomunhão na origem era um direito real (de aquisição) e não apenas um direito pessoal (de crédito sobre o valor das parcelas).

Isso será visto com mais detalhes daqui a pouco, logo depois de ser estudada a terceira e última hipótese do segundo caso (letra "b.3"), que versa justamente sobre a situação em que ambos assinam o contrato e dão início ao financiamento durante a união, mas se separam antes da quitação, fazendo com que um só deles continue pagando o financiamento até o final.

Nesse caso, à semelhança do que se viu no exemplo anterior, os dois titularizariam o direito real de aquisição (direito real) e a expectativa de adquirir, também, a propriedade (direito real). Porém, em razão do abandono do financiamento por um deles, a propriedade não lhe poderia ser atribuída. E, ao mesmo tempo, não se poderia negar que o sujeito que continuasse efetuando os pagamentos teria, tal qual no exemplo anterior, um direito de crédito, no valor correspondente a 50% das parcelas pagas exclusivamente por ele durante esse período de inadimplemento do outro.

Perceba que, tal qual no exemplo anterior (letra "b.3"), a mancomunhão recobre o direito real de aquisição, fazendo com que a forma de apuração desse crédito seja, aqui também, um tanto quanto diferenciada. É que talvez não seja justo apurarem-se os montantes devidos promovendo-se a mera atualização monetária do preço do bem sub-rogado e do valor das prestações pagas com exclusividade, respectivamente. Provavelmente, essa fórmula seria por demais simplista, podendo gerar consequências desastrosas tanto para o patrimônio de um quanto do outro. Afinal, na origem, a intenção de ambos era adquirir o bem em conjunto, tanto que titularizavam o direito real de aquisição, certo?

Portanto, parece que, tanto na hipótese da letra "b.2", quanto na da letra "b.3", o ideal seja levar-se em consideração o valor real do bem e não o mero valor do financiamento.

E, como se sabe, bens se valorizam, desvalorizam, são utilizados e se deterioram com a ação do tempo, impossibilitando que se predefina o seu próprio valor e os valores dele derivados, pois sofrem variações de acordo com cada local, e, sobretudo, com o mercado. Que o digam os imóveis localizados em áreas que venham a ser incrementadas pela construção de empreendimentos empresariais de vulto, que sofrem uma valorização quase imediata, ou, os eletroeletrônicos e automóveis, que sofrem desvalorização pelo simples passar do tempo e pelo avanço tecnológico.

Essas relações dão origem, portanto, a uma dívida de valor, pois o que deve ser pago ao outro não é uma soma em dinheiro, pura e simples, mas uma importância que corresponda ao real valor do conjunto, influenciado pela variação de mercado[174].

---

[173] Obviamente, se a integralidade do preço do bem for paga com bens pertencentes ao patrimônio particular de um só, o outro não poderia adquirir a propriedade, pois a sub-rogação seria integral no caso.
[174] A principal diferença entre dívidas de dinheiro e dívidas de valor reside no fato de que as primeiras têm na moeda o objeto da dívida e o meio de pagamento, enquanto segundas têm no alcance de um fim específico (ex.: reparação de danos, alimentos, repetição de indébi-

Se é assim que as coisas normalmente são, isso deve ser levado em consideração quando a aquisição derivar do esforço comum, como no caso, sempre observando-se a boa-fé, é claro[175].

Para que esse cálculo seja feito, talvez o melhor método seja aquele que o divide em três momentos distintos: *i*) primeiro avalia-se o bem por seu valor de mercado no momento da partilha, obtendo-se um valor em moeda corrente (p. ex.: R$ 100.000,00); *ii*) depois, apura-se qual *percentual do financiamento*[176] teria sido pago com o bem dado em sub-rogação (letra "b.2") e/ou com as prestações pagas com exclusividade (letra "b.3"), obtendo-se, por exemplo, 20%, 35%, 40%); *iii*) na sequência, aplica-se esse percentual sobre o valor do bem, obtendo-se o montante que deve ser levado em consideração na apuração da expressão econômica da contribuição (p. ex.: R$ 20.000,00, R$ 35.000,00, R$ 40.000,00).

Na hipótese da letra "b.2", o resultado da operação corresponderá à expressão econômica exata da contribuição daquele que deu o bem em sub-rogação, bastando que o juízo de família disponha a respeito em sentença, para que ele possa ser cobrado oportunamente.

Já na hipótese tratada na letra "b.3", a coisa iria um pouco além. O consorte que tenha abandonado o financiamento transferirá, com a anuência do credor-fiduciário, os direitos de que seja titular ao outro[177], tornando-se seu credor em relação à quantia paga conjuntamente. Para apuração do montante devido, o mesmo passo a passo acima mencionado deve ser seguido, qual seja: *i*) avaliar-se o imóvel no momento da partilha; *ii*) levar-se em consideração o *percentual do financiamento* pago em conjunto pelo casal (obtendo-se, por exemplo, 10%, 15%, 20%), e; *iii*) aplicar-se esse percentual sobre o valor do bem (p. ex.: R$ 10.000,00, R$ 15.000,00, R$ 20.000,00, respectivamente). Porém, aqui ainda seria preciso um quarto passo. Como o que estaria sendo apurado seria a expressão econômica da contribuição de um só dos consortes, no âmbito de um financiamento constituído de prestações pagas por ambos, seria preciso que se dividisse o último valor obtido em duas partes iguais (obtendo-se, p. ex.: R$ 5.000,00, R$ 7.500,00, R$ 10.000,00, respectivamente).

De posse desse valor, bastará ao juízo de família reconhecer o crédito em sentença a favor daquela que tenha abandonado o financiamento antes de sua quitação.

É de todo conveniente que a Vara de Família, antes mesmo de decretar a partilha, ordene a expedição de ofícios ao banco credor, para que ele esclareça a atual situação do parcelamento e indique o percentual do financiamento já quitado até a data de eventual separação de fato.

Estabelecida a obrigação de pagamento na sentença de divórcio, de separação ou de dissolução da união estável, o crédito correspondente pode ser exigido por meio do procedimento de cumprimento a ser instaurado perante o próprio Juízo de Família, muito embora o imóvel em si não possa ser penhorado para o pagamento da dívida, caso se enquadre como bem de família, pois, em última análise, não será ele que estará sendo partilhado (o

---

to etc.) seu objeto, sendo o dinheiro mero meio de pagamento. Sobre a distinção entre dívida de dinheiro e dívida de valor: WALD, Arnoldo. Aspectos processuais da aplicação da teoria das dívidas de valor. *Revista de Informação Legislativa* a. 18, n. 69, jan-mar/81, p. 229-260, e, WALD, Arnoldo. A Teoria das dívidas de valor e as indenizações decorrentes de responsabilidade civil. *Revista de direito da Procuradoria Geral / Governo do Estado da Guanabara*, n. 23, 1970, p. 22-49

175 O STJ entende que a valorização da coisa só aproveita o consorte se ela decorrer do esforço comum: REsp 1.349.788/RS, DJe 29-8-2014.
176 Não se apura o valor das parcelas pagas, mas sim o percentual do parcelamento pago.
177 Lei n. 9.514/97, art. 29. O fiduciante, com anuência expressa do fiduciário, poderá transmitir os direitos de que seja titular sobre o imóvel objeto da alienação fiduciária em garantia, assumindo o adquirente as respectivas obrigações.

direito de propriedade), mas sim o equivalente às parcelas pagas em conjunto (o direito de crédito), como já teve oportunidade de decidir o STJ[178].

9.5.8.1 As especificidades dos programas Minha Casa, Minha Vida, Casa Verde e Amarela e do Sistema Nacional de Habitação de Interesse Social

No que concerne aos imóveis adquiridos a prestação no âmbito do Programa Minha Casa, Minha Vida (PMCMV), é preciso atenção especial, pois a regra geral traçada pelos arts. 10 e 35-A da Lei n. 11.977/2009 é no sentido de que, salvo as hipóteses excludentes previstas por ela própria, o bem deva ficar registrado somente *em nome da mulher ou do homem que tiver filho sob sua guarda exclusiva*, independentemente do regime de bens aplicável[179].

Adotando trilha semelhante, a Lei n. 11.124/2005, que dispõe sobre o Sistema Nacional de Habitação de Interesse Social – SNHIS, estabelece que os contratos e os respectivos registros cartorários deverão constar, preferencialmente, no nome da mulher, quando envolverem concessões de empréstimos e lavratura de escritura pública para os fins que disciplina (art. 23, § 1º, VI).

A propriedade, portanto, é um direito que não se comunica entre os consortes como regra, em razão da especialidade destas leis. Como resultado, o título de *propriedade* do imóvel será registrado em nome da pessoa tutelada pelas leis ou a ela transferido, ainda que seja preciso ordem judicial para tanto.

Dito de outro modo, a mancomunhão não recobrirá o direito real de propriedade, por causa de uma exceção criada por lei. Competirá àquele consorte que se vir privado do direito real, exigir a partilha do mero *direito de crédito sobre as prestações pagas durante a união*, cujo procedimento seguirá o regramento tratado no tópico anterior, especialmente no caso dos Programas Minha Casa, Minha Vida e Casa Verde e Amarela, pelo fato de a operação de aquisição de imóvel residencial em seus âmbitos normalmente se dar com a formalização de contrato de compra e venda mediante financiamento garantido por alienação fiduciária incidente sobre o próprio bem financiado. Como resultado, cada um deles poderá ter direito a 50% sobre os *valores pagos* até a data da separação de fato, na mesma forma antes referida, se houver quadro fático que atraia a incidência das normas de comunicabilidade, obviamente, sem prejuízo de partilharem os direitos referentes à posse, como já visto neste livro.

Vale apenas ser feita a observação de que existe um movimento em diversos Estados da Federação, no sentido de reconhecer a inconstitucionalidade dessas disposições, por suposta violação ao princípio da igualdade no âmbito das relações familiares[180]. Resta aguardar o posicionamento dos Tribunais Superiores a esse respeito.

---

[178] Exatamente assim: STJ, REsp 1.862.925/SC, *DJe* 23-6-2020.
[179] Este é o teor do dispositivo mencionado: "Art. 35-A. Nas hipóteses de dissolução de união estável, separação ou divórcio, o título de propriedade do imóvel adquirido no âmbito do PMCMV, na constância do casamento ou da união estável, com subvenções oriundas de recursos do orçamento geral da União, do FAR e do FDS, será registrado em nome da mulher ou a ela transferido, independentemente do regime de bens aplicável, excetuados os casos que envolvam recursos do FGTS. Parágrafo único. Nos casos em que haja filhos do casal e a guarda seja atribuída exclusivamente ao marido ou companheiro, o título da propriedade do imóvel será registrado em seu nome ou a ele transferido".
[180] STJ, AREsp 1.587.849/MS, *DJe* 21-11-2019; AREsp 1.549.283/MS, *DJe* 29-10-2019. Sobre o tema, conferir: CARVALHAL, Ana Paula Zavarize. O regime da separação de bens e o Programa Minha Casa Minha Vida: uma análise da ação afirmativa prevista no art. 35-A da Lei 11.977/09. Em: PORTANOVA, Rui; CALMON, Rafael; D'ALESSANDRO, Gustavo. *Direito de Família conforme interpretação do STJ*. V. 2. Regimes de separação de bens. São Paulo: Foco, 2022.

9.5.9 OS DIREITOS DE POSSE, USO OU MORADIA SOBRE IMÓVEIS PÚBLICOS

Outro direito comumente partilhável no cotidiano forense é o de uso ou moradia sobre imóveis públicos. Desde que devidamente autorizado pela Administração, ele pode se comunicar entre os ex-consortes.

Portanto, eventual anuência concedida pelo Poder Público a um deles, em decorrência de programas habitacionais de baixa renda, por exemplo, pode levar à partilha não só do *direito* de uso ou moradia em si, como de seu *conteúdo patrimonial* (expressão econômica), devido ao inegável proveito econômico gerado ao beneficiário. Afinal, ele não terá que pagar aluguel e os encargos correspondentes, tampouco desembolsar quantia para ter onde morar.

Para além deles, os direitos inerentes à *posse* também poderão se comunicar, já que apenas a ocupação *irregular* de área pública impede a configuração de situação possessória, gerando mera detenção[181]. Como resultado, *ocupações regulares* autorizam posse sim e, via de consequência, a projeção de seus efeitos, dentre os quais se destaca o uso de interditos inclusive contra terceiros e contra a própria Administração[182].

A coisa ainda vai além. Mesmo em se tratando de ocupação irregular, o ocupante pode passar a deter algo de valor para ser partilhado. É que esse tipo de ocupação não gera posse apenas em face do Poder Público, mas sim mera detenção, como deixa claro o enunciado da Súmula 619 do STJ[183]. Porém, em relação a eventuais terceiros particulares, existe posse sim, inclusive com possibilidade de uso dos interditos para combater eventual invasão ou tentativa praticados por eles.

E, ao que parece, essa posse possui expressão econômica que, entre os consortes, pode ser partilhada, como acontece comumente no cotidiano.

Apesar de essa ser uma prática bastante antiga e, de certo modo, até usual em todo o território nacional, existem elementos indicando que a compra e venda de terrenos em loteamentos irregulares/clandestinos possa começar a ser contida. Prova disso é que, em outubro de 2024, a 3ª Turma do STJ reconheceu a ilicitude do objeto de um contrato de compra e venda de terreno não registrado, declarando a sua nulidade (Lei n. 6.766/79, art. 37), mesmo em tendo ele sido firmado por dois particulares que tinham conhecimento da clandestinidade do loteamento[184].

Resta saber se e como esse posicionamento vai interferir sobre o direito patrimonial das famílias.

A partilha de direitos possessórios será retomada oportunamente.

9.5.10 AS ACESSÕES IMPLANTADAS EM SOLO ALHEIO

Outra questão que assume especial relevância é aquela que envolve a semeadura, as plantações e as construções erguidas por um ou por ambos os consortes sobre o solo de terreno alheio, isto é, as acessões artificiais, tão recorrentes no cotidiano.

---

[181] STJ, REsp 556.721/DF, *DJ* 3-10-2005.
[182] STJ, REsp 1.296.964/DF, *DJe* 7-12-2016.
[183] STJ, Súmula 619: "A ocupação indevida de bem público configura mera detenção de natureza precária insuscetível de retenção ou indenização por acessões e benfeitorias".
[184] REsp 2.166.273/SP, *DJe* 10-10-2024.

Em relação a elas, não necessariamente haverá incidência da norma a que se refere o art. 1.660, IV, pois não se tratam de benfeitorias, e, o solo pode pertencer a nenhum dos consortes, mas sim a um terceiro, como via de regra acontece[185]. Basta pensar como é corriqueira a hipótese de o casal construir sua morada sob o terreno de propriedade de um de seus pais. A hipótese será regida, portanto, pela aplicação conjunta das regras do Direito das Famílias (p. ex.: CC, art. 1.658) e do Direito das Coisas (p. ex.: CC, arts. 1.253 e s.). Aquelas, regulando aspectos relacionados à eventual comunicabilidade. Estas, se encarregando de conferir tratamento jurídico às acessões em si.

Já que as regras inerentes à comunicabilidade foram oportunamente estudadas, a gente precisa conhecer a disciplina jurídica das acessões.

Bom. De acordo com a regra geral adotada pelo sistema brasileiro, tudo aquilo que é incorporado a título de construção ou plantação em qualquer terreno presume-se feito pelo proprietário e à sua custa (CC, art. 1.253). Essa presunção, no entanto, não é absoluta. Logo, admite-se prova em sentido contrário, como deixa claro o próprio texto legal mencionado[186]. Cabe ao plantador ou construtor, então, comprovar que as sementes, plantas ou materiais de construção eram de sua propriedade, e não do dono do solo. Logrando êxito nessa investida, ele perderá a acessão para este, mas poderá ser indenizado se tiver agido de boa-fé, como ocorreria se tivesse executado os trabalhos em sua presença e sem qualquer impugnação (CC, art. 1.256, parágrafo único). Aliás, isso fica bem claro quando se lê o enunciado do art. 1.255 do Código Civil, segundo o qual "aquele que semeia, planta ou edifica em terreno alheio perde, em proveito do proprietário, as sementes, plantas e construções; se procedeu de boa-fé, terá direito a indenização". Se, no entanto, a construção ou a plantação for tão significativa que exceder consideravelmente o valor do terreno, o plantador ou edificador de boa-fé não será indenizado. Pelo contrário. Ele é que poderá ser obrigado a indenizar o dono do terreno. Em contrapartida, poderá adquirir não só *a coisa* construída ou plantada, mas também a propriedade do *solo* ao qual ela tenha sido incorporada (CC, art. 1.255, parágrafo único).

Pode ocorrer, porém, de o responsável pela implantação da acessão agir de má-fé. Nesse caso, é o proprietário do solo que poderá obrigá-lo a repor as coisas ao estado anterior, mediante a retirada do que tiver sido plantado e a demolição daquilo que tiver sido edificado, sem prejuízo do pagamento de indenização, a não ser que sua intenção seja a de deixar que as coisas permaneçam como estão, a seu benefício e sem reparação em pecúnia[187].

Assim, percebe-se que o responsável pelo acréscimo de boa-fé normalmente não se torna proprietário da coisa acedida, até porque não seria muito funcional que ele pudesse arrancar as plantações ou, pior ainda, que extraísse ou demolisse as construções já acrescentadas ao solo do terceiro só para recuperar seu investimento. Por isso, a opção adotada como

---

[185] Se, no entanto, forem implantadas em imóvel de propriedade de um só dos consortes, a regra a ser aplicável é a mesma do art. 1.660, IV do Código Civil. Assim: STJ, REsp 1.888.242/PR, *DJe* 31-3-2022.
[186] É possível até mesmo a redistribuição do ônus da prova (distribuição dinâmica), com base no art. 373, § 1º do CPC, para atribuir ao proprietário exclusivo do imóvel (bem particular), o encargo de comprovar que as benfeitorias nele realizadas não o teriam sido durante o casamento. Exatamente assim: STJ, REsp 1.888.242/PR, *DJe* 31-3-2022.
[187] GONÇALVES, Carlos Roberto. *Direito civil brasileiro*: direito das coisas. 6. ed. São Paulo: Saraiva, 2011, v. 5, p. 319.

regra geral pelo sistema foi a de que as coisas permanecessem onde estão e passassem a pertencer ao proprietário do terreno, mediante o pagamento de indenização àquele[188].

Conhecidos esses aspectos das acessões, basta que a gente faça a aplicação coligada das regras dos regimes de bens, para que se saiba como deve ocorrer a comunicabilidade das acessões, a partir de cada caso concreto.

Caso a acessão seja justaposta de boa-fé pelos cônjuges ou conviventes ao solo de terceiros (dos pais de um deles, por exemplo), eles poderão ser indenizados se tiverem agido em situação que atraia a regra da comunicabilidade, ou seja, se tiverem a realizado sob esforço comum em regimes comunitários de bens. Como a plantação ou construção não lhes pertencerá, os direitos delas decorrentes é que deverão ser partilhados à razão de 50% para cada. Direitos de crédito, portanto[189].

É importante que isso fique claro, para que a partilha das acessões propriamente ditas não seja postulada nas ações de divórcio, separação e dissolução de união estável, por exemplo. Afinal, lembre-se que a casa edificada e/ou as plantações feitas sobre o solo pertencerão ao proprietário deste e não a quem as implantou. E, via de regra, este proprietário não integra a relação jurídico-processual, impossibilitando que ele seja atingido pela eficácia da sentença (CPC, art. 506)[190].

Sim, a acessão tem dessas coisas.

O curioso é que essa situação parece fazer surgir duas relações jurídicas simultâneas. Uma interna e outra externa. Internamente, a situação dirá respeito apenas aos ex-consortes e será regida pelas normas do Direito das Famílias. Externamente, envolverá, de um lado, os ex-consortes, e, de outro, o dono do solo, sendo disciplinada pelas regras do Direito das Coisas. Na relação interna, o que se precisará saber é apenas se a acessão é ou não comunicável e, em caso positivo, qual o valor nela empregado pelos consortes, isto é, o *preço gasto da acessão* (essencialmente, o CUB – Custo Unitário Básico). Na relação externa, a investigação será mais ampla: revolverá o elemento subjetivo dos envolvidos (boa ou má-fé)[191], e, o eventual direito de retenção, tendo por principal objetivo descobrir o verdadeiro valor agregado ao valor do solo pela implantação da acessão, ou seja, o *valor final do conjunto*.

Havendo, portanto, ação de família em que se objetive a partilha de acessões, o juízo deverá investigar, em primeiro lugar, apenas a sua existência, aquilo que nela tenha sido empregado, o eventual uso de bem particular na operação e a data de sua aderência ao solo, para que possa ser feito o cotejo com a data da união e, enfim, se saber se ela será ou não comunicável à luz do regime de bens aplicável. Para tanto, mostra-se altamente conveniente que o dono do solo seja ouvido durante a instrução processual, no mínimo, como informante (CPC, art. 447, §§ 4º e 5º). Afinal, durante essa investigação, pode-se acabar

---

[188] Ressalvada a hipótese tratada no art. 1.255, parágrafo único, que não receberá maiores comentários por aqui em razão de seu caráter excepcionalíssimo.
[189] Se o imóvel base for matriculado no Cartório de Registro de Imóveis, as edificações a ele justapostas deverão ser obrigatoriamente averbadas em sua matrícula (LRP, art. 167, II, 4 e art. 169).
[190] Art. 506. A sentença faz coisa julgada às partes entre as quais é dada, não prejudicando terceiros.
[191] Enunciado n. 318 da JDC/CJF: "O direito à aquisição da propriedade do solo em favor do construtor de má-fé (art. 1.258, parágrafo único) somente é viável quando, além dos requisitos explícitos previstos em lei, houver necessidade de proteger terceiros de boa-fé".

descobrindo que a acessão é incomunicável por ter sido custeada com recursos provenientes do próprio dono do lote, por exemplo.

Longe de representar algo utópico, isso realmente aconteceu e chegou a ser analisado pelo STJ, que proferiu a seguinte ementa:

> PROCESSUAL CIVIL. AGRAVO INTERNO NO AGRAVO EM RECURSO ESPECIAL. AÇÃO DE DIVÓRCIO C/C PEDIDO DE PARTILHA DE BENS. ACESSÃO REALIZADA COM RECURSOS PROVENIENTES DOS GENITORES DE UM DOS EX-CONSORTES. MERA LIBERALIDADE. INCOMUNICABILIDADE. JURISPRUDÊNCIA DOMINANTE DO STJ. JULGAMENTO MONOCRÁTICO. POSSIBILIDADE.
> 1. Ação de divórcio c/c pedido de partilha de bens.
> 2. Na hipótese de doação, em que o aumento patrimonial de um dos consortes prescinde da participação direta ou indireta do outro, sendo fruto da liberalidade de terceiros, o bem doado, mesmo em relações matrimonias sob o regime de comunhão parcial de bens, é incomunicável, salvo se o doador expressamente se manifestar em sentido contrário (REsp n. 1.318.599/SP, Terceira Turma, *DJe* 2-5-2013).
> 3. Hipótese dos autos em que o acórdão recorrido, de maneira expressa e inequívoca, assentou que tanto o valor da aquisição do terreno, como os custos da construção em imóvel foram suportados pelos genitores da agravada, sem qualquer ressalva de que a doação favoreceria ambos os cônjuges, a impor a exclusão do bem da partilha.
> 4. Consoante o disposto na Súmula 568/STJ, pode o relator, monocraticamente, dar provimento ao recurso quando houver entendimento dominante acerca do tema, como sói ocorrer na espécie.
> 5. Agravo interno não provido.
> (AgInt no AREsp 2.401.899/SP, *DJe* 6-12-2023)

No entanto, a fase instrutória da ação de família pode revelar que a acessão é sim comunicável. Em o sendo, a investigação agora deve se voltar a descobrir o *custo* das sementes, dos insumos agrícolas, dos materiais de construção, da mão de obra e de eventuais bens particulares que possam ter sido utilizados na operação, tudo atualizado monetariamente, para que o montante obtido ao final da operação seja dividido por dois. Essa quantia representará o *preço gasto na acessão*, que deverá ser repartido por ambos, igualmente, ou compensado com outros créditos porventura existentes, tudo em conformidade com as regras do Direito das Famílias (CC, arts. 1.658 e s.).

Já externamente, a relação será travada entre os ex-consortes de um lado e o dono do solo de outro, sob a regência das regras do Direito das Coisas. Ela só existirá se e depois de o juízo de família reconhecer a relação interna. Na ação judicial correspondente, proposta pelos primeiros em face do segundo serão debatidas questões muito mais amplas do que na ação de família, envolvendo todos os aspectos subjetivos e objetivos relacionados às acessões, dentre os quais a boa-fé das partes, a eliminação da presunção estabelecida em favor do proprietário do solo, a existência de direito de retenção[192] etc. E, como o dono do solo pode não ter participado da ação de família como parte, e nem nela ouvido como informante, sua liberdade para alegar matérias em sua defesa será bastante ampla, o que lhe permitirá deduzir até mesmo a eventual inexistência da acessão, ao argumento, por exemplo, de a

---

[192] Nesse sentido, inclusive, é o Enunciado n. 81, das Jornadas de Direito Civil/CJF, segundo o qual "o direito de retenção previsto no art. 1.219 do CC, decorrente da realização de benfeitorias necessárias e úteis, também se aplica às acessões (construções e plantações) nas mesmas circunstâncias". No STJ, o entendimento não é diferente. P. ex.: AgInt no AREsp n. 809.492/PR, rel. Min. Assusete Magalhães, *DJe* 6-10-2017; AgInt no REsp n. 1.565.816/PR, rel. Min. Herman Benjamin, *DJe* 6-10-2016.

edificação ser uma obra realizada em seu próprio solo às suas exclusivas expensas, o que poderá levar até à improcedência dos pedidos. Esse nem um pouco improvável cenário levaria a uma situação curiosa, em que o juízo de família teria reconhecido a comunicabilidade de uma "acessão", mas o juízo cível não reconheceria a existência dessa "acessão", por reconhecer que o dono do solo teria edificado sobre seu próprio terreno, arcando com todas as despesas necessárias. Apesar de curiosa, essa seria uma situação plenamente compatível com nosso ordenamento jurídico, dada a impossibilidade de os efeitos da sentença proveniente do juízo de família o atingirem e o prejudicarem de qualquer forma (CPC, art. 506), fazendo com que os ex-cônjuges ficassem sem receber a indenização a que supunham fazer jus, pelo simples fato de não terem conseguido comprovar o seu pretenso direito perante o juízo cível.

Todavia, se não forem feitas essas alegações e prova, e houver o reconhecimento do direito em face do dono do solo, deverá ser apurado o valor da acessão, para que se possa saber o valor da indenização correspondente (CC, art. 1.255). Porém, diversamente do que ocorre na relação interna, o montante da indenização na relação externa deverá ser apurado com base em método avaliatório específico, que leve em consideração dados estatísticos e probabilísticos, em busca não de meros *preços* de insumos, mas sim do *valor final do conjunto*, ou seja, de quanto o solo passou a valer depois de a acessão ter sido a ela agregada.

Inclusive, o Anteprojeto de Reforma pretende prescrever algo bastante parecido em seu art. 1.660, IV – o qual poderia ser analogicamente aplicado ao caso –, para passar a dispor que o valor das benfeitorias lançadas em bens particulares de cada cônjuge ou convivente, deve levar em consideração, sempre que possível, "o da valorização do bem em razão das benfeitorias realizadas".

Por isso, deverá ser analisado, minudentemente, tudo o que tenha repercutido sobre o valor do terreno pela plantação ou edificação acedida e não apenas as quantias gastas para aquisição de materiais e custeio da mão de obra nelas empregados tornando altamente recomendável o emprego de prova pericial. Fatores como quantidade e área de cômodos edificados, estrutura física, acabamento, fundo de comércio, revestimento utilizado e qualidade do material empregado na construção, procedência das sementes, o nível e a quantidade de produtos e agentes químicos e biológicos utilizada na plantação, entre diversos outros, obrigatoriamente comporão essa equação, pois inevitavelmente repercutirão sobre o imóvel, valorizando-o ou desvalorizando-o.

Se o valor encontrado não exceder significativamente o do terreno, como de costume, os primeiros deverão ser indenizados pelo segundo, se estiverem de boa-fé, é claro. Em contrapartida, perderão a acessão em favor dele (CC, art. 1.255, *caput*). Já se o valor ultrapassar consideravelmente o do próprio solo, os primeiros poderão adquirir a propriedade de tudo, ou seja, do terreno e, por óbvio, da acessão a ele incorporada, como dito oportunamente. É claro que isso só será possível se estiverem de boa-fé e efetuarem o pagamento de uma indenização ao segundo, a ser fixada na Justiça ou estabelecida amigavelmente (CC, art. 1.255, parágrafo único).

Como deve ter ficado claro até aqui, cabe ao juízo da Vara de Família, em regra, apenas examinar a *relação interna* com o propósito específico de atribuir às partes a titularidade conjunta dos *direitos e ações referentes à acessão* lançada sobre o terreno de terceiro. Isso sendo feito, parece ser ideal que os demais direitos e prerrogativas decorrentes da *relação externa* devam ser buscados perante o juízo das Varas Cíveis residuais, por meio de demanda específica, movida em face do proprietário do solo e sob aplicação das normas de Direito das Coisas, se e quando os ex-consortes assim desejarem, desde que dentro do prazo prescricional de três anos estabelecido pelo art. 206, § 3º, IV, do Código Civil, para o exercício da pretensão de ressarcimento por enriquecimento sem causa[193].

Acontece, porém, que a vida é mais rica em exemplos do que o Direito consegue acompanhar. Logo, circunstâncias excepcionais, relacionadas à economia processual e à otimização do procedimento, podem autorizar casuisticamente que o dono do solo participe diretamente da ação de família, tornando possível que o Juízo de Família proceda à análise tanto da relação interna quanto da externa em uma só demanda.

Em paradigmático julgado, inclusive, o Superior Tribunal de Justiça teve oportunidade de se pronunciar sobre um caso em que isso foi feito. Submetido a julgamento por sua 4ª Turma, o Recurso Especial 1.327.652/RS tratava de ação declaratória de união estável cumulada com partilha, promovida por ex-companheira em face tanto de seu ex-consorte quanto do pai dele, ao argumento de que a casa de alvenaria pertencente ao casal havia sido construída, mediante esforço comum, sobre o quintal da casa deste. Ao analisar o processo o Relator, Ministro Luis Felipe Salomão, ressalvou sua opinião no sentido de que "aos ex-companheiros caberá, em ação própria, pleitear indenização em face do proprietário pela acessão construída, desde que tenham procedido de boa-fé, evitando-se o enriquecimento sem causa do titular do domínio", mas que "apesar disso, caso os proprietários venham a integrar a lide, torna-se plenamente possível, a meu juízo, o deferimento do correspondente pleito indenizatório".

No final das contas, o acórdão recebeu a seguinte ementa:

> RECURSO ESPECIAL. UNIÃO ESTÁVEL. DISSOLUÇÃO. PARTILHA DE BEM CONSTRUÍDO SOBRE TERRENO DE TERCEIRO, PAIS DO EX-COMPANHEIRO. ILEGITIMIDADE PASSIVA *AD CAUSAM* DOS TERCEIROS. NÃO OCORRÊNCIA. CONSTRUÇÃO DE ACESSÃO (CASA) QUE SE REVERTE EM PROL DO PROPRIETÁRIO. DIREITO À INDENIZAÇÃO. PARTILHA DOS DIREITOS SOBRE O IMÓVEL. POSSIBILIDADE. EXPRESSÃO ECONÔMICA QUE DEVE SER OBJETO DE DIVISÃO.
>
> 1. O Código Civil estabelece que "aquele que semeia, planta ou edifica em terreno alheio perde, em proveito do proprietário, as sementes, plantas e construções; se procedeu de boa-fé, terá direito a indenização" (CC, art. 1.255), evitando-se, desta feita, o enriquecimento indevido do proprietário e, por outro lado, não permitindo que aquele que construiu ou plantou em terreno alheio tire proveito às custas deste.
>
> 2. Na espécie, o casal construiu sua residência no terreno de propriedade de terceiros, pais do ex-companheiro, e, agora, com a dissolução da sociedade conjugal, a ex-companheira pleiteia a partilha do bem edificado.
>
> 3. A jurisprudência do STJ vem reconhecendo que, em havendo alguma forma de expressão econômica, de bem ou de direito, do patrimônio comum do casal, deve ser realizada a sua meação, permitindo que ambos usufruam da referida renda, sem que ocorra o enriquecimento sem causa e o sacrifício patrimonial de apenas um deles.

---

[193] REsp 2.046.949/SP, *DJe* 17-10-2024. No Anteprojeto de Reforma do Código Civil, o prazo para o exercício dessa pretensão é de 5 anos, na forma do art. 205, parágrafo único.

4. É possível a partilha dos direitos decorrentes da edificação da casa de alvenaria, que nada mais é do que patrimônio construído com a participação de ambos, cabendo ao magistrado, na situação em concreto, avaliar a melhor forma da efetivação desta divisão.

5. Em regra, não poderá haver a partilha do imóvel propriamente dito, não se constando direito real sobre o bem, pois a construção incorpora-se ao terreno, passando a pertencer ao proprietário do imóvel (CC, art. 1.255), cabendo aos ex-companheiros, em ação própria, a pretensão indenizatória correspondente, evitando-se o enriquecimento sem causa do titular do domínio.

6. No entanto, caso os terceiros, proprietários, venham a integrar a lide, torna-se plenamente possível, no âmbito da tutela de partilha, o deferimento do correspondente pleito indenizatório. No ponto, apesar de terem integrado o feito, não houve pedido indenizatório expresso da autora em face dos proprietários quanto à acessão construída, o que inviabiliza o seu arbitramento no âmbito da presente demanda.

7. Na hipótese, diante da comprovação de que a recorrida ajudou na construção da casa de alvenaria, o Tribunal de origem estabeleceu a possibilidade de meação "com o pagamento dos respectivos percentuais em dinheiro e por quem tem a obrigação de partilhar o bem", concluindo não haver dúvida de "que o imóvel deve ser partilhado entre os ex-companheiros, na proporção de 50% para cada um".

8. Assim, as instâncias ordinárias estabeleceram forma de compensação patrimonial em face do ex-companheiro, em razão dos direitos decorrentes da edificação da casa de alvenaria, sendo que o valor percentual atribuído deverá ser apurado em sede de liquidação de sentença e pago pelo varão, não havendo falar em partilhamento do imóvel, já que que se trata de bem de propriedade de outrem.

9. Recurso especial parcialmente provido.

(REsp 1.327.652/RS, *DJe* 22-11-2017)

De fato, desde que não repercuta negativamente sobre a análise de pontos mais sensíveis às famílias, nem comprometa o regular andamento do feito, a citação do proprietário do imóvel para a ação de família parece ser medida das mais salutares, poupando tempo e dinheiro de todos os envolvidos, e evitando a possibilidade de serem prolatadas sentenças potencialmente contraditórias[194].

Figura que não se confunde com a posse nem com as acessões, mas que também se mostra passível de se tornar comunicável entre os consortes é o *direito de laje*, que veio a ser definitivamente introduzido ao rol de direitos reais brasileiros no ano de 2017 (CC, art. 1.225, XIII; ARCC, art. 1.225, VIII), cuja disciplina será analisada no tópico seguinte.

9.5.11 O DIREITO DE LAJE

A "laje" – *tal como tratada pelo Código* –, se consubstancia no direito surgido da vontade conjunta do proprietário de determinada edificação (construção-base) e de terceiro, por meio da qual aquele cede com ou sem ônus a este o direito de construir acima (sobre a laje propriamente dita, como um pavimento superior) ou abaixo (em espaço subterrâneo, como uma garagem ou um porão, por exemplo) de seu imóvel, para que possa titularizar um direito real sobre essa segunda construção que, a partir de então e do cumprimento de determinados requisitos, passará a constituir uma unidade imobiliária autônoma.

Em termos mais precisos, "a laje ou direito sobre a laje (ou, ainda, direito de laje), pode ser conceituada como a nova lâmina de propriedade criada por intermédio da cessão,

---

[194] Entendendo pela indispensabilidade de os proprietários do terreno figurarem na demanda: STJ, REsp 1.624.051/RJ, *DJe* 9-5-2019.

onerosa ou gratuita, da superfície superior ou inferior de uma construção (seja ela sobre o solo ou já em laje) por parte do proprietário (ou lajeário) da mesma, para que o titular do novo direito possa manter unidade autônoma da edificação original[195]".

Trata-se do conhecido e popular "puxadinho", ou seja, daquela extensão ou edificação anexa a imóvel já existente, mas que agora pode sair da irregularidade, se preenchidos forem os requisitos exigidos pelos arts. 1.510-A a 1.510-E do Código Civil.

De início, merece destaque o fato de que o construtor não se tornará proprietário do terreno ou de outras áreas já edificadas no local. Afinal, ele não adquirirá a propriedade, mas sim a titularidade do direito real de laje sobre sua construção apenas, ou seja, sobre esse anexo ou puxadinho, o que já lhe poderá ser de enorme utilidade tão só pelo fato de impedir a transmissão automática da unidade por ele acrescentada na eventualidade de o dono do imóvel originário desejar aliená-lo a terceiros.

Outra importante consideração envolve o próprio nome do instituto. Afinal, embora o termo "laje" seja comumente designado para se referir ao teto das edificações, o direito real de laje aqui tratado engloba tanto as construções feitas acima da parte superior, quanto aquelas realizadas abaixo do piso do imóvel originário, desde que, em qualquer hipótese, no plano vertical, tornando possível a instituição de laje contemplando uma garagem no subsolo, por exemplo.

A efetiva instituição desse direito, contudo, ocorrerá com abertura de uma matrícula própria no Cartório de Registro de Imóveis e por meio da averbação desse fato na matrícula da construção-base e nas matrículas de lajes anteriores, com remissões recíprocas (Lei n. 6.015/73, art. 176, § 9º)[196].

A data da edificação é algo de somenos importância nessa equação. Tanto é assim que o Enunciado n. 669 da JDC/CJF dispõe que "é possível o registro do direito real de laje sobre construção edificada antes da vigência da lei, desde que respeitados os demais requisitos previstos tanto para a forma quanto para o conteúdo material da transmissão".

Feito isso, o sujeito adquirirá formalmente direito real sobre a *edificação* por ele erigida, tomada em projeção vertical em relação à construção-base, sem qualquer implicação relativamente à fração ideal do terreno sobre ou sob o qual ela tenha sido assentada e sem garantir participação proporcional em partes já edificadas pelo proprietário originário ou em áreas não pertencentes a este.

Por isso é que, como dito pouco acima, o construtor não se tornará proprietário do solo, tampouco condômino do dono do imóvel em relação ao qual edificou sua unidade. Poderá titularizar tão somente o direito de laje sobre aquilo que foi construído (art. 1.510-A, §§ 1º e 4º).

Atendidas as formalidades legais, a unidade construída receberá uma matrícula própria, que poderá ser utilizada, gravada e até alienada livremente, desde que, neste último caso, seja assegurado o direito de preferência em igualdade de condições com terceiros, em primeiro lugar, ao dono da construção-base, e em seguida, aos titulares de outras lajes

---

[195] FARIAS, Cristiano Chaves de; EL DEBS, Martha; DIAS, Wagner Inácio. *Direito de laje*: do puxadinho à digna moradia. Salvador: Juspodivm, 2018, p. 22.

[196] Nada impede sua aquisição por usucapião, contudo, caso os requisitos pertinentes sejam preenchidos (Enunciado n. 627 da VIII JDC/CJF).

eventualmente existentes, partindo das ascendentes para as descendentes, com prioridade para as mais próximas da unidade a ser vendida, os quais deverão ser cientificados por escrito para que se manifestem em trinta dias corridos ou em outro prazo estipulado no contrato (CC, arts. 1.510-A, § 3º e 1.510-D)[197].

Além de poder usar, gozar e dispor de sua unidade, o titular da laje poderá hipotecá-la (CC, art. 1.473, I) ou ceder a superfície de sua construção para a instituição de outro direito real de laje sucessivo, desde que conte com autorização expressa dos titulares da construção-base e das demais lajes eventualmente existentes, assim como sejam respeitadas as posturas edilícias e urbanísticas vigentes (CC, art. 1.510-A, § 6º).

É claro que ele também poderá fazer reparos e reformas em seu imóvel, embora jamais possa prejudicar a segurança, a linha arquitetônica ou o arranjo estético do edifício com obras novas ou com falta de reparação, sob pena de se tornar responsável por qualquer incidente daí decorrente (CC, art. 1.510-B).

De acordo com previsão expressa do Código, o titular do direito real de laje responderá pelos encargos e tributos que incidirem sobre a sua unidade, mas as despesas necessárias à conservação e fruição das partes que sirvam a todo o edifício (como os alicerces, colunas, telhado, instalações de água e esgoto etc.) e ao pagamento de serviços de *interesse comum* deverão ser repartidas entre ele, o proprietário da construção-base e os eventuais titulares de outras lajes, na proporção que venha a ser estipulada em contrato ou que decorrer da incidência das normas aplicáveis aos condomínios edilícios, no que couber (CC, arts. 1.510-A, § 2º e 1.510-C).

Adquirido em hipótese fática que atraia a incidência da norma do art. 1.660, I, do Código, o direito de laje revela-se perfeitamente comunicável, assim como seus reflexos econômicos. Havendo pedido de partilha, o juízo da Vara de Família deve atribuir a cada ex--consorte o direito de laje sobre a edificação e o direito à expressão econômica dele derivado, à razão de 50%.

Caso as partes envolvidas não cumpram as condicionantes impostas pelo supramencionado art. 176, § 9º, da Lei de Registros Públicos, não haverá que se falar em direito real de laje, pois não se apresentará o quadro de incidência normativa aqui tratada. A questão será resolvida com a aplicação da disciplina da acessão, já estudada, ou da posse (ARCC, art. 1.510-F), a ser conhecida no próximo tópico.

9.5.12 OS DIREITOS POSSESSÓRIOS

Por possuírem conteúdo patrimonial, os direitos possessórios também integram a noção de bem jurídico para fins de partilha. Logo, caso sejam adquiridos em período e circunstância que atraiam a incidência das normas dos regimes comunitários, se comunicarão entre os consortes, integrando normalmente o patrimônio comum, como costuma ocorrer com a posse sobre imóveis em situação irregular (terrenos em loteamentos clandestinos ou irregulares) ou adquiridos por compromisso de compra e venda não registrado (contratos de gaveta).

---

[197] Enunciado n. 627 da VIII JDC/CJF: "O direito real de laje é passível de usucapião".

Veja que o que está sob enfoque aqui é a própria *posse*, ou seja, os direitos decorrentes do contato físico com a coisa, e não meramente seu *equivalente pecuniário*.

É que, enquanto tiverem a posse da coisa, os consortes serão considerados seus compossuidores (CC, art. 1.199). E, como já visto, durante a comunhão, a composse será exercida *em mão comum* sobre todos os bens componentes do patrimônio comum, pois não se poderá falar de atribuição de posse exclusiva sobre frações ideais ou sobre bens individualizados quando se tem uma mancomunhão, como tantas vezes dito por aqui.

É preciso ficar atento apenas à circunstância de que a comunicabilidade afetará única e exclusivamente a *posse e os direitos dela decorrentes*, e não *a propriedade sobre a coisa* em seu aspecto material. Afinal, a posse é uma relação de fato que projeta os mais variados efeitos jurídicos, dentre os quais o de poder ser transferida aos herdeiros ou legatários do possuidor com os mesmos caracteres com que vinha sendo exercida por este (CC, art. 1.206).

Nesses casos, inclusive, o STJ vem decidindo que, se a partilha não incide sobre a propriedade, mas sobre posse de imóveis, "a discussão quanto à necessidade de escritura pública devidamente registrada como requisito para comprovação do domínio do bem a ser partilhado fica sem sentido[198]" e que "não apenas de propriedades formalmente constituídas é composto o acervo partilhável [...], na medida em que existem bens e direitos com indiscutível expressão econômica que, por vícios de diferentes naturezas, não se encontram legalmente regularizados ou formalmente constituídos sob a titularidade" da pessoa.[199]

A coisa toda ganha em importância quando se constata a enormidade de pessoas que vivem em terrenos localizados em loteamentos irregulares, pois, se o reconhecimento da comunicabilidade dependesse da efetiva regularização do imóvel perante os órgãos públicos, incontáveis situações ficariam sem tutela adequada.

Felizmente, o Superior Tribunal de Justiça já teve oportunidade de deixar registrado que:

> CIVIL E PROCESSUAL CIVIL. AÇÃO DE DIVÓRCIO CUMULADA COM PARTILHA DE BENS. IMPROCEDÊNCIA. PARTILHA DE BEM IMÓVEL SITUADO EM LOTEAMENTO IRREGULAR. AUTONOMIA ENTRE O DIREITO DE PROPRIEDADE E O DIREITO POSSESSÓRIO. EXPRESSÃO ECONÔMICA DO DIREITO POSSESSÓRIO. AUSÊNCIA DE MÁ-FÉ DOS POSSUIDORES QUANTO À NÃO REGULARIZAÇÃO DO IMÓVEL. POSSIBILIDADE DE PARTILHA DO DIREITO POSSESSÓRIO.
> [...]
> 2. O propósito do presente recurso especial é definir se é admissível, em ação de divórcio, a partilha de bem imóvel situado em loteamento irregular.
> [...]
> 4. Não apenas as propriedades formalmente constituídas compõem o rol de bens adquiridos pelos cônjuges na constância do vínculo conjugal, mas, ao revés, existem bens e direitos com indiscutível expressão econômica que, por vícios de diferentes naturezas, não se encontram legalmente regularizados ou formalmente constituídos sob a titularidade do casal, como, por exemplo, as edificações realizadas em lotes irregulares sobre os quais os cônjuges adquiriram direitos possessórios.
> 5. Dada a autonomia existente entre o direito de propriedade e o direito possessório, a existência de expressão econômica do direito possessório como objeto de partilha e a

---

[198] AREsp 660.939/MG, *DJe* 4-4-2016.
[199] REsp 1.984.847/MG, *DJe* 24-6-2022.

existência de parcela significativa de bens que se encontram em situação de irregularidade por motivo distinto da má-fé dos possuidores, é possível a partilha de direitos possessórios sobre bem edificado em loteamento irregular, quando ausente a má-fé, resolvendo, em caráter particular, a questão que decorre da dissolução do vínculo conjugal, e relegando a segundo momento a discussão acerca da regularidade e formalização da propriedade sobre o bem imóvel.
6. Recurso especial conhecido e provido.
(REsp 1.739.042/SP, *DJe* 16-9-2020)

Em eventual partilha, portanto, o juízo da Vara de Família poderá atribuir aos ex-consortes não só o direito de auferir a *expressão econômica da posse*, mas também os *direitos e ações decorrentes da posse* sobre o bem, à razão de 50% para cada, tornando possível que eles os negociem com terceiros por cessão gratuita ou onerosa, assim como que sejam mantidos na posse em caso de turbação, restituídos no de esbulho, e segurados de violência iminente, se tiverem justo receio de serem molestados, caso preenchidos os requisitos legais pertinentes (CC, art. 1.210 e s.). Além disso, a depender da situação, podem até mesmo pleitear o reconhecimento da usucapião[200], tudo em conformidade com os caracteres ostentados pela posse meada.

Questão das mais intrigantes em torno da temática sob discussão envolve saber quem deve permanecer possuindo a coisa comum, isto é, tendo seu controle físico, até a ultimação da partilha.

Isso será objeto de análise no próximo tópico.

9.5.13 A UTILIZAÇÃO DE AUTOMÓVEIS E DO IMÓVEL QUE SERVE DE MORADA À FAMÍLIA

Em havendo a ruptura da entidade familiar, uma das perguntas mais corriqueiras envolve saber qual das partes deveria continuar utilizando os automóveis ou ocupando os imóveis comuns do casal, até que ocorra o efetivo partilhamento dos bens. Afinal, será que os bens que tenham sido comprados em conjunto deveriam receber o mesmo tratamento de coisas particulares ou pagas parcialmente com estas? O consorte responsável pelo pagamento da maior parte das parcelas deveria ser prestigiado em relação ao outro? Mais uma intensa controvérsia. Pais guardiões de filhos menores ou pessoas em situação de vulnerabilidade deveriam ter preferência em relação à ocupação ou fruição do imóvel comum? Bens particulares de um consorte poderiam continuar sendo utilizados pelo outro, na hipótese de terem servido de lar comum durante a união?

Haveria direito de indenização no caso de um ser privado do uso de coisa comum pela utilização exclusiva por parte do outro?

No estrangeiro é possível encontrar uma regulamentação muito mais detalhada sobre o assunto do que a existe por aqui. No Sistema Português, por exemplo, o juiz pode fixar um regime provisório quanto à utilização da casa de morada da família, ainda que esta pertença exclusivamente ao outro consorte, se as necessidades das partes e o interesse de seus filhos assim recomendarem (CPC, art. 931º, n. 7; CC, art. 1.793ª), sendo assegurada semelhante

---

[200] Nesse sentido, p. ex.: STJ, AgInt no AREsp 987.167/SP, *DJe* 22-5-2017.

prerrogativa no Direito Alemão (*BGB*, §§ 1361b e 1568a) e no Direito Espanhol (CC, arts. 91, 96, 103 e 1.320)[201].

No Brasil, não existe disposição de idêntico conteúdo no sistema atual. O mais próximo que se chega é o regramento traçado pelo Direito das Sucessões – quando disciplina o direito real de habitação do consorte sobrevivente (CC, art. 1.831) – e pela Lei do Divórcio – quando prescreve que, ao menos para assegurar o pagamento da pensão alimentícia, "o juiz poderá determinar que a pensão consista no usufruto de determinados bens do cônjuge devedor" (Lei n. 6.515/77, art. 21).

Mas, convenhamos. Essas disposições legais não se referem ao caso aqui tratado, onde o que se encontra em debate é a partilha de bens pertencentes a pessoas vivas, e não a pessoas que já faleceram[202] ou a tutela dos alimentos. Portanto, a constatação a que se chega é que não existe uma lei brasileira que verse especificamente a esse respeito, o que desafia o intérprete e aplicador a recorrer à analogia, na forma prescrita pela LINDB (art. 4º).

Para que se possa saber quais regras devem ser aplicadas analogicamente, é preciso que se saiba, antes de mais nada, de que instituto jurídico estamos tratando.

A resposta não demora. Se é de uso, ocupação e moradia sobre coisas que estamos falando, é porque estamos cogitando de contato físico. De posse, portanto. E, como se sabe, a posse, sendo um direito especial[203], não depende, tampouco se confunde com a propriedade ou com outros direitos reais. Ela é regulada por lei como uma *situação de fato* mesmo, e, por isso, tutelada não só quando oriunda e legitimada por um título de propriedade ou de outro direito real, como, também, quando derivada de uma situação meramente *episódica*, em que algum sujeito exteriorize o exercício de poderes inerentes à propriedade sobre a coisa.

O art. 1.196 do Código Civil deixa essa noção bastante clara quando enuncia que "considera-se possuidor todo aquele que tem de fato o exercício, pleno ou não, de algum dos poderes inerentes à propriedade".

Se a posse não se confunde com a propriedade, também não se confundem o direito à posse (*ius possidendi*) com o direito de posse (*ius possessionis*). Essa percepção se clareia quando se trazem ao debate as palavras de Caio Mário da Silva Pereira[204], para quem *"ius possidendi* (literalmente, direito de possuir) é a faculdade que tem uma pessoa, por já ser titular de uma situação jurídica, de exercer a posse sobre determinada coisa. O proprietário, o usufrutuário, o locatário etc., têm ius possidendi sobre o objeto da respectiva relação jurídica. *Ius possessionis* é o direito originado da situação jurídica da posse, e independe da preexistência de uma relação. Aquele que encontra um objeto e o utiliza, não tem o *ius*

---

[201] O art. 103, 2. estabelece que, na falta de acordo das partes, o juiz poderá, como medida provisional: "Determinar, teniendo en cuenta el interés familiar más necesitado de protección, cuál de los cónyuges ha de continuar en el uso de la vivienda familiar y asimismo, previo inventario, los bienes y objetos del ajuar que continúan en ésta y los que se ha de llevar el otro cónyuge, así como también las medidas cautelares convenientes para conservar el derecho de cada uno".

[202] Quando muito, e, se ele existisse, poderia ser invocado o direito real de habitação "convencionado" por acordo judicial ou extrajudicial celebrado entre as partes (CC, arts. 1.414-1.416; STJ, REsp 282.716/SP, *DJ* 10-4-2006), mas não é dele que se cogita por aqui.

[203] MOREIRA ALVES, José Carlos. *Posse*. Rio de Janeiro: Forense, 1990, v. II, p. 123; GONÇALVES, Carlos Roberto. *Direito civil brasileiro*: direito das coisas. 6. ed. São Paulo: Saraiva, 2011. v. 5, p. 70; FARIAS, Cristiano Chaves de; ROSENVALD, Nelson. *Curso de direito civil*: direitos reais. 4. ed. Rio de Janeiro: Lumen Juris. 2007, p. 32.

[204] PEREIRA, Caio Mário da Silva. *Instituições de direito civil*: direitos reais. v. IV. 25 ed. Atual. Carlos Edison do Rêgo Monteiro Filho. Rio de Janeiro: Forense, 2017, p. 39-40.

possidendi, embora tenha ius possessionis, porque procede como possuidor, embora lhe falte um título para possuir. O que cultiva uma gleba de terra abandonada tem o *ius possessionis*, embora lhe falte o *ius possidendi*. A lei confere ao possuidor, com fundamento no *ius possessionis*, defesas provisórias, ainda no caso de lhe faltar *ius possidendi*. Outras vezes, aliada a posse a outros requisitos que compõem a usucapião, a lei converte o *ius possessionis* em propriedade, que, a seu turno, gera *ius possidendi* sobre a mesma coisa".

Em síntese, portanto, o direito *à* posse (*ius possidendi*) representa a posse amparada por um título jurídico, enquanto o direito *de* posse (*ius possessionis*) configura a posse desamparada por título, decorrente da mera situação de fato.

A partir dessas lições, percebe-se que é perfeitamente possível que um consorte exerça posse exclusiva sobre imóvel comum ou até mesmo posse sobre imóvel pertencente ao patrimônio particular do outro, sem ter título de propriedade que ampare essas ocupações.

Confirmando essa afirmação, o art. 1.211 do Código Civil dispõe que "quando mais de uma pessoa se disser possuidora, manter-se-á provisoriamente a que tiver a coisa, se não estiver manifesto que a obteve de alguma das outras por modo vicioso".

Portanto, mesmo inexistindo um regramento específico para os casos de família, a disciplina da posse parece fornecer o subsídio necessário, ao menos em situações de ordinariedade, para que se possa definir quem continuará utilizando os automóveis e/ou ocupando o imóvel que servia de morada à família, na hipótese de dissolução da união familiar. Basta que se saiba quem titularizaria o *jus possessionis*, isto é, quem teria continuado a utilizar o único veículo comum ou a habitar o único imóvel comum, mesmo depois do afastamento físico e emocional do casal, para que se possa regulamentar provisoriamente a questão, ao menos até que a situação se resolva em definitivo, com a ultimação da partilha.

E isso, mesmo no caso de o bem utilizado/habitado pertencer ao patrimônio do outro, pois, "no *jus possessionis* não se atende senão a posse, ou seja, somente essa situação de fato é que se considera, para que logre os efeitos jurídicos que a lei lhe confere. Não se indaga então da correspondência da expressão externa com a substância, isto é, com a existência do direito. A lei socorre a posse enquanto o direito do proprietário não desfizer esse estado de coisas e se sobreleve como dominante, O *jus possessionis* persevera até que o jus possidendi o extinga[205]".

Como a posse exclusivamente atribuída a um consorte não interfere sobre o direito de propriedade, tampouco retira do outro o direito de obter alguma contrapartida em seu favor, mostra-se perfeitamente cabível a prestação de contas durante todo o período de uso exclusivo, a fixação de aluguéis e o arbitramento de indenizações diversas, inclusive com repercussões sobre os alimentos eventualmente devidos entre as partes[206], muito embora o arbitramento de aluguéis venha sofrendo sérias ressalvas quando a ocupante exclusiva é a mulher[207].

---

[205] GONÇALVES, Carlos Roberto. *Direito civil brasileiro*: direito das coisas. 6. ed. São Paulo: Saraiva, 2011, v. 5, p. 47.
[206] STJ, REsp 1.250.362/RS, *DJe* 20-2-2017; REsp 1.688.619/MG, *DJe* 2-10-2017.
[207] No STJ, dentre vários: REsp 1966556 / SP, *DJe* 17-2-2022. Na literatura: CALMON, Rafael. *Manual de Direito Processual das Famílias*. 5. ed. São Paulo: Saraiva Jur, 2025.

Essa atribuição da posse a um dos consortes pode ser feita até mesmo a título de tutela provisória, com base no permissivo contido no art. 647, parágrafo único, do Código de Processo Civil, que, apesar de se destinar ao tratamento das questões inerentes ao Direito das Sucessões, parece comportar aplicação por analogia aqui também, desde que se façam as adaptações devidas. É que, de acordo com ele, "o juiz poderá, em decisão fundamentada, deferir antecipadamente a qualquer dos herdeiros o exercício dos direitos de usar e de fruir de determinado bem, com a condição de que, ao término do inventário, tal bem integre a cota desse herdeiro, cabendo a este, desde o deferimento, todos os ônus e bônus decorrentes do exercício daqueles direitos[208]".

Mas, como dito, esse regramento deve ser aplicado em situações de ordinariedade. Acontecendo alguma extraordinariedade, a coisa pode mudar completamente de figura. Ocorrendo quadro de violência doméstica, por exemplo, o art. 22, II, da Lei n. 11.340/2006 autoriza que o juiz determine o afastamento do agressor do lar, domicílio ou local de convivência com a ofendida, tudo levando a crer que tal afastamento, até por ser algo temporário, possa ser imposto mesmo ao proprietário exclusivo do imóvel. Nesse caso, então, haveria uma lei extravagante permitindo que a mulher passasse a ser a *possuidora* direta exclusiva do bem, ao menos durante o período de vigência da medida protetiva judicial[209]. Outra situação extraordinária aconteceria se o casal tivesse adquirido o imóvel no âmbito do Programa Minha Casa, Minha Vida, pois, estabelecendo algo até mais profundo do que a hipótese anteriormente estudada, a Lei n. 11.977/2009 prescreve que "nas hipóteses de dissolução de união estável, separação ou divórcio, o título de propriedade do imóvel adquirido no âmbito do PMCMV, na constância do casamento ou da união estável, com subvenções oriundas de recursos do orçamento geral da União, do FAR e do FDS, será registrado em nome da mulher ou a ela transferido, independentemente do regime de bens aplicável, excetuados os casos que envolvam recursos do FGTS" (art. 35-A, praticamente repetido pelo art. 10, *caput* e § 2º da Lei n. 14.620/2023) a não ser que "haja filhos do casal e a guarda seja atribuída exclusivamente ao marido ou companheiro", ocasião em que "o título da propriedade do imóvel será registrado em seu nome ou a ele transferido", assegurada a reversão da titularidade em favor da mulher caso a guarda dos filhos seja a ela posteriormente atribuída (art. 35-A, parágrafo único Lei n. 11.977/2009 c/c art. 10, § 3º da Lei n. 14.620/2023), o que, no mínimo, sugere que a posse e a ocupação do imóvel comum devam, também, seguir esse mesmo regramento, ao menos até que a situação seja definitivamente resolvida pela partilha.

Portanto, havendo cenário atrativo desses regramentos, a posse também parece dever seguir o mesmo rumo.

Forte nessas premissas, talvez seja possível afirmar que, mesmo inexistindo um regramento específico para o Direito das Famílias, as normas acima mencionadas possam ser aplicadas por analogia para resolver o embate a respeito de quem deveria continuar habitando, depois da separação e antes da partilha, o imóvel que servia de morada ao casal.

---

[208] Aparentemente apoiando essa iniciativa: NEVARES, Ana Luiza Maia. Partilha de bens imóveis. In: ANDRADE, André Gustavo e col. (coords). *Lições de direito imobiliário*: homenagem a Sylvio Capanema. Rio de Janeiro: Mundo Jurídico, 2021, p. 616.

[209] No STJ, o entendimento predominante é no sentido de que apenas a mulher possa ser sujeito passivo da violência doméstica objeto da Lei Maria da Penha (HC n. 277.561/AL, *DJe* 13-11-2014; HC n. 250.435/RJ, *DJe* 27-9-2013).

O Anteprojeto, contudo, pretende solucionar esse impasse ao introduzir o art. 1.582-C ao texto do Código Civil, dispondo que "É garantido ao cônjuge e ao convivente o direito de permanecer na residência conjugal, se com ele residirem filhos com menos de dezoito anos ou incapazes ou a quem se dedicou aos cuidados da família e não desempenha atividade remunerada".

Tal disposição, que não se confunde com o direito real de habitação inerente ao direito das sucessões (CC, art. 1.831), provém do direito das famílias, representando mais um direito/garantia aos cônjuges e companheiros decorrente do casamento e da união estável.

Encerrado este tópico, a gente pode conhecer, agora, as regras de comunicabilidade aplicáveis às cotas e ações societárias.

9.5.14 AS COTAS E AÇÕES DE SOCIEDADES EMPRESÁRIAS E AS COTAS DE SOCIEDADES SIMPLES

Situação das mais intrigantes envolve a partilha das cotas sociais e das ações de sociedades empresárias, pois elas também possuem expressão econômica. Logo, são contempladas no conceito de bens, para os fins dos arts. 1.660, 1.662 e 1.667 do CC, mais precisamente no de bens móveis, por força do que prescreve o art. 83, III, desse Código, que assim considera por equiparação "os direitos pessoais de caráter patrimonial".

Por isso, podem ou não ser "bens comunicáveis" no caso concreto.

A coisa toda ganha em importância porque as sociedades empresárias e simples, e as suas respectivas ações e cotas, podem se valorizar e desvalorizar em razão de episódios variados, muitas vezes nem mesmo imputáveis a seus sócios ou administradores.

E essa valorização também pode ou não ser considerada como "bem comunicável" no caso concreto.

Complexo, não? Muito bem. De acordo com o nosso atual sistema de direito positivo, existem dois tipos de sociedades no Brasil: as empresárias e as simples. Isso fica bem claro quando se lê o texto do art. 982 do Código Civil, segundo o qual "salvo as exceções expressas, considera-se empresária a sociedade que tem por objeto o exercício de atividade própria de empresário sujeito a registro (art. 967); e, simples, as demais"[210].

Sem qualquer pretensão de se esmiuçar as características de cada uma delas, o que importa reter por aqui é que é a atividade desempenhada que as diferencia. Aquela econômica profissionalmente exercida, organizada para a produção ou a circulação de bens ou de serviços, é típica das sociedades empresárias (CC, art. 966, *caput*). Já aquela exercida sob a forma de profissão intelectual, de natureza científica, literária ou artística, ainda com o concurso de auxiliares ou colaboradores, salvo se o exercício da profissão constituir elemento de empresa, é próprio das simples (CC, art. 966, parágrafo único)[211].De acordo com o art. 983 do

---

[210] No Anteprojeto, pretende-se que a redação desse artigo seja alterada para a seguinte: "Art. 982. Salvo as exceções expressas neste Código ou em lei especial, considera-se empresária a sociedade que tem por objeto o exercício de atividade empresarial (art. 966), e as demais, consideradas civis".

[211] O Enunciado n. 474 da JDC/CJF dispõe que "os profissionais liberais podem organizar-se sob a forma de sociedade simples, convencionando a responsabilidade limitada dos sócios por dívidas da sociedade, a despeito da responsabilidade ilimitada por atos praticados no exercício da profissão".

Código Civil, essas sociedades podem se constituir sob diversos tipos, como em nome coletivo, em comandita simples e naquele que mais interessa por aqui: a sociedade limitada.

Como tanto as sociedades quanto as uniões familiares podem se constituir sob diversos tipos, mas nem todos eles interessam por aqui, serão analisadas somente as sociedades empresárias do tipo limitada (CC, arts. 1.052 a 1.087) e por ações (Lei n. 6.404/76), bem como as sociedades simples (CC, arts. 997 a 1.038). Todas, porém, estudadas sob o viés exclusivo do regime de comunhão parcial de bens (CC, arts. 1.658 a 1.666).

Muito bem. Para que se possa entender a dinâmica da partilha de ações e cotas sociais, é imprescindível que sejam feitos recortes. O primeiro deles é o recorte voltado a se descobrir o regime de bens vigente na união familiar, que, como alertado acima, será somente o de comunhão parcial de bens, por questões puramente didáticas; o segundo é o recorte temporal, com o intuito de que se saiba se a empresa ou se a aquisição de cotas ou ações foi constituída antes ou depois da união familiar. O terceiro é o recorte destinado a se saber a origem dos sócios ou acionistas. O quarto e último recorte se volta a investigar a origem dos bens que formarão o capital social (integralização).

Sim, porque nada impede, é claro, que a pessoa constitua sociedade com terceiros ou adquira suas cotas ou ações quando ainda é solteira, obviamente valendo-se de bens pertencentes exclusivamente a seu patrimônio particular, mas venha a se casar posteriormente sob regime de comunhão parcial de bens, tornando suas cotas ou ações absolutamente incomunicáveis, como se verá oportunamente. Mas, também não há nada que impeça que a empresa seja constituída ou que suas cotas ou ações sejam adquiridas depois do casamento ou da união estável celebrada sob este regime, pois o espectro de comunicabilidade variará bastante, a depender de quem sejam os sócios ou acionistas (apenas os consortes ou apenas um deles com terceiros) e de quais sejam os bens constitutivos de seu capital social ou utilizados para adquirir suas cotas ou ações (particulares ou comuns), como também se verá com mais detalhes em momento oportuno.

Como são muitas as possibilidades e as interações entre direito das famílias e direito de empresa, que tal iniciarmos nosso estudo relembrando noções básicas sobre as sociedades empresárias?

9.5.14.1 Noções gerais sobre sociedades empresárias

Em direito societário, o sistema jurídico brasileiro não deixa dúvida: atualmente, faculta tanto aos cônjuges quanto aos conviventes contratar sociedade, entre si ou com terceiros, desde que não tenham casado no regime da comunhão universal de bens, ou no da separação obrigatória(CC, art. 977)[212].

No direito proposto, o Anteprojeto pretende eliminar a proibição atualmente existente, para admitir que as pessoas possam contratar sociedade, entre si ou com terceiros, independentemente do regime de bens sob o qual tenham se casado ou unido estavelmente (ARCC, art. 977).

---

[212] Enunciado 94 da III JDCom/CJF: "A vedação da sociedade entre cônjuges contida no art. 977 do Código Civil não se aplica às sociedades anônimas, em comandita por ações e cooperativa".

Ao nosso estudo, essa modificação em particular acaba sendo irrelevante, já que, por aqui, interessa apenas o regime da comunhão parcial.

Pois bem. Neste regime, pode tanto acontecer de ambos os consortes constituírem sociedade entre si – *tornando-se sócios exclusivos* –, quanto entre si em conjunto com terceiros – *tornando-se, ao mesmo tempo, sócios um do outro e destes terceiros* –, nada impedindo, ainda, que apenas um deles componha o empreendimento com terceiros – *tornando-se o único membro do casal sócio da sociedade* –, sendo que, nesta última hipótese, os bens empregados para a integralização do capital social podem tanto provir de seu patrimônio particular – *isto é, do cônjuge-sócio* –, quanto do patrimônio comum – *isto é, também do cônjuge não sócio*. Ambos podem, também, adquirir ações de companhias variadas (sociedades anônimas), tanto com recursos provenientes de suas economias particulares quanto compartilhadas, antes ou depois de se casarem ou se unirem estavelmente.

Conforme deve ter dado para perceber, existem variadas expressões nessa equação. Todas devem ser consideradas no estudo da comunicabilidade e correspectiva partilha de ações ou cotas sociais, pois, a depender do cenário que se apresente no caso concreto, as consequências geradas serão das mais diversas. Basta imaginar que, se uma pessoa aquirir ações ou constituir uma sociedade limitada antes de se casar ou de se unir estavelmente a outra, as suas ações ou cotas sociais lhe pertencerão com exclusividade, não se comunicando ao seu cônjuge ou convivente, em razão de serem bens móveis particulares seus (CC, arts. 83, III, e 1.659, I). Contrariamente, no entanto, se isso acontecer durante o casamento ou a união estável com bens provenientes do acervo comum, as suas ações ou cotas sociais pertencerão ao casal, já que se comunicarão ao seu cônjuge ou convivente, ainda que titularizadas exclusivamente por si (CC, arts. 83, III, e 1.660, I).

Como existem diversos tipos societários, mas nem todos poderiam ser abordados por aqui, será feito outro recorte, desta vez para que a sociedade de natureza empresária receba o maior foco das atenções, mais precisamente a sociedade empresária do tipo limitada (CC, arts. 1.052 a 1.087), até porque se trata da espécie mais utilizada no cenário nacional, o que não impedirá que sejam feitas observações pontuais sobre as sociedades simples e sobre as sociedades por ações, em tópicos específicos. Vejamos, então, como as coisas funcionam nesse tipo societário específico.

Toda e qualquer sociedade empresária composta por mais de um sócio[213] resulta da união de esforços de várias pessoas, que se organizam entre si para exercer profissionalmente atividade econômica de produção ou circulação de bens ou serviços objetivando obter lucro (CC, art. 966). Não deixa dúvida a esse respeito o art. 981 do Código Civil, quando enuncia que "celebram contrato de sociedade as pessoas que reciprocamente se obrigam a contribuir, com bens ou serviços, para o exercício de atividade econômica e a partilha, entre si, dos resultados", cuja atividade pode restringir-se à realização de um ou mais negócios determinados. Toda e qualquer sociedade empresária composta por mais de um sócio[214] resulta da união de esforços de várias pessoas, que se organizam entre si para exercer profissionalmente atividade econômica de produção ou circulação de bens ou serviços objetivando obter lucro (CC, art. 966). Não deixa dúvida a esse respeito o art. 981 do Código

---

[213] CC, art. 1.052, § 1º. "A sociedade limitada pode ser constituída por 1 (uma) ou mais pessoas".
[214] CC, art. 1.052, § 1º. "A sociedade limitada pode ser constituída por 1 (uma) ou mais pessoas".

Civil, quando enuncia que "celebram contrato de sociedade as pessoas que reciprocamente se obrigam a contribuir, com bens ou serviços, para o exercício de atividade econômica e a partilha, entre si, dos resultados", cuja atividade pode restringir-se à realização de um ou mais negócios determinados.

E, como se intui, a sociedade precisará de recursos para que possa desempenhar suas atividades, razão pela qual seus sócios devem nela investir algum bem dotado de expressão em pecúnia (CC, art. 997, III). Por isso, ao elaborar o contrato social, os sócios definirão o capital subscrito, que deve corresponder justamente ao valor que cada um deles investirá na sociedade. Subscrição, portanto, corresponde a uma mera promessa de transferência futura de patrimônio, até porque é bastante comum que as pessoas não disponham de todo o numerário necessário para a realização da empresa no momento da elaboração desse instrumento. Quando essa promessa é efetivamente cumprida e os bens são transferidos do acervo pessoal dos sócios para o aglomerado social da empresa ocorre a integralização do capital social, que é o ato por meio do qual esse patrimônio genuinamente se incorpora à sociedade empresária.

Na ótica de Fábio Ulhoa Coelho[215], toda essa operação se processa da seguinte forma:

> Ao ingressar numa sociedade empresária, qualquer que seja ela, o sócio deve contribuir para o capital social. Se a sociedade está em constituição ou se houve aumento do capital social com novas participações, o ingressante subscreve uma parte. Ou seja, ele se compromete a pagar uma quantia determinada para a sociedade, contribuindo, assim, com o capital social e legitimando a sua pretensão à percepção de parcela dos lucros gerados pelos negócios sociais. Poderá fazê-lo à vista ou a prazo. Na medida em que for pagando o que ele se comprometeu a pagar, na subscrição, à sociedade, diz-se que ele está integralizando a sua participação societária. Quando todos os sócios já cumpriram com as respectivas obrigações de contribuir para a formação da sociedade, o capital social estará totalmente integralizado.

Esse investimento, sim, forma seu capital social.

Como não há vedação legal, as pessoas casadas ou unidas estavelmente (CC, art. 977), podem integralizar o capital social tanto com bens móveis quanto imóveis, e tanto pertencentes tanto a seu acervo particular quanto ao comum, sendo vedada apenas a contribuição que consista em prestação de serviços (CC, art. 1.055, §2º). Deixando isso ainda mais claro, o Enunciado n. 478 da JDC/CJF dispõe que "a integralização do capital social em bens imóveis pode ser feita por instrumento particular de contrato social ou de alteração contratual, ainda que se trate de sociedade sujeita ao registro exclusivamente no registro civil de pessoas jurídicas", ao passo que o Enunciado n. 18 da JDCom/CJF diz que "o capital social da sociedade limitada poderá ser integralizado, no todo ou em parte, com quotas ou ações de outra sociedade, cabendo aos sócios a escolha do critério de avaliação das respectivas participações societárias, diante da responsabilidade solidária pela exata estimação dos bens conferidos ao capital social, nos termos do art. 1.055, § 1º, do Código Civil". Em contrapartida a essa contribuição patrimonial, a empresa lhes atribui uma participação societária. De acordo com Fabio Ulhoa Coelho, "se a sociedade é limitada, esta participação se chama 'quota' (ou 'cota'); se anônima, 'ação' (motivo pelo qual o sócio da S/A é chamado também

---

[215] COELHO, Fábio Ulhoa. *Curso de direito comercial*: direito de empresa. V. 1. 14. ed. São Paulo: Saraiva, 2010, p. 64

acionista). A participação societária é bem integrante do patrimônio de cada sócio, que pode aliená-la ou onerá-la, se atendidas determinadas condições"[216]. Portanto, as cotas funcionam como um indicador da participação de cada sócio nos negócios da sociedade (CC, art. 997, IV, VII e VII), as quais podem ser iguais ou desiguais, cabendo uma ou diversas a cada sócio (CC, art. 1.055, *caput*). Isso é, ao mesmo tempo, um direito e um dever seu, sendo nula qualquer estipulação contratual que os exclua de participar dos lucros e das perdas suportadas pela empresa que compõem (CC, art. 1.008).

Contudo, o legislador não disciplina a forma como deve ser feita tal participação, o que permite que os próprios integrantes da empresa deliberem a respeito, no contrato social[217]. Não o fazendo, os lucros e as perdas revertem sobre cada um deles na proporção das respectivas cotas (CC, art. 1.007).

Apesar disso, vale ser frisado que nem todo lucro obtido pela sociedade é distribuído entre os sócios a título de dividendos. Parte dele costuma ser destinado à própria empresa, para incrementar o seu capital social, tornando-se, assim, patrimônio social e não pessoal. É o que ocorre, por exemplo, com a verba oriunda da capitalização ou destinada à constituição de reservas e lucros decorrentes da própria atividade empresarial, que constituem *produto* e não fruto produzido por ela.

No STJ, este entendimento é pacífico, por sinal[218].

Mas, se o lucro for revertido aos sócios, sob a forma de dividendos, aí sim, passará a ser considerado fruto civil: fruto gerado pelas atividades desenvolvidas pela empresa. Bem acessório, portanto (CC, art. 92).

No Superior Tribunal de Justiça, esse entendimento também é bastante sólido, por sinal[219]. Além da participação nos lucros auferidos pela sociedade, baseado na sua cota social, o sócio pode ainda vir a ser remunerado periodicamente com uma quantia, se, efetivamente, prestar serviços no ambiente social, exercendo, por exemplo, o cargo de seu gerente ou administrador.

Àquela participação nos lucros, dá-se o nome de "dividendos" ou meramente "participação nos lucros", mesmo[220]. Já a esta remuneração periódica, a denominação de *"pro labore"*.

É preciso atenção porque são verbas independentes e inconfundíveis. O lucro remunera o capital aportado por cada um dos sócios, na medida do desempenho das atividades da empresa, e, por isso, é dividido de acordo com suas respectivas participações no capital social, usualmente de forma proporcional às cotas. Já a remuneração periódica recompensa o trabalho efetivamente exercido no ambiente societário e toma por parâmetro a realidade do mercado, sem sofrer influência da participação societária, equiparando-se a um salário. Por causa disso, pode tanto haver direito ao recebimento do *pro labore,* mesmo no caso de

---

[216] COELHO, Fábio Ulhoa. *Curso de direito comercial*: direito de empresa. V. 1. 14. ed. São Paulo: Saraiva, 2010, p. 64
[217] Enunciado n. 21 da JDCom/CJF: "Nos contratos empresariais, o dirigismo contratual deve ser mitigado, tendo em vista a simetria natural das relações interempresariais".
[218] STJ, Resp 1.595.775/AP, *DJe* 16-8-2016.
[219] AgRg no REsp 1.348.680/RS, *DJe* 20-8-2013; AgRg no AREsp 206.147/RS, *DJe* 5-11-2012; REsp 819.238/RJ, *DJ* 26-2-2007.
[220] Merece destaque o fato de que esta "participação nos lucros da empresa proporcionada pelas cotas sociais" (dividendos) não se confunde com a "participação nos lucros e resultados" (PLR) garantida pela Constituição da República (art. 7º, XI) e regulamentada pela Lei n. 10.101/2000, já que esta última é uma forma de bonificação paga aos empregados (e não aos sócios) como instrumento de integração entre o capital e o trabalho e como incentivo à produtividade. Por isso, não receberá maiores atenções por aqui.

a sociedade empresária não obter lucro no período, quanto direito à percepção de *dividendos*, mesmo por sócios que não desempenhem atividades na empresa.

Uma vez incorporados ao patrimônio pessoal do sócio, entretanto, as duas verbas passam a ser consideradas frutos civis: a participação nos lucros, frutos produzidos pela empresa em razão de suas próprias atividades, e, parcialmente entregues a ele; o *pro labore*, frutos produzidos pela empresa em retribuição ao próprio trabalho desenvolvido por ele.

Da qualidade de sócio decorrem, de uma maneira geral, dois tipos de direitos: os de natureza patrimonial e os de natureza pessoal. Como exemplos dos primeiros, poderiam ser citados o já mencionado direito de participar nos lucros e o de receber sua parte do acervo social em caso de liquidação da sociedade. Já como espécies dos segundos, o direito ao voto, o de convocar assembleias, o de se retirar do quadro societário, o de opinar a respeito das alterações do contrato social e o de fiscalizar ou intervir na administração e na gestão da sociedade[221-222]. Como se intui, o sócio não é obrigado a permanecer unido aos demais em sociedade. A própria Constituição da República deixa claro que "ninguém poderá ser compelido a associar-se ou a permanecer associado" (art. 5º, XX). Logo, ele possui o direito tanto de excluir algum dos sócios, quanto o direito potestativo de se retirar da empresa, tanto de maneira extrajudicial quanto judicial (CC, arts. 1.029, 1.031, 1.034 e 1.077; CPC, arts. 599 e s.). Em qualquer hipótese que se retire, terá direito de apurar seus haveres para saber exatamente o valor atualizado de sua participação societária, isto é, a expressão econômica dessa participação, o que será feito tomando por base o valor da sua cota, considerada pelo montante efetivamente realizado, com base na situação patrimonial da sociedade, à data da resolução, verificada na forma especificada em contrato social, ou, em sua omissão, em balanço de determinação especialmente realizado (CC, art. 1.031).

Feito esse delineamento genérico, é preciso que se tenha atenção quando o que estiver em jogo forem as assim chamadas "empresas sem sócios", quais sejam, a EIRELI, a Sociedade Limitada Unipessoal, a MEI e o Empresário Individual. Isso porque a informalidade inerente a esses tipos de sociedade pode gerar situações capazes de dificultar a partilha dos bens, no caso concreto.

Nos casos do Microempreendedor Individual (MEI) e do Empresário Individual (EI), porque ocorre a mais completa confusão patrimonial, já que, a rigor, essas empresas só existem para permitir que a pessoa natural (empresário individual) pratique atos de comércio com vantagens fiscais. Tanto é assim que, embora possuam CNPJ, nenhuma delas pode adotar uma denominação social, o que significa que, a rigor, sequer poderiam ser consideradas verdadeiras pessoas jurídicas, mas sim pessoas físicas que desenvolvem atividades empresárias por conta própria, assumindo por si sós a titularidade e todo o risco do negócio. Como resultado, seus respectivos patrimônios pessoais se mesclam com os "patrimônios sociais" para todos os fins, impedindo sua identificação e separação.

---

[221] Em sentido próximo: TOMAZETTE, Marlon. *Curso de direito empresarial*: teoria geral e direito societário. v. 1. 11. ed. São Paulo: Saraiva, 2020, p. 445.

[222] O Enunciado n. 63 da II JDCom/CJF dispõe que "o nu-proprietário de quotas ou ações gravadas com usufruto, quando não regulado no respectivo ato institutivo, pode exercer o direito de fiscalização da sociedade".

No que toca à extinta Empresa Individual de Responsabilidade Limitada (EIRELI – CC, arts. 44, VI e 980-A – atualmente revogados)[223] e à "Sociedade Limitada Unipessoal" (SLU – CC, art. 1.052, §§ 1º e 2º), o problema pode residir não na confusão, até porque a própria lei se encarregava de exigir a separação entre os patrimônios societário e pessoal do sócio em ambos os casos, quando fazia expressa ressalva quanto à possibilidade de fraude (CC, art. 980-A, §§ 6º e 7º – atualmente revogado) e quando lhes impõe a aplicação das regras da sociedade limitada (CC, art. 1.052, *caput*), respectivamente. Todavia, a informalidade que lhes circunda pode acabar criando óbices na identificação patrimonial, dificultando sua partilha no caso concreto.

Apreendidas essas noções, vejamos mais de perto como e quando deve ocorrer a comunicabilidade das cotas sociais e dos demais direitos assegurados aos sócios.

9.5.14.2 A comunicabilidade das cotas de sociedades empresárias limitadas e de sua valorização

Já foi dito por aqui que existe a possibilidade de se apresentarem variados cenários entre os cônjuges ou companheiros. Afinal, apenas um deles pode ter constituído com terceiros a empresa antes de se casar ou unir estavelmente; ambos podem constituir a empresa entre si, exclusivamente, depois de terem se casado ou unido estavelmente; apenas um deles pode constituir a empresa com terceiros, valendo-se de bens exclusivamente seus, mesmo depois de ter se casado ou unido estavelmente; apenas um deles pode constituir a empresa com terceiros, valendo-se de bens comuns depois de ter se casado ou unido estavelmente etc.

Este livro tentará, dentro do possível, estudar as hipóteses mais comumente encontradas do cotidiano forense, na expectativa de que possa dar sua contribuição para que a matéria possa ser mais bem compreendida.

Para que isso possa ocorrer de forma satisfatória, que tal iniciarmos nossa análise pelas sociedades constituídas exclusivamente entre os consortes?

9.5.14.2.1 *A sociedade empresária limitada constituída entre os consortes: "consortes e sócios"*

Na hipótese de os consortes unidos sob o regime da comunhão parcial formarem sociedade limitada entre si (CC, arts. 1.052 a 1.087), a apuração do que cabe a cada um talvez se torne

---

[223] No ano de 2021, as EIRELIs – Empresas Individuais de Responsabilidade Limitada – foram automaticamente transformadas em sociedades limitadas unipessoais, independentemente de qualquer alteração em seu ato constitutivo (Lei n. 14.195/2021, art. 41). Já no ano de 2022, a Lei n. 14.382 revogou o art. 980-A do Código Civil. Possivelmente, o entendimento a seu respeito será aplicado, no que couber, às sociedades empresárias unipessoais. O STJ entendia que contra elas cabia desconsideração da personalidade jurídica, inclusive de forma inversa (REsp 1.874.256/SP, DJe 19-8-2021). Na literatura, veja os seguintes enunciados: Enunciado 471 da JDC/CJF: "Os atos constitutivos da EIRELI devem ser arquivados no registro competente, para fins de aquisição de personalidade jurídica. A falta de arquivamento ou de registro de alterações dos atos constitutivos configura irregularidade superveniente". Enunciado 470 da JDC/CJF: "O patrimônio da empresa individual de responsabilidade limitada responderá pelas dívidas da pessoa jurídica, não se confundindo com o patrimônio da pessoa natural que a constitui, sem prejuízo da aplicação do instituto da desconsideração da personalidade jurídica." Enunciado n. 93 da III JDCom/CJF: "o cônjuge ou companheiro de titular de EIRELI é legitimado para ajuizar ação de apuração de haveres, para fins de partilha de bens, na forma do art. 600, parágrafo único, do Código de Processo Civil".

consideravelmente facilitada, pois, além de consortes, serão sócios. "Cônjuges e sócios", se sua união for um casamento, ou, "conviventes e sócios", se forem unidos estavelmente.

Como resultado, cada qual deles titularizaria direitos pessoais e patrimoniais relativamente à sociedade.

Sob o aspecto patrimonial, que é o único que importa por aqui, a comunicação projetada por tal regime faria com que cada um deles adquirisse direitos recíprocos sobre 50% das cotas titularizadas pelo outro, 50% de toda a remuneração por ele recebida, e, 50% de todo o acervo societário (CC, art. 1.658)[224]. Afinal de contas, a sociedade como um todo seria um bem comum, eis que adquirida por ambos durante a união (CC, art. 1.658 e 1.660, I), o que faria com que, além de sócios no empreendimento, eles fossem comunheiros das cotas alheias.

Mas, preste atenção. Não é que cada um fique com o que é seu, isto é, que cada um tenha direito sobre 100% do que já é seu. Isso poderia levar a situações de extrema desigualdade, nos casos nada incomuns em que um consorte possuísse número maior de cotas do que o outro. Por isso, cada um tem 50% do que é seu e 50% do que é do outro.

É superimportante, no entanto, que se saiba fazer uma distinção de caráter técnico a respeito da terminologia empregada. Isto porque, sempre e em qualquer caso, as ações e cotas sociais em si são absolutamente incomunicáveis pelo fato de que elas somente podem ser titularizadas pelos efetivos sócios, graças ao instituto da *affectio societatis*, encampado pelo supratranscrito art. 981 do Código Civil. Afinal, se a pessoa é eleita como o valor central de nosso ordenamento jurídico, qualquer um que venha a constituir sociedade tem o livre direito de se associar apenas às pessoas que atendam às suas exigências, para que elas, e somente elas, sejam as sócias e, consequentemente, as únicas titulares de cotas sociais daquela sociedade empresária específica, deixando de fora os seus respectivos cônjuges e conviventes.

Portanto, quando se fala em comunicabilidade ou em partilha de "cotas sociais", é essencial que se tenha em mente que se está pretendendo dizer que essa comunicabilidade ou essa partilha terá por objeto a "expressão econômica" ou os "direitos patrimoniais" sobre as cotas sociais, mas não as próprias cotas sociais em si.

Daí porque merece elogios a técnica redacional empregada pelo legislador reformador, ao propor que o inciso VII do art. 1.660 do Código Civil passe a enunciar que entram na comunhão "os direitos patrimoniais sobre as quotas ou ações societárias adquiridas na constância do casamento ou da união estável", e não as ações ou cotas em si mesmo consideradas.

Além de cada um deles possuir o direito de mear 50% dos direitos patrimoniais sobre as cotas titularizadas pelo outro, ainda possui o direito de obter 50% sobre a retirada a título de participação nos lucros (dividendos) por ele obtida até a data da efetiva partilha, devido à circunstância de que a retirada se trata de frutos produzidos pela própria empresa do casal. Adicionalmente, caso apenas um deles exercesse atividade remunerada na sociedade, sendo seu sócio administrador, por exemplo, sua renda a título de *pro labore* deveria se submeter às mesmas regras aplicáveis ao salário, pois, tal como esta verba, corresponderia à remuneração por ele auferida. Portanto, se fosse integrada ao patrimônio comum

---

[224] O Enunciado n. 95 da III JDCom/CJF dispõe que "os perfis em redes sociais, quando explorados com finalidade empresarial, podem se caracterizar como elemento imaterial do estabelecimento empresarial".

durante a união, sua expressão econômica se submeteria ao regramento dado aos frutos produzidos por bens particulares (decorrentes de seu esforço próprio), devendo se comunicar até a data da separação de fato apenas, já que, a partir desse episódio, passaria a ser incorporada exclusivamente ao seu patrimônio particular, tornando-se incomunicável. Afinal, os frutos de bens particulares comunicam-se apenas até o tempo em que cessar a comunhão (CC, art. 1,660, V), e já foi visto por aqui que a separação de fato é justamente o episódio responsável por cessar a comunhão de vidas (ARCC, arts. 1.571, III, 1.576-A e, mais especificamente, o art. 1.671).

Também pelo fato de se tratar de bem comum, é claro que a eventual valorização ou desvalorização das cotas aproveitaria o outro, pois decorreria do esforço comum do casal.

Sobre esse direito, inclusive, o Anteprojeto pretende acrescentar os incisos VIII e IX ao art. 1.660, para dispor que entra na comunhão "a valorização das quotas ou das participações societárias ocorrida na constância do casamento ou da união estável, ainda que a aquisição das quotas ou das ações tenha ocorrido anteriormente ao início da convivência do casal, até a data da separação de fato" e "a valorização das quotas sociais ou ações societárias decorrentes dos lucros reinvestidos na sociedade na vigência do casamento ou união estável do sócio, ainda que a sua constituição seja anterior à convivência do casal, até a data da separação de fato".

Finalmente, a condição de sócio ainda atribuiria a cada um deles, a possibilidade de propor a dissolução total da sociedade empresária (CC, art. 1.034; CPC, arts. 599 e 600, III), embora isso não seja algo muito recomendável por ir de encontro à função social e ao princípio da continuidade da empresa, previsto implicitamente na Constituição Federal[225-226].

Em uma eventual disputa judicial travada nas Varas de Família, parece ser ideal que o juízo se limite a reconhecer e declarar o fato de os agora "ex" terem direito a 50% dos direitos patrimoniais referentes às cotas sociais titularizadas pelo outro, bem como a 50% sobre o acervo societário, cuja apuração em pecúnia poderia ocorrer tanto na esfera extrajudicial quanto na judicial, desde que, neste último caso, nas Varas Cíveis residuais ou especializadas, sob os métodos tradicionais previstos pelo próprio contrato social e/ou pelo direito empresarial, sempre contando com a participação da pessoa jurídica (p. ex.: CPC, arts. 599 a 609; CC, arts. 1.028 a 1.032).

Vejamos, agora, outra hipótese.

9.5.14.2.2 A sociedade empresária limitada constituída entre um só dos consortes e terceiros: "consortes de sócios"

Coisa completamente diversa ocorreria se apenas um dos consortes constituísse sociedade com terceiros, pois o outro não seria seu sócio. E, como se intui, isso poderia ocorrer tanto antes de iniciada a união familiar, quanto depois de sua formação.

---

[225] Enunciado 17 da I JDCom/CJF: "Na sociedade limitada com dois sócios, o sócio titular de mais da metade do capital social pode excluir extrajudicialmente o sócio minoritário desde que atendidas as exigências materiais e procedimentais previstas no art. 1.085, caput e parágrafo único, do CC".

[226] De forma diferente daquela sustentada neste livro, o STJ já entendeu que o empresário titular de sociedade limitada precisaria da autorização de seu cônjuge para prestar fiança, sob pena de invalidade da garantia (REsp 1.525.638/SP, DJe 21.6.2022).

9.5.14.2.2.1 Antes do casamento ou da união estável

No primeiro caso, ou seja, na sociedade constituída antes do casamento ou da união estável, a participação do sócio na empresa receberá o mesmo tratamento de um bem particular seu, pois, em essência, é isso que suas cotas serão. Afinal, além de o art. 1.659 ser absolutamente claro a respeito de que excluem-se da união "os bens que cada cônjuge ou convivente possuir ao casar ou constituir união estável", o art. 1.662 do Código Civil também é preciso a esse respeito, quando diz que no regime da comunhão parcial, presumem-se adquiridos na constância do casamento ou da união estável os bens móveis, "quando não se provar que o foram em data anterior", no que vêm complementados pelo enunciado proposto pelo Anteprojeto ao inciso VII do art. 1.660 do Código, segundo o qual somente entram na comunhão "os direitos patrimoniais sobre as quotas ou ações societárias adquiridas na constância do casamento ou da união estável", ficando de fora, portanto, os direitos sobre as quotas ou ações adquiridas antes do início ou depois do encerramento desses relacionamentos.

Logo, havendo prova de que a sociedade foi constituída antes do início (ou depois do fim) do casamento ou da união estável, praticamente nada se comunicará, exceto a expressão econômica das rendas recebidas pelo sócio durante a união, dado ao fato de tanto a participação nos lucros, quanto seu eventual *pro labore* se equipararem a frutos civis, como tantas vezes dito por aqui, os quais se comunicam mesmo quando produzidos por bens particulares (CC, art. 1.660, V).

Por outro lado, suas cotas sociais, ou melhor, os direitos patrimoniais sobre ela, não se comunicarão, por serem bens particulares (CC, art. 1.659, I).

No que concerne à valorização ou desvalorização das cotas sociais e à correspectiva majoração ou minoração do valor de mercado da empresa (*valuation*), sempre defendi nas edições anteriores deste livro que elas também não se comunicariam, por decorrer de mero fenômeno econômico ou do trabalho isolado dos próprios sócios, e não do esforço comum do casal, no que era acompanhado pelo entendimento seguido pelo Superior Tribunal de Justiça[227].

No entanto, o Anteprojeto pretende remodelar esse posicionamento pela introdução dos incisos VIII e IX ao texto do art. 1.660, o qual passará a possuir a seguinte redação:

> Art. 1.660. Entram na comunhão:
> [...]
> VIII – a valorização das quotas ou das participações societárias ocorrida na constância do casamento ou da união estável, ainda que a aquisição das quotas ou das ações tenha ocorrido anteriormente ao início da convivência do casal, até a data da separação de fato;
> IX – a valorização das quotas sociais ou ações societárias decorrentes dos lucros reinvestidos na sociedade na vigência do casamento ou união estável do sócio, ainda que a sua constituição seja anterior à convivência do casal, até a data da separação de fato.

Apesar de somente falar em "valorização" e não em "desvalorização", acredito que o legislador reformador pretenda tornar comunicável qualquer variação no preço das cotas

---

[227] AgInt no AREsp 934.661/PR, *DJe* 26.3.18; AgInt no AREsp 236.955/RS, *DJe* 27-11-2017; AgInt no AREsp 297.242/RS, *DJe* 13-11-2017; REsp 1.595.775/AP, *DJe* 16-8-2016; REsp 1.173.931/RS, *DJe* 29-10-2013; AgRg no Ag 1.185.068/DF, *DJe* 25-11-2009.

ou no valor de mercado da empresa, seja para menos, seja para mais, até porque a disposição é de caráter ampliativo e não existe qualquer elemento que sugira alguma interpretação que restrinja o seu sentido. Ademais, é da essência dos regimes comunitários a comunicação tanto dos créditos quanto dos débitos originados durante a união.

Como resultado, se o Código vier a ser efetivamente reformado, o direito às cotas sociais continuará só sendo adquirido pelo não sócio caso forem adquiridas por seu cônjuge ou convivente durante o relacionamento. Já a valorização ou desvalorização dessas cotas, por qualquer motivo, se comunicará ao não sócio, mesmo que a empresa tenha sido constituída por seu cônjuge ou convivente em data anterior ao início da união.

É provável que essa disposição do inciso VIII sobre a valorização das cotas sociais gere alguma repercussão, porque, muitas vezes, as cotas, ações e a própria empresa se valorizam por fatores absolutamente alheios à relação familiar e até à sociedade, como a realização de obras públicas e o incremento do policiamento nas proximidades do estabelecimento, a concessão de incentivos governamentais ao desenvolvimento das atividades empresárias ou a ocorrência de algum evento relacionado à saúde pública, a exemplo de uma pandemia. E, do mesmo modo, pode ocorrer o fenômeno inverso, acarretando a sua desvalorização. Nesses casos, se derruiria qualquer noção que se pudesse emprestar a "esforço comum", sendo este o motivo de este livro sempre ter sustentado que a valorização ou desvalorização de cotas e ações societária dependeria do motivo subjacente, observando-se o regramento inerente ao ônus da prova, na forma oportunamente mencionada por aqui.

De todo modo, esta não parece ter sido a linha de entendimento seguida pelo legislador reformador.

Contrariamente, a disposição do inciso IX parece ter vindo em boa hora, porque se os sócios tiveram a habilidade de valorizar as cotas sociais mediante o reinvestimento dos lucros gerados pela sociedade nela própria, na vigência do casamento ou união estável, essa vantagem decorreu inegavelmente de fatores internos, devendo repercutir positivamente sobre os próprios sócios e seus cônjuges e conviventes, na forma também já mencionada neste livro.

Bora conhecer, agora, o caso de a empresa ter sido constituída durante a união familiar com um só dos consortes se associando a terceiros.

9.5.14.2.2.2 Durante o casamento ou a união estável

Mesmo depois do casamento ou da união estável, a empresa poderia continuar sendo constituída por um só dos cônjuges ou companheiros, porque não é pelo fato de as pessoas serem cônjuges ou conviventes umas das outras, que compartilharão, também, os projetos profissionais, não é mesmo?

Portanto, seria perfeitamente possível que mesmo uma pessoa casada sob regime de comunhão parcial de bens constituísse empresa ou adquirisse cotas sociais de empresa já existente valendo-se exclusivamente de seus bens particulares. Seria o caso de uma esposa que constituísse ou adquirisse cotas de uma empresa, valendo-se de dinheiro ou bens que já possuía antes mesmo de conhecer seu marido.

Mas, é tão possível quanto neste caso acima mencionado, que apenas um dos cônjuges ou companheiros se torne sócio de empresa, valendo-se de bens comuns para a integralização do capital social. Seria exemplificar com o caso de um convivente que tivesse habilidades de empresário e que, por isso, quisesse sozinho se tornar sócio de empresa com terceiros, utilizando-se de bens comuns para a integralização do capital social.

Nessas situações, pelo mesmo motivo já exposto, o direito às *cotas sociais* titularizadas pelo sócio jamais se comunicariam ao seu consorte, pois a sociedade limitada é, como também já exposto por aqui, daquelas em que a vontade dos sócios na escolha dos demais membros leva em consideração as qualidades pessoais que eles ostentam (*intuitu personae*).

Como resultado, seu cônjuge ou convivente não se tornaria sócio do empreendimento, pois, do contrário, a denominada *"affectio societatis"* restaria seriamente abalada (CC, arts. 1.003 e 1.057). Afinal, a sociedade limitada é uma sociedade de pessoas. Adicionalmente, lembre-se que ninguém pode ser obrigado a se associar nem a se manter associado (CR, art. 5º, XX).

Isso tudo impediria que se falasse por aqui de "cônjuge e sócio" ou de "convivente e sócio", tornando possível que se cogitasse apenas de "cônjuge de sócio" ou "convivente de sócio". No lugar do "e" entraria "de", portanto.

Essa particular situação ainda retiraria do não sócio qualquer direito pessoal em relação à sociedade, bem como o direito de comunicação de qualquer direito patrimonial sobre as cotas sociais titularizadas pelo sócio.

Mais ainda. Como o patrimônio societário não se confunde com o patrimônio pessoal, nem com o patrimônio comum do casal, o sócio poderia até mesmo alienar ou inserir ônus real sobre os imóveis pertencentes à sua empresa, independentemente do consentimento de seu consorte não sócio (CC, art. 978), exceto se se tratar de Microempreendedor Individual (MEI) e do Empresário Individual (EI), em razão de haver confusão entre o patrimônio social e o pessoal, como dito[228-229].

Porém, não é por isso que o não sócio ficaria alijado completamente do direito de receber algum patrimônio aqui também. Muito pelo contrário. Ele teria sim direito a alguma coisa. Só que isso variaria de acordo com outro acontecimento: o fato de terem sido empregados bens particulares ou comuns para a constituição do capital social.

Sim, porque se somente bens particulares tiverem sido utilizados para a formação do capital societário, o cônjuge ou convivente do sócio não terá direitos patrimoniais sobre as cotas sociais, as quais constituirão bens particulares do sócio, não se comunicando a ele, por força das regras do art. 1.659, I e II, do Código Civil, que respectivamente dispõem que se excluem da comunhão "os bens que cada cônjuge possuir ao casar, e os que lhe sobrevierem, na constância do casamento, por doação ou sucessão, e os sub-rogados em seu lugar" e "os bens adquiridos com valores exclusivamente pertencentes a um dos cônjuges em sub-rogação dos bens particulares". Já se bens comuns tiverem sido utilizados nesse procedimento, aí

---

[228] O STJ entende que, nas hipóteses de empresário individual, é "indispensável a outorga uxória para efeitos de doação, considerando que o patrimônio da empresa individual e da pessoa física, nada mais são que a mesma realidade" (REsp 594.832/RO, *DJ* 1º-8-2005).

[229] De forma diferente daquela sustentada neste livro, o STJ já entendeu que o empresário titular de sociedade limitada precisaria da autorização de seu cônjuge para prestar fiança, sob pena de invalidade da garantia (REsp 1.525.638/SP, *DJe* 21-6-2022).

sim o cônjuge ou convivente do sócio terá direitos patrimoniais sobre elas, embora não se torne sócio da empresa, já que, em última análise, as cotas sociais representarão um bem comum, ainda que titularizadas exclusivamente pelo sócio, ou seja, ainda que estejam somente em nome dele, devido à regra do art. 1.660, I, do mesmo Código, segundo a qual entram na comunhão "os bens adquiridos na constância do casamento por título oneroso, ainda que só em nome de um dos cônjuges".

Esse é um detalhe importantíssimo, mas que muitas vezes é desconsiderado no cotidiano forense. E, caso o Código venha a ser efetivamente reformado, haverá ainda um agravante, porque a redação proposta ao inciso VII do art. 1.660 é a seguinte:

> Art. 1.660. Entram na comunhão:
> [...]
> VII – os direitos patrimoniais sobre as quotas ou ações societárias adquiridas na constância do casamento ou da união estável;

Note que o legislador reformador se refere aos diretos patrimoniais sobre as cotas ou ações que tenham sido "adquiridas na constância do casamento ou da união estável", dando a entender que eles sempre se comunicariam ao outro, quando isso não é verdade. Afinal, por serem bens móveis (CC, art. 83, III), existe a mera *presunção* de que eles sejam adquiridos pelo esforço comum (CC, art. 1.662), mas não existe *certeza* a este respeito, o que significa dizer que é perfeitamente possível que somente um dos consortes, mesmo durante a união, se utilize de bens particulares seus para a aquisição das cotas sociais da empresa para a sua correspectiva constituição com terceiros, como já enfatizado por aqui.

Daí o motivo de se fazer o alerta.

Nos tópicos seguintes, cada um desses casos será analisado mais de perto, iniciando-se pelas sociedades constituídas com patrimônio particular de apenas um deles.

9.5.14.2.2.2.1 Com bens particulares

Na eventualidade de a sociedade ser constituída depois da união, mas com bens pertencentes exclusivamente ao patrimônio particular de um dos consortes, a própria empresa e, claro, suas cotas sociais, também seriam consideradas bens particulares seus, pois decorreriam de sub-rogação daqueles (CC, art. 1.659, I e II), o que assemelharia bastante a sua disciplina jurídica ao caso há pouco tratado, de empresa constituída antes da união.

Só não se esqueça que recairá sobre o sócio o ônus da prova sobre a origem particular dos bens utilizados para a integralização do capital social, porque a presunção de comunicabilidade estabelecida como regra geral nos regimes comunitários (CC, arts. 1.658 e 1.667) faz com que se considerem comuns os bens utilizados pela pessoa casada ou unida estavelmente para a constituição da sociedade empresária, exceto, é claro, se houver prova específica em sentido contrário (CC, arts. 1.659 e 1.668), como já dito neste livro.

Neste sentido, inclusive, é o entendimento do STJ, como se vê, a título meramente exemplificativo, do seguinte aresto:

> AGRAVO INTERNO NO RECURSO ESPECIAL. DIREITO CIVIL E PROCESSUAL CIVIL (CPC/1973). AÇÃO DE SEPARAÇÃO JUDICIAL. PARTILHA. AQUISIÇÃO DE BENS EM SUB-ROGAÇÃO. ELEMENTOS QUE NÃO AUTORIZAM A ELISÃO DA PRESUNÇÃO DE COMUNI-

> CABILIDADE. COTAS SOCIAIS ADQUIRIDAS NA CONSTÂNCIA DO MATRIMÔNIO. VIABILIDADE DA PARTILHA. REVISÃO DE MATÉRIA FÁTICO-PROBATÓRIA. IMPOSSIBILIDADE. SÚMULA 7/STJ. PRECEDENTES.
> 1. Controvérsia acerca da comunicabilidade de cotas sociais adquiridas por um dos cônjuges na constância do casamento regido pela comunhão parcial de bens.
> 2. Segundo a orientação jurisprudencial do STJ, "no regime da comunhão parcial, os bens adquiridos onerosamente na constância do casamento se comunicam, pois a lei presume que a sua aquisição é resultado do esforço comum do casal, tanto que estabelece essa regra mesmo quando o bem estiver em nome de apenas um dos cônjuges. É o que estabelecem os arts. 271, I, do Código Civil 1916, e 1.660, I, do Código Civil de 2002" (REsp n. 2.106.053/RJ, relator Ministro Marco Aurélio Bellizze, Terceira Turma, julgado em 21-11-2023, *DJe* 28-11-2023).
> 3. Caso concreto em que reconhecido, pela Corte de origem, mediante análise do conjunto fático-probatório, que não fora comprovada a aplicação de recursos patrimoniais incomunicáveis para a aquisição das cotas sociais que estão em nome da agravante.[...]
> (AgInt nos EDcl no REsp 1.822.685/SP, *DJe* 20-3-2024)

Se essa comprovação for bem-sucedida, a empresa lhe pertencerá com exclusividade, recebendo tratamento idêntico ao que seria destinado a qualquer bem particular seu. Via de consequência, a expressão econômica das cotas, ou, como parece preferir o legislador reformador, os direitos patrimoniais sobre as cotas, se tornariam incomunicáveis ao final do relacionamento afetivo (CC, art. 1.659, I, parte final e II).

Mesmo se o Código vier a ser reformado, a regra específica prescrita pelo art. 1.659, I e II, continuaria afastando a regra genérica prescrita pelo art. 1.660, VII.

Coisa diferente aconteceria com a participação nos lucros. Isso porque tal verba é equiparável aos frutos civis, como tantas vezes dito neste livro[230], o que faria que, numa eventual partilha, coubesse ao ex-consorte do sócio 50% do que houvesse sido recebido a este título, até a data da separação de fato, já que frutos civis se comunicam mesmo quando originados dos bens particulares, desde que incorporados ao patrimônio do casal, por força de regramento específico traçado pelo art. 1.660, V, do Código Civil, já estudado por aqui[231].

Além dela, eventuais quantias recebidas a título de *pro labore* deveriam se comunicar, em idêntica proporção, até a data da separação de fato, pois tal verba serve para remunerar o trabalho desenvolvido pelo sócio, recebendo, por isso, a mesma disciplina jurídica aplicada ao salário, desde que, é claro, seja incorporada ao patrimônio comum. Lembre-se que, contrariamente ao caso de a empresa ser comum, aqui ela é algo particular do sócio.

Só esteja atento ao fato de que, tal como acontece com o salário, e com a participação nos lucros, não há comunicabilidade do direito à percepção em si (do *pro labore*), mas apenas de sua expressão econômica.

Também pelo fato de se tratar de bem particular, este livro sempre defendeu que a eventual valorização ou desvalorização das cotas não aproveitaria o outro, por decorrerem de mero fenômeno econômico ou do trabalho isolado dos sócios, e não do esforço comum do casal, como dito em tópico antecedente. Porém, caso o Código Civil venha a ser mesmo

---

[230] AgRg no REsp 1.348.680/RS, *DJe* 20-8-2013; AgRg no AREsp 206.147/RS, *DJe* 5-11-2012; REsp 819.238/RJ, *DJ* 26-2-2007.
[231] Assim também: GONÇALVES, Carlos Roberto. *Direito civil brasileiro*: direito de família. v. 6. 14. ed. São Paulo: Saraiva, 2017, p. 498; RODRIGUES, Silvio. *Direito civil*: direito de família. v. 6. 28. ed. São Paulo: Saraiva, 2007, p. 332.

reformado, a valorização ou desvalorização passará a se comunicar invariavelmente, por força da disposição proposta aos incisos VIII e IX do art. 1.660, como já registrado neste livro[232].

Se o consorte de sócio não compõe os quadros da sociedade empresária, não poderia pedir a dissolução total da sociedade empresária, tampouco pretender ingressar, à força, em seu quadro societário, já que essas opções são asseguradas apenas aos próprios sócios e aos demais legitimados, nos termos do que restar assinalado no contrato social e na legislação em vigor (CC, arts. 1.029, 1.031, 1.034 e 1.077; CPC, art. 600).

"*Socii mei socius, meus socius non est*" diriam os antigos[233]. Haveria mais essa grande diferença entre a hipótese aqui tratada e aquela analisada em tópico anterior.

Na eventualidade de haver disputa judicial a respeito da partilha, bastaria ao Juízo de Família reconhecer e declarar o direito à percepção das verbas antes mencionadas, cuja efetivação, isto é, a apuração dos valores correspondentes, deveria ser relegada às Varas Cíveis residuais, ou, ocorrer extrajudicialmente, a depender da vontade das partes, dada a necessidade, dentre outros fatores, de produção de prova pericial contábil para o cálculo daquilo que tivesse sido efetivamente auferido, assim como da participação dos demais sócios e da pessoa jurídica no processo (CPC, art. 601), como será visto com mais detalhes alguns tópicos adiante.

Vejamos, agora, o que aconteceria na que parece ser a mais importante das hipóteses estudadas: se a sociedade fosse constituída com bens comuns do casal.

9.5.14.1.2.2.2 Com bens comuns: a "subsociedade" ou "sociedade interna"

Se o capital social tiver sido integralizado por bens integrantes do *patrimônio comum*, embora o consorte de sócio também não se torne sócio da sociedade empresária, terá direitos significativamente mais amplos. Isto porque este caso rende ensejo a uma curiosa situação, em que ambos formariam entre si alguma coisa próxima a uma *subsociedade* ou *sociedade interna*, isto é, algo como uma comunhão jurídica exclusivamente em torno dos direitos patrimoniais proporcionados pelas cotas titularizadas pelo consorte-sócio, cuja duração se estenderá da data da constituição oficial da união até a data em que ocorrer a partilha jurídica. Afinal, mesmo sendo titularizadas exclusivamente pelo sócio, as cotas seriam consideradas bens comuns, por terem sido integralizadas com bens provenientes da mancomunhão (sub-rogação), devendo, por isso, se submeter ao mesmo sistema empregado a qualquer bem adquirido sob essa condição (CC, art. 1.660, I).

Portanto, aqui não se poderia falar na existência de "cônjuge de sócio" ou "convivente de sócio", mas sim em "subsócio de sócio", exclusivamente em relação às cotas por ele titularizadas. Em alguns julgados do STJ, inclusive, é bastante comum que a nomenclatura utilizada para a hipótese seja "copropriedade no conteúdo econômico das cotas sociais[234]", muito embora o que verdadeiramente aconteça seja a mancomunhão da expressão econômica das cotas.

---

[232] AgInt no AREsp 934.661/PR, *DJe* 26-3-2018; AgInt no AREsp 236.955/RS, *DJe* 27-11-2017; AgInt no AREsp 297.242/RS, *DJe* 13-11-2017; REsp 1.595.775/AP, *DJe* 16-8-2016; REsp 1.173.931/RS, *DJe* 29-10-2013; AgRg no Ag 1.185.068/DF, *DJe* 25-11-2009.
[233] Passagem contida no Digesto 50.17.47.1. Em português, representaria algo como "parceiro de sócio meu, não é meu sócio".
[234] STJ, REsp 1.626.493/SC, *DJe* 4-10-2016.

É preciso repetir, porém, que essa especial situação não geraria a comunicação das cotas em si, mas apenas a de sua expressão econômica ou os direitos patrimoniais sobre elas, como pretende enfatizar o legislador reformista (ARCC, art. 1.660, VII). Além disso, envolveria única e exclusivamente os próprios consortes, sem repercutir sobre a sociedade empresária propriamente dita, o que inviabilizaria, por exemplo, que se cogitasse de atribuir ao não sócio qualquer direito pessoal titularizado pelo sócio, como o de votar em assembleias, o de fiscalizar e intervir, de qualquer forma, na administração e gestão da sociedade, bem como o de pedir sua dissolução.

Mas, de forma muito mais robusta que no caso tratado anteriormente, seus direitos não se limitariam a 50% da participação periódica nos *lucros* e 50% do *pro labore* obtidos pelo consorte-sócio. Incluiriam, ainda, o direito de perceber a importância real das cotas titularizadas por ele, com base na situação patrimonial da sociedade, verificada em balanço especialmente levantado, à razão de 50%, é claro (CC, art. 1.031).

Afinal, não custa repetir: na origem, o que serviu para integralizar o capital social é algo pertencente à comunhão, logo, pertencente, também, ao cônjuge ou convivente não sócio.

Vejamos uma a uma essas verbas.

Os dividendos, isto é, a expressão econômica referente à participação nos lucros, deveria se comunicar por representar frutos civis, como visto por várias vezes[235]. Porém, essa comunicação não ocorreria apenas até a data da separação de fato, mas, sim, até a partilha, porque, não custa relembrar, as cotas teriam sido adquiridas com esforço comum, o que impediria que elas fossem tratadas como frutos de bens particulares, devendo, por isso, se submeter ao regime aplicável a todo e qualquer bem comum ou aos frutos dos bens comuns (CC, art. 1.660, I e V, primeira frase).

Caso, adicionalmente, o sócio recebesse remuneração paga pela sociedade, no exercício da função de sócio administrador, por exemplo, sua renda a título de *pro labore* deveria se submeter às mesmas regras aplicáveis ao salário, pois, tal como esta verba, corresponderia à gratificação por ele auferida em troca de seus serviços. Assim, tão logo sua expressão econômica fosse incorporada ao patrimônio comum, como usualmente acontece, ela deveria, aqui também, se comunicar à razão de 50%. Porém, como o *pro labore* é uma remuneração assemelhada ao salário, classificando-se, portanto, como frutos de bens particulares (esforço isolado do trabalhador), o tempo de sua comunicabilidade não poderia se equiparar ao da participação nos lucros, o que faria com que ele fosse devido ao outro apenas até a data da separação de fato, pois, depois dela, a remuneração voltaria a integrar apenas o patrimônio pessoal do sócio, tornando-se incomunicável (CC, art. 1.660, V, segunda frase). Além dessas duas verbas, o cônjuge ou convivente do sócio teria direito a algo muito mais significativo, como dito: o direito a 50% da importância real das cotas titularizadas pelo sócio, isto é, de sua expressão econômica ou dos direitos patrimoniais sobre elas, a ser auferida com base na situação patrimonial da sociedade, à data da resolução, verificada em balanço especialmente levantado (CC, art. 1.031), o que obrigatoriamente deve levar em consideração qualquer valorização ou desvalorização experimentada por elas, independentemente

---

[235] Nesse sentido: STJ, AgInt nos EDcl no AREsp 908.313/SP, *DJe* 6-5-2020; REsp 1.531.288/RS, *DJe* 17-12-2015; REsp 819.238/RJ, *DJ* 26-2-2007.

de o Código Civil vir ou não a ser reformado, mas que, inegavelmente, se tornará indiscutível caso isso aconteça (ARCC, art. 1.660, VIII e IX).

Isso porque, repetindo mais uma vez, as cotas teriam sido adquiridas com patrimônio comum, sendo, por isso, um genuíno bem comum (CC, art. 1.660, I), que só não pode ser partilhado pelos consortes por causa das regras específicas do direito societário.

Esse entendimento é absolutamente pacífico no Superior Tribunal de Justiça, diga-se de passagem[236].

Portanto, na eventualidade de haver pedido de partilha, o juízo da Vara de Família deveria reconhecer e instituir a meação sobre a expressão econômica ou sobre os direitos patrimoniais da participação societária do sócio na empresa, segundo os parâmetros traçados acima. E essa participação "deve levar em consideração o patrimônio societário como um todo e não apenas sua dimensão contábil ou fiscal", isto é, se observar o valor de mercado da sociedade e não o seu registro histórico contábil, alerta o STJ[237].

Uma vez sendo feito isso, as partes poderiam buscar a efetivação desses direitos perante o juízo cível residual, contra as partes legítimas, isto é, os sócios e a sociedade empresária.

Durante muito tempo, controverteu-se sobre a possibilidade de aquele sujeito que houvesse colocado fim ao casamento ou à união estável mantido com o sócio, pedir a liquidação e/ou a dissolução da sociedade empresária e, em caso positivo, por qual procedimento.

Isso porque o art. 1.027 do Código Civil, em sua redação original, dispõe que:

> Art. 1.027. Os herdeiros do cônjuge de sócio, ou o cônjuge do que se separou judicialmente, não podem exigir desde logo a parte que lhes couber na quota social, mas concorrer à divisão periódica dos lucros, até que se liquide a sociedade.

Embora o dispositivo assegure o direito à concorrência na divisão periódica dos lucros, sempre houve descontentamento a respeito da proibição de o não sócio exigir o imediato pagamento da expressão pecuniária das cotas titularizadas pelo sócio[238]. Isto porque, permitir que ele pedisse a dissolução total da sociedade, que é ato necessariamente anterior e preparatório à liquidação (CC, art. 1.112)[239], seria algo extremamente egoístico, pois faria um direito individual preponderar sobre o direito social da continuidade e preservação da empresa, reconhecido como um verdadeiro princípio implícito em nossa Constituição Federal (art. 170). Por outro lado, aguardar-se a liquidação da sociedade é algo que poderia se tornar insustentável no caso concreto, até porque isso poderia nem vir a ocorrer, caso os demais sócios não tivessem tal intenção. E o que é pior. Nesse intervalo de tempo, poderiam ocorrer manipulações patrimoniais por parte do sócio no abuso dessa condição, notadamente se ele possuísse grande poder de comando na sociedade, periclitando a meação.

---

[236] AgInt nos EDcl no AREsp 908.313/SP, *DJe* 6-5-2020; AgInt nos EDcl no REsp 1.479.030/RS, *DJe* 15-8-2019; AgInt nos EDcl no REsp 1.723.688/DF, *DJe* 29-6-2018; AgInt no AREsp 837.906/MT, *DJe* 1º-8-2017; REsp 1.531.288/RS, *DJe* 17-12-2015; AgRg no AREsp 723.249/DF, *DJe* 26-8-2015; REsp 114.708/MG, *DJ* 16-4-2001; AgRg no Ag 65.398/RJ, *DJ* 5-2-96.

[237] REsp 1.499.772/DF, *DJe* 6-6-2019; REsp 1.537.922/DF, *DJe* 30-3-2017.

[238] REsp 1.332.766/SP, *DJe* 1º-8-2017; REsp 114.708/MG, *DJ* 16-4-2001.

[239] De acordo com Jonabio Barbosa e Anna Tereza Gonçalves, "a liquidação é fase subsequente ao ato de dissolução, em sentido estrito. Compreende o momento de findar os negócios da sociedade, realizando o ativo, isso é, recebendo os créditos que lhe competem, quitando o passivo, ou seja, arcando com o pagamento de todo o débito social, cumprindo as obrigações perante seus credores e, por fim, partilhando o remanescente, se houver, entre os sócios". (Santos, Jonabio Barbosa dos; Gonçalves, Anna Tereza de Mendonça. Dissolução, liquidação e extinção da sociedade empresária. *Revista Magister de Direito Empresarial, Concorrencial e do Consumidor*, n. 40, p. 8).

Entretanto, essa controvérsia parece ter tido fim com a entrada em vigor do Código de Processo Civil de 2015, pois este diploma abriu um leque de oportunidades bem maior aos ex-consortes de sócios. Agora, para poder saber "a parte que lhe caiba na quota social", eles não precisarão pedir a dissolução da sociedade, isto é, o encerramento definitivo de suas atividades. Basta que eles peçam apenas a "apuração de haveres" do sócio, para que, com base nela, descubram o que lhes cabe por direito.

Isso fica bem claro quando se lê o art. 600, parágrafo único, do Código de Processo Civil, segundo o qual:

> Art. 600. [...].
> Parágrafo único. O cônjuge ou companheiro do sócio cujo casamento, união estável ou convivência terminou poderá requerer a apuração de seus haveres na sociedade, que serão pagos à conta da quota social titulada por este sócio.

Como esse dispositivo não proíbe que o ex-consorte do sócio possa exigir a parte que lhe caiba na cota social antes da liquidação, entende-se que houve a derrogação do art. 1.027 do Código Civil[240].

Tanto isso parece ser verdadeiro, que o Anteprojeto de Reforma do Código Civil pretende atribuir a seguinte redação ao art. 1.027:

> Art. 1.027. Os herdeiros do cônjuge ou do convivente de sócio, ou o cônjuge ou convivente que dele se separou, divorciou, ou dissolveu a união estável, caso não venham a integrar a sociedade, concorrerão à divisão periódica dos lucros, até que se opere a dissolução parcial ou total da sociedade.
> Parágrafo único. Os lucros recebidos não serão considerados adiantamento dos haveres correspondentes à sua participação na quota social, aplicando-se o art. 1.031 para se proceder à determinação do valor das quotas por perícia, considerada a data da separação de fato.

Observe que, se a reforma vier a efetivamente ocorrer, será eliminada a impossibilidade de que os consortes de sócio possam exigir desde logo a parte que lhes caiba na cota social, sendo mantida, contudo, o seu direito de concorrer à divisão periódica dos lucros, até que se opere a dissolução parcial ou total da sociedade. Adicionalmente, o legislador reformador pretende deixar claro que os lucros recebidos não serão considerados adiantamento dos haveres correspondentes à sua participação na quota social.

Muito bom, não é mesmo? E se você já vinha mantendo contato com este livro mesmo antes da reforma, nem chegará a ser surpreendido no cotidiano forense, pois boa parte das ideias aqui defendidas já predominava no âmbito dos tribunais superiores e, por isso, veio a ser encampada pelo legislador reformador.

Em resumo, portanto, o ex-cônjuge ou ex-convivente de sócio pode promover demanda pedindo a apuração de haveres devidos pela sociedade a este, "desde logo", e, independentemente do fato de pedir a dissolução social da empresa ou sua liquidação[241].

---

[240] Assim, p. ex.: NERY JR., Nelson; ANDRADE NERY, Rosa Maria de. *Comentários ao Código de Processo Civil*. São Paulo: Revista dos Tribunais, 2015, nota 10 ao comentário ao art. 600.

[241] Apesar de o Código Civil não contemplar a hipótese, era possível encontrar julgado no STJ admitindo que ex-cônjuge de sócio pedisse a apuração de haveres sem previamente liquidá-la, mesmo antes da vigência do CPC/2015. Nesse sentido: REsp 114.708/MG, *DJ* 16-4-2001. Mas a questão era bastante controvertida. Em sentido contrário: AgRg no AREsp 691.594/GO, *DJe* 8-3-2016.

Adicionalmente, o Anteprojeto pretende inserir o art. 1.086-A ao texto do Código, dispondo que "A sociedade deve proceder à apuração dos haveres nos 90 dias seguintes à data de referência da liquidação da quota, que será: I – na data do óbito, no caso do falecimento do sócio; II – na data de extinção do regime de bens, nos casos de divórcio ou separação de fato, dos sócios cônjuges ou conviventes".

Além de favorecer o ex-consorte, por permitir que ele receba o que é seu desde logo, a inovação legislativa densifica o princípio da continuidade da empresa (CR, art. 170), pois possibilita que ela continue exercendo suas atividades, proporcionando a arrecadação de tributos, a geração de empregos, a circulação de rendas etc.

Mas, o que viria a ser a apuração de haveres?

De acordo com Fabio Ulhoa Coelho[242], a apuração de haveres é o método adequado para a "definição do *quantum* devido pela sociedade ao sócio desvinculado". Isso porque, continua o professor, "tem ele direito de crédito contra a pessoa jurídica no importe equivalente ao que teria se a hipótese fosse de dissolução total. Ou seja: o sócio tem direito ao valor patrimonial de sua cota social, não ao valor nominal, nem o de mercado, ou outro que se lhe atribua. A sociedade deve apurar os haveres do sócio desvinculado e pagar-lhe — nos prazos contratualmente previstos ou à vista em caso de omissão do contrato —, ou aos seus sucessores, a parte do seu patrimônio líquido que corresponder à proporção da cota liberada em relação ao capital social".

Bem vistas as coisas, nota-se que, no final das contas, o que a apuração de haveres faz é constituir um crédito a favor do ex-consorte do sócio, em face da sociedade empresária.

A importância dessa técnica é tanta, que diversos enunciados foram elaborados a seu respeito nas Jornadas de Direito Civil e de Direito Comercial promovidas pelo Conselho da Justiça Federal, dentre os quais destacam-se os seguintes:

> Enunciado n. 93 da III JDCom/CJF: "o cônjuge ou companheiro de titular de EIRELI é legitimado para ajuizar ação de apuração de haveres, para fins de partilha de bens, na forma do art. 600, parágrafo único, do Código de Processo Civil".
> Enunciado n. 386 da JDC/CJF: Na apuração dos haveres do sócio devedor, por consequência da liquidação de suas quotas na sociedade para pagamento ao seu credor (art. 1.026, parágrafo único), não devem ser consideradas eventuais disposições contratuais restritivas à determinação de seu valor.
> Enunciado n. 482 da JDC/CJF: Na apuração de haveres de sócio retirante de sociedade *holding* ou controladora, deve ser apurado o valor global do patrimônio, salvo previsão contratual diversa. Para tanto, deve-se considerar o valor real da participação da *holding* ou controladora nas sociedades que o referido sócio integra.
> Enunciado n. 487 da JDC/CJF: Na apuração de haveres de sócio retirante (art. 1.031 do CC), devem ser afastados os efeitos da diluição injustificada e ilícita da participação deste na sociedade.

Tal apuração pode ocorrer tanto extrajudicial quanto judicialmente, devendo, neste último caso, se processar pelo rito previsto nos arts. 599 a 609 do CPC, sob provocação da parte interessada dentro do prazo prescricional de 10 anos, contados do trânsito em julgado da sentença proferida na ação de família[243].

---

[242] COELHO, Fábio Ulhoa. *Manual de direito comercial*: direito de empresa. 23. ed. São Paulo: Saraiva, 2011, p. 141.
[243] STJ, REsp 1.139.593/SC, j. em 22-4-2014. Caso o Código Civil venha a ser efetivamente reformado, este prazo poderá ser alterado.

Já foi dito por aqui, mas não custa repetir: o juízo de família parece carecer de competência para este proceder, que, por isso, deve ser relegado ao juízo cível residual ou a outra Vara Competente, nos termos do Código de Organização Judiciária local.

Seja como for, é preciso que se tenha em mente que o objetivo buscado não será propriamente a dissolução da sociedade empresária, nem de forma total, nem parcial. Muito pelo contrário. A sociedade continuará exercendo suas atividades normalmente. Portanto, tudo passará como se fosse uma espécie de "simulação de dissolução", voltada exclusivamente ao propósito de se descobrir qual o valor real da empresa (*valuation*), para que, a partir dele, em um segundo momento, possa ser auferido pecuniariamente quanto vale a real participação do sócio (ex-conjuge ou ex-convivente), com base no percentual de cotas do capital social por ele titularizadas, com o intuito de que, finalmente, esse montante possa ser dividido por dois e obtidas as respectivas meações. É a essa operação que se chama "apuração de haveres".

Não por outro motivo o STJ já teve oportunidade de afirmar que a apuração de haveres deve ser feita nos mesmos moldes em que o seria se se tratasse de dissolução total[244].

Nenhuma das avaliações acima mencionadas pode ser feita tomando-se por base o mero valor nominal da empresa e das cotas. Isso fica ainda mais claro quando se lê o texto do art. 1.031 do Código Civil. Segundo ele, que é aplicável supletivamente às sociedades limitadas (CC, art. 1.053), o verdadeiro valor da cota do sócio, e, em última análise, da empresa, será apurado levando-se em consideração o montante integralizado, não de forma meramente nominal e histórica, mas sim tomando-se por parâmetro a situação patrimonial atual da sociedade, verificada em balanço especialmente levantado, nos termos previstos no contrato social ou em balanço de determinação, a ser realizado por prova pericial. Essa disposição vem complementada pela do art. 606 do Código de Processo Civil, segundo a qual "em caso de omissão do contrato social, o juiz definirá, como critério de apuração de haveres, o valor patrimonial apurado em balanço de determinação, tomando-se por referência a data da resolução e avaliando-se bens e direitos do ativo, tangíveis e intangíveis, a preço de saída, além do passivo também a ser apurado de igual forma".

No Superior Tribunal de Justiça parece nem existir controvérsia a esse respeito. Diversos julgados da Corte apontam no sentido de que os haveres devem ter em conta o real valor da participação societária do sócio, exatamente como ocorreria se se estivesse tratando de uma dissolução total da sociedade, tendo-se por escopo, ao mesmo tempo, preservar o *quantum* devido ao sócio retirante e evitar o locupletamento indevido da sociedade ou dos sócios remanescentes, em detrimento daqueles que se retiram de seus quadros[245].

Caso o Código venha a ser efetivamente reformado, essa orientação nem mais gerará controvérsia, porque o Anteprojeto sugere a seguinte redação aos arts. 1.027, § 1º, e 1.031:

> Art. 1.027. [...].
> Parágrafo único. Os lucros recebidos não serão considerados adiantamento dos haveres correspondentes à sua participação na quota social, aplicando-se o art. 1.031 para se

---

[244] REsp 1.335.619/SP, *DJe* 27-3-2015.
[245] REsp 105.667/SC, *DJ* 6-11-2000; REsp 38.160/SP, *DJ* 13-12-93; REsp 35.702/SP, *DJ* 13-12-93.

proceder à determinação do valor das quotas por perícia, considerada a data da separação de fato.

[...]

Art. 1.031. Nos casos em que a sociedade se resolver em relação a um sócio, o valor da sua quota, considerada pelo montante efetivamente realizado, liquidar-se-á conforme determinado no contrato social.

§ 1º Os haveres serão calculados, em regra, de acordo com os critérios fixados no contrato social.

§ 2º Em caso de omissão do contrato social, o juiz observará, como critério de apuração de haveres, o valor apurado em balanço de determinação, tomando-se por referência a data da resolução e avaliando-se, a preço de saída, os bens e direitos do ativo, tangíveis e intangíveis, inclusive os gerados internamente, além do passivo, a ser apurado de igual forma.

§ 3º O critério de determinação do valor das quotas para fins de apuração de haveres estabelecidos no contrato social será observado, mesmo que resultem valor inferior ao apurado em qualquer outro método de avaliação.

§ 4º A data da resolução da sociedade será:

I – no caso de falecimento do sócio, a do óbito;

II – no caso de divórcio ou de dissolução de união estável, a data da separação de fato;

III – na retirada imotivada, o sexagésimo dia seguinte ao do recebimento, pela sociedade, da notificação do sócio retirante;

IV – no caso de recesso, o dia do recebimento, pela sociedade, da notificação do sócio dissidente;

V – na retirada por justa causa de sociedade por tempo determinado e na exclusão judicial de sócio, a do trânsito em julgado da decisão que dissolver a sociedade; ou

VI – na exclusão extrajudicial, a data da reunião de sócios que a tiver deliberado.

§ 5º O capital social sofrerá a correspondente redução, salvo se os demais sócios suprirem o valor da quota.

§ 6º A quota liquidada será paga em conformidade com o disposto no contrato social e, sendo ele omisso, o pagamento será feito em dinheiro, no prazo de noventa dias contados a partir da liquidação.

Dentre os vários métodos de avaliação de sociedades (*valuation*)[246], e, via de consequência, de apuração dos haveres, o legislador deixou claro que, em primeiro lugar, deve ser observado o que houver sido pactuado no contrato social (CC, art. 1.031, *caput*; ARCC, art. 1.031, *caput*). Inexistindo ajuste nesse sentido, deverá ser utilizado, preferencialmente, o balanço de determinação (CC, art. 1.031, *caput*; ARCC, art. 1.031, § 2º; CPC, art. 604, II, e 606).

Portanto, a técnica de avaliação preferencial a ser aplicada no caso será aquela escolhida pelos sócios, no contrato social, o que prestigia a liberdade e autonomia privada[247]. Não a havendo, o balanço de determinação será a técnica adequada.

Esse cenário dá origem àquela que, se não é a maior, talvez seja uma das mais intensas controvérsias a respeito da ultimação da partilha relativa a sociedades empresárias: saber se o valor das cotas das empresas constituídas durante a união, mas que tenham sido integralizadas por apenas um dos ex-consortes, com bens comuns, deve ser apurado com base na situação vigente à data da separação de fato, à data da ruptura oficial do relacionamento ou à data da efetivação da partilha.

---

[246] São diversos os critérios passíveis de escolha pelas partes. O método de Avaliação pelo Fluxo de Caixa Descontado (*Free Operate Cash Flow*), embora seja bastante adotado na prática, parece vir gerando alguma controvérsia no STJ: REsp 1.877.331/SP, j. em 7-3-2021; REsp 1.335.619/SP, *DJe* 27-3-2015.

[247] STJ, AREsp 1.679.027/RS, *DJe* 2-3-2021; AgInt no AREsp 1.560.924/SP, *DJe* 8-5-2020; AgInt no AREsp 1.174.472/RS, *DJe* 19-12-2018.

Isso porque o nosso sistema de direito positivo posto não fornece uma resposta segura a esse respeito.

Observe: linhas acima, foi dito que a apuração de haveres deve ser feita exatamente como seria se estivesse havendo a dissolução total da sociedade, o que torna obrigatório o procedimento previsto pelos arts. 599 e 609 do CPC, dentre os quais se encontra o art. 604, I, estabelecendo que:

> Art. 604. Para apuração dos haveres, o juiz:
> I – fixará a data da resolução da sociedade; exigindo expressamente que, para apuração dos haveres, o juiz fixará a data da resolução da sociedade.

Como a sociedade não estaria verdadeiramente sendo dissolvida, mas apenas ficticiamente, para fins de se apurarem os haveres devidos ao ex-consorte de um de seus sócios, surge o impasse, pois, embora faça essa exigência, o diploma processual não disciplina a forma como isso ocorreria na situação sob exame, já que seu art. 605 – que elenca justamente diversos episódios como data da resolução – nada dispõe a respeito[248].

Essa omissão não deixa de ser lamentável, pois acontecimentos supervenientes à "data da resolução", como eventuais incorporações, ganho de tração, projetos de fusões, solidificação da marca e do nome, alocação de recursos consideráveis por "investidores anjo", aumento do capital social, crescimento exponencial ou diminuição considerável do valor de mercado, não poderiam repercutir sobre o valor devido ao ex-consorte do sócio.

O próprio CPC deixa evidente sua preocupação a este respeito quando estabelece, em seu art. 608, que, "até a data da resolução, integram o valor devido ao ex-sócio, ao espólio ou aos sucessores a participação nos lucros ou os juros sobre o capital próprio declarados pela sociedade e, se for o caso, a remuneração como administrador". Todavia, o parágrafo único deste dispositivo enuncia que "após a data da resolução, o ex-sócio, o espólio ou os sucessores terão direito apenas à correção monetária dos valores apurados e aos juros contratuais ou legais".

Portanto, é absolutamente imprescindível que se descubra em qual data a sociedade se consideraria resolvida, pelo menos, para os fins patrimoniais buscados pelos ex-consortes.

O Superior Tribunal de Justiça já teve oportunidade de enfrentar esse tormentoso tema, em mais de uma ocasião, firmando dois posicionamentos aparentemente discrepantes entre si. O primeiro, no sentido de que "o valor do capital social integralizado de determinada empresa é parâmetro adequado para a partilha, especialmente quando a separação de fato do casal, ocasião em que finda o regime de bens, ocorre em momento muito próximo à sua constituição[249]". O segundo, sustentando que "a participação em sociedade não constitui um patrimônio partilhável, automaticamente, no rompimento de uma relação conjugal, detendo o ex-cônjuge sócio, a singular administração da integralidade das cotas do ex-casal. Essa circunstância, que deprime, em nome da preservação da

---

[248] CPC, art. 605. A data da resolução da sociedade será: I – no caso de falecimento do sócio, a do óbito; II – na retirada imotivada, o sexagésimo dia seguinte ao do recebimento, pela sociedade, da notificação do sócio retirante; III – no recesso, o dia do recebimento, pela sociedade, da notificação do sócio dissidente; IV – na retirada por justa causa de sociedade por prazo determinado e na exclusão judicial de sócio, a do trânsito em julgado da decisão que dissolver a sociedade; e V – na exclusão extrajudicial, a data da assembleia ou da reunião de sócios que a tiver deliberado.
[249] REsp 1.595.775/AP, DJe 16-8-2016.

sociedade empresarial, o pleno direito de propriedade do ex-cônjuge não sócio, pode dar ensejo a manipulações que afetem, ainda mais o já vulnerado direito à propriedade. Nessa linha, verifica-se a existência de mancomunhão sobre o patrimônio, ou parte dele, expresso, na hipótese, em cotas de sociedade, que somente se dissolverá com a partilha e consequente pagamento, ao cônjuge não sócio, da expressão econômica das cotas que lhe caberiam por força da anterior relação conjugal. Sob a égide dessa singular relação de propriedade, o valor das cotas de sociedade empresária deverá sempre refletir o momento efetivo da partilha[250]".

Perceba que, enquanto o primeiro entendimento é no sentido de que o valor deve ser apurado à data da separação de fato, o segundo é no sentido de que o valor deve refletir a realidade existente por ocasião da partilha.

Na disputa entre o valor da data do rompimento da comunhão de vidas (data da separação de fato) e o valor da data do fim da mancomunhão (data da partilha), este livro vem sustentando, desde sua primeira edição, que, se os bens utilizados para a composição da sociedade empresária provierem do acervo comum do casal é porque, na origem, as cotas sociais titularizadas pelo sócio, ou melhor, a expressão econômica por elas projetada, é algo adquirido sob esforço conjunto, o que as tornaria indiferente à separação de fato, devendo se submeter ao mesmo regramento de todo e qualquer bem comum. Portanto, a linha aqui perfilhada é aquela que entende que o valor das cotas de sociedade empresária constituída com bens comuns deverá sempre refletir o momento efetivo da partilha, pois é apenas neste momento que a mancomunhão tem fim, acarretando, também, a "resolução da sociedade empresária", ao menos entre os ex-consortes.

Resumidamente, o raciocínio que se encontra por detrás dessa afirmação é o seguinte: toda vez que a sociedade se resolver em relação a apenas um sócio, o valor da sua cota deve ser apurado com base na situação patrimonial existente à "data da resolução", diz o tantas vezes mencionado art. 1.031 do Código Civil. Por isso, o Código de Processo Civil exige que o juiz fixe a data da resolução da sociedade empresária como condição para que possa realizar a apuração de haveres (CPC, art. 604, I). Como o ex-consorte não precisa pedir a dissolução, ou seja, a resolução da sociedade empresária para apurar os haveres do sócio (CPC, art. 600, parágrafo único), a "resolução" a que a lei se refere deverá ser entendida, aqui, como a da subsociedade existente entre eles, isto é, da sociedade interna que eles mantêm em torno da expressão econômica das cotas titularizadas pelo sócio, a qual tem fim justamente com a partilha.

Ao que parece, este posicionamento vem contando com cada vez mais aceitação no Superior Tribunal de Justiça, no qual já se mostra majoritário[251].

No entanto, o Anteprojeto de Reforma do Código Civil parece solucionar esse impasse, deixando claro o procedimento e o episódio a serem levados em consideração para a *valuation*, os quais, por sinal, são exatamente os mesmos que sempre foram sugeridos por este livro. Basta ver que enquanto o art. 1.031, § 2º, propõe que "Em caso de omissão do contrato social, o juiz observará, como critério de apuração de haveres, o valor apurado em

---

[250] REsp 1.537.107/PR, *DJe* 25-11-2016.
[251] AgInt nos EDcl no REsp 1.479.030/RS, *DJe* 15-8-2019; AgInt nos EDcl no REsp 1.723.688/DF, *DJe* 29-6-2018.

balanço de determinação, tomando-se por referência a data da resolução e avaliando-se, a preço de saída, os bens e direitos do ativo, tangíveis e intangíveis, inclusive os gerados internamente, além do passivo, a ser apurado de igual forma", o art. 1.031, § 4º, II, pretende dispor que "A data da resolução da sociedade será: no caso de divórcio ou de dissolução de união estável, a data da separação de fato".

Pode acontecer, entretanto, um fato inusitado: a sociedade empresária constituída em comum pelo casal encerrar suas atividades antes de o relacionamento ter fim e antes que haja a efetiva partilha dos bens, o que inviabilizaria a aplicação do método acima. Nesse caso, o Superior Tribunal de Justiça entende que "resta ao devedor suprir o valor integralizado outrora alocado na empresa e por ele gerido exclusivamente, convertendo-o nos autos em perdas e danos aptos a representar os direitos patrimoniais sobre as cotas sociais então devidas à recorrida", o que, na prática, significa que o ex-consorte não sócio terá seu direito à meação efetivado com base no valor correspondente à metade do valor integralizado das cotas empresariais à época do relacionamento, devidamente atualizado e com incidência de juros e atualização monetária até a data do efetivo pagamento, a ser apurado em perícia especialmente designada[252].

Qualquer que seja a situação, contudo, o exato valor da quota do sócio só poderá ser descoberto se tanto a sociedade empresária quanto os demais sócios participarem do processo (CPC, art. 601). Afinal, ela não poderia vir a ser prejudicada pela sentença proferida pelo juízo de família (CPC, art. 506). Além disso, será tão necessária quanto a designação de prova pericial a ser realizada por profissional especializado em avaliação de sociedades (contador, economista, administrador de empresas, advogado, expert em *valuation* etc.) destinada à apuração dos haveres, na forma exigida pelo art. 604, III, do CPC, que deve levar em consideração, dentre outros fatores, o valor real da sociedade à data da liquidação, o valor líquido do patrimônio e do fundo de comércio ou *goodwill* (também chamado de aviamento), o qual obviamente engloba bens imateriais, como o valor da marca, os perfis em redes sociais, quando explorados com finalidade empresarial[253], a lista de clientes, os estoques comercializáveis e o *know how*, por exemplo (CPC, arts. 604 e 606; CC, art. 1.142)[254].

Por isso, é de todo conveniente que os empresários façam estipulações no próprio contrato social[255]. ou celebrem convenções processuais (pré ou pós-nups), no mínimo, escolhendo peritos (CPC, art. 471) e estabelecendo peculiaridades a respeito de eventual procedimento judicial para a apuração desses haveres, com o objetivo de que a empresa seja preservada ao máximo na ocorrência de rupturas familiares sofridas por alguns de seus sócios.

Após toda a operação, a sentença condenará a sociedade empresária a pagar a quantia apurada ao ex-consorte do sócio, em dinheiro, no prazo de noventa dias, salvo estipulação em sentido contrário (CC, art. 1.031, § 2º; ARCC, art. 1.031, § 6º; CPC, art. 609)[256]. Este

---

[252] REsp 1.689.220/RS, *DJe* 27-5-2020.
[253] O Enunciado n. 95 da III JDCom/CJF dispõe que "os perfis em redes sociais, quando explorados com finalidade empresarial, podem se caracterizar como elemento imaterial do estabelecimento empresarial".
[254] STJ, REsp 1.499.772/DF, *DJe* 6-6-2019; EDcl no AgRg no Ag 1.421.289/RJ, *DJe* 22-2-2016; REsp 1.286.708/PR, *DJe* 5-6-2014.
[255] JDC/CJF, Enunciado n. 221: "Diante da possibilidade de o contrato social permitir o ingresso na sociedade do sucessor de sócio falecido, ou de os sócios acordarem com os herdeiros a substituição de sócio falecido, sem liquidação da quota em ambos os casos, é lícita a participação de menor em sociedade limitada, estando o capital integralizado, em virtude da inexistência de vedação no Código Civil".
[256] STJ, REsp 1.499.772/DF, *DJe* 6-6-2019; REsp 1.531.288/RS, *DJe* 17-12-2015.

prazo é contado em dias corridos, pois se trata de prazo material e não processual (CPC, art. 219, parágrafo único). No entanto, lembre-se que o que está sendo tratado por aqui não é a efetiva liquidação parcial da sociedade em relação ao sócio, mas a mera apuração de haveres, com base na expressão econômica de sua participação societária, para que, ao final do cálculo, possa se saber o valor da meação a ser repassada ao seu ex-consorte. Logo, o valor em dinheiro deverá ser pago a esta pessoa, no prazo a que alude a lei, sendo ela, portanto, que terá título executivo contra a sociedade empresária.

Havendo suspeita de abuso da personalidade jurídica da empresa no período que medeia o fim oficial da união e a partilha (data da resolução da sociedade empresária), o não sócio pode se valer de técnicas de contenção à fraudes, com o objetivo de resguardar seus direitos, a exemplo da produção antecipada de provas, voltada ao arrolamento de bens ou a vistorias judiciais, e medidas liminares diversas, objetivando obter a quebra do sigilo bancário e fiscal da empresa[257], sem prejuízo da desconsideração inversa da personalidade jurídica[258].

Sim, por mais que isso possa soar surpreendente, pode haver a quebra do sigilo bancário e fiscal, até com certa naturalidade, nas ações de família.

Finalmente, é preciso deixar claro que alguns itens não se comunicam ao consorte do sócio, até porque nem todo lucro obtido pela sociedade é distribuído entre os sócios a título de dividendos, como dito no tópico introdutório deste segmento. Parte dele costuma ser empregado na própria empresa, tornando-se, assim, patrimônio social e não pessoal. Produto e não fruto[259].

A propósito, o Superior Tribunal de Justiça já teve oportunidade de decidir que: a) a capitalização de reservas e lucros decorrente da própria atividade empresarial constitui produto da sociedade por incrementar o seu capital social; b) o lucro destinado à conta de reserva, que não é distribuído aos sócios, não integra o acervo comum do casal, tendo em vista pertencer apenas à sociedade e não ao sócio; c) a quantia destinada a futuro aumento de capital não deve ser objeto de partilha em virtude do fim de união estável, pois não está incluída no conceito de fruto, à luz do art. 1.660, inc. V, do Código Civil[260].

---

[257] Por meio do julgamento conjunto das ADI 2390/DF, ADI 2.386/DF, ADI 2.397/DF e ADI 2.859/DF, bem como do RE 601.314/SP, onde foi reconhecida repercussão geral, o STF pacificou o entendimento no sentido de admitir a quebra de sigilo bancário, nos termos da Lei Complementar n. 105/2001, mesmo na seara civil, quando existirem indícios de fraude ou ocultação ilícita de patrimônio. Especificamente nas ações de família, o STJ possui posicionamento firme no sentido de autorizar a quebra de sigilo bancário, tanto de contas titularizadas pelo ex-consorte, quanto de contas titularizadas por pessoas jurídicas por ele integradas, quando isso se destinar a comprovar o patrimônio partilhável. Nesse sentido: REsp 1.626.493/SC, DJe 4-10-2016; RMS 21.210/DF, DJ 11-9-2006; RMS 14.558/SP, DJ 25-11-2002. Eventualmente, tal posicionamento viria a ser encampado pelo Enunciado n. 536 do FPPC, que dispõe que: "o juiz poderá, na execução civil, determinar a quebra de sigilo bancário e fiscal", sendo que os extratos, consolidados ou específicos, podem ser obtidos com extrema facilidade e agilidade por intermédio do sistema BACENJUD.

[258] STJ, REsp 1.522.142/PR, DJe 22-6-2017.

[259] A Lei n. 6.404/76, que dispõe sobre as sociedades por ações, estabelece que "a reserva legal tem por fim assegurar a integridade do capital social e somente poderá ser utilizada para compensar prejuízos ou aumentar o capital" (art. 193). Não existe imposição assemelhada para as sociedades limitadas, mas a constituição da reserva legal pode ser prevista no contrato social, até pelo fato de o art. 1.053, parágrafo único do Código Civil prever que essa lei possa lhe ser aplicada supletivamente.

[260] De acordo com o entendimento do STJ, "as quotas ou ações recebidas em decorrência da capitalização de reservas e lucros constituem produto da sociedade empresarial, pois incrementam o capital social com o remanejamento dos valores contábeis da empresa, em consequência da própria atividade empresarial. Portanto, não constituem frutos do bem particular do consorte, motivo pela qual, não integram o rol de bens comunicáveis quando da dissolução da sociedade familiar". Assim: AREsp 699.207/SP, DJe 2-10-2019; AgInt no AREsp 236.955/RS, DJe 21-11-2017; REsp 1.595.775/AP, DJe 16-8-2016; REsp 1.173.931/RS, DJe 28-10-2013.

Não obstante, já foi dito por aqui que o Anteprojeto pretende que entre na comunhão "a valorização das quotas sociais ou ações societárias decorrentes dos lucros reinvestidos na sociedade na vigência do casamento ou união estável do sócio, ainda que a sua constituição seja anterior à convivência do casal, até a data da separação de fato" (art. 1.660, IX).

Sobre a forma como essas verbas e as de sucumbência devam ser computadas, veja a orientação do STJ:

> APURAÇÃO DE HAVERES. VALOR A SER PAGO AO SÓCIO RETIRANTE. JUROS DE MORA. ART. 405 DO CÓDIGO CIVIL. CORREÇÃO MONETÁRIA. TERMO INICIAL. HONORÁRIOS DE SUCUMBÊNCIA. RECURSO ESPECIAL PARCIALMENTE PROVIDO.
> 1. Os valores devidos ao ex-sócio, ao espólio ou aos sucessores serão integrados, até a data fixada para a resolução da sociedade, por todos os lucros ou juros sobre o capital próprio por ela declarados, incluindo, se for o caso, a remuneração devida pela respectiva atuação na administração social. Após essa data, incidirão apenas correção monetária e juros contratuais ou legais.
> 2. Se o valor dos haveres já foi calculado pelo perito de forma atualizada, somente a partir do laudo incidirá o índice de correção monetária até o efetivo pagamento.
> 3. Os juros incidirão a partir da citação, quando houver a regular citação dos requeridos na ação de dissolução parcial de sociedade e também litigiosidade sobre a apuração dos haveres. Precedente.
> 4. Os honorários advocatícios de sucumbência devem ser fixados, via de regra, sobre a condenação, o valor do proveito econômico obtido ou, não sendo possível quantificar o proveito econômico do vencedor da demanda, sobre o valor atualizado da causa.
> 5. Recurso especial parcialmente provido.
> (REsp 2.069.919/SP, *DJe* 29-2-2024)

Isso tudo, é claro, se não houver má-fé dos sócios ou da sociedade, como poderia ocorrer na hipótese de o próprio sócio majoritário ou administrador ser a pessoa envolvida na separação, no divórcio ou na dissolução da união estável.

Para facilitar a assimilação do que foi dito sobre a partilha em sociedades empresárias limitadas, segue a seguinte tabela:

9.5.14.1.2.3 Tabela comunicabilidade de bens e sociedade empresária limitada

SOCIEDADE LIMITADA		
CONSTITUÍDA SOMENTE ENTRE OS CONSORTES	CONSTITUÍDA POR UM CONSORTE COM TERCEIROS	
	COM BENS PARTICULARES	COM BENS COMUNS
O consorte se torna sócio	O consorte não se torna sócio	O consorte não se torna sócio
O consorte titulariza direitos patrimoniais e pessoais	O consorte não titulariza direitos patrimoniais nem pessoais	O consorte não titulariza direitos patrimoniais nem pessoais
O consorte não forma subsociedade com o sócio	O consorte não forma subsociedade com o sócio	O consorte forma subsociedade com o sócio
O consorte recebe 50% dos dividendos até a data da partilha	O consorte recebe 50% dos dividendos até a separação de fato	O consorte recebe 50% dos dividendos até a partilha
O consorte recebe 50% do *pro labore* até a separação de fato	O consorte recebe 50% do *pro labore* até a separação de fato	O consorte recebe 50% do *pro labore* até a separação de fato

SOCIEDADE LIMITADA		
O valor real das cotas se comunica, devendo ser apurado à data da efetiva dissolução da sociedade	O valor real das cotas não se comunica	O valor real das cotas se comunica, devendo ser apurado à data da partilha
A valorização/desvalorização das cotas durante a união é relevante	A valorização/desvalorização das cotas durante a união é irrelevante (obs.: o Anteprojeto pretende alterar esse cenário)	A valorização/desvalorização das cotas durante a união é relevante
O consorte pode pedir a dissolução total da sociedade	O consorte não pode pedir a dissolução total da sociedade	O consorte não pode pedir a dissolução total da sociedade
O consorte não pode pedir apuração de haveres	O consorte não pode pedir apuração de haveres	O consorte pode pedir apuração de haveres

Agora que a gente sabe o que acontece com as sociedades empresárias, pode conhecer a dinâmica da partilha de cotas de sociedades simples.

9.5.14.3 As cotas de sociedades simples

Muito do que foi dito a respeito da partilha de cotas de sociedades empresárias se aplica à divisão das cotas de sociedade simples, inclusive em relação aos aspectos materiais e processuais da apuração de haveres, até porque ambas podem se constituir sob o tipo de sociedade limitada, que é o que mais recebeu atenções por aqui (CC, art. 983, segunda frase), sendo comuns as regras a ambas aplicáveis (CC, art. 1.053)[261].

Ademais, embora suas naturezas não se confundam, as quotas sociais de ambas "são dotadas de expressão econômica, não se confundem com o objeto social, tampouco podem ser equiparadas a proventos, salários ou honorários", já decidiu o STJ[262].

Existe plena possibilidade de divisão do conteúdo econômico da participação societária, portanto. E, tal como lá, aqui também é preciso se cotejar a data da constituição da empresa com a data da constituição da união familiar, assim como a origem do dinheiro ou dos bens empregados para a sua constituição (se comuns ou particulares) e as repercussões projetadas pela separação de fato, seguindo-se, no mais, o mesmo esquema tratado nos tópicos anteriores, inclusive a respeito das possíveis limitações existentes ao direito de ingresso e ao de dissolução da sociedade pelo não sócio.

A propósito, confira o seguinte julgado:

> AGRAVO INTERNO NO AGRAVO EM RECURSO ESPECIAL. CIVIL. FAMÍLIA. DIVÓRCIO LITIGIOSO. DECISÃO QUE DETERMINA A PARTILHA DOS BENS ADQUIRIDOS PELO CASAL NA CONSTÂNCIA DO CASAMENTO ATÉ A DISSOLUÇÃO PELO DIVÓRCIO DECRETADO PELO JUÍZO. PARTILHA DAS QUOTAS SOCIAIS DE ESCRITÓRIO DE ADVOCACIA.
> 1. O acórdão recorrido não destoa da jurisprudência desta Corte segundo a qual "A natureza da sociedade, se empresarial ou simples, é irrelevante para se aferir a possibilidade de partilha de quotas sociais, notadamente porque são elas dotadas de expressão econômica, não se confundem com o objeto social, tampouco podem ser equiparadas a

---

[261] O Enunciado n. 213 da JDC/CJF dispõe que "o art. 997, inc. II, não exclui a possibilidade de sociedade simples utilizar firma ou razão social".
[262] STJ, AgInt no REsp 1.807.787/DF, *DJe* 24-4-2020; AgInt nos EDcl no REsp 1.479.030/RS, *DJe* 15-8-2019; REsp 1.531.288/RS, *DJe* 17-12-2015; REsp 1.227.240/SP, *DJe* 18-6-2015; REsp 958.116/PR, *DJe* 6-3-2013.

> proventos, salários ou honorários" (AgInt no REsp n. 1.807.787/DF, relator Ministro Marco Aurélio Bellizze, Terceira Turma, julgado em 20/4/2020, *DJe* de 24/4/2020).
> 2. [...]
> 3. O recorrente deixou de impugnar fundamento relevante e independente, adotado pelo Tribunal de origem, segundo o qual "o regramento aplicável ao caso busca preservar o *affectio societatis* e o caráter personalíssimo da sociedade de advogados, conferindo ao ex-cônjuge o direito à percepção de sua parte na divisão periódica dos lucros e não a qualidade de sócio, conforme artigo 1.027, do Código Civil" (fl. 109). Incide no caso, portanto, o teor da Súmula 283/STF.
> Agravo interno improvido.
> (STJ, AgInt no AREsp 2.196.821/RJ, *DJe* 6-3-2024)

Mas, é claro que existem diferenças entre o que se comunica e o que não se comunica.

Tomando-se por base o que acontece em uma sociedade de advogados, por exemplo, que é uma sociedade simples por imposição legal (EOAB, art. 16), o Superior Tribunal de Justiça decidiu que não poderiam ser "levados em consideração, em processo de dissolução de sociedade simples, elementos típicos de sociedade empresária, tais como bens incorpóreos, como a clientela e seu respectivo valor econômico e a estrutura do escritório[263]". mas apenas a expressão econômica projetada pelas cotas, ainda que elas tenham sido integralizadas por meio de trabalho[264].

Realmente, as situações são inconfundíveis em alguns pontos. Bastaria que se imaginasse as repercussões que seriam projetadas sobre a vida privada dos clientes, sobre a dinâmica do escritório e até sobre eventuais infrações disciplinares caso houvesse a partilha pura e simples da clientela e da estrutura do escritório. Além disso, não se pode desconsiderar o caráter sigiloso dos contratos de honorários[265], o que, por certo, dificultaria sobremaneira a prova a respeito dos valores ajustados entre advogados (contratados) e partes (contratantes).

No entanto, não deixa de ser curiosa a situação da valorização das cotas sociais. Isso porque, contrariamente ao que este livro sempre sustentou, o Anteprojeto pretende que entrem na comunhão tanto a "valorização das quotas ou das participações societárias ocorrida na constância do casamento ou da união estável, ainda que a aquisição das quotas ou das ações tenha ocorrido anteriormente ao início da convivência do casal, até a data da separação de fato", quanto a "a valorização das quotas sociais ou ações societárias decorrentes dos lucros reinvestidos na sociedade na vigência do casamento ou união estável do sócio, ainda que a sua constituição seja anterior à convivência do casal, até a data da separação de fato" (art. 1.660, VIII e IX).

E, quando essa ideia é aplicada às sociedades simples, fica mais perceptível o que o legislador reformador pretende fazer. Tomando-se por exemplo o que aconteceria, mais uma vez, com um escritório de advocacia, imagine a seguinte situação: uma firma constituída antes do casamento ou da união estável de seu sócio passa a crescer em importância durante o relacionamento, graças ao fato de os seus associados se capacitarem, vencerem causas relevantes, participarem de ações midiáticas em programas de tv e redes sociais ou ainda por qualquer outro fator que possa atribuir maior notoriedade e reconhecimento à

---

[263] REsp 1.227.240/SP, *DJe* 18-6-2015; REsp 958.116/PR, *DJe* 6-3-2013.
[264] STJ, REsp 1.807.787/DF, *DJe* 21-11-2019.
[265] Assim: STJ, RMS 67.105/SP, *DJe* 25-8-2021.

firma, consequentemente ampliando a sua carteira de clientes, mesmo sem que o sócio casado participe de qualquer dessas iniciativas. A valorização das cotas sociais decorrente dessas circunstâncias se comunicará ao seu consorte, independentemente do fato de haver qualquer participação sua nessa empreitada.

Respeitosamente a quem pense de forma diferente, não estou certo se o Anteprojeto adotou a opção mais acertada. Resta saber como os tribunais decidirão a respeito.

No mais, as noções apreendidas por ocasião do estudo das sociedades empresárias pode facilitar sobremaneira o partilhamento de cotas de sociedades simples.

Vejamos, agora, como se processa a partilha de ações de sociedades empresárias.

9.5.14.4 As ações de sociedades empresárias

No caso de a sociedade constituída por um ou por ambos os cônjuges ou conviventes ser *por ações* (Lei n. 6.404/76), a perspectiva será outra, muito embora lhes seja aplicável bastante coisa do que foi dito nos tópicos introdutórios, até pelo fato de as disposições do Código Civil lhe serem aplicáveis naquilo que essa lei for omissa (CC, art. 1.089)[266]. Isso porque as companhias ou sociedades anônimas e em comanditas por ações não são regidas pelo mesmo elemento subjetivo das sociedades limitadas. Ao menos naquelas anônimas de capital aberto, que são as únicas que interessam por aqui, a pessoa dos sócios não apresenta papel preponderante na sua constituição.

Há, por assim dizer, certa prevalência do vínculo patrimonial sobre o pessoal. O *intuitu pecuniae* aqui prepondera sobre o *intuitu personae*.

Como resultado, as ações aparecem como títulos que representam direito de crédito do acionista contra a sociedade e que, por isso, podem ser diretamente negociadas com terceiros, em regra (Lei n. 6.404/76, arts. 31 e 34).

Logo, caso ambos os consortes sejam acionistas, ou seja, tenham adquirido ações de uma mesma companhia conjuntamente, cada um será comunheiro da expressão econômica proveniente das ações do outro, à razão de 50%. A regra, portanto, será a mesma aplicável à partilha de qualquer bem móvel, que é isso que as ações são (CC, art. 83, III). Já na hipótese de as ações serem adquiridas antes ou durante a união, mas com bens provenientes do patrimônio particular de um só dos consortes, o outro terá direito a 50% dos dividendos[267] auferidos pelo acionista, até a data da separação de fato, pois essa remuneração é, como tantas vezes dito, espécie de frutos civis e, nesta condição, se comunicam por força do regramento específico já estudado (CC, art. 1.660, V). Por fim, se as ações forem adquiridas por um só consorte, mas com patrimônio comum, durante a união, o outro terá direito a 50% da expressão econômica daquelas titularizadas pelo acionista, cuja avaliação deverá

---

[266] De sua parte, o art. 1.088 do Código Civil enuncia que "Na sociedade anônima ou companhia, o capital divide-se em ações, obrigando-se cada sócio ou acionista somente pelo preço de emissão das ações que subscrever ou adquirir", enquanto a Lei n. 6.404/76 também dispõe que "O capital social poderá ser formado com contribuições em dinheiro ou em qualquer espécie de bens suscetíveis de avaliação em dinheiro" (art. 7º) e que "O estatuto fixará o número das ações em que se divide o capital social e estabelecerá se as ações terão, ou não, valor nominal" (art. 11).

[267] No caso das sociedades por ações, dividendos são os lucros líquidos que, em cada exercício social, são distribuídos aos acionistas de uma companhia. Assim: ALMEIDA, Amador Paes de. *Manual das sociedades comerciais*: direito de empresa. 20. ed. São Paulo: Saraiva, 2012, p. 430.

ser feita à data da partilha, sem prejuízo do direito à percepção de 50% dos dividendos auferidos por ele até este acontecimento.

O STJ já teve oportunidade de decidir a respeito da comunicabilidade de ações ao ensejo do rompimento da união familiar, da seguinte forma:

> CIVIL E PROCESSUAL CIVIL. [...]. SOBREPARTILHA. PRÉVIO CONHECIMENTO DA EX-ESPOSA. SÚMULA 7. SONEGAÇÃO DE COTAS E AÇÕES DE SOCIEDADE ANÔNIMA. INOCORRÊNCIA. [...].
> 3. A instância ordinária asseverou que as cotas e ações discutidas foram recebidas pelo réu por herança de seu falecido pai. E a autora-recorrente outorgou, em julho de 1997, poderes para ser representada por advogado próprio no inventário do seu ex-sogro H.A.M., em que justamente foram transmitidas as cotas e ações para o réu, vindo a partilha a ser homologada em 1999, antes da separação do casal. Destacou o Tribunal de Justiça de origem, ainda, que há no processo uma Cédula de Crédito Industrial, datada de 1994, em que a autora, juntamente com seu marido à época, assinou como avalista de um empréstimo feito pela empresa ITM – Indústria Têxteis M. Milagre S.A., cujas cotas e ações pretende agora a sobrepartilha. Rever os fundamentos que ensejaram esse entendimento exigiria reapreciação do conjunto probatório, o que é vedado em recurso especial, ante o teor da Súmula 7 do Superior Tribunal de Justiça.
> 4. A sobrepartilha é instituto utilizado em casos de desconhecimento de uma das partes a respeito de determinado bem, no momento da partilha, seja ou não por ocultação maliciosa ou, ainda, se situados em lugar remoto da sede do juízo. Embora os bens sonegados não se confundam com os descobertos após a partilha, ambos pressupõem o desconhecimento de sua existência por umas das partes. Nessa linha, é bem de ver que não é todo e qualquer bem que não foi partilhado que pode ser considerado sonegado.
> 5. São considerados sonegados os bens que, embora devessem ser partilhados, não o foram, em razão de ocultação daquele que estava em sua administração. Isto é, a sobrepartilha de bens sonegados encontra fundamento no desconhecimento ou ocultação sobre determinado bem por uma das partes. No caso em exame, como assinalado, tal não ficou caracterizado, de acordo com o que entendeu o Tribunal de origem, não servindo o instituto a corrigir arrependimentos quanto à divisão já realizada.
> 6. O prévio conhecimento da autora sobre a existência das cotas e ações objeto da ação de sobrepartilha apurado pelo Tribunal de origem é fundamento suficiente para a improcedência da ação no caso concreto, ficando prejudicado, assim, o intuito da recorrente de ver reconhecida a violação aos artigos 1.659, V, 1.667 e 1.668, V, do CC.
> [...].
> 8. Recurso especial não provido.
> (STJ, REsp 1.204.253/RS, *DJe* 15-8-2014)

Porém, ao contrário do que acontece com as sociedades do tipo limitada, não haverá necessidade de se seguir o procedimento da apuração de haveres, pois as sociedades anônimas de capital aberto negociam suas ações e títulos societários diretamente no mercado de capitais, o que permite que o valor da participação do acionista seja obtida por cotação em bolsa de valores[268]. Apenas as sociedades de capital fechado dependem de apuração de haveres[269].

Em qualquer hipótese, caberá ao Juízo de Família meramente apurar a data e a origem dos bens que levaram à aquisição das ações para, conforme o caso, reconhecer e declarar esse direito. Sua efetivação, ou seja, a obtenção do equivalente monetário, ocorrerá em

---

[268] CARVALHO, Luiz Paulo Vieira de. *Direito das sucessões*. 4. ed. São Paulo: Atlas, 2019, p. 997-998. Sobre os parâmetros utilizados para o cálculo do valor das ações, para fins de reembolso: STJ, REsp 1.572.648/RJ, j. em 12-9-2017.

[269] Registre-se que o STJ, na esteira do que parcialmente assegura o art. 599, § 2º, do CPC, tem aceitado o manejo de ação de apuração de haveres em sociedades anônimas de médio e pequeno porte, e de capital fechado, bastante comum nas sociedades familiares. Nesse sentido: REsp 1.321.263/PR, *DJe* 15-12-2016; REsp 1.368.515/SP, *DJe* 5-2-2015; AR 810/RS, j. em 8-6-2011.

conformidade com o tráfego das relações empresariais ou por meio das ações judiciais cabíveis perante as Varas Cíveis residuais, se e quando o meeiro assim desejar.

9.5.15 OS BENS DIGITAIS

A virtualização das relações humanas deu origem ao que vem sendo chamado de "bens digitais" ou "ativos digitais" (*digital assets* ou *digital property*), que, por certo, podem possuir valor aferível em pecúnia e, por isso, se tornar objeto de interesse em uma eventual partilha.

Apesar de serem algo presente no cotidiano das pessoas já há algum tempo, são uma categoria jurídica relativamente nova. E o que é pior: carente de regulamentação pelo Direito. Na legislação recente, o Marco Civil da Internet (Lei n. 12.965/2014) e a Lei Geral de Proteção de Dados – LGPD (Lei n. 13.709/2018), que era justamente de quem se esperava advir alguma regulamentação, muito pouco disseram a respeito. Os incontáveis projetos de lei versando sobre o tema, continuam sendo, ao menos até o momento de elaboração deste livro, meros projetos, advindo alguma inovação apenas da Lei n. 14.478/2022, que dispõe sobre diretrizes a serem observadas na prestação de serviços envolvendo criptomoedas.

Obviamente, esse é um cenário que sofrerá grandes alterações com o passar do tempo, até porque, no início do ano de 2022, a Constituição Federal passou a contemplar, como direito e garantia individual, o direito à proteção dos dados pessoais, inclusive nos meios digitais (art. 5º, LXXIX), atribuindo à União Federal a tarefa de "organizar e fiscalizar a proteção e o tratamento de dados pessoais, nos termos da lei" (art. 21, XXVI), bem como de legislar sobre "proteção e tratamento de dados pessoais (art. 22, XXX).

Na literatura, porém, encontram-se valiosas lições sobre o tema. De acordo com Bruno Zampier[270], por exemplo, bens digitais são "aqueles bens incorpóreos, os quais são progressivamente inseridos na internet por um usuário, consistindo em informações de caráter pessoal que trazem alguma utilizada àquele, tenha ou não conteúdo econômico". De pensamento assemelhado é Adelmo Silva Emerenciano[271], para quem eles "constituem conjuntos organizados de instruções, na forma de linguagem de sobrenível, armazenados em forma digital, podendo ser interpretados por computadores e por outros dispositivos assemelhados que produzam funcionalidades predeterminadas". Seguindo linha parecida, Moisés Fagundes Lara[272] entende que os bens digitais "são instruções trazidas em linguagem binária que podem ser processadas em dispositivos eletrônicos, tais como fotos, músicas, filmes, etc., ou seja, quaisquer informações que podem ser armazenadas em *bytes* nos diversos aparelhos como computadores, celulares, *tablets*".

Eles vêm representados, portanto, por toda sorte de conteúdo – isto é, todo tipo de fenômeno aferível pelos sentidos – que se desmaterializa – isto é, que abandona seu estado físico, tangível – e se digitaliza – isto é, que se converte em dados, em códigos digitais.

É necessário que se tenha essa noção porque alguns conteúdos, embora ostentem natureza intangível, desmaterializada, portanto, não são genuinamente digitais. É o que

---

[270] ZAMPIER, Bruno. *Bens digitais*. Foco, 2020, p. 77.
[271] EMERENCIANO, Adelmo da Silva. Tributação no Comércio Eletrônico. In: CARVALHO, Paulo de Barros (Coord.). *Coleção de Estudos Tributários*. São Paulo: IOB, 2003, p. 83.
[272] LARA, Moisés Fagundes. *Herança digital*. Porto Alegre: s.c.p., 2016, p. 22.

acontece, por exemplo, com os arquivos de imagens armazenados em fitas VHS ou com os arquivos de som armazenados em fitas *K-7* e *LP*s, pelo fato de serem representados em linguagem analógica e não digital, sendo, também, por isso, alocados em suporte físico meramente analógico e não digital. Sua natureza será de mero bem móvel, portanto. É preciso que se saiba, também, que bem digital não necessariamente se confunde com conteúdo que esteja inserido na *internet*. Incontáveis arquivos digitais não são introduzidos na internet e, mesmo assim, continuam sendo digitais, como músicas e filmes armazenados unicamente em DVDs, e/ou, arquivos de texto e de imagens guardados em *pendrives*, justamente porque tiveram que previamente passar pelo processo de digitalização. Pode existir correlação entre um e outro, mas não necessariamente causalidade.

O genuíno bem digital, portanto, é aquele que se encontra digitalizado, ou seja, representado sob linguagem, sob forma, sob código digital, pouco importando se seu armazenamento se dá em meio físico, como *pendrives* e *CD*s, ou em meio virtual, como nuvens, em *websites*, em *podcasts*, em perfis de redes sociais etc., desde que ambos permitam sua representação e processamento. Digital é a linguagem, a representação; o meio em que ele é armazenado representa a mera "mídia" (do latim, meio). É na representação, portanto, que reside o caráter que distingue os bens digitais dos demais bens móveis tangíveis e intangíveis, não no meio em que eles são armazenados.

A propósito, o Anteprojeto de Reforma do Código Civil pretende incluir expressamente na compreensão de bens digitais, o patrimônio intangível titularizado pela pessoa "abrangendo, entre outros, senhas, dados financeiros, perfis de redes sociais, contas, arquivos de conversas, vídeos e fotos, arquivos de outra natureza, pontuação em programas de recompensa ou incentivo e qualquer conteúdo de natureza econômica, armazenado ou acumulado em ambiente virtual" (art. 1.791-A).

Ao analisar mais de perto os bens digitais, chegamos a uma interessante conclusão: existem bens digitais de viés predominantemente patrimonial, como as criptomoedas e as milhas aéreas, mas, também, existem bens digitais nos quais prevalece o caráter existencial, como contas de e-mails e perfis em redes sociais utilizados unicamente para diversão e sem qualquer pretensão de monetização. Baseado nessa percepção, inclusive, Bruno Zampier propõe que os bens digitais sejam classificados em patrimoniais (a exemplo das criptomoedas), em existenciais (como arquivos de fotografias pessoais armazenados em nuvens ou redes sociais), e, em mistos (como redes sociais monetizadas).

Especificamente em relação aos acima classificados "bens mistos" a situação, que já é por si, complexa, ganha em dramaticidade quando se percebe que perfis mantidos em redes sociais como *Instagram*, *Twitter* e *Facebook*, embora a princípio sejam personalíssimos, e, por isso, potencialmente equiparáveis a bens particulares, podem ser tão rentáveis financeiramente a ponto de servirem de verdadeira e até de única fonte de sustento a certas famílias, fazendo com que, no mínimo, os frutos por elas produzidos integrem o acervo patrimonial partilhável em um eventual divórcio.

Esse detalhe não passou despercebido por Gabriel Honorato e Lívia Teixeira Leal[273], que, embora escrevendo sobre o direito sucessório, ensinam que esses frutos podem representar objeto de conflito por causa dos "valores monetizados também por bens digitais, seja em virtude das elevadas importâncias financeiras que estes podem possuir na perspectiva da alienação, seja em razão daquele *quantum* que podem prospectar mensalmente enquanto rendimento, ainda mais com a possível majoração em virtude da ampliação de acessos" decorrente de certos eventos, como campanhas patrocinadas e até a própria separação do casal.

De fato, para muito além de milhas aéreas, criptomoedas e pontos em programas de fidelização acumulados pela utilização de cartões de crédito, grupos em aplicativos do tipo *Whatsapp* e *Telegram*, perfis em redes sociais como Instagram e *Facebook*, contas mantidas em plataformas ao estilo *Twitter* e *Flicker*, serviços como *Blogs*, acervo de músicas, discografias, bibliotecas e filmografias digitais, e, até mesmo contas de e-mails, podem possuir expressivo valor não só de cunho emocional, mas de cunho patrimonial a seus respectivos titulares. Afinal, quem negaria que um perfil bem explorado em redes sociais pode ser capaz de monetizar significativas quantias e de servir como verdadeira fonte de sustento ao seu usuário? Acredito que muito poucos.

Não por outro motivo, pelo menos três enunciados elaborados por respeitadíssimos centros de estudos jurídicos brasileiros versam a respeito, sendo eles:

> Enunciado n. 95 das JDCom/CJF: "os perfis em redes sociais, quando explorados com finalidade empresarial, podem se caracterizar como elemento imaterial do estabelecimento empresarial".
> Enunciado n. 687 das JDC/CJF: "o patrimônio digital pode integrar o espólio de bens na sucessão legítima do titular falecido, admitindo-se, ainda, sua disposição na forma testamentária ou por codicilo".
> Enunciado n. 40 do IBDFAM: "a herança digital pode integrar a sucessão do seu titular, ressalvadas as hipóteses envolvendo direitos personalíssimos, direitos de terceiros e disposições de última vontade em sentido contrário".

Caso a disputa envolvendo bens digitais desague no Judiciário[274], é preciso que se faça, antes de qualquer outra coisa, a distinção a respeito de sua natureza em bens patrimoniais, bens existenciais e bens mistos, como mencionado acima. Se ele possuir índole puramente pessoal, se tratará de algo personalíssimo, logo incomunicável pelas regras dos regimes de bens (CC, art. 1.659, V e 1.668, V), como aconteceria com os arquivos de fotografia inseridos na internet ou armazenados em mídia física, ou, ainda, com os perfis de redes sociais não explorados com objetivo de lucro. Neste caso, não haveria nada a ser partilhado por causa de sua natureza personalíssima. Todavia, se, embora pessoal, o bem digital estiver sendo monetizado pelo titular, como acontece bastante com certos perfis em redes sociais, ou, se se tratar de bem puramente patrimonial, haverá sim a comunicabilidade, muito embora ela deva se restringir à expressão econômica do que for produzido periodicamente por ele, pois a renda auferida pelo titular com sua monetização representará fruto civil, o qual se comunica na forma e tempo previstos pela lei, como também já foi visto neste livro (CC, art. 1.660, V, e 1.667).

---

[273] HONORATO, Gabriel; LEAL, Livia Teixeira. Exploração econômica de perfis de pessoas falecidas. In: TEIXEIRA, Ana Carolina Brochado; LEAL, Livia Teixeira (Coord.). *Herança digital*: controvérsias e alternativas. Indaiatuba: Foco, 2021, p. 322.

[274] JPSEL/CJF, Enunciado n. 148: "A resolução consensual de controvérsias decorrentes da proteção de dados pessoais deve ser incentivada pelo Estado e pode ocorrer por meio de plataformas de solução de conflitos."

É preciso que se tenha atenção, contudo, ao que acontece com certos bens digitais. As milhas aéreas e os pontos de cartões de crédito, por exemplo, precisam seguir, a princípio, o regramento próprio estabelecido pelas companhias fornecedoras, as quais, não raro, os consideram algo personalíssimo, intransferível e sujeito a prazo de expiração, se não utilizados em determinados períodos de tempo. Não que isso impeça a comunicabilidade, porque ela decorre da mera incidência da norma jurídica ao fato subjacente. Todavia, as regras impostas pelas companhias podem representar obstáculos ao efetivo partilhamento. A pessoalidade, por exemplo, embora não impeça a comunicabilidade da expressão econômica do bem, como tantas vezes dito por aqui, pode fazer com que as próprias empresas fornecedoras encontrem dificuldade ou mesmo impedimento para fazer a transferência dessas milhas e pontos ao consorte não titular, pois ele pode não ser filiado ao programa, não atender às exigências regularmente impostas, ou, nem mesmo querer recebê-los diretamente, como ocorreria com as pessoas que sentem medo de viajar de avião ou que simplesmente não gostam de fazer nenhum tipo de viagem. Já o prazo de validade pode fazer com que o próprio consorte titular perca o direito de usufruir dos benefícios por eles proporcionados, o que representaria um empecilho à própria partilha[275].

Diante desses cenários, parece ser de boa prática que o juízo de família expeça ofícios às companhias administradoras informando que o caso se encontra sob disputa judicial (*sub judice*), e, que, por isso, a não utilização das milhas e pontos, pelo menos durante o período de tramitação do processo, não poderá ser imputada à inércia ou desinteresse do titular. Por outro lado, talvez não seja ideal que, uma vez reconhecendo o direito à partilha, o juízo emita ordens de efetivação da sentença diretamente a tais companhias, determinando que elas procedam à divisão igualitária desses bens entre o casal, por causa do que foi dito há pouco.

Melhor parece ser, portanto, que seja decretada a partilha do equivalente em pecúnia, o qual poderá oportunamente ser objeto até mesmo de compensações realizadas com outros bens comuns ou gerar crédito pecuniário a favor do não titular.

A situação envolvendo as criptomoedas é outra que exige especial atenção. Em primeiro lugar, pelo fato de elas nem sequer serem consideradas moedas em sentido estrito, devido a não possuírem um órgão central de controle e emissão[276]. Em segundo, porque as naturais medidas de segurança tornam extremamente difícil sua rastreabilidade e identificação pelo juízo, sendo altamente recomendável que ele se valha da opinião de peritos com atuação específica na área (peritos digitais), para que possa localizá-las e, enfim, reconhecer sua comunicabilidade e decretar seu partilhamento entre o casal. Todavia, talvez não seja ideal a emissão de ordens judiciais exigindo chaves de acesso, acesso às carteiras (*wallets*) para ter conhecimento do saldo lá existente ou, ainda pior, determinando o bloqueio no sistema *blockchain*, que pode nem ter correlação com o ativo buscado pelas partes naquele caso específico. Melhor parece ser que o juízo decida contando com o apoio do perito digital ou de órgãos técnicos e científicos específicos (CPC, art. 156, § 1º), e da participação, em contraditório, de todos os

---

[275] Exatamente nesse sentido: REsp 1.878.651/SP, *DJe* 7-10-2022.
[276] GHIRARDI, Maria do Carmo Garcez. *Criptomoedas*: aspectos jurídicos. São Paulo: Almedina, 2020, p. 56.

envolvidos no processo, para que possa reconhecer ou não a comunicabilidade desses ativos em cada caso submetido à sua análise.

Aos poucos, a disciplina normativa desses ativos vem sendo aprimorada. No final do ano de 2022, foi publicada a Lei n. 14.478/2022, regulamentando o mercado de criptomoedas. De acordo com ela "considera-se ativo virtual a representação digital de valor que pode ser negociada ou transferida por meios eletrônicos e utilizada para realização de pagamentos ou com propósito de investimento", muito embora a própria normativa especifique que não estão incluídos neste conceito "I – moeda nacional e moedas estrangeiras; II – moeda eletrônica, nos termos da Lei n. 12.865, de 9 de outubro de 2013; III – instrumentos que provejam ao seu titular acesso a produtos ou serviços especificados ou a benefício proveniente desses produtos ou serviços, a exemplo de pontos e recompensas de programas de fidelidade; e IV – representações de ativos cuja emissão, escrituração, negociação ou liquidação esteja prevista em lei ou regulamento, a exemplo de valores mobiliários e de ativos financeiros", competindo a órgão ou entidade da Administração Pública federal definido em ato do Poder Executivo estabelecer quais serão os ativos financeiros regulados, para fins de sua incidência (art. 3º).

Resta aguardar como os tribunais decidirão a respeito.

Como já deve ter dado para perceber, os bens digitais são uma espécie relativamente nova de bens móveis intangíveis, cujas especificidades vêm gerando toda sorte de questionamentos e desafios aos intérpretes e aplicadores do Direito das Famílias. Resta torcer para que o legislador se sensibilize e crie mais leis disciplinando seus aspectos jurídicos.

O Anteprojeto de Reforma do Código Civil pretende inovar bastante a respeito. A proposta envolve não só a inclusão do inciso IV ao art. 83, para que passem a ser considerados como bens móveis "os conteúdos digitais dotados de valor econômico, tornados disponíveis, independentemente do seu suporte material", como também a própria criação de um Livro específico, intitulado "Direito Civil Digital", sem falar na expressa menção à expressão "bens digitais" como bens partilháveis, em diversos dispositivos no âmbito do direito sucessório (p. ex.: arts. 1.791-A, 1.881, § 2º, 1.918-A etc.), incluindo aquele que, atento às particularidades desses bens, pretende dispor que "Em se tratando de bens digitais, é possível a avaliação posterior para fins de composição da sobrepartilha" (art. 2.019, § 4º).

Traçado esse panorama, o estudo pode ser finalizado enfocando outras duas situações bastante corriqueiras no cotidiano forense: aquelas que envolvem os semoventes e os animais de estimação (seres sencientes).

9.5.16 OS ANIMAIS DE REBANHO E SUA EVOLUÇÃO

Em pleno século XXI, o Código Civil brasileiro continua considerando os animais como bens móveis em seu art. 82 (bens semoventes), a eles se referindo de maneira bastante genérica, ora como objeto de contratos de compra e venda (art. 445, § 2º), ora como objeto de penhor (art. 1.442, V, e 1.444), ou, ainda, como agente potencialmente causador de danos para fins de responsabilização civil de seus donos (art. 936), por exemplo.

Justamente por isso este livro vem empregando a expressão seres sencientes no lugar de bens semoventes.

Passando ao largo das críticas que essas disposições mereceriam, dado ao evidente fato de os animais não humanos também serem seres sencientes[277], o fato é que os bichos componentes de rebanhos devem ser, a princípio, e desde que não haja relação de afeto entre eles e os animais humanos, partilhados numericamente ou por sua expressão pecuniária, no caso de a primeira alternativa restar inviabilizada por questões geográficas, espaciais ou pelo fato de os animais apresentarem notas que lhes confiram destaque, como a aptidão para doação de material genético e a ostentação de título de campeão de exposição agropecuária, por exemplo.

A evolução de rebanhos, por isso, dá ensejo a frutos civis[278] e por isso bezerros nascidos de animais pertencentes a um só dos consortes, assim como eventual produção leiteira por eles desenvolvida no período de vigência da união conjugal ou convivencial, por exemplo, podem se comunicar.

Vale lembrar, entretanto, que os animais de estimação (*pets*) não se submetem a nenhum regime de partilhamento. Definitivamente, eles não podem ser considerados bens para estes fins. Afinal, cães, gatos, pássaros, iguanas e todo tipo de mascotes, tão adorados por todos nós, costumam ser efetivamente tratados como membros da família, e não como meros objetos de posse ou propriedade. Há muito amor e afeto envolvido nesses casos, o que inviabiliza por completo a equiparação de regimes entre eles e os demais animais.

No tópico seguinte, serão expostas as razões que conduzem a esta afirmação.

9.5.17 OS ANIMAIS DE ESTIMAÇÃO

Dados recentes do IBGE indicam que existem mais animais de estimação do que crianças em domicílios brasileiros. De acordo com a pesquisa, enquanto o número de "crianças" de 0 a 14 anos residentes em lares estabelecidos no nosso país beirava os 45 milhões, a população de cães ultrapassava os 52 milhões e a de gatos girava em torno dos 22 milhões[279].

Esse exponencial crescimento experimentado pela quantidade de animais de companhia em nosso país, segue aquilo que parece ser uma tendência mundial: a de que teremos um mundo cada vez mais *"pet friendly"*.

De sua parte, a Constituição Federal brasileira considera o direito ao meio ambiente ecologicamente equilibrado um direito fundamental (art. 225). Todavia, embora confira alguma proteção legal aos animais não humanos integrantes do ecossistema, parece não considerá-los como verdadeiros destinatários de direitos fundamentais, pois, de acordo com a tradição jurídica nacional, apenas as pessoas (naturais e jurídicas) podem ser reputadas como sujeitos de direito (CC, art. 1º).

---

[277] Grosso modo, senciência é a capacidade de, conscientemente, se sentir algo, reagindo a estímulos. Todo e qualquer animal não humano é, em maior ou menor intensidade, senciente. No caso específico de criação e manejo dos assim chamados "animais de produção", as "cinco liberdades" estabelecidas e formalizadas entre as décadas de 1960 e 1970 na Europa (liberdade nutricional, liberdade de desconforto, liberdade de medo e ansiedade, liberdade de ferimentos, dor e doenças, e liberdade para expressar o seu comportamento natural) vêm compondo a agenda de organismos e governos de todo o mundo, funcionando como diretrizes a serem seguidas por todos aqueles que pretendem possuí-los sob seu controle.
[278] AREsp 952.585/MS, *DJe* 24-2-2017.
[279] Os números foram obtidos a partir dos dados coletados em duas enquetes: a Pesquisa Nacional de Saúde – PNS 2013 e a Pesquisa Nacional por Amostra de Domicílios também de 2013, que se encontram disponíveis na página do IBGE na internet.

Como resultado, os animais não humanos continuam sendo tratados pela legislação infraconstitucional como "coisas", mais precisamente como "bens semoventes" (CC, art. 82), o que, a princípio, permite que eles sejam apenas *objeto* de relações jurídicas travadas entre seres humanos, mas não *sujeitos* titulares de direitos.

Pautando-se em semelhante premissa[280], o Código Penal tipifica como crime uma série de condutas que possam ofender ou expor a perigo de lesão qualquer animal que represente uma utilidade para seu proprietário, ainda que de natureza afetiva e inapreciável economicamente (arts. 155 e 157, respectivamente).

Acontece que, também sob essa perspectiva, o que acaba sendo protegido é, no fundo, o patrimônio humano.

Mesmo outros atos normativos voltados à tutela da fauna silvestre, doméstica, sinantrópica e exótica – como as Leis n. 5.197/67, n. 6.938/81, n. 9.605/98, n. 9.985/2000, o Decreto-lei n. 221/67 e o Decreto n. 6.514/2008 –, quando são analisados mais de perto, deixam claro que, no fundo, é o interesse do homem que acaba sendo, ao fim e ao cabo, tutelado, até porque o próprio meio ambiente é considerado pelo ordenamento jurídico brasileiro um bem de uso comum do povo, isto é, um bem de uso comum dos seres humanos (CR/88, art. 225, *caput*).

Essa perspectiva sob a qual os direitos dos animais não humanos vêm sendo enxergados talvez precise ser modificada. Por serem dotados da capacidade de sentir sensações e sentimentos de forma consciente, os bichos devem ser tratados com a dignidade que todo organismo vivo merece, não apenas tendo sua vida e incolumidade física protegidas contra as investidas do homem ou seus direitos protegidos por razões utilitárias ou especistas. Afinal, se eles são capazes de sentir prazer, felicidade, alegria, afeto, dor, solidão, raiva e angústia, bem como de reagir a uma enormidade de estímulos, devem ter assegurado seu direito à existência, ao respeito, à consideração, à cura e à proteção do homem, assim como o direito de viver e crescer segundo o ritmo e as condições de vida e de liberdade que são próprias de sua espécie, sendo-lhes garantido, ainda, o direito de se reproduzir e de viver livremente no seu ambiente natural terrestre, aéreo e aquático, sem serem injustificadamente privados de sua liberdade, nos exatos termos traçados, há mais de quatro décadas, pela "Declaração Universal dos Direitos dos Animais", proclamada pela UNESCO (Organização das Nações Unidas para a Educação, a Ciência e a Cultura), e por uma série de Diretivas, Regulamentos, Convenções, Portarias, Decretos e Leis voltadas à proteção e à garantia do bem estar animal, existentes no cenário internacional[281].

---

[280] Embora considere os animais como "coisas", o Código Penal se vale de concepção diferente daquela adotada pelo Código Civil. Enquanto este se funda na concepção jurídica de coisa, aquele abraça a concepção real ou funcional, considerando móvel toda e qualquer coisa passível de ser deslocada de um lugar para outro, ainda que possa ser considerada imóvel para a Ciência do Direito Civil, como o material de construção provisoriamente separado de um prédio para nele ser reempregado (CC, art. 81, II). Esse pensamento pode ser encontrado, por exemplo, em: NUCCI, Guilherme de Souza. *Manual de direito penal*: parte geral; parte especial. 7. ed. São Paulo: Revista dos Tribunais, 2011, p. 722.

[281] No estrangeiro, o movimento de "descoisificação" dos animais em geral, e dos de companhia em especial, é muito mais antigo e intenso do que aquele existente por aqui. Na Europa, por exemplo, a Convenção Europeia para a Proteção dos Animais de Companhia data do ano de 1987, muito embora tenha entrado em vigor na ordem internacional apenas no ano de 1992. Em seu texto, redigido originariamente em francês, é expressamente reconhecida a importância dos animais de companhia para a sociedade, bem como estabelecida a obrigação moral que o homem tem de respeitar todas as criaturas vivas. De lá pra cá, diversos países não só da Europa, mas também da Oceania e da América do Norte passaram a reconhecer os animais de estimação como seres sencientes, alterando suas Constituições, editando leis ou proferindo emblemáticas decisões judiciais a respeito. Na Áustria, uma reforma ocorrida em 1986 fez as adequações

Não se trata de identificar, isto é, de lhes conferir absolutamente o mesmo tratamento jurídico destinado aos seres humanos. Obviamente, homens são diferentes de bichos, que, por sua vez, são absolutamente distintos de outras formas de vida, as quais também se diferem de outros elementos da natureza e assim por diante. No entanto, todos nós compomos o mesmo ecossistema e por isso os animais não humanos devem ter seus direitos tutelados, não pelo fato de servirem ao homem, mas sim pela relevância que ostentam em si mesmos e para o próprio ambiente em que se inserem[282].

Talvez por isso o legislador reformador esteja pretendendo inserir a Seção VI no Capítulo I do Título Único do Livro II de sua Parte Geral, dispondo que:

> Seção VI
> Dos Animais
> Art. 91-A. Os animais são seres vivos sencientes e passíveis de proteção jurídica própria, em virtude da sua natureza especial.
> § 1º A proteção jurídica prevista no *caput* será regulada por lei especial, a qual disporá sobre o tratamento físico e ético adequado aos animais.
> § 2º Até que sobrevenha lei especial, são aplicáveis, subsidiariamente, aos animais as disposições relativas aos bens, desde que não sejam incompatíveis com a sua natureza, considerando a sua sensibilidade.

Contudo, até que haja essa regulamentação, este livro chama atenção do leitor para uma situação especial: a dos animais de estimação.

9.5.17.1 *Pet* não se partilha; se compartilha!

No seio das famílias, nos quais os laços que unem os animais humanos e não humanos são ainda mais fortes, a necessidade de reformulação da mentalidade e de uma verdadeira revisão legislativa talvez seja mais intensa. É que, por ser um elemento cultural, não há qualquer vínculo obrigatório entre família e biologia. Quem deve decidir se, quando e de que forma ela deva se apresentar, são seus próprios componentes, que, por isso, podem considerar um animalzinho de estimação como um de seus membros[283], sem que o Estado possa

---

[282] legislativas devidas; na Alemanha, algo semelhante ocorreu em 1990, proporcionando a oportuna inclusão do art. 20 "a" ao texto da Lei Fundamental de Bonn; na Suíça aconteceram modificações e adequações em seus Códigos Civil e de Obrigações; na Bélgica, ocorreu algo parecido em 2009, enquanto na França houve uma grande reforma legislativa em 2015; na Itália e na Espanha, existem projetos de lei em tramitação para que os animais passem a ser considerados sujeitos de direito e possam ser regularmente custodiados por membros da família em casos de dissolução de uniões familiares. Em Portugal, os Códigos Civil e Processual Civil foram recentemente alterados (2017), passando a considerar os animais em geral como seres vivos dotados de sensibilidade e objeto de proteção jurídica em virtude da sua natureza (CC, arts. 201º-B), e os animais de companhia, em especial, absolutamente impenhoráveis (CPC, art. 736º, "g"), imunes às regras de comunicação de bens (CC, art. 1.733.1, "h"), e, sujeitos à custódia convencionada pelas partes ou decidida pelo juiz, por ocasião do rompimento da união familiar (CC, arts. 1.775, 1.778º e 1.793º-A). Nos Estados Unidos da América, os Estados do Alasca e de Illinois foram os pioneiros (2016 e 2017) a editar leis estabelecendo orientações aos tribunais sobre os interesses, bem-estar e cuidado dos animais de companhia em processos de divórcio. Mais recentemente (2018) o *"Family Code"* do Estado da Califórnia teve acrescentado a seu texto a *section* 2605, que autoriza a que a Corte estabeleça a custódia dos *pets* nesses casos. Fora do ambiente jurídico, um ato superimportante a respeito da temática foi praticado no ano de 2012, quando um grupo de neurocientistas que participava de uma conferência na Universidade de Cambridge, no Reino Unido, versando a respeito da "consciência em animais humanos e não humanos" assinou aquilo que veio a ser denominado *"The Cambridge Declaration on Consciousness"*, afirmando que animais não humanos, incluindo todos os mamíferos e aves, e muitas outras criaturas, incluindo polvos, também possuem substratos neurológicos que geram consciência e que lhes permitem experimentar estados afetivos.

[282] Alguns países vão ainda mais longe. Sob a filosofia do *sumak kawsay* e *suma qamaña*, a Constituição da República do Equador (arts. 71 a 74) e a *"Ley de Derechos de La Madre Tierra"* da Bolívia (Lei 071/10, arts. 1 e 5) atribuem diversos direitos à própria natureza ("*Pacha Mama*").

[283] Embora sejam desprovidos de qualquer eficácia declaratória ou constitutiva de família, mas exclusivamente probatória de fato, Cartórios de Registros de Títulos e Documentos de todo o Brasil vem emitindo certificados de registro de *pets*, com a possibilidade de atribuição dos sobrenomes da família aos bichinhos (LRP, art. 127).

fazer muita coisa a respeito[284]. Ainda que assim não fosse – mas, de fato é –, o tão só fato de serem reconhecidos como seres sencientes, portadores de dignidade e valores próprios, já lhes conferiria a distinção necessária para que pudessem receber tratamento jurídico muito mais digno, especialmente na eventualidade de ocorrer a ruptura litigiosa da união formada entre os humanos, que é o evento que mais de perto interessa a este texto.

No estrangeiro, inclusive, já houve bastante avanço nesse sentido. Em Portugal, por exemplo, os animais de companhia são considerados absolutamente impenhoráveis (CPC, art. 736º, "g"), imunes às regras de comunicação de bens (CC, art. 1.733.1, "h"), e, sujeitos à custódia convencionada pelas partes ou decidida pelo juiz, por ocasião do rompimento da união familiar (CC, arts. 1.775, 1.778º e 1.793º-A). Nos Estados Unidos da América, os Estados do Alasca e de Illinois foram os pioneiros (2016 e 2017) a editar leis estabelecendo orientações aos tribunais sobre os interesses, bem-estar e cuidado dos animais de companhia em processos de divórcio. Mais recentemente (2018), o *"Family Code"* do Estado da Califórnia teve acrescentado a seu texto a *section* 2605, que autoriza a que a Corte estabeleça a custódia dos *pets* nesses casos.[285]

Seria ideal que tivéssemos uma verdadeira lei ou um microssistema assegurando o genuíno direito fundamental de o animal de estimação ter assegurado seu próprio bem-estar e dignidade, não só, mas, especialmente em casos de separações de seus "pais humanos", para que todos pudessem ter maior orientação e previsibilidade a este respeito. Alguns projetos de Lei já até se encontram em tramitação no Congresso Nacional. De todos eles, talvez os que mais mereçam atenção por aqui sejam o Projeto de Lei da Câmara n. 27/18 (PL 6799/13), o Projeto de Lei do Senado n. 542/18 e o Projeto de Lei da Câmara n. 62-A/19. O primeiro, em razão de sua elogiável pretensão de estabelecer um regime jurídico especial para os animais de estimação, que passariam a ser considerados sujeitos de direitos sencientes e despersonificados, isto é, dotados de natureza biológica e emocional e passíveis de sofrimento, como já mencionado por aqui. O segundo e o terceiro, pela disruptiva iniciativa de regulamentar a custódia e a responsabilidade pelas despesas de animal de estimação pertencente aos cônjuges e conviventes, na eventualidade de suas respectivas uniões virem a ser dissolvidas.

Entretanto, até que essas leis entrem em vigor, a questão que se coloca é: o que deve acontecer com os bichinhos de estimação diante da separação, do divórcio e/ou da dissolução da união estável do casal humano?

Bom, considerando que a ausência de lei permite que o magistrado julgue os casos submetidos à sua apreciação com o emprego da analogia (LINDB, art. 4º), parece ser

---

[284] Sobre as famílias multiespécie: BELCHIOR, Germana Parente Neiva; DIAS, Maria Ravelly Martins Soares. A guarda responsável dos animais de estimação na família multiespécie. *Revista Brasileira de Direito Animal*, v. 14, n. 02, 2019, p. 64-79.

[285] FAMILY CODE – FAM. DIVISION 7. DIVISION OF PROPERTY [2500 – 2660]. PART 4. SPECIAL RULES FOR DIVISION OF COMMUNITY ESTATE [2600 – 2605]. Section 2605. (a) The court, at the request of a party to proceedings for dissolution of marriage or for legal separation of the parties, may enter an order, prior to the final determination of ownership of a pet animal, to require a party to care for the pet animal. The existence of an order providing for the care of a pet animal during the course of proceedings for dissolution of marriage or for legal separation of the parties shall not have any impact on the court's final determination of ownership of the pet animal. (b) Notwithstanding any other law, including, but not limited to, Section 2550, the court, at the request of a party to proceedings for dissolution of marriage or for legal separation of the parties, may assign sole or joint ownership of a pet animal taking into consideration the care of the pet animal. (c) For purposes of this section, the following definitions shall apply: (1) "Care" includes, but is not limited to, the prevention of acts of harm or cruelty, as described in Section 597 of the Penal Code, and the provision of food, water, veterinary care, and safe and protected shelter. (2) "Pet animal" means any animal that is community property and kept as a household pet.

autorizado que ele decida a situação dos animais na ruptura das uniões familiares, empregando, por analogia, o regramento aplicável às crianças e aos adolescentes.

Essa especial situação exige que ele tenha muito bom senso. Em primeiro lugar, para não confundir, jamais, animais de estimação com crianças humanas, até porque isso não faria nenhum sentido. Bichos precisam ter sua dignidade reconhecida, não seu tratamento identificado com aquele destinado aos seres humanos. Em segundo, para que não incorra no grave desvio de se lhes aplicar os conceitos de menoridade e incapacidade, que são restritos a seres humanos. Para os *pets*, melhor empregar o termo "vulnerável" ou "hipervulnerável", pois vulnerabilidade é uma característica que não se prende apenas a pessoas. O meio ambiente, por exemplo, é extremamente vulnerável a diversas posturas adotadas pelos seres humanos, como o crescimento desenfreado das áreas urbanas, o despejo de dejetos em rios e oceanos, a poluição do ar atmosférico etc. E, finalmente, em terceiro, para dissociar de uma vez por todas as figuras de animais não humanos e coisas. Sendo reconhecidos como seres sencientes, os bichos não podem integrar o patrimônio da família, pois patrimônio encerra a noção de universalidade jurídica, isto é, de um complexo de relações jurídicas dotadas de valor econômico, titularizada por uma ou mais pessoas (CC, art. 91), o que não se compatibiliza com o regime jurídico aqui analisado. Por isso qualquer tentativa de partilhamento ou divisão pelo equivalente em dinheiro deve ser imediatamente obstada.

Pet não se partilha; se compartilha!

Felizmente, o STJ já teve oportunidade de deixar claro que ocorre a "subsistência de condomínio entre os bens hauridos durante a união estável até, no máximo, a realização da partilha" já que "o condomínio, antes da partilha, restringe-se aos bens que se encontrem em estado de mancomunhão, do que não se cogita na espécie em relação aos animais"[286].

Observadas essas especificidades mínimas, é bem provável que a analogia possa ser aplicada sem maiores percalços. Aliás, isso já vem sendo feito na prática.

No âmbito estadual, alguns casos se tornaram bastante conhecidos. Este foi o exemplo daquele envolvendo o cãozinho da raça *Cocker Spaniel* chamado *Dully*, que, por ocasião da separação de seus "pais humanos", teve reconhecido pelo Tribunal de Justiça do Rio de Janeiro o direito de residir ao lado da "mãe", sem prejuízo do direito de conviver com o "pai" em alguns dias e horários da semana[287]. A regulamentação da convivência com o cachorro, da raça *Schnauzer*, de nome *Sushi*, foi outra que ganhou certa notoriedade, quando o Tribunal de Justiça do Distrito Federal e Territórios se pronunciou a respeito[288]. De forma semelhante, o acerto envolvendo a "custódia alternada" dos cãezinhos da raça *Spitz Alemão*, *Larmor* e *Curie*, também se tornou conhecido quando o Tribunal de Justiça de São Paulo decidiu que sua análise caberia à Vara de Família e não à Vara Cível[289].

No âmbito do Superior Tribunal de Justiça, ficou conhecido o caso envolvendo a cadelinha da raça *Yorkshire*, chamada *Kimi*, à qual foi assegurado o direito de convivência com seu "pai humano", depois do divórcio. Em seu voto, o Relator, Em. Ministro Luis Felipe Salomão deixou registrado "que não se mostra suficiente o regramento jurídico dos bens para resolver,

---

[286] REsp 1.944.228/SP, *DJe* 7-11-2022
[287] TJRJ, Apelação Cível n. 001 9757-79.201 3.8.19.0208, Rel. Des. Marcelo Lima Buhatem, 22ª Câmara Cível, j. em 27-1-2015.
[288] TJDFT, Apelação Cível n. 20140110611494APC, Rel. Des. Gilberto Pereira de Oliveira, 3ª Turma Cível, *DJe* 10-8-2015.
[289] TJSP, Conflito de Competência n. 0016762-62.2021.8.26.0000, Câmara Especial, Rel. Des. Issa Ahmed, *DJe* 28-5-2021.

satisfatoriamente, tal disputa familiar nos tempos atuais, como se tratasse de simples discussão atinente à posse e à propriedade. A despeito de animais, possuem valor subjetivo único e peculiar, aflorando sentimentos bastante íntimos em seus donos, totalmente diversos de qualquer outro tipo de propriedade privada. O Judiciário necessita encontrar solução adequada para essa questão, ponderando os princípios em conflito, de modo a encontrar o resguardo aos direitos fundamentais e a uma vida digna. Nesse passo, penso que a ordem jurídica não pode, simplesmente, desprezar o relevo da relação do homem com seu animal de companhia – sobretudo nos tempos em que se vive – e negar o direito dos ex-consortes de visitar ou de ter consigo o seu cão, desfrutando de seu convívio, ao menos por um lapso temporal."

Ao final dos debates, a ementa restou assim redigida:

> RECURSO ESPECIAL. DIREITO CIVIL. DISSOLUÇÃO DE UNIÃO ESTÁVEL. ANIMAL DE ESTIMAÇÃO. AQUISIÇÃO NA CONSTÂNCIA DO RELACIONAMENTO. INTENSO AFETO DOS COMPANHEIROS PELO ANIMAL. DIREITO DE VISITAS. POSSIBILIDADE, A DEPENDER DO CASO CONCRETO.
> 1. Inicialmente, deve ser afastada qualquer alegação de que a discussão envolvendo a entidade familiar e o seu animal de estimação é menor, ou se trata de mera futilidade a ocupar o tempo desta Corte. Ao contrário, é cada vez mais recorrente no mundo da pós-modernidade e envolve questão bastante delicada, examinada tanto pelo ângulo da afetividade em relação ao animal, como também pela necessidade de sua preservação como mandamento constitucional (art. 225, § 1, inc VII – "proteger a fauna e a flora, vedadas, na forma da lei, as práticas que coloquem em risco sua função ecológica, provoquem a extinção de espécies ou submetam os animais a crueldade").
> 2. O Código Civil, ao definir a natureza jurídica dos animais, tipificou-os como coisas e, por conseguinte, objetos de propriedade, não lhes atribuindo a qualidade de pessoas, não sendo dotados de personalidade jurídica nem podendo ser considerados sujeitos de direitos. Na forma da lei civil, o só fato de o animal ser tido como de estimação, recebendo o afeto da entidade familiar, não pode vir a alterar sua substância, a ponto de converter a sua natureza jurídica.
> 3. No entanto, os animais de companhia possuem valor subjetivo único e peculiar, aflorando sentimentos bastante íntimos em seus donos, totalmente diversos de qualquer outro tipo de propriedade privada. Dessarte, o regramento jurídico dos bens não se vem mostrando suficiente para resolver, de forma satisfatória, a disputa familiar envolvendo os *pets*, visto que não se trata de simples discussão atinente à posse e à propriedade.
> 4. Por sua vez, a guarda propriamente dita – inerente ao poder familiar – instituto, por essência, de direito de família, não pode ser simples e fielmente subvertida para definir o direito dos consortes, por meio do enquadramento de seus animais de estimação, notadamente porque é um *munus* exercido no interesse tanto dos pais quanto do filho. Não se trata de uma faculdade, e sim de um direito, em que se impõe aos pais a observância dos deveres inerentes ao poder familiar.
> 5. A ordem jurídica não pode, simplesmente, desprezar o relevo da relação do homem com seu animal de estimação, sobretudo nos tempos atuais. Deve-se ter como norte o fato, cultural e da pós-modernidade, de que há uma disputa dentro da entidade familiar em que prepondera o afeto de ambos os cônjuges pelo animal. Portanto, a solução deve perpassar pela preservação e garantia dos direitos à pessoa humana, mais precisamente, o âmago de sua dignidade.
> 6. Os animais de companhia são seres que, inevitavelmente, possuem natureza especial e, como ser senciente – dotados de sensibilidade, sentindo as mesmas dores e necessidades biopsicológicas dos animais racionais –, também devem ter o seu bem-estar considerado.
> 7. Assim, na dissolução da entidade familiar em que haja algum conflito em relação ao animal de estimação, independentemente da qualificação jurídica a ser adotada, a resolução deverá buscar atender, sempre a depender do caso em concreto, aos fins sociais, atentando para a própria evolução da sociedade, com a proteção do ser humano e do seu vínculo afetivo com o animal.

> 8. Na hipótese, o Tribunal de origem reconheceu que a cadela fora adquirida na constância da união estável e que estaria demonstrada a relação de afeto entre o recorrente e o animal de estimação, reconhecendo o seu direito de visitas ao animal, o que deve ser mantido.
> 9. Recurso especial não provido.
> (REsp 1.713.167/SP, j. em 19-6-18)

Tempos depois, a Corte ainda teria a oportunidade de se deparar com recurso envolvendo debate sobre a convivência com um tigre de estimação[290], sem falar de diversos casos provenientes do estrangeiro[291].

Por sua vez, o legislador reformador pretende inserir entre os direitos e deveres de ambos, os cônjuges e conviventes, o de compartilhar a companhia e arcar com as despesas destinadas à manutenção dos animais de estimação, enquanto a eles pertencentes (art. 1.566, § 3º).

A partir de tudo o que foi dito, talvez possa ser sugerida a adoção de um passo a passo para a regulamentação das questões atinentes aos *pets*, diante da ruptura da entidade familiar humana, o qual deve incluir, sem se limitar, aos seguintes aspectos:

1) Antes de celebrarem acordos ou ingressarem com a demanda judicial, os humanos devem estar cientes de que deverão assumir a custódia de seus *pets*, responsabilizando-se pela prática dos atos de cuidado e pelo custeio das despesas que se fizessem necessárias à sua manutenção e alimentação. Ideal que o façam de forma amigável, reduzindo a escrito as deliberações a este respeito. Não exista necessidade de que seja lavrada escritura pública, muito embora não há nada que impeça este proceder. Por questão de segurança, as pessoas podem promover uma ação judicial consensual, apenas para que o juízo homologue o acordo, com a participação do Ministério Público. Inexistindo consenso a respeito, a propositura de ação judicial litigiosa será inevitável.

2) Em qualquer caso, a competência para o processamento e julgamento da ação compete às Varas de Família, e não às Varas Cíveis, pois o que está em jogo é uma questão atinente a um membro especial da família[292].

3) O termo "guarda" possivelmente não é o melhor a ser empregado aos animais de estimação. Guarda é algo inerente à relação entre pais e filhos humanos[293]. Os termos "custódia" ou "cuidado e responsabilidade" parecem se ajustar muito melhor à relação entre animais humanos e não humanos, como, aliás, propõem o referido Projeto de Lei do Senado n. 542/18 e o Enunciado n. 11 do IBDFAM[294].

4) Sob o ponto de vista formal, o pedido de custódia do *pet* pode ser feito de forma isolada ou cumulativamente com outros pedidos, como o de partilha dos bens e/ou alimentos para os humanos. Ideal que ele venha acompanhado, também, do

---

[290] REsp n. 1.747.207/SC, Decisão Monocrática proferida pelo Em. Min. Ricardo Villas Bôas Cueva, *DJe* 11-10-2018.
[291] P. ex.: HDE 3955, Rel. Min. Humberto Martins, *DJe* 1º-10-2020; HDE 2369, Rel. Min. João Otávio de Noronha, *DJe* 6-12-2019.
[292] Assim: TJSP, AI n. 2052114-52.2018.8.26.0000, j. em 23-3-2018.
[293] Enfatizando a necessidade de não se confundirem a custódia dos *pets* com a guarda de filhos: MADALENO, Rolf. *Direito de família*. 10. ed. Rio de Janeiro: Forense, 2020, p. 578.
[294] Enunciado n. 11 do IBDFAM: "Na ação destinada a dissolver o casamento ou a união estável, pode o juiz disciplinar a custódia compartilhada do animal de estimação do casal".

pedido de regulamentação de convivência e de pensão alimentícia, para que a questão seja solucionada por inteiro, de uma vez por todas.

5) A intervenção do Ministério Público na demanda parece ser necessária, pois, apesar de não se estar diante de direitos indisponíveis propriamente ditos, se estaria tratando de direitos relacionados a um ser vivo componente da fauna e absolutamente vulnerável na relação entre humanos, desprovido da capacidade de se manifestar validamente em juízo, cuja proteção dos interesses lhe compete[295].

6) Como de regra, todos os esforços devem ser empregados para que a custódia seja compartilhada, no mínimo, naquelas hipóteses em que o animalzinho tenha passado a integrar a família depois que o relacionamento entre os humanos já tenha se estabelecido. Todavia, nada impediria que isso ocorresse mesmo no caso de o *pet* eventualmente pertencer a um só dos ex-consortes desde antes da união, se houvesse inegável afeição entre ele e o outro consorte. Para tanto, seria imprescindível não só que este sujeito assim desejasse, mas também que restassem provados fatos relacionados à existência de laços afetivos construídos entre ambos ao longo da relação, bem como possíveis vantagens que a manutenção dessa relação geraria ao bicho.

7) Se o que está em discussão é o afeto, o fato de o animalzinho eventualmente ter sido registrado apenas em nome de um dos membros do ex-casal não define seu destino. Caberiam aqui, também por analogia, as regras referentes ao Poder Familiar e à guarda (CC, arts. 1.579, 1.632, 1.634, 1.584 etc.). Portanto, na hipótese de custódia conjunta restar inviabilizada, o juízo deveria fixar a custódia unilateral, com a regulamentação do direito de convivência (visitação) ao outro. Eventualmente, até mesmo a custódia alternada poderia ser aplicada, caso isso não acarretasse prejuízos ao *pet*, pois, como se sabe, certos bichos são mais apegados ao ambiente em que vivem do que outros.

8) A juntada aos autos de matérias escritas por profissionais da área, associada a consultas a especialistas em comportamento animal ou veterinários pode auxiliar bastante o juízo neste momento. Sempre e em qualquer situação, contudo, deve ser levado em consideração aquilo que possa atender aos melhores interesses do animalzinho[296] e dos seres humanos, ao mesmo tempo. É superimportante que se tenha isso em mente, para que não haja inclinação a se prestigiarem os interesses exclusivos dos ex-consortes ou de seus filhos em detrimento do bem-estar animal.

9) No momento da fixação de qualquer regime de custódia que não seja o compartilhado, são de crucial importância fatores como: a) com qual humano o bichinho teria desenvolvido os laços mais fortes; b) qual deles exerceria com mais acuidade as tarefas de cuidado, alimentação, limpeza e tratamento; c) qual seria

---

[295] A Constituição da República brasileira prevê, entre as funções institucionais do Ministério Público, a promoção até mesmo de demandas judiciais voltadas à proteção do meio ambiente, do qual a fauna faz parte (art. 229, III). Num passado um tanto distante, o Decreto n. 24.645/34, que estabelecia medidas de proteção aos animais, dispunha em seu art. 2º, § 3º que "os animais serão assistidos em juízo pelos representantes do Ministério Público, seus substitutos legais e pelos membros das sociedades protetoras de animais". Atualmente, tramita na Câmara dos Deputados o PL 145/2021, que objetiva atribuir aos animais não humanos a capacidade de ser parte em processos judiciais para a tutela jurisdicional de seus direitos, sob a representação do Ministério Público.

[296] A respeito: EITHNE, Mills; AKERS, Kreith. "Quem fica com os gatos...Você ou eu?": análise sobre a guarda e o direito de visita. Questões relativas aos animais de estimação após o divórcio ou a separação. *Revista Brasileira de Direito Animal*, v. 6, n. 09, 2011, p. 210-240.

o melhor ambiente doméstico após a separação (lembrando que existem condomínios de edifícios que não permitem animais em suas instalações)[297]; d) qual estilo de vida dos ex-consortes mais se adaptaria às suas necessidades etc. Afinal, como bem lembrado pela veterinária Rita Ericson, seria importantíssimo, no mínimo, que os pais humanos deixassem ajustado que ambos utilizariam a mesma ração e/ou o mesmo vermífugo, que adotariam horários aproximados para passeio, que seguiriam rotinas parecidas – tipo: não pode subir no sofá da casa de ninguém –, dentre outras, para que o bichinho não estranhasse tanto a separação do casal.

10) Independentemente disso vir a ocorrer, o juiz pode e deve se valer de todos os meios de prova e do auxílio de outros especialistas e profissionais para a formação de seu convencimento, notadamente se houvessem indícios de que um dos humanos estaria utilizando o bichinho como instrumento de vingança ou de pressão sobre o outro. De todo modo, a capacidade financeira, por si só, é algo que não deve influenciar a tomada de decisão a respeito da custódia, por analogia ao que se aplica às relações entre seres humanos[298].

11) Sendo estabelecida a custódia, a sequência, as regras sobre convivência (visitação) com o outro sujeito é que devem ser estabelecidas, para que o contato entre o humano e o não humano não seja bruscamente rompido. Aqui, mais uma vez, seria ideal que se desse oportunidade a que as partes arquitetassem sua própria dinâmica, em atenção a seus hábitos, costumes, expedientes de trabalho etc. Não sendo isso possível, o juízo deve estabelecer as regras pertinentes, levando em consideração aspectos como a compatibilidade de horário entre os envolvidos e o animalzinho, disponibilidade de tempo do convivente, distância entre domicílios etc.

12) Uma vez sendo fixadas as bases sobre a custódia e convivência (visitação), haveria necessidade de o mesmo juízo regulamentar a obrigação alimentar, a qual, também por analogia com os alimentos devidos a humanos, não se limitaria ao gasto necessário com a compra de comida, incluindo, também, o custeio dos valores gastos com alimentação, veterinário, medicamentos, vacinas, banho, tosa, adestramento e despesas afins, sempre levando em consideração a proporcionalidade, a possibilidade financeira do provedor e a necessidade do animalzinho de estimação, por analogia ao que prescrevem as normas dos arts. 1.694 e s. do Código Civil[299].

---

[297] O Enunciado n. 566 da VI Jornada de Direito Civil promovida pelo Conselho da Justiça Federal dispõe que: "A cláusula convencional que restringe a permanência de animais em unidades autônomas residenciais deve ser valorada à luz dos parâmetros legais de sossego, insalubridade e periculosidade." Sobre o tema, o entendimento do STJ pode ser resumido da seguinte forma: a) Se a convenção não regular a matéria, o condômino pode criar animais em sua unidade autônoma, desde que não viole os deveres previstos nos arts. 1.336, IV, do CC/2002 e 19 da Lei n. 4.591/1964. b) Se a convenção veda apenas a permanência de animais causadores de incômodos aos demais moradores, a norma condominial não apresenta, de plano, nenhuma ilegalidade. c) Se a convenção proíbe a criação e a guarda de animais de quaisquer espécies, a restrição pode se revelar desarrazoada, haja vista determinados animais não apresentarem risco à incolumidade e à tranquilidade dos demais moradores e dos frequentadores ocasionais do condomínio" (EREsp n. 1.783.076/DF, DJe 18-11-2019).

[298] Em certa ocasião, o STJ teve oportunidade de analisar um caso curioso, em que uma pessoa pedia alimentos para si, alegando não ter condição de prover o próprio sustento, e, ao mesmo tempo, pleiteava a "guarda" de um *pet* para cuja manutenção e cuidados, por óbvio, são exigidas despesas (AREsp 1.638,383/SP, Min. Marco Aurélio Bellizze, DJe 28-8-2020).

[299] O STJ já teve oportunidade de analisar um recurso em que as despesas de manutenção e cuidado com *pets* estavam sendo computadas como gastos alimentares necessários para uma criança (AREsp 1.781.622/SP, Min. Humberto Martins, DJe 9-2-2021).

13) Ao final, o juízo deve homologar o acordo celebrado entre as partes, ou, decidir, com a colaboração em contraditório de todos os envolvidos, o destino do animal de companhia naquela situação específica.

Eventual descumprimento dos termos do que tenha sido acordado extra ou judicialmente pelas partes, ou, do que tenha sido estabelecido pelo juízo de família, seja pelo descaso ou por óbices indevidamente criados no exercício da convivência, pela retenção do bichinho por mais tempo do que o estabelecido no acordo ou sentença ou pela recusa ao pagamento das despesas necessárias para sua manutenção e cuidados, por exemplo, autoriza o imediato manejo das medidas processuais cabíveis, como a estipulação de multa cominatória (CPC, art. 536, § 1º; art. 814)[300], a busca e apreensão (CPC, art. 536, § 1º; art. 806, § 2º) e a execução/cumprimento da obrigação de pagar quantia (CPC, arts. 528 e s.; arts. 911 e s.), respectivamente, sendo certo que esta última não poderá, em nenhuma hipótese, admitir o manejo da técnica executiva da prisão civil, pois absolutamente descabida no caso.

Com esse tratamento ou algo assemelhado, não se estaria equiparando animais não humanos a crianças e adolescentes, tampouco os humanizando. Se estaria apenas dignificando seu tratamento jurídico, tanto no campo do direito material, quanto processual.

Alcançadas essas conclusões, o estudo pode prosseguir para que seja pesquisado o estado em que os bens comuns são colocados por ocasião do fim da união.

---

[300] STJ, AREsp 730516/SP, Min. Antonio Carlos Ferreira, *DJe* 2-4-2019.

10

A Indivisão Pós-Comunitária

Conforme mencionado, uma vez sendo desconstituída a comunhão familiar, dissolve-se, no mesmo instante, o regime de bens correspondente (CC, arts. 1.575, *caput*, e 1.576; ARCC, arts. 1.571, III, 1.571-A, *caput*, e 1.576-A). Não há necessidade de qualquer declaração de vontade a esse respeito, pois esse desfazimento opera-se como um efeito anexo do fim do casamento ou da união estável. O mesmo não ocorre, porém, com a mancomunhão existente sobre os bens adquiridos durante essas uniões, que remanesce íntegra até que ocorra o evento que neste livro, vem sendo denominado *partilha jurídica*, o qual, por força do permissivo contido no art. 1.581 do Código Civil, não precisa ser decretado no mesmo momento da desconstituição da união familiar, podendo ser realizado em momento futuro.

Lembre-se que a mancomunhão é um dos *efeitos* projetados pelos regimes comunitários de bens, a qual, assim como diversos outros efeitos, pode continuar perfeitamente sendo irradiada mesmo depois do fim da vigência do próprio regime, como oportunamente explicado neste livro.

Isso significa dizer que o fim do regime não necessariamente coincidirá com o fim da mancomunhão. Na literatura, Yussef Said Cahali talvez tenha sido aquele que, com maior precisão, tenha se referido ao tema, quando escreveu que "a agonia da mancomunhão patrimonial pode ser mais longa do que a da comunhão matrimonial. Seu termo final é a divisão[1]".

É que, como tantas vezes dito, a mancomunhão rende ensejo à formação de uma universalidade composta por situações jurídicas que precisam ser conhecidas e identificadas de forma pormenorizada antes que os bens por ela circunscritos possam ser divididos e distribuídos individualmente aos ex-consortes. Dito de outro modo, para que este patrimônio comum seja decomposto, devem, antes, ser identificados os bens corpóreos e incorpóreos nele compreendidos, sob pena de se inviabilizar por completo a apuração do que, por direito, cabe a cada um de seus titulares, isto é, a meação.

Contudo, uma leitura apressada do texto do art. 1.575 do Código Civil, pode induzir o intérprete/aplicador a erro. É que o dispositivo legal enuncia que "a sentença de separação judicial importa a separação de corpos e a partilha de bens", mas restou claro até aqui que não se pode falar em partilha sem que haja a prévia realização da operação acima referida

---

[1] CAHALI, Yussef Said. *Separações conjugais e divórcio*. 12. ed. São Paulo: Revista dos Tribunais, 2011, p. 707.

(identificação dos bens componentes do acervo comum). Por isso talvez seja recomendável que tal dispositivo legal seja lido de forma constitucionalmente adequada e sistematizada com o art. 1.576 do mesmo Código, como única forma de se realçar seu desempenho normativo-funcional. Assim, chega-se à conclusão de que o que a sentença judicial faz é colocar fim ao regime de bens e *gerar aptidão a que a partilha seja feita*, mas não acarretar a partilha em si.

Tanto é assim que o próprio art. 1.581 do Código diz que "o divórcio pode ser concedido sem que haja prévia partilha de bens".

Logo, a separação/divórcio/dissolução da união estável autorizam que a partilha seja feita logo na sequência, mas não a implicam, por si sós.

O Superior Tribunal de Justiça já teve oportunidade de realçar a importância dessa distinção. Ao analisar um caso em que terceira pessoa intentava compelir um ex-casal a lavrar a escritura de imóvel não partilhado por ocasião do divórcio, a Corte negou o pedido justamente por entender que a ausência de definição e da correspectiva partilha do acervo patrimonial a ele pertencente impediria o reconhecimento do montante cabível a cada um, já que todos os bens continuariam sendo recobertos pela mancomunhão.

Ao final, a Ementa restou assim redigida:

> CIVIL. PROCESSUAL CIVIL. RECURSO ESPECIAL. RECURSO MANEJADO SOB A ÉGIDE DO NCPC. PEDIDO DE LAVRATURA COMPULSÓRIA DE ESCRITURA PÚBLICA.
> EXTINÇÃO DO PROCESSO, DE OFÍCIO, PELO TRIBUNAL AD QUEM. CARÊNCIA DE AÇÃO. ILEGITIMIDADE DE PARTE ATIVA. VIOLAÇÃO DOS ARTS. 1.725, CC/02 e 267, IV, CPC/73. CONTRATO DE CESSÃO DE DIREITOS EM COMPROMISSO DE COMPRA E VENDA CELEBRADO NA CONSTÂNCIA DA UNIÃO ESTÁVEL. DISSOLUÇÃO JUDICIAL DA UNIÃO, SEM DISCUSSÃO SOBRE PARTILHA DE BENS. HIPÓTESE DE MERA EXPECTATIVA DE DIREITO SOBRE O IMÓVEL, OBJETO DA PRESENTE AÇÃO. AUSÊNCIA DE VÍNCULO JURÍDICO COM O BEM. INEXISTÊNCIA DE DEVER OBRIGACIONAL (LAVRATURA DA ESCRITURA PÚBLICA) DA EX-COMPANHEIRA E DEMAIS REQUERIDOS EM RELAÇÃO AO AUTOR. NECESSIDADE DE PRÉVIA DISCUSSÃO ACERCA DO ACERVO PATRIMONIAL PARTILHÁVEL DOS EX-CONSORTES E RESPECTIVO QUINHÃO DE CADA UM. RECURSO ESPECIAL NÃO PROVIDO.
> (REsp 1.733.694/MG, *DJe* 8-6-2022)

Talvez por isso esses dois artigos estejam prestes a ser revogados pelo Anteprojeto de Reforma do Código Civil.

Exceto na hipótese de as partes consentirem a respeito, a apuração do acervo comum deve ocorrer por intermédio de um procedimento específico, voltado à *(i)* identificação de todas as situações jurídicas de índole patrimonial que tenham sido contraídas ao longo da união e *(ii)* ao correspondente enquadramento delas às normas do regime de bens aplicável, ou seja, ao inventário, para que *(iii)* se possa saber o que se comunicará entre os consortes e possa ser feita a partilha.

Na esfera judicial contenciosa, isso pode ocorrer tanto durante quanto depois do encerramento do módulo processual destinado à dissolução oficial da união, bastando que as partes manifestem seus interesses em um ou outro sentido. No primeiro caso, cumulando o pedido de partilha jurídica ao de divórcio, separação ou declaração de existência de união estável, tanto de forma explícita quanto implícita, ou, ainda, ingressando com a demanda própria de partilha oportunamente, após a decretação do fim da união. No segundo, adotando-se o procedimento a ser sugerido logo adiante, ainda no decorrer deste Capítulo: a decretação da partilha jurídica.

Oportunamente, sendo decretado o fim oficial da união e havendo o reconhecimento dos bens comunicáveis, o regime de bens terá fim, fazendo com que a indivisibilidade que antes circunscrevia o patrimônio comum se desfaça e tornando a massa de bens plenamente divisível, embora ainda pendente de divisão. Em outras palavras, *indivisa*, mas não mais *indivisível*. Também a esse respeito, torna-se desnecessária qualquer declaração de vontade, pois o desfazimento surge como um efeito anexo desse processo.

Na prática, entretanto, motivos diversos costumam levar os ex-cônjuges e ex-conviventes a relegarem a identificação e reconhecimento dos bens componentes do acervo comum a uma fase subsequente à decretação do divórcio ou à dissolução judicial da união estável, fazendo com que a massa patrimonial remanesça efetivamente *indivisível*, e não só *indivisa*, mesmo depois de extinto o regime de bens que lhe conferia suporte. Tal atitude, embora indesejável, é perfeitamente admitida pelo sistema, devido à previsibilidade do supratranscrito art. 1.581.

Acontece que o mesmo ordenamento que dá essa autorização impõe que todos os processos sejam julgados em prazo razoável, neles incluída a atividade satisfativa (CR/88, art. 5º, LXXVIII; CPC, art. 4º, o que pode soar incoerente de certo modo. Para além disso, o ordenamento é completamente silente a respeito do tratamento jurídico a ser destinado à massa patrimonial no período que medeia a dissolução oficial da união e a distribuição individualizada dos bens ou de seu equivalente em dinheiro entre os ex-consortes, criando-se espaço a incertezas nem um pouco recomendáveis em um sistema jurídico que prime pela coerência.

Para se ter ideia da dimensão do problema, bastaria que se cogitasse hipoteticamente: qual disciplina jurídica regularia a venda de um bem comum após o divórcio e antes da partilha? Quais direitos um cônjuge teria, na hipótese de o outro tirar proveito sozinho das coisas comuns, durante esse período?

De repente, o ideal seria que o legislador brasileiro se espelhasse na experiência chilena, onde a própria lei impõe que a dissolução do regime de bens lá equivalente à nossa comunhão parcial (*sociedad conyugal*), rende ensejo ao nascimento de uma comunidade que se regerá pelas normas do "*cuasicontrato de comunidad*", expressamente previstas nos arts. 2.313 e 2.314 do Código Civil[2].

Como não é assim que as coisas ocorrem por aqui, um estudo sistemático das normas do direito civil, registral e processual civil talvez possa fornecer o instrumental adequado para a solução da questão, como se tentará propor doravante.

10.1 DA INDIVISIBILIDADE À INDIVISÃO

Indivisibilidade não se confunde com indivisão, e isso parece ter ficado claro até aqui. Se não, relembre-se que indivisibilidade traz a ideia de *impossibilidade de divisão* (CC, arts. 87, em sentido contrário, e 258), ao passo que indivisão significa mera *pendência de algo ser dividido*.

---

[2] DIAZ, Carlos López. *Manual de derecho de familia y tribunales de familia*. Santiago: Librotecnia, 2005, t. 1, p. 323 e 357.

Nesse contexto, decretado o fim da entidade familiar sem que seja feita a partilha, alguns poderiam sugerir que o patrimônio do casal devesse se submeter, por aplicação analógica, ao regramento normativo prescrito pelo art. 1.791, parágrafo único, do Código Civil brasileiro, dada a indivisibilidade que o circunscreve. De acordo com esse dispositivo legal:

> Art. 1.791. A herança defere-se como um todo unitário, ainda que vários sejam os herdeiros. Parágrafo único. Até a partilha, o direito dos coerdeiros, quanto à propriedade e posse da herança, será indivisível, e regular-se-á pelas normas relativas ao condomínio.

Existem, porém, tantas diferenças entre o caso sob análise e a hipótese que atrai a incidência da norma acima referida, que sua aplicação pura e simples não pareceria tecnicamente adequada. De início, basta ver que os titulares de cada uma das relações jurídicas encobertas pela mancomunhão estão vivas, ao contrário do que acontece no patrimônio hereditário, cujo titular originário não mais existe. Observe, também, que, aos cônjuges e conviventes interessa muito mais o patrimônio bruto (constituído pelo ativo mais o passivo), do que o líquido (constituído pelo ativo menos o passivo), já que as dívidas também serão partilhadas pelo casal (CC, art. 1.664), ao passo que aos herdeiros e sucessores releva muito mais o patrimônio líquido do que o bruto, já que, aberta a sucessão e dado início ao inventário, as dívidas deverão ser pagas pelos bens componentes do espólio, para que, somente depois disso, possam ser apurados seus respectivos quinhões (CC, art. 1.997; CPC, art. 796). Releva aqui a distinção entre patrimônio jurídico e patrimônio econômico, feita oportunamente neste livro. Essa circunstância, inclusive, leva a outra distinção, de ordem processual entre as situações de Direito das Famílias e de Direito das Sucessões: apenas os próprios consortes possuem legitimidade para propor demanda voltada ao partilhamento de seus bens (CC, art. 1.582)[3], ao contrário do que acontece no direito sucessório, em que os credores também a possuem (CPC, art. 616, VI). Mais uma diferença: o direito real de habitação é conferido apenas na partilha regulamentada pelo Direito das Sucessões (CC, art. 1.831), não comportando aplicação na partilha de Direito das Famílias. As regras inerentes às ações anulatórias de partilha também se diferem: enquanto o prazo decadencial ânuo disposto no art. 657, parágrafo único, do Código de Processo Civil e no art. 2.027 do Código Civil, aplica-se tão somente ao âmbito sucessório, o de quatro anos previsto no art. 178, II, do Código Civil incide quando se tratar de anulação de partilha por ocasião de dissolução de união estável, separação judicial ou divórcio[4].

Aliás, as normas e valores que orientam um e outro ramo são bastante diferentes, o que, em certo ponto, não deixa de ser lamentável. No que diz respeito à sua aplicação e vigência, a sucessão é disciplinada pela lei em vigor na data do óbito, enquanto a partilha de bens, ao contrário, deve observar o regime de bens e o ordenamento jurídico vigente ao tempo da aquisição de cada bem a partilhar, encontre ela término por ato de vontade ou pelo óbito de um de seus componentes[5].

---

[3] Nesse sentido: REsp 1.353.039/MS, DJe 18-11-2013.
[4] Apesar da dicção do Enunciado n. 612 da VII JDC/CJF, o Superior Tribunal de Justiça possui o mesmo entendimento externado neste livro. Assim: AgInt no REsp 1.546.979/SP, DJe 16-4-2018; REsp 1.621.610/SP, DJe 20-3-2017; REsp 1.322.726/MT, DJe 30-6-2015.
[5] Exatamente assim: STJ, AgInt no REsp 1.519.438/SP, Rel. Min. Raul Araújo (Rel. p/ Ac. Min. Maria Isabel Gallotti), DJe 16-3-2020. Na literatura: CALMON, Rafael. Recursos nas ações de família e de sucessões. 2. ed. São Paulo: Saraiva Jur, 2025.

Finalmente, a regra contida no parágrafo único do art. 1.791 do Código Civil – que impõe a incidência das normas do condomínio aos direitos quanto à propriedade e posse dos bens – não poderia ser aplicada ao Direito das Famílias antes que a partilha ocorresse, pois será justamente a sentença de partilha que definirá os bens comuns e decretará seu partilhamento – possibilitando, assim, a formação de condomínio –, contrariamente ao que acontece no Direito das Sucessões, em que o próprio sistema determina que "até a partilha", ou seja, antes mesmo da ocorrência desse evento, o direito dos coerdeiros quanto à propriedade e posse da herança "regular-se-á pelas normas relativas ao condomínio".

Tudo isso parece tornar indene de dúvida que a situação de indivisibilidade pós-comunitária deve ser evitada a todo custo para que o estado agônico em que se encontra o patrimônio comungado seja extirpado o quanto antes.

10.2 UMA POSSÍVEL SOLUÇÃO PARA O PROBLEMA: A PARTILHA JURÍDICA

Talvez, a solução para esse impasse possa advir de um expediente de fácil utilização no cotidiano forense, que pode contribuir não só para a otimização das ações de família, mas especialmente para conferir definitividade à solução dos conflitos patrimoniais dos casais: a *partilha jurídica*, isto é, a instituição de uma comunhão jurídica ordinária *ou de um* condomínio sobre os bens componentes do acervo comum, subsequentemente à dissolução oficial da entidade familiar e ao reconhecimento dos bens comunicáveis (partilháveis).

Conceitualmente, então, "partilha jurídica" seria a operação por meio da qual se individualizariam os bens/direitos componentes da mancomunhão, se dissolveria esta e se estabeleceria, em seu lugar, uma comunhão de direitos sob a forma de condomínio ou de comunhão jurídica ordinária, à razão de 50% para cada ex-consorte (meação).

A opção pela nomenclatura "partilha jurídica" se deve justamente ao fato de ela ocorrer apenas no plano jurídico-ideal, sem a efetiva e real entrega dos bens propriamente ditos aos meeiros.

Para que ela aconteça, porém, não pode haver dúvida a respeito de quais bens compõem o acervo comunicável, pois tais institutos só são aplicáveis sobre bens definidos, e não em relação a *universalidades de direito*, como realçado nos tópicos antecedentes. Isso torna absolutamente necessário que a instrução processual seja a mais completa possível nesse sentido. Identificando-se o patrimônio comum, tanto o condomínio quanto a comunhão jurídica ordinária acima referidos deverão ser instituídos em favor de cada ex-consorte, à razão de 50% sobre as frações ideais de cada bem isoladamente considerado, permitindo que a partilha seja realizada em conformidade com as máximas que devem orientar todo e qualquer partilhamento de bens (CPC, art. 648).

Longe de representar um problema, o elastecimento razoável da fase instrutória do processo, com o objetivo de se identificar os bens componentes do acervo comum, é medida das mais salutares em um ambiente marcado por tantas incertezas e conflitos, como costuma ser o das ações de família, na medida em que incentiva a influência sobre o convencimento judicial e prestigia a mais ampla defesa e o contraditório, evitando-se surpresas indesejáveis. De mais a mais, as técnicas de otimização do procedimento expressamente encampadas pelo Código de Processo Civil de 2015 parecem fornecer o panorama ideal para que as questões familiares mais importantes, como aquelas condizentes com o estado da pessoa e com a situação dos filhos incapazes, sejam decididas de forma prioritária e seccionada, dentro de um mesmo procedimento (art. 356), poupando tempo e dinheiro das partes, como se analisará mais à frente, em tópico específico deste livro, voltado ao estudo dos contributos à efetividade.

Não haveria de se cogitar, assim, de violação à norma que estabelece a duração razoável do processo.

Em sendo o desejo das partes efetivamente realizar esta operação – que, neste livro, vem sendo chamada de partilha jurídica – tão logo sejam identificados e declarados os bens como comuns, o pronunciamento judicial que decretar o fim da união terá aptidão para converter tudo aquilo que antes era circunscrito pela *mancomunhão* (logo, por algo indivisível) em uma *comunhão jurídica ordinária* ou em um *condomínio* (logo, algo divisível), que passará a ser titularizado pelos agora ex-cônjuges, sob cotas absolutamente idênticas.

Obviamente, o casal pode preferir dar outro rumo aos bens comuns, pactuando, por exemplo, uma promessa de doação de parte deles aos filhos[6] ou um contrato de constituição onerosa de renda vitalícia, em troca do direito de receber periodicamente alguma renda paga pelo outro (CC, arts. 803 a 813)[7], impedindo o estabelecimento do condomínio na forma acima referida. No entanto, esses e outros ajustes levariam à prolação de sentença meramente homologatória, que não se confunde com o caso aqui tratado, em que haveria o efetivo julgamento da causa por meio de sentença de mérito típica.

No Superior Tribunal de Justiça, o entendimento acima sustentado parece vir ganhando cada vez mais espaço. Em expressivo julgado proferido nos idos de 2017, a Ministra Nancy Andrighi foi enfática em afirmar que "havendo separação ou divórcio e sendo possível a identificação inequívoca dos bens e do quinhão de cada ex-cônjuge antes da partilha, cessa o estado de mancomunhão existente enquanto perdura o casamento, passando os bens ao estado de condomínio[8]", exatamente como defendido nesta obra.

Perceba que essas espécies de comunhão jurídica (comunhão ordinária e condomínio) adviriam da mera circunstância fática de vários bens, que antes constituíam objeto de situações jurídicas já pluralizadas por força das regras dos regimes comunitários, deixarem de compor uma universalidade de direito, mas continuarem sendo titularizados por mais de uma pessoa, ao mesmo tempo. Tecnicamente, formar-se-ia uma comunhão do tipo *acidental* sobre cada uma dessas situações jurídicas ativas e passivas – créditos, débitos, propriedade, posse etc. –, só que não mais por força dos regimes de bens (que terão sido extintos a essa altura), mas pela circunstância factual de os ex-consortes passarem a ser seus titulares, por força da transmutação da expectativa de direito em direito subjetivo adquirido.

Inclusive, caso essa situação envolva imóveis dos quais se originem taxas condominiais, como acontece nos apartamentos de edifícios, a natureza *proptem rem* dessas obrigações imporá a solidariedade dos coproprietários pelo seu pagamento, enquanto permanecerem ostentando tal condição, na forma do art. 1.345 do CC[9].

---

[6] AgInt nos EDcl no REsp 1.580.631/SP, *DJe* 26-5-2020; REsp 1.537.287/SP, *DJe* 28.10.16; REsp 1.198.168/RJ, *DJe* 6-8-2013.
[7] STJ, REsp 1.330.020/SP, *DJe* 23-11-2016; AgRg no REsp 1.445.144/MS, *DJe* 1º-9-2014.
[8] STJ, REsp 1.375.271/SP, *DJe* 2-10-2017.
[9] STJ, REsp 1.994.565/MG, j. em 27-9-2023.

Já que os bens comuns teriam sido prematuramente identificados no próprio módulo de conhecimento do processo, não haveria necessidade nem interesse na propositura do subsequente e tão comumente utilizado procedimento especial de inventário e partilha para essa finalidade pois, em última análise a partilha jurídica já atribuiria a cada um dos ex-consortes, as meações que antes se situavam no plano da mera expectativa jurídica, representando, por isso, uma genuína partilha[10].

Assim como acontece com toda e qualquer partilha, esta também deveria seguir as regras delineadas pelo art. 648 do Código de Processo Civil, notadamente a máxima igualdade possível quanto ao valor, à natureza e à qualidade dos bens, a prevenção de litígios futuros e a máxima comodidade dos ex-consortes.

Por isso, vem se sustentando que os ex-consortes deveriam passar a titularizar cotas sobre cada bem componente do acervo comum, à razão de 50%.

Como deve ter dado para perceber, não haveria expressão geodésica nessa partilha, isto é, a exata descrição perimétrica das áreas que caberiam a cada um, a fixação de marcos precisos e/ou o levantamento topográfico da região partilhanda –, mas meramente numérica, decorrente da atribuição de cotas ideais sobre os bens comuns à razão de 50% para cada.

Os benefícios por ela trazidos parecem compensar até mesmo o eventual elastecimento do curso do processo, por possibilitar a solução de todas as questões essenciais ligadas à relação jurídica que subjaz à lide, evitando-se a repetição de demandas. De mais a mais, na eventualidade de o patrimônio comum não ser identificado nem mesmo após todo esse procedimento, outras vias judiciais estariam abertas a ex-consortes, afastando-se qualquer possibilidade de eles sofrerem prejuízos.

Nem se objete, sob equivocada percepção, que os ex-consortes estariam impossibilitados de assumir a posição de condôminos dos bens comuns, ao cabo da união, pois inexiste norma impedindo esse proceder, como mais uma vez deixa claro Ademar Fioranelli[11], em antigo, mas bastante atual texto, em que sustenta:

> sem embargo dos que entendem em sentido contrário, não há nenhuma proibição legal de que os divorciados sejam condôminos. Por que, então, entender-se que foi isso que objetivou o legislador ao exigir a prévia partilha dos bens? Se o divórcio rompe todos os vínculos, qual o impedimento de duas pessoas manterem um bem em condomínio se passam a ser consideradas, de direito, como dois estranhos? A vedação do estabelecimento de condomínio é restrição de direito, e as restrições devem estar na lei, e na medida em que não ferem preceito constitucional. No caso, a sentença mandou que os bens fossem partilhados, observado que cada um dos ex-cônjuges recebesse 50% dos bens do casal, cujo rol consta dos autos.

Assim como é uma opção das partes pedir ou não a realização da partilha jurídica ao juízo, permanecer sob este estado também é uma opção.

É claro que esse sistema de atribuição de 50% para cada pessoa não é rígido e imutável. Muito pelo contrário. Se os casos concretos são repletos de variáveis, não seria nem mesmo possível sustentar-se um modelo que pudesse servir para todos eles. Portanto, quando este livro

---

[10] Em sentido próximo: CAHALI, Yussef Said. *Separações conjugais e divórcio*. 12. ed. São Paulo: Revista dos Tribunais, 2011, p. 767.
[11] FIORANELLI, Ademar. O estado civil e alguns aspectos de sua influência no registro de imóveis. *Revista de Direito Imobiliário*, v. 25, jul.-1989, p. 19.

sustenta essa tese, o faz no propósito de que sejam atendidos, em um primeiro momento, os princípios que regem a partilha de bens (CPC, art. 648; CC, art. 2.017), sobretudo a comodidade, que, a bem da verdade parece englobar os demais (igualdade e prevenção de litígios).

Sim, porque pode ser muito mais cômodo a uma pessoa receber renda vitalícia no lugar de certos bens específicos, como fazendas e empresas (CC, arts. 803/813), enquanto para outras, mais habituadas a esse tipo de atividade, justamente o contrário lhes atribuiria mais comodidade. E, no final das contas, essa comodidade promoveria a igualdade no caso concreto, servindo como importante fator de prevenção de litígios.

Daí a importância de, sempre e em qualquer hipótese, prestigiar-se a participação efetiva das pessoas nas demandas judiciais de que façam parte, para que elas possam ser ouvidas com capacidade de verdadeiramente influir no convencimento do julgador.

O processo deve sempre servir às pessoas, não se esqueça disso.

Agora que a gente conhece a partilha jurídica, que tal conhecermos a partilha fática?

10.2.1 PARTILHA JURÍDICA X PARTILHA FÁTICA

Assumamos, para começo de conversa, que ninguém pede que o Poder Judiciário desfaça uma união familiar, para permanecer sendo meeiro patrimonial do outro pelo resto da vida. Depois de findo o casamento ou a união estável, as pessoas tendem a querer se tornar titulares exclusivas dos direitos econômico-patrimoniais que antes titularizavam em conjunto com o outro.

Para que atinjam esse objetivo, porém, elas devem promover o que será chamado neste livro de "partilha fática", isto é, o procedimento responsável pela efetiva entrega dos bens individualmente considerados ou seu equivalente em dinheiro, não mais em frações ideais, mas sim em seu aspecto real e físico, a cada um dos ex-consortes.

Este procedimento pode se dar por diversas formas, tanto na esfera judicial quanto extrajudicial, tanto animado por consenso quanto por dissenso, valendo lembrar que eventual resistência do ex-consorte ao partilhamento fático dos bens desafiará a prática de atos processuais voltados a conferir eficácia à sentença, cujas nuances serão abordadas, com a devida profundidade, em tópico específico da Parte II deste livro.

Por ora, é preciso reter que o sistema jurídico brasileiro se assenta no princípio de que ninguém é obrigado a viver em comunhão jurídica – sob nenhuma de suas formas. Logo, qualquer dos ex-consortes poderá, a partir da partilha jurídica, formalizar a aquisição da propriedade sobre suas respectivas cotas – isto é, efetivar a partilha fática –, inclusive de forma amigável, bastando que atue em conformidade com as exigências legais e registrais porventura existentes (ex.: CC, art. 1.227; LRP, art. 167, II, 14). Via de consequência, qualquer deles poderá alienar tais cotas, independentemente de prévia vênia conjugal, bastando que renda obediência às regras de extinção do condomínio tradicional (CC, art. 504).

A esse específico respeito, inclusive, o Superior Tribunal de Justiça possui entendimento no sentido de que "na hipótese de o bem se encontrar em estado de indivisão, seja ele divisível ou indivisível, o condômino que desejar alienar sua fração ideal do condomínio deve obrigatoriamente notificar os demais condôminos para que possam exercer o direito de preferência na aquisição, nos termos do art. 1.139 do CC/16[12]".

Vale lembrar, contudo, que essa notificação só se faz necessária quando a oferta de venda é feita a terceiros não condôminos. Logo, se a compra e venda ocorrer exclusivamente entre os condôminos, não haverá necessidade de que tal imposição seja seguida[13].

Aliás, não só as cotas ideais poderão ser alienadas, mas a coisa toda poderá sê-lo, desde que se sigam as regras para tanto estabelecidas. Também, qualquer dos ex-consortes poderá, individualmente, dar sua parte ideal em garantia real, sem depender do consentimento do outro (CC, art. 1.420, § 2º), assim como promover o fracionamento geodésico dos bens mediante a divisão ou alienação, inclusive da totalidade da coisa, tanto judicial quanto extrajudicialmente, efetivando a partilha fática em conformidade com o que será exposto na Parte II desta obra.

Observe que a classificação da partilha em jurídica e fática se encontra em sintonia até mesmo com o que estabelecem os tantas vezes citados art. 1.581 do Código Civil e Súmula 197 do STJ, já que a aqui denominada *partilha jurídica* supõe a dissolução oficial da união, mas não decorre automaticamente dela. Como resultado, as partes estarão livres tanto para manter o estado de comunhão jurídica ordinária/condomínio (contentando-se com a partilha jurídica), quanto para promover sua divisão real (obtendo-se a partilha fática), bastando que, respectivamente, se abstenham ou que pratiquem atos destinados a pôr fim a cada uma dessas situações jurídicas.

Embora sem empregar os termos aqui utilizados, diversas vozes parecem reconhecer que o estabelecimento do condomínio ou comunhão ordinária, isto é, a partilha jurídica, seja o ideal a ser feito em um primeiro momento, relegando-se a efetiva entrega dos bens isoladamente considerados às partes, isto é, a partilha fática, para um segundo e oportuno momento. Cristiano Chaves de Farias e Nelson Rosenvald[14], por exemplo, defendem que:

> não havendo disposição expressa no acordo de vontades para o divórcio consensual ou ausente deliberação judicial sobre o tema quando litigioso, presumir-se-á a permanência, em condomínio, do patrimônio comum do casal – o qual poderá ser partilhado posteriormente, de acordo com a vontade das partes em extinguir o condomínio, de acordo com as regras do art. 1.320 do *Codex*, através de escritura pública ou de procedimento judicial de partilha, conforme previsão do art. 1.321 da Lei Civil – que trata de um procedimento especial de partilha, aplicável à dissolução do condomínio [...].

Ademar Fioranelli[15] é outro que sustenta que:

> nas separações, ou divórcios, inexistindo a partilha dos imóveis, nada impede que, mantida a comunhão dos imóveis agora *pro indiviso*, ambos os condôminos alienem a propriedade a terceiros, com preferência do outro condômino. Aos Oficiais basta atentar para a averbação obrigatória, antes da prática dos registros, das alterações do estado civil, exigindo o documento hábil consubstanciado em certidão do assento civil das alterações a teor do que dispõe o art. 167, II, n. 5, c.c. o parágrafo único do art. 246 da Lei n. 6.015/73.

---

[12] STJ, REsp 489.860/SP, *DJ* 13-12-2004.
[13] Enunciado n. 623 da VIII JDC/CJF. Também: STJ, REsp 1.526.125/SP, j. em 7-6-2018.
[14] FARIAS, Cristiano Chaves de; ROSENVALD, Nelson. *Curso de direito civil*: direito das famílias. 9. ed. Salvador: Juspodivm, 2017, v. 6, p. 470.
[15] FIORANELLI, Ademar. *Direito registral imobiliário*. Porto Alegre: safE, 2001, p. 87-89 e 92.

Da mesma opinião é Celso Laet de Toledo Cesar, para quem "dissolvida a sociedade conjugal, aquela comunhão de bens de coloração familiar muda de tonalidade, passando a condomínio civil, envolvendo, agora, direito das coisas, aplicável, portanto, tanto à divisão como à alienação judicial dos bens compossuídos[16]".

Na jurisprudência do Superior Tribunal de Justiça, pode ser observada semelhante tendência, há bastante tempo. Apesar de não utilizarem os termos partilha fática e partilha jurídica, numerosos julgados caminham em sentido bastante próximo ao que aqui vem sendo defendido, aparentemente conduzindo a semelhante conclusão. Mostra disso é que, no julgamento do REsp 254.190/SP, ocorrido no distante ano de 2002, essa inclinação já podia ser observada, pois nele, restou decidido que "cessada a comunhão universal pela separação judicial pode o patrimônio comum subsistir sob a forma de condomínio se não ultimada a partilha[17]". Com o passar do tempo, foram se tornando cada vez mais usuais pronunciamentos no sentido de que, no divórcio, "se os bens do casal foram partilhados em regime de condomínio [isto é, a aqui chamada partilha jurídica], a extinção deste se dá por ação de divisão, e não por nova partilha [para que seja obtida a partilha fática][18]". Mais recentemente, a Segunda Seção desse Tribunal fixou posicionamento no sentido de que "na separação e no divórcio, sob pena de gerar enriquecimento sem causa, o fato de certo bem comum ainda pertencer indistintamente aos ex-cônjuges, por não ter sido formalizada a partilha, não representa automático empecilho ao pagamento de indenização pelo uso exclusivo do bem por um deles, desde que a parte que toca a cada um tenha sido definida por qualquer meio inequívoco[19]".

Perceba que, apesar de não ter empregado o termo "partilha jurídica" em nenhum desses julgados, a Corte se baseou em fundamento em tudo assemelhado ao que vem sendo defendido neste livro: o de que o que importa é a definição da parte que toca a cada um, por qualquer meio inequívoco, para que se possa classificar a operação como partilha.

Eventualmente, a expressão "partilha jurídica" viria a ser reconhecida pelo Superior Tribunal de Justiça, nos exatos termos aqui propostos, ao ensejo do julgamento do REsp 1.733.694/MG (*DJe* 8-6-2022).

10.3 AS CONSEQUÊNCIAS DO ESTABELECIMENTO DA PARTILHA JURÍDICA

A partir do momento em que ocorrer a aqui chamada *partilha jurídica*, as relações jurídicas que envolverem os bens corpóreos e incorpóreos serão reguladas única e exclusivamente pelas regras provenientes de outros ramos do Direito, e não mais por aquelas ditadas pelos regimes de bens. Assim, se, por hipótese, o casal titularizava, em mancomunhão, a propriedade de determinado bem, passará, doravante, a titularizá-la, em condomínio, por aplicação das normas prescritas pelo Direito das Coisas. E, se, por exemplo, titularizava, em mancomunhão, certo crédito em face de terceiro, passará, da partilha jurídica em diante, a titularizá-lo, em comunhão ordinária, por aplicação das regras do Direito das Obrigações.

---

[16] TOLEDO CESAR, Celso Laet de. *Venda e divisão da propriedade comum*: doutrina e jurisprudência. 3. ed. São Paulo: Revista dos Tribunais, 2006, p. 244.
[17] DJ 4-2-2002. Também: REsp 1.375.271/SP, *DJe* 2-10-2017; REsp 983.450/RS, *DJe* 10-12-2012; MC n. 14.561/BA, *DJe* 8-10-2008.
[18] Assim: STJ, REsp 255.059/RS, *DJ* 28-8-2000. No mesmo sentido: REsp 12.081/SP, *DJ* 29-5-95.
[19] REsp 1.250.362/RS, *DJe* 20-2-2017.

Essa constatação, por óbvio, não passaria despercebida da visão acurada de Dimas Messias de Carvalho[20], que, por isso, deixou anotado que:

> quando os bens estão identificados na ação de separação ou divórcio, são partilhados na fração ideal de 50% (cinquenta por cento) para cada um, em razão da meação, importa em estado de condomínio entre o casal e não mais estado de mancomunhão. Tratando-se de condomínio, pode qualquer um dos cônjuges alienar ou gravar seus direitos, observando a preferência do outro, podendo ainda requerer a extinção por ação de divisão ou alienação judicial, não se cogitando a nova partilha e dispensando a abertura de inventário.

Luiz Guilherme Loureiro[21] também observa o mesmo fenômeno quando escreve:

> como o divórcio implica a dissolução da sociedade e do vínculo conjugal, extingue-se a comunhão (vínculo matrimonial) e os bens podem ser arrolados e partilhados entre as partes. Ainda que não haja atribuição dos bens, estes continuam nas mãos do casal, mas não mais em comunhão, e sim em condomínio. Como é essencialmente temporário, o condomínio pode ser extinto a qualquer momento, por iniciativa de qualquer dos cônjuges.

É preciso que se esteja atento a essa alteração de cenário, devido às importantes consequências que serão projetadas sobre as situações jurídicas envolvendo os bens que, a partir de então, permanecerão em condomínio/comunhão ordinária até que ocorra o partilhamento fático. Isto porque, tão logo transite em julgado a sentença judicial correspondente, e a mera *expedição* do formal de partilha ou documento equivalente (CPC, art. 655) cada um dos agora ex-consortes passa a ser efetivo titular de todas as relações jurídicas de cunho econômico que tenham sido contraídas durante a união, embora em regime de comunhão ordinária ou condomínio, independentemente do fato de promoverem os assentamentos exigidos pelo direito registral imobiliário e/ou de terem que aguardar o encerramento da partilha fática.

A sentença, embora não possua força constitutiva da propriedade sobre os bens, tem força suficiente para declarar a existência dessa relação jurídica.

Caso fossem necessários exemplos para facilitar a assimilação do que acaba de ser dito, bastaria se observar o que aconteceria com a titularidade sobre o direito de propriedade sobre os bens adquiridos durante a união. Ela lhes seria transmitida, à razão de 50% para cada, nesse exato momento, independentemente do registro do formal de partilha nas serventias imobiliárias (LRP, arts. 167, II, 14, 172 e 221, IV) ou da adoção de qualquer outra solenidade, como a elaboração de escritura pública para imóveis (CC, art. 108)[22]. Por identidade de razões, o mesmo ocorreria com a posse e com qualquer outra relação jurídica que contivesse expressão econômica: a transmissão de sua titularidade seria imediata, à razão de 50% para cada um deles, gerando uma composse simples (CC, art. 1.199).

As questões relacionadas à fruição exclusiva por um só dos ex-consortes, assim como aquelas inerentes ao repasse dos frutos de todo gênero, à repartição das despesas de manutenção e dos valores empregados para eventuais melhoramentos a elas sobrevindos, por exemplo, seguirão as regras provenientes de outros ramos do Direito, que não o Direito das Famílias.

---

[20] CARVALHO, Dimas Messias de. *Direito de família*. 2. ed. Belo Horizonte: Del Rey, 2009, p. 211-212.
[21] LOUREIRO, Luiz Guilherme. *Direitos reais*: à luz do Código Civil e do direito registral. São Paulo: Método, 2004, p. 204.
[22] O Enunciado n. 289 da JDC/CJF dispõe que: "O valor de 30 salários mínimos constante no art. 108 do Código Civil brasileiro, em referência à forma pública ou particular dos negócios jurídicos que envolvam bens imóveis, é o atribuído pelas partes contratantes, e não qualquer outro valor arbitrado pela Administração Pública com finalidade tributária".

As eventuais pretensões indenizatórias envolvendo os bens componentes desse acervo, por igual motivo, encontrarão fundamento jurídico no Direito das Obrigações ou das Coisas, como, de resto, entende o STJ[23].

Algo parecido já havia ocorrido no julgamento do REsp 178.130/RS, no ano de 2002, em que foi reconhecido o direito de a coproprietária ser indenizada pela fruição exclusiva do bem comum pelo ex-marido, ao argumento de que "ocorrendo a separação do casal e permanecendo o imóvel comum na posse exclusiva do varão, é de se admitir a existência de um comodato gratuito, o qual veio a ser extinto com a citação para a ação promovida pela mulher[24]".

A obrigação de custear as despesas necessárias com a manutenção das coisas condominiadas/comungadas é outra que passa a ser regulada pelas Direito normas extra das Famílias. Inclusive, ao ensejo do julgamento do REsp 983.450/RS (*DJ* 10-2-2010), o Superior Tribunal de Justiça decidiu que, enquanto não dividido o acervo comum de forma individualizada entre os ex-consortes, isto é, a aqui chamada partilha fática, subsistiria "a obrigação de ambos os condôminos, na proporção de cada parte, de concorrer para as despesas inerentes à manutenção da coisa, o que engloba os gastos resultantes da necessária regularização do imóvel junto aos órgãos competentes, dos impostos, taxas e encargos que porventura onerem o bem, além, é claro, da obrigação de promover a sua venda, para que se ultime a partilha, nos termos em que formulado o acordo entre as partes".

Outra particularidade: os ex-consortes poderão promover ações destinadas à proteção de sua posse e a ação voltada à extinção do condomínio, independentemente do registro do formal de partilha no Cartório de Registro de Imóveis.

Inclusive, o STJ já teve oportunidade de aplicar este entendimento, em caso envolvendo partilha do direito sucessório, em julgado que segue abaixo transcrito, naquilo que interessa por:

> BENS PARTILHADOS EM FRAÇÕES IDEAIS DOS BENS. COPROPRIEDADE DOS HERDEIROS SOBRE AS FRAÇÕES IDEAIS. PRÉVIO REGISTRO DO TÍTULO TRANSLATIVO COMO CONDIÇÃO DA AÇÃO DE DIVISÃO OU EXTINÇÃO DO CONDOMÍNIO. INADEQUAÇÃO. FINALIDADE DO REGISTRO. PRODUÇÃO DE EFEITOS EM RELAÇÃO A TERCEIROS E VIABILIZAÇÃO DE ATOS DE DISPOSIÇÃO PELOS HERDEIROS. DISPENSABILIDADE PARA A COMPROVAÇÃO DA PROPRIEDADE DOS HERDEIROS. [...]
>
> 5. Embora a regra do art. 1.791, parágrafo único, do CC/2002, possa induzir à conclusão de que, após a partilha, não haveria mais que se falar em indivisibilidade e em condomínio, há hipóteses em que a indivisibilidade dos bens permanecerá mesmo após a partilha, na medida em que é admissível a atribuição aos herdeiros apenas frações ideais dos bens, caso em que será estabelecido desde logo a copropriedade dos herdeiros sobre as frações ideais daqueles bens insuscetíveis de imediata divisão por ocasião da partilha.
>
> 6. Nessa hipótese, o prévio registro do título translativo no Registro de Imóveis, anotando-se a situação de copropriedade sobre frações ideais entre os herdeiros e não mais a copropriedade sobre o todo indivisível chamado herança, não é condição *sine qua non* para o ajuizamento de ação de divisão ou de extinção do condomínio por qualquer deles, especialmente porque a finalidade do registro é a produção de efeitos em relação a terceiros e a viabilização dos atos de disposição pelos herdeiros, mas não é indispensável para a comprovação da propriedade que foi transferida aos herdeiros em razão da *saisine*. [...]
>
> (STJ, REsp 1.813.862/SP, *DJe* 18-12-2020)

---

[23] REsp 436.935/RS, *DJ* 17-10-2005.
[24] Sobre a indenização pelo uso exclusivo da coisa comum, conferir: CALMON, Rafael. *Manual de direito processual das famílias*. 2. ed. São Paulo: Saraiva, 2023.

Mais um dever que se altera: a prestação de contas.

Ao julgar o paradigmático REsp 1.300.250/SP, no ano de 2012, o STJ deixou claro, em um primeiro momento, que "uma vez dissolvida a sociedade conjugal, desaparece a comunhão universal e os bens comuns devem ser partilhados como em qualquer comunhão que se extingue". Na sequência, concluiu que "havendo, porém, um interregno entre a dissolução da sociedade conjugal e a partilha, aquele que conservar a posse dos bens do casal estará sujeito a prestação de contas como qualquer consorte de comunhão ordinária". Pouco a pouco, esse entendimento foi solidificado na Corte, que voltaria a afirmar, no ano de 2015, que "a ruptura do estado condominial pelo fim da convivência impõe a realização imediata da partilha, que, uma vez procrastinada, enseja a obrigação de prestar contas ao outro cônjuge alijado do direito de propriedade no momento processual oportuno. A administração do patrimônio comum da família compete a ambos os cônjuges (arts. 1.663 e 1.720 do CC), sendo certo que o administrador dos bens em estado de mancomunhão tem o dever de preservar os bens amealhados no transcurso da relação conjugal, sob pena de locupletamento ilícito[25]".

Finalmente, no ano de 2021, voltou a dar mostras de que esse posicionamento se encontra estável e íntegro, ao julgar Recurso Especial que restou assim ementado:

> PROCESSUAL CIVIL. AGRAVO INTERNO EM AGRAVO EM RECURSO ESPECIAL. AÇÃO DE PRESTAÇÃO DE CONTAS. PRIMEIRA FASE. BENS E DIREITOS EM ESTADO DE MANCOMUNHÃO (ENTRE A SEPARAÇÃO DE FATO E A EFETIVA PARTILHA). PATRIMÔNIO COMUM ADMINISTRADO EXCLUSIVAMENTE POR EX-CÔNJUGE. REEXAME DE FATOS E PROVAS. INADMISSIBILIDADE.
> 1. Ação de prestação de contas, primeira fase.
> 2. A legitimidade ativa para a ação de prestação de contas decorre do direito de um dos consortes obter informações acerca dos bens de sua propriedade, mas administrados pelo ex-cônjuge (gestor do patrimônio comum), durante o período compreendido entre a separação de fato e a partilha de bens da sociedade conjugal. Súmula 568/STJ.
> 3. Alterar o decidido no acórdão prolatado pelo TJDFT, no que se refere à data da separação de fato, qual seja 23-3-2013, exige o reexame de fatos e provas, o que é vedado em recurso especial pela Súmula 7/STJ.
> 4. Agravo interno não provido.
> (STJ, AgInt no AREsp 1.725.324/DF, *DJe* 10-3-2021)

Isso tudo porque o condomínio e a comunhão ordinária estabelecidos sobre os bens por ocasião da partilha jurídica levam consigo, em regra, a compossse simples, como dito por diversas vezes ao longo deste livro, e, em especial, por ocasião da distinção entre as figuras da mancomunhão e condomínio. E é da essência desse instituto que "se duas ou mais pessoas possuírem coisa indivisa, poderá cada uma exercer sobre ela atos possessórios, contanto que não excluam os dos outros compossuidores" (CC, art. 1.199).

Contanto que não excluam os dos outros, o texto normativo enfatiza.

Também pelo fato de não mais se sujeitar à disciplina e limitações inerentes ao Direito das Famílias, a prescrição aquisitiva é outra das situações que passa a ser tratada de forma diferente depois da partilha jurídica. Isto porque, o prazo prescricional da assim chamada *usucapião familiar*, parece poder, agora sim, passar a ter curso, ao menos em tese, pois os bens comuns seriam compossuídos por cada um dos ex-cônjuges com o efetivo ânimo individual de se tornarem donos, sabedores da inexistência de impedimento para tanto, o que viabilizaria sua qualificação como *"ad usucapionem"* (CC, art. 1.240-A).

---
[25] REsp 1.470.906/SP, *DJe* 15-10-2015.

Conferindo reforço a este entendimento, o Enunciado n. 664 das JDC/CJF dispõe que "o prazo da usucapião contemplada no art. 1.240-A só iniciará seu curso caso a composse tenha cessado de forma efetiva, não sendo suficiente, para tanto, apenas o fim do contato físico com o imóvel".

A propósito, o Anteprojeto de Reforma do Código Civil pretende introduzir o § 2º-A ao texto do art. 1.240-A, dispondo que "O prazo mencionado neste dispositivo, deve ser contado da data do fim da composse existente entre os ex-cônjuges ou os ex-conviventes".

A coisa toda ganha em importância pois, atualmente, a jurisprudência do STJ é no sentido da admissão da aquisição da propriedade pela usucapião tanto no caso de haver composse/condomínio *pro diviso* – ou seja, quando existe divisão jurídica (frações ideais) e física da coisa em áreas predelimitadas –, quanto na hipótese de haver composse/condomínio *pro indiviso* – isto é, quando existe apenas a divisão jurídica (frações ideais), sem que haja divisão física da coisa –, desde que, em ambos os casos, haja exercício de posse com exclusividade sobre a área usucapienda, além de, é claro, haver o preenchimento dos requisitos legais atinentes ao instituto[26].

Mais ainda. A Corte já teve oportunidade de deixar assentado que mesmo a posse indireta – como a do possuidor que aluga o bem usucapiendo a terceiros – pode assumir o caráter de *ad usucapionem*, e, via de consequência, legitimar a procedência da usucapião em face dos demais condôminos, desde que estes não criem nenhuma oposição nem reivindiquem dos frutos e direitos que lhes são inerentes, até porque, bem vistas as coisas, percebe-se que o art. 1.238 do Código Civil exige apenas a comprovação do tempo e da posse com ânimo de dono, não fazendo qualquer exigência que essa posse seja plena e exclusiva[27]. Isso projeta importantíssimas consequências sobre as relações de família, pois em diversas situações o único bem componente do patrimônio comum é deixado por longos períodos de tempo sob a administração exclusiva de um dos membros do ex-casal, após a decretação do divórcio e da partilha jurídica, sem que haja qualquer impedimento, reivindicação ou pedido de indenização pelo outro, autorizando-se, com isso, a aquisição da meação alheia pelo ocupante exclusivo.

Para facilitar todo o processo, o STJ ainda entende ser possível às pessoas que já sejam proprietárias de frações do imóvel usucapiendo adquiram sua propriedade integral por meio da usucapião, entendendo, também, que haja o reconhecimento da prescrição aquisitiva ainda que o prazo exigido por lei se complete apenas no curso da ação de usucapião[28].

Vale lembrar que mesmo apartamentos situados em edifícios podem se enquadrar na regra do art. 183 da Constituição Federal[29], não havendo razão para ficarem de fora das hipóteses da usucapião familiar, desde que, é claro, não se vinculem ao SFH, pois o caráter público dos serviços prestados pela CEF na implementação da política nacional de habitação impediria a aquisição da propriedade por esta via[30].

---

[26] Na composse/condomínio *pro diviso*: AgInt no REsp 1.787.720/CE, j. em 27-9-2021; REsp 1.631.859/SP, DJe 29-5-2018. Na composse/condomínio *pro indiviso*: REsp 1.822.404/SP, DJe 30-8-2022; REsp 1.840.561/SP, DJe 17-5-2022; AgInt no AREsp 1.472.974/RS, DJe 19-2-2020; REsp 1.631.859/SP, j. em 22-5-2018.
[27] Exatamente assim: STJ, REsp 1.840.561/SP, DJe 17-5-2022.
[28] REsp 1.909.276/RJ, DJe 30-9-2022.
[29] STF, RE 305.416, j. em 28-8-2020.
[30] STJ, AgInt no REsp 1.712.101/AL, DJe 21-5-2018; AgInt no AREsp 1.343.742/RJ, DJe 6-3-2019.

Antes de que este capítulo tenha fim, uma observação final se faz necessária, contudo: quando este livro faz menção ao fato de os ex-consortes estarem titularizando direitos ao ensejo da partilha, não pretende dizer que eles estariam efetivamente *adquirindo* a propriedade ou adquirindo qualquer outro direito real sobre 50% de cada um dos bens, nesse momento. Absolutamente não. *Titularizar* direitos referentes à propriedade e a outros direitos reais é uma coisa; efetivamente *adquiri-los* é outra completamente diferente. O termo "titular" transmite a noção de gênero; "adquirir", a de espécie.

A efetiva aquisição da propriedade e dos direitos reais em geral, segue um regramento específico traçado pelo sistema de direito privado, que não poderia ser excepcionado no caso. Tal disciplina vem prescrita pelo art. 1.227 do Código Civil, que enuncia que, salvo nos casos por ele próprio disciplinados, os direitos reais sobre imóveis constituídos, ou transmitidos por atos entre vivos, só se adquirem pelo registro dos referidos títulos (arts. 1.245 a 1.247) na circunscrição imobiliária onde o bem se localiza, o que significa dizer que a efetiva aquisição da propriedade e da esmagadora maioria de direitos reais contraídos durante a união somente ocorreria, em relação aos bens móveis, com a sua tradição (CC, arts. 1.226 e 1.267, *caput*), e, em relação aos bens imóveis, com o registro do formal de partilha na serventia imobiliária (CC, art. 1.245, *caput*), já que é apenas o registro que possui efeito constitutivo de propriedade.

A aquisição, portanto, é uma titularização qualificada.

Seguindo-se essa linha de raciocínio, ao titularizarem o direito vinculado à propriedade sobre um apartamento, por exemplo, os consortes não se tornariam proprietários de seus respectivos quinhões/frações ideais, condição esta que só seria alcançada a partir do momento em que promovessem o registro do título aquisitivo no Cartório de Registro de imóveis, quando então receberiam os correspondentes poderes dominiais e se tornariam os genuínos proprietários do bem, ainda que à razão de 50% para cada. Todavia, o tão só fato de serem titulares desse direito já lhes atribuiria uma série de direitos e prerrogativas sobre o bem, incluindo a expectativa de direito de virem a efetivamente adquiri-lo, o que jamais pode ser desconsiderado.

Portanto, quando este livro sustenta que o trânsito em julgado da sentença que decreta a partilha jurídica atribui a titularidade dos bens aos ex-consortes, está se referindo à mera delimitação da titularidade vinculada à propriedade e a outros direitos, mas não à efetiva aquisição, que, como visto, deverá seguir o regramento padrão estabelecido pelo Código e pelo sistema de direito registral brasileiro[31].

Com as adaptações devidas, tudo o que foi dito acima poderia ser aplicado às uniões estáveis.

Estudados esses pontos, o livro avança para o capítulo derradeiro de sua Parte I, onde será estudada uma das questões mais relevantes e mal compreendidas a respeito da partilha de bens: a prescrição.

---

[31] O mesmo acontece no acordo/transação celebrados pelas partes, porque desprovidos do efeito atributivo/constitutivo de propriedade, como, de resto, deixa claro o próprio texto do art. 843 do Código Civil, segundo o qual "a transação interpreta-se restritivamente, e por ela não se transmitem, apenas se declaram ou reconhecem direitos". Exatamente neste sentido: REsp 1.865.280/RS, *DJe* 27-11-2020; REsp 1.620.710/GO, *DJe* 21-3-2017; REsp 650.795/SP, *DJ* 15-8-2005. Para que os acordos de partilha homologados judicialmente transmitam a propriedade imobiliária, devem ser levados ao Cartório de Registro de Imóveis oportunamente, pois a sentença homologatória possui idêntica eficácia da escritura pública. Assim: STJ, REsp 1.537.287/SP, *DJe* 28-10-2016; REsp 1.198.168/RJ, *DJe* 22-8-2013.

11
A Imprescritibilidade do Direito de Partilhar os Bens Comuns

Não é incomum que o Superior Tribunal de Justiça reconheça a prescrição de pretensões direito de se pedir partilha e sobrepartilha de bens de casais. Por vezes, o argumento utilizado é o de que o casal já se encontrava separado de fato há muitos anos e que, por isso, a separação fática muito prolongada ou por tempo razoável, poderia ser considerada causa de dissolução da sociedade conjugal, permitindo a fluência do prazo prescricional entre os cônjuges, mesmo que ainda estivesse, formalmente, vigente o casamento[1]. Em outras ocasiões, o entendimento é o de que sobrepartilha também se sujeitaria a prazo prescricional de ajuizamento, por motivos semelhantes[2].

Perceba que não se está referindo à ação objetivando anular partilha amigável judicial decorrente de dissolução de sociedade conjugal ou de união estável, pois esta sim possui prazo *decadencial* para exercício que, como sabido, extingue-se em 4 (quatro) anos quando se tratar de vício de consentimento (CC, art. 178)[3]. Também não se está conjeturando sobre a prescrição de eventuais pretensões condenatórias impostas na sentença que decreta a partilha, como a cobrança de aluguéis pelo uso exclusivo da coisa comum, por exemplo. Finalmente, também não se está a especular sobre a ocorrência da prescrição aquisitiva, pela usucapião familiar.

Neste tópico, o que se encontra em análise é a possibilidade de ocorrer prescrição extintiva do próprio direito [pretensão] de se pedir a partilha ou sobrepartilha dos bens.

Com o máximo respeito ao posicionamento que parece cada vez mais fincar raízes no âmbito daquela Corte, tudo indica que o pedido de partilha de bens na separação, no divórcio e na dissolução da união estável não se sujeite à prescrição e nem à decadência.

É que o direito de se promover a partilha de bens é daquele tipo de situações jurídicas que, simplesmente, não são alcançáveis pela prescrição, mesmo quando deixam de ser exercitadas por seus titulares durante longo período de tempo. Sim, existem direitos que

---

[1] Exatamente assim: REsp 1.660.947/TO, *DJe* 7-11-2019.
[2] Isso ocorreu, por exemplo, nestes julgados: AgInt no REsp 1.838.057/SP, *DJe* 19-2-2020; REsp 1.719.739/RS, *DJe* 7-6-2018; REsp 1.525.501/MG, *DJe* 3-2-2016 e AgRg nos EREsp 509.300/SC, *DJ* 22-2-2006.
[3] Assim: STJ, AgInt no REsp 1.546.979/SP, *DJe* 16-4-2018, REsp 1.621.610/SP, *DJe* 20-3-2017. Entendendo que o prazo é de 1 (um) ano, por aplicação da regra do art. 657 do CPC: REsp 1.581.504/SP, *DJe* 13-8-2019, posicionamento ao qual este livro, respeitosamente, não adere, por sustentar que o prazo ânuo se restringe ao âmbito do direito sucessório.

não se sujeitam a nenhum prazo prescricional. Veja, por exemplo, o que acontece com o direito de criar, modificar ou extinguir relações jurídicas. Ele jamais pode ser atingido pela prescrição, mas, quando muito, pela decadência, como o de anular uma partilha amigável, há pouco referido. Outros tipos de direitos não são atingidos nem por uma nem por outra dessas figuras, como o de se obter puramente a declaração de existência ou inexistência de uma relação jurídica, como o de se pleitear a investigação de parentalidade, por exemplo.

Se existem direitos desse tipo, é porque o foco do estudioso do Direito não deve ser projetado exclusivamente sobre o *tempo* ou sobre a *inércia* do interessado em exercitá-los em juízo. A *natureza da situação jurídica subjacente* e o correspectivo *pedido* deduzido na demanda é que devem receber atenções, pois, dependendo do que esteja sendo debatido, nem se chegaria a cogitar da possibilidade de prescrição ou de decadência, mesmo depois de transcorrido longo período de tempo.

É isso que acontece com a partilha. A situação jurídica subjacente à ação judicial em que ela é discutida envolve unicamente o direito de se extinguir uma universalidade jurídica (mancomunhão), sendo o pedido meramente desconstitutivo, logo, insuscetível de ser atingido pela prescrição.

Mas, reconheço que a temática envolvendo a decadência e a prescrição sempre foi bastante controvertida. Durante muito tempo, inclusive, a literatura debateu acesamente sobre as principais distinções entre essas duas figuras, bem como sobre as ações judiciais que uma e outra atingiriam, sem chegar a uma parametrização que pudesse ser considerada satisfatória.

Quem não se lembra de ter ouvido que "a prescrição atinge a ação, enquanto a decadência fulmina o direito"? Acredito que muito poucos.

No entanto, a partir dos estudos desenvolvidos por dois renomados pesquisadores, uma sistematização muito mais segura do tratamento da matéria tornou-se possível. São eles, o italiano Giuseppe Chiovenda e o brasileiro Agnelo Amorim Filho.

Enquanto o primeiro conferiu estrutura e facilitou sobremaneira a compreensão dos direitos subjetivos *lato sensu*, o segundo estabeleceu critérios científicos para que se pudesse distinguir a prescrição da decadência e que se permitisse a identificação das assim chamadas "ações perpétuas".

Apesar de o propósito por aqui não ser esmiuçar as pesquisas desses mestres, é absolutamente necessário que, ao menos, alguma digressão seja feita a respeito.

Vamos a ela.

De acordo com a sistematização desenvolvida pelo estudioso italiano, os direitos subjetivos *lato sensu* seriam divididos em duas grandes subespécies: a dos direitos subjetivos em sentido estrito, também chamados de "direitos à prestação", e, a dos direitos potestativos, também chamados de "direitos à sujeição". Segundo sua forma de pensar, os direitos subjetivos em sentido estrito se apresentariam toda vez que houvesse a obrigação de o sujeito passivo de uma determinada relação jurídica *prestar*, isto é, a incumbência de ele adotar um comportamento que se traduzisse em um dar, um fazer ou um deixar de fazer algo em benefício do sujeito ativo, estando neste último incluída a obrigação de suportar/

tolerar[4]. Os comportamentos de dar e fazer representariam as prestações positivas, enquanto os de não fazer e de tolerar configurariam as prestações negativas. Por sua vez, os direitos potestativos não gerariam esse tipo de obrigação entre os envolvidos[5]. Não haveria que se falar, assim, em uma imposição específica de o sujeito passivo fazer isso, dar aquilo ou deixar de fazer tal coisa em proveito do sujeito ativo. O que existiria é um poder conferido ao sujeito ativo de, por meio de uma mera declaração de vontade, interferir coativamente na relação jurídica mantida com o sujeito passivo, para criá-la, modificá-la ou extingui-la, sem que este pudesse fazer nada além de meramente se sujeitar a isso.

Nos termos da classificação *chiovendiana*, portanto, apenas os direitos subjetivos em sentido estrito poderiam ser violados pelo sujeito passivo, pois somente eles dependeriam de um comportamento seu. Ocorrendo tal violação, o sujeito ativo poderia propor uma ação com o objetivo de que este fosse compelido a cumprir, a indenizar com o equivalente em dinheiro ou a ter seu patrimônio constrito para a satisfação da obrigação correspondente. Já os direitos potestativos seriam invioláveis pelo sujeito passivo, pois poderiam ser exercitados independentemente e até mesmo contra sua vontade. Porém, caso o sistema exigisse a propositura de demanda judicial para este exercício, ela se voltaria apenas a acarretar a mesma transformação que ocorreria se este tivesse se sujeitado amigavelmente à vontade do sujeito ativo, proporcionando a criação, a modificação ou a extinção da relação jurídica correspondente.

As lições do mestre italiano se tornam mais facilmente assimiláveis por aqui com o auxílio de Francisco Amaral[6], para quem direito potestativo "é o poder que a pessoa tem de influir na esfera jurídica de outrem, sem que este possa fazer algo que não se sujeitar. Consiste em um poder de produzir efeitos jurídicos mediante declaração unilateral de vontade do titular, ou decisão judicial, constituindo, modificando ou extinguindo relações jurídicas. Opera na esfera jurídica de outrem, sem que este tenha algum dever a cumprir." Por isso, ele "não exige um determinado comportamento de outrem nem é suscetível de violação", já que "a outra parte não é sujeita ao poder do titular, mas à alteração produzida". Via de consequência, "o direito potestativo distingue-se do direito subjetivo. A este contrapõe-se um dever, o que não ocorre com aquele, espécie de poder jurídico a que não corresponde um dever, mas uma sujeição, entendendo-se, como tal, a necessidade de alguém suportar os efeitos do exercício do direito potestativo. Como não lhe corresponde um dever, não é suscetível de violação e, por isso, não gera pretensões. Os direitos potestativos (do italiano *potestà*, poder) dizem-se também direitos de formação, no sentido de que permitem ao seu titular modificar, de modo unilateral, uma situação subjetiva de outrem, que, não podendo evitá-lo, deve apenas sujeitar-se. Ao direito potestativo contrapõe-se, portanto, não um dever, mas um estado de sujeição às mudanças que se operam na sua própria esfera".

Partindo dos ensinamentos de Chiovenda, o brasileiro Agnelo Amorim Filho[7] chegou à seguinte conclusão: se os direitos subjetivos em sentido estrito (direitos à prestação) são os únicos que podem ser violados, somente eles podem gerar, como resultado, a pretensão,

---

[4] Assim: MIRAGEM, Bruno. *Direito civil*: direito das obrigações. 3. ed. Rio de Janeiro: Forense, 2021.
[5] Como visto neste livro, em linguagem jurídica prestar significa o "agir humano", representado por uma conduta de dar, fazer ou deixar de fazer alguma coisa. No primeiro e segundo casos (dar e fazer), fala-se em obrigação *positiva*; no terceiro (não fazer), em *negativa*.
[6] AMARAL, Francisco. *Direito civil*: introdução. 10. ed. São Paulo: Saraiva, 2018, p. 346.
[7] AMORIM FILHO, Agnelo. Critério científico para distinguir a prescrição da decadência e para identificar as ações imprescritíveis. *Revista dos Tribunais*, São Paulo, v. 49, n. 300, out. 1960, p. 7-37.

isto é, o poder de o sujeito ativo exigir, em juízo, a condenação do sujeito passivo ao cumprimento da prestação a que restou obrigado[8]. E, por carregar consigo um poder extremamente forte, esta pretensão sempre e invariavelmente estaria sujeita a prazo para seu exercício, sendo este obrigatoriamente *prescricional*. Por outro lado, os direitos potestativos (direitos à sujeição), jamais fariam nascer pretensão, pois são insuscetíveis de ser violados pelo sujeito passivo. Como resultado, nunca se submeteriam à prescrição. Todavia, por também poderem acarretar uma transformação bastante forte na situação jurídica subjacente, seu exercício poderia, a depender de sua natureza jurídica e da escolha do legislador, se sujeitar ou não a prazo de exercício. Sim, como bem lembra Bruno Miragem[9], "o modo como deverão ser exercidos os direitos potestativos será definido por lei. Há aqueles cujo modo de exercício não respeita a uma forma determinada. Por outro lado, há os que possuem modo definido para seu exercício, como o são aqueles que se devam exercer judicialmente ou administrativamente". Se a opção do sistema fosse pela imposição de prazo, esta seria, obrigatoriamente, *decadencial*. Se, do contrário, não houvesse o estabelecimento de nenhum prazo para exercício, o direito seria perpétuo, podendo, por isso, ser exercitado a qualquer momento.

Como de muito pouco adiantaria a elaboração de critérios materiais, o mestre foi além. Desenvolveu, também, uma metodologia envolvendo aspectos processuais, mais especificamente a natureza das ações judiciais responsáveis pela veiculação de cada um desses direitos.

Incrível, não?

Dá um orgulho danado de ser brasileiro!

De acordo com ela, se o sujeito passivo de uma relação jurídica envolvendo direitos subjetivos em sentido estrito os descumprisse, o sujeito ativo teria, obrigatoriamente, que propor uma demanda contendo pedido de natureza condenatória ou executiva apenas. E, obviamente, a pretensão correspondente sempre estaria sujeita a prazo prescricional. Em contraposição, se o sujeito passivo de uma relação jurídica relacionada a direitos potestativos se recusasse a se sujeitar à declaração de vontade emitida pelo sujeito ativo, este não necessariamente teria que ingressar em juízo, exceto se o sistema exigisse. Neste caso, a demanda deveria conter, tão somente, pedido de natureza constitutiva (positiva ou negativa). Mais ainda. Caso a escolha do sistema fosse a estipulação de prazo – o que poderia nem vir a ocorrer –, este seria, obrigatoriamente, decadencial. Do contrário, a demanda jamais se sujeitaria a prazo de exercício, sendo, portanto, perpétua[10].

Finalizando suas lições, Agnelo Amorim ainda afirmaria que, paralelamente às demandas de natureza condenatória e constitutiva, as ações contendo pedido meramente declaratório não se sujeitariam a nenhum dos regimes jurídicos acima traçados, pois, em suas palavras, elas "não dão, não tiram, não proíbem, não permitem, não extinguem e nem modificam nada. Em resumo: não impõem prestações, nem sujeições, nem alteram, por

---

[8] De acordo com o Código Civil brasileiro, nas obrigações positivas (dar e fazer) e líquidas (de valor certo) que tenham termo (prazo fixado), o descumprimento na forma ajustada (inadimplemento) constitui o devedor em mora de pleno direito (art. 397), enquanto nas obrigações negativas (de não fazer) o devedor é tido por inadimplente desde o dia em que executou o ato de que se devia abster (art. 390).
[9] MIRAGEM, Bruno. Teoria geral do direito civil. Rio de Janeiro: Forense, 2021, p. 410.
[10] Alguns denominam essas demandas "ações imprescritíveis", termo ao qual este livro não adere, por acreditar que não poderia ser imprescritível, algo que somente poderia ser atingido pela decadência.

qualquer forma, o mundo jurídico. Por força de uma sentença declaratória, no mundo jurídico nada entra, nada se altera, e dele nada sai. As sentenças desta natureza, pura e simplesmente, proclamam a 'certeza' a respeito do que já existe, ou não existe, no mundo jurídico[11], certeza esta que pode se relacionar tanto a direitos subjetivos em sentido estrito, quanto a direitos potestativos. Por isso, nunca se sujeitariam a prazo (nem prescricional, nem decadencial) de exercício, sendo, igualmente, perpétuas.

Sim, a metodologia desenvolvida pelo paraibano Agnelo Amorim Filho ostenta tanta cientificidade, que o próprio artigo que a veiculou se chama "Critério científico para distinguir a prescrição da decadência e para identificar as ações imprescritíveis". Apesar de impecável sob a perspectiva científica, a forma extremamente didática pela qual conseguiu organizar suas ideias tornou a compreensão da prescrição e da decadência tão simples, que suas conclusões podem até ser resumidas da seguinte forma:

1) Estão sujeitas à prescrição todas as ações condenatórias, e, somente elas;
2) Estão sujeitas à decadência apenas as ações constitutivas que têm prazo especial de exercício fixado em lei;
3) São perpétuas, não se sujeitando nem à prescrição nem à decadência:
    a) as ações constitutivas que não têm prazo especial de exercício fixado em lei, e;
    b) todas as ações declaratórias[12].

Caso alguma dúvida persista, a tabela abaixo talvez ajude a visualizar as distinções entre as figuras:

DIREITOS SUBJETIVOS EM SENTIDO ESTRITO	DIREITOS POTESTATIVOS
Geram o poder de exigir o cumprimento da prestação	Geram o poder de interferir diretamente na relação jurídica
Dependem de comportamento do sujeito passivo	Independem de comportamento do sujeito passivo
Admitem violação, fazendo nascer pretensão	Não admitem violação, e, por isso, não fazem nascer pretensão, mas causam sujeição
Sendo violados, surge a pretensão de agir em juízo, que, se não exercida no prazo legal, é fulminada pela prescrição, nos prazos previstos pelo ordenamento	Como não podem ser violados, basta o sujeito ativo diretamente criar, modificar ou extinguir a relação jurídica em questão, sujeitando o sujeito passivo à sua vontade. Entretanto, se for necessário o ajuizamento de ação judicial, esta pode estar sujeita a prazo decadencial expressamente previsto em lei, ou, inexistindo tal previsão, não se sujeitará a nenhum prazo

A importância dessa sistematização foi, e ainda é tão grande para a ciência jurídica, que, oportunamente, nosso Código Civil a incorporaria, enunciando em seu art. 189 que,

---

[11] Idem, p. 12.
[12] Atualmente, contudo, o STJ vem adaptando esse entendimento ao seguinte: a) se a ação for declaratória pura (também denominada de meramente declaratória), ou seja, se limitar a declarar a existência/inexistência/modo de ser de relação jurídica ou a autenticidade/falsidade de documento, será sim perpétua (CPC, art. 19); b) entretanto, se além da mera ou pura declaração, a ação almejar a obtenção de conteúdo misto (declaratório-constitutivo ou declaratório-condenatório), estaria sim sujeita a prazo (prescricional ou decadencial, respectivamente). Seria exemplificar com a ação anulatória de doação inoficiosa (ação de redução), que, por não se limitar à mera declaração da nulidade, mas efetivamente pretender a desconstituição do negócio, se sujeita ao prazo decadencial de 10 anos, contado a partir do registro do ato jurídico impugnado (Dentre vários: STJ, AgInt no AREsp 1.872.777/RJ, DJe 6-4-2022; REsp 1.933.685/SP, j. em 15-3-2022).

violado o direito, nasce para o titular a pretensão, que se extingue, pela prescrição, nos prazos a que aludem os arts. 205 e 206.

Por força dessa positivação, o codificador nacional circunscreveu todos os prazos prescricionais atinentes aos assuntos tratados no âmbito do Código Civil aos seus arts. 205 e 206, para que não restasse dúvida a respeito de que apenas e tão somente esses dispositivos conteriam prazos dessa natureza, deixando absolutamente claro que a prescrição deve ocorrer em dez anos, quando a lei não lhe haja fixado prazo menor (CC, art. 205)[13]. Já em relação à decadência, seguiu caminho um pouco diferente. Em vez de confiná-los a alguns poucos artigos, optou por fazer o seguinte: quando quis estabelecer prazos decadenciais, o fez em diversos artigos, espalhados por todo o texto do Código (p. ex.: arts. 45, parágrafo único, 505, 516, 1.560, 1.909, parágrafo único etc.); quando não quis, simplesmente deixou de fazer qualquer menção a respeito, tornando o direito correspondente passível de ser exercido a qualquer momento, tanto no plano material quanto processual.

Compreendidas essas distinções, a questão que se coloca é saber se o direito à partilha de bens amealhados durante a união familiar seria classificado como um direito subjetivo em sentido estrito ou como um direito potestativo e, neste último caso, saber se ele se submeteria a prazo de exercício.

É o que se tentará fazer a partir de agora.

11.1 A POTESTATIVIDADE DO DIREITO DE PARTILHAR OS BENS COMUNS

Como visto há pouco, os bens acumulados pelos casais unidos sob os regimes comunitários (da comunhão parcial e da comunhão universal) formam uma universalidade jurídica usualmente denominada de "patrimônio comum" ou mancomunhão (CC, art. 91). Tal universalidade remanesce indivisível durante todo o tempo em que perdurar a união, embora se torne apta a ser dividida tão logo esta tenha fim. Se isso ocorrer, ou seja, se a entidade familiar vier a ser dissolvida pelo divórcio ou pelo desfazimento da união estável, o patrimônio também poderá ser dissolvido por seus titulares, para que cada um deles obtenha suas respectivas partes (meação).

Aliás, é isso que normalmente acontece. Afinal, qual o motivo de se manter uma comunhão patrimonial, se não mais existe a comunhão de vidas?

Caso a divisão de bens entre os agora ex-consortes não aconteça amigavelmente, qualquer deles poderá exigir que isso seja feito, por intermédio da ação de partilha.

Nessa ação, contudo, o autor não exigirá que o réu cumpra qualquer prestação de dar, fazer ou deixar de fazer algo em seu benefício, pois não existe nenhuma obrigação nesse sentido, que possa ter sido violada no campo extrajudicial.

Lembre-se que não existe algo como o dever/obrigação de partilhar o patrimônio comum em tanto tempo, ou a partir de certo acontecimento (obrigação positiva). E, se não existe tal imposição, não há nada que possa ser violado. Como resultado, não se poderia cogitar do nascimento de qualquer pretensão que eventualmente viesse a ser fulminada pela prescrição (CC, art. 189).

---

[13] O Anteprojeto de Reforma do Código Civil pretende reduzir este prazo para 5 anos (art. 205, *caput*).

Tamanha é a liberdade a este respeito que o art. 1.581 do Código Civil enuncia que "o divórcio pode ser concedido sem que haja prévia partilha de bens".

Logo, o direito à partilha é um direito potestativo dos ex-consortes, que fica na dependência de sua exteriorização de vontade para que possa ser efetivado.

Por isso, o interessado em sua realização não pedirá que o juiz emita sentença de natureza *condenatória* obrigando o outro a partilhar ou a dividir alguma coisa, tampouco *executará* a sentença que colocar fim à união. Também não pedirá a emissão de uma sentença *declaratória* de seu direito a tanto. Caso seja necessário o ingresso em juízo – que pode nem ocorrer – ele pedirá, sim, que o juiz decrete a partilha, por meio de uma sentença de índole *desconstitutiva* (constitutiva negativa), pois o que a lei lhe confere é o poder jurídico de colocar fim à universalidade jurídica, independentemente da colaboração e da vontade do sujeito passivo, que será obrigado a se sujeitar à sua manifestação de vontade.

A análise do que acontece com o poder de se exigir a dissolução do casamento pode auxiliar na compreensão do que foi dito. Sendo, igualmente, um direito potestativo, o divórcio também pode ser diretamente exigido pelo interessado, sem que o seu cônjuge possa fazer nada a respeito, a não ser se sujeitar ao fim do casamento decretado pelo juiz.

Isso porque, não custa repetir, trata-se de direitos potestativos, e não de direitos subjetivos em sentido estrito, o que impediria por completo que qualquer deles se sujeitasse a prazos prescricionais, mas, quando muito e, desde que expressamente previsto pelo ordenamento, a prazos decadenciais.

Chegada a essa conclusão, falta saber se existe a previsão de prazo decadencial para a promoção da partilha.

11.2 A INEXISTÊNCIA DE PRAZO PARA O EXERCÍCIO DO DIREITO DE PARTILHAR BENS COMUNS

Analisando-se detidamente o sistema de direito positivo brasileiro, observa-se que o legislador foi preciso quando instituiu o prazo de dois meses para que o processo de inventário e partilha dos bens deixados pelo falecido seja instaurado (CPC, art. 611), o prazo de um ano para que o interessado pleiteie a anulação da partilha do direito sucessório pelos vícios e defeitos que invalidam, em geral, os negócios jurídicos (CC, art. 2.027, parágrafo único), assim como quando estabeleceu o prazo de quatro anos para a anulação da partilha do direito das famílias (CC, art. 178), por exemplo. Porém, não se encontra uma só disposição de lei estabelecendo prazo máximo para o exercício do direito de partilhar bens em decorrência da separação, do divórcio e da dissolução da união estável, o que leva à inexorável conclusão de que a ação de partilha é uma ação perpétua, tal qual aquelas inerentes ao estado das pessoas, em geral, como a separação, o divórcio e a parentalidade[14].

A omissão do legislador foi proposital. Afinal, é da essência de qualquer titularidade conjunta de direitos, a possibilidade de sua dissolução ocorrer a qualquer momento, exceto se o legislador expressamente estabelecer prazo para que isso ocorra.

---

[14] STF, Súmula 149: "É imprescritível a ação de investigação de paternidade, mas não o é a de petição de herança". O STJ pacificou o entendimento no sentido de que o prazo prescricional para propor ação de petição de herança é contado da abertura da sucessão e não do trânsito em julgado ocorrido na ação de investigação de paternidade (EAREsp 1.260.418/MG, *DJe* 24-11-2022).

Conferindo reforço a este entendimento, o art. 1.320 do Código Civil enuncia que "a todo tempo será lícito ao condômino exigir a divisão da coisa comum, respondendo o quinhão de cada um pela sua parte nas despesas da divisão".

Perceba: a todo tempo.

O próprio direito de partilhar bens no direito sucessório, mesmo sendo bastante diferente do que se está estudando por aqui, meio que segue essa linha. De acordo com o mencionado art. 611 do Código de Processo Civil, "o processo de inventário e de partilha deve ser instaurado dentro de 2 (dois) meses, a contar da abertura da sucessão", mas, como se sabe, este prazo não acarreta nenhuma consequência de ordem processual, tampouco impede os sucessores e/ou herdeiros de promoverem o partilhamento no futuro, já que se trata de prazo impróprio, cuja única consequência é abrir aos Estados da Federação a possibilidade de cobrar a multa fiscal eventualmente instituída em suas respectivas legislações[15].

Veja que a pessoa pode até sofrer alguma consequência de índole civil, processual civil ou tributária, mas não ver sua pretensão fulminada pela prescrição.

Portanto, com o máximo respeito aos que assim não pensam, acredito que a linha de pensamento que sustenta a prescritibilidade do direito à partilha talvez precise ser revista, para que categorias jurídicas distintas não sejam confundidas entre si, tampouco projetem efeitos indevidos sobre as relações jurídicas mantidas por milhões de brasileiros.

A coisa toda ainda ganha em importância quando o que está em jogo são as partilhas amigáveis, ainda que homologadas judicialmente. Isso porque as partes podem se arrepender ou constatar, na vida vivida, que os termos do acordo inicialmente homologado estão sendo impraticáveis, o que as pode levar a pretender ampliá-los ou restringi-los no futuro. Nesses casos, a existência de prazo prescricional também fulminaria essa "pretensão", acarretando um senso enorme de injustiça.

Felizmente, o Superior Tribunal de Justiça tem aceitado que os ex-consortes possam, livremente e sem vinculação aparente a qualquer prazo legal, renunciar ou transigir sobre um direito ou um crédito reconhecido judicialmente em favor de um deles, mesmo após o trânsito em julgado da decisão judicial que os reconheceu, com base no que lhes assegura o princípio da autonomia privada, como, de fato, aconteceu em uma situação em que foi determinada a homologação de acordo versando sobre novo modelo de partilha de bens que as partes entenderam ser mais vantajoso e interessante para elas próprias, sem qualquer necessidade de propositura de ação anulatória ou de demonstração de vícios existentes no acordo anteriormente homologado pelo juízo da Vara de Família[16].

Mas, não se deixe enganar. O que se está sustentando por aqui é a imprescritibilidade do "direito" (pretensão) de se partilharem bens comuns, não a imprescritibilidade da pretensão de se cumprirem as obrigações impostas na sentença ou ajustadas no acordo de partilha desses mesmos bens, desde que, é claro, elas se sujeitem a isso. São situações absolutamente distintas, geradoras de consequências tão distintas quanto. Basta perceber como são comuns sentenças que decretam a partilha e/ou homologam acordos, mas que, ao mesmo tempo, determinam a

---

[15] STF, Súmula 542. Não é inconstitucional a multa instituída pelo Estado-membro, como sanção pelo retardamento do início ou da ultimação do inventário.
[16] STJ, REsp 1.623.475/PR, *DJe* 20-4-2018. Em se tratando de anulação por vício de vontade, contudo, deve ser obedecido o prazo de 4 anos, pois existe lei expressa neste sentido (CC, art. 178).

entrega de certa coisa pelo ex-marido à ex-esposa ou imponham o pagamento de numerário por ex-convivente ao outro, dentro de determinado prazo. Nesses casos, existiriam, respectivamente, obrigações positivas (de fazer e de pagar quantia certa), ou seja, prestações, que, se violadas, atrairiam sim o regramento genérico da prescrição (CC, art. 189)[17].

No ano de 2024, contudo, o Superior Tribunal de Justiça proferiu uma decisão paradigmática reconhecendo a "imprescritibilidade" do direito à partilha de bens, valendo-se, inclusive, das lições expostas neste livro. A sua ementa foi redigida da seguinte forma:

> RECURSO ESPECIAL (art. 105, inc. III, alínea "a", da CRFB/88) – AÇÃO DE PARTILHA - AJUIZAMENTO POSTERIOR AO DIVÓRCIO, CONFORME AUTORIZADO NA DELIBERAÇÃO JUDICIAL QUE O DECRETARA – TRIBUNAL DE ORIGEM QUE, AO REFORMAR A SENTENÇA QUE RECONHECERA A PRESCRIÇÃO EXTINTIVA DA PRETENSÃO (art. 269, inc. IV, do CPC/73), DETERMINA O REGULAR PROSSEGUIMENTO DO FEITO. INSURGÊNCIA DA RÉ/EX-CÔNJUGE. Hipótese: ação promovida pelo ex-cônjuge, a fim de concretizar a partilha do patrimônio amealhado na constância da sociedade conjugal – regida pela comunhão universal –, que não fora realizada por ocasião da ação de divórcio. Discussão acerca da configuração da prescrição extintiva da pretensão veiculada na exordial.
> 1. O divórcio caracteriza-se como direito potestativo dos cônjuges de romper a relação afetiva e o próprio vínculo matrimonial, independentemente de decurso de prazo ou qualquer outra condição impeditiva, a exemplo da prévia deliberação a respeito da divisão patrimonial, conforme expressamente autorizado pelo artigo 1.581 do Código Civil.
> 2. Decretado o divórcio, com a existência de bens, sem a realização da partilha, subsiste um acervo patrimonial indiviso, cuja natureza jurídica é objeto de controverso debate doutrinário e jurisprudencial. De fato, não há uma uniformidade em relação à definição do conjunto de bens integrantes do acervo partilhável após cessada a sociedade conjugal, isto é, se consiste (i) em estado de mancomunhão ou (ii) instauração de um condomínio, nos termos do artigo 1.314 do Código Civil.
> 2.1 De outro lado, depreende-se consonância quanto ao fato de se tratar de um acervo patrimonial em cotitularidade ou em uma espécie de copropriedade atípica. Nesse contexto, abstraída a controvertida determinação de sua natureza jurídica ou seu *nomen iuris*, mormente no caso em tela, em que se cuida de um único imóvel, tendo sido o casamento regido pela comunhão universal, forçoso reconhecer a possibilidade de o ex-cônjuge, a qualquer tempo, requerer a sua cessação/extinção por meio da efetivação da partilha.
> 3. A partilha consubstancia direito potestativo dos ex-cônjuges relativamente à dissolução de uma universalidade de bens, independentemente da conduta ou vontade do outro sujeito integrante desta relação (sujeito passivo).
> 3.1 Ausente a configuração de prestação imputável a outra parte – dar, fazer, não fazer –, característica dos direitos subjetivos, não há falar em sujeição a prazos de prescrição.
> 3.2 O direito à partilha é, portanto, expressão do poder de modificar ou extinguir relações jurídicas por meio de uma declaração judicial, obtida a partir de uma ação de natu-

---

[17] De acordo com o STJ, a pretensão de cumprimento de obrigação de fazer assumida em acordo de partilha ocorre em 10 anos (AREsp 1.885.372/SP, J. em 3-11-2021), na forma do art. 205 do Código Civil, contados do transito em julgado da sentença homologatória (AgInt no REsp 1.594.440/SP, *DJe* 28-9-2020; AgInt no AREsp 1.391.886/SP, *DJe* 7-10-2019). Já a pretensão de se cobrar quantia líquida convencionada em acordo homologado prescreve em 5 anos, na forma do art. 206, § 5º, I, pelo fato de a sentença meramente homologatória ser um instrumento público (REsp 1.391.999/RS, *DJE* 24-3-2020; AgInt no AREsp 621.464/RS, *DJe*, 5-12-2017), tendo o prazo igualmente início por ocasião do trânsito em julgado, exceto se a pretensão se originar de descumprimento de acordo que preveja o pagamento parcelado da dívida, pois, neste caso, não corre a prescrição durante o parcelamento, uma vez que é apenas no vencimento da última prestação que o prejudicado passa a ter interesse processual na cobrança (REsp 1.391.999/RS, *DJE* 24-3-2020; AgRg no AREsp 442.669/AC, *DJe* 4-8-2014; REsp 1.179.785/PE, *DJe* 24-10-12; REsp 949.434/MT, *DJe* 10-6-2010). Situação inusitada aconteceria quando a condenação fosse ilíquida, como ocorreria no caso em que obrigações pecuniárias fossem fixadas com base em índices variáveis, ou, quando o cumprimento só pudesse ser instaurado depois do fornecimento pelo requerido, dos documentos necessários para a elaboração do cálculo (CPC, art. 524, §§ 3º a 5º), pois o "último ato do processo" (CC, art. 202, parágrafo único), nessas hipóteses, seriam, respectivamente, o trânsito em julgado da decisão de liquidação (STJ, AREsp 1.530.051/RS, *DJe* 5-12-2019; EREsp 1.426.968/MG, *DJe* 22-6-2018) e a apresentação desses documentos (STJ, EDcl no REsp 1.821.423/SP, *DJe* 18-10-2019; EDcl no REsp 1.724.964/SP, *DJe* 19-11-2018).

reza constitutiva negativa (desconstitutiva), à qual a legislação pátria não comina prazo decadencial.

3.3 Na hipótese, inexistentes limites temporais (prescrição ou decadência), afigura-se correto o afastamento da prejudicial de mérito, com a determinação do regular prosseguimento do feito no primeiro grau de jurisdição, âmbito no qual serão analisadas as demais teses defensivas.

4. Recurso especial desprovido.

(REsp 1.817.812/SP, *DJe* 20-9-2024)

12
A sobrepartilha

Por razões variadas, certos bens componentes do acervo comum do casal acabam ficando de fora da partilha realizada por ocasião de seu divórcio ou da dissolução de sua união estável. Esquecimento, planejamento ou estratégia processual, omissão intencional de certos bens sem renúncia expressa ao direito sobre sua partilha, e até mesmo o nítido propósito de fraudar a meação alheia são algumas dessas razões.

Diante de cenários como esses, a pessoa que se sentir prejudicada pode ser valer de um expediente específico para obter a sua meação, sem ter que anular a partilha originária: a sobrepartilha.

Sucintamente, portanto, a sobrepartilha poderia ser conceituada como a operação destinada a identificar e distribuir entre os ex-cônjuges e conviventes eventuais bens e direitos comuns que não tenham sido objeto da partilha originária.

De uma maneira geral, a literatura parece não dissentir dessa percepção. Embora referindo-se especificamente à partilha sucessória, mas em lições inteiramente aplicáveis à partilha familiarista, Carlos Roberto Gonçalves, por exemplo, ensina que "ficam sujeitos à sobrepartilha os bens que, por alguma razão, não tenham sido partilhados no processo de inventário. Trata-se de uma complementação da partilha, destinada a suprir omissões desta, especialmente pela descoberta de outros bens." Já para Luiz Paulo Vieira de Carvalho, na sobrepartilha "ocorre uma complementação da partilha, partilha adicional ou nova partilha, com o objetivo de dar o destino aos bens inventariados não constantes da anterior divisão entre os herdeiros, podendo existir tantas sobrepartilhas quantas forem necessárias à contemplação da integralidade do falecido".

No campo normativo, a sua previsão se encontra nos arts. 2.021 e 2.022 do Código Civil, e art. 669 do Código de Processo Civil. De acordo com os primeiros:

> Art. 2.021. Quando parte da herança consistir em bens remotos do lugar do inventário, litigiosos, ou de liquidação morosa ou difícil, poderá proceder-se, no prazo legal, à partilha dos outros, reservando-se aqueles para uma ou mais sobrepartilhas, sob a guarda e a administração do mesmo ou diverso inventariante, e consentimento da maioria dos herdeiros.
> Art. 2.022. Ficam sujeitos a sobrepartilha os bens sonegados e quaisquer outros bens da herança de que se tiver ciência após a partilha.

Já em conformidade com o terceiro:

> Art. 669. São sujeitos à sobrepartilha os bens:
> I – sonegados;
> II – da herança descobertos após a partilha;
> III – litigiosos, assim como os de liquidação difícil ou morosa;
> IV – situados em lugar remoto da sede do juízo onde se processa o inventário.
> Parágrafo único. Os bens mencionados nos incisos III e IV serão reservados à sobrepartilha sob a guarda e a administração do mesmo ou de diverso inventariante, a consentimento da maioria dos herdeiros.

Embora todos esses dispositivos estejam topologicamente inseridos em Capítulos desses Códigos destinados ao tratamento do Inventário e da Partilha Sucessórios, as regras que deles se extraem são plenamente aplicáveis ao Direito das Famílias, como, de resto, entende de forma absolutamente pacífica o Superior Tribunal de Justiça.

A razão para tanto é bastante simples. Afinal, se as razões que levam os herdeiros e sucessores a promoverem a sobrepartilha dos bens do espólio é permitir a mais completa e justa divisão do acervo deixado pelo falecido, não haveria motivo para se impedir os ex-cônjuges e conviventes de lançar mão do mesmo procedimento para liquidar os bens da comunhão.

Talvez por isso o legislador reformador pretenda inserir ao texto do Código Civil o art. 1.666-A e o art. 2.019, § 4º, dispondo que:

> Art. 1.666-A. O ato de administração ou de disposição praticado por um só dos cônjuges ou conviventes em fraude ao patrimônio comum implicará sua responsabilização pelo valor atualizado do prejuízo.
> § 1° O cônjuge ou convivente que sonegar bens da partilha, buscando apropriar-se de bens comuns que estejam em seu poder ou sob a sua administração e, assim, lesar economicamente a parte adversa, perderá o direito que sobre eles lhe caiba.
> § 2° Comprovada a prática de atos de sonegação, a sentença de partilha ou de sobrepartilha decretará a perda do direito de meação sobre o bem sonegado em favor do cônjuge ou convivente prejudicado.
> [...]
> Art. 2.019. Os bens insuscetíveis de divisão cômoda, que não couberem na meação do cônjuge ou convivente sobrevivente ou no quinhão de um só herdeiro, poderão ser vendidos judicial ou extrajudicialmente, partilhando-se o valor apurado, a não ser que haja acordo para serem adjudicados a todos.
> [...];
> § 4º Em se tratando de bens digitais, é possível a avaliação posterior para fins de composição da sobrepartilha.

Independentemente, porém, de a reforma vir ou não a ser implementada, a sobrepartilha familiarista possui largo campo de aplicação mesmo na sistemática atual.

Aliás, lendo-se conjuntamente os textos dos arts. 2.021 e 2.022 do CC com o enunciado do art. 669 do CPC, chega-se à conclusão de que são sobrepartilháveis os bens: a) sonegados (CC, art. 2.022; CPC, art. 669, I); b) desconhecidos ao tempo da partilha (CC, art. 2.022; CPC, art. 669, II); c) litigiosos ou de liquidação difícil ou morosa (CC, art. 2.021; CPC, art. 669, III); e d) situados em lugar remoto da sede do juízo onde se processa o inventário (CC, art. 2.021; CPC, art. 669, IV).

Obviamente, esses textos consagram meras hipóteses, não esgotando todas as conjunturas possíveis. Afinal, o esquecimento e a opção por relegar a partilha de determinados bens a momento posterior, são apenas dois exemplos de incontáveis outros casos em que seria possível o sobrepartilhamento. Porém, a listagem trazida pelo legislador serve, pelo menos, para fornecer uma ideia a respeito do que pode ser levado à sobrepartilha.

Adaptando-se as situações contempladas pela lei à realidade familiarista, seria possível encontrar-se os seguintes cenários:

Os bens sonegados, referidos na letra "a" (CC, art. 2.022; CPC, art. 669, I), são aqueles que deveriam, mas acabam propositalmente não sendo incluídos no monte partilhável, pelo fato de o seu titular deixar de os descrever quando em seu poder ou no de terceiras pessoas, os omitir na colação ou deixar de restituí-los oportunamente, objetivando, com isso, apropriar-se de coisas comuns que estejam em seu poder ou sob a sua administração e, assim, lesar economicamente a parte adversa, na forma a que se refere o art. 1.992 do Código Civil.

Por isso, a conduta por meio da qual se sonegam bens à partilha é, como se intui, denominada "sonegação de bens". A seu respeito, Euclides de Oliveira e Sebastião Amorim escrevem que "a sonegação pode abranger bens móveis ou imóveis. Comumente são sonegados bens da primeira espécie, por ser difícil, em certos casos, a comprovação de sua propriedade. Servem de exemplos: retirada de depósitos bancários do falecido pelo cotitular de conta conjunta, recebimento de créditos deixados pelo autor da herança, ocultação de bens de valor (joias, quadros, objetos de arte). Também os imóveis podem ser objeto de sonegação, especialmente em casos de aquisição por instrumento particular (compromisso de compra e venda), simples posse (documentos de cessão de posse) e outras situações que comportem desvio ou omissão dos referidos bens".

Como deve ter dado para perceber, todas essas hipóteses costumam ocorrer no âmbito de um casamento ou de uma união estável, a possibilitar a sobrepartilha familiarista.

Inclusive, o Superior Tribunal de Justiça já teve oportunidade de decidir que:

> PROCESSUAL CIVIL. AÇÃO ANULATÓRIA DE PARTILHA. INEXISTÊNCIA DE VÍCIO DE VONTADE. ACOLHIMENTO DE PEDIDO SUCESSIVO DE SOBREPARTILHA DOS BENS SONEGADOS. POSSIBILIDADE. REEXAME DO CONJUNTO FÁTICO-PROBATÓRIO CARREADO AOS AUTOS. IMPOSSIBILIDADE. SÚMULA 07/STJ.
> 1. Os bens sonegados na separação judicial sujeitam-se à sobrepartilha, ainda que seja esta realizada a partir do acolhimento de pedido sucessivo formulado pela parte autora em ação anulatória da partilha. Precedente, q.v. *verbi gratia*, REsp n. 770.709/SC, Rel. Min. ARI PARGENDLER, TERCEIRA TURMA, julgado em 20-5-2008, *DJe* 20-6-2008.
> 2. Para efeitos da sobrepartilha dos bens sonegados é irrelevante perquirir-se acerca da existência ou inexistência de vício de vontade das partes, mesmo porque, no que se refere a estes bens, a Corte *a quo* entendeu que a recorrida desconhecia a existência do patrimônio sonegado, não ocorrendo qualquer pactuação entre as partes sobre os mesmos, não havendo falar-se, portanto, em consentimento.
> 3. Inexiste óbice à utilização do referido expediente, máxime por revelar-se, o mesmo, instrumento processual apropriado à correção da situação em tela, cuja manutenção representaria evidente hipótese de enriquecimento sem causa de um cônjuge em detrimento ao outro.
> 4. A revisão da conclusão do acórdão recorrido pela existência, *in casu*, de bens sonegados a serem objetos de sobrepartilha demanda o reexame do conjunto fático-probatório, labor proscrito à esta Corte Superior, na via especial.
> 5. Recurso especial não conhecido.
> (REsp 237.704/PR, *DJe* 2-2-2009)

Já os bens desconhecidos, mencionados na letra "b" (CC, art. 2.022; CPC, art. 669, II), são os que acabam sendo descobertos após a finalização da partilha. Não há, como na sonegação, a perquirição de qualquer atitude intencional nesse caso, porque o desconhecimento não precisa ser provocado maliciosamente por um dos consortes. Aqui, basta a pura desinformação a respeito da existência de ativos. Também não há como se presumir ter havido a renúncia a seu respeito pelo fato de eles não serem incluídos na partilha originária, porque é claro que os efeitos dos atos abdicativos devem se restringir àqueles bens que a pessoa conhecia ou poderia conhecer no momento da prática do ato, como, de resto, se extrai das normas a que aludem os arts. 1.793, § 1º, e 1.808, *caput,* do Código Civil, aplicados analogicamente ao caso, e do entendimento do STJ.

Sua ocorrência também é das mais comuns no cotidiano das Varas de Família e de Sucessões. A propósito, Rodrigo Mazzei chama atenção para o fato de que "não é de todo raro que alguns bens móveis (por exemplo, joias e pedras preciosas) e documentação indicativa de titularidade de créditos e/ou bens do falecido, por vezes, fiquem escondidos em cofres, cuja descoberta ocorre em data posterior ao encerramento do inventário sucessório. Em outra ilustração, o falecido pode ter deixado bens na posse de terceiros, pessoas estas que vêm a tomar conhecimento da morte do autor da herança depois do fim do inventário, situação que faz com que a restituição seja plasmada em sobrepartilha".

Ao que parece, o Superior Tribunal de Justiça vem conferindo interpretação bastante ampla ao conceito de bens "descobertos após a partilha", na forma enunciada pelo inciso II do art. 669 do CPC, para nele incluir todos aqueles itens desconhecidos pela parte, independentemente do motivo que possa se encontrar por detrás desse desconhecimento. Mostra disso é que a sua orientação segue firme no sentido de que a sobrepartilha "é instituto utilizado em casos de desconhecimento de uma das partes a respeito de determinado bem, no momento da partilha, seja ou não por ocultação maliciosa ou, ainda, se situados em lugar remoto da sede do juízo. Embora os bens sonegados não se confundam com os descobertos após a partilha, ambos pressupõem o desconhecimento de sua existência por umas das partes".

Esteja atento, porém, ao ônus da prova sobre o desconhecimento, porque, embora se trate de fato negativo sob a perspectiva de quem o alega (o desconhecimento sobre a existência dos bens), será necessário aferir as especificidades do caso concreto para que se possa saber se o caso envolve prova "absolutamente negativa" ou "relativamente negativa". É que, tornando uma longa explicação curta, a prova absolutamente negativa é aquela que versa sobre um "não fato indeterminado no tempo e no espaço", sendo, por isso, de produção impossível ou extremamente difícil de ser feita pela parte responsável pela alegação a ser provada, o que acaba onerando a parte contrária pela comprovação a respeito. Seria exemplificar com uma prova sobre a alegação de uma pessoa jamais ter ido à praia em sua vida. Não por outro motivo, ela costuma ser chamada de "prova diabólica". Já a prova relativamente negativa é aquela que versa sobre um "não fato passível de determinação no tempo e no espaço", cuja produção é perfeitamente possível de ser feita pela própria parte responsável pela alegação a ser provada, por intermédio de provas positivas, isto é, pela demonstração de fatos que lhe sejam relacionados. Seria exemplificar com uma prova sobre a alegação de uma pessoa não ter ido à praia às 09:00h do primeiro dia de janeiro do ano de 2020, que poderia ser realizada com certa facilidade pela demonstração de que, naquele dia e horário, a pessoa estaria comprovadamente em outro local.

De sua parte, o art. 373, § 1º, do CPC, admite que o juízo distribua o ônus da prova na forma necessária para que essas alegações sejam comprovadas.

No Superior Tribunal de Justiça, a hipótese vem sendo assim tratada:

> AGRAVO INTERNO NO RECURSO ESPECIAL. AÇÃO ANULATÓRIA DE PARTILHA COM PEDIDO SUBSIDIÁRIO DE SOBREPARTILHA DE BEM ALEGADAMENTE SONEGADO. RECONHECIMENTO, PELAS INSTÂNCIAS ORDINÁRIAS, DE QUE A DEMANDANTE DETINHA PLENO CONHECIMENTO A RESPEITO DA NEGOCIAÇÃO DESTINADA À AQUISIÇÃO DE IMÓVEL POR PARTE DA SOCIEDADE DE ADVOGADO DE QUE O EX-CÔNJUGE É SÓCIO, AMPLAMENTE NOTICIADA EM JORNAL DE GRANDE CIRCULAÇÃO. FATO SUFICIENTE A ENSEJAR A IMPROCEDÊNCIA DA PRETENSÃO DE SOBREPARTILHA DE BEM SUPOSTAMENTE OCULTADO, DE ACORDO COM A JURISPRUDÊNCIA DO STJ. MODIFICAÇÃO DA CONCLUSÃO ADOTADA NA ORIGEM COM ESTEIO NOS ELEMENTOS FÁTICO-PROBATÓRIOS. IMPOSSIBILIDADE. SÚMULA 7/STJ. INCIDÊNCIA. DISSÍDIO JURISPRUDENCIAL. NÃO DEMONSTRAÇÃO, ANTE A AUSÊNCIA DE SIMILITUDE FÁTICA. RECONHECIMENTO. RECURSO ESPECIAL NÃO CONHECIDO. AGRAVO INTERNO IMPROVIDO.
>
> 1. De acordo com a jurisprudência desta Corte de Justiça, a pretensão de sobrepartilhar bens sonegados tem por substrato fático o desconhecimento ou a ocultação sobre determinado bem por uma das partes por ocasião da divisão patrimonial. Nessa medida, não é todo e qualquer bem que não foi partilhado que pode ser considerado sonegado, mas apenas aqueles em relação aos quais a parte deles não tinha conhecimento de sua existência. Desse modo, o instituto da sobrepartilha não se presta a corrigir arrependimentos quanto à divisão já realizada.
>
> 2. Na hipótese dos autos, a moldura fática delineada pelas instâncias ordinárias, imutável na presente via especial, estabeleceu a inequívoca ciência da recorrente a respeito da negociação de compra e venda do bem imóvel, em 2005, destinada a aquisição do bem, amplamente noticiada na imprensa, em jornal de grande circulação, o que se afigura suficiente, nos termos da jurisprudência do STJ, para firmar a improcedência da pretensão de sobrepartilha, já que de bem sonegado não se trata.
>
> [...] 3. Agravo interno improvido.
>
> (AgInt no REsp 1.582.996/ES, *DJe* 17-8-2022)

No que concerne aos bens litigiosos ou de liquidação difícil ou morosa mencionados na letra "c" (CC, art. 2.021; CPC, art. 669, III), são aqueles cujo fato gerador tenha ocorrido durante a união familiar, mas que, diante da relutância do sujeito passivo em seu reconhecimento e efetivação, sua judicialização tenha se tornado necessária, como acontece com frequência em relação a direitos trabalhistas, indenizações, honorários advocatícios a receber, cobranças diversas e toda sorte de créditos que venham a ser percebidos por um dos ex-consortes após a separação de fato, mas cujo direito à aquisição lhe tenha sido reconhecido em momento anterior, desde que, é claro, sejam do conhecimento do outro consorte, porque, se não forem por ele conhecidos, o caso se amoldará à hipótese prevista no item anteriormente estudado.

No Superior Tribunal de Justiça, essa situação vem sendo decidida mais ou menos assim:

> AGRAVO INTERNO NOS EMBARGOS DE DECLARAÇÃO NO AGRAVO EM RECURSO ESPECIAL. AÇÃO DE SOBREPARTILHA. PRETENSÃO À PARTILHA DE DÍVIDA DECORRENTE DE CONDENAÇÃO EM DEMANDA INDENIZATÓRIA AJUIZADA EXCLUSIVAMENTE PELO MARIDO. DECISÃO FAVORÁVEL AO TEMPO DA PARTILHA REALIZADA NA SEPARAÇÃO. AUSÊNCIA DE ARROLAMENTO DO PRETENSO CRÉDITO. POSTERIOR IMPROCEDÊNCIA DO PEDIDO INDENIZATÓRIO QUE GEROU DÉBITO AO AUTOR. PEDIDO DE SOBREPARTILHA JULGADO IMPROCEDENTE. FUNDAMENTOS AUTÔNOMOS NÃO IMPUGNADOS NO RECURSO ESPECIAL. SÚMULA 283/STF. CONSONÂNCIA COM O ENTENDIMENTO DESTA CORTE SUPERIOR. SÚMULA 83/STJ. ALÍNEAS "A" E "C" DO PERMISSIVO CONSTITUCIONAL. RECURSO NÃO PROVIDO.

> 1. "A sobrepartilha é instituto utilizado em casos de desconhecimento de uma das partes a respeito de determinado bem, no momento da partilha, seja ou não por ocultação maliciosa ou, ainda, se situados em lugar remoto da sede do juízo. Embora os bens sonegados não se confundam com os descobertos após a partilha, ambos pressupõem o desconhecimento de sua existência por umas das partes. Nessa linha, é bem de ver que não é todo e qualquer bem que não foi partilhado que pode ser considerado sonegado" (REsp 1.204.253/RS, Rel. Ministro LUIS FELIPE SALOMÃO, QUARTA TURMA, julgado em 27-5-2014, *DJe* 15-8-2014).
> 2. No caso, a teor do consignado pelo Tribunal de origem, foi demonstrado nos autos que o autor, ao tempo da partilha, tinha ciência da decisão judicial que lhe era favorável em ação indenizatória ajuizada exclusivamente por ele, mas não fez constar da partilha o crédito futuro; somente após a reversão daquela decisão, quando então o futuro crédito se converteu em débito, é que se interessou pela partilha. Tais fundamentos são suficientes à improcedência do pedido de sobrepartilha. Ademais, não foram impugnados nas razões do recurso especial, fazendo incidir o óbice da Súmula 283/STF.
> 3. Agravo interno não provido.
> (AgInt nos EDcl no AREsp n. 1.042.571/DF, *DJe* 18-12-2020)

Finalmente, no que toca aos bens situados em lugar remoto da sede do juízo onde se processa o inventário, mencionados na letra "d" (CC, art. 2.021; CPC, art. 669, IV), talvez seja preciso reconhecer que sua ocorrência seja mais restrita ao universo sucessório, porque a sua remessa à sobrepartilha se deve a motivos inerentes exclusivamente ao próprio inventário sucessório, como a submissão à regra do juízo universal (CPC, arts. 48 e 612), a existência de prazo específico para conclusão (CPC, art. 611) e a limitação a questões dependentes de provas não complexas (CPC, art. 612). Porém, a partilha familiarista não se submete a esse regramento, mesmo bens que exijam intensa atividade probatória para ser identificados ou liquidados, ou que estejam situados em locais distantes da Comarca onde ela se processa podem perfeitamente ser apurados e divididos em seu âmbito. Aliás, mesmo bens situados no exterior podem ser partilhados diretamente na ação de partilha familiarista, tornando desnecessária a sua remessa à sobrepartilha, porque não lhe é aplicável a vedação imposta à partilha sucessória pelo art. 23, II e III do CPC, como, de resto, entende o Superior Tribunal de Justiça.

Só não se esqueça que outras hipóteses não previstas nesses dispositivos legais autorizam a sobrepartilha, como já alertado por aqui. Aliás, um dos mais usuais casos de sobrepartilha no cotidiano das Varas de Família envolve os bens conhecidos pelo casal, mas deixados de fora da partilha originária, por questões variadas, como conveniência, falta de recursos financeiros para arcar com os honorários de advogados e custas processuais, e até mesmo o esquecimento.

Essas ocorrências fazem ainda mais sentido quando se constata que nenhum partilhamento de bens se submete a prazo decadencial ou prescricional para seu exercício, como, aliás, já deve ter ficado claro por aqui.

Nesses casos, no entanto, é preciso que haja redobrada cautela para que a conduta das partes não seja interpretada como renúncia ao direito de partilhar esses bens, como, inclusive, já aconteceu no âmbito do Superior Tribunal de Justiça.

De minha parte, porém, respeitosamente acredito que a liberdade e o autorregramento da vontade conferidos às pessoas permitam que elas incluam na partilha originária somente o que, naquele momento, possa lhes interessar ou for de sua lembrança, desde que comuniquem expressamente este fato ao juízo, deixem claro que não estão renunciando ao direito de sobrepartilharem os bens deixados de fora. As premissas que se encontram por detrás desse raciocínio são as seguintes: a) toda renúncia deve ser interpretada estritamente (CC, art. 114); b) as declarações de vontade devem ser interpretadas atendendo-se muito mais à intenção nelas consubstanciada do que ao sentido literal da linguagem (CC, art. 112); c) os negócios jurídicos devem ser interpretados conforme a boa-fé e os usos do lugar de sua celebração (CC, art. 113); d) a validade da declaração de vontade não dependerá de forma especial, senão quando a lei expressamente a exigir (CC, art. 107); e e) o silêncio só importa anuência, quando as circunstâncias ou os usos o autorizarem, e não for necessária a declaração de vontade expressa (CC, art. 111).

Em toda e qualquer situação, a sobrepartilha pode ser realizada por escritura pública lavrada por tabelião de notas entre interessados maiores e capazes, desde que, é claro, eles estejam inteiramente de acordo com seus termos (CPC, art. 610, § 1º). Havendo conflito, no entanto, a sobrepartilha judicial será a única saída, devendo o seu procedimento seguir o mesmo da partilha (CPC, art. 670), cujos delineamentos serão estudados na Parte 2 deste livro.

Estas eram as considerações que se faziam necessárias para que fossem compreendidos os aspectos materiais relacionados à partilha de bens, razão pela qual se encerra, aqui, a primeira parte deste livro. A partir de agora, vamos tratar dos aspectos processuais.

PARTE II
Aspectos Processuais

A Cultura Influenciando os Meios de Solução de Disputas

Na Parte I deste livro, foi afirmado que "o Direito não pode ser compreendido fora do contexto cultural e isento de historicidade". Com os métodos voltados à solução dos conflitos surgidos em sociedade ocorre o mesmo, já que todos eles devem guardar íntima relação com os padrões da cultura de cada tempo e espaço em que estejam inseridos.

Na literatura, inclusive, muitos estudiosos se debruçaram sobre a estreita relação existente entre o Direito, a cultura e os métodos de solução de disputas. De todos os materiais por eles divulgados, dois em especial me chamaram particular atenção, não necessariamente pelo fato de comprovarem a veracidade da hipótese (direito influenciando cultura, conflitos e vice-versa), mas sim pela forma e perspectiva a partir da qual essa verificação foi feita. O primeiro deles foi elaborado na década de 1970, pelo antropólogo britânico Edward Evan Evans-Pritchard, em sua renomada obra *"Witchcraft, Oracles and Magic Among the Azande*[1]*"*. Por meio dela, o pesquisador descreveu como a crença depositada na bruxaria por um grupo étnico da África Central denominado "Azande", integrava um sistema de pensamento racional e coerente – também composto pela adivinhação, pela feitiçaria e pela magia – que contribuía para manter a estrutura social, para construir a vida mental daquele povo, e, obviamente, como método de explicar e resolver diversos conflitos experimentados por seus membros. Anos mais tarde, outro estudo foi desenvolvido sobre os hábitos e costumes dessa mesma comunidade, mas partindo da perspectiva do professor da *New York University School of Law*, Oscar G. Chase. Utilizando-se de aportes provenientes da antropologia e da sociologia como ferramentas de auxílio à compreensão dos sistemas de solução de disputas, o pesquisador focalizou suas atenções especificamente sobre o método eleito pelos "Azande" de consultar o Oráculo chamado "Benge" como a melhor forma de apurar a veracidade de fatos contestados em disputas surgidas entre seus membros.

Em sua obra, traduzida para o português sob o título *"Direito, cultura e ritual*: sistemas de resolução de conflitos no contexto da cultura comparada[2]*"*, o escritor norte-americano

---

[1] EVANS-PRITCHARD, Edward Evan. *Witchcraft, Oracles and Magic Among the Azande.* Oxford: Oxford University Press, 1976 – versão reduzida.
[2] CHASE, Oscar G. *Direito, cultura e ritual*: sistemas de resolução de conflitos no contexto da cultura comparada. São Paulo: Marcial Pons,

demonstra como essa antiga prática era respeitada e considerada pela comunidade local como um importante método resolutivo de conflitos.

Como era de se esperar, a conclusão a que ambos os autores chegaram foi a de que, de forma não muito diferentemente do que ocorria no Reino Unido, nos Estados Unidos da América e em diversos países do Globo, as formas institucionalizadas de resolução de conflitos refletiam a cultura em que se encontram inseridas, sendo muito mais um fenômeno cultural do que um produto da ciência, desenvolvido por especialistas e estudiosos isolados.

Por aqui, podemos não ser membros dos "Azande", tampouco depositarmos nossas crenças no Oráculo "Benge". Mas, assim como aqueles povos, estamos inseridos em uma comunidade que finca raízes em um ponto geográfico específico, o que nos onera com o encargo de criar métodos de solução de disputas que absorvam nossas crenças e as bases que nos unem como coletividade e como sujeitos inseridos em uma cultura específica.

Para que possamos nos desonerar dessa incumbência, talvez tenhamos que perceber que as particularidades culturais atuais nos desafiam a enfrentá-las com o dinamismo e volatilidade que são inerentes a esta própria quadra da história, que tem por marcas mais distintas a complexidade, a pluralidade, as mudanças repentinas de comportamento e as reconfigurações de instituições seculares como a família, religião e a própria noção de comunidade[3], notas estas decorrentes, em muito, do avanço tecnológico que promoveu e vem promovendo uma verdadeira revolução no modo de se estruturar e de se enxergar as coisas, assim como de se realizar as tarefas cotidianas.

Como resultado, antigos paradigmas utilizados para detectar e avaliar os acontecimentos sociais onde se encontram inseridos os conflitos de família se modificaram substancialmente.

Nesse novo cenário, não existe mais lugar para que continuemos pensando e atuando com os olhos voltados para um tempo em que, tristemente, não era incomum que crianças e adolescentes fossem ouvidos em salas de audiência de Varas de Família, sem o uso dos métodos apropriados e sem o apoio dos profissionais capacitados para tanto, ao entendimento de que seus direitos seriam preservados com base na narrativa exposta unicamente por seus pais, mesmo sem sua opinião e participação efetiva nesse processo. Para um tempo em que, infelizmente, não era incomum que maridos abusadores saíssem absolutamente ilesos de crimes, ainda que violentassem a honra, a dignidade e o patrimônio de suas esposas no ambiente doméstico, sob o argumento de que "em brigas de marido e mulher, ninguém deveria meter a colher". Para um tempo em que, lamentavelmente, as ações de partilha promovidas por casais homoafetivos, tão logo eram distribuídas para as Varas de Família, acabavam sendo redirecionadas às Varas Cíveis, ao argumento de que tratariam de mera dissolução de sociedade de fato, mantida entre pessoas incapazes de formarem família entre si, por serem do mesmo sexo[4]. Para um tempo em que, atecnicamente, os conflitos intersubjetivos eram praticamente ignorados pelos estudiosos do Direito, por serem considerados como objeto de análise exclusiva de outras ciências, como a antropologia, a

---

2014.
[3] BAUMAN, Zygmunt. *Modernidade líquida*. Trad. Plínio Dentzien. Rio de Janeiro: Zahar, 2001.
[4] Veja, p. ex.: STJ, REsp 323.370/RS, j. em 14-12-2004 e REsp 502.995/RN, *DJ* 16-5-2005.

psicanálise, a psicologia e a psiquiatria, e pelo fato de que se suas nuances "não estavam nos autos, não estavam no mundo". Para um tempo em que, lamentavelmente, o uso predatório das ações de família era uma constante.

Felizmente, esse cenário parece estar mudando para melhor. Com o auxílio de outros ramos do conhecimento, as angústias e os desentendimentos entre os membros da família "passaram a ser compreendidos não mais como tensões indesejáveis nem como sinais psicopatológicos de 'doença' a ser curada, mas como inerentes à própria existência humana. Sonhos, atos falhos, comportamentos e sintomas próprios ao humano ganharam um lugar de símbolos a serem compreendidos [...] E o conflito passou a ser visto como inerente à vida que se desdobra a partir de suas transformações[5]".

Ou seja, se você possui conflitos, parabéns! Você, como eu, é um ser humano.

Seguindo essa tendência, os próprios profissionais do Direito que lidam com as relações jurídicas das famílias passaram a se reinventar. No cotidiano das Varas de Família, poucos ainda insistem em identificar "conflitos" com "litígios" e a enxergar toda disputa familiar da mesma forma. A maioria já separa as figuras, tratando cada conflito como algo particular e incomparável, pautada no entendimento de que todas as especificidades que permeiam as desavenças envolvendo as pessoas "A" e "B" as tornam únicas, impossibilitando sua equiparação com o antagonismo desenvolvido entre "A" e "C" ou entre "B" e "C", por exemplo.

Ademais, passaram a perceber que, se o conflito é natural ao indivíduo, o litígio não necessariamente deve ser. Muito menos o uso predatório das ações de família. Existem outras formas muito mais apropriadas para a resolução das disputas familiares, que devem ser inicialmente utilizadas, e, apenas na eventualidade de elas serem infrutíferas é que deve ser instaurado o litígio, por meio da demanda judicial, cujo procedimento deverá transcorrer sob a mais estrita boa-fé e colaboração.

Tomara que continue sendo assim. Se a cultura e o Direito são transformados e influenciados reciprocamente, nada mais natural do que as práticas, hábitos e posturas dos profissionais que atuam no cotidiano das Varas de Família acompanharem esse movimento.

Isso, inevitavelmente, leva a uma constatação: a mediação e a conciliação, embora sejam excelentes, talvez possam se mostrar insuficientes para atender e solucionar determinados conflitos ou parcelas deles. Ao seu lado, quem sabe outros métodos voltados não só à solução, mas também à prevenção e ao "tratamento clínico e global" das disputas não possam ser implementados, e ter seu uso mais estimulado no Brasil? A negociação, os círculos de paz, as constelações familiares, a arbitragem, as práticas colaborativas, a "*med-arb*", o direito sistêmico, as convenções pré-processuais e tantas outras técnicas e abordagens podem ser bastante úteis para a pacificação das divergências familiares, antes, durante e depois de o conflito eventualmente vir a se transformar em litígio.

Talvez por isso, na Jornada de Prevenção e Solução Extrajudicial de Litígios, promovida pelo Conselho da Justiça Federal (JPSEL/CJF), tenha sido elaborado o Enunciado n. 55, cujo texto dispõe que "o Poder Judiciário e a sociedade civil deverão fomentar a adoção da

---

[5] GROENINGA, Giselle. Conceitos da Psicanálise contribuem para melhorar o Direito de Família. Disponível em: https://flaviotartuce.jusbrasil.com.br/artigos/175784725/conceitos-da-psicanalise-contribuem-para-melhorar-o-direito-de-familia-por-giselle-camara-groeninga

advocacia colaborativa como prática pública de resolução de conflitos na área do direito de família, de modo a que os advogados das partes busquem sempre a atuação conjunta voltada para encontrar um ajuste viável, criativo e que beneficie a todos os envolvidos."

Que tal, ainda, se as desavenças familiares pudessem ser diagnosticadas de forma "fatiada", para que cada uma de suas "fatias" pudesse ser solucionada por intermédio de um método ou técnica adequados, de forma isolada, compartilhada ou sequenciada? Para isso, uma abordagem que prestigiasse algo assemelhado ao "Desenho de Sistema de Disputas" (*Dispute System Design*) desenvolvido com mais afinco por estudiosos da Universidade de Harvard, nos Estados Unidos, ou, ainda, algo parecido com os "Acordos de Procedimento Participativo" do sistema francês, talvez fosse importante.

A tão decantada relação espiral entre Direito e cultura jamais terá fim. Por isso, Advogados, Defensores públicos, Magistrados e Promotores de Justiça que lidam diariamente com o Direito das Famílias cotidiano, talvez precisem trabalhar mais de perto com psicanalistas, psicólogos, demógrafos, antropólogos, psiquiatras, especialistas em desenvolvimento infantil, economistas, assistentes sociais, terapeutas familiares e uma série de profissionais de outros ramos, para que possa ter uma visão mais completa possível sobre detalhes inerentes às disputas familiares que, de outro modo, possivelmente passariam despercebidos aos nossos olhos.

Não se engane. O conhecimento jurídico obviamente continua sendo indispensável e necessário. Mas, não mais suficiente. Além de conhecermos os contornos, a estrutura e função de institutos e categorias jurídicas, precisamos distinguir o que é conflito do que é litígio. Necessitamos conhecer o que é "interesse" e o que é "posição" numa disputa envolvendo os filhos ou o patrimônio comum, bem como perceber que existe um tempo necessário para a maturação de todo e qualquer conflito, e, que existem "fases" experimentadas pelas pessoas para superação de seus desentendimentos.

Enfim, a expressão "gestão de conflitos" deve sair das páginas dos livros e impregnar a cultura de todos aqueles que atuam com o Direito das Famílias.

2
O Processo Civil Efetivo e Eficiente

CONSIDERAÇÕES INICIAIS

Chega a ser evidente que o modelo atual de prestação de justiça brasileiro não se mostra satisfatório, haja vista os dados apresentados pelas mais recentes pesquisas realizadas pelo Conselho Nacional de Justiça indicarem uma taxa de congestionamento de processos nunca antes vista. Isso se deve não só ao crescimento do número de demandas tramitando no Judiciário nacional, sem a correspondente baixa, como também, à considerável quantidade de casos em que o reingresso ao sistema se mostra indispensável para a satisfação do direito assegurado em ações anteriores, não raro perpetuando demandas a um ponto intolerável.

Enfim, o Estado-juiz *decide*, mas não *concretiza*.

Não por outro motivo, os métodos adequados de solução de controvérsias como a transação, a conciliação e a mediação, vêm se revelando como verdadeiras tendências, embora possam se mostrar insatisfatórios aqui e ali. Mas, pode ocorrer, como de fato ocorre, de as partes não chegarem a um consenso, sobretudo quando a disputa familiar tiver por alvo o patrimônio e a instauração de um *conflito* se mostrar inevitável a respeito. Nesse caso, a *demanda judicial litigiosa* muito provavelmente aparecerá como o elemento equalizador da tensão existente, deixando claro que, a depender do cenário, o processo judicial representa sim um "método adequado de solução de conflitos".

É justamente por esse motivo que se torna necessária uma verdadeira alteração na mentalidade de todos os profissionais e acadêmicos da área jurídica, para que passem a compreender o processo não como um campo para a vitória do litigante mais preparado técnica ou financeiramente, mas como um espaço democrático em que a conduta de todos os sujeitos, parciais ou não que nele atuem, se paute na colaboração mútua permanente, no diálogo e na participação ativa em todas as etapas do procedimento, voltados a exercer influência sobre a atividade judicial para que possa se atribuir, por assim dizer, uma função cocriadora na elaboração da decisão final.

Dito com outras palavras, a demanda vista sob uma ótica cooperativa, faz com que as decisões judiciais deixem de ter o juiz como seu autor isolado e singular, para ser fruto de uma produção conjunta de todos os sujeitos do processo. Com isso reforça-se a credibilidade no Judiciário e se afirma o espírito democrático nos jurisdicionados, ao se imbuir em cada um deles a crença de que apenas e tão somente os argumentos submetidos previamente ao debate, do qual participaram ativa e criticamente, teriam sido considerados pelo Estado-juiz, como razões de decidir[1].

Afinal, o processo é um ambiente onde coexistem técnicas, procedimentos e pessoas. Sim, pessoas. E é justamente focada nelas que deve ser toda a prestação jurisdicional[2].

Por mais que possa parecer utópico, esse modo de agir significaria, na prática, a aceitação de que o processo deve representar algo semelhante a uma "comunidade de trabalho" (*Arbeitsgemeinschaft*), tal qual idealizada pelo direito alemão, em que as partes, os advogados e o juiz deveriam proporcionar o ambiente ideal para a implementação de um sistema harmônico, fundado no debate, que implicaria na redução do tempo de duração do processo, na elaboração de decisões mais justas e na consequente redução dos recursos[3].

Obviamente, o juiz não abandonaria sua função de diretor material e formal do processo; aliás, como bem lembrado por Luiz Edson Fachin[4], "do juiz não se espera atuação *light* ou descafeinada, e sim um protagonismo próprio de suas funções, com a serenidade e firmeza da função". Tal atuação, contudo, deve ser exercida com o apoio das partes, para que sua imparcialidade não seja malferida e possa haver o afastamento de sua posição absolutamente neutra, para, atuando sob a "perspectiva da família", ordenar diligências a serem cumpridas com o escopo de otimizar os atos e alcançar de forma mais rápida e completa possível, a solução do litígio[5].

Para que não haja descompasso entre a ciência e a prática jurídicas, deve haver *efetividade* nas decisões judiciais, o que equivale a dizer que a tutela jurisdicional deve ser direcionada à obtenção de resultados empíricos, projetados sobre a vida dos jurisdicionados, haja vista que processo sem utilidade prática não é instrumento, mas pura desvalia de tempo e dinheiro. É preciso, ainda, que sejam potencializados e otimizados os meios utilizados para que essa efetividade seja alcançada, no afã de se prestigiar o *princípio da eficiência* mencionado pelo art. 8º do CPC.

É necessário, pois, haver mais do que mera *aptidão* para se atingir objetivos, mas o verdadeiro "empenho em se operacionalizar o sistema, buscando extrair dele todo o proveito que ele seja potencialmente apto a proporcionar, sem deixar resíduos de insatisfação por eliminar e sem se satisfazer com soluções que não sejam jurídica ou socialmente legítimas[6]".

Por isso é que aqui se concorda plenamente com Marinoni, Arenhart e Mitidiero[7] quando afirmam que "a sentença que reconhece a existência de um direito, mas não é suficiente para satisfazê-lo, não é capaz de expressar uma prestação jurisdicional efetiva,

---

[1] Assim: MITIDIERO, Daniel. *Colaboração no processo civil*: pressupostos sociais, lógicos e éticos. São Paulo: Revista dos Tribunais, 2009, p. 137.
[2] Parece que, aos poucos, a noção de serviços jurisdicionais focados na pessoa vem ganhando corpo no Brasil. Ao menos este é o propósito do Enunciado n. 152 da JPSEL/CJF: "Na adoção de tecnologias da informação e comunicação no Judiciário, deve-se ter como pressuposto o design centrado no ser humano".
[3] Por todos: SOUSA, Miguel Teixeira de. *Estudos sobre o novo processo civil*. 2. ed. Lisboa: LEX, 1997, p. 62.
[4] FACHIN, Luiz Edson. *Direito civil*: sentidos, transformações e fim. Rio de Janeiro: Renovar, 2015, p. 154.
[5] MARINONI, Luiz Guilherme; MITIDIERO, Daniel. *Código de Processo Civil*: comentado artigo por artigo. São Paulo: Revista dos Tribunais, 2008, p. 125.
[6] DINAMARCO, Cândido Rangel. *A instrumentalidade do processo*. 11. ed. São Paulo: Malheiros, 2003, p. 326.
[7] MARINONI, Luiz Guilherme [et al.]. *Novo curso de processo civil*: teoria do processo civil. São Paulo: Revista dos Tribunais, 2015, v. 1, p. 128.

uma vez que não tutela o direito e, por isso mesmo, não representa uma resposta que permita ao juiz se desincumbir do seu dever perante a sociedade e os direitos. A tutela do direito é a realização concreta do direito reconhecido pela jurisdição e não se esgota, portanto, com a sua simples proclamação".

Com a entrada em vigor do Código de 2015, o cenário que se apresenta parece ainda mais receptivo a esse tipo de atividade, pois logo em seu art. 1º o legislador deixou claro que "o processo civil será ordenado, disciplinado e interpretado conforme os valores e as normas fundamentais estabelecidos na Constituição da República Federativa do Brasil, observando-se as disposições deste Código".

Perceba: *valores* e *normas fundamentais*.

Dada a importância da norma que se constrói a partir da leitura desse enunciado, é preciso que fique clara a diferença entre um e outro conceitos. De acordo com Humberto Ávila "os princípios, embora relacionados a valores, não se confundem com eles. Os princípios relacionam-se aos valores na medida em que o estabelecimento de fins implica qualificação positiva de um estado de coisas que se quer promover. No entanto, os princípios afastam-se dos valores porque, enquanto os princípios se situam no campo deontológico e, por via de consequência, estabelecem a obrigatoriedade de adoção de condutas necessárias à promoção gradual de um estado de coisas, os valores situam-se no plano axiológico ou meramente teleológico e, por isso, apenas atribuem uma qualidade positiva a determinado elemento[8]".

Logo em seu preâmbulo, a Constituição da República estabelece o exercício dos direitos sociais e individuais, a liberdade, a segurança, o bem-estar, o desenvolvimento, a igualdade e a justiça como *valores supremos* de uma sociedade fraterna, pluralista e sem preconceitos, fundada na harmonia social e comprometida, na ordem interna e internacional, com a solução pacífica das controvérsias. Para além deles, o intérprete/aplicador não pode se descurar da análise da autonomia das partes, da ordem, do bem comum e de diversos outros valores assumidos pelas pessoas no desenvolvimento de suas respectivas vidas privadas.

Para que ocorra o emprego harmônico de todo esse repertório *axiológico* e *deontológico*, a correta aplicação da técnica jurídica se revela de suma importância, na medida em que ela terá que corresponder e atender às necessidades que os litígios apresentam.

Não custa frisar que se está a referir à *técnica*, ao *método de trabalho*, e não ao formalismo exacerbado.

2.1 A TÉCNICA JURÍDICA A SERVIÇO DAS AÇÕES DE FAMÍLIA

O sistema atualmente codificado contempla uma gama de possibilidades para que o desenrolar do processo e a correspectiva entrega da tutela jurisdicional adequada ocorram sem maiores entraves de ordem formal. Por outro lado, não basta existirem possibilidades se o julgador não fizer uso delas, lançando mão de soluções criativas que coincidam com os

---

[8] ÁVILA, Humberto. *Teoria dos princípios*: da definição à aplicação dos princípios jurídicos. 12. ed. São Paulo: Malheiros, 2011, p. 80.

ideais de justiça, tudo direcionado à prestação otimizada de uma tutela jurisdicional não apenas justa, mas concretizável no plano empírico.

Com razão, portanto, Rui Portanova[9] quando sustenta que ainda mais importante que o valor segurança, é o valor justiça, pois "justiça tem que compreender o ineditismo da vida, a mudança contínua", que podem e devem ser observados pelo juiz quando se deparar com o caso concreto.

Quando a situação jurídica que subjaz ao litígio é de índole familiarista, a preocupação em torno da presteza e acuidade da tutela jurisdicional se acentua por razões óbvias, tornando imprescindível que sejam empregadas técnicas ou modelos processuais diferenciados, voltados justamente ao atendimento destas especificidades[10].

Talvez a mais notável característica das demandas de família seja a impossibilidade de se isolar em compartimentos estanques, hermeticamente fechados, as questões inerentes a uma mesma entidade familiar, dada a interligação e imbricação que as permeiam. Para se comprovar a veracidade dessa assertiva, basta que se recorra ao que ordinariamente acontece no cotidiano forense para se aperceber que não se revelaria saudável para os membros de um mesmo núcleo, por exemplo, ter que recorrer ao Judiciário com o intuito de dissolverem o casamento para, somente em momento subsequente, lograrem o ajuste das questões paralelas, como os alimentos, a regulamentação da guarda, do direito de convivência com os filhos e a partilha dos bens amealhados em conjunto. Ainda mais prejudicial a eles seria se, depois da partilha, tivessem que lançar mão de outra demanda judicial voltada exclusivamente à venda dos bens partilhados. Isso sem falar nos nefastos efeitos que a permanência da indivisibilidade pós-comunitária pode trazer aos ex-consortes, notadamente pelo fato de que, em grande número dos casos, a maior parcela do patrimônio comum se concentra nas mãos de um só deles, sem o correspondente repasse do equivalente pecuniário a que o outro faz jus.

Não pode e nem deve ser assim, exceto, é claro se razões justificáveis levarem a isso. A mentalidade de todo aquele que aplica o *direito processual civil brasileiro* precisa evoluir e ser um pouco mais criativa, para que o instrumental oferecido pelo *novo Código de Processo Civil brasileiro* possa ser utilizado em sua máxima potência. Não por outro motivo, uma mente brilhante afirmou certa ocasião que imaginação e criatividade são mais importantes que o próprio conhecimento.

A distribuição dinâmica do ônus da prova, a calendarização de atos do procedimento, a desconsideração inversa da personalidade jurídica, o saneamento compartilhado e diversas outras técnicas estão aí para isso. Foram introduzidas ou aperfeiçoadas pelo legislador de 2015 justamente para que o aplicador fizesse uso delas na prática.

Veja o que acontece com as convenções processuais, por exemplo. Por meio delas as partes podem disciplinar aspectos pontuais do procedimento mesmo antes dele ser instaurado. Pactos antenupciais e contratos de união estável podem perfeitamente conter disposições versando sobre ônus, poderes, faculdades e deveres processuais dos cônjuges e

---

[9] PORTANOVA, Rui. *Motivações ideológicas da sentença*. 3. ed. Porto Alegre: Livraria do Advogado, 1997, p. 61.
[10] Sobre técnicas e direito das famílias, conferir: CALMON, Rafael. *Manual de direito processual das famílias*. 2. ed. São Paulo: Saraiva, 2023.

conviventes, assim como podem disciplinar notas do rito aplicável às futuras ações de família a serem eventualmente ajuizadas entre as partes.

Sim. As partes se encontram autorizadas a promover ajustes em um procedimento judicial familiarista que nem poderá vir a ser instaurado no futuro, à semelhança do que acontece quando consumidores celebram contratos de compra e venda de eletrodomésticos, por exemplo, em que uma das cláusulas invariavelmente fixa o foro para a propositura de futura ação judicial a ser eventualmente proposta por qualquer das partes envolvidas na avença (foro de eleição).

E a coisa ainda vai além. O novo Código parece ter conferido alcance muito mais amplo ao necessário intercâmbio que deve existir entre técnicas e procedimentos, ao admitir que as incontáveis "técnicas diferenciadas" previstas nos dispositivos que tratam dos procedimentos especiais, sejam aplicadas ao rito comum, e vice-versa (CPC, art. 327, § 2º).

Tudo isso parece levar a crer que estamos vivenciando a era das técnicas e não mais a engessada era dos procedimentos[11].

Será com os olhos voltados para esse novo modelo de processo civil, muito mais comprometido com a solução de *conflitos* do que com a resolução de *processos*, que o estudo se desenvolverá daqui por diante.

Nesse cenário, a boa-fé pode contribuir eficazmente para conter um dos grandes males da atualidade, em matéria de litigância: o uso predatório das ações de família.

2.2 A BOA-FÉ COMO MEIO DE CONTENÇÃO AO USO PREDATÓRIO DAS AÇÕES DE FAMÍLIA

A ideia de que o processo representa um jogo em que o vencedor será aquele que se comportar de forma mais "esperta" possível nas postulações e produção de provas se tornou absolutamente ultrapassada. Já faz tempo que a boa-fé abandonou o posto de uma regra meramente interpretativa, para assumir o papel de uma das mais importantes regras de conduta e de eticidade dentro do sistema jurídico processual brasileiro, e, de resto, em boa parte do mundo ocidental.

Por aqui, o legislador de 2015 fez questão de enunciar, logo no capítulo destinado à consagração das normas fundamentais do processo civil, que "aquele que de qualquer forma participa do processo deve comportar-se de acordo com a boa-fé" (CPC, art. 5º)[12]. Esta boa-fé, é claro, não é aquela meramente de índole subjetiva, caracterizada pela convicção pessoal do agente sobre a inexistência de vício no ato praticado. É algo que extravasa o âmbito individual e interno, para atuar como instrumento responsável pela imposição de uma atuação cooperativa, leal e proba de todos aqueles que, de qualquer forma, atuam no processo.

De regra, a boa-fé objetiva costuma ser enxergada em sua tríplice função: servir de parâmetro interpretativo, iluminando o intérprete e aplicador no momento da compreensão

---

[11] Em sentido semelhante: DIDIER JR., Fredie; CABRAL, Antônio do Passo; CUNHA, Leonardo Carneiro da. *Por uma nova teoria dos procedimentos especiais*: dos procedimentos às técnicas. Salvador: Juspodivm, 2018, p. 69-74.

[12] E, não só no processo. Fora dele também. Inclusive, o Enunciado n. 132 da JPSEL/CJF dispõe que: Os princípios da boa-fé e da cooperação incidem sobre todo o sistema multiportas de acesso à Justiça, inclusive no foro extrajudicial.

dos fatos (CC, art. 113); balizar condutas, para que as pessoas usem, mas não abusem de seus direitos (CC, art. 187), e; integrar a relação jurídica ajustada entre as partes, criando deveres anexos (CC, art. 422)[13].

Existem diversos enunciados aprovados em encontros de estudiosos sobre Direito Civil, versando sobre o tema, que podem auxiliar bastante o profissional do Direito das Famílias no momento da aplicação das normas. Abaixo, seguem alguns:

> JDC/CJF, Enunciado n. 27: Na interpretação da cláusula geral da boa-fé, deve-se levar em conta o sistema do Código Civil e as conexões sistemáticas com outros estatutos normativos e fatores metajurídicos;
>
> JDC/CJF, Enunciado n. 409: Os negócios jurídicos devem ser interpretados não só conforme a boa-fé e os usos do lugar de sua celebração, mas também de acordo com as práticas habitualmente adotadas entre as partes;
>
> JDC/CJF, Enunciado n. 413: Os bons costumes previstos no art. 187 do CC possuem natureza subjetiva, destinada ao controle da moralidade social de determinada época, e objetiva, para permitir a sindicância da violação dos negócios jurídicos em questões não abrangidas pela função social e pela boa-fé objetiva;
>
> JDC/CJF, Enunciado n. 37: A responsabilidade civil decorrente do abuso do direito independe de culpa e fundamenta-se somente no critério objetivo-finalístico;
>
> JDC/CJF, Enunciado n. 617: O abuso do direito impede a produção de efeitos do ato abusivo de exercício, na extensão necessária a evitar sua manifesta contrariedade à boa-fé, aos bons costumes, à função econômica ou social do direito exercido.
>
> JDC/CJF, Enunciado n. 24: Em virtude do princípio da boa-fé, positivado no art. 422 do novo Código Civil, a violação dos deveres anexos constitui espécie de inadimplemento, independentemente de culpa;
>
> Enunciado n. 26: A cláusula geral contida no art. 422 do novo Código Civil impõe ao juiz interpretar e, quando necessário, suprir e corrigir o contrato segundo a boa-fé objetiva, entendida como a exigência de comportamento leal dos contratantes;
>
> Enunciado n. 362: A vedação do comportamento contraditório (*venire contra factum proprium*) funda-se na proteção da confiança, tal como se extrai dos arts. 187 e 422 do Código Civil;
>
> Enunciado n. 363: Os princípios da probidade e da confiança são de ordem pública, sendo obrigação da parte lesada apenas demonstrar a existência da violação.

Longe de orientarem apenas os atos praticados fora do processo, essas manifestações se aplicam, também, à prática de atos processuais. E nem poderia ser diferente. Ao realizá-los, o sujeito gera expectativas e desperta a legítima confiança do juízo e da contraparte no sentido de que a postulação deduzida, o comportamento adotado, a prova requerida e a abdicação levada a efeito têm por propósito a efetiva afirmação ou salvaguarda de um direito tutelado pela ordem jurídica. Por isso, a atuação no ambiente processual, por Advogados, Defensores Públicos, Membros do Ministério Público, Juízes e por todos os sujeitos do processo, deve ser marcada pela retidão de ânimo, pela ética, pela probidade, pela integridade, pela correção e pela honradez, sob pena de suas respectivas condutas serem contrárias à boa-fé, logo abusivas.

No novo cenário criado pelo novo sistema de direito processual civil brasileiro, atitudes temerárias, irrefletidas, contraditórias e irresponsáveis não devem nem sequer ser adotadas. Se o forem, não podem ser toleradas pelo juízo, por representarem uso predatório da jurisdição, passível, inclusive, de aplicação de sanção ao praticante (CPC, art. 80).

---

[13] PENTEADO, Luciano de Camargo. Figuras parcelares da boa-fé objetiva e *venire contra factum proprium*. THESIS, São Paulo, ano IV, v. 8, 2º semestre, 2007, p. 39-70.

Como já advertia Humberto Theodoro Júnior[14], anos antes de entrada em vigor do CPC/15: o "processo é um jogo em que a habilidade é permitida, mas a trapaça é vedada".

Quando o que está em jogo são questões afetas ao Direito das Famílias, a coisa toda ganha em importância, por razões óbvias: as pessoas e os assuntos incluídos na demanda são oriundos de um núcleo familiar, tornando desnecessárias maiores considerações a respeito. Demandas promovidas por ex-cônjuges, uns em face dos outros, e, ações judiciais propostas por filhos contra pais e mães e, por vezes, até contra os genitores e genitoras destes, definitivamente devem ser analisadas dentro da mais rigorosa boa-fé. Isso, independentemente do fato de o tema controvertido envolver relações de cunho exclusivamente patrimonial, pois aquelas de cunho existencial devem se submeter a idêntico regime, muito embora, sua incidência neste campo "deve ser vista com cuidado, não porque a cláusula geral não se aplique, mas porque o caráter existencial da relação atrai, de forma muito mais intensa, a incidência de princípios constitucionais que podem se chocar com a lógica negocial que subjaz", como adverte Anderson Schreiber[15].

Na literatura, Cristiano Chaves de Farias[16] é outro que chama a atenção para essa necessidade. De acordo com ele, "na maior parte de sua vida, a pessoa encontra-se em situação de (co)relação. Aqui se vislumbra a premente confiança depositada reciprocamente entre os sujeitos de uma relação jurídica [...]. Não se olvide que o nível de confiança existente nas relações familiares é, particularmente, relevante para o desenvolvimento da personalidade e a realização pessoal daqueles que compõem a entidade familiar [...] Desse modo, aplicada imperativamente no âmbito do Direito de Família, a boa-fé objetiva determina novos contornos para os institutos familiaristas, impondo-lhes um conteúdo voltado à proteção efetiva dos valores constitucionais, na medida em que confere maior realce à dignidade da pessoa humana e à solidariedade exigidas entre as pessoas".

No âmbito do STJ, ficou bastante conhecido o caso, julgado por meio do Recurso Especial n. 95.539/SP, em que a esposa, casada sob regime comunitário de bens, expressamente admitia a existência e validade de um contrato de compromisso de compra e venda celebrado pelo marido, permitindo, inclusive, que sua execução se prolongasse por dezessete anos, sem qualquer objeção de sua parte, mas, em outro momento, se recusava a assiná-lo, impedindo que fosse obtida a escritura correspondente. Ao final, a Corte repeliu sua conduta, em ementa que restou assim redigida:

> PROMESSA DE COMPRA E VENDA. CONSENTIMENTO DA MULHER. ATOS POSTERIORES. "*VENIRE CONTRA FACTUM PROPRIUM*". BOA-FE. PREPARO. FÉRIAS.
> [...]
> 2. A MULHER QUE DEIXA DE ASSINAR O CONTRATO DE PROMESSA DE COMPRA E VENDA JUNTAMENTE COM O MARIDO, MAS DEPOIS DISSO, EM JUÍZO, EXPRESSAMENTE ADMITE A EXISTÊNCIA E VALIDADE DO CONTRATO, FUNDAMENTO PARA A DENUNCIAÇÃO DE OUTRA LIDE, E NADA IMPUGNA CONTRA A EXECUÇÃO DO CONTRATO DURANTE MAIS DE 17 ANOS, TEMPO EM QUE OS PROMISSÁRIOS COMPRADORES EXERCERAM PACIFICAMENTE A POSSE SOBRE O IMÓVEL, NÃO PODE DEPOIS SE OPOR AO PEDIDO DE FORNECIMENTO DE ESCRITURA DEFINITIVA. DOUTRINA DOS ATOS PRÓPRIOS. ART. 132 DO CC.
> 3. RECURSO CONHECIDO E PROVIDO.
> (REsp 95.539/SP, *DJ* 14-1–96)

---

[14] THEODORO JR., Humberto. Boa-fé e processo: princípios éticos na repressão à litigância de má-fé: papel do juiz. *Revista Juris Plenum*, v. 5, n. 27, maio/2009, p. 39.
[15] SCHREIBER, Anderson. O princípio da boa-fé objetiva no direito de família. Disponível em: https://ibdfam.org.br/assets/upload/anais.
[16] FARIAS, Cristiano Chaves. A aplicação do abuso do direito nas relações de família: o *venire contra factum proprium* e a *supressio/surrectio*. Disponível em: http://www.linselins.com.br/wp-content/uploads/2015/11/artvenireBAIANA.pdf.

Se a boa-fé objetiva não se restringe à interpretação, mas orienta e impõe a adoção de condutas probas em qualquer relação jurídica, não é necessário muito esforço de raciocínio para se concluir que os atos de postulação, os atos de comunicação, os atos de opinião, a celebração de negócios jurídicos processuais, os atos de saneamento, os atos de produção de prova, os atos de decisão etc., celebrados no âmbito das relações jurídicas processuais, devem seguir à risca a boa-fé objetiva.

E nem se diga que a adversariedade natural ao processo civil brasileiro conferiria uma espécie de "sinal verde" aos litigantes, para agirem de qualquer forma na busca da tutela de seus direitos. Conflito, já se disse por aqui, não se confunde com litígio e nem com confronto. Quando muito, ele influencia, mas não determina o que acontecerá durante a tramitação processual. O princípio da cooperação, assegurado como uma verdadeira norma fundamental do processo civil brasileiro, deixa claro que "todos os sujeitos do processo devem cooperar entre si para que se obtenha, em tempo razoável, decisão de mérito justa e efetiva" (CPC, art. 6º).

Portanto, mesmo no especialíssimo campo do Direito das Famílias, *todos* os esforços devem ser empreendidos por *todos* os profissionais que atuam no cotidiano das Varas de Família para conter *todos* os episódios de uso predatório das Ações de Família, que pode se manifestar em atos que vão desde a propositura de demandas inviáveis, pelas quais um sujeito nitidamente provoca a jurisdição para, por meio do *conflito*, manter o *convívio* com o outro, perpassando pela criação de obstáculos à produção da prova, até a adoção de condutas obstrutivas à efetivação de direitos já reconhecidos por sentença[17].

Mas, para que se tenha noção de como o sistema vem funcionando e para que possa ser feito o contraste entre este modelo e o que aqui se defende, os olhos se voltarão momentaneamente aos meios empregados na atualidade para a promoção da partilha dos bens subsequentemente às ações de divórcio e de dissolução de união estável.

---

[17] Sobre o "abuso processual", conferir: STJ, REsp 1.817.845/MS, *DJe* 17-10-2019.

3

A Partilha de Bens sob o Sistema Tradicional

Antes mesmo que as técnicas apropriadas à promoção da partilha/divisão de bens comuns sejam estudadas, é preciso deixar absolutamente claro – de novo – que as ações que as contemplam não se submetem a prazo de exercício ou propositura. Embora isso já tenha sido dito em tópico específico, não custa repetir, pois, lamentavelmente, não é incomum que a jurisprudência reconheça a prescrição de pretensões de partilha de bens de casais.

3.1 A EFETIVAÇÃO DAS SENTENÇAS NO PLANO JURÍDICO

Efetivação, já se teve oportunidade de mencionar, é satisfação concreta. Com o novo Código, o direito de as partes obterem a solução integral do mérito, incluindo a atividade satisfativa, em prazo razoável, passou a compor o rol de normas fundamentais do processo civil (CPC, art. 4º).

Muito embora já fosse assim no sistema revogado, não havia texto expresso de lei nesse sentido.

As sentenças constitutivas negativas – *como aquelas que decretam a separação, o divórcio e a partilha jurídica* –, e as declaratórias puras – *como aquela que declara a existência união estável* – têm em comum a característica de realizarem por si sós os efeitos pretendidos, com a extirpação das crises de situação jurídica e certeza, respectivamente[1]. Isso torna possível que sua efetivação se dê no próprio mundo jurídico, prescindindo-se de nova atividade judicial voltada a esse desiderato. Apesar disso, a nova situação jurídica por elas criada pode carecer de atos de comunicação complementares, destinados a otimizar suas eficácias e conferir a publicidade necessária perante órgãos públicos, a exemplo daqueles endereçados ao Serviço Registral das Pessoas Naturais e ao Fólio Imobiliário.

A rigor, essa peculiaridade não torna tais providências atos executórios propriamente ditos, sendo essa a razão de eles costumarem ser classificados pela literatura como efeitos meramente complementares das sentenças ou atos de execução imprópria[2].

---

[1] A sentença de mérito que reconhece a existência de união estável possui natureza jurídica preponderantemente declaratória, na medida em que se limita a atribuir certeza à existência (STJ, REsp 1.233.015/RN) ou inexistência da relação (STJ, REsp 328.297/RJ), durante determinado período de tempo. Como a união se dissolve no próprio mundo fenomênico, com o afastamento definitivo do casal, sem a interferência do Estado, não se mostra necessário *"decretar sua dissolução"* na sentença.

[2] P. ex.: THEODORO JÚNIOR, Humberto. *Curso de direito processual civil*. 45. ed. Rio de Janeiro: Forense, 2010, v. 2.

Pois bem.

Tão logo transite em julgado o pronunciamento judicial responsável por colocar fim à respectiva união familiar e por promover a partilha jurídica, a Secretaria do Juízo na qual teve curso a demanda expedirá o mandado de averbação e o formal de partilha ou carta de sentença correspondentes, para que os bens que tenham sido identificados como comuns possam ser regularizados sob a perspectiva registral. O primeiro se destinará ao Serviço Registral das Pessoas Naturais, para que seja feito o assentamento da alteração no estado civil, se isso se mostrar necessário; o segundo, ao Fólio Real e aos órgãos públicos de semelhante feição jurídica, para que se operem solenemente as modificações no domínio sobre os bens comuns, permitindo que os agora ex-consortes efetivamente adquiram sua propriedade (CC, art. 10, I, e LRP, arts. 29, § 1º, *a*, e 167, I, 25, II, 14, e, arts. 172 e 221, IV)[3].

Afinal, a sentença que decreta a partilha jurídica tem efeito meramente declaratório da propriedade, cabendo ao registro do título o verdadeiro efeito constitutivo, como dito.

Por vezes, a lei impõe o assentamento não do formal/carta de sentença, mas da própria sentença, como acontece no caso de a partilha contemplar ações ou cotas de empresas, obrigando seus respectivos titulares a proceder ao arquivamento e averbação do pronunciamento judicial no Registro Público de Empresas Mercantis (CC, art. 980), mas isso é de somenos importância neste momento.

No formal/carta de sentença serão obrigatoriamente apostas as informações detalhadas acerca das pessoas e dos bens partilhados na sentença "com as mesmas cautelas de qualificação real e pessoal, circunstância que deverá constar do processo, mesmo que o imóvel permaneça em condomínio[4]".

De posse desse instrumento, as partes deverão diligenciar para providenciar sua anotação, arquivamento ou registro perante os órgãos competentes, como no caso dos titulares de direitos sobre bens imóveis, que deverão efetuar seu registro perante o Serviço Registral Imobiliário competente para que o ato possa produzir efeitos (LRP, art. 167, I, 25)[5]. Além de conferir publicidade ao provimento, o assentamento implicará na efetiva *aquisição* dos direitos reais correspondentes, para todos os fins, haja vista que, em regra, "o efeito básico do registro de imóveis é o constitutivo, pois sem ele o direito real sobre coisa alheia e o direito de propriedade imobiliária, oriundos de atos *inter vivos*, não nasceriam[6]".

O tantas vezes mencionado art. 1.227 do Código Civil é enfático nesse sentido, sendo o formal de partilha/carta de sentença justamente os títulos idôneos para que essa solenidade ocorra (LRP, art. 221, IV).

Como resultado, uma vez efetuado seu registro nas serventias da circunscrição dos imóveis, o domínio sobre cada um dos bens comuns passará a, oficial e solenemente, pertencer em *condomínio* aos ex-consortes, sob cotas ideais idênticas, como tantas vezes dito

---

[3] Utiliza-se o termo "carta de sentença" em razão de alguns juízos a utilizarem como instrumento hábil à documentação e ao cumprimento das deliberações judiciais em torno do patrimônio nas ações de família, muito embora o "formal de partilha" pareça ser o instrumento adequado para tanto.
[4] GALHARDO, João Batista. Títulos judiciais e o registro de imóveis. *Revista de Direito Imobiliário* V. 54, p. 122, jan. 2013.
[5] O Enunciado n. 21 da JDNR/CJF dispõe que: "Para fins de ingresso no Registro de Imóveis, a carta de sentença ou formal de partilha pode ser aditada ou rerratificada por meio de escritura pública, com a participação de advogado e dos interessados".
[6] DINIZ, Maria Helena. *Sistemas de registros de imóveis*. 5. ed. São Paulo: Saraiva, 2004, p. 27.

neste livro. Haverá, enfim, a aquisição da propriedade e da grande maioria dos direitos reais sobre os bens comuns.

Os demais bens, dos quais não titularizavam o direito de propriedade, passarão a lhes pertencer em *comunhão jurídica ordinária*, sob a mesma cotização[7].

Pode acontecer, inclusive, de ser feito acordo pelo casal, em que fique acertada a promessa de doação de parte dos bens comuns aos filhos. Uma vez homologado por sentença, este pronunciamento passará a possuir exatamente a mesma eficácia de uma escritura pública que contemplasse essa obrigação, tornando possível o registro do formal de partilha correspondente, como entende de forma pacífica o Superior Tribunal de Justiça[8].

De acordo com o art. 1.246 do Código Civil, "o registro é eficaz desde o momento em que se apresentar o título ao oficial do registro, e este o prenotar no protocolo". Como o próprio nome sugere, a prenotação funciona como um assentamento prévio, no protocolo, com o propósito de assegurar a precedência do direito real ao qual o título se refere. Seus efeitos, porém, cessam em 30 dias, se o interessado deixar de atender as exigências colocadas pelo oficial[9].

A depender da situação, as partes também podem lançar mão da *averbação* que, como se sabe, é assento acessório dotado de força jurídica suficientemente segura a respeito da ocorrência de qualquer ato ou fato que possa representar modificação de teor do registro originário ou da qualificação de seu titular. Apesar dela não ter o condão de conferir regularidade dominial a respeito dos bens comuns, permitirá que as partes possam, ao menos, receber tratamento assemelhado ao de efetivos comunheiros/condôminos das coisas, para diversos fins, até que procedam à regularidade dominial (LRP, art. 167, II, 5 e 14).

Para que seja atendido o princípio da especialidade registral, deve haver a precisa identificação dos bens que compõem o patrimônio conjugal antes mesmo da sentença (LRP, art. 176). Por isso se torna absolutamente necessário que haja robusta produção probatória direcionada à obtenção, com o maior detalhamento possível, de elementos que permitam a minudente individuação das coisas comuns, com o escopo de atender às prescrições legais, como diversas vezes dito ao longo deste livro (LRP, art. 225)[10].

A prova pericial pode constituir elemento de grande valia na perquirição desse objetivo. Convenções processuais estabelecendo peritos em momento anterior (em pactos antenupciais ou contratos de união estável) ou posterior à propositura da demanda (por acordos processuais), certamente reduziriam o custo financeiro do processo (CPC, art. 471).

A situação pode assumir um colorido especial se entrarem em cena os imóveis que se encontram em situação irregular ou que não possuem matrícula, bastante frequentes na realidade brasileira, pois essa irregularidade impediria, a rigor, que as partes fossem consideradas suas legítimas proprietárias (CC, art. 1.245; LRP, art. 195). Mesmo nesses casos,

---

[7] Não se esqueça a decantada lição de Maria Helena Diniz, segundo a qual "determinado direito poderá pertencer a vários indivíduos ao mesmo tempo, hipótese em que se tem a comunhão. Se esta recair sobre um direito de propriedade, ter-se-á condomínio ou compropriedade". *Código Civil anotado*. 15. ed. São Paulo: Saraiva, 2010, p. 917.
[8] REsp 1.537.287/SP, DJe 28-10-2016; REsp 1.198.168/RJ, DJe 6-8-2013.
[9] CENEVIVA, Walter. *Lei dos Registros Públicos comentada*. 19. ed. São Paulo: Saraiva, 2009, p. 433.
[10] Além do procedimento padrão, a lei impõe a averbação da sentença nos Sistemas de Registro Civil e o assento no de Imóveis do domicílio conjugal (LRP, arts. 29, § 1º, a, 167, I, 12, II, 1, 5 e 14), bem como no Registro Público das Empresas Mercantis, no caso de um dos cônjuges ser empresário (CC, arts. 979 e 980).

porém, a jurisprudência dos Tribunais de Sobreposição vem autorizando a aquisição dos direitos de posse (CC, art. 1.204) e a obtenção de diversas vantagens proporcionadas por esta situação, destinando-lhe tratamento jurídico equiparado àquele conferido aos imóveis regularmente matriculados, ao menos no que isso for possível. Mostra disso pode ser colhida no julgamento do REsp 64.827/SP, ocorrido no ano de 2007, em que restou assentado o entendimento de que é possível a defesa da posse de imóvel desprovido de registro, por embargos de terceiro (*DJ* 13-8-2001), e na decisão proferida no AgRg no REsp 474.082/RS, em que se concluiu que "o bem atribuído ao cônjuge virago após a separação judicial não é alcançado pela penhora na execução promovida contra seu ex-cônjuge, sendo irrelevante a circunstância de não ter sido registrado o formal de partilha" (*DJ* 8-10-2007).

Para além dos expedientes de comunicação aqui estudados, podem ser necessários novos atos, voltados a conferir concretude ou efetivação fática ao provimento judicial, para os quais serão voltadas as atenções daqui por diante: eis a partilha fática.

3.2 A EFETIVAÇÃO DAS SENTENÇAS NO PLANO FÁTICO (A PARTILHA FÁTICA)

A verdadeira entrega às partes dos bens singularmente considerados (contato físico) ou de seu equivalente em dinheiro ocorre quando o capítulo da sentença que contenha a *partilha jurídica* é efetivado no mundo empírico, por meio do procedimento que aqui se convencionou chamar de *partilha fática*.

Aí sim o processo terá sido não só efetivo, como também *eficiente* (CPC, art. 8º).

O Sistema de Direito Positivo brasileiro não disciplina um modo específico para o exercício do direito potestativo de partilhamento dos bens do casal. A bem da verdade, o único dispositivo do Código de Processo Civil brasileiro que se refere especificamente a um procedimento destinado à partilha dos bens comuns amealhados ao longo de uniões familiares é o art. 731, parágrafo único, que enuncia que "se os cônjuges não acordarem sobre a partilha dos bens, far-se-á esta depois de homologado o divórcio, na forma estabelecida nos arts. 647 a 658", o que não deixa de ser uma lástima em um modelo jurídico que pretenda ser considerado sincrético justamente pela concentração das atividades de conhecimento e de satisfação em um só processo que, de resto, não pode continuar dependendo da aplicação de regras do direito sucessório.

Aliás, a regra já era essa desde o sistema revogado, pois o art. 1.121, § 1º, do CPC/73, assegurava idêntica possibilidade.

Uma primeira observação a ser feita a respeito desses dispositivos é que eles nunca encerraram uma *obrigatoriedade*; antes, sempre conferiram uma *faculdade* às partes que, por isso, poderiam lançar mão de outros métodos para se atingir o mesmo desiderato. Prova disso é que sempre foi admitida a propositura da ação de partilha pelo rito comum, na hipótese de não haver acordo a respeito da distribuição dos bens[11]. Uma segunda observação a respeito diz com a grande oportunidade que o legislador de 2015 perdeu, de regulamentar o tratamento jurídico-processual da questão em um procedimento específico, elaborado em conformidade com as normas específicas do Direito das Famílias e dotado de

---

[11] STJ, CC n. 098.979, *DJ* 3-12-2008.

características próprias, voltadas ao atendimento das particularidades inerentes às relações jurídicas travadas pelos consortes entre si e em face das coisas que possam ser de sua titularidade. Uma terceira circunstância a ser observada é a de que o Sistema também não estabelece prazo específico para que o direito potestativo de se pedir o partilhamento fático de bens seja deduzido na Justiça.

A rigor, essa última afirmação nem sequer deveria causar espanto, pois bem se sabe que a efetivação e certificação de direitos potestativos são obtidas pelas partes por meio de ações constitutivas que, afora as hipóteses taxativamente previstas em lei, não se sujeitam a prazos para seu exercício, como longamente explanado em tópico antecedente.

E nem se objete, com base em falsa premissa, que o prazo de dois meses imposto pelo art. 611 do CPC teria esse alcance e finalidade, pois além de ele ser absolutamente inaplicável às ações de família – já que se aplica exclusivamente ao partilhamento de bens disciplinado pelo Direito das Sucessões –, bem se sabe que a única consequência proveniente de seu desatendimento é a configuração da hipótese de incidência de eventual multa prevista na legislação estadual disciplinadora do Imposto de Trasmissão Causa Mortis e Doação (ITCD)[12].

Por isso foi dito há pouco que a demanda correspondente pode ser proposta a qualquer momento, já que o sistema assegura que ninguém é obrigado a se manter em situação de comunhão jurídica sob qualquer modalidade[13].

Apesar disso, não se pode deixar de mencionar que, com a inserção do art. 1.240-A ao Código Civil, o legislador deu a entender que, ao menos na hipótese de os fatos se amoldarem ao panorama descrito em seu antecedente normativo, a consequência jurídica seria o estabelecimento obrigatório de prazo bienal para que o ex-consorte que não residisse no bem promovesse a partilha, sob pena de o perder para a outra parte, pelo assim chamado *usucapião familiar*.

Parece, contudo, que não se pode emprestar essa interpretação ao texto normativo, sob pena de se admitirem incoerências nem um pouco recomendáveis em um ordenamento jurídico que pretenda transmitir a ideia de sistema, como o brasileiro. Basta lembrar que um único imóvel de até 250 m² pode possuir valor venal superior a todo um acervo patrimonial, a depender de sua localização e de sua valorização perante o mercado imobiliário local, para que se conclua que seria possível, em tese, a existência de determinadas ações de partilha submetidas a um biênio para sua propositura e de outras não sujeitas a qualquer prazo.

Por isso é que parece ser melhor admitir a aplicação dessa norma apenas e tão somente na hipótese de ter havido o abandono inequívoco "do imóvel" propriamente dito (CC, art. 1.725, III), depois de já ter havido seu partilhamento jurídico, e não o mero abandono "do lar" por um dos ex-consortes (CC, art. 1.566, II), antes de que isso seja feito, como, aliás, restou assentado nos Enunciados n. 595 e 664 das Jornadas de Direito Civil, promovidas pelo Conselho da Justiça Federal, segundo os quais "o requisito do 'abandono do lar' deve ser interpretado na

---

[12] STF, Súmula 542: "Não é inconstitucional a multa instituída pelo estado-membro, como sanção pelo retardamento do início ou da ultimação do inventário".

[13] Aparentemente, contudo, o STJ possui entendimento diverso, pois vários julgados são no sentido de que as ações de sobrepartilha veiculam pretensão sujeita ao prazo prescricional decenal, previsto no art. 205 do CC. Nesse sentido: REsp 1.537.739/PR, *DJe* 26-9-2017; REsp 1.525.501/MG, *DJe* 3-2-2016; AgRg no AG n. 740.560/SP, *DJe* 8-2-2016.

ótica do instituto da usucapião familiar como abandono voluntário da posse do imóvel somando à ausência da tutela da família, não importando em averiguação da culpa pelo fim do casamento ou união estável", e, "o prazo da usucapião contemplada no art. 1.240-A só iniciará seu curso caso a composse tenha cessado de forma efetiva, não sendo suficiente, para tanto, apenas o fim do contato físico com o imóvel", respectivamente.

A literatura controverte intensamente a respeito, dando mostras de que o assunto se encontra longe de encontrar solução definitiva.

Contudo, o legislador reformador pretende inserir o § 5º ao art. 1.240-A do Código Civil dispondo justamente que "O requisito do abandono do lar deve ser interpretado como abandono voluntário da posse do imóvel, não importando em averiguação da culpa pelo fim da sociedade conjugal, do casamento ou da união estável".

Independentemente do posicionamento ao qual se filie, até porque isso é questão de somenos importância por aqui, o sistema assegura meios legais para que as partes promovam a efetiva distribuição judicial-física do acervo comum entre si, isto é, a aqui chamada *partilha fática*.

Nos próximos tópicos serão estudadas as ações mais comumente utilizadas no cotidiano forense, quais sejam a partilha, o arrolamento sumário e as ações de divisão e de venda de coisas comuns (ações de dissolução ou extinção do condomínio) que, apesar de tratarem de temas relacionados às uniões familiares, não tiveram seus respectivos procedimentos incluídos dentre as Ações de Família no CPC.

Vamos a elas.

3.2.1 AS AÇÕES PARA A PROMOÇÃO DA PARTILHA SOB O MODELO TRADICIONAL

3.2.1.1 A ação de partilha

Como dito, o texto normativo do art. 731, parágrafo único, do CPC, praticamente repetindo a redação do art. 1.121, parágrafo único, do CPC/73, enuncia que "se os cônjuges não acordarem sobre a partilha dos bens, far-se-á esta depois de homologado o divórcio, na forma estabelecida nos arts. 647 a 658". Apesar de esta disposição ser encontrada no capítulo destinado ao tratamento das ações consensuais de família, nunca houve dúvida a respeito de sua aplicação às demandas litigiosas de divórcio e de reconhecimento de união estável, sendo provavelmente esta a tendência a ser seguida no novo modelo[14], embora seja criticável por este livro.

De acordo com a lei processual, portanto, sempre que não houver consenso a respeito da divisão dos bens comungados, o juiz deverá apenas decidir sobre a dissolução da conformação familiar, encaminhando as partes a um juízo sucessivo destinado à apuração e liquidação desse acervo, a fim de obter a especificação daqueles que serão atribuídos a cada

---

[14] MALHEIROS FILHO, Fernando. O procedimento de partilha na separação judicial, no divórcio e na união estável. *Doutrinas essenciais*: família e sucessões. São Paulo: Revista dos Tribunais, 2011, v. 3, p. 323.

uma delas, à semelhança do que ocorre com a divisão do patrimônio hereditário (CPC, arts. 647 a 658).

Como se percebe, essa demanda possui por requisito que os bens comuns permaneçam compondo uma universalidade jurídica após o divórcio, pois o próprio Código exige que *"não tenha havido acordo ou deliberação judicial sobre a partilha"*. Logo, a inocorrência da aqui chamada *partilha jurídica* é uma verdadeira condição para sua instauração, fazendo com que a indivisibilidade inerente à mancomunhão se perpetue.

Na jurisprudência, o assunto costuma ser enfrentado com certa frequência. Sob a égide do sistema processual revogado, decidiu-se, por exemplo, que "o art. 1.121, § 1º, do CPC remete os cônjuges ao procedimento de inventário e partilha, que seguirá o rito dos arts. 982 e s. do CPC, com as adaptações que se fizerem necessárias. Não se trata, portanto, de apenas partilhar o patrimônio comum, mas, antes de tudo, de saber quais bens o compõem. Iniciado o inventário, torna-se desnecessário o ajuizamento de ação declaratória na qual buscam identificar os bens que se sub-rogaram nos herdados e não comunicáveis[15]".

Como bem frisado no supratranscrito julgado, trata-se, antes de tudo, de saber quais bens compõem o patrimônio comum.

Uma primeira observação a ser feita a respeito desse procedimento diz com sua facultatividade. Embora tal afirmação possa causar certo desconforto inicial, deve ser frisado que apenas o procedimento de inventário e partilha do patrimônio hereditário, regido pelo Direito das Sucessões, possui as notas da obrigatoriedade e da infungibilidade, dado ao fato de se destinar à apuração e distribuição dos bens do espólio[16]. Mas, quando sua utilização se volta à identificação e partição dos bens comuns dos consortes vivos, regida pelo Direito das Famílias, não há nada que impeça que as partes lancem mão de outros expedientes destinados à apuração e liquidação do patrimônio comum, como já foi e será novamente mencionado com a devida profundidade em tópico específico desta obra. Em reforço a essa assertiva, vale mais uma vez passar os olhos sobre o posicionamento dos Tribunais Superiores a respeito. Por ocasião do julgamento do AgRg no REsp 1.119.798/DF (*DJe* 1º-12-2010), por exemplo, o STJ concluiu justamente que "considerando os princípios da celeridade, da economia processual e da efetividade da prestação jurisdicional, não há que se exigir o ajuizamento de outra ação apenas para a discussão da partilha. Ressalte-se que o ordenamento jurídico vigente não faz essa exigência; tão somente faculta às partes, se assim preferirem, deduzir o pedido de partilha em outro processo".

Uma segunda observação condiz com a apatia do legislador, que deveria ter levado em consideração as especificidades e, notadamente, as dessemelhanças entre os patrimônios hereditários e comungados, para prescrever um procedimento específico para o partilhamento dos bens amealhados pelos cônjuges e conviventes, a exemplo do que ocorre no direito estrangeiro, como já mencionado neste livro.

---

[15] REsp 960.885/RS, *DJe* 8-6-2009.
[16] De acordo com a literatura, os procedimentos especiais infungíveis seriam aqueles dotados de peculiaridades tão marcantes que não podem ser renunciados pelas partes, nem processados pelo rito comum, de que são exemplos a ação de divisão e demarcação e o inventário. Em oposição, seriam fungíveis aqueles passíveis de renúncia e substituição pelo rito comum, como as ações monitória e possessórias. Nesse sentido, p. ex.: SICA, Heitor Vitor Mendonça. Reflexões em torno da teoria geral dos procedimentos especiais. *Revista de Processo*, v. 208, p. 61, jun. 2012.

As linhas gerais deste procedimento são traçadas, sem grandes alterações em relação ao sistema revogado, pelos arts. 647 a 658 do CPC. Como resultado, a competência absoluta (funcional) para seu processamento e julgamento caberá ao próprio Juízo de Família onde tenha tido curso à ação de divórcio ou de declaração de união estável, ainda que eventuais bens imóveis possam se situar em outras localidades[17].

Apesar de a remissão legal ser aos artigos que tratam da partilha, não raro surgem divergências prévias entre as partes, em torno da natureza, qualidade e quantidade dos bens a serem divididos, tornando-se necessário que se promova a liquidação pelo rito comum ou sob a forma do próprio inventário, previamente à partilha propriamente dita (CPC, arts. 610 a 646).

Devido ao fato de não haver herança a ser partilhada, mas patrimônio titularizado por pessoas vivas, a literatura remarca algumas especificidades inerentes ao rito dessas ações, como a inaplicabilidade do prazo de abertura e conclusão do art. 611 do CPC, a desnecessidade da intervenção da Fazenda Pública, a impossibilidade de credores pedirem a abertura do inventário e de intervirem na condição de terceiros, assim como de ser aplicada a pena de sonegados aos ex-cônjuges[18].

No mais, o procedimento deve obedecer, no que couber, àquilo que vem estabelecido pelos arts. 610 a 658 do CPC, iniciando-se pelo requerimento de abertura, seguido pela nomeação e correspectiva prestação de compromisso por parte daquele ex-consorte que vier a ser nomeado inventariante, o qual deverá apresentar as primeiras declarações, pessoalmente ou por procurador com poderes especiais. Na sequência, haverá a citação da parte contrária e oportunização para que ela se manifeste a respeito. Em seguida, deve vir a nomeação de perito ou de avaliador judicial para avaliação dos bens, a não ser que haja hipótese de dispensa. Com a entrega do laudo, as partes terão oportunidade de lançar eventuais impugnações. Aceito o laudo ou julgadas estas, seguem-se as declarações finais.

Como, em regra, não há necessidade de apuração de valor de tributo, não há julgamento a respeito do cálculo, tendo início diretamente o procedimento da partilha, com abertura de vista às partes, pelo prazo de 15 dias úteis, para formularem seus pedidos de quinhão. Ato contínuo, o juiz deliberará sobre a partilha e determinará ao partidor, que organize o respectivo esboço, possibilitando a manifestação das partes a respeito. Em seguida, lançará a partilha nos autos e a julgará por sentença, ordenando a entrega da correspondente certidão ou formal de partilha às partes.

Como se vê, o procedimento segue, em linhas gerais, o mesmo encadeamento previsto pelo Código revogado, com algumas alterações em relação aos prazos e com a novidade de a partilha poder ser julgada mesmo na hipótese de existir dívida para com a Fazenda Pública, "desde que seu pagamento esteja devidamente garantido" (CPC, art. 654, parágrafo único).

Não bastasse a circunstância de esse procedimento somente poder ser instaurado quando o patrimônio comungado continuar ostentando o nada recomendado estado agônico de universalidade jurídica – *isto é, quando a parte que toca a cada um dos ex-consortes*

---

[17] No STJ: CC 160.329/MG, *DJe* 6-3-2019. Na literatura: PIMENTEL, Alexandre Freire. In: WAMBIER, Teresa Arruda Alvim *et al*. *Breves comentários ao novo Código de Processo Civil*. São Paulo: Revista dos Tribunais, 2015, p. 1684-1685.

[18] Parcialmente nesse sentido: CAHALI, Yussef Said. *Divórcio e separação*. 11. ed. São Paulo: Revista dos Tribunais, 2005, p. 769-771; OTERO, Marcelo Truzzi. Aspectos processuais da separação judicial no novo Código Civil. In: CAHALI, Yussef; CAHALI, Francisco José (Org.). *Doutrinas essenciais*: família e sucessões. São Paulo: Revista dos Tribunais, 2014, v. 3, p. 397.

ainda não tenha sido definida por qualquer meio inequívoco –, se não o maior, um de seus maiores inconvenientes ocorre quando surgem questões de fato que sejam consideradas pelo magistrado como de alta indagação, logo, apreciáveis apenas nas vias ordinárias, por meio de demandas propostas nas Varas Cíveis residuais (CPC, art. 612)[19]. Isso sem falar nas dificuldades normalmente enfrentadas para a apuração das dívidas do casal que, por lei, devem constar do esboço de partilha organizado pelo partidor (CPC, art. 651, I). Com muito mais frequência do que se deseja, também ocorre de o(s) único(s) bem(ns) partilhável(is) ostentar(em) a característica da indivisibilidade fática ou jurídica (CC, art. 258)[20], impondo que, mesmo depois de todo esse longo processo, os ex-consortes ainda tenham que cotitularizar os direitos sobre ele(s), exigindo-se novo procedimento para colocar fim a essa situação agônica (CC, art. 2.019; CPC, art. 649).

Por sinal, esse inconveniente não passou despercebido por Zeno Veloso, que observa que "nem sempre a partilha leva a uma divisão de bens. Há partilha sem divisão. Extinta a comunhão *mortis causa*, podem os herdeiros permanecer em comunhão, desta vez, *inter vivos*, como no caso, por exemplo, de um imóvel que decidiram ficar em condomínio entre eles. Terminou a comunhão hereditária, com a partilha, mas não houve a repartição material do bem, estabelecendo-se comunhão por outra razão jurídica[21]".

No mesmo sentido, Nelson Nery Jr. e Rosa Maria de Andrade Nery[22] apontam que:

> depois da partilha, caso haja bens que não possam ser partilhados, em decorrência de indivisibilidade real, pode-se criar condomínio entre os herdeiros a quem por partilha o bem foi atribuído, até que seja vendido judicialmente, ou adjudicado (CC, 2019 e CPC, 1118). Para pôr fim à universalidade – coisa incorpórea –, promove-se a partilha (*actio familiae erciscundae*); para pôr fim ao condomínio – coisa corpórea –, promove-se a divisão (*actio communi dividundo*), ou a venda da coisa comum, ou, ainda, a sua adjudicação (CC, 2019 e CPC, 1118).

Outras exigências legais acabam burocratizando ainda mais a solução da questão, como a possível existência de débitos fiscais, que somente não inviabilizarão a partilha se seu pagamento estiver "devidamente garantido" nos autos. Ao final de todo o procedimento, ainda pode haver omissão de bens, a desafiar a propositura da ação de sobrepartilha, tornando este rito completamente desafinado com um processo que almeje ser considerado eficiente e efetivo (CPC, art. 654, parágrafo único, e 669)[23].

3.2.1.2 O arrolamento sumário

Esse procedimento, além de somente poder ser instaurado quando os bens remanescerem sob o estado de universalidade jurídica, isto é, em situação de *indivisibilidade* e alheios à

---

[19] STJ, REsp 960.885/RS, *DJe* 8-6-2009.
[20] Art. 258. A obrigação é indivisível quando a prestação tem por objeto uma coisa ou um fato não suscetíveis de divisão, por sua natureza, por motivo de ordem econômica, ou dada a razão determinante do negócio jurídico.
[21] VELOSO, Zeno. *Comentários ao Código Civil*: parte especial: do direito das sucessões (arts. 1.857 a 2.027). Coordenação de Antônio Junqueira de Azevedo. São Paulo: Saraiva, 2003, v. 21, art. 2013, notas 3-5.
[22] NERY JUNIOR, Nelson; NERY, Rosa Maria de Andrade. *Código Civil comentado*. 11. ed. São Paulo: Revista dos Tribunais, 2014.
[23] Importante que a sobrepartilha não tenha seu uso desvirtuado no foro. De acordo com o art. 669 do CPC, ela se destina a recuperar bens sonegados, descobertos após a partilha, litigiosos, de liquidação difícil ou morosa, assim como aqueles situados em lugar remoto da sede do juízo onde se processa a partilha. Bens comuns que tenham sido alienados fraudulentamente se submetem a outro regime, e por isso o interessado em sua recuperação deve manejar ações anulatórias, sujeitas a prazos e procedimentos específicos. Nesse sentido: STJ, REsp 1.195.615/TO, *DJe* 29-10-2014 e AgRg no REsp 1.327,644/RS, *DJe* 22-5-2014.

partilha jurídica, pressupõe a inexistência de litígio entre partes capazes, muito embora tenha se passado a admitir seu processamento mesmo na hipótese de existir interessado incapaz, desde que concordem todas as partes e o Ministério Público (CPC, art. 665).

Seu rito, que não sofreu modificações dignas de registro, tem suas linhas gerais previstas nos arts. 659 a 667 do CPC, impondo que as partes requeiram, já na petição inicial, a nomeação do inventariante por elas mesmas designado, relacionem e atribuam valores aos bens comuns, e apresentem um plano de partilha indicando o destino e a forma de distribuição desse acervo. Nele, não é exigida a prova da quitação do imposto de transmissão[24], uma vez que isso será objeto de lançamento administrativo, após a homologação da partilha, na forma assegurada pelo acima citado art. 659, § 2º, embora isso nem sempre tenha relevância para os ex-consortes[25]. Homologado o plano de partilha, por sentença, será expedido o respectivo formal.

Para além de ter caído em considerável desuso após a edição da Lei n. 11.441/2007, as semelhanças para com o rito do inventário e partilha também parecem desaconselhar este procedimento.

Por fim, e apenas para que não se misturem as coisas, convém deixar claro que o arrolamento aqui tratado não se confunde com o "arrolamento conservativo de bens" previsto como modalidade específica de produção antecipada de prova[26] (CPC, art. 381, § 1º), cuja finalidade é a mera documentação judicial de fatos, sem a prática de qualquer ato de apreensão, e cujo rito vem previsto pelos arts. 381 a 383 do CPC, tampouco com a pretensão autônoma de "arrolamento constritivo de bens", cujo propósito é não só a documentação de fatos, mas também a prática de atos de segurança e apreensão de bens, a qual, por isso, deve seguir o procedimento previsto para as ações cautelares (CPC, arts. 301 e 305/310).

3.2.1.3 As ações de extinção ou de dissolução de condomínio

Nos tópicos anteriores foi destacado que as ações lá estudadas somente poderiam ser ajuizadas se os bens comungados remanescessem sob o estado de universalidade jurídica, isto é, sob situação de indivisibilidade, pois o objetivo de ambas é justamente identificar o patrimônio comunicável para, com base nele, tornar possível a distribuição individualizada das coisas entre as partes. Pode ocorrer, no entanto, de o julgador dissolver a universalidade e estabelecer o regime de comunhão jurídica ordinária ou condomínio sobre os bens comuns, na mesma sentença que decretar o divórcio ou declarar a existência da união estável, como, aliás, vem sendo sugerido ao longo de todo este livro. Acontecendo isso, terá havido a aqui chamada *partilha jurídica*, e as partes estarão livres para dar a esses bens o destino que desejarem, podendo, inclusive, se conservarem na situação jurídica de comunheiras ou condôminas.

Passará a haver, então mera situação de *indivisão*, mas não de *indivisibilidade sob a perspectiva jurídica*.

---

[24] O Enunciado n. 175 das JDPC/CJF dispõe que: "No arrolamento comum, o prévio recolhimento do imposto de transmissão *causa mortis* não é condicionante para a expedição do formal de partilha e da carta de adjudicação, mantendo-se a exigência da comprovação do pagamento dos tributos relativos aos bens do espólio e às suas rendas, a teor dos arts. 659, §2º, 664, §4º, e 662 do CPC e 192 do CTN."
[25] Exatamente assim: STJ, AgInt no AREsp 1.497.714/DF, *DJe* 4-12-2019.
[26] Sobre a técnica: CALMON, Rafael. *Manual de direito processual das famílias*. 2. ed. São Paulo: Saraiva, 2023.

Caso optem por colocar fim a essa comunhão, para que possam, enfim, consolidar a propriedade exclusiva sobre seus respectivos quinhões ou obter o equivalente em dinheiro, nem sequer precisarão acionar o Poder Judiciário, bastando que consintam a respeito e que sigam as regras de qualquer divisão ou venda particular de bens comuns, para que possam fazer tudo de forma extrajudicial (CPC, art. 571).

Como este livro volta suas atenções para as situações de dissenso entre os ex-consortes, as vias legais que se abrem são a ação de divisão dos bens divisíveis[27] e a alienação ou adjudicação dos indivisíveis[28], a serem estudadas nos tópicos seguintes.

3.2.1.3.1 *A ação de divisão da coisa comum (*actio communi dividundo*)*

Caso o comunheiro pretenda promover a divisão geodésica da(s) coisa(s) fisicamente divisível(eis), para que possa conhecer e delimitar materialmente os quinhões ideais, deverá propor a ação de divisão a que se refere o art. 569, II, do Código de Processo Civil de 2015.

Já era assim no sistema revogado, em que tal ação vinha prevista no art. 946, II do CPC/73.

O direito de dividir a coisa comum pode ser exercitado a todo tempo, desde que, por óbvio, esta(s) coisa(s) seja(m) particular(es) e divisível(is) (CC, art. 1.320)[29], assim compreendida(s) aquelas "que se podem fracionar sem alteração na sua substância, diminuição considerável de valor, ou prejuízo do uso a que se destinam", como enuncia o art. 87 do Código Civil, em interpretação contrária.

Se se tratar, contudo, de coisa indivisível, o procedimento a ser adotado será outro, a ser visto no próximo tópico deste livro.

Fazendo importante consideração a respeito dessa característica, Glauber Moreno Talavera[30] escreve que:

> a divisibilidade dos bens que se estabelece em direito não se compadece das possibilidades auferidas pela ciência em questão de divisibilidade da matéria, vez que há muito a ciência conhece até a divisão do átomo mediante bombardeio de prótons isolados. Consideram-se divisíveis para o direito os bens cuja fragmentação não desconfigure as qualidades essenciais do todo e, ainda, como ideia que dá completude ao sentido da divisibilidade jurídica, divisíveis são os bens cujas frações não percam conteúdo econômico. Tem-se, portanto, dois fundamentos que delineiam a divisibilidade dos bens, um econômico e outro que sobreleva a mantença das qualidades essenciais do todo nas frações que dele advenham quando da sua fragmentação – *naturaliter indivisae*.

Tais fundamentos – econômico, valorativo e de diversas outras ordens – devem ser analisados em conjunto, de modo que um bem somente será considerado divisível se, em razão da divisão, não sofrer perdas em seu preço nem em qualquer das funções às quais se

---

[27] STJ, REsp 255.059/RS, *DJ* 28-8-2000.
[28] STJ, REsp 983.450/RS, *DJe* 10-2-2010.
[29] STJ, REsp 791.147/SP, *DJ* 26-3-2007: "Em sendo divisível a coisa comum, não pode o condômino exigir sua alienação. No caso, o condomínio resolve-se com a divisão (Código Beviláqua, art. 629)".
[30] TALAVERA, Glauber Moreno. *Comentários ao Código Civil*. Coordenação de Carlos Eduardo Nicoletti Camillo *et al*. São Paulo: Revista dos Tribunais, 2006, p. 196.

destinava originariamente. Caso contrário, será considerado indivisível para os fins desse procedimento judicial, impedindo sua utilização.

Do sistema de direito positivo se extraem alguns exemplos em que isso ocorre. O imóvel rural seria um deles, pois sua divisão não pode resultar em quinhões de dimensões inferiores à exigida pela legislação local (Lei n. 4.504/64, art. 65). Para além dele, os planos diretores municipais atribuem áreas mínimas a lotes urbanos, tornando-os, desse modo, legalmente indivisíveis (Lei n. 6.766/79, art. 4º, II). No condomínio edilício, o solo, a estrutura do prédio, o telhado, a rede geral de distribuição de água, esgoto, gás e eletricidade, a calefação e refrigeração centrais, e as demais partes comuns, inclusive o acesso ao logradouro público, são utilizados em comum pelos condôminos, não podendo ser alienados separadamente nem divididos (CC, art. 1.331, § 2º). As servidões prediais e hipotecas também são insuscetíveis de divisão, por força do que estabelecem os arts. 1.386 e 1.421 do CC, respectivamente.

Todas estas são hipóteses de indivisibilidade legal ou jurídica.

Afora elas, é bom que fique claro que *divisibilidade* e *indivisibilidade* não são definições estanques, mas conceitos construídos casuisticamente, a partir de uma análise *funcional*, pautada no comprometimento dos *diversos valores* da coisa pela divisão[31]. Dito de outro modo, os parâmetros nos quais o intérprete deve se basear para saber se o bem é ou não divisível são enunciados pelo legislador sob a técnica de *conceitos jurídicos indeterminados*, isto é, mediante o emprego de termos propositalmente vagos e ambíguos, pendentes de atribuição de sentido pelo aplicador da norma, diante da análise do caso concreto (CC, art. 87). Afinal, a quais *valores* estaria o legislador se referindo? O que viria a ser a alteração na substância de algum bem? O que poderia ser considerado *diminuição considerável de valor*? Mais do que isso, como se analisaria o *prejuízo do uso a que se destinam essas coisas*?

Deve ser levado em consideração, portanto, um critério utilitarista, caso a caso[32].

Considerando que a lei não faz distinção, intui-se que qualquer *valor jurídico* seja protegido pelo ordenamento, e não apenas aqueles auferíveis em pecúnia. Para além disso, a fragmentação da coisa tem que resultar, sempre, em *plena comodidade* para as partes, ainda que inexistam empecilhos de ordem natural, jurídica ou convencional à sua ocorrência, sob pena de se tornar inviável a divisão se, por exemplo, acarretar considerável abalo a algum valor que circunde o bem, a absoluta desvirtuação de sua finalidade, enfim, se se verificar qualquer circunstância que a torne *incômoda* sob o ponto de vista *funcional*, como já mencionado em tópico específico deste livro[33].

A ação judicial voltada à promoção da divisão é, com algumas alterações, a *actio communi dividundo* dos romanos, catalogada como procedimento especial de jurisdição contenciosa pelo legislador nacional. Por aqui, é conhecida tanto por ação de divisão de coisa comum, quanto por ação de extinção ou de dissolução de condomínio, porque, ao fim e ao cabo, é isso que ela proporciona (se o caso envolver um genuíno condomínio, é claro).

---

[31] Assim também parece ser no direito espanhol. Pela concisão e completude, conferir: NICUESA, Aura Esther Vilalta. *División de la comunidad de bienes*. Barcelona: Bosch, 2013, p. 20-22.
[32] Assim: PEREIRA, Caio Mário da Silva. *Instituições de direito civil*. v. I. 30. ed. Atual. Maria Celina Bodin de Moraes. Rio de Janeiro: Forense, 2017, p. 351.
[33] STJ, REsp 50.226/BA, j. em 23-9-94.

Essa ação pode ser usada tanto para imóveis urbanos quanto para imóveis rurais. Além disso, o procedimento é considerado especial e escalonado, desdobrando-se em duas etapas que serão estudadas brevemente.

De acordo com o posicionamento majoritário, que não necessariamente é o seguido por este livro, a competência material para seu processamento e julgamento é das Varas Cíveis residuais, e não do juízo da família onde tenha tido curso a precedente ação e realizado a partilha jurídica, haja vista o fundamento que lhe confere suporte se relacionar aos direitos reais, e não mais familiaristas[34]. No que toca à competência territorial, por se tratar de demanda contemplada no rol do art. 47, § 1º, do Código de Processo Civil, o foro deve ser aquele do local onde se situe a coisa, não podendo o autor optar por demandar em nenhum outro.

Seu procedimento, como dito, se desenvolve em duas fases distintas e progressivas, delimitadas em linhas gerais nos arts. 588 a 598 do CPC: na primeira, o objetivo é saber se existe situação condominial e se o autor pode exigir sua divisão na forma postulada. Se a resposta for positiva para ambos os questionamentos, inaugura-se a segunda etapa, que se destina a, efetivamente, dividir a coisa de forma geográfica, em conformidade com a cota-parte de cada um dos comunheiros (divisão geodésica)[35].

Em regra, o promovente terá que descrever a origem da comunhão e comprovar sua propriedade sobre o imóvel condominiado já com a petição inicial, muito embora a jurisprudência venha relativizando esta última exigência, na hipótese de existirem formais de partilha não registrados, justamente em razão daquilo que já foi dito por aqui: tais documentos meramente documentam, atestam, declaram a transmissão da propriedade no caso, mas não são efetivamente responsáveis por a constituírem[36].

Para além do condomínio, qualquer direito cotitularizado autoriza o manejo da ação, como o uso e o usufruto, por exemplo, além dos direitos de posse, dos direitos de crédito sobre automóveis financiados e dos comprometes compradores de imóveis, com a particularidade de que, neste caso, não haverá divisão de propriedade, mas sim dos direitos titularizados[37]. Logo, ideal que se evite, ao menos nessas hipóteses, a denominação extinção ou dissolução de condomínio.

No STJ, inclusive, existe entendimento sólido nesse sentido[38].

Logo, ideal que se evite, ao menos nessas hipóteses, a denominação extinção ou dissolução de "condomínio", preferindo-se utilizar em seu lugar extinção ou dissolução de "comunhão jurídica", muito embora a denominação da ação judicial não possua relevância em nosso sistema processual.

Eventuais gravames ou direitos reais que onerarem a área não representarão obstáculo à divisão, mas apenas acompanharão as frações divididas, impondo que sejam respeitados por seus respectivos titulares. No próprio Superior Tribunal de Justiça podem ser

---

[34] TOLEDO CÉSAR, Celso Laet de. *Venda e divisão da propriedade comum*: doutrina e jurisprudência. 3. ed. São Paulo: Revista dos Tribunais, 2006, p. 251.
[35] PARIZATTO, João Roberto. *Divisão e demarcação de terras particulares e venda de coisa comum*. Rio de Janeiro: Aide, 1994, p. 109.
[36] STJ, REsp 1.813.862/SP, DJe 18-12-2020; REsp 48.199/MG, DJ 27-6-94.
[37] SANTOS, Ernane Fidélis dos. *Manual de direito processual civil*. 10. ed. São Paulo: Saraiva, 2006, v. 3, p. 94.
[38] AREsp 2.598.826/SP, DJe de 6-8-2024; AREsp 2.554.963/SP, DJe de 3-6.2024; REsp 1.852.807/PR, DJe 13-5-2022; REsp 1.501.549/RS, DJe 11-5-2018.

encontrados julgados nesse sentido, sendo alguns bastante antigos. Por ocasião do julgamento do REsp 2.707/MG (DJ 3-12-90), por exemplo, restou assentado o entendimento de que "não há vedação em que, mesmo na pendência de usufruto, se promova judicialmente a divisão de imóvel entre condôminos com direito de igual natureza". Já no REsp 729.701/SP (DJ 1º-2-2006), concluiu-se que "a existência de cláusula de inalienabilidade recaindo sobre uma fração de bem imóvel, não impede a extinção do condomínio. Na hipótese, haverá sub-rogação da cláusula de inalienabilidade, que incidirá sobre o produto da alienação do bem, no percentual correspondente a fração gravada".

Na primeira fase dessa ação, o debate é amplo e se analisará a origem da comunhão, a legitimidade dos títulos, a possibilidade de o bem ser dividido, a prévia localização dos comunheiros sobre sua superfície e todas as matérias não preclusas, que possam influenciar na aptidão da divisão naquele caso concreto (CPC, arts. 589 c/c 578). Questões que refujam a este âmbito, a exemplo da retenção e da indenização por benfeitorias ou acessões, não podem ser debatidas na ação de divisão, mas apenas em demanda específica, sob ampla instrução probatória[39].

A literatura controverte sobre a possibilidade de oferecimento de reconvenção, para a postulação de providências diversas da mera divisão – *como a indenização por perdas e danos, a proteção possessória e a restituição de frutos e rendimentos* –, dadas as especificidades desta ação e seu caráter dúplice[40]. Como quer que seja, a falta de apresentação de resposta gerará a possibilidade do julgamento antecipado do mérito (CPC, art. 355), ao passo que seu oferecimento no prazo legal implicará a "ordinarização" do procedimento, com a designação de perícia e de audiência de instrução e julgamento, se necessárias.

Instruído o processo sob as luzes do contraditório, a atividade probatória, se necessária, será direcionada ao reconhecimento da divisibilidade ou indivisibilidade do bem, para o que a prova pericial pode ser exigida. Em sendo divisível, a sentença decidirá a pretensão divisória e o eventual direito à divisão, autorizando a deflagração da segunda fase, em caso de procedência (CPC, arts. 578 c/c art. 589).

Nesse ponto, parece que a atenção do magistrado deve ser redobrada em torno dos fatos que subjazem à pretensão divisória e os valores que a circundam, dada a possibilidade desse provimento dar ensejo à instauração de situações inadequadas, potencializando o surgimento de conflitos familiares. Seria exemplificar com a hipótese de um único imóvel susceptível de divisão ser titularizado por um casal, cujo relacionamento se mostrasse conturbado ao ponto de terem sido necessárias medidas protetivas ou de afastamento entre eles, para coibir atos de violência doméstica praticados um contra o outro (Lei n. 11.340/2006, art. 22, II, III e IV). Nessa hipótese, talvez a divisão e correspectiva entrega de frações do imóvel matriz a cada um deles não fosse o mais adequado, dado o fato de que as respectivas áreas se manteriam coligadas umas às outras, perpetuando-se a relação de vizinhança entre os ex-cônjuges, ao arrepio da comodidade e da prevenção de litígios que deve imperar em toda divisão (CPC, art. 595 e 648; CC, arts. 2.017 e 2.019).

Lembre-se que, nesse tipo de situação, o magistrado deve atuar "com perspectiva de gênero", isto é, adotar uma postura ativa de reconhecimento das diversas desigualdades

---

[39] STJ, REsp 720.061/GO, DJ 18-12-2006.
[40] BAPTISTA DA SILVA, Ovídio Araújo. *Procedimentos especiais*. Rio de Janeiro: Aide, 1989, p. 459.

(sociais, políticas, econômicas e culturais) a que as mulheres sempre estiveram sujeitas, e, a partir daí, adotar um modo de proceder que as neutralize, buscando o alcance de uma igualdade substantiva[41].

De repente, não haveria nem mesmo necessidade de ter havido episódio de violência entre os consortes, bastando que circunstâncias outras desaconselhassem a manutenção do estado de vizinhança ou a divisão daquela forma. Nessas situações, apesar de ser fisicamente divisível, a coisa poderia ser considerada juridicamente indivisível.

Em casos assim, a necessidade de serem ponderados os interesses em contraste e de serem preservadas a dignidade da pessoa humana e a integridade física e mental das partes (CR/88, art. 1º, III, e 5º, III), possivelmente recomendaria a preponderância destes interesses sobre o direito à propriedade e à moradia (art. 5º, XXII, e 6º), tornando mais apropriado o decreto de improcedência do pedido divisório e o encaminhamento das partes à venda do bem, como única forma judicialmente admitida de se colocar fim ao condomínio.

Isso seria o ideal. O problema é que a ação de divisão tramita sob um procedimento especial de jurisdição contenciosa (CPC, art. 569, II), no qual o julgador não está investido do poder de decidir por equidade, como estaria se se tratasse de hipótese de jurisdição voluntária (CPC, art. 723, parágrafo único). Como resultado, sua atividade voltada à aferição da indivisibilidade/divisibilidade do bem sofreria consideráveis restrições, muito provavelmente inviabilizando este proceder.

Seja como for, uma vez reconhecida a divisibilidade e o direito à divisão por sentença transitada em julgado, terá início a segunda fase do procedimento, com a nomeação de peritos encarregados da promoção da medição e das operações de divisão, mas caso se trate de imóvel georreferenciado, com averbação no registro de imóveis, pode o juiz dispensar parcialmente a realização de prova pericial, para que os trabalhos se limitem às operações de divisão do bem (CPC, art. 573). Na sequência, haverá a intimação dos comunheiros para apresentação dos títulos e formulação dos pedidos de quinhão e de preferências sobre posicionamento no imóvel, de acordo com seus interesses, no decêndio estabelecido pelo art. 591. No caso, o único comunheiro muito provavelmente seria o ex-consorte, o que de certa forma simplificaria o procedimento. Em seguida, o juiz ouvirá as partes a respeito, em 15 dias. Se os pedidos forem conciliáveis entre si, o juiz determinará a divisão geodésica do imóvel (CPC, art. 592, § 1º). Caso contrário, decidirá a respeito dos pedidos e dos títulos que devem ser atendidos na formação dos quinhões. Na sequência, o procedimento seguirá o estabelecido nos arts. 595 e seguintes do Código, com a apresentação da proposta de divisão pelos peritos, que deve atender, dentro do possível, à comodidade e preferência das partes, que devem ser ouvidas a respeito.

Por mais evidente que isso se mostre, não custa relembrar que o juiz não se encontra vinculado a decidir em sintonia com o que seja sugerido pelos peritos nos laudos, pois a própria lei diz que tais profissionais "proporão a forma de divisão" (CPC, art. 595), tornando possível que o magistrado os consulte, ouça novamente as partes e ordene novas diligências antes de decidir, com vistas à atribuição da maior justeza à sua decisão.

---

[41] Sobre o tema, conferir o Protocolo para Julgamento com Perspectiva de Gênero e a Recomendação 128, ambos do CNJ.

Sob esta base o juiz proferirá decisão interlocutória suscetível de impugnação por meio de agravo de instrumento, na qual deliberará sobre a partilha (CPC, art. 596 c/c art. 1.015, parágrafo único).

Deliberada a partilha, os peritos devem apresentar a planta e o memorial descritivo a que se refere o art. 597, *caput*. Não havendo impugnação, deve ser lavrado o auto de divisão pela Secretaria do Juízo, de acordo com os documentos antes referidos, seguido de uma folha de pagamento para cada condômino, que devem ser assinadas por todos. Ao final, o juiz deve homologar a divisão por sentença, que constituirá título hábil a ser registrado na matrícula do imóvel (LRP, art. 167, I, 23), pondo fim ao processo (CPC, art. 597, § 2º).

Se não houver litígio, "os interessados pagarão as despesas proporcionalmente a seus quinhões" por expressa previsão do art. 89 do CPC.

O Código Civil em vigor não contém dispositivo semelhante ao art. 631 do estatuto revogado, que enunciava: "a divisão entre condôminos é simplesmente declaratória e não atributiva da propriedade". Por isso, existe forte controvérsia a respeito da natureza desse provimento, embora aparentemente prevaleça a opinião de sua índole ser *constitutiva*, na medida em que desfaz o estado de comunhão, criando uma situação absolutamente nova para os agora ex-condôminos[42].

Independentemente do posicionamento ao qual se filie, deve ficar claro que não será este pronunciamento, em si, que estabelecerá o direito de propriedade sobre a coisa. O que a decisão judicial faz é meramente restringir essa propriedade aos respectivos quinhões, que agora passarão a pertencer às partes de forma individual e exclusiva[43], desde que, por óbvio, promovam seu registro perante o fólio imobiliário, o qual ostentará efeito constitutivo do direito de propriedade. Nesse sentido, inclusive, foi a decisão chegada por ocasião do julgamento do REsp 401.334/SP (*DJ* 5-4-2004), em que se concluiu que "a sentença de dissolução de condomínio é somente declaratória da propriedade (CC/1916, art. 631). No entanto, sua eficácia *erga omnes* depende de transcrição (CC/1916, art. 530, I c/c art. 532, I). Antes deste registro imobiliário, o domínio individual é oponível apenas entre os demais coproprietários".

3.2.1.3.2 *A ação para alienação da coisa comum*

Em sendo o(s) bem(ns) indivisível(is), sob os mesmos parâmetros anteriormente traçados, não há que se cogitar de ação de divisão. O caso é de alienação ou adjudicação[44].

Esse direito vem assegurado a qualquer condômino pelo art. 1.322, *caput*, do Código Civil, que enuncia: "quando a coisa for indivisível e os consortes não quiserem adjudicá-la a um só, indenizando os outros, será vendida e repartido o apurado".

---

[42] Por todos: DINAMARCO, Cândido Rangel. Eficácia e autoridade da sentença no juízo demarcatório-divisório. *Revista de Processo*, v. 76, out. 94; SANTOS, Luis Augusto Busanello dos. Formas de aquisição da propriedade imóvel pelo sistema do Código Civil e o seu registro. *Revista de Direito Imobiliário*, v. 57, p. 62; GRECHI, Frederico Price. In: CABRAL, Antonio do Passo; CRAMER, Ronaldo (Coord.). *Comentários ao novo Código de Processo Civil*. Rio de Janeiro: Forense, 2015, p. 923.

[43] SILVA FILHO, Elvino. Partilha de bens imóveis entre condôminos: não incidência do imposto de transmissão *inter vivos*. *Doutrinas essenciais de Direito Registral*, São Paulo: Revista dos Tribunais, v. 4, p. 271, 2011; RÁO, Vicente. Divisão entre condôminos: não incidência de imposto. *Doutrinas essenciais de Direito Registral*, São Paulo: Revista dos Tribunais, v. 4, p. 661, 2011.

[44] STJ, REsp 791.147/SP, *DJ* 26-3-2007.

Vale, contudo, ser feito o alerta de que o Anteprojeto de Reforma do Código Civil pretende modificar este dispositivo, para que ele assim se configure:

> Art. 1.322. Quando a coisa for indivisível e os consortes não quiserem adjudicá-la a um só, indenizando os outros, será vendida e repartido o apurado.
> § 1º Para os fins deste artigo, tem preferência na venda, em condições iguais de oferta, o condômino ao estranho e, entre os condôminos, aquele que tiver na coisa benfeitorias de maior valor e, não havendo condôminos com benfeitorias de maior valor, o de quinhão maior;
> § 2º Se nenhum dos condôminos tiver benfeitorias na coisa comum e participarem todos do condomínio em partes iguais, será realizada licitação entre estranhos e, antes de adjudicada a coisa àquele estranho que ofereceu maior lance, proceder-se-á à licitação entre os condôminos, a fim de que a coisa venha a ser adjudicada a quem entre os condôminos oferecer o melhor lance, preferindo, em condições iguais, o condômino ao estranho.

Seja como for, segundo a dicção do art. 1.320 do Código Civil, essa operação pode ocorrer "a todo tempo", o que deixa claro se tratar de um direito potestativo sem prazo delimitado para seu exercício: direito perpétuo, portanto[45].

A lei assegura que os comunheiros alienem tanto o bem em sua integralidade, quanto apenas suas respectivas cotas, desde que, neste caso, assegurem previamente ao outro o exercício do direito de prelação se a venda for feita a terceiros (CC, art. 504). Eles não podem, contudo, alienar parte fisicamente delimitada da coisa sem antes promoverem sua divisão, pois, em última análise, a área em si não lhes pertenceria com exclusividade, senão uma *fração ideal* sobre o todo (CC, art. 1.314). Havendo concordância sobre isso, nem sequer haverá necessidade de se propor a demanda sob estudo. A disposição da coisa ou de seus quinhões se dá pelas regras comuns da venda civil, com a única peculiaridade de que deve ser assegurado previamente ao outro, o exercício do direito de preferência, independentemente de a coisa ser ou não divisível (CC, art. 1.314, parágrafo único).

Aparentemente, nem há dissenso jurisprudencial a esse respeito. A título exemplificativo, merece menção o julgamento do REsp 489.860/SP (*DJ* 13-12-2004), em que se decidiu: "na hipótese de o bem se encontrar em estado de indivisão, seja ele divisível ou indivisível, o condômino que desejar alienar sua fração ideal do condomínio deve obrigatoriamente notificar os demais condôminos para que possam exercer o direito de preferência na aquisição, nos termos do art. 1.139 do CC/2016".

Por prudência, ou, no caso de não haver absoluto consenso a respeito, o interessado na venda exclusiva de seu quinhão, também pode lançar mão de um procedimento de jurisdição voluntária para cientificar os demais condôminos sobre esta intenção e lhes oportunizar o exercício da preferência no prazo de quinze dias, caso haja terceiros interessados na aquisição, possibilitando que o juiz, ao final, defira a alienação ou assegure o direito de o condômino que pretenda o quinhão para si depositar o preço apurado, recebendo a coisa por adjudicação (CC, art. 504; CPC, art. 725, V).

Tais hipóteses, porém, não serão abordadas neste livro, por refugirem ao objeto central de estudo. Aqui interessa a venda total da coisa. Havendo dissenso a esse respeito, o

---

[45] CC, art. 1.320. A todo tempo será lícito ao condômino exigir a divisão da coisa comum, respondendo o quinhão de cada um pela sua parte nas despesas da divisão.

comunheiro que não mais desejar mantê-la condominiada poderá provocar a tutela jurisdicional do Estado a todo tempo para que o bem seja vendido.

Por também se tratar de demanda que, em última análise, acaba colocando fim à relação condominial, ela também costuma ser chamada de ação de extinção ou de dissolução de condomínio. Porém, como se intui por seu próprio nome, a intenção não é proporcionar a divisão da coisa, mas sim aliená-la.

Embora possa soar ligeiramente estranho, também os *direitos de posse* sobre imóveis não regularizados perante o Sistema Registral Imobiliário podem ser objeto de alienação sob essa modalidade, dada sua inegável expressão econômica. Por semelhante razão, os comunheiros que não tenham efetivado o registro do formal de partilha também são autorizados a manejar esse tipo de procedimento, com a finalidade de alienarem os direitos que titulam sobre os bens, repartindo seu correspondente em pecúnia. Afinal, não custa repetir que eles já terão legitimidade e interesse para a propositura desta demanda, desde a partilha jurídica[46].

Ainda dentro dessa temática, é preciso especial atenção ao que acontece quando as partes pretendem dissolver judicialmente o "condomínio" formado pelo contrato de compra e venda de imóveis adquiridos à prestação, em contratos garantidos por alienação fiduciária[47]. Isto porque os direitos à aquisição de imóveis alienados fiduciariamente também podem ser leiloados judicialmente por intermédio desse procedimento. Afinal, quem ousaria negar que eles possuam expressão econômica? Em caso de dúvida, bastaria ler o texto do art. 29 da lei de regência, para se concluir que tais direitos são suscetíveis até mesmo de cessão em virtude desse conteúdo patrimonial (Lei n. 9.514/97)[48]. Se ostentam tal característica, nada impede que sejam levados a leilão pela autoridade judiciária, desde que, é claro, o contrato ainda esteja sendo adimplido em dia[49].

É preciso apenas que se esteja atento ao fato de que não será *o bem em si* o objeto da venda judicial a ser proporcionada por meio da demanda que ora se estuda, pois ele sequer pertencerá aos consortes a essa altura. Aplica-se aqui exatamente o mesmo raciocínio que subjaz à impossibilidade de penhora do bem alienado fiduciariamente em execução promovida por terceiros contra o devedor-fiduciante: o patrimônio pertence ao credor-fiduciário, permitindo-se apenas a constrição dos *direitos* decorrentes do contrato de alienação fiduciária que eventualmente sejam titularizados por aquele, na forma do art. 835, XII do CPC[50]. Lembre-se que o imóvel ainda estará sendo pago de forma parcelada pelo casal de devedores-fiduciantes, o que, inclusive, parece até tornar tecnicamente inapropriado o uso da nomenclatura "ação de extinção ou dissolução de condomínio", pois, a rigor, eles ainda não terão o domínio do bem, logo, não haverá condomínio a ser extinto ou dissolvido. Em seu lugar, talvez seja preferível o nome "dissolução ou extinção de comunhão ordinária" sobre os direitos aquisitivos sobre o imóvel, valendo-se, contudo, o que já foi dito sobre a desimportância do nome atribuído à ação para o nosso sistema processual civil.

---

[46] STJ, REsp 1.813.862/SP, *DJe* 18-12-2020; REsp 48.199/MG, *DJ* 27-6-94.
[47] STJ, REsp 1.603.597/RS, *DJe* 1º-3-2021.
[48] Art. 29. O fiduciante, com anuência expressa do fiduciário, poderá transmitir os direitos de que seja titular sobre o imóvel objeto da alienação fiduciária em garantia, assumindo o adquirente as respectivas obrigações.
[49] Pois se o casal de devedores se tornar inadimplente o imóvel será retomado pelo credor, acarretando a consolidação da propriedade a seu favor com a consequente perda das parcelas pagas por eles.
[50] STJ, AgInt no AREsp 1.654.813/SP, *DJe* 1º-7-2020; AgInt no REsp 1.832.061/SP, *DJe* 24-4-2020; AgInt no REsp 1.840.635/SP, *DJe* 19-3-2020.

Portanto, o que precisa ficar absolutamente claro é que não é o imóvel que será leiloado judicialmente, mas sim o *direito de aquisição do domínio sobre ele*, ou seja, o direito que os devedores-fiduciantes possuem de serem investidos na propriedade plena do imóvel, desde que, por óbvio, efetivem o pagamento da dívida que o onera, tal qual assegurado pelo art. 1.368-B do Código Civil[51]. É justamente por isso que o credor-fiduciário deve ser intimado para participar do processo, devendo obrigatoriamente ser cientificado da alienação judicial, com pelo menos 05 (cinco) dias de antecedência, já que tem preferência na aquisição do produto da expropriação desse direito aquisitivo titularizado pelo casal (CPC, art. 799, I e 889, V), sob pena de ineficácia da alienação (CPC, art. 804, § 3º).

Caso verdadeiramente haja o leilão, que, no dia a dia é conhecido por "leilão judicial de direitos sobre propriedade fiduciária", o arrematante deverá pagar ao casal o valor econômico correspondente ao dos direitos aquisitivos, cujo montante será apurado levando-se em consideração "entre outras peculiaridades do caso específico, o valor de mercado do bem, descontado do valor do saldo devedor e encargos contratuais"[52].

Ao final do procedimento, este arrematante não se tornará proprietário do imóvel, mas ficará sub-rogado nos direitos e obrigações titularizados pelo casal de devedores-fiduciantes, substituindo-os na relação contratual com o credor-fiduciário (o casal deixa de ser o devedor original, o qual passa a ser o arrematante) e se tornando titular não só do direito de adquirir a coisa, mas da obrigação de resgatar o saldo da dívida em cumprimento da condição que subordina o contrato[53].

Feitas essas considerações sobre a amplitude do procedimento, o que se exige, sempre, é que a coisa ou direito seja particular e comum.

No Superior Tribunal de Justiça há um antigo julgado bastante elucidativo a esse respeito. Em sua ementa, foi aposto de forma didática que "sem a existência de coisa comum, devidamente reconhecida, não se pode iniciar o procedimento especial de jurisdição voluntária previsto no art. 1.117, II, do Código de Processo Civil"[54].

Por se tratar de um direito potestativo, sem qualquer possibilidade de insurgência pelo outro condômino, a lei impõe que esta interferência judicial na alienação se dê com matiz meramente administrativa-integrativa, por meio do procedimento de jurisdição voluntária referido pelo art. 725, IV, do CPC[55].

À semelhança do que ocorre com a ação de divisão, aqui também inexistirá empecilho à alienação pela eventual existência de direitos reais limitados ou gravames onerando a coisa, muito embora essa informação deva constar de todo e qualquer expediente que dê publicidade ao ato, assim como da carta de arrematação, adjudicação ou escritura, pela circunstância de que o encargo a continuará onerando mesmo após a transferência da propriedade.

Já faz algum tempo que o Superior Tribunal de Justiça teve oportunidade de decidir a respeito. Na ocasião, restou assentado que "a existência de cláusula de inalienabilidade

---

[51] CHALHUB, Melhim Namen. Penhora dos direitos do fiduciário e do fiduciante. Disponível em: https://www.irib.org.br/obras/penhora-dos-direitos-do-fiduciario-e-do-fiduciante.
[52] *Idem, ibidem.*
[53] *Idem, ibidem.*
[54] REsp 258.049/SP, *DJ* 7-5-2001.
[55] No sistema revogado, idêntica possibilidade advinha do art. 1.112, IV.

recaindo sobre uma fração de bem imóvel, não impede a extinção do condomínio. Na hipótese, haverá sub-rogação da cláusula de inalienabilidade, que incidirá sobre o produto da alienação do bem, no percentual correspondente a fração gravada[56]".

De acordo com o entendimento predominante, a competência material para o processamento e julgamento do procedimento em questão será do Juízo Cível residual e não do Juízo de Família (CPC, art. 47), posição esta que também não conta com o apoio deste livro. Já a competência territorial será do foro no qual se situa a coisa, e, tal como ocorre na demanda há pouco estudada, aqui também, a opção por qualquer outro foro é inviabilizada pela norma a que alude o parágrafo único desse dispositivo.

O valor da causa deverá corresponder a 50% do valor venal da coisa, pois este será o proveito econômico a ser obtido pelo autor, caso se sagre vencedor[57].

O desencadeamento do procedimento segue, linhas gerais, o rito padrão estabelecido pelos arts. 719 a 723 do Código, com algumas adaptações, iniciando-se pela apresentação do pedido por meio de petição acompanhada de documentos, seguida da citação dos condôminos para apresentarem resposta no prazo de quinze dias úteis, oportunidade em que poderão ser alegadas apenas as questões não deduzidas na fase de conhecimento propriamente dita, como a inexistência de cotitularidade e da incomodidade da divisão, a preferência pela aquisição, o interesse na adjudicação e outras matérias ainda não decididas, que possam influir na venda da coisa ou comprometer quaisquer dos valores que a norteiam.

Lembre-se de que, a essa altura, os melhoramentos feitos aos bens antes da sentença de dissolução oficial do arranjo familiar, já teriam sido apurados e valorados na fase de conhecimento da ação de família, ou por intermédio do procedimento de liquidação, em que, inclusive, deveriam ter ficado acertados eventuais direitos de retenção ou indenizações deles decorrentes, impedindo sua rediscussão[58].

Apesar da omissão legislativa, o modelo constitucional de processo parece autorizar tanto a designação de audiência voltada à conciliação ou mediação, quanto a produção das provas que se fizerem necessárias para aferição desses fatos, desde que, por óbvio, não apresentem maiores complexidades, possuindo o magistrado os poderes instrutórios de praxe para a investigação dos fatos, inclusive mediante a designação de audiência de instrução e julgamento, caso a repute necessária, até porque as regras do rito comum lhes serão aplicadas subsidiariamente (CPC, art. 318, parágrafo único).

Não sendo apresentada a manifestação, haverá revelia e, dentro do possível, a correspectiva incidência de seus efeitos processuais respeitantes à confissão ficta e à fluência do prazo, devido ao viés primordialmente cognitivo deste tipo de procedimento (CPC, arts. 344 e 346)[59].

Nem sempre será necessária a intervenção da Fazenda Pública municipal ou estadual, dada a baixíssima possibilidade de ocorrer hipótese de incidência tributária. Isto porque, tanto o ITBI (Imposto sobre a Transmissão de Bens Imóveis)[60] quanto o ITCMD (Imposto

---

[56] REsp 729.701/SP, *DJ* 1º-2-2006.
[57] Se a ação for consensual, o valor da causa será o valor venal integral. Em sentido próximo: STJ, AREsp 1.801.631/SP, *DJe* 20-5-2021.
[58] STJ, REsp 720.061/GO, *DJ* 18-12-2006.
[59] Em sentido próximo: GRECO, Leonardo. In: WAMBIER, Teresa Arruda Alvim *et al. Breves comentários ao novo Código de Processo Civil*. São Paulo: Revista dos Tribunais, 2015, p. 1669.
[60] CR/88, art. 156. Compete aos Municípios instituir impostos sobre: II – transmissão *inter vivos* a qualquer título, por ato oneroso, de bens

sobre Transmissão *Causa Mortis* e Doação)[61] têm por fato gerador a transmissão de bens e de direitos que, a rigor, já pertenciam a ambos os consortes por força da mancomunhão, não lhes sendo "transmitido" nada que já não lhes pertencesse antes do momento da partilha, mas apenas individualizado algo que já era seu. Ao que parece, a única situação que poderia levar à tributação ocorreria se um transmitisse para o outro, de forma gratuita ou onerosa, algo que já não lhe pertencesse, como na hipótese de renúncia parcial ou total da meação ou de doações ocorridas no momento da partilha, pois aí sim, haveria desigualdade no resultado final esperado de cada meação – que, em tese, deveria resultar em 50% para cada –, acarretando hipótese de incidência tributária do Imposto sobre Transmissão *Causa Mortis* e Doação (ITCMD) exclusivamente em relação à diferença percebida, justamente pela circunstância de ela ser equiparada, no caso, a uma doação.

É a essa situação que se refere a Súmula 116 do STF, quando enuncia: "em desquite ou inventário, é legítima a cobrança do chamado imposto de reposição, quando houver desigualdade nos valores partilhados".

Em sentido próximo, o art. 38 da Resolução n. 35 do Conselho Nacional de Justiça, embora se referindo ao procedimento extrajudicial, estabelece que "na partilha em que houver transmissão de propriedade do patrimônio individual de um cônjuge ao outro, ou a partilha desigual do patrimônio comum, deverá ser comprovado o recolhimento do tributo devido sobre a fração transferida".

De resto, as legislações estaduais costumam prescrever algo semelhante.

Mas, mesmo assim, tal tributo possui como momento de incidência a efetiva transmissão da propriedade ou do domínio útil (CTN, art. 35), que, como se sabe, ocorre somente com o registro do título na serventia imobiliária (CC, arts. 1.227 e 1.245) e não com o mero reconhecimento/atribuição judicial a respeito, ainda que os aspectos da definição do lançamento reportem-se à data deste último evento.

Ao menos em relação ao ITBI, este é o posicionamento absolutamente pacífico do Supremo Tribunal Federal: "o fato gerador do imposto sobre transmissão *inter vivos* de bens imóveis (ITBI) somente ocorre com a transferência efetiva da propriedade imobiliária, que se dá mediante o competente registro"[62-63].

A prescrição do art. 192 do CTN, além de não ser aplicável às partilhas ocorridas no âmbito do Direito das Famílias, se refere aos tributos devidos até a data da partilha e não em razão dela[64]. Todavia, nada impede que o juízo, por prudência, cientifique o

---

imóveis, por natureza ou acessão física, e de direitos reais sobre imóveis, exceto os de garantia, bem como cessão de direitos a sua aquisição.

[61] CR/88, art. 155. Compete aos Estados e ao Distrito Federal instituir impostos sobre: I – transmissão *causa mortis* e doação, de quaisquer bens ou direitos.

[62] STF, ARE 1.294.969 RG, *DJ* 19-2-2021; ARE 1.037.372-AgR, *DJe* 24-6-2019; ARE 825.019-AgR, *DJe* 18-3-2016; ARE 805.859-AgR, *DJe* 9-3-2015; ARE 759.964-AgR, *DJe* 29-9-2015.

[63] Ao menos nas operações de compra e venda, a Primeira Seção do Superior Tribunal de Justiça estabeleceu três teses relativas ao cálculo do Imposto sobre a Transmissão de Bens Imóveis (ITBI), sob o rito de Recursos Repetitivos: 1) A base de cálculo do ITBI é o valor do imóvel transmitido em condições normais de mercado, não estando vinculada à base de cálculo do IPTU, que nem sequer pode ser utilizada como piso de tributação; 2) O valor da transação declarado pelo contribuinte goza da presunção de que é condizente com o valor de mercado, que somente pode ser afastada pelo fisco mediante a regular instauração de processo administrativo próprio (art. 148 do Código Tributário Nacional – CTN); 3) O município não pode arbitrar previamente a base de cálculo do ITBI com respaldo em valor de referência por ele estabelecido de forma unilateral (Tema 1.113).

[64] CTN, art. 192. Nenhuma sentença de julgamento de partilha ou adjudicação será proferida sem prova da quitação de todos os tributos relativos aos bens do espólio, ou às suas rendas.

órgão para que ele tome ciência a respeito e aja em conformidade com as disposições aplicáveis[65].

O Ministério Público deverá intervir como fiscal da ordem jurídica apenas se houver interesse de incapazes[66] em jogo ou se se afigurar alguma hipótese prevista no art. 178 do Código (CPC, art. 721). Na sequência será aberta a oportunidade para a prolação da sentença, na qual o juiz não será obrigado a observar o critério de legalidade estrita, podendo julgar por equidade com o objetivo de adotar a solução que reputar mais conveniente ou oportuna ao caso (CPC, art. 723, parágrafo único). Caso conclua pela indivisibilidade do bem, determinará sua avaliação, a não ser que ela já conste dos autos ou se os interessados assim decidirem. Por fim, autorizará a alienação da coisa em leilão.

Mesmo que não tenham sido manifestados em um primeiro momento, tanto o direito de prelação quanto o de adjudicação podem ser exercitados no momento do leilão, já que nele é que serão observados os critérios de preferência listados no art. 1.322 do CC. Nesse sentido, inclusive, já se decidiu que "pretendendo o condômino gozar de preferência na alienação de coisa comum haverá de comparecer ao leilão e ali exercitar seu direito, tendo em vista o valor concretamente oferecido[67]".

Como, via de regra, os quinhões serão idênticos e as benfeitorias ou acessões eventualmente sobrepostas ao longo da união terão se comunicado igualmente entre as partes, a preferência para a aquisição/adjudicação se resolverá, muito possivelmente, a favor de quem efetuar o maior lance. Alienada a coisa e deduzidas as despesas decorrentes da venda e outras porventura existentes, o valor líquido apurado permanecerá depositado à ordem do Juízo, em instituição financeira e, uma vez lavrado o auto e extraída a respectiva carta de arrematação/adjudicação em favor do arrematante/adjudicante, seu levantamento poderá ser autorizado.

A repartição do dinheiro deverá observar, em regra, o percentual de 50% para cada parte, ressalvadas eventuais compensações entre elas.

Respeitosamente, porém, parece ter passado da hora desses métodos serem superados, pois a mais amena crítica a eles direcionada diria respeito a sua absoluta inadequação ao modelo atual de processo civil e à necessidade de seu processamento se dar perante as Varas Cíveis residuais, gerando a necessidade de as partes proporem novas demandas, de terem que recolher as custas prévias correspondentes, tendo que suportar todos os dissabores inerentes a isso.

A bem da verdade, o ideal seria que todo provimento judicial independesse de novas provocações e determinações para que projetasse efeitos no campo prático, dada a flagrante intenção de o sistema brasileiro incorporar o modelo sincrético de processo. Mas, como não se chega a tanto, se mostraria pelo menos satisfatório que o procedimento destinado à

---

[65] Em havendo partilha em divórcios internacionais, a situação pode ser diferente. Assim: TEIXEIRA, Flávia Calmon Rangel. *El papel de la Organización para la Cooperación y Desarrollo Económico (OCDE) en el combate a la bitributación*. Derecho y cambio social, v. 58, 2019, p. 312-325.

[66] Lembrando que as alterações promovidas pelo Estatuto da Pessoa com Deficiência (Lei n. 13.146/2015) no regime das incapacidades traçado pelo Código Civil (arts. 3º e 4º), impossibilitam que se considere como absolutamente incapaz a pessoa adulta que, por causa permanente, encontra-se inapta para gerir sua pessoa e administrar seus bens de modo voluntário e consciente. Logo, a incapacidade absoluta para exercer pessoalmente os atos da vida civil é algo que se restringe aos menores de 16 (dezesseis) anos, pois o critério passou a ser exclusivamente etário, tendo sido eliminadas as hipóteses de deficiência mental ou intelectual anteriormente previstas no Código Civil. (STJ, REsp 1.927.423/SP, j. em 27-4-2021).

[67] STJ, REsp 478.757/RJ, *DJ* 29-8-2005.

efetivação das decisões fosse facilitado em alguns pontos específicos, dos quais o econômico e o temporal, certamente seriam exemplos.

Por isso é que se acredita que o sistema atualmente empregado mereça uma reflexão crítica, pautada na nova forma de se enxergar o processo como um método a serviço da prestação célere, econômica e justa, de uma tutela que seja útil aos jurisdicionados, do ponto de vista empírico.

A essa tarefa destina-se o tópico seguinte.

3.3 REFLEXÃO CRÍTICA AO SISTEMA TRADICIONAL

A visão tradicional do fenômeno, aqui criticada, parte do pressuposto de que, se os consortes não chegarem a um consenso a respeito do destino dos bens, durante o trâmite da ação de família, haverá necessidade de promoção da ação de inventário e partilha para apuração dos respectivos quinhões como, aliás, vem sendo feito desde o advento da Lei das XII Tábuas, por meio da assim chamada *actio familiae erciscundae*[68]. Esse posicionamento, ao que parece, conta com plena aceitação no STJ[69].

Com o máximo respeito, porém, segue-se linha de orientação diversa por se entender que a adoção obrigatória da ação de inventário e partilha não soluciona adequadamente o caso. Pelo menos, a maioria deles.

Considerando-se as novas diretrizes e valores encampados pelo processo civil atual, parece mesmo ter passado da hora não só desse procedimento, mas de todos os métodos acima estudados serem definitivamente sobrepujados. Afinal, a exigência de tantos atos judiciais (liquidação, inventário, partilha e posterior necessidade de instauração de novo procedimento judicial destinado à venda ou divisão dos bens comuns) se revelaria um tanto quanto inadequada, no mínimo, em relação aos quesitos economicidade e celeridade que devem circundar todos os processos judiciais. Acresça-se a isso o fato de as mais recentes reformas engendradas na legislação terem promovido o ambiente propício para a inovação nesse campo, bastando aos profissionais que militam no foro se adequarem a elas.

O arrolamento sumário e as ações de inventário e partilha receberam críticas no mesmo instante em que foram estudadas neste livro, tornando ocioso qualquer outro apontamento a respeito.

Por outro lado, de nada ou muito pouco adiantaria aos ex-consortes possuírem uma sentença judicial decretando a *partilha jurídica* dos bens, mas que servisse apenas como instrumento hábil ao ingresso de novas, demoradas e custosas demandas judiciais. Por isso é que se acredita que a ação destinada à divisão da coisa divisível também não seria ideal, pois além de demandar enormes gastos com o custeio da prova pericial, não raro possui longa duração e poderia levar a inconvenientes que iriam de encontro a tudo que se espera de uma *divisão cômoda*, chegando ao cúmulo de até mesmo ter que ser julgada improcedente por esse motivo, levando à necessidade de propositura do procedimento destinado à alienação do bem pelo rito acima transcrito.

---

[68] CRETELLA JÚNIOR, José. *Curso de direito romano*. 30. ed. Rio de Janeiro: Forense, 2007, p. 152.
[69] Dentre vários: REsp 1.404.103/PR, *DJe* 4-9-2014; AgRg no REsp 1.171.641/SP, *DJe* 14-4-2011.

Com mais habitualidade do que seria desejável, ocorre também de as linhas limítrofes constitutivas do perímetro serem invadidas no momento da formação dos quinhões, rendendo ensejo a que os confinantes proponham toda série de demandas voltadas à proteção de seus direitos, a exemplo dos embargos de terceiro e da ação reivindicatória, que servem de considerável fator de desestímulo à utilização desse procedimento (CPC, arts. 594 e 595).

A promoção da venda das coisas indivisíveis comuns por ação autônoma, perante as Varas Cíveis residuais, também não se mostraria uma alternativa que pudesse ser considerada realista, na medida em que acabaria gerando a inversão do processamento natural das coisas ao atribuir a outro Juízo a mera efetivação de um comando derivado da Vara de Família, que, pelas regras de competência traçadas pelo CPC, deveria ser lá processado (art. 516, II). Isso sem se falar nos ônus financeiros aos interessados, dada a necessidade de propositura de ação específica, com os reflexos econômicos a ela inerentes.

O endereçamento da demanda às Varas Cíveis residuais somente deveria ocorrer em situações especiais, como aquelas referidas na Parte I deste livro, justamente por implicarem alterações de relevo na estrutura do processo, a exemplo do ingresso de terceira pessoa no polo passivo da demanda naquelas situações em que se busca indenização por acessões em face do proprietário do terreno ou a apuração de haveres em face dos sócios e da sociedade empresária. Aliás, parece que esse entendimento vem começando a ganhar força na jurisprudência do Superior Tribunal de Justiça, pois vem sendo atribuída competência às Varas de Família para processar e julgar pedidos que possuam indissociável relação com outros indiscutivelmente vinculados ao juízo de família, ainda que originariamente pertencentes ao direito das obrigações e coisas, por exemplo, quando decorrerem logicamente deles ou representarem questão prévia e subordinante em relação a eles[70].

Resta torcer para tal posicionamento se consolidar, como defendido neste livro.

Por seu turno, a permanência da cotitularidade de direitos sobre cada um desses bens também não pareceria atender aos anseios das partes, por se saber que a comunhão é vista como a *mater rixarum*. Os inconvenientes surgidos enquanto os bens permanecem sob este estado são tantos que diversas medidas vêm sendo aplicadas pelo Superior Tribunal de Justiça para tentar minimizar os prejuízos das partes, como a fixação de indenização pelo uso exclusivo das coisas comuns[71], a execução de verba referente aos frutos produzidos por essas coisas[72] e, até a imposição de alimentos transitórios[73], tudo na tentativa de se proporcionar o equilíbrio econômico-financeiro desestabilizado pelo fim da união. Muitas vezes, porém, tais medidas funcionam como meio indireto, verdadeiros paliativos empregados casuisticamente para se compelir o consorte renitente a proceder à divisão do patrimônio comum, mas que não possuem aptidão para promover a eliminação da causa jurídica responsável por este estado de agonia patrimonial. Boa mostra disso advém dos acima referidos *alimentos compensatórios* que, apesar de virem recebendo significativo acolhimento

---

[70] REsp 1.621.204/MT, *DJe* 15-2-2018.
[71] STJ, REsp 983.450/RS, *DJ* 10-2-2010.
[72] STJ, RHC n. 28.853/RS, *DJe* 12-3-2012.
[73] STJ, REsp 1.362.113/MG, *DJe* 6-3-2014; REsp 1.287.579/RN, *DJe* 2-8-13.

por parte da jurisprudência, por vezes vêm sendo aplicados de forma um tanto distorcida, no nobre propósito de minimizar os prejuízos patrimoniais sofridos pelos ex-consortes por ocasião da dissolução da união[74].

Parece, contudo, que nem mesmo o mais sublime dos propósitos autorize que um processo civil comprometido com a uniformidade, a estabilidade, a coerência, a integridade e a concretização de suas decisões, conviva com esse tipo de situação, sendo necessário o emprego de métodos jurídicos seguros que se mostrem mais apropriados ao atingimento do mesmo desiderato, preferencialmente de forma simples, rápida, eficiente e barata.

Por isso é que se acredita que melhor seria municiar o sistema de instrumentos adequados para combater as intempéries surgidas durante o processo de partilha do patrimônio comum, como alguns países vem fazendo, pois não se nega o poder de persuasão que aquele sujeito que retém consigo a maior parte do patrimônio indiviso possui sobre os filhos e até mesmo sobre seu ex-consorte.

Necessário se torna, assim, que se voltem os olhos para outros instrumentos que, se manejados de forma adequada, parecem ser capazes de acarretar sensível aceleração no procedimento e considerável otimização às ações de família, inclusive no que concerne a seus reflexos patrimoniais. Conquanto se acredite ser possível ir muito além, as "ações de família" representam um importante passo rumo a este objetivo e, por isso, serão o primeiro instrumento a ser estudado na sequência, relegando-se ao capítulo derradeiro deste livro o procedimento sugerido como preferencial para a promoção da partilha fática dos bens.

---

[74] STJ, REsp 1.290.313/AL, *DJe* 7-11-2014.

4
As Ações de Família

CONSIDERAÇÕES INICIAIS

Foi sob influxo dos reclames provenientes de diversos setores da sociedade que, em boa hora, o novo CPC passou a estabelecer um rito único para as assim chamadas "ações de família", disciplinando-o em seu Livro I, Título III, Capítulo X, da Parte Especial (arts. 693/699-A).

A novidade se revela das mais salutares, pois bem se sabe que todo e qualquer procedimento especial é criado pelo legislador com o objetivo de atender às particularidades do direito material que ele próprio se vocaciona a solucionar[1]. Muito embora continue sendo um processo de conhecimento destinado a promover o *acertamento* das questões submetidas pelas partes ao crivo do Judiciário, seu procedimento é dotado de especificidades que o distinguem sobremaneira do rito comum.

Bom que seja assim, pois as ações de família devem ser pensadas e aplicadas em função das normas e valores que elas mesmas buscam proteger.

A despeito dessa conclusão, simples passar de olhos sobre o texto normativo dos arts. 693 a 699-A do novo Código não permite que se alcancem todas as particularidades e novidades incorporadas ao sistema, podendo induzir o intérprete a acreditar, sob equivocada percepção, que o rito das ações de família não se distinguiria tanto do procedimento comum. Isso porque, à semelhança do que lá ocorre, ele também tem início por provocação das partes, também comporta requerimentos de tutela provisória, também impõe a designação de audiência de mediação e conciliação previamente à apresentação de resposta e, se não atingida a composição amigável, também se processará pelo rito comum daí por diante (CPC, arts. 697 c/c 335). Mas, interpretando-se tais dispositivos conjunta e sistematicamente com os demais artigos do Código, e sob o influxo das particularidades da relação jurídica familiarista que se encontra subjacente ao processo, notam-se imensas diferenças entre um e outro ritos.

De plano o legislador deixa claro que a principal meta a ser atingida pelo emprego do procedimento é a solução consensual da própria *controvérsia*, e não apenas do

---

[1] LACERDA, Galeno Velinho de. *Comentários ao Código de Processo Civil*. 5. ed. Rio de Janeiro: Forense, 1993, v. 8, t. 1, p. 19.

litígio, para o que o magistrado deve empregar todos os esforços e até se valer do auxílio de profissionais de outras áreas de conhecimento para a mediação e conciliação (CPC, art. 694).

Não que isso represente algo inédito no sistema, pois o empenho em se atingir a solução pacífica dos conflitos era notável mesmo no CPC/73. Mas, agora, o objetivo assumiu o posto de principal preocupação do legislador (CPC, art. 3º, § 2º), que passou a permitir que o juiz acolha o requerimento correspondente e determine a suspensão do curso do procedimento na hipótese de os litigantes se submeterem a mediação extrajudicial ou a atendimento multidisciplinar, inclusive conservando a eficácia de eventuais tutelas provisórias concedidas (arts. 694, parágrafo único c/c 296, parágrafo único).

De acordo com o art. 693 do diploma processual, o rito sob estudo deve ser aplicado aos processos contenciosos de divórcio, reconhecimento e extinção de união estável, guarda, visitação e filiação, mas certamente esta enumeração não se deu em caráter exaustivo, de modo a possibilitar que outras demandas tramitem sob ele. Por outro lado, o parágrafo único deste dispositivo estabelece, em aparente enumeração taxativa, as demandas que não tramitarão sob o procedimento em análise, sendo elas a ação de alimentos, a interdição e aquelas que versarem sobre interesses de crianças ou adolescentes em situação de risco, sobre as quais as disposições normativas serão aplicáveis apenas subsidiariamente. Por isso é que parece ser mais tecnicamente adequado afirmar que todas as ações de família que não forem contempladas na enumeração trazida pelo parágrafo único do art. 693 tramitarão pelo rito especial[2].

Para a ação de divórcio, separação, anulação de casamento e reconhecimento ou dissolução de união estável será competente, nesta ordem: o foro do domicílio do guardião de filho incapaz; o do último domicílio do casal, caso não haja filho incapaz; o do domicílio do réu, se nenhuma das partes residir neste local, ou; o de domicílio da vítima de violência doméstica e familiar, nos termos da Lei Maria da Penha (CPC, art. 53, I).

A legitimidade para a promoção das demandas acima pertence exclusivamente aos cônjuges e conviventes, desde que, é claro, sejam capazes. Se, entretanto, nenhum deles puder exprimir sua vontade por causa permanente (CC, art. 1.767 c/c art. 4º), seu ascendente, irmão ou curador poderão, excepcionalmente, representá-lo, ajuizando-as[3].

As inovações são tantas que, para que o estudo possa se desenvolver com a completude que se deseja, serão analisadas em tópicos distintos, dispostos de acordo com o principal intento da fase procedimental em que se encontram. Não será feita, contudo, uma abordagem minuciosa das ações de família, pois isso já foi feito na obra *Manual de Direito Processual das Famílias*, cuja leitura é fortemente recomendada, até em complemento ao que está sendo estudado por aqui.

---

[2] O Enunciado n. 72 do FPPC possui a seguinte redação: "O rol do art. 693 não é exaustivo, sendo aplicáveis os dispositivos previstos no Capítulo X a outras ações de caráter contencioso envolvendo o Direito de Família".

[3] Nesses casos, o ideal é que o curador já tenha sido nomeado definitivamente, mas, em situações ainda mais excepcionais, o curador provisório poderá ajuizar a ação, desde que expressa e previamente autorizado pelo juiz após a oitiva do Ministério Público (CPC, arts. 749, parágrafo único; Lei n. 13.146/2015, art. 87). Nesse sentido: STJ, REsp 1.645.612/SP, *DJe* 12-11-2018.

4.1 AS INOVAÇÕES NA FASE DE CONCILIAÇÃO/MEDIAÇÃO

No Brasil, a mediação encontra fundamento jurídico em três diplomas normativos, que se comunicam e se complementam entre si, naquilo em que forem conciliáveis: a Resolução n. 125 do CNJ, o novo CPC e a Lei de Mediação (Lei n. 13.140/2015). De acordo com Trícia Navarro Xavier Cabral, por exemplo, "esse aparato legal deu um contorno contemporâneo ao acesso à justiça, disponibilizando amplas formas de ingressar no Poder Judiciário, e diferentes maneiras de se sair dele, com o uso da técnica que melhor atender às particularidades do conflito. Trata-se do modelo de Justiça Multiportas, que permite que os litígios sejam resolvidos por mecanismos que não se resumem à sentença adjudicada[4]".

Inclusive, é sob essa tripla perspectiva que o estudo será feito neste livro.

A atividade mediadora não se confunde, como seria natural supor, com a conciliadora. Isso porque, de acordo com o art. 165 do Código de Processo Civil, o conciliador atuará preferencialmente nos casos em que não houver vínculo anterior entre as partes, podendo, nesta condição, sugerir soluções para o litígio desde que, por óbvio, se abstenha de utilizar qualquer tipo de constrangimento ou intimidação para que as partes conciliem (§ 2º)[5]. Por seu turno, o mediador atuará preferencialmente nos casos em que houver vínculo anterior entre as partes, devendo auxiliar aos interessados a compreender as questões e os interesses em conflito, de modo que eles possam, pelo restabelecimento da comunicação, identificar, por si próprios, soluções consensuais que gerem benefícios mútuos (§ 3º).

Por isso a mediação parece ser uma técnica bastante recomendável para a abordagem e possível solução dos conflitos familiares. Para que ela ocorra no âmbito judicial – que é a única esfera que interessa a este livro –, deve ser proposta a demanda e recebida a petição inicial. Sendo feito isso, o juiz adotará eventuais providências relativas à tutela provisória, ordenando a citação do réu na sequência para comparecer à audiência de mediação e conciliação (CPC, art. 695, *caput*).

Em regra, a citação para as ações de família será pessoal (CPC, art. 695, § 3º), não podendo, por isso, ser realizada na pessoa de procurador ou de representante legal do demandado, como ocorre no rito comum (CPC, art. 242). Outra peculiaridade é que o ato citatório deverá ser concluído com antecedência mínima de 15, e não de 20 dias da data designada para a audiência (CPC, art. 695, § 2º). Embora pareça irrelevante, a diferença de cinco dias pode significar um verdadeiro adianto na vida das partes, pois todos os atos processuais são contados em dias úteis agora (CPC, art. 219). Uma terceira característica das ações de família advém da inexistência de prazo mínimo de intervalo entre a data de realização desta audiência e a do despacho inicial, como ocorre no rito comum (CPC, art. 334, *caput*), uma vez que o Código estabelece apenas prazo mínimo entre essa audiência e a citação (CPC, art. 695, § 2º), o que leva à conclusão de que tal ato pode ser designado para qualquer data posterior à quinzena prevista por este artigo. Uma quarta e última particularidade é que, embora tenha que ser

---

[4] CABRAL, Trícia Navarro Xavier. NCPC: Conciliação e Mediação – uma visão sobre o novo sistema. Disponível em: https://processualistas.jusbrasil.com.br/artigos/346227885/ncpc-conciliacao-e-mediacao. Acesso em 10.jul.2017.
[5] Nessa linha, inclusive, é o teor do Enunciado n. 187 do FPPC, segundo o qual "no emprego de esforços para a solução consensual do litígio familiar, são vedadas iniciativas de constrangimento ou intimidação para que as partes conciliem, assim como as de aconselhamento sobre o objeto da causa".

efetuada na pessoa do réu, a citação pode ser feita pelo correio, desde que essa parte não seja incapaz, possua endereço em localidade atendida pelo serviço postal, e não se trate de demanda versando sobre o estado da pessoa, pois nestes casos o ato deverá necessariamente ser praticado por oficial de justiça (CPC, arts. 246, I, c/c 247, I e II).

Relembre-se: nem todas as ações de família são ações de estado[6].

Qualquer que seja a modalidade pela qual o demandado seja citado, o mandado correspondente lhe deve ser encaminhado sem a contrafé (CPC, art. 695, § 1º), sendo esta mais uma distinção para com o procedimento comum (CPC, arts. 248 e 251).

Ainda não se sabe se esta última medida atingirá o escopo almejado pela comissão encarregada de elaborar o Anteprojeto que se transformou no novo CPC – *aumento da probabilidade de êxito nas sessões de conciliação/mediação* –, mas vem sendo recebida com bons olhos por respeitável parcela da doutrina que enxerga na circunstância de o litigante não ter contato com as alegações feitas na inicial, excelente mecanismo voltado à criação de ambiente mais favorável e propenso ao acordo[7].

Seja como for, o próprio Código assegura a ele o direito de examinar o conteúdo da petição inicial e documentos que a instruem, a qualquer tempo (CPC, art. 695, § 1º), sem que isso possa configurar seu *comparecimento espontâneo* para o fim de fazer fluir o prazo para apresentação de contestação (CPC, art. 239, § 1º).

No rito comum, o texto normativo estabelece que as partes devam comparecer pessoalmente a essa audiência, acompanhadas de advogados ou defensores públicos, sob pena de o não comparecimento injustificado implicar na incidência da multa a que se refere o art. 334, § 8º, do Código. Diante do aparente rigorismo desta norma, muito se tem discutido sobre a possibilidade de as partes deixarem de atender ao chamamento judicial para esta audiência, como lhes permite o art. 334, § 4, I, e § 5º do mesmo diploma, mas, diante da imposição contida no art. 27 da Lei n. 13.140/2015[8], a tendência parece ser justamente a obrigatoriedade, para que as partes sejam, no mínimo, estimuladas à composição amigável[9].

A audiência em questão será realizada, preferencialmente, por profissionais integrantes dos centros judiciários de solução consensual de conflitos, a serem criados pelos Tribunais de Justiça, em obediência ao que prescreve o art. 24 da Lei n. 13.140/2015. Se as partes aceitarem se submeter ao procedimento de mediação, serão observadas as diretrizes traçadas por tal lei e pelo CPC, inclusive no que concerne à suspensão do curso do procedimento, o não transcurso do prazo prescricional e a abstenção de condenação em custas judiciais finais na hipótese de o conflito ser solucionado em qualquer dessas sessões (Lei n. 13.140/2015, art. 29).

De acordo com o parágrafo único do art. 694 do CPC, e desde que haja requerimento nesse sentido, "o juiz pode determinar a suspensão do procedimento enquanto os litigantes

---

[6] Entendendo ser possível a citação postal mesmo nas ações de família de estado: DIDIER JR., Fredie. *Curso de direito processual civil*. 12. ed. Salvador: Juspodivm, 2015, v. 1, p. 615.

[7] DIAS, Maria Berenice. As ações de família no novo Código de Processo Civil. *Revista IBDFAM*, n. 10, jul./ago. 2015.

[8] Art. 27. Se a petição inicial preencher os requisitos essenciais e não for o caso de improcedência liminar do pedido, o juiz designará audiência de mediação.

[9] Aparentemente nesse sentido: CUNHA, Leonardo Carneiro da. Procedimento especial para as ações de família no novo Código de Processo Civil. In: DIDIER JR., Fredie (Coord.). *Novo CPC: doutrina selecionada*: procedimentos especiais, tutelas provisórias e direito transitório. Salvador: Juspodivm, 2015, v. 4, p. 475.

se submetem a mediação extrajudicial ou a atendimento multidisciplinar". Convém deixar claro, porém, que essa possibilidade não se esgota nos exemplos trazidos pelo legislador e que o prazo de suspensão não se limitará ao período de um ano previsto pelo art. 313, § 4º, do mesmo diploma, por se tratar de hipótese que reclama prioridade absoluta de solução[10].

Não sendo alcançada a solução do conflito nessas sessões, terá início a fase contenciosa do procedimento, que receberá atenção detida no tópico seguinte.

4.2 AS INOVAÇÕES NA FASE CONTENCIOSA

Na mesma audiência em que não for alcançada a composição amigável, cópias da petição inicial e dos documentos que a instruem serão entregues ao réu, que independentemente de nova intimação, poderá apresentar contestação no prazo de quinze dias úteis, contados na forma do art. 335, dada a incidência das normas do procedimento comum a partir de então (CPC, art. 697)[11]. Nesta peça, deverá ser lançada toda a matéria de defesa, com a exposição das razões de fato e de direito com as quais se impugnam o pedido do autor e a especificação das provas que se pretenda produzir (CPC, art. 336). Eventuais alegações de incompetência absoluta ou relativa, bem como a impugnação ao valor da causa, também deverão ser feitas no bojo desta peça, e não mais por exceções instrumentais (CPC, arts. 64 e 337, II e III).

Não custa lembrar que a mulher, que antes possuía foro privilegiado para as ações de divórcio e anulação de casamento, terá que se submeter às regras gerais da competência (CPC, art. 53, I). Logo, em havendo necessidade de se alegar a incompetência por este ou por qualquer outro motivo, a contestação poderá ser protocolada no foro de seu próprio domicílio e imediatamente dado conhecimento deste fato ao juiz da causa, preferencialmente por meio eletrônico (CPC, art. 340).

A incompetência relativa pode ser alegada, também, pelo Ministério Público, nas causas em que atuar como fiscal da ordem jurídica (art. 65 parágrafo único).

Eventual reconvenção independerá de contestação, mas, se esta houver sido apresentada, deverá necessariamente integrá-la (CPC, art. 343, *caput*, e § 6º). Se não houver apresentação de contestação nem de reconvenção, ou se esta não contiver a impugnação especificada dos fatos expostos na inicial, o réu será considerado revel e presumir-se-ão verdadeiras as alegações de fato formuladas pelo autor (CPC, art. 344). Este efeito, contudo, não será projetado sobre os fatos relacionados à *existência* de direitos indisponíveis, como a guarda, os alimentos e a convivência com os filhos incapazes, mas apenas em relação aos *fatos condizentes à sua forma de exercício*, e aos *fatos respeitantes aos direitos de cunho puramente patrimonial*, como a comunicabilidade de bens, por exemplo, e ainda assim, desde que haja nos autos os documentos que a lei considere indispensável à prova do ato, as alegações de fato formuladas na inicial sejam verossímeis e não estejam em contradição com outra prova constante dos autos (CPC, art. 345, *caput* e incs. III e IV).

---

[10] Nesse sentido: AMARAL, Guilherme Rizzo. *Comentários às alterações do novo CPC*. São Paulo: Revista dos Tribunais, 2015, p. 750.
[11] Art. 335. O réu poderá oferecer contestação, por petição, no prazo de 15 (quinze) dias, cujo termo inicial será a data: I – da audiência de conciliação ou de mediação, ou da última sessão de conciliação, quando qualquer parte não comparecer ou, comparecendo, não houver autocomposição.

Independentemente desse efeito, os prazos contra o revel que não tenha patrono nos autos fluirão da data de publicação do ato decisório no órgão oficial, sendo-lhe assegurado intervir no processo em qualquer fase, recebendo-o no estado em que se encontrar (CPC, art. 346).

Se a demanda não for contestada e, mesmo assim, não puder ser aplicado o efeito da presunção ficta de veracidade dos fatos alegados na inicial (CPC, art. 344), o juiz ordenará que o autor especifique as provas que pretenda produzir, se ainda não as tiver indicado (CPC, art. 348). Mesmo ao revel, porém, será lícita a produção de provas contrapostas às alegações do autor, desde que se faça representar nos autos a tempo de praticar os atos processuais indispensáveis a essa produção (CPC, art. 349).

Se, em sua contestação, o réu alegar qualquer questão preliminar ao mérito ou fato impeditivo, modificativo ou extintivo do direito do autor, este será ouvido no prazo de 15 dias, sendo-lhe permitida a produção de prova (CPC, arts. 350 e 351). Não havendo necessidade de produção de outras provas, ou em se tratando de revel litigando sob o efeito previsto no mencionado art. 344, sem requerimento de produção de provas, o juiz julgará antecipadamente o pedido, proferindo sentença de mérito (CPC, art. 355).

Nesse ponto do procedimento, abre-se oportunidade àquela que vem sendo considerada por muitos como uma das inovações mais saudáveis e proveitosas do novo CPC, ao menos no que concerne às ações de divórcio. Isso porque o juiz não mais ficará impedido de decretar a dissolução do casamento pelo simples fato de existirem eventuais pendências de ordem patrimonial ou pessoal entre as partes, bastando que o faça por meio da decisão interlocutória prevista no art. 356 do Código, que possibilita o julgamento antecipado parcial do mérito.

Em sendo desfeito o casamento por meio desta técnica, mas havendo outras questões a serem acertadas, a respeito das quais seja imperiosa a dilação probatória, como, por exemplo, a guarda de filhos e o regime de convivência, deverá o juiz sanear e organizar o processo em decisão fundamentada com o objetivo de: (a) resolver as questões processuais pendentes, se houver; (b) delimitar as questões de fato sobre as quais recairá a atividade probatória, especificando os meios de prova admitidos; (c) delimitar as questões de direito relevantes para a decisão do mérito; e (d) se necessário, designar audiência de instrução e julgamento (CPC, art. 357).

Ele poderá, inclusive, designar audiência para que o saneamento seja feito em cooperação com as partes, oportunidade em que estas serão convidadas a integrar ou esclarecer suas alegações[12].

Na decisão de saneamento, surge outra ótima oportunidade a que se confira maior otimização às demandas de família: a possibilidade de o juiz distribuir o ônus da prova de modo diverso entre as partes. Isto porque, embora o CPC repita a regra geral sobre atribuição do encargo probatório (CPC, art. 373), possibilita que o magistrado o redistribua quando se deparar com peculiaridades da causa relacionadas à impossibilidade ou à excessiva dificuldade de uma parte cumprir o encargo regulamentar, ou à maior facilidade da outra de obtenção da prova do fato contrário (CPC, art. 373, § 1º).

---

[12] O Enunciado n. 298 do FPPC estabelece que "a audiência de saneamento e organização do processo em cooperação com as partes poderá ocorrer independentemente de a causa ser complexa".

Se se parar para pensar nas dificuldades normalmente enfrentadas por todos os sujeitos do processo nas demandas que envolvem grande patrimônio, por exemplo, facilmente se concluirá pela utilidade da inovação legislativa, convindo lembrar, no entanto, que a deliberação judicial a respeito não pode gerar situação em que a desincumbência do encargo pela parte seja impossível ou excessivamente difícil (CPC, art. 373, § 2º).

A decisão de saneamento e organização do processo pode servir de palco para que outra inovação digna de aplausos venha à tona: a possibilidade de as próprias partes convencionarem a respeito de modificações no procedimento, com vistas a ajustá-lo às especificidades da causa, de fazerem convenções sobre os seus ônus, poderes, faculdades e deveres processuais, e de celebrarem convenções sobre a redistribuição do ônus da prova, desde que, neste caso, não sejam comprometidos direitos indisponíveis nem excessivamente dificultada a uma delas o exercício de direitos (CPC, arts. 139, § 3º e 190). De comum acordo, as partes poderão, ainda, fixar calendário para a prática dos atos processuais, quando for o caso, o qual as vinculará e ao juiz, se a esse respeito concordar (CPC, art. 191). Havendo a anuência de todos, dispensar-se-ão inclusive intimações futuras para a prática de atos processuais ou a respeito de datas de audiências que tiverem sido designadas no calendário (§ 2º). Caso o Ministério Público atue no feito, sua oitiva e concordância também se mostrará necessária. Ao juiz caberá a função de controle da validade destas estipulações, recusando-lhes aplicação somente nos casos de nulidade ou em que alguma parte se encontre em manifesta situação de vulnerabilidade (CPC, art. 190, parágrafo único).

O Código permite até mesmo que as próprias partes apresentem ao juiz, para homologação, delimitação consensual das questões de fato e de direito relevantes para a decisão do mérito, a qual, se homologada, vinculará a todos os sujeitos do processo (CPC, art. 357, § 2º).

Caso não ocorra qualquer dessas variáveis ou alguma delas imponha o prosseguimento da fase probatória, o rito terá que prosseguir e, uma vez realizado o saneamento, as partes terão o direito de pedir esclarecimentos ou solicitar ajustes na decisão correspondente, no prazo comum de cinco dias, findo o qual ela se tornará estável. Se for determinada a produção de prova testemunhal e não houver disposição em sentido diverso, será fixado prazo comum não superior a 15 dias para que as partes apresentem rol de testemunhas, caso não optem por levá-las diretamente ao ato (CPC, art. 357, §§ 1º a 7º).

Na eventualidade de determinar a produção de prova pericial, o juiz deve nomear profissional especializado no objeto da perícia e fixar de imediato o prazo para entrega do laudo, se possível, estabelecendo calendário para sua realização (CPC, art. 357, § 8º c/c art. 465).

A ordem de produção dos meios de prova, contudo, não é rígido, já que o juiz pode alterá-la com o objetivo de que se torne mais adequada às necessidades do conflito e possa conferir maior efetividade à tutela do direito. Para que ele possa desenvolver esta atividade a contento, o Código autoriza que todo e qualquer prazo processual possa ser dilatado, desde que ainda não tenha se encerrado, daí advindo mais uma importante inovação em relação ao sistema revogado: a adaptabilidade do procedimento (CPC, art. 139, VI e parágrafo único), que receberá atenção especial em tópico específico deste livro.

Levando-se em consideração as particularidades das ações de família, parece não restar dúvida de que o emprego da técnica processual assegurada por esse dispositivo possibilitará que o conflito que reside por detrás da demanda possa ser muito mais apropriadamente solucionado, bastando que se pensem, por exemplo, em quantas provas periciais poderão ser evitadas se sua produção for relegada para momento posterior à produção da prova oral que, como regra, deve antecedê-la (CPC, art. 447).

Chegado, enfim, o momento de realização da audiência de instrução e julgamento, abrir-se-ão duas outras novas oportunidades ao juiz: (a) fazer-se acompanhar por profissionais de outras áreas de conhecimento, para tentativa de conciliação e mediação (CPC, art. 694, *caput*), e (b) fazer-se acompanhar por especialistas, por ocasião do depoimento de incapaz em processos que envolverem discussão sobre fato relacionado a abuso ou a alienação parental (CPC, art. 699), sendo certo que "nas ações de guarda, antes de iniciada a audiência de mediação e conciliação de que trata o art. 695 deste Código, o juiz indagará às partes e ao Ministério Público se há risco de violência doméstica ou familiar, fixando o prazo de 5 (cinco) dias para a apresentação de prova ou de indícios pertinentes" (CPC, art. 699-A).

O Código não define a qual ramo do conhecimento tais especialistas devem pertencer, razão pela qual caberá ao juiz optar por profissional de uma ou mais de uma área, de acordo com as necessidades do caso concreto[13]. E isso tem uma razão de ser. O que importa é que a pessoa seja devidamente capacitada para tanto. Foi exatamente a esta conclusão que o Conselho Nacional de Justiça (CNJ) chegou, quando decidiu que, ao menos relativamente à escuta protegida de crianças e adolescentes, psicólogos e assistentes sociais componentes do quadro de servidores do Judiciário, seriam profissionais capacitados para auxiliar os magistrados a viabilizá-la, nos termos da Lei n. 13.431/17 (Procedimento de Controle Administrativo n. 0004543-46.2018.2.00.0000). Sem prejuízo de escutar a criança ou o adolescente, poderá o magistrado designar a perícia psicológica ou biopsicossocial a que se refere o art. 5º da Lei n. 12.318/2010, caso entenda necessário[14].

De acordo com o que dispõe o art. 365 do Código, a audiência é una e contínua, podendo ser excepcional e justificadamente cindida na ausência de perito ou de testemunha, desde que haja concordância das partes. Encerrados os debates ou oferecidas as razões finais, o juiz proferirá sentença em audiência ou remeterá os autos à conclusão com este desiderato (CPC, art. 366)[15].

Este é, *grosso modo*, o rito especial destinado pelo novo CPC às ações de família.

Chama-se a atenção, porém, para a lamentável circunstância de ele não ter previsto nenhum ato ou procedimento destinado à promoção da divisão material dos bens comuns amealhados ao longo das uniões familiares, a despeito de a partilha patrimonial ser, inegavelmente, uma *ação de família*, ainda que em sentido amplo. Como resultado, corre-se o sério risco de continuarem sendo utilizados os ultrapassados métodos que vêm sendo empregados há décadas na prática forense para se atingir esse desiderato.

---

[13] Nesse sentido: NERY JR., Nelson; ANDRADE NERY, Rosa Maria de. *Comentários ao Código de Processo Civil*. São Paulo: Revista dos Tribunais, 2015, p. 1516.
[14] Precisamente nesse sentido: AMARAL, Guilherme Rizzo. *Comentários às alterações do novo CPC*. São Paulo: Revista dos Tribunais, 2015, p. 752.
[15] Louvável, portanto, a sensibilidade do IBDFAM ao editar o Enunciado n. 17, segundo o qual "a técnica de ponderação, adotada expressamente pelo art. 489, § 2º, do Novo CPC, é o meio adequado para a solução de problemas práticos atinentes ao Direito das Famílias e das Sucessões".

Mas, não adianta só criticar os métodos tradicionais. É preciso ir além. Necessário se torna que técnicas novas se aliem às já existentes em busca da aceleração e otimização do procedimento dessas demandas, notadamente no que concerne ao objeto central de preocupação deste livro: os reflexos patrimoniais das ações de separação, divórcio e dissolução de união estável.

No capítulo seguinte, serão estudados alguns métodos que talvez possam auxiliar nessa empreitada. Dadas suas especificidades, receberão a denominação de "contributos à efetividade" neste livro.

5

Os Contributos à Efetividade das Ações de Família

CONSIDERAÇÕES INICIAIS

Como se anteviu ao ensejo do encerramento da primeira parte deste livro, a atividade jurisdicional deve, sempre que possível, ser direcionada à solução do *conflito* que subjaz ao litígio e não à mera resolução do *processo* por meio de uma sentença de mérito desprovida de eficácia empírica. Não por acaso, as últimas reformas por que passou o CPC/73, antes de sua completa revogação pelo CPC/2015, tiveram por escopo justamente unificar em um só processo (sincrético) os módulos procedimentais destinados ao *reconhecimento* e à *efetivação* dos direitos, linha esta abraçada escancaradamente pela nova codificação.

No que concerne especificamente ao sistema de efetivação aqui proposto, duas premissas devem ser consideradas: (*i*) tanto a comunhão jurídica ordinária, quanto o condomínio instituído pelo partilhamento jurídico requerem prévias especificação e individualização de bens, no módulo de conhecimento das ações destinadas a colocar fim ao arranjo familiar, sob pena de não poderem ser instituídos; (*ii*) o rito de todas essas demandas obedece à disciplina traçada pelo CPC em seus arts. 693 a 699-A, que impõem a observância do procedimento comum na hipótese de a sessão inicial de mediação e conciliação não lograr êxito (CPC, art. 697).

No que diz com seus reflexos patrimoniais, a atividade processual preponderante em todas elas deve ser voltada, no que interessa a este livro, à apuração dos bens componentes do patrimônio comum, para que se possa saber quais deles efetivamente se comunicarão entre os consortes, à luz das normas dos respectivos regimes de bens[1]. Feito isso, haverá campo para que o juiz prolate um provimento jurisdicional com aptidão para ser acobertado pela coisa julgada material, contendo a delimitação e descrição individualizada dos bens comuns, isto é, partilha jurídica, para que se torne possível sua subsequente efetivação também no mundo dos fatos, com a distribuição material ou do seu equivalente em pecúnia, entre as partes, isto é, a partilha fática.

---

[1] Por óbvio que o acertamento jurídico dos pontos sensíveis às famílias, assim compreendidos aqueles condizentes aos direitos indisponíveis de seus membros, possui prioridade frente às questões patrimoniais. Mas, não é deles que este livro trata, daí advindo a necessidade de se compreender a preponderância acima alegada dentro do contexto exclusivamente patrimonial.

Pouco importa, contudo, que este provimento venha representado por uma sentença homologatória de transação ou conciliação (CPC, art. 515, II), por uma decisão de mérito típica (CPC, arts. 355, 356 e 485) ou por um pronunciamento integrado por uma fase de liquidação (CPC, arts. 509 e s.), já que o que realmente tem relevância é que tudo isso seja precedido da mais ampla defesa e do contraditório, aqui entendido como o direito de participação no processo, com influência sobre o convencimento do julgador e sem surpresas.

Essa operação, como tantas vezes afirmado neste livro, culmina numa forma de partilha, aqui chamada de *partilha jurídica*.

Perceba a sutileza: aplicando as normas dos regimes de bens ao caso concreto, será possível que o juiz declare quais bens são comunicáveis, dissolvendo a universalidade automaticamente. Em seu lugar, se formará, no mesmo instante, uma comunhão de direitos, ora sob a roupagem de uma *comunhão jurídica ordinária*, ora sob a forma de um *condomínio*, em decorrência da mera circunstância factual de mais de uma pessoa titularizar mais de um bem ao mesmo tempo. Daí a acidentalidade de sua constituição (CC, art. 1.314). A partir desse momento, cada parte obterá sua respectiva meação, representada, no caso, por sua fração ideal sobre os bens corpóreos/direitos singularmente considerados.

Isso já foi exaustivamente tratado em tópico específico deste livro, inclusive.

Em princípio, a amplitude do rito simplificaria toda a operação, notadamente porque permitiria que as fases postulatória e probatória se desenvolvessem em toda sua plenitude, minimizando-se os riscos de qualquer das partes vir a sofrer prejuízo ou a ser surpreendida negativamente com a deliberação da questão patrimonial na sentença. Por seu turno, as especificidades das comunhões jurídicas acima mencionadas se encarregariam de tornar o procedimento mais rápido, simples, barato e eficiente, por diversos motivos, dentre os quais merecem destaque:

(*i*) a absoluta desnecessidade de apuração do passivo previamente à descoberta do líquido divisível, pela circunstância de que todas as relações jurídicas passarão a ser cotitularizadas em frações idênticas, assim em seu aspecto passivo como no ativo, permitindo que os eventuais credores recorram às vias tradicionais para a perseguição de seus créditos;

(*ii*) a completa impossibilidade de o procedimento ser atravancado pela eventual constatação de que determinada temática representaria questão de alta indagação, dado ao fato de o rito já ser o mais amplo possível;

(*iii*) a não perquirição a respeito de débitos fiscais a inviabilizar o partilhamento;

(*iv*) a redução dos riscos de remanescer parcela do patrimônio oculta, a exigir a propositura de ação de sobrepartilha, e, talvez, o mais importante deles;

(*v*) o fato de as partes já serem colocadas em uma situação de comunhão jurídica mais simples de ser operada e passível de ser dissolvida amigavelmente ou por um mero procedimento especial de jurisdição voluntária, a ser estudado oportunamente por aqui, inclusive (CPC, art. 725, IV).

Deve ser levado em consideração, ainda, que o procedimento poderá ser cindido para que os diversos pedidos deduzidos em cumulação sejam julgados parceladamente. Isso pode facilitar a vida daquelas partes que possuem urgência na obtenção do divórcio, por exemplo, mas não tanta pressa na resolução da questão patrimonial que, por isso, poderia aguardar a sentença final, como será examinado com mais profundidade brevemente.

Sem dúvida, é preciso evoluir não só o modo de se *operar* o processo, como o próprio modo de se *pensar* o processo, sob pena de se continuar enxergando o novo com os olhos voltados para o velho. Por isso, é de suma importância que se perceba que existe um inteiramente novo Código e não um Código velho reformado.

A propósito, não é de hoje que considerável parcela da literatura vem sustentando a necessidade de o rigorismo e formalismo processuais sofrerem abrandamento em prol de uma prestação jurisdicional célere e efetiva, mas que, ao mesmo tempo, não comprometa as garantias constitucionalmente asseguradas aos litigantes. Além de necessário, isso se mostra absolutamente coerente com a nova fase vivenciada pelo processo civil brasileiro, pautada não na mera *instrumentalidade*, mas na verdadeira *funcionalidade* de institutos e de categorias jurídicas. Afinal, proporcionando a aplicação da força normativa exarada pela Constituição Federal, e permitindo que as postulações se voltem à efetiva asseguração dos fins, princípios e valores constitucionalmente proclamados, o processo judicial criará o ambiente ideal à prolação de decisões muito mais afinadas com os fatos que subjazem à causa[2].

Definitivamente, o modelo de aplicação da lei até então vigente parece ter sido completamente superado. Segundo Marinoni, Arenhart e Mitidiero[3], o juiz da contemporaneidade deve conformar a legislação à Constituição, operando uma verdadeira *reconstrução* da ordem jurídica ao outorgar significados aos textos à luz dos comandos constitucionais. Para bem desempenhar essa tarefa "ele não pode se afastar da realidade em que vive. Se a percepção das novas situações, derivadas do avanço cultural e tecnológico da sociedade, é fundamental para a atribuição de sentido aos casos que não estão na cartilha do judiciário, a apreensão dos novos fatos sociais, que atingem a família, a empresa, o trabalho etc., é igualmente imprescindível para a atribuição de um sentido contemporâneo aos velhos modelos capazes de ser estratificados em casos".

As proporções com que essas premissas condicionam o papel do julgador assumem dimensões consideravelmente maiores quando a situação jurídica base, controvertida no processo, é de índole familiarista, dada a acentuada feição humanista dos direitos que a circundam.

Bom que se remarque, porém, que o sistema deve disponibilizar mecanismos adequados à solução de todos conflitos familiares, envolvam eles ou não interesses de incapazes, pois a especialidade é inerente a todo o complexo de relações jurídicas contraídas pelas famílias, embora não se negue que a preocupação com a técnica jurídica e processual se acentue quando se encontram em jogo alguns pontos dotados de maior sensibilidade[4].

Tamanhos foram os esforços no sentido de se atribuir maior influência do direito material sobre o processo, que o abrandamento da rigidez inerente ao processo civil tradicional deixou de ser uma preocupação meramente doutrinária, para integrar o próprio texto

---

[2] Por todos, conferir: OLIVEIRA, Carlos Alberto Alvaro de. *Do formalismo no processo civil*: proposta de um formalismo-valorativo. 4. ed. São Paulo: Saraiva, 2010.
[3] *Novo curso de processo civil*: teoria do processo civil. São Paulo: Revista dos Tribunais, 2015, v. 1, p. 107.
[4] A respeito: CALMON, Rafael. *Manual de direito processual das famílias*. 2. ed. São Paulo: Saraiva, 2023.

do direito positivo. Veja, por exemplo, que o CPC não só estabeleceu um tratamento diferenciado para as ações de família, como passou a permitir que em todas as demandas o juiz dilate os prazos processuais e altere "a ordem de produção dos meios de prova, adequando-os às necessidades do conflito de modo a conferir maior efetividade à tutela do direito", desde que, por óbvio, tudo isso ocorra sob o mais efetivo contraditório e adequada fundamentação (CPC, art. 139, VI).

Pautado em idêntica premissa, previu a possibilidade de as próprias partes estipularem adaptações no procedimento daquelas causas que admitam autocomposição, com vistas a ajustá-lo às especificidades da relação de direito material subjacente, mediante a elaboração de convenções processuais respeitantes a seus ônus, faculdades, poderes e deveres processuais (CPC, art. 190). Mais do que isso, passou a admitir a verdadeira elaboração de um calendário pelas partes e juiz, para a prática de atos processuais, quando for o caso (CPC, art. 191).

Diante de tantas inovações, talvez seja possível que se passe a pensar até num *processo civil mínimo* quando o que se encontra em discussão fossem as relações familiares, para que o formalismo só tenha lugar quando estritamente necessário e o procedimento seja muito mais orientado no interesse de prestar jurisdição, do que no de servir de obstáculo a esse desiderato; muito mais focado na tutela das necessidades do direito material, do que na mera criação de mecanismos hipotéticos para a consecução dessa finalidade; muito mais comprometido em concretizar os valores e princípios constitucionais, do que em seguir uma operação rígida de mero enquadramento dos fatos nele discutidos às normas de direito infraconstitucional; bem mais influenciado pela força normativa espraiada pela Constituição Federal, do que apegado a textos de lei e a conceitos ultrapassados; muito mais permissivo à atividade interpretativa dos profissionais que nele atuam e à aplicação e ponderação de princípios, do que arraigado a uma tradição antiquada, vinculada à estrita observância do texto legislativo e à mera subsunção do fato à norma que dele se constrói; muito mais voltado à aplicação de termos vagos e dos conceitos jurídicos indeterminados na elaboração da norma que regulamentará o caso concreto, do que apegado ao texto puro e frio da lei, enfim, sem a exigência de maiores requisitos que não aqueles necessários à formação de uma base procedimental mínima e previsível, na qual pudessem ser salvaguardados os direitos constitucionalmente assegurados em sua máxima intensidade, mediante contínuo diálogo, e contidos excessos, surpresas e o uso predatório da jurisdição.

Dessa forma, possivelmente haveria mais efetividade e confiança no Judiciário.

O sistema atualmente posto não chega a tanto, muito embora tenha aprimorado alguns mecanismos clássicos que, se empregados de forma adequada, talvez permitam a atribuição de considerável aceleração ao procedimento e de maior concretude às decisões judiciais. Embora todos eles sejam corriqueiramente empregados no cotidiano forense, ressente-se de uma construção teórica que compatibilize seu manuseio às ações de família, daí advindo a necessidade de, ao menos, ser sugerida uma proposta de emprego racional e adequado no contexto das lides familiaristas.

É claro que nesta obra não poderia ser feita a análise minudente de todas as técnicas e procedimentos incorporados pelo novo Código de Processo Civil, pois o enfoque aqui é a partilha de bens. Isso foi feito no livro *Manual de Direito Processual das Famílias*, desta mesma editora e autor, cuja leitura é recomendada.

Por aqui, o que se pretende é algo muito mais simples.

Com este propósito é que passarão a ser estudados os quatro contributos à efetividade propostos por este livro: os **pedidos implícitos**, o **julgamento antecipado parcial do mérito**, a **adaptabilidade do procedimento** e a **jurisdição voluntária**.

5.1 OS CONTRIBUTOS EM ESPÉCIE

5.1.1 OS PEDIDOS IMPLÍCITOS (CPC, ART. 322, § 2º)

O primeiro contributo a ser estudado diz com o direito de postulação das partes, pois este se convola no primeiro ato do processo: a demanda.

De acordo com Barbosa Moreira, "através da demanda, formula a parte um pedido, cujo teor determina o objeto do litígio e, consequentemente, o âmbito dentro do qual toca ao órgão judicial decidir a lide[5]".

A rigor, é com o pedido que a parte autora postula que o órgão jurisdicional lhe confira determinada providência, fixando, com isso, o objeto litigioso e delimitando a atuação judicial (CPC, art. 492). *Grosso modo*, portanto, o pedido pode ser conceituado como aquela providência que o demandante pretende obter por intermédio da atuação do Poder Judiciário, com o objetivo de ser colocado em posição jurídica de vantagem sobre determinado bem da vida. E, como se sabe, a postulação contendo o pedido deve, preferencialmente, ser deduzida de forma expressa e inequívoca, pois o CPC exige que o pedido seja certo e determinado (CPC, arts. 286, 322 e 324, respectivamente).

Todavia, já faz tempo que esse rigorismo legal vem sendo atenuado para que pedidos possam ser extraídos a partir da interpretação lógico-sistemática de toda a petição inicial, e não apenas do capítulo ou tópico denominado "dos pedidos". Sob a égide do sistema processual revogado, a posição do Superior Tribunal de Justiça era absolutamente majoritária a este respeito. A título meramente exemplificativo, observe que, no longínquo ano de 1996, foi proferida decisão com base no entendimento de que "o pedido é o que se pretende com a instauração da demanda e se extrai da interpretação lógico-sistemática da petição inicial, sendo de levar-se em conta os requerimentos feitos em seu corpo e não só aqueles constantes em capítulo especial ou sob a rubrica 'dos pedidos[6]'".

Com o passar do tempo, esta tendência viria a se consolidar na Corte[7]".

Com a entrada em vigor do CPC/2015 não há mais nem sequer espaço para muita controvérsia a respeito pois, de forma diametralmente oposta à do sistema revogado, substituiu o método de *exegese restritiva* dos pedidos previsto pelo então art. 293, pelo sistema de *interpretação ampliativa e sistemática*, estabelecido em seu art. 322, § 2º, baseada no conjunto da postulação e na observância do princípio da boa-fé.

Nesse sentido, o dispositivo referido enuncia que:

---

[5] BARBOSA MOREIRA, José Carlos. *O novo processo civil brasileiro*. 24. ed. Rio de Janeiro: Forense, 2006, p. 10.
[6] REsp 76.153/SP, DJ 5-2-96.
[7] A título meramente exemplificativo: REsp 120.299/ES, *DJ* 31-9-98; REsp 996.621/BA, *DJe* 9-12-2008; AgRg no REsp 1.115.942/RJ, *DJe* 12-3-2012.

> Art. 322. O pedido deve ser certo.
> [...]
> § 2º A interpretação do pedido considerará o conjunto da postulação e observará o princípio da boa-fé.

De acordo com Humberto Theodoro Júnior, tal regra "incorpora ao direito processual um princípio ético que se acha presente no moderno processo justo, como garantia constitucional. Consiste ela em buscar o sentido do pedido, quando não se expresse de maneira muito clara, interpretando-o sempre segundo os padrões de honestidade e lealdade. Por isso mesmo, a leitura do pedido não pode limitar-se à sua literalidade, devendo ser feita sistematicamente, ou seja, dentro da visão total do conjunto da postulação[8]".

Portanto, não há qualquer vedação a que pedidos sejam deduzidos de forma não expressa e explícita, mas sim, de forma implícita.

Nesse cenário, pedidos implícitos aparecem como sendo aquelas postulações que, embora proporcionem benefício ao demandante, não precisam ser deduzidas de forma expressa e explícita, devido a algumas circunstâncias especiais.

A autorização para que o magistrado conheça dos pedidos implícitos de ofício provém de mais de uma fonte. As normas de ordem pública destinadas à tutela dos direitos indisponíveis, como aquelas que permeiam os pontos sensíveis das famílias, por exemplo, possuem especificidades que possibilitam seu conhecimento, independentemente da provocação pelas partes. Mostra disso pode ser observada na Lei n. 8.560/92 que, ao disciplinar a ação de investigação de paternidade, impõe que a sentença de procedência fixe "os alimentos provisionais ou definitivos do reconhecido que deles necessite", mesmo que não exista qualquer pedido nesse sentido.

A eficácia de tais alimentos, não custa lembrar, se submeterá ao regramento da Súmula 277 do STJ, segundo a qual "julgada procedente a investigação de paternidade, os alimentos são devidos a partir da citação".

Mas, não só de normas jurídicas decorre a autorização para conhecimento dos pedidos implícitos. Algumas providências também podem ser consideradas implicitamente pedidas, desde que uma interpretação lógico-sistemática dos atos postulatórios das partes leve a essa conclusão. Nessa hipótese, não será a lei material abstratamente considerada que tornará isso possível, mas uma atividade levada a cabo pelo próprio magistrado que, no caso concreto, extrairá a pretensão implícita a partir de uma atividade interpretativa de todo o conjunto da postulação, e não apenas *dos pedidos* deduzidos na petição inicial. Com base nela, reconhecerá tudo aquilo que possa significar antecedente necessário ou consequente lógico dos pedidos expressamente formulados, de molde a atribuir coerência ao julgado.

Não é só a parte autora que se vale desta prerrogativa. Mesmo a parte requerida pode ter seus interesses reconhecidos como verdadeiros *pedidos*, independentemente da apresentação de reconvenção, desde que isso possa ser extraído de sua contestação[9]. Isso,

---

[8] THEODORO JÚNIOR, Humberto. *Curso de direito processual civil*: teoria geral do direito processual civil, processo de conhecimento e procedimento comum. 56. ed. Rio de Janeiro: Forense, 2015, v. I, p. 777.

[9] O Enunciado n. 286 do FPPC diz que: "Aplica-se o § 2º do art. 322 à interpretação de todos os atos postulatórios, inclusive da contestação e do recurso".

porque esta peça também é considerada um ato postulatório e "os pedidos devem ser interpretados como manifestações de vontade, de forma a tornar o processo efetivo e eficiente, o acesso à justiça amplo e justa a composição da lide[10]".

Para além dos atos postulatórios, *atos materiais* praticados durante o curso do processo também podem revelar interesses passíveis de conhecimento oficioso pelo julgador, mesmo sem pedido específico a respeito[11].

Em todos esses casos, embora formalmente possa haver um só pedido, materialmente existirá mais de um (em cumulação objetiva).

Antes de se vislumbrar nessa conduta qualquer extrapolação ao princípio dispositivo, perceba que eles, os pedidos, se encontram presentes nos atos praticados pelas partes – *postulatórios ou materiais* – a despeito de sua forma pouco aparente, embutida, implícita, logo, dependente de uma interpretação do julgador para que sejam *explicitados*.

Mas, é absolutamente essencial perceber que, o que o sistema permite é apenas que o juiz *conheça* dessas providências sem provocação, mas não que as *decida* sem antes proporcionar o contraditório, sob pena de vir a proferir uma *decisão surpresa*, com ofensa ao direito de participação e de influência no processo (CPC, art. 9º). E, nos tempos atuais, esse contraditório não diz respeito apenas à oportunização de que as partes se manifestem a respeito em prazo assinalado, mas sim que os argumentos por elas utilizados efetivamente influenciem a convicção do órgão julgador.

Além disso, não é só a parte demandada que deve ser ouvida. Se o processo civil brasileiro é regido pelo princípio dispositivo (CPC, art. 2º), o demandante deve ser ouvido para que diga se seu interesse é realmente deduzir aquele que está sendo considerado pelo juízo como um pedido implícito, pois sua autonomia privada e a estratégia de litigância adotada em conjunto com seu advogado devem ser respeitados[12].

Ao fim e ao cabo, o que precisa ficar claro é que, embora a formulação de pedido explícito seja o ideal, sua ausência não impede, necessariamente, que a pretensão por trás dele seja conhecida no processo, desde que seja assegurado às partes uma maneira dialógica e cooperativa de se manifestarem e influírem a respeito. Afinal, o pedido, assim como todos os institutos processuais, deve se conformar ao novo formato de processo, voltado para a obtenção de resultados práticos com o máximo de economia de tempo, de atos e de dinheiro, advindo também daí a autorização de que sua interpretação seja a mais ampla e mais comprometida com a pacificação do conflito possível.

Provavelmente por isso é que venha sendo possível encontrar tantos julgados não apenas reconhecendo a existência de pedidos implícitos ligados aos pontos sensíveis às famílias, mas também sobre questões envolvendo direito patrimoniais disponíveis, como a própria questão dos bens adquiridos ao longo da união, tudo no afã de disciplinar com a maior amplitude possível, todas as querelas familiares pela sentença que põe fim ao arranjo familiar, prestando aos jurisdicionados a mais completa, eficaz e racional tutela jurisdicional.

---

[10] STJ, REsp 1.107.219/SP, *DJe* 23-9-2010.
[11] STJ, REsp 799.180/PB, *DJ* 30-10-2006.
[12] Assim: CALMON, Rafael. *Pedidos implícitos*. Indaiatuba: Foco, 2020.

Seja qual for o meio pelo qual cheguem ao conhecimento do julgador, é importante se ter em mente que os *pedidos implícitos* representam típicos *pedidos* e, por isso, devem se submeter a idêntico regramento jurídico, recebendo exatamente o mesmo tratamento destinado àqueles explicitamente formulados, com a singular especificidade de não terem que ser expressamente postulados. Dito de outro modo, a única diferença do *pedido implícito* para o *pedido explícito* reside na admissão contida no sistema, de que o primeiro não seja deduzido expressamente desde o início, mas embutido no conjunto da postulação13.

Por isso é que as repercussões por eles geradas sobre a competência, sobre o valor da causa, assim como as limitações inerentes à cumulação de pedidos, à possível indução a litispendência, a submissão ao contraditório e à produção de prova deverão obrigatoriamente ser observadas ao longo do procedimento. Também por este motivo é que se mostra absolutamente imprescindível que a sentença teça considerações a seu respeito na fundamentação e delibere expressamente sobre eles no dispositivo, sob pena de a omissão desafiar a oposição de embargos de declaração para integração do julgado (CPC, art. 1.022, II, e parágrafo único, II)[14].

Naturalmente, o magistrado poderá encontrar certa dificuldade inicial para reconhecê-los, notadamente se o réu for revel ou não colaborar para sua descoberta. Mas, tão logo eles sejam detectados e o juiz perceba ser esta a intenção da parte, deve adotar todas as providências que seriam tomadas em relação aos pedidos explicitamente formulados. Parece recomendável, inclusive, que seja ordenada a emenda ou complementação da petição inicial, na hipótese de eles serem detectados antes do encerramento da fase postulatória, para que o procedimento se desenvolva sem maiores percalços (CPC, art. 321).

De repente, esse poderia ser um bom caminho até para que se pudesse vislumbrar um processo verdadeiramente colaborativo, vocacionado à obtenção de resultados no mundo empírico, mediante o prestígio de todos os sujeitos que dele participam, como almejado pelo legislador de 2015[15].

5.1.1.1 Os pedidos implícitos nas ações de divórcio, separação e de reconhecimento de união estável

Sabe-se que, tanto nas ações de separação e divórcio quanto naquelas voltadas ao reconhecimento de união estável, sempre se permitiu a cumulação de pedidos, o que parece continuar sendo admitido pelo CPC (art. 327), dado ao fato de as ações de família em

---

[13] Embora ao rigor do preciosismo científico somente pudesse ser considerado pedido implícito aquele que decorresse de uma associação implicativa, da qual fosse possível extrair que a providência não expressamente pedida, logo implícita, decorresse como um antecedente necessário ou como um consequente lógico de outra providência que tivesse sido postulada de forma expressa (CALMON, Rafael. *Pedidos Implícitos*. Indaiatuba: Foco, 2020), nada impede que o termo "pedido implícito" seja empregado em metonímia, para significar toda postulação respeitante ao mérito da demanda que não seja deduzido de forma expressa, mas que, por qualquer razão permitida pelo sistema, possa ser concedido pelo juiz no caso concreto, como vem entendendo o STJ (dentre centenas: EDcl na HDE 1131/EX, *DJe* 5-2-2020; AgRg no AgRg no REsp 805.422/DF, *DJe* 5-1-2012). Neste livro, portanto, pedido implícito é algo genérico, compreensivo de toda postulação que não seja deduzida de forma expressa e explícita.

[14] MAZZEI, Rodrigo Reis. Embargos de declaração e a omissão indireta: matérias que devem ser resolvidas de ofício, independentemente de arguição prévia pelo interessado. *Revista Forense*, v. 399, p. 163.

[15] Segundo Fernando Gajardoni, "o juiz participa em contraditório no processo pelo diálogo com as partes, sendo seu dever convidá-las ao debate quando pretenda inovar no processo, quando pretenda tomar alguma providência fora do padrão legal, ou quando vá adotar oficiosamente solução até então não vislumbrada pelos litigantes ou expressada na lei". *Flexibilização procedimental*: um novo enfoque para o estudo do procedimento em matéria processual. São Paulo: Atlas, 2008, p. 89.

questão terem sido catalogadas como procedimentos especiais de jurisdição contenciosa, sem qualquer ressalva neste sentido, e com expressa possibilidade de conversão ao rito comum, após a frustração da tentativa de conciliação/mediação (CPC, arts. 693/699-A).

Embora não seja obrigatório, mostra-se de todo conveniente, e até bastante comum, a dedução de pedido de separação, divórcio ou de dissolução de união estável conjuntamente com os pedidos de alimentos, de guarda, de regulamentação da convivência com os filhos e, no que interessa de perto a este livro, de partilha e de indenizações diversas.

Nesse caso, o objeto litigioso será bastante amplo e a atuação judicial deverá se desenvolver em torno de todos esses pontos.

Caso os pedidos deduzidos se processem por ritos diversos, o feito tramitará sob o rito comum "sem prejuízo do emprego das técnicas processuais diferenciadas previstas nos procedimentos especiais a que se sujeitam um ou mais pedidos cumulados, que não forem incompatíveis com as disposições sobre o procedimento comum" (CPC, art. 327, § 2º).

Não raro, porém, ocorre de o demandante postular apenas a separação, o divórcio ou o reconhecimento da união não matrimonializada, sem, contudo, formular o pedido expresso de partilha dos bens adquiridos ao longo da união, acontecendo até de o demandado trazer essa questão ao processo, em sua contestação. Nessas hipóteses, talvez a interpretação de todo o conjunto da postulação possa trazer considerável agilidade ao procedimento. Digna de aplausos, portanto, o paradigmático julgado a respeito dessa temática proferido pelo Superior Tribunal de Justiça, em que se entendeu: "inexistindo certeza sobre o disposto na partilha, o exame pelo juiz faz-se necessário, não havendo exigência de reconvenção[16]".

Em um primeiro momento, essas situações poderiam induzir ao pensamento de que o juiz ficaria impossibilitado de emitir qualquer manifestação sobre a questão patrimonial, haja vista a vedação legal de que ele se pronuncie sobre pedidos não formulados expressamente (CPC, arts. 322, *caput*, c/c 492) e a autorização de que o desfazimento da união familiar ocorra independentemente da partilha (CC, art. 1.581). Porém, interpretando-se as postulações das partes à luz de um processo civil comprometido com a obtenção de resultados práticos, na esteira do que autoriza o art. 322, § 2º, do Código, o pedido de *partilha jurídica* poderia ser perfeitamente reconhecido se, a partir de uma exegese lógico-sistemática do conjunto das postulações, ficasse claro ser este o desejo da parte.

É evidente que o agir oficioso do magistrado, nesse caso, não encontraria autorização em circunstâncias de especial importância para o ordenamento jurídico, nem em elementos relacionados aos pontos sensíveis às famílias, mas sim na necessidade de se conferir uma interpretação ampla a todos os termos das peças de ingresso e resposta das partes, aliada à imperiosidade de se atribuir coerência e efetividade ao julgado. De mais a mais, a partilha costuma representar o mais importante objetivo patrimonial perseguido pelos casais em processo de separação, divórcio ou dissolução de união estável, chegando, por vezes, a constituir verdadeiro consectário desses pedidos.

Não por outro motivo, o entendimento das Cortes Superiores é robusto no sentido de que "a meação constitui-se em consectário do pedido de dissolução da união estável, não

---

[16] AREsp 283.783/MG, *DJe* 10-9-2014.

estando o julgador adstrito ao pedido de partilha dos bens discriminados na inicial da demanda[17]". Embora este julgado tenha se referido à união estável, não há razão aparente que justifique tratamento diferenciado ao casamento, desde que, em qualquer hipótese, essa seja a inequívoca vontade das partes – ainda que não manifestada expressamente nos autos – e seja oportunizado o contraditório e a ampla defesa a respeito.

Portanto, se o juiz detectar, por exemplo, que a vontade inequívoca de alguma parte se direciona ao partilhamento dos bens, sua atividade cognitiva deverá se estender também sobre esse "pedido", obviamente sob as luzes do contraditório, para que se pronuncie expressamente sobre ele na sentença, declarando os bens componentes do acervo comum e dissolvendo a universalidade jurídica que os envolve, de modo a possibilitar que tal questão também se imutabilize pela coisa julgada (CPC, art. 502).

Se se parar para analisar detidamente as regras do processo, se perceberá que o sistema até facilita a dedução de pedido implícito de partilha de bens, na medida em que autoriza a formulação de pedido genérico quando "o autor não puder individuar os bens demandados", como geralmente ocorre no caso concreto (CPC, art. 324, § 1º, I).

No Superior Tribunal de Justiça é possível encontrar variados precedentes nesse sentido. A título meramente exemplificativo, veja o que ocorreu ao ensejo do julgamento do AgRg nos EDcl no REsp 805.265/AL (*DJe* 21-9-2010). A autora da demanda havia indicado alguns bens para a partilha e pedido a meação apenas daqueles que haviam sido adquiridos durante a união estável. Ao proferir a sentença, o magistrado determinou o partilhamento de bens que não haviam sido indicados na petição inicial, mas que a instrução processual havia revelado terem sido adquiridos na constância da união, ao fundamento de que teria havido pedido implícito a respeito. Ao se pronunciar sobre a questão, a Corte decidiu que "o pedido feito com a instauração da demanda emana de interpretação lógico-sistemática da petição inicial, não podendo ser restringido somente ao capítulo especial que contenha a denominação 'dos pedidos', devendo ser levados em consideração, portanto, todos os requerimentos feitos ao longo da peça inaugural, ainda que implícitos. Assim, se o julgador se ateve aos limites da causa, delineados pelo autor no corpo da inicial, não há falar em decisão citra, ultra ou extra petita[18]".

Outro caso em que foi reconhecida a existência de pedido implícito em ação de família ocorreu no julgamento do REsp 1.263.234/TO (*DJe* 1-7-2013) no qual, em um divórcio, havia sido deduzido pedido de partilha de "todo o patrimônio comum", mas a Corte entendeu, por conclusão lógica, que tal postulação também dizia respeito a precedentes períodos ininterruptos de convívio entre o casal, sob a forma de união estável ou sociedade de fato anteriormente ao casamento. Ao final, restou constatada "a existência de linha única de evolução patrimonial do antigo casal, na qual os bens adquiridos na constância do casamento são fruto, em parcela maior ou menor, do período pré-casamento, quando já existia labor conjunto", e ordenada a partilha de todo o acervo, incluindo os bens adquiridos na constância dos relacionamentos pretéritos.

Mais recentemente, no âmbito do REsp n. 1.963.885/MG (*DJe* 5-5-2022), o pedido implícito foi reconhecido em um contexto bastante curioso. Os ex-consortes litigavam, entre si, em

---

[17] Dentre vários: REsp 1.021.166/PE, *DJe* 8-10-2012.
[18] No mesmo sentido: AgRg no Ag n. 643.032/ES, rel. Min. Barros Monteiro, *DJ* 3-4-2006.

uma ação de alimentos, reconhecimento e dissolução de união estável e partilha de bens. Paralelamente, a mãe de um deles ingressou com a Ação de Oposição contra ambos, pretendendo obter para si um dos bens sobre os quais eles litigavam (um imóvel), e, via de consequência, excluí-lo dos bens partilháveis, ao argumento de que seria sua real proprietária. Nesta demanda, a propriedade do bem lhe foi atribuída, tendo o juízo reconhecido a existência de pedido implícito de imissão na posse como uma postulação logicamente decorrente da pretensão de reconhecimento de sua propriedade e de exclusão do bem da partilha.

Tudo isso, não custa repetir, somente ocorrerá se ficar evidenciado, como de fato ficou nesses casos, que a intenção das partes é, efetivamente, a de dissolver o patrimônio comum, razão pela qual o magistrado tem o dever de consultá-las previamente antes de ordenar os atos instrutórios e proferir decisão a respeito (CPC, arts. 9º e 10).

Na busca de uma prestação de justiça otimizada, caracterizada pela solução do caso de modo constitucionalmente legítimo e juridicamente adequado, o juiz poderia até mesmo "dilatar os prazos processuais e alterar a ordem de produção dos meios de prova, adequando-os às necessidades do conflito", como lhe faculta o art. 139, VI, do Código.

Para além de sua utilidade prática, esse proceder parece encontrar fundamento na norma a que alude o art. 8º do mesmo diploma, segundo o qual "ao aplicar o ordenamento jurídico, o juiz atenderá aos fins sociais e às exigências do bem comum, resguardando e promovendo a dignidade da pessoa humana e observando a proporcionalidade, a razoabilidade, a legalidade, a publicidade e a eficiência".

5.1.1.2 As consequências jurídicas do acolhimento dos pedidos implícitos

Assim como ocorreria com qualquer outro pedido explícito, o acolhimento ou rejeição do pedido implícito deverá constar do dispositivo da sentença. Logo, em sendo detectado que as partes possuem a intenção de promover a aqui chamada *partilha jurídica*, isto é, o reconhecimento dos bens comunicáveis, parece não haver empecilho a que o juiz assim o faça mesmo à míngua de pedido expresso, desde que atribua a esse *pedido* o mesmo tratamento jurídico destinado àqueles.

Do ponto de vista da técnica redacional da sentença, o juiz deveria fundamentá-la manifestando-se expressamente a respeito de que tais e tais bens/direitos comporiam o monte comunicável, à luz do que demonstrasse a instrução processual e resultasse da incidência das normas dos regimes de bens para, no dispositivo, declarar expressamente quais deles estariam sendo partilhados juridicamente, dissolvendo-se, com isso, a universalidade jurídica que os recobria (CPC, art. 489).

Haveria, então, mais de um capítulo na sentença, para todos os fins (CPC, arts. 1.009, § 3º, 1.013, §§ 1º e 5º, e 966, § 3º).

A partir dessa declaração judicial, restaria a instituição do condomínio/comunhão jurídica ordinária à razão de 50% para cada ex-consorte, para que cada um deles pudesse adotar as medidas subsequentes necessárias à disposição de seus respectivos bens, de acordo com as regras inerentes aos direitos reais, obrigacionais e registrais aplicáveis.

Bem vistas as coisas, se aperceberia que a adoção desse proceder não atravancaria o curso do processo, notadamente no que respeitasse a desconstituição da união afetiva em si, pois, no mundo real, a união estável já teria sido desfeita a essa altura com o mero afastamento definitivo das partes, independentemente de pronunciamento judicial a respeito, ao passo que a sociedade conjugal poderia ser dissolvida por meio do julgamento antecipado parcial do mérito, a ser estudado na sequência, de modo a possibilitar que o procedimento se estendesse apenas para a deliberação da questão patrimonial e de outras matérias porventura pendentes de análise.

Acredita-se, por isso, que este método possa gerar significativa aceleração no procedimento de dissolução de todas as questões que envolvem aquela família, notadamente nos casos de baixa complexidade probatória para apuração dos bens comuns.

5.1.2 O JULGAMENTO ANTECIPADO PARCIAL DO MÉRITO (CPC, ART. 356)

O segundo contributo se relaciona com a técnica de julgamento, mais precisamente com a possibilidade de fragmentação da resolução do mérito.

Como dito, não há obrigatoriedade de as partes arrolarem ou especificarem os bens comuns em suas respectivas peças de ingresso e de resposta, até porque há texto de lei admitindo que a partilha se dê em momento posterior (CC, art. 1.581). Não obstante, se reconhece que o ideal seria que, desde o início, elas elaborassem um esboço de partilha ou, no mínimo, listassem os bens que entendessem comuns, para que a questão patrimonial pudesse ser decidida na mesma demanda em que também fosse solucionada a dissolução da união, pois a visão atual do processo civil, recomenda que todos os sujeitos, parciais ou não, envidem esforços para colocar fim, por meio de um só procedimento, a todas as pendências relacionadas não só à lide, mas ao *conflito* que lhe subjaz.

No STJ é possível detectar diversos julgados com esse entendimento. A título de amostra, observe o antigo, mas bastante atual, REsp 132.304/SP (j. em 10-11-97), em que se decidiu que "a sentença que decreta o divórcio direto litigioso deve dispor, salvo situação excepcional, sobre a pensão alimentícia, guarda e visita dos filhos, a fim de evitar a perpetuidade das demandas".

Mas, pode ocorrer de o conflito entre as partes ser tão intenso a respeito de determinadas questões, que a instrução probatória tenha que se desenvolver de forma complexa, elastecendo, com isso, a duração do processo. Uma vez detectando esse problema, o juiz não ficará impedido de decretar a dissolução do laço jurídico que une o casal apenas pela circunstância de existirem eventuais pendências de ordem patrimonial ou parental entre as partes, pois o sistema permite o julgamento antecipado parcial do mérito quando um ou mais dos pedidos cumulados se mostrar incontroverso ou quando qualquer deles estiver em condições de imediato julgamento, ainda que sobre as demais questões porventura existentes, persista a necessidade de o procedimento ter continuidade.

Nesse sentido, enuncia o art. 356 do CPC:

> Art. 356. O juiz decidirá parcialmente o mérito quando um ou mais dos pedidos formulados ou parcela deles:
> I – mostrar-se incontroverso;
> II – estiver em condições de imediato julgamento, nos termos do art. 355.

Isso se mostra possível porque o divórcio é um direito postestativo puro, desprovido de qualquer possibilidade de resistência ou de adoção de conduta diversa pela parte contrária, que não seja a mera *sujeição* à vontade daquele que se manifestar nesse sentido. A própria separação judicial parece poder ser decretada sob essa técnica, já que o entendimento pacífico do STJ é no sentido de que se mostra possível desconstituir a sociedade conjugal "sem imputação de causa às partes, quando ficar patente a insustentabilidade da vida em comum, ainda que a pretensão tenha fundamento na existência de culpa[19]".

Como não há que se discutir culpa, não existem prazos ou outros requisitos que os consortes tenham que observar previamente, e não se mostra mais possível a instauração de controvérsia sobre o direito de pôr fim ao matrimônio ou à sociedade conjugal em si, esses pedidos já são introduzidos na demanda de forma *incontroversa*, propiciando o ambiente ideal para que a união seja oficialmente dissolvida tão logo se proporcione o contraditório a respeito. O próprio campo das matérias alegáveis em contestação dessas ações reduziu-se drasticamente, já que somente se mostra possível a instauração de controvérsia sobre questões processuais ou atinentes aos demais assuntos familiares, mas não sobre o direito de pôr fim à entidade familiar, seja ela qual for[20].

No Superior Tribunal de Justiça, já se encontra posicionamento nesse sentido. Por ocasião do julgamento do AgInt no AREsp 1.365.608/MS (*DJe* 1º-4-2020), inclusive, a Corte deixou assentado que o divórcio "se trata de expressão infraconstitucional de direito fundamental à dignidade e felicidade, sendo possível, assim, antecipar decisão definitiva a respeito da alteração de estado".

É preciso ficar claro, contudo, que o divórcio decretado em julgamento antecipado parcial do mérito não se confunde com o assim chamado "divórcio liminar", o qual, apesar de carregar consigo uma sedutora hipótese, não foi admitido no ordenamento jurídico brasileiro, por violar diversas garantias constitucionais, a exemplo do contraditório e ampla defesa[21].

Algumas observações importantes devem ser feitas a respeito do dispositivo legal acima transcrito, antes de o estudo ter prosseguimento: a primeira diz com o fato de o texto normativo ter se referido a *pedidos incontroversos* e não a *fatos incontroversos*; a segunda, com a circunstância de o legislador ter classificado o pronunciamento judicial como decisão interlocutória, pois ele não encerra o processo (CPC, art. 356, § 5º); a terceira, com a opção legislativa de tornar tal decisão passível de imunização pela coisa julgada, seguindo a tendência adotada pelo novo Código de acobertar não apenas a *sentença* com essa autoridade, mas qualquer *decisão judicial de mérito*, independentemente dela vir involucrada por uma sentença, um acórdão ou uma decisão interlocutória (CPC, arts. 356, §§ 2º e 3º, 502, 503 e 508).

Com isso, tornou-se possível que a decisão correspondente seja revestida não pela preclusão, mas sim pela autoridade da coisa julgada material (CPC, art. 502) – desafiando, inclusive, a propositura de ação rescisória (CPC, art. 996)[22]. Também por conta dessa sua aptidão, ela mostra passível de ser efetivada definitiva (CPC, art. 356, § 3º) e imediatamente

---

[19] Assim: EDcl no AREsp 78.716/RJ, *DJe* 30-9-2013. Em meados do ano de 2017, o STJ se posicionou no sentido de que a Emenda Constitucional n. 66/2010 não revogou os artigos do Código Civil que tratam da separação judicial (REsp 1.247.098/MS, *DJe* 16-5-2017).
[20] GAGLIANO, Pablo Stolze; PAMPLONA FILHO, Rodolfo. *O novo divórcio*. São Paulo: Saraiva, 2010, p. 60.
[21] A respeito: CALMON, Rafael. Divórcio Liminar? In: *Família e sucessões*: polêmicas, tendências e inovações. Belo Horizonte: IBDFAM, 2018, p. 123/140.
[22] O Enunciado do FPPC dispõe que: "Cabe ação rescisória contra decisão interlocutória de mérito". O prazo para sua propositura, entretanto, terá início somente a partir do trânsito em julgado da última decisão proferida no processo (art. 975).

(CPC, art. 995), exceto, é claro, se houver interposição de recurso ao qual seja atribuído efeito suspensivo (CPC, art. 995, parágrafo único, e art. 1.019, I).

Porém, a despeito de proporcionar o julgamento definitivo da questão, deve se estar atento ao fato de que o agravo de instrumento será o recurso cabível para sua eventual impugnação (CPC, art. 1.015, II e XIII, c/c art. 356, § 5º), revestido da peculiaridade de admitir sustentação oral[23].

No caso específico do divórcio e da separação, os atos de documentação complementares, destinados a otimizar sua eficácia e conferir a publicidade necessária à nova situação jurídica perante órgãos públicos, a exemplo daqueles endereçados ao Serviço Registral das Pessoas Naturais (mandado de averbação), somente poderão ser emitidos pela Secretaria da Vara de Família após o trânsito em julgado, isto é, após o escoamento em branco do prazo de 15 dias úteis para interposição do Agravo de Instrumento ou de seu julgamento definitivo pelo Tribunal de Justiça (JDC/CJF, Enunciado n. 602). Seria precipitada e incorreta a expedição desse documento de forma simultânea (sob a forma da tradicional "decisão-mandado") ou imediatamente depois da prolação do pronunciamento judicial, pois este ainda não teria se imutabilizado pela coisa julgada.

Como implica verdadeira resolução do litígio – já que, no mínimo, parte dele será definitivamente solucionada –, a decisão que resolve antecipada e parcialmente o mérito deve condenar proporcionalmente o vencido a pagar os honorários ao advogado do vencedor, nos termos do art. 85 do CPC. Este foi, inclusive, o entendimento sedimentado no Enunciado n. 5 da I JDPC/CJF, cujo teor é o seguinte: "Ao proferir decisão parcial de mérito ou decisão parcial fundada no art. 485 do CPC, condenar-se-á proporcionalmente o vencido a pagar honorários ao advogado do vencedor, nos termos do art. 85 do CPC".

Mais do que isso. Como na decisão recorrida terão sido fixados honorários, haverá possibilidade de eles serem eventualmente majorados por decisão superior. Nesse sentido, aliás, é o teor do Enunciado n. 8 da I JDPC/CJF, segundo o qual "não cabe majoração de honorários advocatícios em agravo de instrumento, salvo se interposto contra decisão interlocutória que tenha fixado honorários na origem, respeitados os limites estabelecidos no art. 85, §§ 2º, 3º e 8º, do CPC[24]".

Devido à circunstância de uniões estáveis exigirem produção de prova a respeito dos requisitos legalmente exigidos para sua formação como entidade familiar e das datas de seu início e fim, dificilmente essa técnica comportará aplicação nas demandas voltadas à sua dissolução. Mas, como a união já terá sido, de fato, dissolvida no mundo empírico antes mesmo da propositura da demanda, os conviventes já estariam desvinculados entre si quando o processo estivesse em curso, o que, de certa forma, assemelharia sua situação à anteriormente tratada.

5.1.2.1 As consequências jurídicas do julgamento antecipado parcial do mérito

Uma vez julgado o mérito com o emprego do método sob análise, a decisão correspondente estará apta a ser acobertada pela coisa julgada material, sem que haja necessidade

---

[23] Vale lembrar que, apesar de o CPC não prever o cabimento de sustentação oral na hipótese, o Enunciado n. 61 da I JDPC/CJF é no sentido de que "deve ser franqueado às partes sustentar oralmente as suas razões, na forma e pelo prazo previsto no art. 937, caput, do CPC, no agravo de instrumento que impugne decisão de resolução parcial de mérito (art. 356, § 5º, do CPC)". Ademais, se houver a reforma da decisão em votação não unânime, o recurso terá seu julgamento continuado sob a técnica estabelecida pelo art. 942, § 3º, II, do CPC.

[24] Em sentido semelhante: STJ, AgInt nos EREsp 1.539.725/DF, DJe 19-10-2017.

de a *sentença* ter que confirmá-la ou conter qualquer decisão a respeito, pois já se terá deliberado sobre a questão com ânimo definitivo, e a preclusão das vias recursais sedimentará o assunto, impossibilitando qualquer discussão futura no bojo daquele mesmo processo. Quando muito, deverá ser feita mera menção sobre o fato, em localização específica no texto, antecedente à decisão sobre os bens comunicáveis, apenas a título de esclarecimento. A partir de então, toda sorte de efeitos será projetada, possibilitando-se que a demanda prossiga apenas se houver outras questões a serem decididas em torno, por exemplo, da guarda de filhos, dos alimentos ou da partilha de bens.

Esse entendimento já vinha sendo defendido desde o sistema revogado, por respeitável parcela da doutrina, aqui representada, por Cristiano Chaves de Farias e Nelson Rosenvald[25]. Eventualmente, o Enunciado n. 602 das Jornadas de Direito Civil, promovidas pelo Conselho da Justiça Federal, viria estabelecer que "transitada em julgado a decisão concessiva do divórcio, a expedição de mandado de averbação independe do julgamento da ação originária em que persista a discussão dos aspectos decorrentes da dissolução do casamento". Tempos depois, mas na mesma linha, o Enunciado n. 18 do IBDFAM, disporia que "nas ações de divórcio e de dissolução da união estável, a regra deve ser o julgamento parcial do mérito (art. 356 do Novo CPC), para que seja decretado o fim da conjugalidade, seguindo a demanda com a discussão de outros temas".

No caso de os bens comuns não serem identificados antes dessa decisão ou de existirem outros pedidos cumulados, o procedimento deverá ter prosseguimento exclusivamente para sua aferição, pois a incontrovérsia a que se refere o dispositivo legal em comento não os alcança, mas tão somente aos pedidos de separação e divórcio[26]. Nada impede que o magistrado vá proferindo uma sequência de julgamentos antecipados parciais, na medida em que os bens forem sendo incontroversamente identificados como comuns, pois o legislador não faz qualquer limitação a respeito do número de decisões antecipadas parciais passíveis de serem proferidas em um mesmo processo.

A partir do trânsito em julgado dessas decisões, os agora condôminos estarão autorizados a adotar as providências cabíveis, voltadas à aquisição definitiva da propriedade, inclusive com a expedição de ofícios, carta de sentença e formal de partilha para o assentamento nos órgãos competentes (LRP, art. 167, I, 25).

Não sendo isso possível, restaria prosseguir-se com a instrução processual para, ao final, ser prolatada sentença.

5.1.3 A ADAPTABILIDADE DO PROCEDIMENTO (CPC, ART. 139, VI)

O terceiro contributo a ser estudado tem a ver com a dimensão ritual da demanda e encontra campo fértil de aplicação nas "ações de família".

A rigor, todos os procedimentos judiciais são estruturados pelo legislador levando-se em consideração incontáveis fatores, como a natureza do direito material que objetivam

---

[25] FARIAS, Cristiano Chaves de; ROSENVALD, Nelson. *Curso de direito civil*: direito das famílias. 9. ed. Salvador: Juspodivm, 2017, v. 6, p. 437-441.
[26] STJ, REsp 1.234.887/RJ, rel. Min. Ricardo Villas Bôas Cueva, *DJe* 2-10-2013.

tutelar, a profundidade e amplitude da cognição a ser desenvolvida, a maior ou menor concentração dos atos processuais, a necessidade ou não de que determinados sujeitos nele participem, enfim, variáveis diversas com o objetivo de que a tutela possa ser prestada de forma mais adequada à realidade de direito material[27].

Faz-se isso para atribuir concreção ao "princípio da adequação do processo[28]".

A literatura encarregada de seu estudo costuma enxergá-lo de três prismas: objetivo, subjetivo e teleológico[29]. De acordo com a primeira vertente, o procedimento deve ser adequado às *especificidades da situação jurídica de direito material* discutida no processo, de modo que circunstâncias ligadas, por exemplo, à maior ou menor complexidade dos fatos e das provas, assim como à própria natureza do direito material em debate, sejam observadas no direcionamento e desencadeamento dos atos. Mais. Se a tutela jurídica compõe o procedimento, nada mais justo do que ela também ser adaptada em conformidade com as peculiaridades antes mencionadas e outras de semelhante relevo.

As peculiaridades das normas familiaristas, plasmadas tanto em dispositivos de direito material quanto processual, dão mostras claras disso, pois costumam ser incorporadas ao Sistema de Direito Positivo por meio de dispositivos redigidos com uso da técnica de *cláusulas gerais* que, como sabido, é o método empregado pelo legislador justamente para construir enunciados dotados de antecedentes normativos impregnados por termos vagos e consequentes normativos desprovidos de determinação prévia, responsáveis por atribuir ao aplicador uma gama de possibilidades à luz de cada caso concreto.

Talvez seus mais representativos exemplos advenham do regramento jurídico da guarda de filhos e do direito de convivência, onde o aplicador da norma se deparará com termos como "atenção a necessidades específicas do filho", "distribuição de tempo necessário ao convívio deste com o pai e com a mãe" (CC, art. 1.584, II), "motivos graves" e "bem dos filhos" (CC, art. 1.586), que certamente desafiarão seu senso jurídico e criativo em cada caso.

O procedimento também deve ser adequado às *partes* que se utilizam do processo, pois, em última análise a tutela jurisdicional é prestada no interesse delas. Não por outro motivo, as ações que versem sobre direitos de incapazes exigem a obrigatória participação do Ministério Público como fiscal da ordem jurídica (CPC, art. 178, II) e as demandas movidas por ou em face de pessoas idosas comportam tramitação mais célere (Lei n. 10.741/2003).

Por fim, o procedimento deve ser adequado *a seus fins*, mediante a existência de regras ajustadas aos escopos buscados por cada processo, que estabeleçam prazos mais ampliados ou mais reduzidos, permitam limitações ou não à atividade probatória e ao aprofundamento do nível de cognição judicial, consagrem uma maior ou menor rigidez no sistema de preclusões, oportunizem mais atos destinados a um mesmo propósito, enfim, dotem o rito de um instrumental capaz de proporcionar que ele atinja a verdadeira finalidade para a qual foi concebido.

---

[27] Em sentido próximo: MARINONI, Luiz Guilherme. *Novas linhas do processo civil*. 4. ed. São Paulo: Malheiros, 2000, p. 204.
[28] DIDIER JR., Fredie. Sobre dois importantes, e esquecidos, princípios do processo: adequação e adaptabilidade do procedimento. Disponível em: http://www.abdpc.org.br/abdpc/artigos/Fredie%20Didier_3_-%20formatado.pdf. Acesso em: 25. jun. 2015.
[29] LACERDA, Galeno Vellinho de. O Código como sistema legal de adequação do processo. *Revista do Instituto dos Advogados do Rio Grande do Sul*, p. 161-179, 1976; DIDIER JR., Fredie. Sobre dois importantes, e esquecidos, princípios do processo: adequação e adaptabilidade do procedimento. Disponível em: http://www.abdpc.org.br/abdpc/artigos/Fredie%20Didier_3_-%20formatado.pdf. Acesso em: 25. jun. 2015; GAJARDONI, Fernando da Fonseca. *Flexibilização procedimental*: um novo enfoque para o estudo do procedimento em matéria processual. São Paulo: Atlas, 2008, p. 136.

Essa dimensão do princípio pode ser visualizada nas regras que autorizam o juiz a suspender o curso do procedimento enquanto os litigantes se submetem a mediação extrajudicial ou a atendimento multidisciplinar, por exemplo (CPC, art. 694 parágrafo único).

Não se questiona a necessidade de que os atos processuais possuam uma forma predeterminada e de que o procedimento deva se submeter a um modelo ritual mais ou menos rígido, até como fator de segurança e previsibilidade aos jurisdicionados. Mas, já não é de hoje, vivemos a era do Estado Constitucional e temos uma ordem jurídica inteiramente pautada nela. Via de consequência, os princípios abandonaram definitivamente a função meramente *integrativa* (CPC/73, art. 126; LINDB, art. 4º; CPC/2015, art. 140, *caput*), para assumir sua função *normativa*, cuja eficácia vem proporcionando uma mudança radical na forma de ver e operar o direito, notadamente o processo, com o reconhecimento do papel criativo e normativo da atividade jurisdicional.

Isso permite que, muito mais do que simplesmente dizer o Direito, o magistrado exerça uma atividade criadora de normas jurídicas para o caso submetido à sua apreciação, obviamente com a participação das partes e sob a mais completa fundamentação de suas decisões.

Na literatura, há robusto posicionamento neste sentido, De acordo com Humberto Ávila, por exemplo, "é necessário ultrapassar a crendice de que a função do intérprete é meramente descrever significados, em favor da compreensão de que o intérprete reconstrói sentidos [...] importa deixar de lado a opinião de que o Poder Judiciário só exerce a função de legislador negativo, para compreender que ele concretiza o ordenamento jurídico diante do caso concreto[30]".

Nesse contexto, assume especial relevo para a efetividade do processo, a assim chamada *adaptabilidade procedimental*, que autoriza que o juiz, diante do caso concreto, desformalize, por assim dizer, o procedimento previsto originariamente pela lei, promovendo certos desvios no rito de demandas judiciais submetidas à sua análise, com o objetivo de melhor atender às especificidades da causa e permitir "que o devido processo legal cumpra sua finalidade de promover um processo justo e adequado aos jurisdicionados[31]". Mais do que o desvio meramente procedimental, permite-se que o juiz adapte a própria tutela jurídica às particularidades do caso concreto, pois de nada adiantaria uma sem a outra.

Fala-se, assim, em "princípio da adaptabilidade do procedimento".

Portanto, se o "princípio da adequação" é dirigido primordialmente ao legislador, o "princípio da adaptabilidade" possui o juiz como destinatário.

Se se parar para pensar que a locução *devido processo legal*, inserida no art. 5º, LIV, da CR/88, deve ser interpretada como *processo ajustado, correto*, enfim, *adequado* (*devido*), dúvida não pode haver de que o *princípio da adaptabilidade do procedimento* também possui assento constitucional, decorrendo implicitamente daquele. Como resultado, deve ser aplicado quando o próprio procedimento for responsável por acarretar violação a outros princípios constitucionais implícitos e explícitos, a exemplo da duração razoável do processo, da eficiência e da prestação da tutela adequada ao caso concreto[32].

---

[30] ÁVILA, Humberto. *Teoria dos princípios*: da definição à aplicação dos princípios jurídicos. 12. ed. São Paulo: Malheiros, 2011, p. 47.
[31] RODRIGUES, Marco Antonio dos Santos. *A modificação do pedido e da causa de pedir no processo civil*. Rio de Janeiro: Mundo Jurídico, 2014, p. 151.
[32] DIDIER JR., Fredie. *Curso de direito processual civil*. 12. ed. Salvador: Juspodivm, 2015, v. 1, p. 118-119.

Para que determinado procedimento jurisdicional seja considerado inadequado e, consequentemente, necessite ser adaptado no caso concreto, não será preciso que haja o prévio reconhecimento incidental da inconstitucionalidade das normas que o preveem, até porque este proceder acarretaria tão somente o *afastamento* do(s) ato(s) normativo(s) reputado(s) contrário(s) à Constituição, podendo levar a um vazio legislativo e à total ausência de rito para o processamento da demanda, sem que fosse procedida sua *substituição* por outro(s) mais adequado(s) para a tutela do caso concreto. Portanto, uma vez verificando que o procedimento legalmente previsto para determinada demanda possa representar obstáculo à efetivação de valores e princípios constitucionais no caso submetido à sua apreciação, o juiz se encontra autorizado a promover uma filtragem constitucional seguida do mero *amoldamento do rito*, com o propósito de que sejam atendidas as especificidades da causa.

Também não se faz necessária a existência de regra de direito infraconstitucional prevendo essa possibilidade: a eficácia do princípio é direta e imediata.

De opinião semelhante é Fernando da Fonseca Gajardoni[33], para quem:

> é possível que esta variação seja efetuada, da mesma maneira, pelo juiz que, verificando a inaptidão do procedimento para a tutela adequada ou potencializada do direito material, ordena a flexibilização, ainda que ausente previsão legal específica (invertendo a ordem de produção de provas, garantindo contraditório nos embargos de declaração com efeitos infringentes, elegendo a medida de apoio mais adequada para o cumprimento das obrigações de fazer e dar etc.)

O que deve haver, sempre, é a efetiva asseguração do contraditório e a adequada fundamentação da decisão judicial correspondente.

Os procedimentos especiais de jurisdição voluntária, assim como aqueles designados para as ações de família, talvez sejam os exemplos mais representativos da aceitação deste princípio pelo Sistema de Direito Positivo brasileiro, haja vista suas características lhes conferirem diversas oportunidades de alteração ritual pelos sujeitos processuais.

Mas, é preciso ir mais à frente. Por decorrer de um princípio de índole constitucional, não há necessidade de texto de lei autorizando que se possa conferir adaptações ao rito do processo. Tampouco se pode conceber que as adequações sejam permitidas apenas no bojo de alguns procedimentos, já que a própria eficácia irradiada pela norma constitucional permite que se promovam ajustes rituais diante de casos concretos submetidos à apreciação do Estado-juiz, quando se puder perceber que valores de igual ou maior relevância do que a rigidez procedimental se encontram em risco, e que todas as medidas sejam adotadas no sentido de se assegurar o efetivo contraditório e a mais ampla defesa a respeito (CPC, arts. 6º a 10)[34].

Para além de o procedimento poder ser adaptado pelo juiz (adaptação judicial), as próprias partes podem promover incontáveis modificações na marcha preestabelecida pelo legislador, com base no que lhes assegura a norma contida no art. 190 do CPC.

Fala-se, então, em adaptação convencional.

---

[33] GAJARDONI, Fernando da Fonseca. *Flexibilização procedimental*: um novo enfoque para o estudo do procedimento em matéria processual. São Paulo: Atlas, 2008, p. 136.
[34] No sistema português, por exemplo, o art. 547 do novo CPC estabelece que "o juiz deve adotar a tramitação processual adequada às especificidades da causa e adaptar o conteúdo e a forma dos atos processuais ao fim que visam atingir, assegurando um processo equitativo".

Com base nela, os próprios envolvidos no conflito podem estipular mudanças no procedimento para ajustá-lo às especificidades da causa e convencionar sobre os seus ônus, poderes, faculdades e deveres processuais, tanto antes quanto durante o curso do processo. Seria perfeitamente possível, assim, que as partes ajustassem que eventual prova pericial contábil a respeito do patrimônio comungado fosse realizada exclusivamente por nominado perito, de sua mais estrita confiança. Se se parar para pensar que fazendeiros, produtores rurais, agricultores e vendedores dos mais variados produtos costumam travar relações negociais por anos, por décadas às vezes, sob o auxílio e aconselhamento de engenheiros agrônomos, topógrafos, zootécnicos, contadores e profissionais da mais inteira credibilidade de suas famílias, seria realmente de se questionar o motivo desses mesmos experts não poderem funcionar como peritos expressamente escolhidos pelo casal, em uma eventual ação de partilha envolvendo os produtos e serviços a respeito dos quais teriam pleno conhecimento.

Mas os acordos sobre o procedimento não precisariam ficar restritos à escolha de auxiliares da justiça. Seria perfeitamente possível, por exemplo, que as partes ajustassem que as intimações para todos os atos de determinada demanda devessem ocorrer por meio de endereço eletrônico ou de aplicativos de mensagens instantâneas desenvolvidos para *Smartphones,* por exemplo (como *WhatsApp, Telegram, Hangout, Linphone* etc.), desde que, é claro, a serventia possuísse tais tecnologias, tão comuns hoje em dia. Essa prática, inclusive, foi chancelada pelo Conselho Nacional de Justiça ao ensejo do julgamento do Procedimento de Controle Administrativo (PCA) 0003251-94.2016.2.00.0000. Pelos dois simples exemplos fornecidos já se torna possível perceber que as possibilidades são tão variadas quanto a criatividade dos profissionais envolvidos no processo permitir, desde que se respeitem, é claro, os dados pessoais dos envolvidos, inclusive nos meios digitais (CR, art. 5º, LXXIX).

O procedimento convencionado estaria a serviço da otimização da prestação jurisdicional, eliminando diversas ineficiências do procedimento previsto na lei em abstrato. Eventual invalidade ou contrariedade a normas de ordem pública deveria ser objeto de análise pelo juiz, com base no que lhe permite o parágrafo único do art.190 do CPC.

Neste livro, contudo, apenas a adaptação judicial interessa. Ao seu estudo destina-se o tópico seguinte.

5.1.3.1 As consequências jurídicas do emprego da adaptabilidade do procedimento

O sistema implantado pelo CPC parece ser simpático ao tipo de iniciativa defendido neste livro, pois consagra diversas possibilidades em que o procedimento pode sofrer amoldamentos, notadamente no âmbito das ações de família e da jurisdição voluntária, como dito.

Para além da oportunidade de *as partes* promoverem severas alterações no procedimento das demandas que versarem sobre direitos que admitam autocomposição (CPC, art. 190), incluindo a apresentação do já mencionado calendário procedimental (CPC, art. 191), e elaborarem um plano contendo a delimitação consensual das questões de fato e de direito para homologação judicial (CPC, art. 357, § 2º), o Código contém diversos dispositivos atribuindo ao *juiz* poderes para promover a flexibilização ritual. Tais poderes lhe permitem, por exemplo, distribuir dinamicamente o ônus probatório (CPC, art. 373, § 1º), julgar o mérito de forma antecipada parcial ou totalmente (CPC, arts. 355 e 356), suspender o curso do processo enquanto as partes se submetem a mediação extrajudicial ou a atendimento multidisciplinar (CPC, art. 694, parágrafo único), fracionar a audiência de mediação e conciliação em tantas sessões quantas sejam necessárias para viabilizar a solução do conflito (CPC, art. 696) e, no que interessa de perto a este tópico, proceder em conformidade com o que lhe autoriza o art. 139, VI, que enuncia:

> Art. 139. O juiz dirigirá o processo conforme as disposições deste Código, incumbindo-lhe:
> [...]
> VI – dilatar os prazos processuais e alterar a ordem de produção dos meios de prova, adequando-os às necessidades do conflito de modo a conferir maior efetividade à tutela do direito.

Diante de tantas possibilidades, parece não restar dúvida de que, com o emprego da técnica processual assegurada por este dispositivo, o conflito que reside por detrás da demanda pode ser muito mais apropriadamente solucionado, já que ambas as medidas por ele asseguradas encontram campo fértil de aplicação perante as especificidades que os conflitos familiares costumam possuir.

Imagine, por exemplo, como a designação de várias sessões de mediação e conciliação antes do início do prazo para apresentação de contestação poderia contribuir para a solução do conflito, e até do litígio, devido à sua capacidade de proporcionar maior reflexão pelas partes, sem qualquer prejuízo ao seu direito de defesa (CPC, art. 696 c/c art. 335, I). Pense, também, em quantas provas periciais poderiam ser evitadas se sua produção fosse relegada para momento posterior à produção da prova oral que, pela regra geral traçada pelo CPC deveria antecedê-la (CPC, art. 447). Considere, ainda, como poderia ser útil a ampliação do prazo para apresentação de contestação, naquelas hipóteses em que os bens componentes do patrimônio litigioso viessem descritos em petições iniciais e documentos tão volumosos que o prazo legal se mostrasse insuficiente para a preparação de uma defesa que pudesse ser considerada legítima.

Além de o emprego dessa técnica poder gerar economia de tempo e de dinheiro no módulo de conhecimento, pode conferir maior utilidade, eficácia, racionalidade e coerência interna também ao módulo destinado à efetivação das sentenças que contiverem o partilhamento jurídico dos bens.

Para que se compreenda o alcance do que acaba de ser dito, porém, faz-se necessário conhecer o último contributo à efetividade proposto neste livro, a ser analisado na sequência.

5.1.4 A JURISDIÇÃO VOLUNTÁRIA (CPC, ARTS. 719 E S.)

O quarto e último contributo à efetividade das ações de família volta a envolver o tema procedimento, mas em uma acepção mais restrita e específica, direcionada à aplicação de suas diretrizes à efetivação daquilo que já tiver sido acertado na precedente ação dissolutória da entidade familiar, como sinalizado no tópico antecedente.

Parece ser indene de dúvida que o grande desafio do juiz, ao julgar as demandas familiaristas, seja a asseguração e efetivação dos direitos relacionados aos pontos sensíveis das famílias de forma mais rápida e segura possíveis, sem o comprometimento, por óbvio, dos demais interesses envolvidos no conflito subjacente ao processo e das garantias a este inerentes.

Pautando-se nas peculiaridades e na importância e que determinados direitos possuem para o ordenamento jurídico, a lei estabelece uma série de procedimentos judiciais estruturados por normas redigidas sob a técnica de cláusulas gerais, que atribuem ampla margem de discricionariedade ao julgador, não só no que diz respeito à forma dos atos processuais, como também no conteúdo da própria decisão final.

Se empregados de forma apropriada, tais expedientes poderão funcionar como excelente ferramenta de otimização do processo.

Eles formam a assim chamada "jurisdição voluntária", cujas marcantes peculiaridades lhe conferem notável potencial para a concretização dos pronunciamentos judiciais e para a minimização dos efeitos deletérios do processo, tão comumente sentidos no procedimento comum e nos demais procedimentos especiais contenciosos.

No Código de 2015, sua previsão se encontra nos arts. 719 a 770, cujas normas prescrevem rituais diferenciados, marcados pela acentuada função instrumental, voltada ao atendimento das peculiaridades da relação jurídica de direito material que subjaz à lide[35], medida das mais desejadas pela sociedade e de inequívoca vocação à efetividade processual, dentro de um razoável espaço de tempo (CR/88, art. 5º, LXXVIII).

Diferentemente do que ocorre na jurisdição contenciosa, na jurisdição voluntária a intervenção do Estado-juiz não é atraída necessariamente em virtude da transgressão de algum interesse juridicamente tutelado, mas para lhe conferir assistência protetiva, por razões de política legislativa, que impõem que determinados atos particulares somente poderão se perfectibilizar e se tornar plenamente eficazes mediante sua integração por ato proveniente do Poder Judiciário, seja porque assim se evitará o exercício arbitrário das próprias razões, seja por sua relevância para a sociedade como um todo. Na literatura, esta observação fica evidenciada na lição de Cristina Ferraz[36], segundo a qual, as causas processadas sob este rito envolvem "interesses privados regrados por normas de ordem pública, normas essas que limitam ou impedem a disposição desses direitos, bem como condicionam essa disposição à autorização judicial, impondo, por essa forma, requisitos para a formação de uma nova situação jurídica".

Bem vistas as coisas, a esfera de atuação dos indivíduos sobre alguns interesses estritamente privados sofre certas restrições porque o Estado deseja que assim ocorra. Por isso mesmo, é o Estado quem cataloga determinado procedimento como de jurisdição voluntária ou contenciosa.

Veja, por exemplo, o que acontece com a coisa indivisível condominiada, em que o próprio Código Civil impõe que:

> Art. 1.322. Quando a coisa for indivisível, e os consortes não quiserem adjudicá-la a um só, indenizando os outros, será vendida e repartido o apurado, preferindo-se, na venda, em condições iguais de oferta, o condômino ao estranho, e entre os condôminos aquele que tiver na coisa benfeitorias mais valiosas, e, não as havendo, o de quinhão maior.

---

[35] SILVA, Clóvis do Couto e. *Comentários ao Código de Processo Civil*. São Paulo: Revista dos Tribunais, 1977, v. XI, t. I, p. 5.
[36] FERRAZ, Cristina. *Jurisdição voluntária no processo civil*. Curitiba: Juruá, 2008, p. 150.

Parágrafo único. Se nenhum dos condôminos tem benfeitorias na coisa comum e participam todos do condomínio em partes iguais, realizar-se-á licitação entre estranhos e, antes de adjudicada a coisa àquele que ofereceu maior lanço, proceder-se-á à licitação entre os condôminos, a fim de que a coisa seja adjudicada a quem afinal oferecer melhor lanço, preferindo, em condições iguais, o condômino ao estranho.

Em leitura mais apressada desse dispositivo, talvez se pudesse cogitar que o legislador estivesse se referindo apenas à *venda* e *repartição do preço* realizadas sem a intervenção do Judiciário, na forma dos negócios jurídicos em geral, uma vez que é a própria lei quem confere o direito potestativo a todo e qualquer condômino de colocar fim à situação jurídica de condomínio, ainda que um ou todos os demais comunheiros se oponham a isso (CC, art. 1.320). Porém, interpretando-se adequada e sistematicamente o texto normativo, conclui-se que tais possibilidades devem ser precedidas de procedimentos judiciais específicos toda vez que houver dissenso a respeito, porque, nesse caso em particular, o sistema normativo rompe com a regra geral de que o proprietário é livre para praticar atos de disposição de seu próprio patrimônio (CC, art. 1.228), em vista da notável importância que o Estado atribui à circulação de riquezas e à prevalência da harmonia entre os cotitulares de direitos, em típico exemplo de limitação de direitos individuais por interesses de maior relevância social[37].

Algo parecido acontece com o direito de se colocar fim à entidade familiar casamento. Isso porque, embora os consortes sejam livres para fazê-lo administrativamente, se estiverem de acordo com todos os seus termos (CPC, art. 733; Lei n. 11.441/2007), terão sua liberdade mitigada na hipótese de possuírem filhos incapazes ou de se encontrarem em estado gravídico (CPC, art. 733, *caput*), pois, mesmo estando absolutamente de acordo com tudo, obrigatoriamente terão que promover uma ação de jurisdição voluntária para que tal avença seja homologada pelo juízo de família (CPC, art. 731), exceto se comprovarem a resolução prévia e judicial de todas as questões referentes à guarda, convivência, responsabilidade e alimentos aos filhos.

Os procedimentos de jurisdição voluntária prescindem de conflito de interesses para que sejam instaurados, como de resto seu próprio nome deixa antever. Mas, a total inexistência de *conflito* não é um requisito essencial ao manejo desse tipo de procedimento, o que significa dizer que ele pode ser instaurado mesmo que haja algum conflito entre os interessados. Em primeiro lugar, pela circunstância de que *conflito* não se confunde com *litígio*. Em segundo, porque a jurisdição voluntária apenas os desconsidera no momento de ser *instaurada*, mas não necessariamente perde suas características caso a situação venha a se tornar conflituosa e até litigiosa durante a tramitação do procedimento, devido a eventuais disputas ligadas ao fim comum pretendido no feito, por exemplo[38].

Em outras palavras, a inexistência de conflito é essencial para a instauração, mas este estado pode perfeitamente vir a ser alterado durante o desenrolar do procedimento, sem que isso necessariamente desvirtue sua natureza *voluntária* ou impeça, de qualquer forma, a aplicação de suas prescrições ao caso concreto como, aliás, é bastante comum

---

[37] Art. 730. Nos casos expressos em lei, não havendo acordo entre os interessados sobre o modo como se deve realizar a alienação do bem, o juiz, de ofício ou a requerimento dos interessados ou do depositário, mandará aliená-lo em leilão, observando-se o disposto na Seção I deste Capítulo e, no que couber, o disposto nos arts. 879 a 903.

[38] LIMA, Alcides de Mendonça. *Jurisdição voluntária*. São Paulo: Revista dos Tribunais, 2011, v. 2, p. 425. (Coleção Doutrinas Essenciais de Processo Civil).

ocorrer em outros procedimentos tais como a interdição, a tutela e a curatela e a venda de coisas comuns[39].

No Superior Tribunal de Justiça, inclusive, é possível encontrar julgados nesse sentido. Ao julgar o REsp 942.658/DF (*DJe* 8-9-2011), por exemplo, a Turma concluiu que "não parece adequado afirmar categoricamente que na jurisdição voluntária não há bem litigioso e tampouco lide. [...] Afirma-se, modernamente, que a jurisdição voluntária não equivale a demanda sem lide. O litígio pode ou não verificar-se no seio da jurisdição administrativa: ele apenas não é essencial para a propositura da ação". Algo parecido aconteceu quando a Corte julgou o REsp 2.028.685/SP (*DJe* 24-11-2022), em que asseverou que "o vetor primordial que orienta a imposição ao pagamento de verba honorária sucumbencial é o fato da derrota na demanda, cujo pressuposto é a existência de litigiosidade, a qual, em regra, não há em procedimento de jurisdição voluntária [...]. Segundo a jurisprudência desta Corte, mesmo em procedimentos de jurisdição voluntária, a existência de litigiosidade excepciona a regra de não cabimento de condenação em honorários advocatícios".

Portanto, mostra-se perfeitamente possível que seja instaurado litígio em razão da resistência oposta pelo outro interessado, sem que haja a transmutação completa da jurisdição voluntária para a contenciosa. Aliás, é bastante comum que isso ocorra em processos que envolvam juízo divisório, demarcatório, condominial ou societário, casos em que, inclusive, a sentença condenará o sucumbente nos encargos advocatícios[40].

Pode excepcionalmente acontecer, porém, de se instaurar litígio tão grande no curso do procedimento, que sua natureza seja desfigurada por completo, impondo-se, neste caso, a remessa das partes aos meios ordinários, com a conversão para o rito comum[41].

Embora exista certa controvérsia sobre a ocorrência da função tipicamente substitutiva pela jurisdição voluntária, não se pode negar que exista atividade *judicial* nela, pois mesmo naqueles casos em que a ingerência estatal se limita à integração do ato ou negócio jurídico pretendido é exigida a participação do Estado-juiz, por meio de atos homologatórios, autorizativos ou aprovativos.

As especificidades e informalidade dessa espécie de procedimento são atrativos à parte. A iniciar pela desnecessidade de o requerimento inicial ser elaborado de acordo com o formalismo prescrito pelo art. 319 do Código (CPC, art. 720), há significativa ampliação do contraditório colaborativo no momento em que a lei autoriza a citação de todos os interessados (CPC, art. 721), culminando na possibilidade de o juiz decidir em conformidade com sua conveniência e oportunidade, sem ter que necessariamente observar a legalidade estrita (CPC, art. 723 parágrafo único).

É dizer: o juiz pode decidir pautado na equidade.

Se não a maior, esta excepcional possibilidade conferida ao magistrado de aquilatar os interesses em jogo pautando-se em um juízo de conveniência, oportunidade ou de vantagem para os respectivos titulares (CPC, art. 723, parágrafo único), é uma das características mais marcantes desse rito, que serve de fator distintivo para com os procedimentos

---

[39] Semelhante situação ocorre no sistema português. A respeito, consultar: FIALHO, António José. *Conteúdo e limites do princípio inquisitório na jurisdição voluntária*. Lisboa: Petrony Editores, 2017; REIS, José Alberto dos. *Processos especiais II*. 2. ed. Coimbra: Coimbra Editora, 1982, p. 398.
[40] STJ, REsp 216.090/BA, *DJ* 16-3-2001.
[41] STJ, REsp 8.596/SP, *DJ* 23-9-91.

contenciosos, nos quais o julgador se encontra adstrito ao pedido e obrigado a decidir em conformidade com o direito positivo para a eliminação de conflitos (CPC, art. 141).

Tal juízo de conveniência, é bom que se remarque, deve ser executado em observância não só às *regras, valores* e *princípios* informativos da área específica sobre a qual desaguará sua força normativa, mas também e principalmente com as *peculiaridades da relação jurídica que subjaz à lide*.

Mesmo sob a égide do sistema processual revogado, era possível coletar julgados adotando esse mesmo entendimento. Por ocasião do julgamento do REsp 251.693/GO (*DJ* 18-3-2002), por exemplo, restou assentado que "em se tratando de procedimento de jurisdição voluntária, em que não há necessidade de se observar a legalidade estrita, podendo o juiz decidir por equidade (art. 1.109 do CPC), a expedição imediata de alvará, antes do término do prazo para a interposição de recurso, não configura ofensa à lei processual".

No novo sistema, tudo indica que isso continuará sendo seguido.

A literatura não diverge desse posicionamento, embora lhe faça alguns retoques. Ao dissertar sobre o permissivo legal em questão, Willis Santiago Guerra Filho[42] é um dos que alertam que, a despeito de o juiz não precisar subsumir sua decisão a alguma norma jurídica, isso não significa que ele se desvinculará do direito, mas apenas que terá a "faculdade de optar dentre uma pluralidade de decisões possíveis e igualmente válidas, do ponto de vista jurídico, aumentando, assim, consideravelmente, sua autonomia decisória".

É claro, portanto, que as decisões terão que ser fundamentadas.

Para além da autonomia de julgamento, a autorização legal parece permitir que o juiz promova alterações no próprio curso do procedimento com o objetivo de atender certas especificidades do caso concreto, desde que direitos constitucionalmente assegurados às partes não sejam malferidos, como bem observado por Fernando da Fonseca Gajardoni[43], para quem

> observadas as limitações mínimas já estudadas (finalidade, contraditório útil e motivação), pode o juiz, à luz da equidade, eleger qual o melhor procedimento para a sua atuação em sede de jurisdição voluntária, alterando, excluindo ou acrescentando ato processual à série padrão. Só fará incidir o procedimento ordinário geral (art. 271 do CPC) se não houver nenhuma variante objetiva ou subjetiva que justifique a inovação procedimental, ou procedimento especial previsto nos arts. 1.113 e s. do CPC. Exemplificativamente, em sede de interdição (art. 1.177 e s. do CPC), possível a dispensa do ato processual perícia, referida no art. 1.183 do CPC, quando no interrogatório do interditando já ficar constatada a sua mais absoluta incapacidade para a vida civil, ou a sua substituição por atestado de incapacidade subscrito pelo médico particular do enfermo. Possível, também, a dispensa do ato de interrogatório do interditando, referido no art. 1.181 do CPC, quando o oficial de justiça, ao proceder a citação, já constatar o estado vegetativo do interessado.

De fato, se se parar para pensar que o novo Código de Processo Civil autoriza que o julgador promova desvios rituais até no procedimento comum, como mencionado no tópico anterior (CPC, art. 139, IV e VI), não seria de se estranhar que ele alterasse alguns aspectos na marcha dos procedimentos de jurisdição voluntária, devido às já mencionadas características destes.

---

[42] GUERRA FILHO, Willis Santiago. Jurisdição voluntária estudada pela teoria geral do processo. *Revista de Processo*, v. 69, p. 37, jan. 1993.
[43] GAJARDONI, Fernando da Fonseca. *Flexibilização procedimental*: um novo enfoque para o estudo do procedimento em matéria processual. São Paulo: Atlas, 2008, p. 146.

Essa faceta dos procedimentos especiais já foi reconhecida em nível jurisprudencial, inclusive. Em julgado proferido pouco antes da entrada em vigor do CPC/2015, o STJ deixou claro, mais uma vez, que a norma extraída desse dispositivo não carrega consigo uma regra exclusivamente de julgamento, mas uma *regra de procedimento e de julgamento*, possibilitando que o julgador a aplique mesmo durante o desencadear dos atos do procedimento. Na ocasião, restou decidido que "a teor do art. 1.109 do CPC [correspondente ao art. 723, parágrafo único do CPC/2015], não está o juiz vinculado a critério de legalidade estrita, podendo aceitar a invocação de nulidade na forma como feita pela parte. Constatadas nulidades na arrematação, o julgador, no procedimento de alienação judicial em jurisdição voluntária, pode utilizar-se da legislação aplicável ao processo executivo[44]".

O juiz, assim, aplicaria o *princípio da adaptabilidade* citado no início deste tópico, com ainda mais ênfase nos procedimentos de jurisdição voluntária. Essa posição, também defendida por considerável parcela da doutrina, é aqui adotada por se afinar com o processo civil voltado à obtenção de resultados empíricos[45].

A análise estrutural dos diversos procedimentos especiais espalhados pelo texto normativo do novo Código torna possível concluir que sua finalidade é múltipla, na medida em que seus atos tencionam, por vezes, a mera documentação de manifestações de vontade, como acontece nas notificações e interpelações (CPC, arts. 726 e s.), por outras, a declaração da existência de alguma situação jurídica, como nos casos da extinção de usufruto (CPC, art. 725, VI) e, por outras, uma atividade fática que modifica o estado das coisas, a exemplo do que ocorre na antes mencionada alienação de coisas comuns (CPC, art. 725, IV)[46].

Assim como acontecia no sistema anterior, o Código de 2015 prescreve ritos específicos, a serem aplicados apenas a alguns procedimentos típicos, e um rito padrão, aplicável a todos os demais. As diferenças entre eles são gritantes e merecem especial atenção do aplicador. Veja, por exemplo, que o rito padrão é iluminado pelo princípio da inércia e possui uma fase *cognitiva* mais acentuada, de modo que somente poderá ser instaurado mediante provocação da parte interessada, pela Defensoria Pública ou pelo Ministério Público, nas hipóteses em que couber intervir (CPC, art. 720)[47]. Tal característica, no entanto, nem sempre se mostrará presente nos procedimentos específicos, pois existem alguns passíveis de serem iniciados de ofício, como aquele destinado à promoção das alienações judiciais, marcado pela índole primordialmente *executiva*, inclusive (CPC, art. 730).

Bem vistas as coisas, chega-se à conclusão de que as características que preponderarem em cada procedimento serão responsáveis por lhes atribuir aspectos próprios, que podem impedir ou permitir a aplicação de diversas regras do procedimento de jurisdição voluntária padrão, e até mesmo do procedimento comum.

Independentemente de qual seja a forma pela qual se instaure o procedimento, o outro sujeito deverá ter ciência a respeito e poderá se manifestar dentro de determinado prazo, muito embora não haja necessidade de ser observado o rigorismo da contestação, que de resto nem sequer teria cabimento no caso, em razão da inexistência de lide (CPC, art. 721).

---

[44] REsp 1.273.104/PR, *DJe* 31-3-2015.
[45] FERRAZ, Cristina. *Jurisdição voluntária no processo civil*. Curitiba: Juruá, 2008, p. 254; LIMA, Alcides de Mendonça. A liberdade de julgamento na jurisdição voluntária. *Revista da AJURIS*, v. 16, jul. 1979.
[46] GRECO, Leonardo. *Jurisdição voluntária moderna*. São Paulo: Dialética, 2003, p. 55.
[47] Enunciado n. 56 da I JDPC/CJF: "A legitimidade conferida à Defensoria Pública pelo art. 720 do CPC compreende as hipóteses de jurisdição voluntária previstas na legislação extravagante, notadamente no Estatuto da Criança e do Adolescente".

O Código não delimita o conteúdo desta manifestação, mas parece ser claro que os interessados possam formular todas as espécies de alegações ou de defesas que lhe seriam oportunizadas pelo rito comum, pois somente assim se poderia cogitar de um processo civil constitucionalmente adequado. Já os efeitos decorrentes da não apresentação dessa manifestação variarão de acordo com a natureza do rito. Assim, a confissão ficta pode incidir sobre aqueles procedimentos dotados de viés primordialmente cognitivo, a exemplo da extinção de usufruto ou fideicomisso (CPC, art. 725, VI), mas ser completamente inaplicável a outros ritos específicos, como aqueles voltados à promoção das alienações judiciais (CPC, art. 730)[48].

Também a depender da índole preponderante, será oportunizada a produção de eventuais provas de forma mais ou menos intensa. O expediente destinado à homologação de autocomposição extrajudicial, de qualquer natureza ou valor, por exemplo, raramente demandará a produção de provas (CPC, art. 725, VIII), ao passo que o procedimento voltado à expedição de alvará judicial costuma exigir instrução um pouco mais aprofundada, comumente complementada por informações prestadas por órgãos oficiais e instituições financeiras (CPC, art. 725, VII).

Nenhum procedimento de jurisdição voluntária, contudo, exigirá que o juiz atue somente de acordo com a legalidade estrita, pois o art. 723, parágrafo único do Código sempre lhe autoriza lançar mão da equidade, tanto na condução do processo, quanto em seus pronunciamentos judiciais. Tal dispositivo, conforme agudamente percebido por respeitável parcela da literatura, e, inclusive, já mencionado há pouco, consagra uma cláusula geral de adaptação do procedimento às peculiaridades do caso concreto, conferindo enorme poder ao juiz para promover os ajustes rituais que se fizerem necessários para a efetiva prestação da tutela jurisdicional[49].

As dessemelhanças entre o rito especial e o padrão não param por aí. Basta ver que nem todos os procedimentos de jurisdição voluntária se encerram por sentença (CPC, art. 203, § 1º). Como bem lembrado por Leonardo Greco[50], apenas aqueles de índole preponderantemente cognitiva carecem desta espécie de pronunciamento judicial para ter fim, ao passo que os ritos marcados por viés primordialmente executivo prescindiriam deste provimento, devido à circunstância de se encerrarem com o desempenho das atividades que lhes são próprias.

As despesas do processo sempre serão rateadas pelos interessados, independentemente da observância das regras da sucumbência (CPC, art. 88), exceto se houver alguma resistência ao pedido, como referido linhas acima. E, segundo o art. 215, I, do CPC, os procedimentos em questão tramitam durante as férias forenses, onde as houver (CR/88, art. 93, XII) e, ao que tudo indica, no período de suspensão de prazos estabelecido pelo art. 220 do mesmo diploma.

Eventuais lacunas no texto da lei devem ser supridas pelas regras do procedimento comum, aplicáveis subsidiariamente, por expressa previsão legal (CPC, art. 318, parágrafo único).

---

[48] Cf. GRECO, Leonardo. In: WAMBIER, Teresa Arruda Alvim *et al*. *Breves comentários ao novo Código de Processo Civil*. São Paulo: Revista dos Tribunais, 2015, p. 1669.
[49] GAJARDONI, Fernando da Fonseca. *Flexibilização procedimental*: um novo enfoque para o estudo do procedimento em matéria processual. São Paulo: Atlas, 2008, p. 145-147.
[50] GRECO, Leonardo. *Jurisdição voluntária moderna*. São Paulo: Dialética, 2003, p. 55.

Por fim, cabe deixar registrado que o CPC/2015 não repetiu a regra prescrita pelo art. 1.111 do CPC/73, segundo a qual a sentença poderia ser modificada, sem prejuízo dos efeitos já produzidos, se ocorressem circunstâncias supervenientes. Portanto, desde que a decisão proferida em sede de jurisdição voluntária seja de mérito, encontrar-se-á apta a ser acobertada pela coisa julgada material assim como qualquer outro pronunciamento jurisdicional de mérito (CPC, art. 500), não obstante possa ser modificada no futuro, sob outra causa de pedir[51].

5.1.4.1 As consequências jurídicas da utilização da jurisdição voluntária

Pelo que até aqui foi escrito, nota-se sem muito esforço que a jurisdição voluntária permite que o juiz assuma um papel proativo na trama processual, de verdadeiro harmonizador dos interesses em jogo, na tentativa de que a justiça seja realizada no caso sob apreciação, obviamente com o apoio e cooperação das partes, pois *proatividade* não se confunde com *protagonismo isolado*.

Dadas suas características, esse tipo de procedimento pode se destinar perfeitamente à promoção da alienação de bens comuns, como um simples passar de olhos sobre o Capítulo XV do Título III do Livro I da Parte Especial do CPC deixa transparecer. Em se tratando de venda de bens comuns provenientes do desfazimento do casamento ou da união estável, suas notas distintivas que talvez assumam maior relevo sejam as mencionadas *adaptabilidade procedimental* e possibilidade de *julgamento por equidade*, que permitem que o julgador, diante do caso submetido à sua apreciação, sopese as circunstâncias que lindam o evento e promova o cotejo delas com os *valores* que se encontram em jogo, não só com vistas a conferir novos contornos ao procedimento, mas também à elaboração de uma decisão que repute mais justa para aquela hipótese específica, segundo seus próprios critérios de *conveniência* ou *oportunidade*, ainda que inobservando a legalidade estrita (CPC, art. 723, parágrafo único).

O cotidiano das Varas de Família fornece exemplos variados em que esse tipo de procedimento seria preferível ao comum. Apenas a título ilustrativo, imagine um casal de rurícolas, cujo relacionamento tenha sido marcado por violência doméstica ou por qualquer outro episódio que tornasse absolutamente recomendável o distanciamento um do outro. Cogite, agora, que este par resolva se divorciar e ver reconhecido como comunicável o único bem imóvel adquirido ao longo dessa união: uma propriedade rural de dimensões pouco superiores às de um módulo rural, repleta de benfeitorias e acessões. Pense agora em outro exemplo: um casal sem filhos adquire um único automóvel a prestações durante a união estável por eles mantida. Ao fim da convivência, conclui-se que pouco mais da metade do financiamento havia sido paga, mas que seria absolutamente inviável que o veículo continuasse sendo utilizado por ambos. Haveria a mais completa necessidade de que o crédito correspondente às prestações pagas fosse adquirido por um só deles, juntamente à titularidade do contrato.

Utilizando-se dos acima mencionados contributos à efetividade, no módulo de conhecimento, possivelmente não se enfrentariam maiores percalços para que o casamento fosse

---

[51] Nesse sentido: DIDIER JR., Fredie. *Curso de direito processual civil*. 12. ed. Salvador: Juspodivm, 2015, v. 1, p. 195.

dissolvido ou que a união estável fosse reconhecida, tampouco para que esses bens isolados fossem reconhecidos como comuns (partilha jurídica). Mas de muito pouco adiantaria a prolação desta decisão se não fossem assegurados métodos eficazes para viabilizar a partição do patrimônio no campo fático (partilha fática), em que as circunstâncias pareceriam indicar ser absolutamente irrecomendável a manutenção da situação de condomínio/comunhão, em razão da potencialidade de surgirem novos conflitos entre o agora ex-casal.

Na hipótese, a promoção da tradicional *ação de partilha* dos bens apenas prolongaria a agonia desses sujeitos, ao passo que eventual *ação de divisão*, além de demandar outras despesas, poderia acabar colocando-os na situação nada recomendável de vizinhança, mesmo após a repartição da coisa.

Dentro desse contexto, talvez a instauração de um procedimento especial de jurisdição voluntária vocacionado à alienação judicial dos bens, perante o próprio Juízo de Família no qual tivesse sido prolatada a sentença divorcista/declaratória de existência de união estável, pudesse representar o método mais rápido, barato e eficaz de se atribuir concreção a tal pronunciamento, sobretudo por autorizar o magistrado a levar em consideração as características das pessoas envolvidas no litígio, sua situação social e econômica, além das diversas peculiaridades daquele caso específico.

Lembre-se que não só bens materiais indivisíveis podem ser alienados por meio desse método. Direitos sobre eles também o podem, é claro.

Tal procedimento existe e vem expressamente previsto no art. 730 do CPC, mas será objeto de análise detida apenas no capítulo derradeiro deste livro, por guardar relação íntima com o que se proporá ao fim e ao cabo do estudo sob desenvolvimento.

Mesmo na literatura especializada produzida no Século passado, já não faltavam relatos sobre casos paradigmáticos envolvendo as intempéries relacionadas à divisibilidade/indivisibilidade dos bens comuns. Em obra voltada especificamente à temática, João Roberto Parizatto[52], por exemplo, transcreve julgado de uma ação de venda de coisa comum movida entre ex-cônjuges, no qual o magistrado teria julgado improcedente o pedido, mesmo em se tratando de coisa indivisível, em razão de as peculiaridades da relação de direito material subjacente ao processo, envolverem mulher e filha portadora de deficiência. Em sentido semelhante é o julgado colacionado por Reynaldo José Castilho Paini[53], no qual foi indeferida a alienação judicial do único bem indivisível do casal pelo fato de o julgador ter reconhecido o direito real de habitação à ex-esposa, com base na regra do art. 1.611, § 2º, do CC/1916, para assegurar moradia ao filho menor do casal.

Nos dias de hoje, o mesmo pode acontecer.

Alguns poderiam se insurgir contra a aplicabilidade da alternativa aqui defendida, ao argumento de que os Códigos de Organização Judiciária atribuem às Varas Cíveis residuais a competência para processamento das ações de venda de coisa comum. Porém, parece que este posicionamento não mais encontraria guarida em um sistema processual comprometido com a eficiência e efetividade de suas disposições, pois o expediente em questão se

---

[52] PARIZATTO, João Roberto. *Divisão e demarcação de terras particulares e venda de coisa comum*. Rio de Janeiro: Aide, 1994, p. 136.
[53] PAINI, Reynaldo José Castilho. *A família e o único imóvel residencial*. Revista dos Tribunais, v. 683, p. 248, set. 1992.

processaria por meio de um procedimento de jurisdição voluntária voltado à mera efetivação de um comando proveniente de procedimento antecedente, podendo perfeitamente seguir as regras de competência atinentes ao cumprimento da sentença (CPC, art. 516, II), até porque, em última análise, estaria desempenhando esse papel.

De mais a mais, as especificidades da relação jurídica de direito material recomendariam o afastamento de tal regra em prol de uma maior simplificação e agilização procedimental que garantissem a justa composição do litígio de forma mais rápida e barata não só para os jurisdicionados, mas para o próprio Estado, bastando que se lançasse mão do princípio da adaptabilidade.

Felizmente, parece que esse entendimento vem começando a ganhar força na jurisprudência do Superior Tribunal de Justiça, pois vem sendo atribuída competência às Varas de Família para processar e julgar pedidos que possuam indissociável relação com outros indiscutivelmente vinculados ao juízo de família, ainda que originariamente pertencentes ao direito das obrigações e coisas, por exemplo, quando decorrerem logicamente deles ou representarem questão prévia e subordinante em relação a eles.

No julgamento do REsp 1.621.204/MT (*DJe* 15-2-2018), por exemplo, a Turma concluiu que a afinidade e conexão das questões que estão vinculadas a uma mesma relação jurídica de direito material seria elemento determinante para a fixação da competência, "de modo que, sendo uma dessas questões indiscutivelmente de competência do juízo de família, deverá a outra ser igualmente julgada pelo mesmo juízo".

Tudo leva a crer ser questão de tempo a solidificação do entendimento nesse sentido.

Porém, apesar da inegável relevância do ponto de vista prático, não se pode afirmar que as técnicas acima mencionadas representem assunto que ganhe relevo nas teorizações em matéria de Direito das Famílias, acabando por, lamentavelmente, ocupar papéis de somenos importância nesse ramo da ciência jurídica. O avanço e a dinâmica das relações familiares, aliadas à sensibilidade que permeia diversos pontos de interesse das famílias, reclamam que todos os dispositivos do Código de Processo Civil aplicáveis às demandas voltadas à tutela desses interesses sejam lidos, interpretados e aplicados à luz das especificidades das relações jurídicas de direito material que permeiam o conflito e sob as luzes emanadas da Constituição Federal, ou seja, sob aquilo que vem sendo denominado "perspectiva da família"[54].

Considerando-se tudo o que foi dito até aqui, o propósito que anima o tópico derradeiro deste livro é justamente tentar uma maior aproximação entre o Direito das Famílias e o Processo Civil, em uma empreitada que, malgrado não seja inédita, talvez possa fornecer sugestões acerca de como todo esse instrumental possa ser utilizado na busca de uma tutela jurisdicional mais afinada com os ideais de justiça e aos resultados empíricos almejados pelas partes.

---

[54] A respeito: CALMON, Rafael. *Manual de direito processual das famílias*. 2. ed. São Paulo: Saraiva, 2023.

6
A Efetivação das Sentenças sob o Modelo Proposto

UM MÉTODO ALTERNATIVO PARA SE PROMOVER A PARTILHA DE BENS

Como insistentemente dito ao longo de todo o livro, seja originariamente, seja após ser integrado pela decisão liquidatória, o pronunciamento judicial que decreta o desfazimento oficial das uniões familiares deverá, sempre que possível, conter a delimitação e descrição individualizada das coisas comuns, assim como o estabelecimento de condomínio ou comunhão jurídica ordinária sobre eles, para que seja promovida a aqui denominada *partilha jurídica*.

Uma vez feito isso, o trânsito em julgado da sentença acobertará todas essas questões com o manto da coisa julgada material, possibilitando que atos complementares sejam praticados com vistas à documentação e registro do fato perante os órgãos públicos. A partir daí as partes, enfim, estariam livres para promover a *partilha fática*, praticando atos voltados à divisão material dos bens propriamente ditos ou do seu equivalente em pecúnia.

Caso pretendessem fazê-lo amigavelmente, não existiriam maiores problemas. Porém, na hipótese de isso restar impossibilitado no caso concreto, a única saída seria a judicialização do conflito, por meio dos procedimentos legalmente previstos.

Acontece, porém, que os métodos atualmente utilizados para tanto se mostram insatisfatórios, sobretudo pela forma dissociada com que vêm sendo empregados no cotidiano forense e, por isso, receberam severas críticas neste livro.

É preciso que técnicas não só processuais, mas juridicamente adequadas sejam empregadas em todas as *ações de família*, para o atendimento das especificidades que permeiam todas as *relações de família*, sejam elas de ordem pessoal, social ou patrimonial. Via de consequência, os procedimentos de *todas as ações que envolverem relações de família* sejam pensados e aplicados em função dos valores que eles mesmos buscam proteger, de forma eficiente e efetiva, como de resto vem assegurado pelo art. 4º do Código de Processo Civil.

Como somente críticas não bastam, propõe-se neste livro que a distribuição judicial dos bens e direitos do casal, ou seja, a partilha fática, não só possa, como deva se dar de forma muito mais efetiva, simples e barata, bastando que se desenvolva por meio de um mero procedimento de jurisdição voluntária, manejado subsequentemente ao trânsito em julgado da sentença que põe fim à fase cognitiva do procedimento anterior, para que a tutela jurisdicional seja prestada de forma otimizada.

Lembre-se: na busca de uma maior interação entre duas ciências em constante transformação, como são o Direito das Famílias e o Direito Processual Civil, o aplicador deve estudar o assunto com um esforço científico formal sem deixar de empregar certa dose de criatividade, para que possa chegar a uma sistematização coerente e equilibrada.

O sistema fornece o instrumental adequado. Resta ao operador manuseá-lo dessa forma.

De acordo com o método que se sugere, a efetivação da sentença no plano jurídico continuaria seguindo, linhas gerais, o mesmo esquema tratado em tópico específico desta obra a respeito da "partilha jurídica", para que fosse estabelecida a situação de condomínio ou comunhão ordinária sobre as coisas comuns; porém, a efetivação no plano fático não. A aqui chamada *partilha fática* deveria ocorrer, sempre que possível, com a venda judicial dos bens/direitos mantidos sob tal situação, para que o valor líquido obtido pudesse ser dividido, a não ser que os próprios ex-consortes tivessem interesse em adjudicá-los, mediante a reposição em dinheiro do que sobejasse ao outro.

Mas, esta venda não deveria ocorrer por intermédio da ação judicial destinada a tanto. Deveria ser feita por meio de um *procedimento especial de jurisdição voluntária* na própria Vara de Família já preventa, ainda que com a aplicação de parte do que foi dito no tópico deste livro destinado ao tratamento do assunto.

Esse procedimento deveria ser aplicado tanto aos bens *divisíveis*, quanto com aqueles *indivisíveis* do ponto de vista físico, mas desde que, é claro, não houvesse necessidade de perquirição de fatos estranhos à própria relação familiar ou do ingresso de terceiros no processo, como o sócio, a pessoa jurídica ou o proprietário do terreno sobre o qual tenha sido lançada acessão artificial, conforme tratado oportunamente na Parte I deste livro, já que, nesses casos, seria imprescindível, em regra, a instauração de nova demanda perante as Varas Cíveis residuais.

Embora tais afirmações possam causar certa estranheza inicial, as proposições que servem de premissa a este raciocínio serão expostas nas linhas seguintes, possibilitando que o leitor forme seu próprio convencimento a respeito.

Pois então.

6.1 O MÉTODO SUGERIDO

Como visto e criticado oportunamente, o Código recomenda que "se os cônjuges não acordarem sobre a partilha dos bens, far-se-á esta depois de homologado o divórcio, na forma estabelecida nos arts. 647 a 658" (CPC, art. 731, parágrafo único).

A despeito de tal sugestão advir de dispositivo legal situado na Seção destinada à disciplina das ações consensuais de família, parece não haver dúvida a respeito de sua aplicabilidade às ações litigiosas, até porque a maior preocupação do legislador é atribuir *meios judiciais adequados para a partição do patrimônio*, todas as vezes que as partes *não acordarem sobre a partilha de bens*, pouco importando que isso ocorra no bojo de um processo amigável ou contencioso. O próprio texto legal é bem claro nesse sentido.

Que tal, então, se atribuir o máximo desempenho funcional possível a essa disposição?

Em sendo isso possível, como parece ser, todas as vezes em que houver dissenso a respeito da distribuição individualizada dos bens, os ex-consortes poderão lançar mão das regras e técnicas previstas pelos arts. 647 a 658 do CPC. Não de todas elas, tampouco só delas, mas de qualquer delas, dentre as quais se destaca a técnica prevista em seu art. 649:

> Art. 649. Os bens insuscetíveis de divisão cômoda que não couberem na parte do cônjuge ou companheiro supérstite ou no quinhão de um só herdeiro serão licitados entre os interessados ou vendidos judicialmente, partilhando-se o valor apurado, salvo se houver acordo para que sejam adjudicados a todos.

Analisado sob o aspecto meramente estrutural, esse dispositivo nada mais faz do que incorporar ao CPC o esquema padrão de qualquer alienação judicial de bens comuns particulares insuscetíveis de divisão cômoda, já admitido pelo art. 2.019 do Código Civil. Porém, quando examinado sob a perspectiva funcional, sistemática e orgânica, a conclusão a que se chega é a de que ele vem suprir uma lacuna existente no sistema, fornecendo a técnica ideal para que os ex-consortes possam dar cabo à situação de condomínio/comunhão jurídica existente sobre seus bens.

Isso porque, o art. 730 do novo CPC estabelece que:

> Art. 730. Nos casos expressos em lei, não havendo acordo entre os interessados sobre o modo como se deve realizar a alienação do bem, o juiz, de ofício ou a requerimento dos interessados ou do depositário, mandará aliená-lo em leilão, observando-se o disposto na Seção I deste Capítulo e, no que couber, o disposto nos arts. 879 a 903.

Percebe-se, portanto, que existe um verdadeiro *subsistema de métodos de alienação de bens comuns* à disposição do aplicador, por meio do qual:

(a) o art. 731, parágrafo único, do CPC autoriza que as partes se valham de qualquer das técnicas prescritas pelos arts. 647 a 658 do mesmo Código, sempre que não houver acordo sobre a partilha de bens;

(b) o art. 649 torna possível que os bens insuscetíveis de divisão cômoda que compuserem o monte sejam vendidos judicialmente, partilhando-se o valor apurado, salvo se houver acordo para que sejam adjudicados a todos; e,

(c) o art. 730 consagra o procedimento judicial para que isso se realize.

E, diversamente do que ocorria na vigência do Código revogado, em que o art. 1.113 do CPC/73[1] possuía aplicação restrita, as hipóteses de venda da coisa comum foram ampliadas sobremaneira pelo CPC/2015, tornando absolutamente desnecessário que os bens

---

[1] Art. 1.113. Nos casos expressos em lei e sempre que os bens depositados judicialmente forem de fácil deterioração, estiverem avariados ou exigirem grandes despesas para a sua guarda, o juiz, de ofício ou a requerimento do depositário ou de qualquer das partes, mandará aliená-los em leilão.

sejam ou não de fácil deterioração, estejam ou não avariados ou demandem ou não grandes despesas para a sua guarda[2].

Basta, apenas, que haja lei autorizando a venda da coisa e que as partes se desentendam a respeito do modo como este ato deva se realizar.

Com a introdução da tecnologia e inovação nesse cenário, tudo ganha ainda mais agilidade e simplicidade, pois a alienação judicial agora pode acontecer por meio eletrônico, na forma preconizada pelo art. 882, § 1º do CPC, independentemente de onde o bem se localize, facilitando a participação dos licitantes, reduzindo custos e acelerando a tramitação de todo o processo, tornando absolutamente inútil e obsoleta a antiga prática de deprecar os atos de alienação dos bens na hipótese de eles se localizarem em comarca diversa[3].

Quando se coteja o texto do artigo supratranscrito com o de seu equivalente no novo Código, percebe-se nitidamente o que acaba de ser dito: enquanto o dispositivo revogado exigia que houvesse lei expressa prevendo a obrigatoriedade de venda do bem e propensão deste à fácil deterioração, avaria ou exigência de grandes despesas para sua manutenção (CPC/73, art. 1.113), o atual exige apenas que haja lei expressa prevendo a designação de venda do bem e que as partes não estejam de acordo sobre o modo como isso deva ocorrer (CPC/2015, art. 730).

Como é o próprio Código Civil quem autoriza a todo e qualquer condômino exigir a divisão ou venda da coisa comum quando bem entender (arts. 1.320, *caput*, e 1.322, *caput*) – e decorre do Sistema o princípio de que ninguém é obrigado a se manter em comunhão –, o primeiro requisito vem facilmente suprido no caso sob análise, bastando a recusa de um deles em autorizar a venda extrajudicial para que o segundo seja preenchido e se abram as portas para a aplicação do método aqui traçado.

6.2 A APLICAÇÃO DO MÉTODO SUGERIDO PARA PARTILHA DOS BENS INDIVISÍVEIS E DIVISÍVEIS

No que concerne às coisas fisicamente indivisíveis o panorama não pareceria ser mais propício. Afinal, não haveria como se cogitar da divisão material de um animal ou de um automóvel, não é mesmo?

A venda e repartição do preço aparece, portanto, como a melhor saída.

Mas, questão particularmente interessante diz com a aplicação dessa técnica aos bens *fisicamente divisíveis*. É que, de acordo com o art. 569, II, do CPC, a ação judicial teoricamente adequada para que os comunheiros promovam a divisão desses bens é aquela cujas características e procedimento já foram estudados em tópico próprio deste livro (Ação de Divisão), e não o procedimento para venda judicial que, em regra, deve ser resguardado para as coisas indivisíveis (CC, art. 1.322).

---

[2] Nesse sentido, a doutrina sequer dissente. Conferir, p. ex.: BUENO, Cassio Scarpinella. *Novo Código de Processo Civil anotado*. São Paulo: Saraiva, 2015, p. 454; NERY, Nelson; ANDRADE NERY, Rosa Maria de. *Comentários ao Código de Processo Civil*. São Paulo: Revista dos Tribunais, 2015, p. 1564; AMARAL, Guilherme Rizzo. *Comentários às alterações do novo CPC*. São Paulo: Revista dos Tribunais, 2015, p. 775; WAMBIER, Teresa Arruda Alvim *et al*. *Breves comentários ao Novo Código de Processo Civil*. São Paulo: Revista dos Tribunais, 2015, p. 1684-1685.

[3] Exatamente assim: STJ, CC 147.746/SP, *DJe* 4-6-2020.

Porém, visualizando-se a questão sob a ótica de um direito processual comprometido com a solução de *conflitos* (e não só de *litígios*), parece ser possível e relativamente fácil até, a superação deste entrave, notadamente se se relembrar que *divisibilidade* e *indivisibilidade* não são concepções estanques, mas *conceitos vagos* que reclamam preenchimento casuístico, à luz das especificidades da hipótese submetida à análise do intérprete.

Afinal, já foi frisado por aqui que o que deve ser levado em consideração pelo aplicador, para os fins do art. 87 do Código Civil (aplicado em sentido contrário) é um critério utilitarista[4], pautado em qualquer *valor jurídico* protegido pelo ordenamento, e não apenas naqueles auferíveis em pecúnia, para se saber quando o bem deve ser considerado divisível ou indivisível. Para além disso, também foi oportunamente dito que a fragmentação da coisa tem que resultar, sempre, em *plena comodidade* para as partes, ainda que inexistam empecilhos de ordem natural, jurídica ou convencional à sua ocorrência, sob pena de se tornar inviável a divisão se, por exemplo, acarretar considerável abalo a algum valor que circunde o bem, a absoluta desvirtuação de sua finalidade, enfim, se se verificar qualquer circunstância que a torne *incômoda* sob o ponto de vista *funcional*.

Não se esqueça a decantada lição de Arnoldo Wald[5], segundo a qual: "para dividir o objeto não basta que ele seja materialmente divisível; ainda é preciso que o seja econômica e juridicamente".

A análise em torno dessas características, é bom que se remarque, é estritamente casuística. Isso implica dizer que, mesmo que determinado bem permita sua fragmentação física, sem alteração de sua substância, poderá ser considerado *juridicamente indivisível* para o fim de autorizar o manejo da técnica aqui defendida, se sua partição acarretar, dentre outros, considerável diminuição de seu valor ou prejuízo do uso a que se destina, à luz das especificidades do caso concreto (CC, art. 87, em sentido contrário).

E talvez não exista prejuízo maior a seu uso do que a inviabilidade decorrente do fim do amor e de todas as frustrações e amarguras daí decorrentes. Justamente por esse motivo é que se afirmou que toda e qualquer divisão, na acepção mais ampla possível do termo, tem que ser *cômoda sob a perspectiva funcional e específica de cada hipótese*, fazendo com que os conceitos de impropriedade de destino e de divisão cômoda sejam avaliados pelo juiz em cada caso particular, e sob as mais diversas variáveis[6].

Não por acaso, os arts. 2.019 do CC e 649 do CPC utilizam a expressão *insuscetível de divisão cômoda*, em vez de insuscetível de divisão física *ou de outro* vocábulo qualquer que transmita a mera ideia de algo *indivisível* no plano material.

De mais a mais, não se está tratando aqui de ações judiciais específicas, mas sim de um mero procedimento especial de jurisdição voluntária subsequente a uma ação de família em que já tenha havido o reconhecimento e atribuição de direitos aos comunheiros/condôminos. Por isso, o ambiente em que toda essa atividade será desenvolvida é a jurisdição voluntária, exatamente o contributo à efetividade que melhor possibilita a aplicação do *princípio da adaptabilidade e da equidade*, responsáveis por permitir ao magistrado, em maior ou

---

[4] Assim: PEREIRA, Caio Mário da Silva. *Instituições de direito civil*. v. I. 30. ed. Atual. Maria Celina Bodin de Moraes. Rio de Janeiro: Forense, 2017, p. 351.
[5] WALD, Arnoldo. *Direito das coisas*. 13. ed. São Paulo: Revista dos Tribunais, 2011, p. 148.
[6] SANTOS, Ernane Fidélis dos. *Manual de direito processual civil*. 10. ed. São Paulo: Saraiva, 2006, v. 3.

menor grau, "alterar o procedimento preestabelecido pelo legislador, para viabilizar melhor a prestação da tutela jurisdicional à luz das características do direito material controvertido e, até mesmo, em função de outros fatores, como, por exemplo, as pessoas envolvidas no litígio e sua situação socioeconômica[7]".

Isso sendo feito, como aqui se defende, lhe seria conferida grande margem de liberdade na aferição dos *valores* que norteariam a análise dessa *comodidade da divisão* do bem submetido à sua apreciação, abrindo-se caminho para que ele eventualmente concluísse que a venda seria a melhor alternativa a ser seguida, quando elementos suficientemente seguros indicassem, por exemplo, o risco de periclitação de algum dos pontos sensíveis das famílias, pela facilitação de novos episódios de violência, ameaça ou desavenças financeiras entre os ex-cônjuges com a simples divisão da coisa.

De repente, os fatos nem precisariam ser tão graves. Bastaria que, sob um juízo pautado na equidade, fosse observada qualquer outra circunstância que demonstrasse que a situação de vizinhança pela divisão física de um sítio ou de grandes lotes, por exemplo, pudesse ser prejudicial à família, para que se pudesse chegar à conclusão de que a venda seria mais vantajosa do que a divisão, naquele caso específico. Talvez, ainda, o subaproveitamento econômico de determinados imóveis em contraposição à possibilidade de se auferir grandes lucros com sua venda seja outro motivo relevante a ser considerado na preferência de um método a outro[8].

Além de tudo, a alienação de coisas fisicamente divisíveis não pode, nem sequer, ser considerada estranha ao sistema, pois o art. 894 do Código de Processo Civil de 2015 contempla expressamente esta possibilidade[9]. Para além disso, nada haveria de irregular na adoção deste método, pois o esquema padrão de qualquer alienação judicial de bens comuns particulares segue, com mínimas alterações, o mesmo iter, na medida em que: *(i)* depende da insuscetibilidade de divisão cômoda da coisa e do prévio desinteresse de um dos condôminos adjudicá-la; *(ii)* exige observância do contraditório antes da venda; *(iii)* admite a submissão da coisa a prévia avaliação por profissionais especializados e imparciais; *(iv)* possibilita a realização da alienação independentemente de leilão, se as partes assim consentirem; e *(v)* deve observar as mesmas regras de preferência entre os condôminos, consagradas pelo Código Civil.

Portanto, parece não haver outra conclusão a se chegar, senão a de que existe fundamento legal para a adoção do procedimento aqui defendido tanto para os bens divisíveis quanto para aqueles indivisíveis sob o ponto de vista material. Mais ainda. Direitos diversos também podem ser submetidos a idêntico procedimento, quando referentes a bens insuscetíveis de divisão cômoda.

6.3 A APLICAÇÃO PRÁTICA DO MÉTODO SUGERIDO

A legitimidade tanto para a propositura da demanda destinada a colocar fim oficial à entidade familiar, quanto para a instauração de qualquer procedimento voltado ao reconhecimento dos bens partilháveis, é exclusiva dos ex-consortes, sendo absolutamente

---

[7] BUENO, Cassio Scarpinella. *Curso sistematizado de direito processual civil*. 2. ed. São Paulo: Saraiva, 2008, v. 1, p. 503.
[8] STJ, REsp 41.375/SP, *DJ* 21-6-99.
[9] Art. 894. Quando o imóvel admitir cômoda divisão, o juiz, a requerimento do executado, ordenará a alienação judicial de parte dele, desde que suficiente para o pagamento do exequente e para a satisfação das despesas da execução.

proibido que eventuais credores possam aforá-las. O que eles poderiam fazer é apenas ajuizar as ações que entenderem cabíveis para a satisfação de seus créditos, após esse reconhecimento (CPC, arts. 789 e 790, IV; CC, arts. 1.664 e 1.666)[10], sem prejuízo de se valerem, a qualquer tempo, das medidas voltadas a conservá-los, pelo uso, por exemplo, da tutela cautelar, com base no que lhes assegura o art. 130 do Código Civil.

O rito adequado para a promoção da venda seria aquele previsto pelo supratranscrito art. 730 do CPC, que manda alienar o bem em leilão, observando-se o disposto nos arts. 719 a 725 e, no que couber, o que estabelecem os arts. 879 a 903 do mesmo diploma.

As especificidades do procedimento serão tratadas em detalhes logo à frente. Mas, uma primeira observação que precisa ser feita a seu respeito é que ele não se confunde com aquele rito padrão estabelecido pelo art. 725, IV, para a alienação pura e simples da coisa comum, embora com ele guarde algumas notas de semelhança. Basta ver que apenas o procedimento que aqui se defende pode ser instaurado de ofício, ao passo que o outro exige iniciativa de algum dos legitimados para que isso ocorra (CPC, art. 720).

A literatura sequer questiona essa assertiva. Ao tecer comentários sobre o dispositivo sob estudo, Leonardo Greco[11] é um dos que chamam atenção para o fato de que seu procedimento

> é tipicamente executório, consistindo na prática sob supervisão judicial de atos necessários a transformar um bem em dinheiro para que a este seja dado o destino estabelecido pelo direito material. Não se confunde, portanto, com as alienações previstas nos incs. III, IV e V do art. 725, procedimentos tipicamente cognitivos, que visam a uma sentença que aprove ou autorize a alienação, do qual podem resultar, conforme o caso, uma alienação particular extrajudicial ou a instituição de um procedimento executório para efetivá-lo, nos termos do artigo aqui comentado.

A mesma linha parece ser seguida por Nelson Nery Jr. e Rosa Maria de Andrade Nery[12], para quem

> o atual CPC não repetiu as prescrições do CPC/73, 1.114 a 1.119, no que diz respeito à alienação judicial. As questões procedimentais foram remetidas às regras gerais para os procedimentos de jurisdição voluntária e para as opções de alienação no processo de execução, o que evita maiores complicações e permite maior flexibilidade na efetivação da alienação. Mas ainda persiste a semelhança entre as hipóteses do CPC 725, III a V e as tratadas neste CPC 730, já existente entre seus correspondentes no CPC/1973. A grande diferença é que no CPC 725, III a V, há procedimentos desenvolvidos por si mesmos e a Seção III rege hipóteses de feitos em curso, criando-se como que um incidente em torno do objetivo principal.

Subsidiariamente, contudo, lhe poderiam ser aplicadas tanto as regras do procedimento padrão da jurisdição voluntária, quanto o disposto nos arts. 879 a 903, que regulam a alienação de bens do processo de execução. Mas, frise-se: apenas subsidiariamente, pois é o próprio art. 730 quem faz essa ressalva. Daí ser oportuna a consulta ao que foi dito no tópico específico deste livro.

Isso significa que o desencadeamento tradicional da operação, além de poder ser iniciado de ofício, pode ser otimizado pelo influxo de normas provenientes de dois sistemas: as da jurisdição voluntária e as do processo executivo.

---

[10] Nesse sentido: REsp 1.353.039/MS, *DJe* 18-11-2013.
[11] GRECO, Leonardo. In: WAMBIER, Teresa Arruda Alvim *et al. Breves comentários ao Novo Código de Processo Civil*. São Paulo: Revista dos Tribunais, 2015, p. 1684.
[12] NERY JR., Nelson; ANDRADE NERY, Rosa Maria de. *Comentários ao Código de Processo Civil*. São Paulo: Revista dos Tribunais, 2015, p. 1564.

Admitir-se-iam, assim, a alienação por iniciativa particular ou por intermédio de corretor ou leiloeiro público credenciado perante o órgão judiciário, bem como a alienação em leilão judicial eletrônico ou presencial, no caso de uma das partes não pretender adjudicar o bem (CPC, arts. 879 e 880). Na arrematação – ainda que realizada no âmbito da alienação por iniciativa particular –, não seria aceito lance que oferecesse preço vil, assim considerado aquele inferior ao mínimo estipulado pelo juiz e constante do edital, ou inferior a 50% do valor da avaliação (CPC, art. 891, parágrafo único)[13]. Por fim, salvo pronunciamento judicial em sentido diverso, o pagamento deveria ser realizado de imediato pelo arrematante, por depósito judicial ou por meio eletrônico, observando-se quanto ao mais as regras dos arts. 882 a 903 do diploma processual.

No afã de se atribuir o máximo de efetividade com o mínimo comprometimento de tempo, dinheiro e segurança jurídica, o ideal seria que não se estabelecesse nenhuma ordem de preferência entre os sistemas da jurisdição voluntária e do processo executivo, mas que efetivamente fosse autorizada uma mescla de suas regras e princípios, dados os benefícios existentes em ambos, dos quais seriam exemplos a *extensa gama de possibilidades de atos expropriatórios* prevista pelo segundo, e a *acentuada função instrumental do processo* e a *profunda discricionariedade conferida ao magistrado* pelo primeiro, conforme realçado em trecho próprio desta obra[14].

Para além disso, talvez fosse ainda mais adequado que as normas regentes das ações de família – isto é, suas regras e princípios – também se aplicassem ao caso, ainda que subsidiariamente, devido ao fato de a questão de fundo continuar possuindo *natureza familiarista*. Isso possibilitaria, inclusive, que o magistrado promovesse todos os esforços para a solução consensual da controvérsia, talvez até amparado por profissionais de outras áreas de conhecimento, podendo, por exemplo, ordenar a suspensão do curso do procedimento na hipótese de existir requerimento nesse sentido, com o objetivo de que as partes se submetessem a mediação, tudo sem se descartar a possibilidade excepcional de designação de audiência para tentativa de conciliação (CPC, arts. 694 e 696) enfim, conduzindo o processo sob aquilo que vem sendo chamado de "perspectiva da família"[15].

Não se esqueça que o texto de lei é apenas um veículo introdutor de normas no sistema jurídico, mas se encontra muito longe de ser o *único* instrumento dotado desta finalidade. Norma é produto da interpretação, como dito sucessivas vezes neste livro[16]. Por isso é que sua aplicação da forma mais legítima possível exige que todos os sujeitos do processo, em cooperação, ponderem suas consequências de forma justificada e dialógica, buscando em todo o ordenamento e com os olhos voltados à situação jurídica de direito material subjacente à lide, a melhor exegese que ela comporta.

Afinal, o propósito que anima o processo civil é justamente servir ao direito material e não representar um fim em si mesmo.

Essa afirmação parece, inclusive, ter sido alçada a um novo patamar pelo Código de 2015, devido ao comprometimento com a realização de valores constitucionalmente assegurados, múltiplas vezes citados neste livro (CPC, art. 1º).

---

[13] STJ, REsp 2.039.253/SP, *DJe* 23-3-2023.
[14] Em sentido semelhante: MEDINA, José Miguel Garcia. *Código de Processo Civil comentado*. São Paulo: Revista dos Tribunais, 2011, p. 1042.
[15] A respeito: CALMON, Rafael. *Manual de direito processual das famílias*. 2. ed. São Paulo: Saraiva, 2023.
[16] GRAU, Eros Roberto. *Ensaio e discurso sobre a interpretação/aplicação do direito*. 5. ed. São Paulo: Malheiros, 2009, p. 32.

Isso tudo novamente comprova que instrumental existe, mas, como adverte autorizada doutrina, o desapego à forma "não depende somente de reformas legislativas desburocratizadoras do processo. Antes disso, implica conhecimento e utilização não só da técnica processual, mas da técnica jurídica pelo operador do direito, a fim de que retire dos instrumentos existentes no sistema o máximo de resultado, nos menores gasto e tempo possíveis[17]".

De fato, parece haver necessidade muito maior de se alterar a mentalidade do profissional do direito do que de se modificarem apenas as leis.

Vistas as coisas mais de perto, conclui-se que nem mesmo a possibilidade de surgimento de conflito ou controvérsia no curso do procedimento desaconselharia a adoção do método proposto, pois, lembre-se, *conflituosidade* não se confunde com *litigiosidade*, sendo apenas esta a responsável por impedir, em alguns casos extremos, o prosseguimento do feito pelo procedimento de jurisdição voluntária[18].

6.4 A APLICAÇÃO PRÁTICA DO MÉTODO SUGERIDO: O PASSO A PASSO

Encampando-se tudo o que foi dito à proposta aqui formulada, o procedimento poderia se desenrolar, em linha de princípio, da seguinte forma: teria início com a provocação do condômino/comunheiro, por meio de mero requerimento dirigido ao Juízo de Família no qual teria tido curso a ação principal, pois, em última análise, a venda seria o método adequado de promoção da *partilha fática* decorrente da *partilha jurídica* já realizada, dando mera sequência ao procedimento lá iniciado.

Esse juízo teria competência absoluta funcional para o processamento do procedimento, ainda que eventuais bens imóveis se situassem em outras localidades[19].

Conforme fossem as circunstâncias – interesse de incapazes, de sujeitos vulneráveis ou hipervulneráveis –, o próprio juiz poderia instaurá-lo, desde que fundamentasse adequada e legalmente o ato e se cercasse de todas as cautelas legais.

Na sequência dos acontecimentos, o outro interessado seria meramente intimado desse requerimento, pessoalmente – por se tratar, em última análise, de uma ação de família[20] –, para que pudesse se manifestar em prazo não inferior a 15 dias úteis, por analogia ao que prescreve o art. 721 do Código, pois o direito de ser ouvido a respeito de toda e qualquer postulação faz parte do modelo de processo civil constitucionalmente adequado e as regras do procedimento comum comportam aplicação supletiva, por expressa previsão do art. 318, parágrafo único[21].

Levando-se em consideração a preferência que outros meios expropriatórios poderiam guardar em relação à venda propriamente dita, talvez fosse recomendável que, desde o início do procedimento, os interessados se manifestassem, espontaneamente ou após sugestão do juiz, sobre o interesse em adjudicar a coisa, expondo as eventuais condições de

---

[17] GAJARDONI, Fernando da Fonseca. *Técnicas de aceleração do processo*. São Paulo: Lemos & Cruz, 2003, p. 157.
[18] Basta ver o que ocorre nos casos de interdição e de retificação de registro, em que a potencial conflituosidade não raro vem à tona, sem acarretar qualquer desnaturação da voluntariedade do procedimento. Com semelhante abordagem: LIMA, Alcides de Mendonça. *Jurisdição voluntária*. São Paulo:Revista dos Tribunais, 2011, v. 2, p. 425 (Coleção Doutrinas Essenciais de Processo Civil).
[19] Assim, STJ, CC 160.329/MG, Rel. Min. Nancy Andrighi, *DJe* 6-3-2019.
[20] Neste ponto, o posicionamento foi alterado em relação às edições pretéritas.
[21] No sistema do CPC/73, semelhante previsão advinda dos arts. 1.103-1.112 e 1.113-1.119 que, entretanto, não contemplavam expressamente a possibilidade de comunicação entre um e outro Livros.

pagamento da diferença. Seria conveniente, ainda, que alertassem o Juízo a respeito de sua eventual intenção em promover a alienação por iniciativa própria, tanto com o auxílio da rede mundial de computadores, quanto por intermédio de corretor ou leiloeiro público credenciado perante o órgão judiciário (CPC, art. 880, *caput*), de modo a se proporcionar um maior diálogo entre todos os sujeitos do processo na fixação do prazo em que a alienação deveria ser efetivada, na forma de publicidade, no preço mínimo, nas condições de pagamento, nas garantias e, se fosse o caso, até na comissão de corretagem (§§ 1º a 4º).

Convenções processuais poderiam facilitar sobremaneira o exercício dessa atividade (CPC, art. 190), sendo, por isso, altamente recomendáveis.

Na hipótese de existir oposição inicial à alienação, o procedimento deveria prosseguir, com a análise da manifestação eventualmente oferecida pelo outro interessado, na qual lhe seria facultado levantar apenas as matérias que já não tivessem sido analisadas e rebatidas na fase de conhecimento, como dito.

Perceba: a análise seria da mera manifestação eventualmente oposta pelo outro interessado, já que não existiria espaço para apresentação de contestação propriamente dita, neste tipo de procedimento.

Como a potestatividade inerente ao direito de todo e qualquer comunheiro colocar fim à comunhão atribui a seu titular o poder de influir sobre a esfera jurídica do outro, sem que este possa se *insurgir* a essa influência, mas apenas se *sujeitar* a ela, seria pouco provável que tal manifestação pudesse proporcionar algo maior do que a mera viabilização de um canal de comunicação com o magistrado, por meio do qual o opositor poderia levar ao seu conhecimento o interesse na adjudicação da coisa, ou a existência de eventuais benfeitorias ou acessões à ela sobrepostas, em momento posterior ao encerramento do módulo cognitivo, bem como de obrigações pecuniárias porventura pendentes entre as partes, a serem aquilatadas no momento da distribuição do dinheiro obtido com a venda.

A Fazenda Pública nem sequer precisaria ser intimada, dada a absoluta igualdade das frações ideais dos condôminos sobre cada bem, isoladamente considerado.

A presença do Ministério Público ocorreria na forma da lei (CPC, art. 721).

Verificando a inexistência de impedimentos à venda, o magistrado determinaria a avaliação dos bens (CPC, art. 723, parágrafo único c/c art. 730), que poderia ser realizada, a princípio, por oficial de justiça, se não fossem necessários conhecimentos especializados, sem prejuízo de as próprias partes juntarem laudos fornecidos por profissionais de sua confiança, manifestando-se a respeito (CPC, arts. 870 e s.). Na sequência, cientificaria da alienação judicial, com pelo menos cinco dias úteis de antecedência, o eventual coproprietário de bem indivisível do qual a comunhão envolva fração ideal[22]; o titular de usufruto, uso, habitação, enfiteuse, direito de superfície, concessão de uso especial para fins de moradia ou concessão de direito real de uso, quando comunhão recair sobre bem gravado com tais direitos reais; o proprietário do terreno submetido ao regime de direito de superfície, enfiteuse, concessão de uso especial para fins de moradia ou concessão de direito real de uso, quando a comunhão recair sobre tais direitos reais; o credor pignoratício, hipotecário,

---

[22] Nesse sentido, o Enunciado n. 154 da II JDPC/CJF: "O exequente deve providenciar a intimação do coproprietário no caso da penhora de bem indivisível ou de direito real sobre bem indivisível".

anticrético, fiduciário ou com penhora anteriormente averbada, quando a comunhão recair sobre bens com tais gravames; o promitente comprador, quando a comunhão recair sobre bem em relação ao qual haja promessa de compra e venda registrada; o promitente vendedor, quando a comunhão recair sobre direito aquisitivo derivado de promessa de compra e venda registrada e a União, o Estado e o Município, no caso de alienação de bem tombado (CPC, arts. 804 e 889)[23].

Vale apenas chamar atenção para o fato de que essas intimações se darão na pessoa do profissional jurídico e não na da própria parte, ainda que ela esteja assistida pela Defensoria Pública, pois vem prevalecendo o entendimento no sentido da inaplicabilidade da regra do art. 186, § 2º do CPC ao caso, devido à circunstância de o ato em voga possuir natureza estritamente técnico-processual[24].

Por fim, ordenaria a adjudicação ou a venda, por meio particular ou público, na forma da lei, preferencialmente por modo eletrônico, na forma preconizada pelo art. 882, § 1º do CPC, o que ainda teria o grande atrativo de tornar irrelevante a localização do bem, pois o método poderia ser utilizado mesmo que eles se localizassem em comarca diversa, facilitando a participação dos licitantes, reduzindo custos, acelerando a tramitação de todo o processo e tornando absolutamente inútil e obsoleta a antiga prática de deprecar os atos de alienação[25].

Havendo opção pela adjudicação, deveriam ser seguidas as regras previstas pelos arts. 876 a 878 do Código, no que fossem aplicáveis. Nessa hipótese, o adjudicante deveria repassar ao ex-consorte, de imediato ou em prazo a ser assinalado pelo juiz, a quantia equivalente aos seus 50% sobre a coisa ou o montante que lhe fosse devido após o abatimento do valor de eventuais melhorias, benfeitorias ou acessões sobrepostas ao bem, após a separação de fato. O pagamento poderia se dar até mesmo com a dação de algum outro bem do acervo comum ou mediante a compensação com eventuais dívidas contraídas durante a união, na forma permitida pelo Código Civil[26].

Não havendo interesse pela adjudicação, a coisa deveria ser vendida por iniciativa particular ou em leilão (CPC, art. 879), inclusive de forma parcelada, caso preenchidas as condicionantes exigidas pelo art. 895 do CPC.

Efetuada a venda e deduzidas as despesas disso decorrentes, o líquido apurado seria depositado em conta bancária vinculada ao processo, sub-rogando-se nos ônus ou responsabilidades a que porventura estiverem sujeitos os bens alienados.

Eventuais credores do casal poderiam, inclusive, efetuar lances nessa venda, na forma do que assegura o art. 890 do CPC[27].

Depois de efetuado o depósito ou prestadas as garantias pelo arrematante, bem como realizado o pagamento da comissão do leiloeiro e das demais despesas da execução, a arrematação constaria de auto lavrado de imediato (CPC, art. 901).

De acordo com o art. 903 do Código, a arrematação se torna perfeita, acabada e irretratável, tão logo esse auto seja assinado pelo juiz, pelo arrematante e pelo leiloeiro. Isso significa

---

[23] De acordo com o Enunciado n. 150 da II JDPC/CJF: "Aplicam-se ao direito de laje os arts. 791, 804 e 889, III, do CPC".
[24] STJ, REsp 1.840.376/RJ, DJe 2-6-2021; AgInt no REsp 1.635.092/SP, DJ 22-5-2018; AgRg no REsp 980.708/RS, DJe 19-8-2014.
[25] Exatamente assim: STJ, CC 147.746/SP, DJe 4-6-2020.
[26] Mas, "se as mesmas pessoas são condôminas em diversos imóveis e pretendem modificar essa situação, atribuindo exclusividade de propriedade a cada um, sobre cada um dos diversos bens, não há divisão e sim permuta" (STJ, REsp 4.810/PR, rel. Min. Ruy Rosado de Aguiar, DJU 7-1-96).
[27] A questão dos credores do casal deve observar o que estabelecem os arts. 1.644, 1.659, IV, 1.664, 1.666 e 1.671 do Código Civil.

que o ato não poderá mais ser desfeito, com prejuízo às partes – especialmente ao arrematante –, exceto se ele próprio desistir do ato com base em uma das hipóteses previstas pelo § 5º deste artigo ou deixar de pagar o preço ou de prestar a caução estabelecida. Não sendo este o caso, o máximo que pode acontecer é a situação ser resolvida em perdas e danos, mas sem qualquer prejuízo à arrematação em si, mesmo que o juiz venha a considerá-la inválida ou ineficaz posteriormente, valendo lembrar que o ato será inválido quando realizada por preço vil ou quando contiver outros vícios, ao passo que será ineficaz quando não forem intimadas as pessoas referidas nos arts. 804 e 889, acima mencionadas (art. 903, § 1º)[28].

Não pode ser esquecido que tais vícios podem ser alegados por simples petição nos autos dentro do prazo de 10 dias úteis, contados do aperfeiçoamento da arrematação (CPC, art. 903, 2º). Por isso é que a carta de arrematação não pode ser expedida logo em seguida à assinatura do auto de arrematação. O juiz deve obrigatoriamente aguardar o transcurso desse decêndio, para só então ser autorizado a determinar a expedição da carta. O art. 903, § 3º do mesmo diploma é bem claro a esse respeito, inclusive.

Mais do que isso. A carta de arrematação somente será expedida depois de resolvidas as impugnações eventualmente opostas nesses 10 dias e desde que o arrematante efetue o depósito ou preste as garantias estabelecidas, bem como pague a comissão do leiloeiro e demais despesas da execução (CPC, art. 901, § 1º e 903, § 3º). Ela será o instrumento hábil a proporcionar a aquisição, pelo arrematante, da propriedade do bem arrematado, podendo ser levada a registro perante os órgãos públicos correspondentes, caso necessário. Por isso, deverá conter a descrição do imóvel, com remissão à sua matrícula ou individuação e aos seus registros, a cópia do auto de arrematação e a prova de pagamento do imposto de transmissão, além da indicação da existência de eventual ônus real ou gravame (CPC, art. 901, § 2º)[29].

Somente depois de expedida tal carta – e, conforme o caso, a ordem de entrega ou mandado de imissão na posse –, o arrematante poderá efetivamente adquirir a propriedade do bem arrematado. Para tanto, deverá render obediência às exigências legais e registrais pertinentes (CC, arts. 1.245 e 1.267; LRP, art. 167, I, 26).

Deve ficar claro que, mesmo depois desses fatos, a arrematação continuará podendo ser invalidada por meio da ação anulatória a que se refere o art. 966, § 4º, do CPC, a depender do fundamento utilizado para tanto e nos prazos previstos pela lei civil (p. ex.: CC, art. 178, II e 179), os quais devem ser contados a partir da data da expedição da carta[30]. Mas, tal como dito, o ato da arrematação não será desfeito por conta disso. Logo, se o pedido de anulação for julgado procedente, a coisa se resolverá em perdas e danos, sem afetar a aquisição da propriedade pelo arrematante.

Considerando-se todos esses elementos, consta-se com facilidade que a alienação, em si, dificilmente poderia ser obstada, fazendo com que o resultado fosse semelhante ao que seria obtido na hipótese de não ter havido resistência.

---

[28] Frise-se que o novo sistema pôs fim aos embargos à arrematação, que, mesmo no sistema revogado, não costumavam ser admitidos na hipótese (STJ, REsp 184.465/MG, *DJ* 18-12-2000).
[29] O Enunciado n. 175 das JDPC/CJF dispõe que: "No arrolamento comum, o prévio recolhimento do imposto de transmissão *causa mortis* não é condicionante para a expedição do formal de partilha e da carta de adjudicação, mantendo-se a exigência da comprovação do pagamento dos tributos relativos aos bens do espólio e às suas rendas, a teor dos arts. 659, §2º, 664, §4º, e 662 do CPC e 192 do CTN."
[30] STJ, REsp 1.655.729/PR, *DJe* 26-5-2017.

Devido à especificidade de serem procedimentos predominantemente executórios, cuja cognição se perfaz de forma meramente instrumental e voltada à verificação da concorrência dos pressupostos de validade da atividade postulada, não haveria sentença propriamente dita a ser proferida pelo juiz, mas apenas decisão interlocutória declarando o procedimento encerrado[31].

6.5 PONTOS FAVORÁVEIS À ADOÇÃO DO MÉTODO SUGERIDO

Ao menos em teoria, os pontos favoráveis à adoção deste método parecem ser dos mais diversos, sendo provavelmente este o motivo pelo qual trabalhos prospectivos venham defendendo a adoção de procedimento assemelhado[32].

De início, poderia ser citada a simplicidade do rito, que prescindiria de maiores formalidades na elaboração do requerimento inicial e tornaria dispensável, em regra, a formação de novos autos, com nova distribuição, registro, citação e, eventualmente, até o recolhimento de custas prévias. Um segundo conveniente seria a permissão para que tanto bens móveis quanto imóveis, divisíveis ou indivisíveis do ponto de vista físico, e, até direitos sobre eles (como a expressão econômica de posses sobre terrenos localizados em loteamentos irregulares ou o direito de aquisição sobre bens alienados fiduciariamente)[33], fossem vendidos judicialmente, desde que fossem considerados insuscetíveis de divisão cômoda, por meio de um juízo pautado na equidade, à luz do caso concreto.

Mais um chamativo: outros pedidos, como o de fixação de aluguéis pelo uso exclusivo da coisa comum, poderiam ser deduzidos de forma cumulada, já que as regras de cumulação de pedidos são normalmente aplicáveis aos procedimentos de jurisdição voluntária (CPC, art. 327)[34].

Uma quarta vantagem: o direito de se pedir a extinção do condomínio é potestativo (CC, art. 1.320), o que não o sujeita a qualquer prazo de exercício, possibilitando que o interessado reflita bem sobre o melhor momento de agir e se programe de acordo, inclusive sobre o aspecto técnico e econômico[35].

Inclusive, no ano de 2022, o Superior Tribunal de Justiça voltou a se manifestar especificamente a respeito desses dois últimos pontos, em julgado que restou assim ementado:

> RECURSO ESPECIAL. DIREITO CIVIL E PROCESSUAL CIVIL. DIREITO DE FAMÍLIA. EXTINÇÃO DE UNIÃO ESTÁVEL. PARTILHA DO IMÓVEL COMUM. AÇÃO DE EXTINÇÃO DE CONDOMÍNIO CUMULADA COM PEDIDO DE INDENIZAÇÃO. PEDIDOS DE ALIENAÇÃO JUDICIAL DE BEM COMUM E DE PAGAMENTO DE ALUGUÉIS.
> 1. Controvérsia: Polêmica em torno do direito de alienação judicial do imóvel adquirido, em comunhão, vindicado por parte do ex-companheiro e a possibilidade de cobrança de aluguéis pelo uso exclusivo de imóvel.
> 2. Possibilidade de alienação judicial do imóvel: Improcedência do argumento de que a venda acarretará prejuízo à ex-companheira, considerando que ela detém a titularidade de apenas 50% dos direitos aquisitivos do imóvel. Ex-companheira na posse do imóvel há mais de quatro

---

[31] GRECO, Leonardo. In: WAMBIER, Teresa Arruda Alvim *et al*. *Breves comentários ao novo Código de Processo Civil*. São Paulo: Revista dos Tribunais, 2015, p. 1672.
[32] MADALENO, Rolf. *Direito de família*. 10. ed. Rio de Janeiro: Forense, 2020, p. 343; TOLEDO CÉSAR, Celso Laet de. *Venda e divisão da propriedade comum*: doutrina e jurisprudência. 3. ed. São Paulo: Revista dos Tribunais, 2006, p. 204-207.
[33] STJ, REsp 1.852.807/PR, *DJe* 13-5-2022; REsp 1.501.549/RS, *DJe* 11-5-2018.
[34] STJ, REsp 1.852.807/PR, *DJe* 13-5-2022; AgInt no REsp 1.439.844/SC, *DJe* 30-3-2017.
[35] No mesmo sentido: REsp 655.787/MG, *DJ* 5-9-2005.

> anos, período em que se manteve anunciado para venda. Correto o deferimento do pedido de alienação judicial do imóvel, pois a utilização exclusiva do bem por parte da requerida impossibilita o autor de dispor do bem. Constitui, finalmente, direito potestativo do condômino de bem imóvel indivisível promover a extinção do condomínio mediante alienação judicial da coisa.
> 3. Pedido de pagamento de aluguéis: No momento da dissolução da união estável, conforme asseverado pelo próprio recorrente, restou convencionado que recorrida permaneceria residindo no imóvel, sem a necessidade de pagar alugueres, até a efetiva venda do bem. Nesse contexto, apesar de julgados em sentido contrário do STJ, deve ser mantido o posicionamento do acórdão recorrido quanto à desnecessidade de pagamento de alugueres na proporção de sua cota parte.
> 4. Recurso Especial conhecido e parcialmente provido para restalebecer parcialmente a sentença de primeiro grau.
> (REsp 1.852.807/PR, *DJe* 13-5-2022)

Ressalvada a possibilidade de o bem se situar em Comarca diversa, a competência para seu processamento caberia à própria Vara de Família na qual teria tido curso a ação precedente, tendo em vista que, em última análise, a venda se limitaria a promover a partilha fática dos bens, dando mera concreção à partilha jurídica lá estabelecida.

Em antigo julgado, inclusive, o STJ teve a oportunidade de ementar o julgamento de Recurso Especial da seguinte forma:

> Separação judicial. Acordo. Venda do bem comum. Arrematação, em segunda praça ou leilão. Processa-se a alienação nos próprios autos em que celebrado o acordo. Desnecessidade de que a alienação seja regida pelo disposto nos arts. 1.103, 1.112-IV e 1.117-II do Código de Processo Civil.
> (REsp 37.408-1/SP, *DJ* 11-4-94).

Com o atual CPC, tudo parece recomendar que este posicionamento prevaleça.

O reduzido número de condôminos certamente facilitaria o desenrolar do procedimento, pois a questão interessaria, em regra, apenas aos dois ex-consortes, ao contrário do que ocorreria normalmente nos procedimentos autônomos de extinção de condomínio, geralmente integrados por diversos comunheiros.

Outro elemento significativo seria a limitação das matérias arguíveis em defesa, dado ao fato de que praticamente todas as questões atinentes ao patrimônio comum já teriam sido alegadas e decididas na fase cognitiva do procedimento anteriormente desenvolvido ou, no mais tardar, na fase de liquidação, ressalvadas aquelas surgidas supervenientemente. A baixíssima probabilidade de que houvesse terceiros na relação, aliada à expressa permissão deles intervirem na eventualidade de titularizarem direitos sobre a coisa, afastaria qualquer possibilidade de ofensa a seus direitos, representando mais um ponto favorável ao emprego do procedimento (CPC, art. 721).

Mais um atrativo decorreria da impossibilidade de um dos condôminos ser proprietário de quinhão maior sobre a mesma coisa, trazendo a vantagem de tornar inaplicável um dos critérios de preferência contidos no art. 1.322 do CC e seus correspondentes entraves à rapidez que deve permear a venda.

É certo que poderiam surgir questões relacionadas às eventuais benfeitorias ou acessões supervenientemente sobrepostas às coisas comuns, mas nem por isso o procedimento sugerido mereceria ser desprestigiado, pois tais pendências poderiam ser facilmente apuráveis por meio da oportunização do contraditório e da abertura de incidente voltado a suas respectivas avaliações, acarretando, quando muito, o elasticimento de sua tramitação.

A bem da verdade, não seria qualquer desvio procedimental que desencorajaria o uso da técnica em questão, pois é característico à jurisdição voluntária suportar intempéries diversas em seus esquemas rituais sem que isso acarrete algo mais do que a aplicação subsidiária das regras do procedimento comum (CPC, art. 318, parágrafo único). Não se esqueça, ainda, que seria lícito a qualquer dos ex-consortes adjudicar a coisa antes dela ser alienada, na forma aludida nos arts. 1.322, *caput*, do CC e 649 c/c 876 do CPC[36], mediante *indenização* à outra parte que, no caso concreto, poderia ser paga até mesmo com a dação de algum outro bem do acervo comum, de bem particular ou mediante a compensação com eventuais dívidas contraídas durante a união, desde que houvesse ajuste a este respeito (CC, art. 356).

A possibilidade de a venda judicial ocorrer por meio eletrônico seria um atrativo à parte, facilitando a participação dos licitantes, reduzindo custos e acelerando a tramitação de todo o processo, mesmo que os bens se situassem em comarca distinta, tornando absolutamente inútil e obsoleta a antiga prática de deprecar os atos de alienação[37].

Outros elementos favoráveis seriam a inviabilidade de condenação ao pagamento de honorários advocatícios, quando não houvesse litígio, e o rateio de todas as despesas entre os interessados, que decerto desestimulariam o oferecimento de resistência pela parte contrária (CPC, art. 88)[38].

Apesar de tantas notas distintivas, talvez a mais relevante delas seja a possibilidade de o magistrado se pautar na equidade, abstendo-se de seguir a legalidade estrita até mesmo no momento em que eventualmente viesse a reconhecer que o procedimento merecesse ser flexibilizado e adaptado às especificidades da situação jurídica de direito material (CPC, art. 723, parágrafo único).

Essa característica, inclusive, possibilitaria que ele investigasse com muito mais profundidade os elementos responsáveis por tornar determinada coisa originariamente divisível do ponto de vista material, em algo insuscetível de divisão cômoda no caso concreto, por exemplo.

Um desses elementos pode ser o fato de o condômino residente no imóvel ser incapaz, vulnerável ou estar residindo com parentes que apresentem essas condições, como aconteceria no caso de pessoa idosa ou de uma mãe que o permanecesse habitando com filhos menores, sem ter outro imóvel para morar na eventualidade de ter que vir a ser dele retirada[39].

Nesses casos, talvez fosse melhor que o juízo reconhecesse a indivisibilidade, ainda que temporária da coisa, para impedir o desabrigamento imediato dessas pessoas. Afinal, em regra, a função social da família deve prevalecer sobre a função social da propriedade e o direito à moradia sobre o direito de crédito.

A equidade também seria responsável por atribuir ao juiz considerável discricionariedade para designar quantos leilões entendesse necessários para a arrematação do bem, assim como para, de repente, autorizar a modificação da ordem das modalidades de expropriação, desde que, por óbvio, dialogasse com as partes previamente e fundamentasse adequadamente sua decisão a respeito.

---

[36] Anote que, enquanto não ocorrer a alienação do bem penhorado, o credor pode requerer a adjudicação a qualquer tempo, porque a prerrogativa assegurada pelo art. 876 do CPC não se sujeita à preclusão. Assim, STJ, REsp 2.041.861/SP, *DJe* 22-6-2023.
[37] Exatamente assim: STJ, CC 147.746/SP, *DJe* 4-6-2020.
[38] STJ, REsp 77.057/SP, *DJ* 25-3-96.
[39] Em sentido próximo: STJ, TP 4.302/MS, *DJe* 22-12-22.

Apenas e exclusivamente na eventualidade de se instaurar algum litígio *insuperável* no curso do procedimento, é que as partes deveriam ser remetidas às vias ordinárias, por meio da mera conversão do rito para o contencioso, com o aproveitamento dos atos praticados, na medida do possível[40].

Como dito, alguns poderiam se insurgir à aplicação deste método, com base no entendimento de que a competência para processamento do procedimento caberia às Varas Cíveis residuais. Acontece que esse posicionalmente pode ser facilmente superado, na medida em que o novo CPC promoveu significativas mudanças nos procedimentos especiais e o aqui defendido nem sequer exige a propositura de nova demanda, na medida em que se contentaria com a instauração de mero expediente, aberto até de ofício. De mais a mais, ninguém discute que as Varas de Família sejam plenamente competentes para processar e julgar as pretensões fundadas em direitos e deveres dos cônjuges, ainda que já extinta a *mancomunhão*, mas desde que surgidas por ocasião dela. Tanto é assim que eventual descumprimento de acordo ou de sentença lá proferida desafiaria a execução forçada ou o cumprimento nas próprias unidades judiciárias em que tivessem sido prolatadas, em atenção à regra de competência absoluta prescrita pelo art. 516, II, do CPC, ainda que o inadimplemento dissesse respeito a uma obrigação de natureza civil, mas surgida de uma relação de família.

O próprio Superior Tribunal de Justiça já teve oportunidade de admitir o processamento de execução na mesma Vara de Família em que havia tido curso a precedente demanda de separação, ao argumento de que "a execução é de título judicial originário de ação de separação consensual[41]".

A rigor, não há nada que se possa estranhar nesse caso. Todos sabem que a competência funcional do juízo – logo, absoluta – para cumprimento de seus próprios julgados (CPC, art. 516, I), torna absolutamente natural até mesmo que o advogado, que nem sequer é parte, promova o cumprimento da sentença que fixou honorários sucumbenciais a seu favor perante as próprias Varas de Família ou de Infância e Juventude, por exemplo, como demonstra o julgado abaixo transcrito:

> RECURSO ESPECIAL. PROCESSUAL CIVIL. CUMPRIMENTO DE SENTENÇA DE HONORÁRIOS DE SUCUMBÊNCIA. COMPETÊNCIA DO JUÍZO QUE DECIDIU A CAUSA NO PRIMEIRO GRAU DE JURISDIÇÃO. COMPETÊNCIA ABSOLUTA. EXECUÇÃO DE HONORÁRIOS QUE SE PROCESSA NOS MESMOS AUTOS. RECURSO PROVIDO.
> 1. Verifica-se que o Tribunal de origem analisou todas as questões relevantes para a solução da lide, de forma fundamentada, não havendo falar em negativa de prestação jurisdicional.
> 2. O cumprimento de sentença dos honorários sucumbenciais processar-se-á perante o Juízo que decidiu a causa principal, da qual proveio a verba honorária, no primeiro grau de jurisdição, por se tratar de competência funcional e, portanto, absoluta, salvo se outro for o Juízo escolhido pelo exequente, nos estritos termos legais dispostos nos arts. 516 do CPC/2015 e 24, § 1º, do Estatuto da OAB, ainda que o feito principal – do qual se originou a verba honorária – tenha tramitado perante Juízo de vara especializada.
> 3. Recurso especial provido.
> (STJ, REsp 2.027.063/MS, *DJe* 23-3-2023)[42].

---

[40] STJ, REsp 1.339.336/MS, *DJe* 10-10-2012.
[41] REsp 538.227/MT, *DJ* 10-5-2004. No mesmo sentido, mais recentemente: AgInt no AREsp 1.551.305/GO, *DJe* 5-6-2020.
[42] No mesmo sentido: STJ, REsp 1.859.295/MG, *DJe* 29-5-2020.

Nada parece impedir, portanto, que a partilha fática seja processada no juízo de família, como uma mera fase subsequente à de conhecimento, tal qual acontece no cumprimento.

Ainda que assim não fosse, não seria de todo desarrazoado se cogitar, ainda que *de lege ferenda*, a alteração das regras de competência nesses casos, pois se trata de matéria de competência legislativa estadual, logo, muito mais facilmente modificável do que se tratasse de questão afeta à competência da União (CPC, art. 44). De fato, desde que não se criem embaraços à própria dissolução do arranjo familiar ou à resolução de seus pontos mais sensíveis, nada pareceria justificar a remessa das partes às Varas Cíveis residuais para discutirem uma questão originada e com repercussões exclusivas sobre os membros daquela família, se lhes seria permitido, por exemplo, promover o cumprimento de sentença de divórcio que estabelecesse o cumprimento de qualquer outra obrigação na própria vara de família de origem.

Antes mesmo da entrada em vigor do Código de 2015, a jurisprudência do Superior Tribunal de Justiça parecia estar se inclinando pelo abrandamento da rigidez de alguns procedimentos judiciais, em particular quando os atos se destinavam à afirmação de direitos de família, como no caso de cancelamento de alimentos devidos a filhos que atingiram a maioridade – *em que se dispensava o ajuizamento de ação própria, permitindo-se que o requerimento de cancelamento da pensão se processasse nos mesmos autos em que esta havia sido fixada*[43] –, ou nas hipóteses de venda da coisa comum, quando ajustada em acordo homologado judicialmente – *em que se autorizava o processamento da alienação como mera fase procedimental*[44].

Essa última possibilidade, inclusive, provavelmente ganhe contornos ainda mais acentuados naquelas hipóteses em que o patrimônio se limitar a um único ou poucos bens, que não demandem dilação probatória complexa para sua aferição, como acontece na esmagadora maioria dos casos submetidos aos Juízos de Família.

É certo que alguns tipos de patrimônio não recomendariam o emprego dessa técnica, notadamente aqueles compostos por conglomerados empresariais, em que a prova pericial, por si só, seria responsável por atravancar a marcha de qualquer procedimento judicial, independentemente de ele tramitar sob o rito das ações de família. Mas, ações desse tipo não são a regra no cotidiano do foro, o que talvez represente fator de estímulo a que a sugestão aqui contida seja, no mínimo, objeto de reflexão pela academia e pelos aplicadores do Direito.

Ao fim e ao cabo, vale enfaticamente dizer que há mais pontos favoráveis do que desfavoráveis à adoção desse método, sobretudo se for levada em consideração a tendência consagrada pelo novo CPC, no sentido de se flexibilizar cada vez mais os modelos rituais padronizadamente previstos pelo legislador.

Não obstante, merece ser feita a advertência tantas vezes decantada ao longo deste livro: o sistema fornece o instrumental adequado para que o procedimento se otimize.

Mas, aí vem à tona o velho adágio: *Evoluir é fato. Adaptar-se à evolução é opção!*

---

[43] STJ, REsp 347.010/SP, *DJ* 10-2-2003.
[44] STJ, REsp 37.408-1/SP, *DJ* 11-4-94.

Considerações Conclusivas

Alcançado o epílogo do estudo até aqui desenvolvido, são muitas as possibilidades de discussão que o tema suscita, mas para atingir o objetivo a que se propôs, devem ser destacados os seguintes pontos, à guisa de conclusão:

1. Ao longo do texto foi possível perceber que o casamento e a união estável, como modalidades de arranjos familiares, necessitam de um estatuto jurídico destinado a regulamentar as relações jurídicas de índole patrimonial contraída por seus integrantes. Tais estatutos são os regimes de bens. Naqueles de índole puramente comunitária inaugura-se, sobre a massa comum, um estado jurídico denominado mancomunhão, que faz com que todas as relações jurídicas patrimoniais constituídas sob seu império se comuniquem entre os cônjuges, formando uma massa coesa e indivisível do ponto de vista jurídico que, sob o prisma da teoria da norma jurídica, representaria um efeito originado pelos regimes, nos quais encontraria sua razão de ser.

2. Caso as partes se separem meramente de fato, as regras do regime continuariam tendo aptidão para incidir sobre os fatos ocorridos sob sua égide, embora alguns de seus efeitos passem a ser inibidos, a exemplo da comunicação dos bens adquiridos dali por diante.

3. Desfeita oficialmente a união, e partilhado juridicamente o patrimônio comum, o regime de bens se dissolveria por completo, automática e obrigatoriamente, impedindo que suas normas pudessem incidir e produzir efeitos sobre as relações jurídicas constituídas ao longo da união. Como resultado da dissolução da universalidade de direitos que recobria o patrimônio comum, a meação seria alcançada e os bens comuns passariam a formar mera comunhão jurídica ordinária, da qual os agora ex-cônjuges, titularizariam cotas ideais idênticas, sendo considerados, a partir de então, comunheiros ordinários/condôminos (e não mais mancomunheiros) para todos os fins, o que lhes permitiria colocar fim à situação pelo manejo dos meios colocados à disposição pelo sistema, muito mais simples, rápidos e econômicos do que os usualmente utilizados no cotidiano forense.

4. Nesse ponto, o entendimento aqui defendido destoa, propositalmente e completamente, do posicionamento tradicional, por vislumbrar a possibilidade de os fatos se desencadearem de forma muito mais rápida e econômica para todos. A alternativa aqui apresentada como possível resposta aos problemas identificados, e até criticados ao longo da obra, perpassa inicialmente pela necessária compreensão de institutos de direito material, notadamente da mancomunhão, que precisa ser enxergada como sendo o fenômeno responsável por proporcionar a comunicação das relações jurídicas travadas pelos mancomunheiros com o objetivo de dar ensejo, dentre outros efeitos, ao surgimento da meação, garantindo, dessa forma a *partilha jurídica* do acervo patrimonial por eles constituído.

5. Em um segundo momento, a necessidade se desloca para o campo do processo, mais precisamente para o necessário emprego de técnicas processuais diferenciadas, com vistas à efetivação da aqui chamada *partilha fática*. Nesse ponto, há mais uma ruptura para com o sistema tradicional. Não se questiona que as inovações legislativas proporcionadas pelo Código de Processo Civil de 2015 sobre as ações de família sejam dignas de aplauso. Porém, a disciplina das questões patrimoniais advindas destas demandas poderia ter sido aprimorada pelo legislador, ao menos em relação ao aspecto divisório, muito embora não o tenha sido.

6. O atual estágio de desenvolvimento da ciência jurídica autoriza a construção e correspondente aplicação de normas a partir da leitura de textos normativos, possibilitando que situações jurídicas sejam tuteladas juridicamente de forma muito mais aproximada da realidade e harmônica com as especificidades do próprio direito material que subjaz ao litígio. É preciso, porém, que haja alteração da mentalidade que hoje predomina.

7. Com base nesse entendimento é que se defende que a técnica jurídica empregada adequadamente, possa representar significativa contribuição à aceleração dos processos de família e à efetividade das decisões, especialmente se utilizados os contributos mencionados ao longo do texto.

8. De início, o julgamento parcial do mérito, permitido desde o ano de 2002, pelo art. 273, § 6º, do CPC/73, e agora pelo art. 356, I, do CPC, possibilitaria que o divórcio fosse concedido por provimento definitivo, logo após esgotado o prazo de resposta estabelecido pelo art. 335, solucionando-se, com isso, um ponto de alta sensibilidade para as famílias envolvidas, bem no início do procedimento.

9. O momento apropriado para tanto seria a fase do julgamento conforme o estado do processo a que se refere o dispositivo supratranscrito, muito embora nada impedisse que isso se desse anteriormente, na própria audiência a que alude o art. 695.

10. Na eventualidade de haver patrimônio comunicável que não tivesse sido individualizado e declarado comum até esse momento, outro instrumental técnico autorizaria que o magistrado reconhecesse implicitamente formulado o pedido de declaração de bens comuns (partilha jurídica), para que, com a concordância das partes, o procedimento pudesse ter continuidade até que restasse definida a questão patrimonial, valendo a lembrança de que o rito das ações de família permitiria que a atividade probatória se desenvolvesse de forma plena e exauriente a respeito, tornando o provimento judicial apto a ser circunscrito pela coisa julgada material.

11. De posse do formal de partilha correspondente, as partes poderiam adquirir a titularidade exclusiva dos direitos sobre suas respectivas frações ideais, em comunhão jurídica ordinária/condomínio.

12. A partir desse instante, os ex-consortes teriam o direito potestativo de dissolvê-los, inclusive, amigavelmente, dada sua plena divisibilidade sob o prisma jurídico. Caso houvesse dissenso a respeito, poderia ser empregado o procedimento de jurisdição voluntária como mera fase processual, subsequente à ação precedente, com o objetivo de se venderem todos aqueles bens que não admitissem divisão cômoda, ainda que fossem divisíveis sob o ponto de vista físico.

13. O procedimento em questão seria instaurado perante o próprio Juízo de Família, por simples petição, sem a necessidade de observância do rigor formal imposto pelo art. 319

do CPC, por se tratar de mera fase procedimental. Seu desenvolvimento obedeceria às regras dos procedimentos especiais de jurisdição voluntária e do processo de execução, por expressa previsão legal, possibilitando a criação do panorama ideal para que o Juízo dirigisse o procedimento e proferisse decisão sem necessidade de seguir a legalidade estrita, como de resto permitiria o art. 732, parágrafo único, do CPC. Verificando a inexistência de impedimentos à venda dos bens, o magistrado determinaria a avaliação (CPC, art. 723, parágrafo único c/c art. 730) e ordenaria a adjudicação ou a venda, tanto por meio particular quanto público, com a observância do regramento traçado pelo Código.

14. Diante de tantos pontos virtualmente favoráveis é que se acredita que o posicionamento aqui defendido possa representar uma alternativa viável à aceleração e efetividade processuais nas ações de família.

Quadro comparativo CC x ARCC

Redação Atual do Código Civil de 2002	Redação Aprovada pela Comissão
LIVRO IV DO DIREITO DA FAMÍLIA TÍTULO I Do Direito Pessoal SUBTÍTULO I Do Casamento CAPÍTULO I Disposições Gerais	LIVRO IV DIREITO DE FAMÍLIA TÍTULO I Do Direito Pessoal SUBTÍTULO I Do Direito de Constituir Família CAPÍTULO I Disposições Gerais
Art. 1.511. O casamento estabelece comunhão plena de vida, com base na igualdade de direitos e deveres dos cônjuges.	Art. 1.511. Revogado.
	Art. 1.511-A. O planejamento familiar é de livre decisão do casal, competindo ao Estado propiciar recursos educacionais e financeiros para o exercício deste direito, vedada qualquer forma de coerção, por parte de instituições privadas ou públicas. § 1º A potencialidade da vida humana pré-uterina e a vida humana préuterina e uterina são expressões da dignidade humana e de paternidade e maternidade responsáveis. § 2º O cuidado físico e psíquico que se deva dar a gestante ou a quem pretende engravidar é tema concernente à intimidade da vida familiar com o suporte de assistência médica que o Estado deve prestar à família.
	Art. 1.511-B. São reconhecidas como famílias as constituídas pelo casamento, união estável, bem como a família parental. § 1º A família parental é a composta por, pelo menos, um ascendente e seu descendente, qualquer que seja a natureza da filiação, bem como a que resulta do convívio entre parentes colaterais que vivam sob o mesmo teto com compartilhamento de responsabilidades familiares pessoais e patrimoniais.

Redação Atual do Código Civil de 2002	Redação Aprovada pela Comissão
	§ 2º Para a preservação dos direitos atinentes à formação da família parental, é facultado a todos os seus membros declararem, em conjunto, por escritura pública, a assunção da corresponsabilidade pessoal e patrimonial entre seus membros e postularem a averbação dessa declaração nos respectivos assentos de nascimento, na forma do § 1º do art. 10 deste Código, sem que essa providência lhes altere o estado familiar. § 3º A família parental cria obrigações comuns e recíprocas de suporte, de sobrevivência e de sustento dos que dividem fraternalmente a mesma morada.
	Art. 1.511-C. É defeso a qualquer pessoa, de direito público ou privado: I – interferir na comunhão de vida instituída pela família; II – obstar os direitos da família parental; III – negar a quem vive sozinho ou às famílias parentais a proteção pessoal que a lei destina às famílias conjugais e ao seu patrimônio mínimo;
	Art. 1.511-D. Ninguém pode ser obrigado a permanecer casado porque o direito ao divórcio é incondicionado, constituindo direito potestativo da pessoa.
	Art. 1.511-E. O trâmite legal para a procedimento pré-nupcial, celebração do casamento e registro da conversão da união estável em casamento são gratuitos, nos termos da lei.
	Art. 1.511-F. O estado civil pessoal comprova-se pelos assentos do registro civil das pessoas naturais, lançados nos termos deste Código e da legislação em vigor.
	Art. 1.511-G. Alterações lançadas no registro civil de pessoas naturais, por vontade manifestada pelos interessados, nos termos do § 1º do art. 10, deste Código, não prejudicam interesses de terceiros, nem alteram o estado civil do interessado.
	CAPÍTULO II Das Pessoas na Família
Art. 1.512. O casamento é civil e gratuita a sua celebração. Parágrafo único. A habilitação para o casamento, o registro e a primeira certidão serão isentos de selos, emolumentos e custas, para as pessoas cuja pobreza for declarada, sob as penas da lei.	Art. 1.512. Revogado.

Redação Atual do Código Civil de 2002	Redação Aprovada pela Comissão
	CAPÍTULO III Do Casamento Seção I Das Disposições Gerais
Art. 1.514. O casamento se realiza no momento em que o homem e a mulher manifestam, perante o juiz, a sua vontade de estabelecer vínculo conjugal, e o juiz os declara casados.	Art. 1.514. O casamento se realiza quando duas pessoas livres e desimpedidas manifestam, perante o celebrante, a sua vontade de estabelecer vínculo conjugal e o celebrante os declara casados. Parágrafo único. Pelo casamento, os nubentes assumem mutuamente a condição de consortes e responsáveis pelos encargos da família.
Art. 1.511. O casamento estabelece comunhão plena de vida, com base na igualdade de direitos e deveres dos cônjuges.	Art. 1.514-A. O casamento estabelece comunhão plena de vida, com base na igualdade de direitos e deveres dos cônjuges.
Art. 1.515. O casamento religioso, que atender às exigências da lei para a validade do casamento civil, equipara-se a este, desde que registrado no registro próprio, produzindo efeitos a partir da data de sua celebração.	Art. 1.515. Revogado.
Art. 1.516. O registro do casamento religioso submete-se aos mesmos requisitos exigidos para o casamento civil. § 1º O registro civil do casamento religioso deverá ser promovido dentro de noventa dias de sua realização, mediante comunicação do celebrante ao ofício competente, ou por iniciativa de qualquer interessado, desde que haja sido homologada previamente a habilitação regulada neste Código. Após o referido prazo, o registro dependerá de nova habilitação. § 2º O casamento religioso, celebrado sem as formalidades exigidas neste Código, terá efeitos civis se, a requerimento do casal, for registrado, a qualquer tempo, no registro civil, mediante prévia habilitação perante a autoridade competente e observado o prazo do art. 1.532. § 3ª Será nulo o registro civil do casamento religioso se, antes dele, qualquer dos consorciados houver contraído com outrem casamento civil.	Art. 1.516. Revogado.
Art. 1.517. O homem e a mulher com dezesseis anos podem casar, exigindo-se autorização de ambos os pais, ou de seus representantes legais, enquanto não atingida a maioridade civil. Parágrafo único. Se houver divergência entre os pais, aplica-se o disposto no parágrafo único do art. 1.631.	Art. 1.517. A pessoa com dezesseis anos pode se casar, exigindo-se autorização de ambos os pais ou de seus representantes legais, enquanto não atingida a maioridade civil. Parágrafo único. Se houver divergência entre os pais, aplica-se o disposto no parágrafo único do art. 1.631.

Redação Atual do Código Civil de 2002	Redação Aprovada pela Comissão
CAPÍTULO III **Dos Impedimentos**	**Seção II** **Dos Impedimentos**
Art. 1.521. Não podem casar: I – os ascendentes com os descendentes, seja o parentesco natural ou civil; II – os afins em linha reta; III – o adotante com quem foi cônjuge do adotado e o adotado com quem o foi do adotante; IV – os irmãos, unilaterais ou bilaterais, e demais colaterais, até o terceiro grau inclusive; V – o adotado com o filho do adotante; VI – as pessoas casadas; VII – o cônjuge sobrevivente com o condenado por homicídio ou tentativa de homicídio contra o seu consorte.	Art. 1.521. Não podem se casar: .... IV – os irmãos; V – Revogado; .... VII – o viúvo ou a viúva com o condenado por homicídio contra o seu consorte; VIII – o divorciado ou ex-convivente com quem foi condenado por tentativa de homicídio contra o seu ex-consorte ou ex--convivente; IX – as pessoas que vivem na constância de união estável, ressalvada a hipótese de conversão da própria união estável em casamento.
Art. 1.522. Os impedimentos podem ser opostos, até o momento da celebração do casamento, por qualquer pessoa capaz. Parágrafo único. Se o juiz, ou o oficial de registro, tiver conhecimento da existência de algum impedimento, será obrigado a declará-lo.	Art. 1.522 .... Parágrafo único. Se o celebrante ou o oficial de registro tiverem conhecimento da existência de algum impedimento, serão obrigados a declará-lo.
Art. 1.523. Não devem casar: I – o viúvo ou a viúva que tiver filho do cônjuge falecido, enquanto não fizer inventário dos bens do casal e der partilha aos herdeiros; II – a viúva, ou a mulher cujo casamento se desfez por ser nulo ou ter sido anulado, até dez meses depois do começo da viuvez, ou da dissolução da sociedade conjugal; III – o divorciado, enquanto não houver sido homologada ou decidida a partilha dos bens do casal; IV – o tutor ou o curador e os seus descendentes, ascendentes, irmãos, cunhados ou sobrinhos, com a pessoa tutelada ou curatelada, enquanto não cessar a tutela ou curatela, e não estiverem saldadas as respectivas contas. Parágrafo único. É permitido aos nubentes solicitar ao juiz que não lhes sejam aplicadas as causas suspensivas previstas nos incisos I, III e IV deste artigo, provando-se a inexistência de prejuízo, respectivamente, para o herdeiro, para o ex-cônjuge e para a pessoa tutelada ou curatelada; no caso do inciso II, a nubente deverá provar nascimento de filho, ou inexistência de gravidez, na fluência do prazo.	Art. 1.523. Revogado.

Redação Atual do Código Civil de 2002	Redação Aprovada pela Comissão
Art. 1.524. As causas suspensivas da celebração do casamento podem ser argüidas pelos parentes em linha reta de um dos nubentes, sejam consangüíneos ou afins, e pelos colaterais em segundo grau, sejam também consangüíneos ou afins.	Art. 1.524. Revogado.
TÍTULO III Da União Estável	CAPÍTULO IV Da União Estável
Art. 1.723. É reconhecida como entidade familiar a união estável entre o homem e a mulher, configurada na convivência pública, contínua e duradoura e estabelecida com o objetivo de constituição de família. § 1º A união estável não se constituirá se ocorrerem os impedimentos do art. 1.521; não se aplicando a incidência do inciso VI no caso de a pessoa casada se achar separada de fato ou judicialmente. § 2º As causas suspensivas do art. 1.523 não impedirão a caracterização da união estável.	Art. 1.564-A. É reconhecida como entidade familiar a união estável entre duas pessoas, mediante uma convivência pública, contínua e duradoura e estabelecida como família. § 1º A união estável não se constituirá, se ocorrerem os impedimentos do art. 1.521, não se aplicando a incidência do inciso VI no caso de a pessoa casada ou o convivente se achar separado de fato ou judicialmente de seu anterior cônjuge ou convivente. § 2º As pessoas com menos de dezesseis anos de idade não podem constituir união estável e aquelas com idade entre dezesseis e dezoito anos podem constituir união estável, se emancipadas. § 3ª É facultativo o registro da união estável, mas, se feito, altera o estado civil das partes para conviventes, devendo, a partir deste momento, ser declarado em todos os atos da vida civil.
	Art. 1.564-B. Aplica-se à união estável, salvo se houver pacto convivencial ou contrato de convivência dispondo de modo diverso, o regime da comunhão parcial de bens.
Art. 1.726. A união estável poderá converter-se em casamento, mediante pedido dos companheiros ao juiz e assento no Registro Civil.	Art. 1.564-C. A união estável poderá converter-se em casamento, por solicitação dos conviventes diretamente no Cartório de Registro Civil, das Pessoas Naturais, após o oficial certificar a ausência de impedimentos, na forma deste Código. Parágrafo único. Ter-se-á como data do início da união que se pretende converter em casamento a do registro e em caso de união estável de fato a data declarada pelos interessados ao oficial.
Art. 1.727. As relações não eventuais entre o homem e a mulher, impedidos de casar, constituem concubinato.	Art. 1.564-D. A relação não eventual entre pessoas impedidas de casar não constitui família. Parágrafo único. As questões patrimoniais oriundas da relação prevista no *caput* serão reguladas pelas regras da proibição do enriquecimento sem causa previstas nos arts. 884 a 886.

Redação Atual do Código Civil de 2002	Redação Aprovada pela Comissão
CAPÍTULO IX Da Eficácia do Casamento	**CAPÍTULO V** Da Eficácia do Casamento e da União Estável
Art. 1.565. Pelo casamento, homem e mulher assumem mutuamente a condição de consortes, companheiros e responsáveis pelos encargos da família. § 1º Qualquer dos nubentes, querendo, poderá acrescer ao seu o sobrenome do outro. § 2º O planejamento familiar é de livre decisão do casal, competindo ao Estado propiciar recursos educacionais e financeiros para o exercício desse direito, vedado qualquer tipo de coerção por parte de instituições privadas ou públicas.	Art. 1.565. Pelo casamento, os nubentes assumem mutuamente a condição de consortes e responsáveis pelos encargos da família. § 1ª Igual responsabilidade assumem os conviventes de união estável. § 2º Qualquer dos nubentes ou conviventes, querendo, poderão acrescer ao seu o sobrenome do outro.
Art. 1.566. São deveres de ambos os cônjuges: I – fidelidade recíproca; II – vida em comum, no domicílio conjugal; III – mútua assistência; IV – sustento, guarda e educação dos filhos; V – respeito e consideração mútuos.	Art. 1.566. São deveres de ambos os cônjuges ou conviventes: .... IV – de forma colaborativa assumirem os deveres de cuidado, sustento e educação dos filhos, dividindo os deveres familiares de forma compartilhada. .... § 1º Ainda que finda a sociedade conjugal ou convivencial, ex-cônjuges ou ex-conviventes devem compartilhar, de forma igualitária, o convívio com filhos e dependentes. § 2ª Igualmente devem os ex-cônjuges e ex-conviventes compartilhar as despesas destinadas à manutenção dos filhos e dos dependentes, bem como as despesas e encargos que derivem da manutenção do patrimômo comum. § 3ª Os ex-cônjuges e ex-conviventes têm o direito de compartilhar a companhia e arcar com as despesas destinadas à manutenção dos animais de estimação, enquanto a eles pertencentes.
Art. 1.567. A direção da sociedade conjugal será exercida, em colaboração, pelo marido e pela mulher, sempre no interesse do casal e dos filhos. Parágrafo único. Havendo divergência, qualquer dos cônjuges poderá recorrer ao juiz, que decidirá tendo em consideração aqueles interesses.	Art. 1.567. A direção da sociedade conjugal ou convivencial será exercida, em colaboração, por ambos os cônjuges ou conviventes, sempre no interesse do casal e dos filhos. Parágrafo único. Havendo divergência, qualquer dos cônjuges ou conviventes poderão recorrer ao juiz que decidirá tendo em consideração aqueles interesses.
Art. 1.568. Os cônjuges são obrigados a concorrer, na proporção de seus bens e dos rendimentos do trabalho, para o sustento da família e a educação dos filhos, qualquer que seja o regime patrimonial.	Art. 1.568. Os cônjuges ou conviventes são obrigados a concorrer, na proporção de seus bens e dos rendimentos do trabalho, para o sustento da família e para a educação dos filhos, qualquer que seja o regime patrimonial de bens.
Art. 1.569. O domicílio do casal será escolhido por ambos os cônjuges, mas um e outro podem ausentar-se do domicílio conjugal para atender a encargos públicos, ao exercício de sua profissão, ou a interesses particulares relevantes.	Art. 1.569. O domicílio do casal será escolhido por ambos os cônjuges ou conviventes, mas um e outro podem ausentar-se do domicílio conjugal para atender a encargos públicos, ao exercício de sua profissão, ou a interesses particulares relevantes.

Redação Atual do Código Civil de 2002	Redação Aprovada pela Comissão
Art. 1.570. Se qualquer dos cônjuges estiver em lugar remoto ou não sabido, encarcerado por mais de cento e oitenta dias, interditado judicialmente ou privado, episodicamente, de consciência, em virtude de enfermidade ou de acidente, o outro exercerá com exclusividade a direção da família, cabendo-lhe a administração dos bens.	Art. 1.570. Se qualquer dos cônjuges ou conviventes estiverem em lugar remoto ou não sabido, encarcerado por mais de cento e oitenta dias, interditado judicialmente ou privado, episodicamente, de consciência, em virtude de enfermidade ou de acidente, o outro exercerá com exclusividade a direção da família, cabendo-lhe a administração dos bens.
CAPÍTULO X Da Dissolução da Sociedade e do vínculo Conjugal	**CAPÍTULO VI** Da Dissolução da Sociedade e do Vínculo Conjugais
Art. 1.571. A sociedade conjugal termina: I – pela morte de um dos cônjuges; II – pela nulidade ou anulação do casamento; III – pela separação judicial; IV – pelo divórcio. § 1º O casamento válido só se dissolve pela morte de um dos cônjuges ou pelo divórcio, aplicando-se a presunção estabelecida neste Código quanto ao ausente. § 2º Dissolvido o casamento pelo divórcio direto ou por conversão, o cônjuge poderá manter o nome de casado; salvo, no segundo caso, dispondo em contrário a sentença de separação judicial.	Art. 1.571. A sociedade conjugal e a sociedade convivencial terminam: I – pela morte de um dos cônjuges ou de um dos conviventes; .... III – pela separação de corpos ou pela separação de fato dos cônjuges ou conviventes; .... V – pela dissolução da união estável. § 1º O casamento válido só se dissolve pela morte de um dos cônjuges ou pelo divórcio, aplicando-se a presunção estabelecida neste Código quanto ao ausente. § 2º Dissolvido o casamento pelo divórcio, o cônjuge poderá manter o nome de casado, estendendo-se a mesma possibilidade ao convivente em caso de dissolução de união estável. § 3º De nenhuma forma a hipótese do inciso III pode ser condicionante do direito ao divórcio ou da dissolução da união estável. § 4º O falecimento de um dos cônjuges ou de um dos conviventes, depois da propositura da ação de divórcio ou de dissolução da união estável, não enseja a extinção do processo, podendo os herdeiros prosseguir com a demanda, retroagindo os efeitos da sentença à data estabelecida na sentença como aquela do final do convívio. Art. 1.571-A. Com a separação de corpos ou a de fato cessam os deveres de fidelidade e vida em comum no domicílio conjugal, bem como os efeitos decorrentes do regime de bens, resguardado o direito aos alimentos na forma disciplinada por este Código. Parágrafo único. Faculta-se às partes comprovar a separação de corpos ou a de fato por todos os meios de prova, inclusive por declaração através de instrumento público ou particular.

Redação Atual do Código Civil de 2002	Redação Aprovada pela Comissão
Art. 1.572. Qualquer dos cônjuges poderá propor a ação de separação judicial, imputando ao outro qualquer ato que importe grave violação dos deveres do casamento e torne insuportável a vida em comum. § 1º A separação judicial pode também ser pedida se um dos cônjuges provar ruptura da vida em comum há mais de um ano e a impossibilidade de sua reconstituição. § 2º O cônjuge pode ainda pedir a separação judicial quando o outro estiver acometido de doença mental grave, manifestada após o casamento, que torne impossível a continuação da vida em comum, desde que, após uma duração de dois anos, a enfermidade tenha sido reconhecida de cura improvável. § 3ª No caso do parágrafo 2º, reverterão ao cônjuge enfermo, que não houver pedido a separação judicial, os remanescentes dos bens que levou para o casamento, e se o regime dos bens adotado o permitir, a meação dos adquiridos na constância da sociedade conjugal.	Art. 1.572. Revogado.
Art. 1.573. Podem caracterizar a impossibilidade da comunhão de vida a ocorrência de algum dos seguintes motivos: I – adultério; II – tentativa de morte; III – sevícia ou injúria grave; IV – abandono voluntário do lar conjugal, durante um ano contínuo; V – condenação por crime infamante; VI – conduta desonrosa. Parágrafo único. O juiz poderá considerar outros fatos que tornem evidente a impossibilidade da vida em comum.	Art. 1.573. Revogado.
Art. 1.574. Dar-se-á a separação judicial por mútuo consentimento dos cônjuges se forem casados por mais de um ano e o manifestarem perante o juiz, sendo por ele devidamente homologada a convenção. Parágrafo único. O juiz pode recusar a homologação e não decretar a separação judicial se apurar que a convenção não preserva suficientemente os interesses dos filhos ou de um dos cônjuges.	Art. 1.574. Revogado.
Art. 1.575. A sentença de separação judicial importa a separação de corpos e a partilha de bens. Parágrafo único. A partilha de bens poderá ser feita mediante proposta dos cônjuges e homologada pelo juiz ou por este decidida.	Art. 1.575. Revogado.

Redação Atual do Código Civil de 2002	Redação Aprovada pela Comissão
Art. 1.576. A separação judicial põe termo aos deveres de coabitação e fidelidade recíproca e ao regime de bens. Parágrafo único. O procedimento judicial da separação caberá somente aos cônjuges, e, no caso de incapacidade, serão representados pelo curador, pelo ascendente ou pelo irmão.	Art. 1.576. Revogado.
	Art. 1.576-A. Com a separação de fato cessam os deveres de fidelidade e vida em comum no domicílio conjugal, bem como os efeitos decorrentes do regime de bens, resguardado o direito aos alimentos na forma do art. 1.694 deste Código.
Art. 1.577. Seja qual for a causa da separação judicial e o modo como esta se faça, é lícito aos cônjuges restabelecer, a todo tempo, a sociedade conjugal, por ato regular em juízo. Parágrafo único. A reconciliação em nada prejudicará o direito de terceiros, adquirido antes e durante o estado de separado, seja qual for o regime de bens.	Art. 1.577. Seja qual for a causa da separação, é lícito aos cônjuges ou conviventes restabelecerem, a todo tempo, a sociedade conjugal ou convivencial, de forma judicial ou extrajudicial. Parágrafo único. A reconciliação em nada prejudicará os direitos de terceiros, adquiridos antes ou durante a separação, seja qual for o regime de bens adotado pelos cônjuges ou conviventes.
Art. 1.578. O cônjuge declarado culpado na ação de separação judicial perde o direito de usar o sobrenome do outro, desde que expressamente requerido pelo cônjuge inocente e se a alteração não acarretar: I – evidente prejuízo para a sua identificação; II – manifesta distinção entre o seu nome de família e o dos filhos havidos da união dissolvida; III – dano grave reconhecido na decisão judicial. § 1º O cônjuge inocente na ação de separação judicial poderá renunciar, a qualquer momento, ao direito de usar o sobrenome do outro. § 2º Nos demais casos caberá a opção pela conservação do nome de casado.	Art. 1.578. Revogado.
Art. 1.579. O divórcio não modificará os direitos e deveres dos pais em relação aos filhos. Parágrafo único. Novo casamento de qualquer dos pais, ou de ambos, não poderá importar restrições aos direitos e deveres previstos neste artigo.	Art. 1.579. A dissolução da sociedade conjugal ou convivencial não modificará os direitos e deveres dos pais em relação aos filhos. Parágrafo único. Novo casamento ou nova união de qualquer dos pais ou de ambos, não poderão importar restrições aos direitos e deveres previstos neste artigo.
Art. 1.580. Decorrido um ano do trânsito em julgado da sentença que houver decretado a separação judicial, ou da decisão concessiva da medida cautelar de separação de corpos, qualquer das partes poderá requerer sua conversão em divórcio.	Art. 1.580. Revogado.

Redação Atual do Código Civil de 2002	Redação Aprovada pela Comissão
§ 1º A conversão em divórcio da separação judicial dos cônjuges será decretada por sentença, da qual não constará referência à causa que a determinou. § 2º O divórcio poderá ser requerido, por um ou por ambos os cônjuges, no caso de comprovada separação de fato por mais de dois anos.	
Art. 1.581. O divórcio pode ser concedido sem que haja prévia partilha de bens.	Art. 1.581. O divórcio ou a dissolução da união estável podem ser concedidos sem que haja prévia partilha de bens.
Art. 1.582. O pedido de divórcio somente competirá aos cônjuges. Parágrafo único. Se o cônjuge for incapaz para propor a ação ou defender-se, poderá fazê-lo o curador, o ascendente ou o irmão.	Art. 1.582. O pedido de divórcio ou de dissolução de união estável somente competirá aos cônjuges ou conviventes. Parágrafo único. Se o cônjuge ou convivente for incapaz para propor a ação ou defender-se, poderá fazê-lo o Ministério Público, o curador, o ascendente, o descendente ou o irmão.
	Art. 1.582-A. O cônjuge ou o convivente, poderão requerer unilateralmente o divórcio ou a dissolução da união estável no Cartório do Registro Civil em que está lançado o assento do casamento ou onde foi registrada a união, nos termos do § 1º do art. 9º deste Código. § 1º O pedido de divórcio ou de dissolução da união estável serão subscritos pelo interessado e por advogado ou por defensor público. § 2º Serão notificados prévia e pessoalmente o outro cônjuge ou convivente para conhecimento do pedido, dispensada a notificação se estiverem presentes perante o oficial ou tiverem manifestado ciência por qualquer meio. § 3º Na hipótese de não serem encontrados o cônjuge ou convivente para serem notificados, proceder-se-á com a sua notificação editalícia, após exauridas as buscas de endereço nas bases de dados disponibilizadas ao sistema judiciário. § 4º Após efetivada a notificação pessoal ou por edital, o oficial do Registro Civil procederá, em cinco dias, à averbação do divórcio ou à da dissolução da união estável. § 5º Em havendo, no pedido de divórcio ou de dissolução de união estável, cláusula relativa à alteração do nome do cônjuge ou do requerente para retomada do uso do seu nome de solteiro, o oficial de Registro que averbar o ato, também anotará a alteração no respectivo assento de nascimento, se de sua unidade e, se de outra, comunicará ao oficial competente para a necessária anotação. § 6º Com exceção do disposto no § 5º, nenhuma outra pretensão poderá ser cumulada ao pedido unilateral de divórcio ou de dissolução de união estável, especialmente, pretensão de alimentos, arrolamento de bens, guarda de filhos, partilha de bens, exclusão do ex-cônjuge ou convivente de plano de saúde, alteração do domicílio da família, ou qualquer outra medida protetiva ou acautelatória.

Redação Atual do Código Civil de 2002	Redação Aprovada pela Comissão
	Art. 1.582-B. O divórcio, a dissolução da união estável, a partilha de bens, a guarda de filhos com menos de dezoito anos de idade e os alimentos em favor dessas pessoas poderão ser formalizados por escritura pública, se houver consenso entre as partes. § 1º A escritura pública dependerá de prévia aprovação do Ministério Público se ocorrer uma das seguintes hipóteses: I – um dos cônjuges ou conviventes for incapaz; II – o casal aguarda o nascimento de filho ou tem filho com menos de dezoito anos de idade; III – o documento contempla cláusulas relativas a guarda ou alimentos dos filhos com menos de dezoito anos de idade. § 2º Na hipótese do § 1º deste artigo, o tabelião encaminhará a minuta de escritura pública ao Ministério Público, caso em que a manifestação ministerial será exarada no prazo de quinze dias úteis e limitar-se-á à fiscalização dos interesses do incapaz. § 3ª Em caso de discordância do Ministério Público, não serão admitidos o divórcio ou a dissolução da união estável pela via extrajudicial.
	Art. 1.582-C. É garantido ao cônjuge e ao convivente o direito de permanecer na residência conjugal, se com ele residirem filhos com menos de dezoito anos ou incapazes ou a quem se dedicou aos cuidados da família e não desempenha atividade remunerada.
TÍTULO II Do Direito Patrimonial SUBTÍTULO I Do Regime de Bens entre os Cônjuges CAPÍTULO I Disposições Gerais	TÍTULO II Do Direito Patrimonial SUBTÍTULO I Do Regime de Bens entre os Cônjuges e Conviventes CAPÍTULO I Disposições Gerais
Art. 1.639. É lícito aos nubentes, antes de celebrado o casamento, estipular, quanto aos seus bens, o que lhes aprouver. § 1º O regime de bens entre os cônjuges começa a vigorar desde a data do casamento. § 2º É admissível alteração do regime de bens, mediante autorização judicial em pedido motivado de ambos os cônjuges, apurada a procedência das razões invocadas e ressalvados os direitos de terceiros.	Art. 1.639. É lícita aos cônjuges ou conviventes, antes ou depois de celebrado o casamento ou constituída a união estável, a livre estipulação quanto aos seus bens e interesses patrimoniais. § 1ª O regime de bens entre os cônjuges ou conviventes começa a vigorar desde a data do casamento ou da constituição da união estável. § 2ª Depois da celebração do casamento ou do estabelecimento da união estável, o regime de bens pode ser modificado por escritura pública e só produz efeitos a partir do ato de alteração, ressalvados os direitos de terceiros.

Redação Atual do Código Civil de 2002	Redação Aprovada pela Comissão
Art. 1.640. Não havendo convenção, ou sendo ela nula ou ineficaz, vigorará, quanto aos bens entre os cônjuges, o regime da comunhão parcial. Parágrafo único. Poderão os nubentes, no processo de habilitação, optar por qualquer dos regimes que este código regula. Quanto à forma, reduzir-se-á a termo a opção pela comunhão parcial, fazendose o pacto antenupcial por escritura pública, nas demais escolhas.	Art. 1.640. Não havendo convenção, ou sendo ela nula ou ineficaz, vigorará, quanto aos bens entre os cônjuges ou conviventes, o regime da comunhão parcial. § 1º Poderão os cônjuges ou conviventes optar por qualquer dos regimes que este Código regula e, quanto à forma desta manifestação, reduzir-se-á a termo a opção pela comunhão parcial, fazendo-se o pacto antenupcial por escritura pública, nas demais escolhas. § 2º É lícito aos cônjuges ou conviventes criarem regime atípico ou misto, conjugando regras dos regimes previstos neste Código, desde que não haja contrariedade a normas cogentes ou de ordem pública.
Art. 1.641. É obrigatório o regime da separação de bens no casamento: I – das pessoas que o contraírem com inobservância das causas suspensivas da celebração do casamento; II – da pessoa maior de 70 (setenta) anos;	Art. 1.641. Revogado.
Art. 1.642. Qualquer que seja o regime de bens, tanto o marido quanto a mulher podem livremente: I – praticar todos os atos de disposição e de administração necessários ao desempenho de sua profissão, com as limitações estabelecida no inciso Ido art. 1.647; II – administrar os bens próprios; III – desobrigar ou reivindicar os imóveis que tenham sido gravados ou alienados sem o seu consentimento ou sem suprimento judicial; IV – demandar a rescisão dos contratos de fiança e doação, ou a invalidação do aval, realizados pelo outro cônjuge com infração do disposto nos incisos III e IV do art. 1.647; V – reivindicar os bens comuns, móveis ou imóveis, doados ou transferidos pelo outro cônjuge ao concubino, desde que provado que os bens não foram adquiridos pelo esforço comum destes, se o casal estiver separado de fato por mais de cinco anos; VI – praticar todos os atos que não lhes forem vedados expressamente.	Art. 1.642. Qualquer que seja o regime de bens, os cônjuges ou os conviventes podem livremente: .... IV – demandar a invalidação do negócio jurídico, nas hipóteses do art. 1.647; V – anular as doações da pessoa casada ou em união estável a terceiro, na forma do art. 550,e reivindicar os bens comuns, móveis ou imóveis, transferidos pelo outro cônjuge ou convivente a outra pessoa, na hipótese do art. 1.564-D. ....
Art. 1.643. Podem os cônjuges, independentemente de autorização um do outro: I – comprar, ainda a crédito, as coisas necessárias à economia doméstica; II – obter, por empréstimo, as quantias que a aquisição dessas coisas possa ex1gu.	Art. 1.643. Podem os cônjuges ou os conviventes, independentemente de autorização um do outro: I – comprar, ainda que a crédito, as coisas necessárias à economia doméstica, à alimentação e às despesas destinadas à educação dos filhos comuns; II – obter, por empréstimo, as quantias que a aquisição ou o adimplemento dessas coisas e obrigações possam exigir.

Redação Atual do Código Civil de 2002	Redação Aprovada pela Comissão
Art. 1.644. As dívidas contraídas para os fins do artigo antecedente obrigam solidariamente ambos os cônjuges.	Art. 1.644 As dívidas contraídas para os fins do artigo antecedente obrigam solidariamente a ambos os cônjuges ou conviventes.
Art. 1.645. As ações fundadas nos incisos III, IV e V do art. 1.642 competem ao cônjuge prejudicado e a seus herdeiros.	Art. 1.645. As ações fundadas nos incisos III, IV e V do art. 1.642 competem ao cônjuge ou convivente prejudicado e a seus herdeiros.
Art. 1.646. No caso dos incisos III e IV do art. 1.642, o terceiro, prejudicado com a sentença favorável ao autor, terá direito regressivo contra o cônjuge, que realizou o negócio jurídico, ou seus herdeiros.	Art. 1.646. No caso dos incisos III e IV do art. 1.642, o terceiro, prejudicado com a sentença favorável ao autor, terá direito regressivo contra o cônjuge ou convivente, que realizou o negócio jurídico, ou seus herdeiros.
Art. 1.647. Ressalvado o disposto no art. 1.648, nenhum dos cônjuges pode, sem autorização do outro, exceto no regime da separação absoluta: I – alienar ou gravar de ônus real os bens imóveis; II – pleitear, como autor ou réu, acerca desses bens ou direitos; III – prestar fiança ou aval; IV – fazer doação, não sendo remuneratória, de bens comuns, ou dos que possam integrar futura meação. Parágrafo único. São válidas as doações nupciais feitas aos filhos quando casarem ou estabelecerem economia separada.	Art. 1.647. Ressalvado o disposto no art. 1.648, nenhum dos cônjuges ou conviventes pode, sem autorização do outro, exceto no regime da separação de bens: .... II – Revogado; III – prestar fiança; IV – fazer doação, não sendo remuneratória, de bens comuns ou dos que possam integrar futura meação. § 1º Nenhum dos cônjuges ou conviventes pode, mesmo em se tratando de bem particular, dispor sem o assentimento do outro, do imóvel onde estabeleceram o domicílio conjugal ou convivencial nem quanto aos móveis que o guarnecem. § 2º A falta de outorga não invalidará o aval, mas configurará sua ineficácia parcial no tocante à meação do cônjuge ou convivente que não participaram do ato. § 3º O disposto neste artigo aplica-se à união estável devidamente registrada no Registro Civil das Pessoas Naturais.
Art. 1.648. Cabe ao juiz, nos casos do artigo antecedente, suprir a outorga, quando um dos cônjuges a denegue sem motivo justo, ou lhe seja impossível concedê-la.	Art. 1.648. Cabe ao juiz, nos casos do artigo antecedente, suprir a outorga, quando um dos cônjuges ou conviventes a deneguem sem motivo justo ou lhes seja impossível concedê-la.
Art. 1.649. A falta de autorização, não suprida pelo juiz, quando necessária (art. 1.647), tornará anulável o ato praticado, podendo o outro cônjuge pleitear-lhe a anulação, até dois anos depois de terminada a sociedade conjugal. Parágrafo único. A aprovação torna válido o ato, desde que feita por instrumento público, ou particular, autenticado.	Art. 1.649. A falta de autorização, não suprida pelo juiz, quando necessária (art. 1.647), tornará anulável o ato praticado, podendo o outro cônjuge ou convivente pleitear-lhe a anulação, até dois anos depois de terminada a sociedade conjugal ou convivencial. Parágrafo único. A aprovação torna válido o ato, desde que feita por instrumento público ou particular.
Art. 1.650. A decretação de invalidade dos atos praticados sem outorga, sem consentimento, ou sem suprimento do juiz, só poderá ser demandada pelo cônjuge a quem cabia concedê-la, ou por seus herdeiros.	Art. 1.650. A decretação de invalidade dos atos praticados sem outorga, sem consentimento ou sem suprimento do juiz, só poderá ser demandada pelo cônjuge ou convivente a quem caiba concedê-la ou por seus herdeiros.

Redação Atual do Código Civil de 2002	Redação Aprovada pela Comissão
Art. 1.651. Quando um dos cônjuges não puder exercer a administração dos bens que lhe incumbe, segundo o regime de bens, caberá ao outro: I – gerir os bens comuns e os do consorte; II – alienar os bens móveis comuns; III – alienar os imóveis comuns e os móveis ou imóveis do consorte, mediante autorização judicial.	Art. 1.651. Quando um dos cônjuges ou conviventes não puder exercer a administração dos bens que lhe incumbe, segundo o regime de bens, caberá ao outro: I – gerir os bens comuns e os do consorte ou convivente; .... III – alienar os imóveis comuns e os móveis ou imóveis do consorte ou convivente, mediante autorização judicial.
Art. 1.652. O cônjuge, que estiver na posse dos bens particulares do outro, será para com este e seus herdeiros responsável: I – como usufrutuário, se o rendimento for comum; II – como procurador, se tiver mandato expresso ou tácito para os administrar; III – como depositário, se não for usufrutuário, nem administrador.	Art. 1.652. O cônjuge ou convivente que estiver na posse dos bens particulares do outro será para com este e seus herdeiros responsável: ....
CAPÍTULO II Do Pacto Antenupcial	CAPÍTULO II Dos Pactos Conjugal e Convivencial
Art. 1.653. É nulo o pacto antenupcial se não for feito por escritura pública, e ineficaz se não lhe seguir o casamento.	Art. 1.653. Revogado.
	Art. 1.653-A. É nulo o pacto conjugal ou convivencial, se não for feito por escritura pública, e ineficaz se não lhe seguir o casamento. Parágrafo único. Não se admitirá eficácia retroativa ao pacto conjugal ou convivencial que sobrevier ao casamento ou à constituição da união estável.
	Art. 1.653-B. Admite-se convencionar no pacto antenupcial ou convivencial a alteração automática de regime de bens após o transcurso de um período de tempo prefixado, sem efeitos retroativos, ressalvados os direitos de terceiros.
Art. 1.654. A eficácia do pacto antenupcial, realizado por menor, fica condicionada à aprovação de seu representante legal, salvo as hipóteses de regime obrigatório de separação de bens.	Art. 1.654. A eficácia do pacto realizado por adolescente em idade núbil fica condicionada à aprovação de seu representante legal ou, na falta desta, de autorização judicial.
Art. 1.655. É nula a convenção ou cláusula dela que contravenha disposição absoluta de lei.	Art. 1.655. É nula de pleno direito a convenção ou cláusula do pacto antenupcial ou convivencial que contravenha disposição absoluta de lei, norma cogente ou de ordem pública, ou que limite a igualdade de direitos que deva corresponder a cada cônjuge ou convivente.
	Art. 1.655-A. Os pactos conjugais e convivenciais podem estipular cláusulas com solução para guarda e sustento de filhos, em caso de ruptura da vida comum, devendo o tabelião informar a cada um dos outorgantes, em separado, sobre o eventual alcance da limitação ou renúncia de direitos.

Redação Atual do Código Civil de 2002	Redação Aprovada pela Comissão
	Parágrafo único. As cláusulas não terão eficácia se, no momento de seu cumprimento, mostrarem-se gravemente prejudiciais para um dos cônjuges ou conviventes e sua descendência, violando a proteção da família ou transgredindo o princípio da igualdade.
Art. 1.656. No pacto antenupcial, que adotar o regime de participação final nos aquestos, poder-se-á convencionar a livre disposição dos bens imóveis, desde que particulares.	Art. 1.656. Revogado.
	Art. 1.656-A. Os pactos conjugais ou convivenciais poderão ser firmados antes ou depois de celebrado o matrimônio ou constituída união estável; e não terão efeitos retroativos.
Art. 1.657. As convenções antenupcrn1s não terão efeito perante terceiros senão depois de registradas, em livro especial, pelo oficial do Registro de Imóveis do domicílio dos cônjuges.	Art. 1.657. Revogado.
CAPÍTULO III Do Regime de Comunhão Parcial	CAPÍTULO III Do Regime de Comunhão Parcial (...)
Art. 1.659. Excluem-se da comunhão: I – os bens que cada cônjuge possuir ao casar, e os que lhe sobrevierem, na constância do casamento, por doação ou sucessão, e os sub-rogados em seu lugar; II – os bens adquiridos com valores exclusivamente pertencentes a um dos cônjuges em sub-rogação dos bens particulares; III – as obrigações anteriores ao casamento; IV – as obrigações provenientes de atos ilícitos, salvo reversão em proveito do casal; V – os bens de uso pessoal, os livros e instrumentos de profissão; VI – os proventos do trabalho pessoal de cada cônjuge; VII – as pensões, meios-soldos, montepios e outras rendas	Art. 1.659. .... : .... V – os bens de uso pessoal, os livros e instrumentos de profissão ou ofício; VI – Revogado; VII – Revogado; VIII – as indenizações por danos causados à pessoa de um dos cônjuges ou conviventes ou a seus bens privativos, com exceção do valor do lucro cessante que teria sido auferido caso o dano não tivesse ocorrido.
Art. 1.660. Entram na comunhão: I – os bens adquiridos na constância do casamento por título oneroso, ainda que só em nome de um dos cônjuges; II – os bens adquiridos por fato eventual, com ou sem o concurso de trabalho ou despesa anterior; III – os bens adquiridos por doação, herança ou legado, em favor de ambos os cônjuges; IV – as benfeitorias em bens particulares de cada cônjuge; V – os frutos dos bens comuns, ou dos particulares de cada cônjuge, percebidos na constância do casamento, ou pendentes ao tempo de cessar a comunhão.	Art. 1.660. .... : I – os bens adquiridos por título oneroso na constância do casamento ou da união estável, ainda que só em nome de um dos cônjuges ou conviventes; .... III – os bens adquiridos por doação, herança ou legado, em favor de ambos os cônjuges ou conviventes; IV – as benfeitorias em bens particulares de cada cônjuge ou convivente, entendendo-se como valor a ser partilhado, sempre que possível, o da valorização do bem em razão das benfeitorias realizadas;

Redação Atual do Código Civil de 2002	Redação Aprovada pela Comissão
	V – os frutos dos bens comuns, ou dos particulares de cada cônjuge ou convivente, percebidos na constância do casamento ou da união estável ou pendentes ao tempo de cessar a comunhão; VI – as remunerações, salários, pensões, dividendos, fundo de garantia por tempo de serviço, previdências privadas abertas ou outra classe de recebimentos ou indenizações que ambos os cônjuges ou conviventes obtenham durante o casamento ou união estável, como provento do trabalho ou de aposentadoria; VII – os direitos patrimoniais sobre as quotas ou ações societárias adquiridas na constância do casamento ou da união estável; VIII – a valorização das quotas ou das participações societárias ocorrida na constância do casamento ou da união estável, ainda que a aquisição das quotas ou das ações tenha ocorrido anteriormente ao início da convivência do casal, até a data da separação de fato; IX – a valorização das quotas sociais ou ações societárias decorrentes dos lucros reinvestidos na sociedade na vigência do casamento ou união estável do sócio, ainda que a sua constituição seja anterior à convivência do casal, até a data da separação de fato.
Art. 1.661. São incomunicáveis os bens cuja aquisição tiver por título uma causa anterior ao casamento.	Art. 1.661. São incomunicáveis os bens cuja aquisição tiver por título uma causa anterior ao casamento ou à constituição de união estável.
Art. 1.662. No regime da comunhão parcial, presumem-se adquiridos na constância do casamento os bens móveis, quando não se provar que o foram em data anterior.	Art. 1.662. No regime da comunhão parcial, presumem-se adquiridos na constância do casamento ou da união estável os bens móveis que guarneçam o domicílio comum, quando não se provar que o foram em data anterior.
Art. 1.663. A administração do patrimônio comum compete a qualquer dos cônjuges. § 1º As dívidas contraídas no exercício da administração obrigam os bens comuns e particulares do cônjuge que os administra, e os do outro na razão do proveito que houver auferido. § 2º A anuência de ambos os cônjuges é necessária para os atos, a título gratuito, que impliquem cessão do uso ou gozo dos bens comuns. § 3º Em caso de malversação dos bens, o JUIZ poderá atribuir a administração a apenas um dos cônjuges.	Art. 1.663. A administração do patrimônio comum compete a qualquer dos cônjuges ou conviventes. § 1º As dívidas contraídas no exercício da administração obrigam os bens comuns e particulares do cônjuge ou convivente que os administra, e os do outro na razão do proveito que houver auferido. § 2º A anuência de ambos os cônjuges ou conviventes é necessária para os atos, a título gratuito, que impliquem cessão do uso ou gozo dos bens comuns. § 3º Em caso de malversação dos bens, o juiz poderá atribuir a administração a apenas um dos cônjuges ou conviventes.
Art. 1.664. Os bens da comunhão respondem pelas obrigações contraídas pelo marido ou pela mulher para atender aos encargos da família, às despesas de administração e às decorrentes de imposição legal.	Art. 1.664. Os bens da comunhão respondem pelas obrigações contraídas pelos cônjuges ou conviventes para atender aos encargos da família, às despesas de administração e às decorrentes de imposição legal, mesmo quando se trate de gastos de caráter urgente e extraordinários.

Redação Atual do Código Civil de 2002	Redação Aprovada pela Comissão
Art. 1.665. A administração e a disposição dos bens constitutivos do patrimônio particular competem ao cônjuge proprietário, salvo convenção diversa em pacto antenupcial.	Art. 1.665. A administração e a disposição dos bens constitutivos do patrimônio particular competem ao cônjuge ou convivente proprietário, salvo convenção diversa em pacto conjugal ou convivencial.
Art. 1.666. As dívidas, contraídas por qualquer dos conJuges na administração de seus bens particulares e em benefício destes, não obrigam os bens comuns.	Art. 1.666. Se um dos consortes, na administração de bens particulares, vier a constituir dívidas cuja satisfação acarrete a excussão de bens comuns, terá o outro, caso não tenha anuído com o ato, o direito de reaver sua parte do valor subtraído do patrimônio comum, em eventual
	Art. 1.666-A. O ato de administração ou de disposição praticado por um só dos cônjuges ou conviventes em fraude ao patrimônio comum implicará sua responsabilização pelo valor atualizado do prejuízo. § 1º O cônjuge ou convivente que sonegar bens da partilha, buscando apropriar-se de bens comuns que esteja, em seu poder ou sob a sua administração e, assim, lesar economicamente a parte adversa, perderá o direito que sobre eles lhe caiba. § 2º Comprovada a prática de atos de sonegação, a sentença de partilha ou de sobrepartilha decretará a perda do direito de meação sobre o bem sonegado em favor do cônjuge ou convivente prejudicado.
CAPÍTULO IV Do Regime de Comunhão Universal	CAPÍTULO IV Do Regime de Comunhão Universal
Art. 1.667. O regime de comunhão universal importa a comunicação de todos os bens presentes e futuros dos cônjuges e suas dívidas passivas, com as exceções do artigo seguinte.	Art. 1.667. O regime de comunhão universal importa a comunicação de todos os bens presentes e futuros dos cônjuges ou conviventes e suas dívidas passivas, com as exceções do artigo seguinte.
Art. 1.668. São excluídos da comunhão: I – os bens doados ou herdados com a cláusula de incomunicabilidade e os sub-rogados em seu lugar; II – os bens gravados de fideicomisso e o direito do herdeiro fideicomissário, antes de realizada a condição suspensiva; III – as dívidas anteriores ao casamento, salvo se provierem de despesas com seus aprestos, ou reverterem em proveito comum; IV – as doações antenupciais feitas por um dos cônjuges ao outro com a cláusula de incomunicabilidade; V – Os bens referidos nos incisos V a VII do art. 1.659.	Art. 1.668. .... III – as dívidas anteriores ao casamento ou ao estabelecimento da união estável, salvo se provierem de despesas com seus aprestos ou reverterem em proveito comum; IV – Revogado; V – Os bens referidos nos incisos V e VIII do art. 1.659.
Art. 1.671. Extinta a comunhão, e efetuada a divisão do ativo e do passivo, cessará a responsabilidade de cada um dos cônjuges para com os credores do outro.	Art. 1.671. Extinta a comunhão pela separação de fato, pelo divórcio ou dissolução da união estável e efetuada a divisão do ativo e do passivo, cessará a responsabilidade de cada um dos cônjuges ou conviventes para com os credores do outro.

Redação Atual do Código Civil de 2002	Redação Aprovada pela Comissão
CAPÍTULO V Do Regime de Participação Final nos Aquestos	
Arts. 1.672 a 1.686.	Arts. 1.672 a 1.686. Revogados.
CAPÍTULO VI Do Regime de Separação de Bens (...)	CAPÍTULO VI Do Regime de Separação de Bens (...)
Art. 1.688. Ambos os cônjuges são obrigados a contribuir para as despesas do casal na proporção dos rendimentos de seu trabalho e de seus bens, salvo estipulação em contrário no pacto antenupcial.	Art. 1.688. Ambos os cônjuges ou conviventes são obrigados a contribuir para as despesas do casal na proporção dos rendimentos de seu trabalho e de seus bens, salvo estipulado em contrário no pacto antenupcial, ou em escritura pública de união estável. § 1º No regime da separação, admite-se a divisão de bens havidos por ambos os cônjuges ou conviventes com a contribuição econômica direta de ambos, respeitada a sua proporcionalidade. § 2º O trabalho realizado na residência da família e os cuidados com a prole, quando houver, darão direito a obter uma compensação que o juiz fixará, na falta de acordo, ao tempo da extinção da entidade familiar.

Referências

ALMEIDA, Amador Paes de. *Manual das sociedades comerciais*: direito de empresa. 20. ed. São Paulo: Saraiva, 2012.

ALMEIDA, Washington Carlos de. *Direito de propriedade*. Barueri: Manole, 2006.

ALONSO, E. Serrano; TOMÉ, H. Campuzano; GONZÁLES, A. Gonzáles; GONZÁLES, J. Carbajo. *Régimen económico del matrimonio*. Oviedo: Universidad de Oviedo Servicio de Publicaciones, 1991.

ALVARO DE OLIVEIRA, Carlos Alberto. *Do formalismo no processo civil*: proposta de um formalismo-valorativo. 4. ed. São Paulo: Saraiva, 2010.

ALVARO DE OLIVEIRA, Carlos Alberto. O formalismo-valorativo no confronto com o formalismo excessivo. *Revista de Processo*, n. 137, jul. 2006.

ALVES, Jones Figueirêdo. Separação de fato por seus efeitos jurídicos reclama averbação em registro. Disponível em: https://cnbsp.org.br/2022/09/26/artigo-separacao-de-fato-por-seus-efeitos-juridicos-reclama-averbacao-em-registro-por-jones-figueiredo-alves/. Acesso em: 3 dez. 2024.

ALVES, Jones Figueirêdo. Um novo regime de bens e a cidadania registral. Disponível em: www.ibdfam.org.br/artigos.

ALVIM, Agostinho. *Da doação*. São Paulo: Saraiva, 1980.

AMARAL, Francisco. *Direito civil*: introdução. 10. ed. São Paulo: Saraivajur, 2018.

AMARAL, Guilherme Rizzo. *Comentários às alterações do novo CPC*. São Paulo: Revista dos Tribunais, 2015.

AMIN, Andrea Rodrigues; AMARAL, Sandro Gaspar. A comunicabilidade dos depósitos fundiários sob a perspectiva de gênero. In: PORTANOVA, Rui; CALMON, Rafael. *Direito de Família conforme interpretação do STJ*. V. 1. Regime de comunhão parcial de bens. São Paulo: Foco, 2022

AMORIM FILHO, Agnelo. *As ações constitutivas e os direitos potestativos*. São Paulo: Revista dos Tribunais, 2011. v. 2. Coleção Doutrinas Essenciais de Processo Civil.

AMORIM FILHO, Agnelo. Critério científico para distinguir a prescrição da decadência e para identificar as ações imprescritíveis. *Revista dos Tribunais*, São Paulo, v. 49, n. 300, out. 1960.

ÁVILA, Humberto. *Teoria dos princípios*: da definição à aplicação dos princípios jurídicos. 12. ed. São Paulo: Malheiros, 2011.

BAPTISTA DA SILVA, Ovídio Araújo. *Procedimentos especiais*. Rio de Janeiro: Aide, 1989.

BARBOSA MOREIRA, José Carlos. *O novo processo civil brasileiro*. 24. ed. Rio de Janeiro: Forense, 2006.

BAUMAN, Zygmunt. *Modernidade líquida*. Trad. Plínio Dentzien. Rio de Janeiro: Zahar, 2001.

BELCHIOR, Germana Parente Neiva; DIAS, Maria Ravelly Martins Soares. A guarda responsável dos animais de estimação na família multiespécie. *Revista Brasileira de Direito Animal*, v. 14, n. 2, 2019.

BELLUSCIO, Augusto Cesar; ZANNONI, Eduardo A. *Código Civil y leyes complementarias*. Buenos Aires: Astrea, 1986. t. 6.

BETTI, Emílio. *Teoria geral do negócio jurídico*. Trad. Fernando de Miranda. Coimbra: Coimbra Editora, 1969. t. I.

BEVILÁQUA, Clóvis. *Teoria geral do direito civil*. 4. ed. Ministério da Justiça, 1972.

BEVILÁQUA, Clóvis. *Teoria geral do direito civil*. Rio de Janeiro: Francisco Alves, 1929.

BRANDÃO, Débora Vanessa Caús. *Regime de bens no novo Código Civil*. São Paulo: Saraiva, 2007.

BRAUNER, Maria Claudia Crespo; LOBATO, Anderson Orestes Cavalcante. O novo Código Civil brasileiro frente à constitucionalização do direito de família. *Revista Trimestral de Direito Civil*, v. 27, jul./set. 2006.

BUENO, Cassio Scarpinella. *Curso sistematizado de direito processual civil*. 2. ed. São Paulo: Saraiva, 2008. v. 1.

BUENO, Cassio Scarpinella. *Novo Código de Processo Civil anotado*. São Paulo: Saraiva, 2015.

CABRAL, Trícia Navarro Xavier. NCPC: conciliação e mediação – uma visão sobre o novo sistema. Disponível em: https://processualistas.jusbrasil.com.br/artigos/346227885/ncpc--conciliacao-e-mediacao. Acesso em: 10 jul. 2017.

CAHALI, Francisco José. *Contrato de convivência na união estável*. São Paulo: Saraiva, 2002.

CAHALI, Yussef Said. *Divórcio e separação*. 11. ed. São Paulo: Revista dos Tribunais, 2005.

CALMON, Rafael. A separação de fato e sua repercussão no processo civil. *Revista Jurídica*, n. 446, dez. 2004.

CALMON, Rafael. Divórcio liminar? In: *Família e sucessões*: polêmicas, tendências e inovações. Belo Horizonte: IBDFAM, 2016.

CALMON, Rafael. *Manual de direito processual das famílias*. 3. ed. São Paulo: Saraiva, 2023.

CALMON, Rafael. *Pet não se partilha; se compartilha*. São Paulo: Expressa/Saraivajur, 2021.

CALMON, Rafael. *Recursos nas ações de família e de sucessões*. 2. ed. São Paulo: Saraiva Jur, 2025.

CÂMARA, Alexandre Freitas; BADINI, Luciano. Comunhão de bens, execução movida contra um dos cônjuges e possibilidade de penhora de dirieto depositado em conta do outro cônjuge: um comentário ao REsp 1869720/DF. In: PORTANOVA, Rui; CALMON, Rafael (Orgs.) *Direito de Família conforme interpretação do STJ*. v.1. Regime de Comunhão Parcial de Bens. Indaiatuba: Foco, 2022.

CARDOSO, Fabiana Domingues. *Regime de bens e pacto antenupcial*. São Paulo: Método, 2010.

CARVALHO FILHO, Milton Paulo de. In: PELUSO, Cezar (coord.). *Código Civil comentado*. 6. ed. rev. e atual. Barueri: Manole, 2012.

CARVALHO, Dimas Messias de. *Direito de família*. 2. ed. Belo Horizonte: Del Rey, 2009.

CARVALHO, Dimitre Braga Soares de. Contratos familiares: cada família pode criar seu próprio direito de família. Disponível em: https://ibdfam.org.br/artigos.

CARVALHO, Dimitre Braga Soares de. Contratos intramatrimoniais e o necessário reajuste econômico para casamento e união estável à luz da jurisprudência do STJ. In: PORTANOVA,

Rui; CALMON, Rafael. *Direito de Família conforme interpretação do STJ*. V. 1. Regime de comunhão parcial de bens. São Paulo: Foco, 2022.

CARVALHO, Luiz Paulo Vieira de. Da sub-rogação no regime da comunhão parcial de bens. Aplicabilidade e efeitos. Em: PORTANOVA, Rui; CALMON, Rafael. *Direito de Família conforme interpretação do STJ*. v. 1. Regime de comunhão parcial de bens. São Paulo: Foco, 2022.

CARVALHO, Luiz Paulo Vieira de. *Direito das sucessões*. 4. ed. São Paulo: Atlas, 2019.

CARVALHO, Paulo de Barros. *Curso de direito tributário*. 23. ed. São Paulo: Saraiva, 2011.

CARVALHO, Paulo de Barros. *Direito tributário, linguagem e método*. 2. ed. São Paulo: Noeses, 2008.

CASSA, Ivy. *Contrato de previdência privada*. São Paulo: MP, 2009.

CASSETARI, Christiano. *Elementos de direito civil*. São Paulo: Saraiva, 2011.

CENEVIVA, Walter. *Lei dos Registros Públicos comentada*. 19. ed. São Paulo: Saraiva, 2009.

CHALHUB, Melhim Namen. *Negócio fiduciário*: alienação fiduciária, cessão fiduciária, securitização, Decreto-lei n. 911, de 1969, Lei n. 8.668, de 1993, Lei n. 9.514, de 1997. Rio de Janeiro: Renovar, 2009.

CHALHUB, Melhim Namen. Penhora dos direitos do fiduciário e do fiduciante. Disponível em: https://www.irib.org.br/obras/penhora-dos-direitos-do-fiduciario-e-do-fiduciante.

CHATEAUBRIAND FILHO, Hindemburgo. Liberdade de criação de títulos de crédito atípicos e fattispecie cartular. *Revista dos Tribunais*, n. 723, v. 85, São Paulo: Revista dos Tribunais, 1996.

CHASE, Oscar G. *Direito, cultura e ritual*: sistemas de resolução de conflitos no contexto da cultura comparada. São Paulo: Marcial Pons, 2014.

CHINELATO, Silmara Juny. *Comentários ao Código Civil*: parte especial: do direito de família (arts. 1.591 a 1.710). Coord. Antônio Junqueira de Azevedo. São Paulo: Saraiva, 2004. v. 18.

COELHO, Fábio Ulhoa. *Curso de direito civil*: Família e Sucessões. 4. ed. São Paulo: Saraiva, 2011.

COELHO, Fábio Ulhoa. *Manual de direito comercial*: direito de empresa. 23. ed. São Paulo: Saraiva, 2011.

CORRÊA, Sebastião Rios. Os proventos do trabalho do cônjuge. *Revista de Informação Legislativa*, v. 10, n. 40, out./dez. 1973.

CORREIA, Alexandre; SCIASCIA, Gaetano. *Manual de direito romano*. 5. ed. Estado da Guanabara: Série "Cadernos Didáticos", 1969.

CRETELLA JÚNIOR, José. *Curso de direito romano*. 30. ed. Rio de Janeiro: Forense, 2008.

CUNHA, Leonardo Carneiro da. Procedimento especial para as ações de família no novo Código de Processo Civil. In: DIDIER JR., Fredie (coord.). *Novo CPC doutrina selecionada*: procedimentos especiais, tutelas provisórias e direito transitório. Salvador: JusPodivm, 2015. v. 4.

DANTAS, Ana Florinda. A divisibilidade dos frutos no regime de bens do casamento e na união estável: o que são frutos? *Famílias nossas de cada dia*: Anais do Congresso Brasileiro de Direito de Família. Belo Horizonte: IBDFAM, 2016.

DÁQUER, Giuliana Monnerat Capparelli; MONNERAT, Katya Maria de Paula Menezes. A opção por regime mais restritivo em pacto antenupcial celebrado por pessoas maiores de 70 anos de idade. In: POR-TANOVA, Rui; CALMON, Rafael; D'ALESSANDRO, Gustavo. *Direito de Família conforme interpretação do STJ*. V. 2. Regimes de separação de bens. São Paulo: Foco, 2022.

DIAS, Maria Berenice. As ações de família no novo Código de Processo Civil. *Revista IBDFAM*, n. 10, jul./ago. 2015.

DIAS, Maria Berenice. *Manual de direito das famílias*. 4. ed. em *e-book*, baseada na 11. ed. impressa. São Paulo: Revista dos Tribunais, 2016.

DIAZ, Carlos López. *Manual de derecho de familia y tribunales de familia*. Santiago: Librotecnia, 2005. t. 1.

DIDIER JR., Fredie. *A participação das pessoas casadas no processo*. Disponível em: http://www.frediedidier.com.br/artigos/a-participacao-das-pessoas-casadas-no-processo/. Acesso em: 15 jun. 2014.

DIDIER JR., Fredie. *Curso de direito processual civil*. 12. ed. Salvador: JusPodivm, 2015. v. 1.

DIDIER JR., Fredie. *Sobre dois importantes, e esquecidos, princípios do processo*: adequação e adaptabilidade do procedimento. Disponível em: http://www.abdpc.org.br/abdpc/artigos/Fredie%20Didier_3_-%20formatado.pdf.

DIDIER JR., Fredie; CABRAL, Antônio do Passo; CUNHA, Leonardo Carneiro da. *Por uma nova teoria dos procedimentos especiais*: dos procedimentos às técnicas. Salvador: JusPodivm, 2018.

DIDIER JR, Fredie; BRAGA, Paula Sarno; OLIVEIRA, Rafael Alexandria. *Curso de Direito Processual Civil*. 19. ed. Salvador: JusPodivm, 2024. v. 2.

DINAMARCO, Cândido Rangel. *A instrumentalidade do processo*. 14. ed. São Paulo: Malheiros, 2009.

DINAMARCO, Cândido Rangel. Eficácia e autoridade da sentença no juízo demarcatório e divisório. *Revista de Processo*, v. 76, out. 1994.

DINIZ, Maria Helena. *Código Civil anotado*. 15. ed. São Paulo: Saraiva, 2010.

DINIZ, Maria Helena. *Compêndio de introdução à ciência do direito*. 20. ed. São Paulo: Saraiva, 2009.

DINIZ, Maria Helena. *Curso de direito civil brasileiro*. 20. ed. São Paulo: Saraiva, 2005. v. 5.

DINIZ, Maria Helena. *Curso de direito civil brasileiro*. 29. ed. São Paulo: Saraiva, 2012. v. 1.

DINIZ, Maria Helena. *Sistemas de registros de imóveis*. 5. ed. São Paulo: Saraiva, 2004.

EMERENCIANO, Adelmo da Silva. Tributação no comércio eletrônico. In: CARVALHO, Paulo de Barros (coord.). *Coleção de Estudos Tributários*. São Paulo: IOB, 2003.

EVANS-PRITCHARD, Edward Evan. *Witchcraft, Oracles and Magic Among the Azande*. Oxford: Oxford University Press, 1976. Versão reduzida.

FACHIN, Luiz Edson. *Comentários ao Código Civil*: parte especial: do direito das coisas (arts. 1.277 a 1.368). Coord. Antônio Junqueira de Azevedo. São Paulo: Saraiva, 2003. v. 15.

FACHIN, Luiz Edson. *Direito civil*: sentidos, transformações e fim. Rio de Janeiro: Renovar, 2015.

FACHIN, Luiz Edson. *Estatuto jurídico do patrimônio mínimo*. 2. ed. Rio de Janeiro: Renovar, 2006.

FACHIN, Luiz Edson. *Teoria crítica do direito civil*: à luz do Novo Código Civil brasileiro. Rio de Janeiro: Renovar, 2012.

FARIAS, Cristiano Chaves de. A aplicação do abuso do direito nas relações de família: o *venire contra factum proprium* e a *supressio/surrectio*. Disponível em: http://www.linselins.com.br/wp-content/uploads/2015/11/artvenireBAIANA.pdf.

FARIAS, Cristiano Chaves de. Radiografia do novo usucapião especial conjugal (por abandono de lar): dissecando a aquisição originária da meação sobre o imóvel comum do casal. In: *Escritos de direito e processo das famílias*: novidades e polêmicas. 2ª série. Salvador: JusPodivm, 2013.

FARIAS, Cristiano Chaves de; EL DEBS, Martha; DIAS, Wagner Inácio. *Direito de laje*: do puxadinho à digna moradia. Salvador: JusPodivm, 2018.

FARIAS, Cristiano Chaves de; ROSENVALD, Nelson. *Curso de direito civil*: direito das famílias. 4. ed. Salvador: JusPodivm, 2012. v. 6.

FARIAS, Cristiano Chaves de; ROSENVALD, Nelson. *Curso de direito civil*: direitos reais. 4. ed. Rio de Janeiro: Lumen Juris, 2007.

FARIAS, Cristiano Chaves de; ROSENVALD, Nelson. *Curso de direito civil*: parte geral e LINDB. 13. ed. São Paulo: Atlas, 2015. v. I.

FERRAZ JR., Tercio Sampaio. *Introdução ao estudo do direito*: técnica, decisão, dominação. 4. ed. São Paulo: Atlas, 2003.

FERRAZ, Cristina. *Jurisdição voluntária no processo civil*. Curitiba: Juruá, 2008.

FIALHO, António José. Algumas questões sobre o novo regime jurídico do divórcio. *Revista do Centro de Estudos Judiciários*, Coimbra: Almedina, n. 14, 2º sem. 2010.

FIALHO, António José. *Conteúdo e limites do princípio inquisitório na jurisdição voluntária*. 2016. Dissertação (Mestrado) – Faculdade de Direito da Universidade Nova de Lisboa, Lisboa, 2016.

FIGUEIREDO, Luciano L. A autonomia privada nas relações familiares: o cerceamento do direito ao namoro. Disponível em: http://lucianofigueiredo.adv.br/.

FIORANELLI, Ademar. *Direito registral imobiliário*. Porto Alegre: SafE, 2001.

FIORANELLI, Ademar. O estado civil e alguns aspectos de sua influência no registro de imóveis. *Revista de Direito Imobiliário*, v. 25, jul. 1989.

FONTES, André. *A pretensão como situação jurídica subjetiva*. Belo Horizonte: Del Rey, 2002.

FRAGA, Afonso. Alienações judiciais. *Revista de Processo*, 21/14.

GAGLIANO, Pablo Stolze; PAMPLONA FILHO, Rodolfo. *Novo curso de direito civil*: parte geral. 19. ed. São Paulo: Saraiva, 2017. v. I.

GAGLIANO, Pablo Stolze; PAMPLONA FILHO, Rodolfo. *Novo curso de direito civil*: direito de família. São Paulo: Saraiva, 2011. v. VI.

GAGLIANO, Pablo Stolze; PAMPLONA FILHO, Rodolfo. *O novo divórcio*. São Paulo: Saraiva, 2010.

GAJARDONI, Fernando da Fonseca. *Flexibilização procedimental*: um novo enfoque para o estudo do procedimento em matéria processual. São Paulo: Atlas, 2008.

GAMA, Guilherme Calmon Nogueira. *Direito civil*: família. São Paulo: Atlas, 2008.

GHIRARDI, Maria do Carmo Garcez. *Criptomoedas*: aspectos jurídicos. São Paulo: Almedina, 2020.

GONÇALVES, Carlos Roberto. *Direito civil brasileiro*: direito das coisas. 6. ed. São Paulo: Saraiva, 2011. v. 5.

GONÇALVES, Carlos Roberto. *Direito civil brasileiro*: direito de família. 14. ed. São Paulo: Saraiva, 2017. v. 6.

GONÇALVES, Carlos Roberto. *Direito civil brasileiro*: direito das sucessões. 17. ed. São Paulo: Saraivajur, 2023, v. 7.

GONÇALVES, Carlos Roberto. *Direito civil brasileiro*: parte geral. 15. ed. São Paulo: Saraiva, 2017. v. 1.

GRAIM, Jamile Saraty Malveira. Entre o meu e o teu, existe o nosso? Reflexões acerca da formação de condomínio no regime da separação convencional de bens. In: PORTANOVA,

Rui; CALMON, Rafael; D'ALESSANDRO, Gustavo. *Direito de Família conforme interpretação do STJ*. V. 2. Regimes de separação de bens. São Paulo: Foco, 2022.

GRAU, Eros Roberto. *Ensaio e discurso sobre a interpretação/aplicação do direito*. 5. ed. São Paulo: Malheiros, 2009.

GRAU, Eros Roberto. *O direito posto e o direito pressuposto*. 7. ed. São Paulo: Malheiros, 2008.

GRECHI, Frederico Price. In: CABRAL, Antonio do Passo; CRAMER, Ronaldo (coord.). *Comentários ao novo Código de Processo Civil*. Rio de Janeiro: Forense, 2015.

GRECO, Leonardo. *Jurisdição voluntária moderna*. São Paulo: Dialética, 2003.

GROENINGA, Giselle. Conceitos da psicanálise contribuem para melhorar o direito de família. Disponível em: https://flaviotartuce.jusbrasil.com.br/artigos/175784725/conceitos-da-psicanalise-contribuem-para-melhorar-o-direito-de-familia-por-giselle-camara-groeninga.

GUERRA FILHO, Willis Santiago. Jurisdição voluntária estudada pela teoria geral do processo. *Revista de Processo*, v. 69, jan. 1993.

HANSEN BECK, Felipe Quintella M. de C.; MAFRA, Tereza Cristina Monteiro. Contrato de namoro como pacto anteconvivencial para escolha da separação de bens. In: PORTANOVA, Rui; CALMON, Rafael; D'ALESSANDRO, Gustavo. *Direito de Família conforme interpretação do STJ*. V. 2. Regimes de separação de bens. São Paulo: Foco, 2022.

HONORATO, Gabriel; LEAL, Livia Teixeira. Exploração econômica de perfis de pessoas falecidas. In: TEIXEIRA, Ana Carolina Brochado; LEAL, Livia Teixeira (Coords.). *Herança digital*: contro-vérsias e alternativas. Indaiatuba: Foco, 2021.

IVANOV, Simone Orodeschi. *União estável*: regime patrimonial e direito intertemporal. 2. ed. São Paulo: Atlas, 2007.

LACERDA, Galeno Vellinho de. *Comentários ao Código de Processo Civil*. 5. ed. Rio de Janeiro: Forense, 1993. v. 8. t. 1.

LACERDA, Galeno Vellinho de. O Código como sistema legal de adequação do processo. *Revista do Instituto dos Advogados do Rio Grande do Sul*, 1976.

LARA, Moisés Fagundes. *Herança digital*. Porto Alegre: s.c.p., 2016.

LIMA, Alcides de Mendonça. A liberdade de julgamento na jurisdição voluntária. *Revista da AJURIS*, v. 16, jul. 1979.

LIMA, Alcides de Mendonça. *Jurisdição voluntária*. São Paulo: Revista dos Tribunais, 2011. v. 2. *Coleção Doutrinas Essenciais de Processo Civil*.

LIMA, Frederico Henrique Viegas de. *Da alienação fiduciária de coisa imóvel*. 4. ed. Curitiba: Juruá, 2011.

LINS E SILVA, Paulo. *O Estatuto das Famílias no direito comparado*. Disponível em: http://www.pasquali.adv.br/public/uploads/downloads/o_estatuto_das_familias_no_direito_comparadoibdfamnov.2011.pdf.

LÔBO, Paulo Luiz Netto. *Comentários ao Código Civil*: parte especial: das várias espécies de contratos. São Paulo: Saraiva, 2003. v. 7.

LÔBO, Paulo Luiz Netto. *Entidades familiares constitucionalizadas*: para além do *numerus clausus*. In: FARIAS, Cristiano Chaves de (coord.). *Temas atuais de direito e processo de família*. Primeira série. Rio de Janeiro: Lumen Juris, 2004.

LÔBO, Paulo Luiz Netto. *Famílias*. 4. ed. São Paulo: Saraiva, 2011.

LÔBO, Paulo Luiz Netto. *Famílias*. São Paulo: Saraiva, 2008.

LOTUFO, Renan. *Código Civil comentado*: parte geral. 2. ed. São Paulo: Saraiva, 2004. v. 1.

LOUREIRO, Luiz Guilherme. *Direitos reais*: à luz do Código Civil e do direito registral. São Paulo: Método, 2004.

LOUREIRO, Luiz Guilherme. *Registros públicos*: teoria e prática. Rio de Janeiro: Forense, 2010.

MADALENO, Rolf. *Direito de família*. 10. ed. Rio de Janeiro: Forense, 2020.

MADALENO, Rolf. Meação e prescrição. *Revista da AJURIS*, v. 60, mar. 1994.

MADALENO, Rolf. Planejamento sucessório. *Revista IBDFAM: Famílias e Sucessões*, v. 1, Belo Horizonte: IBDFAM, jan./fev. 2014.

MADALENO, Rolf. *Repensando o direito de família*. Porto Alegre: Livraria do Advogado, 2007.

MADALENO, Rolf. Partilha da previdência privada. In: PORTANOVA, Rui; CALMON, Rafael. *Direito de Família conforme interpretação do STJ*. V. 1. Regime de comunhão parcial de bens. São Paulo: Foco, 2022.

MAIA JR., Mairan Gonçalves. *O regime da comunhão parcial de bens no casamento e na união estável*. São Paulo: Revista dos Tribunais, 2010.

MALHEIROS FILHO, Fernando. *O procedimento de partilha na separação judicial, no divórcio e na união estável*: família e sucessões. São Paulo: Revista dos Tribunais, 2011. v. 3. Coleção Doutrinas Essenciais.

MALUF, Carlos Alberto Dabus; MALUF, Adriana Caldas do Rego Freitas Dabus. *Curso de direito de família*. São Paulo: Saraiva, 2013.

MARCATO, Antônio Carlos. *Procedimentos especiais*. 13. ed. São Paulo: Atlas, 2007.

MARINONI, Luiz Guilherme. *Novas linhas do processo civil*. 4. ed. São Paulo: Malheiros, 2000.

MARINONI, Luiz Guilherme; MITIDIERO, Daniel. *Código de Processo Civil comentado artigo por artigo*. São Paulo: Revista dos Tribunais, 2008.

MARINONI, Luiz Guilherme; MITIDIERO, Daniel. *Curso de processo civil*. 8. ed. São Paulo: Revista dos Tribunais, 2010. v. 2.

MARINONI, Luiz Guilherme; MITIDIERO, Daniel; ARENHART, Sérgio Cruz. *Novo curso de processo civil*: teoria do processo civil. São Paulo: Revista dos Tribunais, 2015. v. 1.

MAZZEI, Rodrigo. A prescrição e a sua pronúncia de ofício. In: DELGADO, Mário Luiz; ALVES, Jones Figueirêdo. *Questões controvertidas no novo Código Civil*. São Paulo: Método, 2007. v. 6.

MAZZEI, Rodrigo. Embargos de declaração e a omissão indireta (matérias que devem ser resolvidas de ofício, independentemente de arguição prévia pelo interessado). *Revista Forense*, v. 399, 2008.

MAZZEI, Rodrigo. Enfoque processual do art. 928 do Código Civil (responsabilidade civil do incapaz). *Revista Brasileira de Direito Processual – RBDPro*, v. 61, jan./mar. 2008.

MAZZEI, Rodrigo. *Sobrepartilha no inventário*. Disponível em: https://ibdfam.org.br/artigos/1790/Sobrepartilha+no+invent.

MEDINA, José Miguel Garcia. *Código de Processo Civil comentado*. São Paulo: Revista dos Tribunais, 2011.

MEIRELES, Rose Melo Vencelau. O negócio jurídico e suas modalidades. In: TEPEDINO, Gustavo (coord.). *O Código Civil na perspectiva civil-constitucional*: parte geral. Rio de Janeiro: Renovar, 2013.

MELLO, Marcos Bernardes de. *Teoria do fato jurídico*: plano da eficácia. São Paulo: Saraiva, 2003.

MELLO, Marcos Bernardes de. *Teoria do fato jurídico*: plano da existência. 14. ed. São Paulo: Saraiva, 2007.

MENEZES LEITÃO, Luís Manuel Teles de. *Direitos reais*. Coimbra: Almedina, 2009.

MILAGRES, Marcelo de Oliveira. Normas cogentes e dispositivas de direito de família. In: CAHALI, Yussef; CAHALI, Francisco José (org.). *Doutrinas essenciais*: família e sucessões. São Paulo: Revista dos Tribunais, 2014. v. 1.

MIRAGEM, Bruno. *Direito civil*: direito das obrigações. 3. ed. Rio de Janeiro: Forense, 2021.

MIRAGEM, Bruno. *Teoria geral do direito civil*. Rio de Janeiro: Forense, 2021.

MITIDIERO, Daniel. *Colaboração no processo civil*: pressupostos sociais, lógicos e éticos. São Paulo: Revista dos Tribunais, 2009.

MONTEIRO, Washington de Barros. *Curso de direito civil*: direito das obrigações. 2ª parte. São Paulo: Saraiva, 1995. v. V.

MOREIRA ALVES, José Carlos. *Posse*. Rio de Janeiro: Forense, 1990. v. II.

MOTTA, Carlos Dias. *Direito matrimonial e seus princípios jurídicos*. 2. ed. São Paulo: Revista dos Tribunais, 2009.

NAHAS, Luciana Faisca. Pacto antenupcial: o que pode e o que não pode constar? Reflexões sobre cláusulas patrimoniais e não patrimoniais. In: *Famílias e sucessões*: polêmicas, tendências e inovações. Belo Horizonte: IBDFAM, 2018.

NEGRÃO, Theotonio et al. *Código Civil e legislação civil em vigor*. 34. ed. São Paulo: Saraiva, 2016.

NERY JR., Nelson; NERY, Rosa Maria de Andrade. *Código Civil comentado*. 11. ed. São Paulo: Revista dos Tribunais, 2014.

NERY JR., Nelson; NERY, Rosa Maria de Andrade. *Código de Processo Civil comentado*. 11. ed. São Paulo: Revista dos Tribunais, 2010.

NERY JR., Nelson; NERY, Rosa Maria de Andrade. *Comentários ao Código de Processo Civil*. São Paulo: Revista dos Tribunais, 2015.

NERY JR., Nelson; NERY, Rosa Maria de Andrade. *Instituições de direito civil*. São Paulo: Revista dos Tribunais, 2015. v. 1. t. 1.

NEVARES, Ana Luiza Maia. Partilha de bens imóveis. In: ANDRADE, André Gustavo (coord.). *Lições de direito imobiliário*: homenagem a Sylvio Capanema. Rio de Janeiro: Mundo Jurídico, 2021.

NEVES, Marcelo da Costa Pinto. A incidência da norma jurídica e o fato jurídico. *Revista de Informação Legislativa*, ano 21, n. 84, out./dez. 1984.

NICUESA, Aura Esther Vilalta. *División de la comunidad de bienes*. Barcelona: Bosch, 2013.

NÓBREGA, José Flóscolo da. *Introdução ao direito*. João Pessoa: Linha D'água, 2007.

NOVAIS CALMON, Patrícia. *Direito de família internacional*. Indaiatuba: Foco, 2023.

NOVAIS CALMON, Patrícia. *Gray divorce*: o "divórcio grisalho". *Revista Nacional de Direito de Família e Sucessões*, v. 37, 2020.

NUCCI, Guilherme de Souza. *Manual de direito penal:* parte geral; parte especial. 7. ed. São Paulo: Revista dos Tribunais, 2011.

OLIVA, Milena Donato. *Patrimônio separado*: herança, massa falida, securitização de créditos imobiliários, incorporação imobiliária, fundos de investimento imobiliário, *trust*. Rio de Janeiro: Renovar, 2009.t.

OLIVEIRA, Carlos E. Elias; COSTA-NETO, João. *Direito civil*: volume único. Rio de Janeiro: Forense, 2022.

OLIVEIRA, Euclides de. *Doutrinas essenciais*: família e sucessões. São Paulo: Revista dos Tribunais, 2011. v. 5.

OLIVEIRA, Euclides de; AMORIM, Sebastião. *Inventário e partilha*. 28 ed. São Paulo: Saraiva Jur, 2024.

OLIVEIRA, J. M. Leoni Lopes de. *Teoria geral do direito civil*. 2. ed. Rio de Janeiro: Lumen Juris, 2000. v. 2.

OLIVEIRA, Jaury Nepomuceno de; WILLINGTON, João. *Anotações à Lei do Direito Autoral – Lei n. 9. 610/98*. Rio de Janeiro: Lumen Juris, 2005.

OLIVEIRA, José Lamartine Corrêa de; MUNIZ, Francisco José Ferreira. *Curso de direito de família*. 4. ed. Curitiba: Juruá, 2001.

OTERO, Marcelo Truzzi. Aspectos processuais da separação judicial no novo Código Civil. In: CAHALI, Yussef; CAHALI, Francisco José (org.). *Doutrinas essenciais*: família e sucessões. São Paulo: Revista dos Tribunais, 2014. v. 3.

PARADA, Deise Maria Galvão. *Regime de bens entre cônjuges*. São Paulo: Quartier Latin, 2008.

PARIZATTO, João Roberto. *Divisão e demarcação de terras particulares e venda de coisa comum*. Rio de Janeiro: Aide, 1994.

PEÑA, Pedro Alejándrez. *Liquidación de bienes gananciales*: aspectos prácticos, procesales y sustantivos. 4. ed. Valladolid: Lex Nova, 2008.

PENTEADO, Luciano de Camargo. *Direito das coisas*. São Paulo: Revista dos Tribunais, 2008.

PENTEADO, Luciano de Camargo. Figuras parcelares da boa-fé objetiva e *venire contra factum proprium*. THESIS, São Paulo, ano IV, v. 8, p. 39-70, 2º sem. 2007.

PEREIRA, Caio Mário da Silva. *Instituições de direito civil*. 30. ed. atual. por Maria Celina Bodin de Moraes. Rio de Janeiro: Forense, 2017. v. I.

PEREIRA, Caio Mário da Silva. *Instituições de direito civil*. Rio de Janeiro: Forense, 1979. v. III.

PEREIRA, Caio Mário da Silva. *Instituições de direito civil*: direitos reais. 25. ed. atual. por Carlos Edison do Rêgo Monteiro Filho. Rio de Janeiro: Forense, 2017. v. IV.

PEREIRA, Rodrigo da Cunha. *Concubinato e união estável*. São Paulo: Saraiva, 2012.

PEREIRA, Rodrigo da Cunha. *Dicionário de direito de família e sucessões ilustrado*. São Paulo: Saraiva, 2015.

PEREIRA, Rodrigo da Cunha. *Direito das famílias*. Rio de Janeiro: Forense, 2020.

PEREIRA, Virgílio de Sá. *Direito de família*. 2. ed. São Paulo: Freitas Bastos, 1959.

PERLINGIERI, Pietro. *Perfis do direito civil*: introdução ao direito civil constitucional. 3. ed. Trad. Maria Cristina De Cicco. Rio de Janeiro: Renovar, 2002.

PINHEIRO DA SILVA, Leonardo Amaral. *Pacto dos namorados*: o namoro qualificado e a diferença que você gostaria de saber da união estável, mas tem receio em perguntar. Rio de Janeiro: Lumen Juris, 2018.

PONTES DE MIRANDA, Francisco Cavalcanti. *Comentários ao Código de Processo Civil*. 2. ed. Rio de Janeiro: Forense, 2005. t. XIV.

PONTES DE MIRANDA, Francisco Cavalcanti. *Tratado de direito privado*. Campinas: Bookseller, 2000. t. 2.

PONTES DE MIRANDA, Francisco Cavalcanti. *Tratado de direito privado*. Campinas: Bookseller, 2001. t. 5.

PONTES DE MIRANDA, Francisco Cavalcanti. *Tratado de direito privado*. Campinas: Bookseller, 2001. t. 8.

PONTES DE MIRANDA, Francisco Cavalcanti. *Tratado de direito privado*. 3. ed. São Paulo: Revista dos Tribunais, 1984. t. XLIX.

PORTANOVA, Rui. *Motivações ideológicas da sentença*. 3. ed. Porto Alegre: Livraria do Advogado, 1997.

RABELO, Manoel Alves; CALMON, Rafael. Do arbitramento de aluguéis pelo uso exclusivo da coisa comum pelos cônjuges e companheiros. *Revista de Direito Privado*, n. 58, abr./jun. 2014.

RAMIÃO, Tomé d'Almeida. *O divórcio e questões conexas*: regime jurídico atual. 3. ed. Lisboa: Quid Juris?, 2011.

RÁO, Vicente. *Divisão entre condôminos*: não incidência de imposto. São Paulo: Revista dos Tribunais, 2011. v. 4. Coleção Doutrinas Essenciais de Direito Registral.

REIS, José Alberto dos. *Processos especiais II*. 2. ed. Coimbra: Coimbra Editora, 1982.

RIZZARDO, Arnaldo. *Direito das coisas*. Rio de Janeiro: Forense, 2004.

RIZZARDO, Arnaldo. *Direito de família*. 8. ed. Rio de Janeiro: Forense, 2011.

RODRIGUES, Marco Antonio dos Santos. *A modificação do pedido e da causa de pedir no processo civil*. Rio de Janeiro: Mundo Jurídico, 2014.

RODRIGUES, Silvio. *Direito civil*: direito de família. 28. ed. São Paulo: Saraiva, 2007. v. 6.

RODRIGUES, Silvio. *Direito civil*: dos contratos. São Paulo: Saraiva, 2002. v. 3.

RODRIGUES, Silvio. *Direito civil*: parte geral. 34. ed. São Paulo: Saraiva, 2007. v. 1.

SANSEVERINO, Paulo de Tarso. *Contratos nominados II*: contrato estimatório, doação, locação de coisas, empréstimo: comodato e mútuo. 2. ed. São Paulo: Revista dos Tribunais, 2011.

SANTA CRUZ, André. *Manual de direito empresarial*: volume único. Salvador: Juspodivm, 2023.

SANTOS, Ernane Fidélis dos. *Manual de direito processual civil*. 10. ed. São Paulo: Saraiva, 2006. v. 3.

SANTOS, João Manoel de Carvalho. *Código Civil brasileiro interpretado*. Rio de Janeiro: Freitas Bastos, 1964. v. II.

SANTOS, Jonabio Barbosa dos; GONÇALVES, Anna Tereza de Mendonça. Dissolução, liquidação e extinção da sociedade empresária. *Revista Magister de Direito Empresarial, Concorrencial e do Consumidor*, Porto Alegre, v. 7, n. 40, ago./set. 2011.

SANTOS, Luis Augusto Busanello dos. Formas de aquisição da propriedade imóvel pelo sistema do Código Civil e o seu registro. *Revista de Direito Imobiliário*, v. 57, jul./dez. 2004.

SANTOS, Luiz Felipe Brasil. A autonomia da vontade e os regimes matrimoniais de bens. In: WELTER, Belmiro Pedro; MADALENO, Rolf (coord.). *Direitos fundamentais do direito de família*. Porto Alegre: Livraria do Advogado, 2004.

SCHAPP, Jan. *Direito das coisas*. Tradução da 3. ed. alemã de Klaus-Peter Rurack, Maria da Glória Lacerda Rurack. Porto Alegre: Sergio Antonio Fabris, 2010.

SCHREIBER, Anderson. *Manual de direito civil contemporâneo*. 3. ed. São Paulo: Saraiva Educação, 2020.

SCHREIBER, Anderson. O princípio da boa-fé objetiva no direito de família. Disponível em: https://ibdfam.org.br/assets/upload/anais.

SECCO, Orlando de Almeida. *Introdução ao estudo do direito*. Rio de Janeiro: Lumen Juris, 2009.

SICA, Heitor Vitor Mendonça. Reflexões em torno da teoria geral dos procedimentos especiais. *Revista de Processo*, v. 208, jun. 2012.

SILVA, Clovis V. do Couto e. Direito Patrimonial de Família. *Revista da Faculdade de Direito de Porto Alegre*, Ano V, 1971, n. 5

SILVA, Clovis V. do Couto e. Direito Patrimonial de Família no Projeto do Código Civil brasileiro e no Direito Português. Revista de Informação Legislativa, v. 16, n. 62, p. 133-168, abr./jun. 1979

SILVA FILHO, Elvino. *Partilha de bens imóveis entre condôminos*: não incidência do imposto de transmissão *inter vivos*. São Paulo: *Revista dos Tribunais*, 2011. v. 4. Coleção Doutrinas Essenciais de Direito Registral.

SOUSA, Miguel Teixeira de. *Estudos sobre o novo processo civil*. 2. ed. Lisboa: Lex, 1997.

TALAVERA, Glauber Moreno. *Comentários ao Código Civil*. Coord. Carlos Eduardo Nicoletti Camillo. São Paulo: Revista dos Tribunais, 2006.

TARTUCE, Flávio. *Direito civil*: direito de família. 14. ed. Rio de Janeiro: Forense, 2019. v. 5.

TARTUCE, Flávio. *Direito civil*: lei de introdução e parte geral. 11. ed. Rio de Janeiro: Forense, 2015. v. 1.

TEIXEIRA, Ana Carolina Brochado; RODRIGUES, Renata de Lima. *O direito das famílias entre a norma e a realidade*. São Paulo: Atlas, 2010.

TEIXEIRA, Flávia Calmon Rangel. El papel de la Organización para la Cooperación y Desarrollo Económico (OCDE) en el combate a la bitributación. *Derecho y cambio social*, v. 58, 2019.

TELES, Inocêncio Galvão. *Das universalidades*. Lisboa: Minerva, 1940.

TEPEDINO, Gustavo; TEIXEIRA, Ana Carolina Brochado. *Fundamentos do Direito Civil*: Direito de Família. v. 6. 4. ed. Rio de Janeiro: Forense, 2023.

THEODORO JR., Humberto. Alienações judiciais. *Revista de Processo*, v. 21, jan./mar. 1981.

THEODORO JR., Humberto. *Curso de direito processual civil*. 45. ed. Rio de Janeiro: Forense, 2010. v. 2.

THEODORO JR., Humberto. *Curso de direito processual civil*: teoria geral do direito processual civil, processo de conhecimento e procedimento comum. 56. ed. Rio de Janeiro: Forense, 2015. v. I.

TOLEDO CÉSAR, Celso Laet de. *Venda e divisão da propriedade comum*: doutrina e jurisprudência. 3. ed. São Paulo: Revista dos Tribunais, 2006.

TOMAZETTE, Marlon. *Curso de direito empresarial*: teoria geral e direito societário. 11. ed. São Paulo: Saraiva, 2020. v. 1.

VELOSO, Zeno. *Comentários ao Código Civil*: parte especial: do direito das sucessões (arts. 1.857 a 2.027). Coord. Antônio Junqueira de Azevedo. São Paulo: Saraiva, 2003. v. 21.

VELOSO, Zeno. Regimes matrimoniais de bens. In: PEREIRA, Rodrigo da Cunha (coord.). *Direito de família contemporâneo*. Belo Horizonte: Del Rey, 1997.

VENOSA, Sílvio de Salvo. *Código Civil interpretado*. São Paulo: Atlas, 2010.

VENOSA, Sílvio de Salvo. *Direito civil*: família. 17. ed. São Paulo: Atlas, 2017. v. 5.

VENOSA, Sílvio de Salvo. *Introdução ao estudo do direito*. 2. ed. São Paulo: Atlas, 2009.

VILANOVA, Lourival. *Causalidade e relação no direito*. 4. ed. São Paulo: Revista dos Tribunais, 2000.

WALD, Arnoldo. A teoria das dívidas de valor e as indenizações decorrentes de responsabilidade civil. *Revista de Direito da Procuradoria-Geral*, Governo do Estado da Guanabara, n. 23, 1970.

WALD, Arnoldo. Aspectos processuais da aplicação da teoria das dívidas de valor. *Revista de Informação Legislativa*, ano 18, n. 69, jan./mar. 1981.

WALD, Arnoldo. *Curso de direito civil brasileiro*: direito das coisas. 10. ed. São Paulo: Revista dos Tribunais, 1995.

WAMBIER, Teresa Arruda Alvim *et al*. *Breves comentários ao novo Código de Processo Civil*. São Paulo: Revista dos Tribunais, 2015.

WESENDONCK, Tula. *Direito patrimonial de família*: disciplina geral do regime de bens no Código Civil. Rio de Janeiro: Elsevier, 2011.

ZAMPIER, Bruno. *Bens digitais*. Indaiatuba: Foco, 2020.